日本教育史事典

トピックス 1868-2010

日外アソシエーツ編集部編

日外アソシエーツ

A Cyclopedic Chronological Table of Education in Japan

1868-2010

Compiled by

Nichigai Associates, Inc.

©2011 by Nichigai Associates, Inc.

Printed in Japan

本書はディジタルデータでご利用いただくことができます。詳細はお問い合わせください。

●編集担当●高橋 朝子
装 丁：赤田 麻衣子

刊行にあたって

　明治維新を迎え、急速な近代化の波に乗って、欧米から人を招いたり、視察団や留学生を送ったりして、教育の分野でも、様々な制度が取り入れられたが、実はこのような欧化政策への反発も起こっていた。それは「学制」発布後の「教育令」公布、「教育勅語」制定にも現れている。大正時代には新しい教育を目指す運動も起きたものの、戦争の激化とともにそれらの動きは抑えられ、学びの場にも軍事教練や勤労動員が課され、やがて学徒出陣や学童疎開が行われるようになる。戦後になって「6・3制」の学校制度のもと日本の教育は制度・内容ともに一新されたが、教科書検定に対する裁判や国際問題、機動隊導入にまで至った大学紛争といった問題も起こった。そして近年では、「ゆとり教育」による学力低下が取りざたされ、「教育基本法」の改正や高校の無償化など、新たな課題が浮上している。

　本書は、1868年（明治元年）から2010年（平成22年）までの143年間における日本の教育に関する出来事を収録した年表形式の事典である。「学制」発布に始まり「教育基本法」改正に至る法制史の流れ、大学や日教組などの関係団体の設立・活動、各種審議会の答申、学習指導要領、大学入試センター試験、いじめ自殺や学校での殺傷事件まで、幅広いテーマを収録し、明治以降の日本の教育史を概観できる資料を目指した。巻末には分野別索引、人名索引、事項名索引を付し、利用の便をはかった。

　編集にあたっては誤りや遺漏のないよう努めたが、不十分な点もあるかと思われる。お気付きの点はご教示いただければ幸いである。

　本書が日本の教育史についての便利なデータブックとして多くの方々に活用されることを期待したい。

　2011年3月

　　　　　　　　　　　　　　　　　　　　　　　　日外アソシエーツ

目　次

凡　例 …………………………………………………… (6)

日本教育史事典—トピックス 1868-2010

本　文 …………………………………………………… 1

分野別索引 ……………………………………………… 293

人名索引 ………………………………………………… 343

事項名索引 ……………………………………………… 363

凡　　例

1．本書の内容

　　　本書は、日本の教育に関する出来事を年月日順に掲載した記録事典である。

2．収録対象
 (1) 教育政策、教育制度、教育関連の法律、学校設立、関係団体の活動、教育現場の事件・裁判、障害児教育・社会教育・家庭教育に関する出来事など、日本の教育に関する重要なトピックとなる出来事を幅広く収録した。
 (2) 収録期間は1868年(明治元年)から2010年(平成22年)までの143年間、収録項目は3,776件である。

3．排　列
 (1) 各項目を年月日順に排列した。
 (2) 日が不明な場合は各月の終わりに、月日とも不明または確定できないものは「この年」として各年の末尾に置いた。

4．記載事項

　　　各項目は、分野、内容を簡潔に表示した見出し、本文記事で構成した。

5．分野別索引
 (1) 本文に掲載した見出し項目を分野別にまとめた。
 (2) 分野構成は、索引の先頭に「分野別索引目次」として示した。
 (3) 各分野の中は年月日順に排列し、本文記事の所在は、見出しと年月日で示した。

6．人名索引
（1） 本文記事に現れる人名を見出しとし、読みの五十音順に排列した。
（2） 同一人物の中は年月日順に排列し、本文記事の所在は、見出しと年月日で示した。

7．事項名索引
（1） 本文記事に現れる用語、テーマ、法令名、学校・団体名などを見出しとし、読みの五十音順に排列した。
（2） 同一事項の中は年月日順に排列し、本文記事の所在は、見出しと年月日で示した。

8．参考文献
　　　本書の編集に際し、主に以下の資料を参考にした。
『日本教育史年表』伊ヶ崎暁生, 松島栄一編　三省堂　1990
『戦後教育年表』阿部彰著　風間書房　2005
『新日本教育年記 1-12』学校教育研究所　1966-2006
『近代日本教育制度史料 35』近代日本教育制度史料編纂会編纂　講談社　1959
『戦後教育の原典 3』伊ヶ崎暁生, 吉原公一郎編著　現代研究会　1975
『戦後日本教育史』大田堯編著　岩波書店　1978
『日本教育制度史』森秀夫著　学芸図書　1984
『日本教育史』堀松武一編　国土社　1985
『史料 国家と教育―近現代日本教育政策史』長浜功編　明石書店　1994
『現代教育史事典』久保義三他編　東京書籍　2001
『解説教育六法 平成22年版』解説教育六法編修委員会編　三省堂　2010
『教育小六法 平成23年版』市川須美子他編　学陽書房　2011
『近代日本総合年表 第4版』岩波書店編集部編　岩波書店　2001
「読売年鑑」読売新聞社
「朝日新聞縮刷版」朝日新聞社
「CD毎日新聞」毎日新聞社

1868年
(慶応4年/明治元年)

3.15	〔政策〕**学校掛を設置**	新政府、京都に学校掛を設置し、玉松操、平田鉄胤、矢野玄道らの国学者を学校取調係に任命。
4.4	〔設立〕**学習院を復興**	新政府、京都に学習院を復興し、4月11日より開講する旨の内国事務局達を発する。
4.20	〔制度〕**学校掛、「学舎制」を提出**	学校掛、「学舎制」と称する大学創設案を提出。同案は学舎内に皇祖天神社を祀るなど復古的・国学的なもので、新政府により「御取調モ行届兼ル」ものとして廃棄された。
4.25	〔設立〕**慶応義塾と命名**	福沢諭吉、英学塾を芝新銭座に移転し、慶応義塾と命名。
5.7	〔設立〕**学習院、大学寮代と改称**	学習院、大学寮代と改称。国学的な「学舎制」に反発する儒学者・公家らによる対抗措置で、大学寮復興を目指すもの。
5月	〔設立〕**済美館、広運館と改称**	新政府、長崎奉行設立の洋学所済美館を広運館と改称。1872年9月第六大学区第一番中学、1873年5月広運学校、1874年4月長崎外国語学校、同年12月長崎英語学校と改称し、1877年2月に廃止。
8.14	〔設立〕**医学校を創設**	新政府、旧幕府の医学所を復興し、医学校を創設。1874年、東京医学校と改称。
8.17	〔設立〕**昌平学校を創設**	新政府、旧幕府の昌平坂学問所(昌平黌)を復興し、昌平学校を創設。
8.18	〔設立〕**舎密局を創設**	新政府、旧幕府の開成所のうち理・化2学科の設備を大阪に移転し、舎密局を創設。はじめ大阪府の所管で、1870年6月に大学南校に移管。
9.17	〔活動〕**昌平学校・医学校、東京府に移管**	昌平学校・医学校、東京府に移管。12月2日に昌平学校を行政官の所管とし、1869年2月6日に医学校が昌平学校の所管とされた。
10.23	〔社会〕**「明治」と改元**	「明治」と改元、一世一元制となる。
10.27	〔設立〕**開成学校を創設**	新政府、旧江戸幕府の開成所を復興し、開成学校を創設。
10.31	〔設立〕**皇学所・漢学所の創設を決定**	新政府、京都に皇学所・漢学所を設置することを決定。国学派と漢学派の対立を収拾させるための措置。11月2日、大学寮代を改組した漢学所が開講。1869年1月26日、皇学所が開講。
11.21	〔設立〕**京都府、小学校設置を通達**	京都府、小学校設置の件について通達。近代小学校に関する初の公的措置。
11.30	〔設立〕**長崎府に医学校を創設**	新政府、旧江戸幕府が長崎に設置した精得館を復興して医学校を創設、長崎府所管とする。学頭は長与専斎、教頭はC.マンスフェルト。

12.10	〔政策〕学校取調御用掛を設置	新政府、学校取調御用掛を設置し、箕作麟祥を任命。
12.11	〔活動〕開成学校、東京府に移管	開成学校、東京府の所管となる。12月26日、行政官に移管。
12.15	〔人事〕山内豊信・秋月種樹、学校取調を兼勤	議定山内豊信・弁事兼議長秋月種樹、学校取調兼勤を命ぜられる。
12.24	〔設立〕静岡藩、小学校を創設	静岡藩、兵学校に附属小学校を創設。現在の沼津市立第一小学校で、1869年3月17日頒布の「府県施政順序」以前に創設されたものとしては現存最古の公立小学校。1869年1月20日、兵学校を沼津兵学校と改称。

1869年
（明治2年）

1.20	〔設立〕沼津兵学校を創設	静岡藩、沼津兵学校を創設。頭取西周をはじめ加藤弘之・外山正一など旧開成所関係者が多数参加。
1.25	〔政策〕知学事・判学事を設置	政府、知学事・判学事を設置し、山内豊信・秋月種樹を任命。
2.27	〔活動〕開成学校、開校	開成学校、フランス人プッセ・イギリス人パリーを教師として英仏2学科の授業を開始。外国語による教授を正則、訳本による教授を変則とする。後に独逸語学科を設置。
2月	〔政策〕伊藤博文、「国是綱目」提出	伊藤博文、建白書「国是綱目」を提出し、啓蒙主義的教育構想を提唱。また、大久保利通、建言書において一般民衆教育と人材養成教育を区別する学校制度を提案。
3.17	〔法令〕「府県施政順序」布告	政府、府県行政の大綱である「府県施政順序」を布告。その中に一項を設け、各府県に対し小学校の設置を奨励。
4.29	〔活動〕府県学校取調局を設置	昌平学校に府県学校取調局が設置される。
5.4	〔政策〕東京府に中学校・小学校の取調掛を設置	政府、東京府に中学校・小学校の取調掛を設置するよう指令。
6.23	〔法令〕「出版条例」制定	「出版条例」を制定。書籍出版許可の事務が昌平学校・開成学校両校の所管に。後に文部省に移管。
6.30	〔設立〕上京第二十七番組小学校を創設	京都府、「小学校規則」を定め、柳池に上京第二十七番組小学校を創設。後の京都市立柳池小学校で、「府県施政順序」に基づくものとしては日本最初の公立小学校。以後、同年末までに番組小学校64校を創設。
8.15	〔設立〕大学校、設立	政府、大学校を設立。昌平学校を中心に、開成学校・医学校を分局として改組したもので、高等教育機関と教育行政官庁の2機能を併せ持った。
8月	〔出版〕『世界国尽』刊行	福沢諭吉編訳で『世界国尽』が慶応義塾から刊行。の

ち、地理の教科書として普及した。

9.7 〔活動〕**大学校、学神祭を挙行**　大学校、学神祭を挙行。孔子に代わって八意思兼神・久延毘古神を祭ったことから、国学派と漢学派の対立激化を招く。

9.25 〔法令〕**大学校の官制を改正**　大学校の官制を改正。新たに首長として別当を設け、大監の上に置く。また、少監の下に大少丞を設置。9月29日、松平慶永、別当に就任。

10.6 〔設立〕**皇学所・漢学所を廃止**　政府、皇学所・漢学所の廃止を通達。京都に大学校を創設する計画に伴う措置。12月24日、大学校創設計画を中止。

10.22 〔設立〕**海軍操練所、創設**　海軍操練所、東京・築地に創設。1870年12月25日に海軍兵学寮、1876年8月31日に海軍兵学校と改称。

11.12 〔政策〕**宣教使、神祇官所属に**　政府、宣教使を神祇官所属とすることを布告。中山忠能神祇伯、宣教長官を兼務。

12.14 〔活動〕**大学校の職掌区分を明確化**　大学校の事務官と教官の職掌区分が明確化される。吏務と教授が区分され、大・少丞の博士兼勤を廃止。学校における事務と授業の分離を図る初の試み。

12月 〔設立〕**攻玉塾と改称**　近藤真琴、蘭学塾を築地海軍操練所内に移転し、攻玉塾と改称。現在の攻玉社高校。

1870年
(明治3年)

1.15 〔設立〕**大学校改称などを布達**　太政官、大学校に対し、大学校を大学、開成学校を大学南校、医学校を大学東校と改称すること、大学校句読所を廃止して東京府に小学校を創設することを布達。1月18日改称。大学は大学本校と通称される。

2.3 〔法令〕**「大教宣布の詔」発布**　「大教宣布の詔」を発布。神道を国教と定め、祭政一致の国家建設を目指すもの。国家神道の宣布により国民を教化する大教宣布運動の推進が宣教使の職務とされた。

3.11 〔政策〕**天文暦道、大学の所管に**　土御門家担当の天文暦道を大学の所管とする。3月13日、天文暦道局を設置。9月2日に天文暦道局を京都から東京に移転し、9月9日に星学局と改称。

3.30 〔設立〕**官立医学校を創設**　大阪府医学校病院・長崎県病院医学校、大学所管とされ官立医学校となる。

3月 〔法令〕**「大学規則」「中小学規則」制定**　「大学規則」及び「中小学規則」を制定。内容は貢進生制度の導入、学問の国別編制方式を廃止し教法理医文からなる専門別・洋学中心のヨーロッパ的科目編成を採用するなど。ただし、ほとんど実施されずに終わった。

4.29 〔設立〕**横須賀黌舎を復興**　政府、横須賀製鉄所附属の横須賀黌舎を復興。1866年

に創設された学校形態による最初の技術教育機関で、1868年に経費削減のため廃止されていた。

5.3 〔活動〕舎密局・大阪洋学校、大学南校所管に　舎密局・大阪洋学校、大学南校の所管に。6月24日、舎密局を理学校と改称。11月17日、大阪洋学校を大阪開成所と改称し、理学校をその分局とする。数度の改称を経て、1886年に第三高等中学校（三高）に改組。

5.23 〔法令〕「宣教使心得書」公布　神祇官、「宣教使心得書」を公布。皇道主義に基づく国民教化運動を通して天皇親政政策の浸透を図るもの。

7.6 〔設立〕東京府、小学校6校を創設　東京府、府下に小学校6校を創設。句読所廃止に伴う措置で、士族教育を目的に、在来の寺院を利用して創設された。

8.8 〔設立〕大学本校を閉鎖　大学本校、閉鎖。国漢学派と洋学派の対立が激化する中、儒学・漢学の学問所である旧昌平黌の流れを汲む大学本校の閉鎖は国漢学派の敗北と受け止められた。

8.23 〔活動〕大学南校貢進生募集　大学南校貢進生募集の太政官布告を公布。対象は15〜20歳で、石高に応じて各藩1〜3人の合計約300人。また、外国人教師の採用を開始。1871年11月7日、廃藩置県により貢進生制度を廃止。

9.22 〔人事〕大学南校、留学生を派遣　大学南校、目賀田種太郎ら留学生をアメリカ・フランスに派遣。その後1871年まで3次にわたり、計13人の留学生を派遣。

9.28 〔設立〕東京府下に中学校を創設　政府、東京府下に中学校を創設する旨布告。

10.15 〔設立〕メアリー・キダー、英学塾を創設　メアリー・キダー、横浜居留地三十九番のヘボン塾女子部を独立させ、洋学塾を創設。1876年6月1日、フェリス女学院と改称。

11月 〔人事〕フルベッキ、大学南校教頭に就任　アメリカ人G.F.フルベッキ、大学南校教頭に就任。

12.25 〔設立〕海軍兵学寮・陸軍兵学寮と改称　海軍操練所を海軍兵学寮、大阪兵学寮を陸軍兵学寮と改称。

1871年
（明治4年）

1.5 〔設立〕京都府、中学校を創設　京都府、京都大学校代を改編し、「中小学規則」に準拠した日本最初の中学校である大学校代を創設。後の京都府立第一中学校（現・京都府立洛北高校）。

2.11 〔法令〕「海外留学生規則」制定　太政官、「海外留学生規則」を制定。事務は大学の所管とされた。

2.13 〔制度〕私塾開設が地方官の許可制に　私塾の開設は地方官の許可を受けることと

3.22	〔設立〕洋語学所、設置	外務省、洋語学所・漢語学所を設置。1873年5月18日、文部省に移管。11月4日、東京外国語学校に合併。
4.17	〔人事〕開拓使、外国人を雇入	開拓使、アメリカ農務長官ホーレス・ケプロン他3人の外国人を雇入。7月18日、ケプロンが農学校の設立を提案。なお、開拓使は1882年2月の廃止までに75人の外国人を雇入。
7.1	〔活動〕博覧会を開催	日本最初の博覧会（物産展）を東京・湯島大成殿で開催。主催は大学南校物産局。
8.30	〔活動〕ミュルレルとホフマン、解剖学を開講	陸軍上等軍医正レオポルト・ミュルレルと海軍軍医正テオドール・ホフマン（いずれもドイツ人）、大学東校で解剖学を開講。ドイツ医学に基づく教育・研究が本格化。
9.2	〔政策〕文部省、設置	文部省、設置。初代文部大輔は江藤新平。これに伴い大学は教育行政機関としての機能を喪失し、大学本校は廃止に。
9.5	〔設立〕大学南校・大学東校を改称	大学南校・大学東校が文部省直轄とされ、それぞれ南校・東校と改称。
9.12	〔人事〕大木喬任、文部卿に就任	大木喬任、初代文部卿に就任。
9.28	〔政策〕工部寮、設置	工部省、技術官吏養成を目的とする工部寮を設置。山尾庸三らの建議によるもの。1877年1月、工部大学校と改称。東京大学工学部の前身の一つ。
10.14	〔設立〕熊本洋学校、創設	熊本県、熊本洋学校を創設し、アメリカ陸軍士官リロイ・ランシング・ジェーンズが着任。1876年10月、廃止。
10.31	〔制度〕編輯寮、設置	文部省、編輯寮を設置し、欧米の書物の翻訳及び教科書の編纂を開始。
10月	〔政策〕山尾庸三、盲唖学校創設を建白	大学頭山尾庸三、太政官に「盲唖学校ヲ創設サレンコトヲ乞フノ書」を建白。日本最初の近代的特殊教育提唱。
12.4	〔人事〕田中不二麿、欧米を視察	田中不二麿、文部大丞に就任。同時に岩倉使節団文部理事官となり、特命全権大使岩倉具視に随行することに。目的は欧米の教育制度の本格的調査。12月23日、横浜港を出港。
12.11	〔設立〕義校、創設	名古屋県、旧藩校を廃止し、義校を創設。
12.23	〔人事〕津田梅子らがアメリカ留学	津田梅子・山川捨松・永井繁子・上田悌子・吉益亮子の5人、岩倉使節団に随行し、開拓使の官費留学生としてアメリカへ留学。
この年	〔活動〕慶応義塾、三田に移転	慶応義塾、芝新銭座から芝三田の島原藩中屋敷跡地に移転。
この年	〔出版〕『泰西勧善訓蒙』刊行	箕作麟祥訳『泰西勧善訓蒙』前編、名古屋学校から刊行。原書は1867年にパリで刊行されたL.C.ボンヌ著の倫理道徳教科書で、小学教則中の読物として広く普及。後編は1873年9月刊行。

1872年
（明治5年）

1.5	〔政策〕府県の学校が文部省所管に	府県の学校が全て文部省所管となる。
1.11	〔人事〕学制取調掛を任命	箕作麟祥・内田正雄ら11人、学制取調掛に任命される。1月28日、河津祐之を加えて12人とする。
2.1	〔設立〕東京府下に小学校6校・洋学校1校を創設	文部省、東京府下に共立小学校6校（東京府小学校を引き継ぐもの）・洋学校1校を創設することを布達。
2.12	〔法令〕「学制」の大綱を上申	文部卿大木喬任、「学制」の大綱を太政官に上申。箕作麟祥・内田正雄ら学制取調掛12人が作成したもの。
2月	〔設立〕女学校を創設	文部省、直轄の女学校を東京に創設。同年12月、東京女学校と改称。1877年2月19日、廃止。
3月	〔出版〕『学問のすゝめ』刊行	福沢諭吉著『学問のすゝめ』初編が刊行される。
4.17	〔設立〕博物館を創設	文部省、博覧会を東京・湯島聖堂大成殿で開催。広告・入場券には文部省博物館と記されており、これが日本最初の博物館とされ、後に東京国立博物館となった。
4.20	〔活動〕明治天皇、東校に行幸	明治天皇、東校を視察。これが学校行幸の始まりとされる。
4.21	〔政策〕神祇省、廃止	太政官、神祇省の廃止と教部省の設置を公布。これに伴い宣教使を廃止し、教部省管轄の教導職を設置。
4.21	〔設立〕開拓使仮学校、創設	開拓使仮学校、東京・芝の増上寺内に創設。北海道開択のための専門技術者を育成する機関で、開拓使顧問ホーレス・ケプロンの提案によるもの。5月21日、開校。9月19日、女学校を併置。後に札幌に移転し、札幌学校、次いで札幌農学校と改称。
5.20	〔設立〕新英学校及び女紅場を創設	京都府、新英学校及び女紅場を創設。日本最初の公立女学校で、女紅場は女子手芸の教授施設。1874年6月に英女学校、1876年5月に京都府立女学校、1923年に京都府立京都第一高等女学校と改称し、1948年に学制改革により京都府立鴨沂高等学校と改組。
5.28	〔制度〕「小学教師教導場ヲ建立スルノ伺」提出	文部省、「小学教師教導場ヲ建立スルノ伺」を正院に提出。教員養成機関の設置を企図したもの。6月19日、裁可。
5.31	〔政策〕教導職を設置	政府、宣教使を廃止し、教部省に教導職を設置。国民教化運動を担当する職で、神官・僧侶が任命された。また、教化の内容を示す「三条教憲」を制定。これにより仏教が国民教化運動に取り込まれ、廃仏毀釈が終息。1884年8月11日、教導職を廃止。
7.4	〔設立〕師範学校、創設	文部省、東京・湯島の旧昌平坂学問所跡に師範学校を創設。初代校長は諸葛信澄。日本最初の教員養成機関で、各府県に設立趣意書及び規

則書を配布し、全国から生徒を募集した。1873年、東京師範学校と改称。

9.3 〔設立〕博物局書籍館、創設　文部省、東京・湯島に博物局書籍館を創設。日本最初の官立図書館。

9.4 〔法令〕「学事奨励に関する被仰出書」布告　太政官布告214「学事奨励に関する被仰出書」（「学制」序文）布告。基本的な教育理念を提示するもので、それまで学問を学ぶ者が武士階級など一部の人間に限られ、また国・藩のために学ぶものとされていたのに対し、国民皆学、自己の生活に資するための実学、教育費の受益者負担原則などを主な内容とする。

9.5 〔法令〕「学制」発布　文部省布達第13号別冊「学制」を公布。全国を8大学区・256中学区・53760小学区に分け、各学区に大学・中学校・小学校を設置するなど、国民皆学を目指す内容。

9.17 〔政策〕学生への官費支給を停止　文部省、公学・私塾の別なく、全ての学生に対する官費支給を停止。教育費の受益者負担原則に基づく措置。

9月 〔人事〕M.M.スコット、師範学校教師に就任　南校教師M.M.スコット、師範学校教師に就任。アメリカの小学校教育方法を通訳を介して教授。

10.10 〔法令〕「中学教則略」「小学教則」公布　文部省、「中学教則略」「小学教則」を公布。官製教育課程の始まりで、教科書として洋学者が著した啓蒙書が多数採用された。

10.21 〔活動〕開拓使仮学校、女学校を併置　開拓使、開拓使仮学校に女学校を併置。1876年5月、廃止。

11.17 〔設立〕外国人教師による諸学校を廃止　文部省、旧藩以来の外国人教師による諸学校を廃止。

11月 〔制度〕小学委託金額を制定　文部省、小学委託金額を制定。教育費の国庫負担額は1割とされ、9割（児童1人当たり9厘）は国民から徴収することに。1873年の「徴兵令」公布とあいまって国民の反発を招き、就学拒否・学校焼き討ちなどが相次いだ。

この年 〔出版〕『文部省日誌』創刊　『文部省日誌』が創刊される。1873年3月廃刊、1878年2月再刊。

1873年
（明治6年）

1.15 〔活動〕師範学校、附属小学校を設置　師範学校、附属小学校を設置し、生徒を募集。4月2日、授業を開始。

1.17 〔政策〕中小学区の地画を制定　府県委託金の改定に伴い、中小学区の地画を定め、学区取締を設置。

2.9 〔法令〕「学制」改正　「学制」を改正し追加を施す。中学区は人口13万人、小学区

は人口600人を規準とする。

2.27 〔政策〕文部省、築造局を設置　文部省、大学・中学の建築事務を所管する築造局を設置。

2月 〔活動〕師範学校、「下等小学教則」を制定　師範学校、「下等小学教則」を制定。

3.2 〔制度〕小学校の休日を改正　小学校の休日を改正。従来の日曜日休業に代え、1と6の日を休業に。1876年5月20日、日曜日休業に改正。

3.13 〔政策〕神官・僧侶の学校創設を許可　神官・僧侶が社寺内に中小学校を創設することを許可。

3.18 〔法令〕「学制二編」頒布　「学制二編」を頒布し、海外留学生規則、神官僧侶学校、学科卒業証書について定める。

4.5 〔制度〕算術、和洋兼学に改正　「小学教則」を改正し、算術を洋算のみから和洋兼学へと改める。

4.10 〔制度〕大学区を改定　大学区の分画を8大学区から7大学区に改定。また、東京の第一大学区第一番中学を開成学校と改称し、専門学科（法学科）を設置。4月23日、第三大学区第一番中学を開明学校と改称。5月4日、第五大学区第一番中学を広運学校と改称。

4.12 〔制度〕学校の命名法を改正　公私学校の命名法を改正し、従来の番号のみによらず、地名・人名などを校名に用いることを許可。

4.17 〔法令〕「学制追加」頒布　「学制追加」を頒布し、貸費生規則、官立私立学校設立手続、学士の称号について定める。

4.19 〔人事〕大木喬任、参議に転任　文部卿大木喬任が参議に転任し、文部卿及び文部大輔が欠員に。文部大丞田中不二麿が文部省の省務を管理。

4.28 〔法令〕「学制二編追加」頒布　「学制二編追加」を頒布し、農商工各学校を専門学校の1種とするなど、専門学校・外国語学校について定める。これにより学制全213章が整う。

5.5 〔法令〕「外国語学校教則」制定　「外国語学校教則」を制定。東京外国語学校の創設、中学校における語学を仏英蘭独とすることなどを規定。

5.14 〔政策〕宗教教育を制限　「学制二編」を改正し、神官僧侶が創設した学校における宗教教育を制限。

5.15 〔設立〕集書院、創設　京都府、集書院を三条高倉西に創設。京都府立図書館の前身。一般開放図書館としては文部省の書籍館（1872年創設）に次ぎ、公立の公開図書館としては日本最初のもの。

5.18 〔法令〕「外国法学校教則」など制定　「外国法学校教則」を制定。5月19日に「外国理学校教則」、5月22日に「外国諸芸学校教則」「外国工業学校教則」を制定。なお、「外国」とは外国人教師が教授するの意。

5.27 〔法令〕「学制」一部改正　「学制」を一部改正。連区（数小学区の連合）により1小学校を創設することを許可。

5.31 〔法令〕「上等小学教則」制定　師範学校、「上等小学教則」を制定。

5月	〔法令〕「小学教師心得」制定	東京師範学校、「小学教師心得」を制定。
6.6	〔法令〕「学区巡視事務章程」制定	文部省、「学区巡視事務章程」を制定。
6.6	〔出版〕『帳合之法』刊行	福沢諭吉訳『帳合之法』初篇が慶応義塾から刊行。日本最初の複式簿記の書で、二編は1874年6月刊行。
6.30	〔人事〕モルレー来日	ダビッド・モルレー、文部省最高顧問として来日。同年12月31日に「学監米人博士ダウキッド・モルレー申報」、1877年6月に「学監考案日本教育法」などを提出し、1878年12月26日に帰国。
7.3	〔政策〕各大学区合併督学局、設置	文部省、各大学区合併督学局を設置し、大学区に分置されていた督学局を廃止。
7.25	〔設立〕製薬学教場を設置	東京の第一大学区医学校、製薬学教場（製薬学校）を設置し、製薬学教則を制定。
8.12	〔制度〕文部省、官制を改正	文部省、大少監を廃止し、視学・書記を設置。また、教員等次について、大学教員を教授、中学教員を教諭、小学教員を訓導と改定。学士称号を博士・学士・得士とする。
8.18	〔設立〕大阪府・宮城県に師範学校を創設	大阪府・宮城県に官立師範学校を創設。1874年春までに愛知県・広島県・長崎県・新潟県にも創設され、7大学区本部に各1校を配置して学区内の教員養成の中心機関とする体制が整う。また、1872年末頃から各府県に公立教員養成所が創設されるようになり、1876年までに全府県に設置された。
8.28	〔政策〕教導職の学校教師兼勤を禁止	教導職の学校教師兼勤を禁止。1879年11月10日、廃止。
8月	〔設立〕東京外国語学校、創設	開成学校の語学生徒の部・独逸学教場・外務省より移管した独魯清語学所を合併し、東京外国語学校を創設。英・仏・独・魯・清の5学を教授。11月4日、開成学校から正式に分離独立。
8月	〔設立〕明六社、創設	森有礼、福沢諭吉・西周・西村茂樹・加藤弘之らと共に啓蒙思想団体明六社を創設。日本最初の学術団体で、1874年3月に機関誌『明六雑誌』を創刊するが、「讒謗律」「新聞紙条例」施行により1875年11月に廃刊。
9.10	〔活動〕開成学校、学年などを制定	開成学校、学歳・休日・生徒の日課表を制定。学歳とは学年のことで、9月に始まる2学期制とされた。

1874年
（明治7年）

1.15	〔政策〕督務詰所を設置	督務詰所を設置し、ダビッド・モルレーが督務官に就任。9月15日に督務局と改称し、9月30日に督学局へ合併。
1.25	〔人事〕木戸孝允、文部卿に就任	参議木戸孝允、文部卿を兼任。

2.19	〔設立〕**官立師範学校、創設**	愛知・広島・長崎・新潟の各県下に官立師範学校を創設。全国に7つある大学区本部に各1校を配置。
2.23	〔活動〕**製作学教場、設置**	開成学校、製作学教場を設置。中級技術者育成機関で、工作・製煉2科からなる。3月12日、開講。1877年、廃止。
3.13	〔設立〕**東京女子師範学校、創設**	東京女子師範学校、創設。日本最初の女教師養成機関で、初代摂理（校長）は中村正直。1875年11月29日、開校。
3.18	〔政策〕**外国人の入学を許可**	外国人が本邦学校へ入学することを許可。
3.18	〔法令〕**「小学教則」改正**	「小学教則」を改正し、算術を和算・洋算のいずれでも可とする。
3.20	〔制度〕**官立学校、日曜日を休日に**	官立学校、日曜日を休日と定める。
3.29	〔設立〕**官立外国語学校、創設**	愛知・広島・新潟・宮城県下に官立外国語学校を創設。4月18日、大阪開明学校・長崎広運学校を外国語学校と改称。各大学区に官立外国語学校1校を配置。
4.12	〔政策〕**督学局、設置**	各大学区合併督学局を改組し、文部省内に督学局を設置。地方教育行政機関としての性格を喪失。6月7日、「督学局処務規則」を制定。
4月	〔設立〕**農事修学場、設置**	内務省、内藤新宿勧業寮出張所に農事修学場を設置。ドイツ農学の伝習機関。1876年10月、開講。1877年10月、駒場農学校と改称。
5.13	〔人事〕**木戸孝允、文部卿を辞任**	木戸孝允、文部卿を辞任。文部大丞田中不二麿、文部省の省務を管理。
6.7	〔法令〕**「官立師範学校卒業生派出規則」制定**	「官立師範学校卒業生派出規則」を制定。1875年3月20日、廃止。
6.13	〔法令〕**「海外留学生監督章程」制定**	「海外留学生監督章程」を制定。
6.27	〔活動〕**第1回三田演説会**	福沢諭吉、第1回三田演説会を開催。会員は福沢・小幡篤次郎ら14人。日本最初の演説会とされる。
7.25	〔制度〕**小学校教員資格付与の規則を制定**	師範学校卒業生の他、検定試験による小学校教員資格付与の規則を制定。
8.18	〔法令〕**「医制」制定**	文部省、「医制」を制定。一般衛生事項、医学教育、医術・薬舗開業試験などについての規定。1875年5月14日、改正。
8.29	〔政策〕**学校の名称を統一**	学校の名称を統一し、官立学校・公立学校・私立学校の種別を明確化。
8月	〔人事〕**M.M.スコット、東京師範学校を満期解任**	スコット、東京師範学校教授を満期解任。以後、外国人教師の雇入は行われず。
9.23	〔制度〕**私立学校開設を地方官の許可制に**	私立学校の開設は地方官の許可によるものとし、毎年3月に文部省へ届け出ることとする。
9.27	〔人事〕**田中不二麿、文部大輔に**	文部大丞田中不二麿、文部大輔に昇任。
9.30	〔政策〕**府県に中小学校校地の無償提供を指示**	府県に対し、中小学校校地として官有地を無償提供するよう指示。

10.4	〔政策〕学監を設置　「督学局職制及事務章程」を改定、「学監事務取扱規則」を制定。これにより督務官を学監と改称し、ダビッド・モルレーが学監に就任。
10.4	〔制度〕「文部省及び直轄学校蔵版教科書中翻刻許可書目」改定　「文部省及び直轄学校蔵版教科書中翻刻許可書目」を改定・公示。
12.27	〔設立〕外国語学校を英語学校と改称　東京以外の各官立外国語学校を英語学校と改称。また、東京外国語学校英語科を独立させ、東京英語学校を創設。1877年4月、東京大学創設に際し、東京英語学校と開成学校普通科を統合し、東京大学予備門へ改編。

1875年
(明治8年)

1.4	〔出版〕『文部省第一年報』刊行　『文部省第一年報』が刊行される。1873年度分以降を逐次刊行。
1.8	〔制度〕学齢を制定　文部省布達により、小学生徒の学齢を満6歳から14歳までと定める。
1.20	〔制度〕小学扶助委託金を増額　小学扶助委託金を年額30万円から70万円に増額。
3.24	〔政策〕「官立小学師範学校生徒入学心得」制定　「官立小学師範学校生徒入学心得」を制定。
5.22	〔設立〕楽善会、創設　中村正直・古川正雄・岸田吟香・津田仙ら、宣教師ボルシャルト・ヘンリー・フォールズと共に盲人教育のため楽善会を創設。1880年2月13日、日本最初の盲学校楽善会訓盲院が東京・築地で授業を開始。1884年5月に訓盲唖院と改称し、1885年12月に文部省へ移管。その後も改称・改編を繰り返し、東京教育大学附属盲聾学校を経て筑波大学附属視覚特別支援学校・筑波大学附属聴覚特別支援学校に改組。
5.22	〔設立〕石川県女子師範学校、創設　石川県女子師範学校、創設。最初の公立女子師範学校。
6.19	〔制度〕文部省蔵版書籍・教科書等全ての翻刻を許可　文部省、蔵版の書籍・教科書等全ての翻刻を許可。
6月	〔設立〕札幌学校と改称　開拓使仮学校、札幌学校と改称。8月に札幌に移転し、1876年9月8日に札幌農学校と改称。
7.18	〔政策〕伊沢修二らが渡米　伊沢修二・高嶺秀夫・神津専三郎ら、文部省により小学師範学科研究のためアメリカへ派遣される。東京開成学校選抜の第1回海外留学生14人も同船。
7.18	〔人事〕開成学校第1回海外留学生　開成学校生徒より選抜された第1回海外留学生、アメリカへ向けて横浜港を出港。顔触れは鳩山和夫・小村寿太郎・古市公威・三浦和夫ら14人。

8.13	〔政策〕「官立女子師範学校生徒入学心得書」制定	官立女子師範学校生徒入学心得書 を制定。入学者は74人で、ほとんどが近易の書の素読を出来る程度だった。1878年3月18日、廃止。
8.13	〔活動〕東京師範学校、中学師範学科を設置	東京師範学校、中学師範学科を設置。後に東京高等師範学校へ改組。
9月	〔設立〕学農社農学校、創設	津田仙、学農社農学校を創設。西洋農法を教授するもので、最初の私立農学校とされる。1876年1月、『農業雑誌』を刊行。
9月	〔設立〕商法講習所、創設	森有礼、商業専門教育機関である商法講習所を東京・銀座尾張町に創設。アメリカ人商法学者ウィリアム・コグスウェル・ホイットニーを招聘し、英語で授業を行う。1884年に東京商業学校、1887年に高等商業学校、1902年に東京高等商業学校、1920年に東京商科大学、1944年に東京産業大学と改称・改編を繰り返した後、1949年に一橋大学となった。この間、1876年に東京府所管となり、1884年に農商務省、1885年に文部省に移管。
10.10	〔設立〕栃木女学校、創設	栃木県、管内女子教育の模範を示すため、栃木女学校を創設。1877年に栃木模範女学校、1879年に栃木県第一中学校女子部、1883年に栃木女学校、1901年に宇都宮高等女学校と改称し、現在の宇都宮女子高等学校に至る。
11.1	〔設立〕三菱商船学校、創設	岩崎弥太郎、三菱商船学校を東京・隅田河口に創設。海員養成機関で、1876年1月に開校。1882年4月1日、農商務省へ移管し、東京商船学校と改称。1885年12月、逓信省へ移管。1925年、文部省へ移管し東京高等商船学校と改称。1957年4月、東京商船大学と改称。2003年10月1日、東京水産大学と合併し、東京海洋大学へ改組。
11.12	〔設立〕遠江国報徳社、創設	岡田良一郎ら、遠江報徳社を創設。1898年10月19日、社団法人大日本報徳社に改組。
11.25	〔法令〕「文部省職制及事務章程」制定	太政官、「文部省職制及事務章程」を制定。文部省を全国の教育事務を管理し、督学及び学校を所管するものとする。
11.29	〔設立〕同志社英学校、創設	新島襄、同志社英学校を京都に創設。1912年4月、「専門学校令」に基づく同志社大学へと改組。1920年4月、「大学令」に基づく同志社大学へと改組。
12月	〔設立〕幼稚遊嬉場を設置	京都市上京第三十区柳池小学校、幼稚遊嬉場を付設。キンダー・ガルテンにならった日本最初の幼稚園。1877年、廃止。

1876年
(明治9年)

1.10	〔政策〕第一大学区で教育議会を開催	第一大学区1府8県の教育議会が東京で開催される。
2.15	〔制度〕小学扶助金の配布規定を改正	小学扶助金の配布に関する規定を改正。従

- 3.15 〔設立〕楽善会訓盲院、設立　楽善会訓盲院の設立が認可される。日本最初の盲学校。1880年2月13日、東京・築地で授業を開始。1884年5月に訓盲唖院、1887年10月に官立東京盲唖学校となる。その後も改称・改編を繰り返し、現在の筑波大学附属視覚特別支援学校・筑波大学附属聴覚特別支援学校に至る。

- 3.22 〔人事〕田中不二麿、アメリカ視察　文部大輔田中不二麿ら、教育事情の調査のため米国百年期博覧会に派遣されることに。4月25日、横浜港を出港。1877年1月8日、帰国。

- 4.7 〔設立〕東京修身学社、創設　西村茂樹・坂谷素・杉亨二ら、道徳振興を目的に東京修身学社を創設。1884年、日本講道会と改称。1887年、日本弘道会と改称。1914年、社団法人の許可を受ける。

- 4.17 〔出版〕『教育雑誌』と改題　『文部省雑誌』、『教育雑誌』と改題し、第1号を刊行。欧米教育論説を紹介。

- 4月 〔政策〕督学局の視学・書記、第一大学区を視察　督学局の視学・書記、第一大学区（千葉・栃木・茨木・熊谷・埼玉の各県）の学事を視察。

- 4月 〔活動〕東京女子師範学校、別科を設置　東京女子師範学校、師範学校を本科とし、これとは別に本科の予備課程である別科を設置。1877年5月31日、廃止。

- 6.25 〔人事〕開成学校第2回海外留学生　東京開成学校、第2回海外留学生を派遣。顔触れは穂積陳重・杉浦重剛・桜井錠二らで、派遣先はイギリスが8人、フランスが2人。

- 7.31 〔人事〕クラーク、札幌学校教頭に　マサチューセッツ州立大学学長W.S.クラーク、札幌学校教頭に就任。6月14日、札幌学校開校式。9月8日、札幌農学校と改称。クラークは農事試験と共にキリスト教に基づく学生の徳育にも尽力し、1877年4月16日に辞任・帰国。

- 9.14 〔設立〕産婆教授所、設置　東京府、東京府病院内に産婆教授所を設置。1877年5月15日、開校。営業中の産婆に傍聴を許可。

- 11.6 〔設立〕工部美術学校、創設　工部省、工学校の附属として工部美術学校を創設。校長は大鳥圭介。画学・彫刻学の2科からなり、画家A.フォンタネージ・彫刻家V.ラグーザ・建築家G.カッペレッティらイタリア人美術家を教師として招聘。12月14日、女子生徒の入学を許可。1883年1月23日、廃止。

- 11.16 〔設立〕東京女子師範学校附属幼稚園開園　東京女子師範学校附属幼稚園、開園。初代監事（園長）は関信三。日本最初の近代的幼稚園で、主任保母松野クララがフレーベル教育を導入。1952年3月にお茶の水女子大学文教育学部附属幼稚園、1980年4月にお茶の水女子大学附属幼稚園と改称。

- 12月 〔出版〕『彼日氏教授論』刊行　D.P.ページ著『彼日氏教授論』が文部省から刊行。『教授の理論および実際』（1847年刊）の訳書で、訳者はオランダ人ファン・カステール。

1877年
（明治10年）

1.8　〔人事〕**田中不二麿、帰国**　文部大輔田中不二麿、アメリカ視察を終えて帰国。1月10日以降、文部省の省務を管理。

1.11　〔設立〕**工部大学校と改称**　工部省の工学校、工部大学校と改称。1886年3月、東京大学工芸学部と合併し、帝国大学工科大学を設置。1897年、東京帝国大学工科大学と改称。1919年2月、東京帝国大学工学部と改称。

1.12　〔政策〕督学局を廃止し、**学監事務所を設置**　督学局を廃止し、学監事務所を設置。前督学局長野村素介・江木千之・高橋是清ら、学監事務書員となり、ダビッド・モルレーと共に学制改革の調査を開始。

1.26　〔設立〕**教育博物館と改称**　文部省所管の東京博物館、教育博物館と改称。3月9日、湯島から上野公園内に移転。

1月　〔政策〕「**米国独立百年記念大博覧会教育報告**」提出　文部大輔田中不二麿、「米国独立百年記念大博覧会教育報告」を提出。

1月　〔設立〕**銀行学伝習所、創設**　大蔵省、銀行学伝習所を創設。1879年に簿記学伝習所、1882年に銀行事務講習所、1886年に東京商業学校附属主計学校と改称。1893年9月、廃止。この間、約600人の銀行員を養成。

1月　〔出版〕『**那然氏小学教育論**』刊行　小泉信吉等訳『那然氏小学教育論』が文部省から刊行。アメリカ人教育学者C.ノルゼント著『教師と両親』の翻訳書。

2.1　〔設立〕**東京女子師範学校附属小学校、創設**　東京女子師範学校、教授法の実地練習のために附属小学校を設置。1878年7月2日、附属練習小学校と改称。9月20日、授業を開始。

2.19　〔政策〕**府県公立師範学校に補助金を配付**　府県公立師範学校への補助金配付を決定。また、官立師範学校廃止減少により、今後府県公立師範学校の隆盛を望む旨を布達。1878年・1879年に増額され、生徒1人当たり10円・1校あたり786円に。

2.19　〔設立〕**東京女学校他を廃止**　官立東京女学校、愛知・広島・新潟の各官立師範学校、愛知・広島・長崎・新潟・宮城の各官立英語学校を廃止。東京女子師範学校に英学科を設置し、旧東京女学校の生徒を編入。

4.12　〔設立〕**東京大学、創設**　東京開成学校と東京医学校を合併し、東京大学を創設。「学制」に基づく最初の大学で、法・理・医・文の4学部からなっていた。また、東京英語学校と開成学校普通科（予科）を合併し、東京大学予備門へと改組。こちらは法・理・文の3学部。

5.31　〔法令〕「**東京女子師範学校教則**」改正　「東京女子師範学校教則」を改正。女子教員養成が目的であることを明示した他、修業年限を5年から3年半に短縮。

6月　〔政策〕「**学監考案日本教育法**」提出　文部省最高顧問ダビッド・モルレー、「学監

		考案日本教育法」と題した学校制度案を文部大輔田中不二麿に提出。
7月		〔活動〕東京師範学校、校則・教則を改正　東京師範学校、校則及び教則を改正。中学師範学科の修業年限を3年半とし、英語を重視する内容に。
8月		〔政策〕学事巡視報告書を提出　文部大書記官西村茂樹・九鬼隆一、学事巡視についての報告書を提出。5月以来、西村は第二大学区、九鬼は第三大学区へ学事巡視に派遣されていた。報告書は中央集権的画一主義から地方分権的教育政策への転換、国民生活の実情に即した教育政策の必要性を提唱する内容。
8月		〔活動〕新潟県農事試験場、農事教場を設置　新潟県農事試験場内に農事教場を設置。1880年に新潟勧農場、1885年7月に新潟農学校と改称。
8月		〔出版〕『学芸志林』創刊　東京大学、『学芸志林』を創刊。海外文献の翻訳や学外者の寄稿記事を多く掲載し、総合誌的な性格の雑誌となる。
8月		〔出版〕『日本教育史略』刊行　文部省、『日本教育史略』を刊行。学監ダビッド・モルレーに委嘱・編纂させた物で、最初の日本教育史書。原本は1876年にニューヨークで刊行。
10.17		〔設立〕学習院の称号を授与　明治天皇、華族会館経営の華族学校開校式に臨席し、学習院の称号を授与。1884年4月、宮内省所轄の官立学校となる。1885年9月、華族女学校を創設。1906年4月、華族女学校を学習院に併合し、学習院女学部と改称。1918年9月、女学部を女子学習院に改組。1947年3月、学習院及び女子学習院の官制を廃止。4月、財団法人学習院経営の私立学校として再出発。
10.17		〔設立〕農学校と改称　内務省勧業寮内に設置された農事修学場を農学校と改称。12月、駒場に移転し、駒場農学校と改称。

1878年
(明治11年)

1.24		〔活動〕駒場農学校、開校式を挙行　駒場農学校、新校舎が落成し、開校式を挙行。
1月		〔設立〕神戸商業講習所、創設　兵庫県、神戸商業講習所を創設。1886年6月に兵庫県立神戸商業学校、1928年に兵庫県立第一神戸商業学校と改称。1948年、学制改革により兵庫県神戸第四中学校と統合し、兵庫県立星陵高等学校と改称。1962年、星陵高等学校から商業科を分離独立させ、兵庫県立神戸商業高等学校を創設。
2.6		〔設立〕大阪・宮城・長崎の各官立師範学校を廃止　大阪・宮城・長崎の各官立師範学校を第1学期(2月14日)までで廃止とすることが決定。官立師範学校は東京師範学校・東京女子師範学校の2校となる。
2月		〔出版〕『文部省日誌』再刊　『文部省日誌』が再刊される。1872年の創刊で、1873年3月に一旦廃刊となっていた。1883年2月、廃刊。
3月		〔設立〕三菱商業学校、創設　岩崎弥太郎、三菱商業学校を東京・神田に創設。1884年、廃止。

5.14 〔法令〕「日本教育令」上奏　文部省、「日本教育令」(「教育令」草案)を上奏。全78章からなり、干渉主義を廃した内容で、小学校関連が大部分を占めた。後に伊藤博文により大幅に修正され、全49条となる。

5.23 〔法令〕小学校・中学校・専門学校の諸規程を廃止　「小学教則」「中学教則略」など、「学制」の施行細則として制定された小学校・中学校・専門学校に関する諸規程を廃止。また、「外国教師ニテ教授スル中学教則」「外国教師ニテ教授スル医学教則」「外国語学校教則」「外国法学校教則」「外国理学校教則」「外国諸芸学校教則」「外国工芸学校教則」「外国鉱山学校教則」なども廃止。

5.24 〔設立〕盲唖院、創設　古河太四郎ら、盲唖院を京都に創設。日本最初の盲唖学校。1879年4月、京都府に移管し、京都盲唖院と改称。1889年11月に京都市、1931年に京都府に移管。この間、1925年4月に盲聾が独立。

5.24 〔人事〕西郷従道、文部卿に就任　参議西郷従道、文部卿を兼任。

6.10 〔設立〕陸軍士官学校、開校　陸軍士官学校が落成し、開校式を挙行。

6.27 〔活動〕東京女子師範学校、保姆練習科を設置　東京女子師範学校、「幼稚園保姆練習科規則」を制定し、保姆練習科を設置。2月に保育見習生を置き、9月に生徒を募集。入学者は11人。11月6日、「幼稚園保姆練習科生徒給費規則」を制定。1880年、本科の課程に幼稚保育法を設け、保姆練習科を廃止。1896年、再設置。

7月 〔法令〕「貸費留学生条規」制定　文部省、「貸費留学生条規」を制定。1882年2月「貸費留学生規則」及び「貸費留学生条規」を改め、「官費留学生規則」を制定。

8.10 〔人事〕フェノロサ、来日　アメリカ人アーネスト・フランシスコ・フェノロサ、東京大学文学部教授として招聘され、来日。哲学・論理学・政治学・理財学を担当。また、1885年に図画取調委員、1889年に東京美術学校教授となり、美術教育の発展に寄与。1890年、帰国。

9.6 〔政策〕体操取調掛を設置　文部省学務課に体操取調掛を設置。

9.10 〔制度〕公立学校開設認可・私学開業許可について地方に権限委譲　文部省、公立学校開設認可の権限を地方官に移譲。ただし、教則・府県学事規則を文部省へ伺い出ることとする。また、私学開業許可の書式を廃し、地方の適宜に移譲。

10.24 〔設立〕体操伝習所、創設　文部省、体操伝習所を東京に創設。これに先立つ7月には、軽体操導入のためアマースト大学・ハーバード大学出身のアメリカ人医学博士ジョージ・アダムス・リーランドを教師として招聘していた。1885年12月28日、東京師範学校附属となる。1886年4月29日に廃止となり、高等師範学校に体操専修科が設置された。

11.1 〔活動〕東京女子師範学校、体操術を施行　アマースト大学・ハーバード大学出身のアメリカ人医学博士ジョージ・アダムス・リーランド、東京女子師範学校の生徒に体操術を施行。

11.11 〔政策〕関信三、「幼稚園創立之法」を文部卿に提出　東京女子師範学校附属幼稚園監事関信三、「幼稚園創立之法」を編纂し、文部卿に提出。

12.19 〔制度〕学位授与権を東京大学に付与　文部省、学士学位の授与権を東京大学に付与。1879年6月30日、「東京大学学位授与規則」を制定。対象は法理文の3学部。

12.24	〔人事〕**西郷従道、陸軍卿に転任** 文部卿西郷従道、陸軍卿に転任。文部大輔田中不二麿、文部省の省務を管理。
12.28	〔人事〕**モルレー、満期解任** 文部省学監ダビッド・モルレー、満期解任。モルレーの帰国に伴い、学監事務所を廃止。
この年	〔出版〕**『塞児敦氏庶物指教』刊行** E.A.シェルドン著『塞児敦氏庶物指教』上巻が永田健助訳で文部省から刊行。下巻は翌1879年刊行。

1879年
（明治12年）

1.15	〔設立〕**東京学士会院、創設** 東京学士会院、創設。選挙の結果加藤弘之・神田孝平・津田真道・中村正直・西周・福沢諭吉・箕作秋坪が当選し、福沢が初代会長に就任。6月、『東京学士会院雑誌』を創刊。1906年6月13日に帝国学士院、1947年12月4日に日本学士院と改称。
2.24	〔法令〕**「医師試験規則」制定** 内務省、「医師試験規則」を制定。ただし、日本の官立大学及び欧米の大学の医学部卒業者には無試験で医師免状を授与。
2月	〔法令〕**「東京師範学校教則」改正** 「東京師範学校教則」を改正。予科2年・高等予科2年・本科1年とし、教育学・学校管理法・唱歌を追加。また、理学的教養科目も増加。
2月	〔設立〕**函館商船学校、創設** 小林重太郎ら、函館商船学校を創設。1883年に函館県立商船学校、1886年に北海道庁立商船学校、1888年に逓信省所管の官立商船学校、1890年に東京商船学校函館分校、1901年に北海道庁立函館商船学校と改称。1935年3月31日に廃止となり、4月1日創設の北海道庁立函館水産学校（現・北海道函館水産高校）が施設を継承。
3.13	〔活動〕**東京女子師範学校、第1回卒業式を挙行** 東京女子師範学校、第1回卒業式を挙行。卒業生は15人で、各府県の公立学校教師に就任。
3月	〔出版〕**『幼稚園法二十遊嬉』刊行** 関信三編『幼稚園法二十遊嬉』が青山堂から刊行。日本で初めて恩物（フレーベル考案の遊具）を解説した書。
4.4	〔設立〕**大阪専門学校と改称** 大阪英語学校、大阪専門学校と改称し、医学・理学の2学科及び予科を設置。1880年12月16日、廃止。
5月	〔政策〕**文部省吏員・教員らの職務外の集会開催を禁止** 文部省吏員・直轄学校総理・校長・教員等が職務外の政談講学を目的とする集会を開催することを禁止。
7.9	〔設立〕**庶民夜学校を創設** 東京府、商業夜学校を廃止し、府下の15区に各1校の庶民夜学校を創設。なお、商業夜学校は1877年3月21日の創設で、府下の5小学校に付設されていた。
7.10	〔活動〕**東京大学、初の学位授与式を挙行** 東京大学、法理文3学部で初の学位（学士号）授与式を挙行。10月18日、医学部の学位授与式を挙行。

8月	〔法令〕「教学聖旨」提示　明治天皇、「教学聖旨」(「教学大旨」)を提示。「教育勅語」の原型で、明治維新以来の自由主義的・功利主義的・知育主義的な教育を批判し、儒教的な徳育を重視する内容。9月、伊藤博文が「教育議」を天皇に提出し、科学的な知育を主張するなど「教学聖旨」を批判。これに対し、「教育聖旨」を起草した元田永孚が「教育議附議」を草して反批判。
9.10	〔人事〕寺島宗則、文部卿に就任　参議寺島宗則、文部卿を兼任。
9.29	〔法令〕「教育令」公布　太政官布告第40号「教育令」を公布。これに伴い、「学制」を廃止。学区制の廃止・地方官(府県長官)の権限縮小・公選学務員制度の導入など地方分権化を企図する他、男女別学も規定。
10.7	〔設立〕音楽取調掛、設置　文部省、音楽取調掛を設置。東京師範学校校長伊沢修二、音楽取調御用掛を兼任。伊沢は1880年にアメリカ人音楽教師ルーサー・ホワイティング・メーソンを招聘し、西洋音楽の導入や唱歌の編纂に尽力。1887年10月、東京音楽学校と改称。
11.12	〔政策〕幼稚園の創設・廃止・保育法について布達　公立幼稚園の創設・廃止は地方長官の、保育法は文部卿の認可制とし、私立幼稚園は地方長官への届出制とする旨を布達。
11.19	〔人事〕工部大学校卒業生、イギリス留学　工部大学校、教師養成のため第1期卒業生から選抜した11人をイギリス留学へ派遣。
この年	〔社会〕ブライユ点字を紹介　目賀田種太郎が、アメリカのパーキンス盲学校の視察報告の中でブライユ点字を紹介。カナに対応する列点法を提案する。

1880年
(明治13年)

1.6	〔政策〕変則小学校を認可　文部省、小学校のうち「教育令」に規定された読書・習字・算術・地理・歴史・修身の6科を具備しないものを変則小学校として認可する旨を布達。6月26日、廃止。
1.6	〔法令〕学務委員選挙規則の制定を指示　文部省、府県に対し学務委員選挙規則を制定し、文部卿に届け出るよう指示。
1.29	〔制度〕小学補助金を減額　小学補助金を年額20万円に減額することが決定。
2.28	〔人事〕河野敏鎌、文部卿に就任　参議寺島宗則が文部卿兼官を解かれ、河野敏鎌が文部卿に就任。干渉主義による「教育令」改正を推進。
3.9	〔政策〕教則取調掛、設置　文部省、教則取調掛を設置。掛長は西村茂樹、掛員は江木千之。公私立学校教則の適否と教科書の内容を調査する機関。
3.23	〔活動〕東京外国語学校、朝鮮語学科を設置　東京外国語学校に朝鮮語学科を設置し、外務省・陸軍・海軍の官費生及び一般生徒に朝鮮語を教授。

4.5	〔法令〕「集会条例」公布	「集会条例」を公布。第7条により軍人・教員・生徒の政治団体への加入、政治集会への参加を禁止。
4月	〔出版〕『小学修身訓』刊行	文部省編輯局、同局局長西村茂樹著『小学修身訓』を刊行。東洋古典に基づく小学修身書のモデル。
5月	〔制度〕小学校教科書調査を開始	文部省、小学校教科書の調査を開始。
5月	〔設立〕東京基督教青年会、創設	小崎弘道ら、東京基督教青年会を創設。10月11日、『六合雑誌』を創刊。
6.5	〔法令〕「地方学務局処務規則」制定	文部省、「地方学務局処務規則」を制定。同局に庶務・教則・取調・記録の4掛を設置。このうち取調掛は教科書の調査を行い、その適否を決定する機関。
7.1	〔設立〕東京図書館と改称	東京府書籍館、東京府から文部省へ移管し、東京図書館と改称。これが「図書館」の呼称の始まりとされる。
8.7	〔活動〕東京大学、学士研究科を設置	東京大学、法・理・文の3学部に学士研究科を設置。後の大学院。
8.30	〔制度〕不適当な教科書の使用を禁止	文部省地方学務局、小学校教科書調査の結果を各府県に通知し、不適当とみなした教科書の使用を禁止。第1次の対象は箕作麟祥『泰西勧善訓蒙』など27種。9月11日、第2次を追加。
9月	〔活動〕音楽取調掛、伝習生の募集を開始	文部省音楽取調掛、伝習生の募集を開始。10月、鳥居忱ら男9人・女13人の入学を許可。
10.25	〔政策〕「君が代」作曲	宮内省式部寮雅楽課の楽人林広守、「君が代」を作曲。編曲は海軍省雇教師フランツ・エッケルト。11月3日、天長節宮中御宴で初演。
11月	〔設立〕大阪商業講習所、創設	五代友厚ら、私立大阪商業講習所を大阪市西区に創設。1881年に大阪府へ移管して府立大阪商業講習所、1885年に府立大阪商業学校と改称。1889年、大阪市へ移管して市立大阪商業学校と改称。1901年に市立大阪高等商業学校へ改組、1919年に大阪市立高等商業学校と改称し、1928年に大阪商科大学へ改組。1962年、廃止。
12.18	〔制度〕教育上弊害ある書籍の教科書不採用を指示	文部省、府県に対し「国安ヲ妨害シ風俗ヲ紊乱スルカ如キ事項ヲ記載セル書籍」を学校教科書に採用しないよう指示。
12.28	〔法令〕「教育令」改正、公布	「教育令」改正、公布。主な改正点は学校設置および就学義務の強化、修身の重視、教育費国庫補助の廃止など。

1881年
(明治14年)

1.29	〔法令〕「就学督責規則起草心得」他、制定	「就学督責規則起草心得」を制定。子

		どもの就学を一層厳重に督促するもの。また、「小学校設置ノ区域並校数指示方心得」「学務委員薦挙規則起草心得」を制定。
1.31	〔法令〕「小学校教員免許状授与方心得」制定	「小学校教員免許状授与方心得」を制定。7月8日に改正し、徳望ある碩学老儒への無試験での修身科教授免許状授与、品行不正の際の免許状没収などを規定。
4.7	〔人事〕福岡孝弟、文部卿に就任	福岡孝弟、文部卿に就任。前文部卿河野敏鎌の路線を踏襲。
5.4	〔法令〕「小学校教則綱領」制定	「小学校教則綱領」を制定。小学校を初等・中等・高等の3科に区分し、各教科の目的・内容を具体的に規定。また、修身を重視し、歴史教育は日本史のみとされた。
5.26	〔設立〕東京職工学校、創設	東京職工学校、創設。1890年に東京工業学校、1901年に東京高等工業学校、1929年に東京工業大学と改称。
6.15	〔政策〕「東京大学職制」改正	「東京大学職制」を改正。総理・長・教授・助教授・書記を設置し、法・理・文・医の4学部を統一的に管理。7月6日、加藤弘之が初代総理に就任。
6.15	〔政策〕府県立町村立学校職員名称ならびに準官等を規定	府県立町村立学校職員名称ならびに準官等を規定。また、文部省所轄官立学校・図書館・教育博物館職制および職員名称等級を改定し、「外国語学校師範学校中学校職工学校職制」を制定。一連の措置により、初めて校長の職種を規定し、教職員の身分保障を行う一方、教職員官吏化の嚆矢ともなる。
6.18	〔法令〕「小学校教員心得」制定	「小学校教員心得」を制定。全16項目で、起草者は江木千之。普通教育を国家の基盤に関わる重大事項と位置付け、その実行者である小学校教員の心得を定めたもの。知識の教授よりも徳の育成を重視し、忠君愛国を説く内容。
7.21	〔法令〕「学校教員品行検定規則」制定	「学校教員品行検定規則」を制定。懲役・禁獄・鎖錮の刑を受けた者、身代限（破産）処分を受けて負債の弁償を終えていない者、さらには反体制的言動・思想の持主など、品行不正な者が教職につくことを禁じ、現職者である場合は免職とした。
7.29	〔法令〕「中学校教則大綱」制定	「中学校教則大綱」を制定。中学校の教育目的として「中人以上ノ業務」への就職及び高等教育機関への進学の2点を明記。
8.2	〔活動〕学生と生徒を区別	東京大学、本科に限り生徒を学生と改称。学生と生徒の区別の始まり。
8.19	〔法令〕「師範学校教則大綱」制定	「師範学校教則大綱」を制定。各府県の師範学校の教則を統一するもので、初等・中等・高等の3学科を規定。
9.10	〔設立〕東京物理学校、創設	中村恭平ら東京大学理学部物理学科卒業生、東京物理学講習所を創設。1897年まで夜間制。1883年9月、東京物理学校と改称。1915年5月、財団法人東京物理学校を設立。1949年4月、学制改革により東京理科大学へ改組。
10.24	〔政策〕文部省、局課を改置	文部省、局課を改置し、専門学務・普通学務・編輯・

会計・庶務・報告の6局、内記・調査の2課、音楽取調掛とする。
11月　〔出版〕『小学唱歌集』刊行　文部省音楽取調掛編で『小学唱歌集』初篇が刊行される。初めて音符による音階表示を行う。
12.17　〔制度〕文部卿福岡孝弟、教育の要旨を訓示　文部卿福岡孝弟、府知事・県令を文部省に招集して教育の要旨を訓示。内容は教科書検定制度導入の意思表明など。

1882年
（明治15年）

4.1　〔設立〕東京商船学校と改称　三菱商船学校、農商務省所管となり、東京商船学校と改称。1885年12月、逓信省へ移管。

4.17　〔政策〕公私立学校の監督取締について通達　文部省、府県に対し公私立学校の監督取締について通達。

4.26　〔政策〕農商務省の職制を改正　農商務省の職制を改正。農学校・博物館・商船学校のみを同省の所管とし、その他の実業学校を文部省所管とする。

4.30　〔設立〕神宮皇学館、創設　伊勢神官、神宮皇学館を林崎文庫内に創設。神官の研究・教育機関で、1903年8月に内務省へ移管し、1940年4月に神宮皇学館大学と改称。1946年3月、連合国総司令部（GHQ）の「神道指令」により廃止。1962年4月、私立大学として皇学館大学を再興。

5.27　〔法令〕「医学校通則」制定　「医学校通則」を制定。医学教育の水準向上を期するもので、医学校の設置基準を定める。

5月　〔設立〕東京教育学会、創設　東京教育会と東京教育協会が合併し、東京教育学会を創設。1883年9月9日、大日本教育会に改組。

6.15　〔活動〕東京大学医学部予科、予備門に合併　東京大学医学部予科を予備門に合併。従来の予備門を本黌、医学部予科を分黌とする。

7.10　〔設立〕東京女子師範学校附属高等女学校、創設　東京女子師範学校、予科を廃止し、附属高等女学校を創設。最初の高等女学校。

7.18　〔法令〕「薬学校通則」制定　「薬学校通則」を制定。

9.18　〔活動〕東京大学文学部、古典講習科を設置　東京大学文学部、古典講習科を設置。

10.12　〔出版〕『教育学』刊行　伊沢修二著『教育学』上巻が白梅書屋から刊行。日本人が著した最初の教育学書。下巻は翌1883年刊行。

10.21　〔設立〕東京専門学校、創設　大隈重信・小野梓ら、東京専門学校を創設。学問の独立を謳い、日本語による専門教育を標榜。政治経済学科・法律学科の他に理学科・英学科を設置し、政治学・法学を重視しつつも総合教育を志向。1902年9月、早稲田大学と改称。

11.21　〔政策〕学事諮問会を開催　文部省、各府県学務課長・府県立学校長を召集して学

事諮問会を開催し、「文部省示諭」を提示。
- 11.27 〔出版〕『幼学綱要』下賜　明治天皇、『幼学綱要』(3冊7巻)を文部卿・参議に下賜。元田永孚ら宮内省が編纂した修身書で、幼童のために仁義忠孝を中心とする徳目を説き、「教育勅語」の原点ともされる。12月2日、地方長官に下賜。
- 12.14 〔出版〕『文部省教育雑誌』と改題　『教育雑誌』、『文部省教育雑誌』と改題。1884年1月7日、廃刊。
- 12月 〔設立〕真宗大学寮と改称　東本願寺貫練教校、真宗大学寮と改称。1896年、真宗大学に改組。1904年、「専門学校令」により認可。1911年、真宗大谷大学に改組。1922年、「大学令」に基づき大谷大学を創設。

1883年
(明治16年)

- 1月 〔活動〕東京大学予備門本黌に英語専修課を設置　東京大学予備門本黌に英語専修課を設置。
- 2.15 〔出版〕『文部省日誌』廃刊　『文部省日誌』が廃刊となる。1872年の創刊で、1873年3月に一旦廃刊し、1878年2月に再刊していた。
- 2月 〔活動〕東京大学文学部、支那古典講習科を設置　東京大学文学部、古典講習科乙部規則を制定し、支那古典講習科を設置。
- 4.11 〔法令〕「農学校通則」制定　「農学校通則」を制定。農学校の教育課程を小学中等科卒業の学力を有する者を対象に農家を育成する第一種、初等中学科卒業の学力を有する者を対象に指導者を育成する第二種に区分。文部省の実業教育関係法令としては初めてのものだが、影響力は小さく、1886年に廃止。
- 4.12 〔設立〕陸軍大学校、開校　陸軍大学校、開校。「陸軍大学校条例」に基づき1882年に創設されたもので、ドイツ陸軍の参謀将校制度に倣い参謀を養成。1885年、ドイツ陸軍少佐クレメンス・ウィルヘルム・ヤコブ・メッケルを招聘。
- 4.28 〔法令〕「府県薦挙師範生徒募集規則」制定　「府県薦挙師範生徒募集規則」を制定。「善良ナル」教員を養成するため、府県推薦の生徒を東京師範学校に入学させ、公費を給する。
- 5.19 〔法令〕「学校教員品行検定規則」を学校長にも適用　「学校教員品行検定規則」の適用範囲を学校長にまで拡大。
- 6月 〔出版〕『小学修身書』刊行　文部省編輯局編で『小学修身書 初等科之部』刊行(全6冊)。
- 7.1 〔設立〕かなのくわい、創設　かな文字運動の3団体が集結し、かなのくわいを創設。会長は有栖川宮威仁親王、副会長は吉原重俊・高橋正風。
- 7.6 〔法令〕「府県立師範学校通則」制定　「府県立師範学校通則」を制定。府県立師範

学校を「忠孝彝倫の道を本とし、管内の小学校教員たるべきものを養成する所」と規定。また、管内学齢人員に対する入学生徒の割合など府県立師範学校の設置基準を明示し、その整備を促進。

7.27　〔法令〕「小学校教員免許状授与方心得」改正　「小学校教員免許状授与方心得」を改正。学力に加えて品行の検定を強化。

7.31　〔制度〕教科書採択が認可制に　文部省、府県に対し小学校・中学校・師範学校の教科書採択に関して布達。従来の届出制に代えて、文部省による事前認可制に。

8.9　〔制度〕法令違反の教科書を発行停止　法令違反の教科書の発行停止を関係諸県に通達。

8.18　〔制度〕小学校教員改良　文部省、府県に対し小学校教員改良のため、教員講習所の設置、督業訓練の配置法を指示。

8月　〔法令〕「東京女子師範学校教則」改正　「東京女子師範学校教則」を改正。修学年限を3年から4年に延長。

9.5　〔法令〕「東京師範学校中学師範学科規則」改正　「東京師範学校中学師範学科規則」を改正し、中学師範学科を小学師範科から独立させる。

9.9　〔設立〕大日本教育会、創設　東京教育学会を改組し、大日本教育会を創設。初代会長は辻新次。半官半民的性格を持つ全国規模の教育団体で、会員数は約800人。11月30日、機関誌『大日本教育会雑誌』を創刊。1896年12月、帝国教育会と改称。

10.22　〔設立〕独逸学協会学校、創設　独逸学協会、独逸学協会学校を創設。初代校長は西周。中等教育機関である普通科の他、1884年から1895年まで高等教育課程である専修科を併設。1947年、独逸学協会を財団法人独協学園に改組し、独逸学協会学校を独協中学校と改称。1948年、新制の独協中学校・高等学校が発足。なお、専修科は東京帝国大学文学部独逸語科の母体となった他、独協大学の源流と位置づけられている。

11.30　〔出版〕『大日本教育会雑誌』創刊　大日本教育会、『大日本教育会雑誌』を創刊。1896年11月15日、183号より『教育公報』と改題。

12.12　〔人事〕大木喬任、文部卿に就任　大木喬任、文部卿に就任。1871年9月12日から1873年4月19日まで初代文部卿を務めて以来の再任。

1884年
（明治17年）

1.7　〔出版〕『文部省教育雑誌』廃刊　『文部省教育雑誌』の廃刊を告示。3月27日には『文部省報告』が廃刊となり、1920年の『文部時報』創刊まで文部省刊行の雑誌が途絶。

1.11　〔法令〕「商業学校通則」制定　「商業学校通則」を制定。商業学校の教育課程を小学中等科卒業の学力を有する者を対象に商業自営者を育成する第一種、初等中学科

卒業の学力を有する者を対象に管理者を育成する第二種に区分。また、外国語習得へ積極的姿勢を示す。

1.26 〔法令〕「中学校通則」制定　「中学校通則」を制定。中学校の目的を「忠孝彝倫ノ道ヲ本トシテ」中流人士あるいは上級学校進学者を育成することと規定。また、校長の資格、教員構成中の有資格数、施設・設備の基準などを明示。

2.15 〔政策〕学齢未満の幼児の小学校入学を禁止　府県に対し、学齢未満の幼児の小学校入学を禁じ、幼稚園により保育すべき旨を通達。幼稚園普及が促進されることに。

3.26 〔政策〕高等商業教育を開始　商法講習所が農商務省の所管となり、東京商業学校と改称。また、東京外国語学校内に附属高等商業学校を設置。高等教育レベルの商業教育の始まり。1885年5月14日、東京商業学校を文部省に移管。9月22日、東京外国語学校及び附属高等商業学校と東京商業学校を統合し、新たに東京商業学校を発足。

4.17 〔活動〕学習院、宮内省へ移管　学習院、宮内省直轄の官立学校となる。従来は文部省所管・華族会館経営の私立学校だった。

5.7 〔政策〕森有礼、文部省御用掛に就任　森有礼、参事院議官と文部省御用掛を兼任し、文教行政に参画。

5.17 〔活動〕東京大学理学部、造船学科を設置　東京大学理学部附属造船学科を設置。海軍省の要望によるもので、当初は海軍技術官養成を目的とした。

5.26 〔設立〕訓盲唖院と改称　楽善会訓盲院、訓盲唖院と改称。1885年11月25日、文部省へ移管。1887年10月10日、東京盲唖学校と改称。

6.7 〔活動〕東京大学予備門、学科課程と入学試験科目を改定　東京大学予備門、学科課程と入学試験科目を改定。本黌・分黌とも修業年限を4年とし、外国語以外は同一課程とする。9月1日、本黌・分黌の名称を廃止。

6月 〔出版〕『改正教授術』刊行　若林虎三郎・白井毅編『改正教授術』正編が普及舎から刊行。続編は1885年刊行。

7.2 〔法令〕「中学校教則大綱」改正　「中学校教則大綱」を改正。第11条を改め、初等中学科（4ヶ年）のみの設立を認可。

8.13 〔法令〕「中学校師範学校教員免許規程」制定　「中学校師範学校教員免許規程」を制定。中等教員検定制度の始まり。

11.22 〔法令〕「中学校教則大綱」改正　「中学校教則大綱」を改正。第5条を改め、土地の状況に応じて中学校の学科の加除を認可。

11.29 〔法令〕「小学校教則綱領」改正　「小学校教則綱領」を改正。土地の状況に応じて小学校に英語初歩の加設を認可。

12.12 〔設立〕東京法学校と改称　司法省所管の法学校正則科を文部省に移管し、東京法学校と改称。1885年9月29日、東京大学法学部へ合併。

1885年
（明治18年）

2.9	〔設立〕音楽取調所と改称	音楽取調掛、音楽取調所と改称。本郷から上野公園博物館隣へ移転。12月、再び音楽取調掛と改称し、文部大臣官房付属となる。
6月	〔出版〕『教育新論』刊行	J.ジョホノット著『教育新論』が高嶺秀夫訳で東京茗溪会から刊行。全4冊、翌1886年完結。原書は『教授の原理と実際』(1878年)。
7.13	〔設立〕大学分校に改組	大阪中学校、大学分校へ改組。将来的に大学へ改組するため、予備科・専門科等を設置。1886年4月、第三高等中学校へ改組。
7月	〔設立〕英吉利法律学校、創設	穂積陳重・奥田義人・江木衷ら、英吉利法律学校を東京・神田錦町に創設。初代校長は増島六一郎。9月10日、開校。1889年10月に東京法学院、1903年に東京法学院大学、1905年に中央大学と改称。
8.12	〔法令〕「教育令」再改正、公布	「教育令」再改正、公布。経済不況の深刻化を受け、地方教育費節減を目的とするもの。主な内容は小学教場の認可、就学規定の緩和、学務委員の廃止、教員資格認定における検定制採用など。
8.14	〔活動〕東京大学予備門、独立	文部省、東京大学予備門を東京大学から独立させて同省直轄とし、東京外国語学校仏語科及び独語科・東京法学校予備科を大学予備門附属とする。これにより大学予備門は東京大学のみならず各種高等教育機関への予備教育機関となる。
8.19	〔政策〕府県立及び町村立学校で授業料を徴収	文部省、府県立及び町村立学校で原則として授業料を徴収すべき旨、通達。「教育令」再改正に基づく地方教育費節減の一環。
8.27	〔活動〕東京女子師範学校、東京師範学校に合併	東京女子師範学校を東京師範学校に合併し、同校女子部とする。これに伴い附属高等女学校・小学校・幼稚園も東京師範学校附属となる。管理の単一化と経費節減を目的とし、10月1日には府県立女子師範学校も同様に合併。
9.5	〔設立〕華族女学校、創設	学習院女子部を廃止して華族女学校を創設し、「華族女学校規則」を制定。初代校長は長谷干城、監事兼教授下田歌子。1906年4月、学習院に併合し学習院女学部と改称。
10.1	〔活動〕府県立女子師範学校の師範学校への合併を布達	文部省、府県立女子師範学校を師範学校に合併すべき旨を布達。
10.7	〔設立〕東京感化院、創設	高瀬真卿、私立予備感化院を創設。1886年10月、東京感化院と改称。1914年5月、財団法人設立の認可を得る。1923年6月7日、錦華学院と改称。1952年5月20日、社会福祉法人の認可を得る。
11.18	〔政策〕体操伝習所での教員養成を布達	文部省、府県立学校の兵式体操・軽体操の教員養成を体操伝習で行う旨を布達。

12.4	〔政策〕訓盲唖院掛を設置	文部省、総務局に訓盲唖院掛を設置。
12.7	〔法令〕「中学校師範学校教員免許規程」改正	「中学校師範学校教員免許規程」を改正。第1条を改め、中学校・師範学校においても教員資格認定を免許状制に統一することを確認。
12.10	〔政策〕図画取調掛、設置	文部省学務一局に図画取調掛を設置し、岡倉覚三・アーネスト・フランシスコ・フェノロサに欧米の図画教育の実態調査を委託。1887年10月5日、東京美術学校に改組。
12.12	〔制度〕公立小学校が学年制に	公立小学校において修業期間1ヶ年をもって1学級とすべき旨を通達。従来の半年進級制を一年進級制に改め、学年制を採用。なお、私立小学校については1ヶ年または半ヶ年をもって1学級とした。
12.16	〔活動〕東京大学、工芸学部を設置	東京大学、理学部鉱工業関係学科を独立させ、工芸学部を設置。また、法学部を法政学部と改称し、文学部政治学科を法政学部に移管。これにより法政・文・理・工芸・医の5学部体制となる。
12.22	〔活動〕工部大学校、文部省に移管	工部大学校、文部省に移管。工部省の廃止に伴う措置。
12.22	〔人事〕森有礼、初代文部大臣に就任	伊藤博文、初代内閣総理大臣に就任し、第1次伊藤内閣を組閣。森有礼、初代文部大臣に就任。
12.28	〔政策〕文部省、視学部を設置	文部省、視学部を設置。府県を5部に区分し、各部担任の視学官を置く。

1886年
（明治19年）

2.27	〔法令〕「各省官制」公布	「各省官制」を公布。文部省に大臣官房・総務局・学務局・編輯局・会計局を設置。また、視学官（5人・後に7人に増員）を置く。
2月	〔設立〕古義真言宗大学林・新義真言宗大学林、創設	真言宗合同会議の議決に基づき、古義真言宗大学林を和歌山県に、新義真言宗大学林を東京に創設。古義真言宗大学林は1909年に高野山大学と改称。新義真言宗大学林は1908年に豊山大学と改称、1925年に天台宗大学・宗教大学と統合して仏教連合大学に改組し、1926年に大正大学を創設。
3.2	〔法令〕「帝国大学令」公布	「帝国大学令」を公布。これに伴い、東京大学を帝国大学に改組。法・医・工・文・理の5分科大学及び大学院からなり、このうち工科大学は工芸学部に工部大学校を合併したもの。3月10日初代総長に渡辺洪基が就任。
3.6	〔人事〕山川浩、東京師範学校長に就任	高嶺秀夫が東京師範学校長を辞任し、陸軍省総務局制規課長陸軍大佐山川浩が現役のまま後任の校長となる。師範教育の軍隊化の始まり。
3.22	〔設立〕共立女子職業学校、創設	宮川保全・那珂通世ら34人、共立女子職業学校

3.23	〔法令〕「大学院規程」制定　帝国大学、「大学院規程」を制定。大学院に関する最初の細則で、攻究期限を2年以内とする。
4.10	〔法令〕「師範学校令」「小学校令」「中学校令」「諸学校通則」公布　「師範学校令」「小学校令」「中学校令」「諸学校通則」を公布。師範学校を尋常・高等の2等に区分。尋常小学校4ヶ年を義務教育とすることを明記。中学校を尋常・高等の2等に区分し、府県立尋常中学校を各府県に1校、高等中学校を全国に5校設置。また、「諸学校通則」により、師範学校以外の学校については私立学校を認可。第二次大戦終戦に至るまで学校制度の基礎となる。
4.29	〔設立〕高等師範学校に改組　東京師範学校を高等師範学校に改組。
4.29	〔設立〕第一高等中学校・第三高等中学校と改称　東京大学予備門を第一高等中学校、大阪の大学分校を第三高等中学校と改称。
5.10	〔法令〕「教科書用図書検定条例」制定　「教科書用図書検定条例」を制定。教科書検定制度に関する最初の規定。1887年5月7日、廃止。
5.25	〔法令〕「小学校ノ学科及其程度」他、制定　文部省、「小学校ノ学科及其程度」を制定。自然科学関係教科を理科に統合し、手工科を新設。同日、「小学簡易科要領」を制定。6月9日、「小学校ノ学科及其程度」の実施方法は府知事・県令が定めるよう訓令。
5.26	〔法令〕「尋常師範学校ノ学科及其程度」他、制定　「尋常師範学校ノ学科及其程度」を制定。単一課程、体操への兵式体操の導入、教育科新設などを定める。5月28日、「尋常師範学校生徒募集規則」「尋常師範学校卒業生服務規則」を制定。
6.21	〔法令〕「小学校教員免許規則」制定　「小学校教員免許規則」を制定。小学校教員免許状を師範学校卒業者及び検定試験合格者に授与するものと規定し、普通免許状（文部大臣が授与・全国に無期有効）と地方免許状（府知事県令が授与・管轄地方内で5年間有効）の2種に区分。
6月	〔設立〕明治学院、創設　明治学院、東京・芝区白金に創設。1863年にJ.C.ヘボンが創設したヘボン塾の後身である一致英和学校・英和予備校とS.R.ブラウンが創設したブラウン塾の後身である東京一致神学校が合併したもの。
7.1	〔法令〕「高等中学校ノ学科及其程度」制定　「高等中学校ノ学科及其程度」を制定。修業年限を2ヶ年とし、予科3ヶ年の設置を認可。
8.25	〔法令〕「私立法律学校特別監督条規」制定　「私立法律学校特別監督条規」を制定。東京府下の5大私立法律学校（英吉利法律学校・専修学校・東京専門学校・東京法学校・明治法律学校）を帝国大学総長の監督下に置く。
10月	〔制度〕高等師範学校、4月学年制に　高等師範学校、学年を4月1日から翌年3月31日までとする。4月1日を初日とする現行の4月学年制の始まり。
11.4	〔設立〕関西法律学校、創設　児島惟謙・井上操・小倉久・堀田正忠ら司法官と自由民権運動家吉田一士、関西法律学校を大阪市西区京町堀の願宗寺に創設。1905年、社団法人に改組して私立関西大学と改称。1920年、財団法人に改組して関西大

学と改称。1922年、「大学令」に基づく大学となる。
- 11.20 〔設立〕官立山口高等中学校へ改組　文部省、防長教育会の願を認め、山口中学校を同省所管の官立山口高等中学校へ改組。全国3番目の高等中学校。
- 11.30 〔政策〕高等中学校の設置区域を制定　高等中学校の設置区域を制定し、第1区は東京、第3区は京都、第4区は金沢とする。12月に第2区は仙台、1887年4月に第5区は熊本と定める。
- 12.9 〔法令〕「教科用図書検定要旨」制定　「教科用図書検定要旨」を制定。

1887年
（明治20年）

- 1.9 〔人事〕エミール・ハウスクネヒト、帝国大学文科大学教師に就任　ドイツ人エミール・ハウスクネヒト、帝国大学文科大学の独文学・教育学担当教師に就任。ヘルバルト派教育学を日本に紹介し、1890年7月に辞任。
- 1.15 〔設立〕大日本婦人教育会へ改組　小鹿島筆子ら、1886年創設の東京婦人談話会を大日本婦人教育会へ改組。欧化主義の風潮に対抗し、上流階級婦人らに貞操・淑徳を説く。
- 3.25 〔法令〕「公私立小学校教科用図書採定方法」他、制定　「公私立小学校教科用図書採定方法」「尋常師範学校教科用図書採定方法」を制定。地方長官が教科用図書審査委員を任命して採定するものとする。
- 4.18 〔設立〕第二高等中学校・第四高等中学校、創設　仙台の第二区高等中学校及び金沢の第四区高等中学校を改称し、第二高等中学校及び第四高等中学校を創設。5月30日、熊本の第五区高等中学校を第五高等中学校と改称。
- 4.29 〔制度〕小学校用歴史教科書編纂旨意書、公示　文部省、小学校用歴史編纂旨意書を公示し、懸賞付きで草稿を公募。1890年、神谷由道著『高等小学歴史』を刊行。
- 4月 〔出版〕『日本道徳論』刊行　西村茂樹著『日本道徳論』が刊行される。極端な欧化主義の風潮を批判し、日本道徳の再建を唱える。
- 5.7 〔法令〕「教科用図書検定規則」制定　「教科用図書検定規則」を制定。検定の主旨を明文化した他、免許証を廃して『官報』に掲載すること、有効期間5ヶ年を撤廃することなどを定める。
- 5.21 〔法令〕「学位令」公布　「学位令」を公布。博士・大博士の2種の学位を規定し、博士の種類を5とする。また、学位授与権者を文部大臣とする。大博士は受施されぬまま1898年12月に廃止。
- 8.4 〔制度〕小学校教員仮免許状　地方の情況により、小学校教員仮免許状の授与を認める。教員不足の深刻化を受けての措置。
- 9.16 〔設立〕哲学館、創設　井上円了、哲学館を東京・本郷区龍岡町の麟祥院内に創設

し、西洋哲学・倫理学などを教授。1903年10月に哲学館大学、1906年6月29日に東洋大学と改称。1928年、「大学令」に基づく大学として認可。

10.1 〔政策〕府県立医学校費用の地方税による支弁を禁止 府県立医学校の費用について、1888年度以降は地方税により支弁することを禁止。財政難による府県立医学校の廃止が相次ぎ、京都・大阪・愛知の3校のみとなる。

10.5 〔設立〕東京音楽学校・東京美術学校など創設 文部省、音楽取調掛・図画取調掛を改組し、東京音楽学校・東京美術学校を創設。また、東京商業学校を高等商業学校に、訓盲唖院を東京盲唖学校に改組。

12月 〔出版〕『幼稚園唱歌集』刊行 文部省音楽取調掛編で『幼稚園唱歌集』が刊行される。最初の幼稚園唱歌教科書で、「風車」「数え歌」などを収録。

1888年
（明治21年）

1.12 〔法令〕「小学校ノ学科及其程度」改正 「小学校ノ学科及其程度」を改正。隊列運動を兵式体操と改称。

2.3 〔政策〕「紀元節歌」、学校唱歌に 文部省、高崎正風作詞・伊沢修二作曲「紀元節歌」を学校唱歌に選定・送付。紀元節・天長節に学校で祝賀式典を催すよう内命。

5.5 〔法令〕「特別認可学校規則」制定 「特別認可学校規則」を制定。法律学・政治学・理財学を教授する私立学校に文官高等試験・判事検事登用試験の受験資格を付与する一方、学則などの規制を強化。私立東京法学校・私立専修学校・私立明治法律学校・私立東京専門学校法律科・私立東京仏学校法律科・私立英吉利法律学校・私立独逸協会学校専修科、特別認可学校規則に基づき認可。

5.7 〔制度〕最初の博士号を授与 最初の博士号を授与。対象は加藤弘之・箕作麟祥・池田謙斎・伊藤圭介・菊池大麓・外山正一・古市公威・山川健次郎ら25人。6月7日、中村正直ら25人に第2回目の博士号を授与。

6.14 〔法令〕「海軍兵学校官制」公布 「海軍兵学校官制」を公布。8月1日、東京・築地から広島・江田島に移転。

7.6 〔法令〕「高等中学校ノ学科及其程度」改正 「高等中学校ノ学科及其程度」を改正。学科を3部制とし、科目に法学通論を追加。

7.16 〔法令〕「海軍大学校官制」公布 「海軍大学校官制」を公布。海軍大臣管轄の高級将校養成機関。8月28日東京・築地に設置。11月、開校。

8.21 〔法令〕「尋常師範学校設備準則」制定 「尋常師範学校設備準則」を制定。中等学校以下の学校施設に関する最初の準則で、職員数・設備備品・生徒給与品等を規定する他、教育法令上初めて修学旅行の語を使用。

11.29 〔設立〕水産伝習所、創設 大日本水産会、水産伝習所を東京・京橋木挽町に設置。1889年1月20日、開校。1897年3月、農商務省に移管し、水産講習所と改称。1949

年、東京水産大学と改称。2003年10月1日、東京商船大学と合併し、東京海洋大学へ改組。

11月 〔出版〕『少年園』創刊　山県悌三郎編集で雑誌『少年園』が創刊される。少年雑誌の嚆矢。1895年4月、廃刊。

12.28 〔制度〕直轄学校の学生生徒体格検査の様式を制定　文部省、直轄学校における学生生徒の体格検査の様式を定め、検査結果を毎年報告するよう指示。学校における身体検査の始まり。1898年、公立学校にも適用。

1889年
(明治22年)

1.22 〔法令〕「徴兵令」改正　「徴兵令」を改正。学校在学者の徴兵猶予、官公立師範学校卒業者の6ヶ月間現役の特典などが認められる。11月13日、「徴兵令」が一部改正され、官公立小学校教職者に6週間の陸軍現役服務が定められる。

2.11 〔法令〕「大日本帝国憲法」発布　「大日本帝国憲法」を発布。あわせて「皇室典範」を発布し、「議員法」「衆議院議員選挙法」「貴族院令」を公布。帝国大学教職員ら、臨幸する明治天皇に万歳を三唱。これが万歳三唱の始まりとされる。

2.11 〔事件〕森有礼暗殺事件　文部大臣森有礼、伊勢神宮不敬事件に憤慨した国粋主義者に襲われ腹部を刺される。2月12日、出血多量で死亡。

2.16 〔人事〕大山巌、臨時文部大臣に就任　森有礼死亡により、陸軍大臣大山巌、臨時文部大臣を兼任。

3.2 〔法令〕「東京図書館官制」公布　「東京図書館官制」を公布。東京図書館を文部省総務局から文部省専門学務局へと移管し、「純然タル参考参考図書館」として位置付け、一般大衆の利用抑止を企図。

3.22 〔人事〕榎本武揚、文部大臣に就任　榎本武揚、文部大臣に就任。「理化学ニハ興味ヲ有セシガ徳教ノコトニハ熱心ナラズ」と評される。

4.8 〔活動〕帝国大学文科大学教育学課程特約生教育学科、開講　帝国大学文科大学教育学課程特約生教育学科、開講。エミール・ハウスクネヒトの進言により、中学校教員養成のため設置されたもの。ハウスクネヒトが講義を担当し、ヘルバルト派教育学を教授。

5.16 〔設立〕帝国博物館他、創設　宮内省図書寮附属博物館を廃止し、帝国博物館・帝国京都博物館・帝国奈良博物館を創設。ヨーロッパの王立博物館に範を取り、名宝の保存と同時に一般公開を企図。

7.1 〔法令〕「小学簡易科要領」改正　「小学簡易科要領」を改正。6ヶ月以上12ヶ月以内の補修科の設置を認可。

7.29 〔活動〕第三高等中学校、法学部を設置　「高等中学校法学部ノ学科及其程度」を制定。同日、第三高等中学校が法学部を設置。1890年9月11日、開講。

10.4	〔設立〕日本法律学校、創設	司法大臣山田顕義ら、日本法律学校を東京府麹町区飯田町の皇典講究所内に創設。日本の伝統的精神を基盤としつつ、欧米法学を積極的に摂取することを標榜。1903年8月、日本大学と改称。
10.9	〔政策〕教員・学生生徒の政論禁止を訓令	文部省、教員・学生生徒が学術講演・演説の際に現在の政治について討論しないよう訓令。
10.22	〔設立〕頌栄幼稚園、創設	アメリカ人女性宣教師アニー・L.ハウ、頌栄幼稚園を神戸に創設。キリスト教精神とフレーベル思想に基づく保育を実践。1906年、ハウの提唱によりキリスト教幼稚園教会を創設。
10.25	〔法令〕「尋常師範学校女生徒ニ課スベキ学科及其程度」制定	「尋常師範学校女生徒ニ課スベキ学科及其程度」を制定。女生徒の修業年限を4ヶ年から3ヶ年に短縮し、学科目を男子に比べて英語・漢文を欠くものにするなど、教育内容レベルを引き下げる。同日、「尋常師範学校生徒募集規則」を改正。女生徒の年齢を15年以上20年以下とし、男女同一規定を廃止。
10.25	〔法令〕「尋常師範学校卒業生服務規則」改正	「尋常師範学校卒業生服務規則」を改正。服務義務年限を男子10ヶ月・女子5ヶ月、指定学校服務を男子5ヶ年・女子2ヶ年とする。
12.20	〔政策〕教員の集会・政治活動を取締る	文部省、小学校及びその他普通学校の教員の集会・政治活動の取締りに関する省令を制定。

1890年
(明治23年)

1.27	〔活動〕慶応義塾、大学部を開講	慶応義塾、大学部を開講。文学・法律・理財の3学科。
2.26	〔政策〕『徳育涵養ノ義ニ付建議』提出	地方長官会議、『徳育涵養ノ義ニ付建議』を文部大臣榎本武揚に提出。国民の修身の標準を定めるよう要望するもので、「教育勅語」発布の契機となる。
3.25	〔設立〕女子高等師範学校、創設	東京師範学校女子師範学科を独立させ、女子高等師範学校を創設。初代校長は中村正直。4月11日、授業を開始。
4.7	〔出版〕『公私学校比較論』刊行	沢柳政太郎著『公私学校比較論』が哲学書院から刊行。
5.17	〔人事〕芳川顕正、文部大臣に就任	芳川顕正、文部大臣に就任。任命に際して明治天皇より徳教に関する箴言の編纂を命ぜられ、「教育勅語」編纂に尽力。
5.19	〔人事〕加藤弘之、帝国大学総長に就任	東京開成学校綜理、東京大学綜理を務めた加藤弘之、帝国大学第2代総長に就任。
5.30	〔設立〕国家教育社、創設	伊沢修二ら、国家教育社を創設。国家主義の教員団体。10月12日、『国家教育』を創刊。

6.12	〔活動〕東京農林学校、帝国大学に合併	東京農林学校を帝国大学に合併し、農学校・林学科・獣医学科からなる農科大学（分科大学）に改組。
6.21	〔法令〕「文部省官制」改正	「文部省官制」を改正。編輯局を廃止し、総務局に図書課を設置。教科書の検定・編纂などの事務を担当。
6月	〔活動〕新潟静修学校、幼児保育所を創設	赤沢鐘美・赤沢仲子夫妻、家塾新潟静修学校内に幼児保育所を創設。最初の保育所で、1908年に守孤扶独幼稚児保護会と改称。
7.27	〔出版〕『日本教育史資料』刊行	文部省編で『日本教育史資料』刊行開始。1892年9月21日までに全25巻9冊を刊行。
10.3	〔法令〕「地方学事通則」公布	「地方学事通則」を公布。1948年、「教育委員会法」公布に伴い廃止。
10.7	〔政策〕郡視学・学務委員を設置	郡に郡視学、市町村に学務委員を設置。
10.7	〔法令〕「小学校令」公布	勅令第215号「小学校令」（「第2次小学校令」）、公布。全8章96条。これに伴い、1886年制定の「小学校令」（全16条）は廃止。道徳教育と国民教育を中軸に知育技能教育を配するとの本旨を規定し、学齢児童の教育を公立小学校で行うことの原則、小学校経費の市町村負担の原則などを定める。1892年4月1日、全面施行。
10.30	〔法令〕「教育勅語」発布	「教育ニ関スル勅語」（「教育勅語」）、発布。10月31日、文部省が全国の学校に謄本を交付し、その趣旨の貫徹に努めるよう訓令。12月25日、直轄学校に天皇親署の勅語を下賜。1946年、文部事務次官通牒「勅語及び詔書等の取扱いについて」などにより失効。1948年6月19日、衆議院で「教育勅語等排除に関する決議」、参議院で「教育勅語等の失効確認に関する決議」を採択。
11.1	〔社会〕日本点字、完成	東京盲唖学校、学内で点字選定会を開催し、同校訓導石川倉次の案を日本点字として採用。
11.22	〔設立〕国学院、創設	国学院、開院式を挙行。皇典講究所内に設置された国学系の学生養成機関で、初代院長は高崎正風。1894年11月、『国学院雑誌』を創刊。1906年に私立国学院大学、1919年に国学院大学と改称。1946年、皇典講究所が解散し、財団法人国学院大学を設立。1951年、学校法人国学院大学に改組。
11月	〔出版〕『日本教育史』刊行	佐藤誠実著『日本教育史』上巻が大日本図書から刊行。下巻は1891年3月刊行。

1891年
（明治24年）

1.9	〔事件〕内村鑑三不敬事件	第一高等学校講師内村鑑三、「教育勅語」奉読式において信仰上の理由により「教育勅語」に対して最敬礼せず、軽い敬礼を行う。これが不敬として問題化し、2月3日に辞職。この後、国家主義者・仏教徒らによるキリス

ト教排撃が高まる。

- 3.6 〔活動〕私立育英黌、農業科を設置　旧幕臣・静岡藩士らが創設した私立育英黌、農業科を設置。1893年5月、私立育英學から独立し、東京農学校と改称。1897年1月に大日本農会附属東京農業学校、1907年2月に私立東京高等農学校、1911年4月に私立東京農業大学、1919年12月に東京農業大学と改称。
- 4.8 〔法令〕「小学校設備準則」制定　「小学校設備準則」を制定。小学校の施設・設備などに関する初めての法令。11月17日、改正。
- 4.26 〔活動〕全国教育連合会、開催　大日本教育会、全国教育連合会を開催。4月30日、閉会。来会者は141人。
- 5.8 〔法令〕「正教員准教員ノ別」制定　「正教員准教員ノ別」を制定し、小学校教員を正教員・准教員に区分。11月17日、改正。1941年、「国民学校令」により廃止。
- 6.1 〔人事〕大木喬任、文部大臣に就任　芳川顕正、文部大臣を辞任。大木喬任、後任の文部大臣に就任。
- 6.17 〔法令〕「小学校祝日大祭日儀式規程」制定　「小学校祝日大祭日儀式規程」を制定。祝日・大祭日には儀式を行い、御真影への拝礼と「教育勅語」奉読を行うこととする。
- 6.30 〔法令〕「市町村立小学校長及教員名称及待遇」制定　「市町村立小学校長及教員名称及待遇」を制定。11月17日、改正。正教員を訓導、准教員を准訓導と称し、校長・正教員は判任官と同一の待遇を受けるものと規定。
- 7.27 〔法令〕「文部省直轄学校官制」改正　「文部省直轄学校官制」を改正。
- 7.29 〔設立〕私立学校連合会、創設　私立学校連合会、創設。
- 8月 〔設立〕日本教育調査会、創設　私学連盟、私立学校撲滅論に対処するため日本教育調査会を創設。
- 9月 〔出版〕『教育衍義』刊行　文部省、井上哲次郎著『教育衍義』を刊行。文部省の委嘱による「教育勅語」の公式解説書で、後に師範学校・中学校などの修身教科書となる。
- 10.7 〔制度〕小学校修身科の教科書使用を必須化　文部省、府県に対し、今後は小学校修身科において教科書の使用を必須とする旨を通牒。12月17日、「文部省修身教科用図書検定標準」を公示。
- 11.17 〔法令〕「小学校長及教員職務及服務規則」制定　「小学校長及教員職務及服務規則」を制定。初めて校務の概念が登場。
- 11.17 〔法令〕文部省令「小学校教則大綱」公布　文部省令「小学校教則大綱」を公布。全24条からなり、「教育勅語」に基づく道徳涵養を重視。同日、「小学校長及教員ノ任用解職其他進退ニ関スル規則」「小学校教員検定等ニ関スル規則」「学級編成等ニ関スル規程」「毎週教授時間ノ制限」など、勅令1件・省令17件・訓令3件を制定し、初等教育法制の基盤を構築。
- 12.1 〔設立〕聖三一孤女学院、創設　立教女学校教頭石井亮一、聖三一孤女学院を創設。濃尾大地震の被災孤女（少女の孤児）を収用する教育施設で、孤女の中に知的障害児

がいたことを契機に、1897年に日本最初の知的障害児教育施設滝乃川学園へ改組。

12.14　〔法令〕「中学校令」改正　「中学校令」を改正。尋常中学校を各府県1校とする規定を撤廃した他、高等女学校を尋常中学校の一種と規定し、その設立を奨励。

12.17　〔法令〕「小学校修身教科用図書検定標準」公示　「小学校修身教科用図書検定標準」を公示。

1892年
(明治25年)

3.1　〔設立〕日本文庫協会、創設　田中稲城ら、日本文庫協会を創設。1908年、日本図書館協会と改称。1929年、社団法人に改組。

3.4　〔事件〕久米事件　帝国大学教授久米邦武、論文「神道は祭天の古俗」(1891年1月『史学雑誌』掲載、1892年『史海』に転載)が問題となり教授職非職に。

3.25　〔法令〕「教科用図書検定規則」改正　「教科用図書検定規則」を改正。検定は教科書として適するや否やを認定することとし、基準を強化。

5月　〔出版〕『社会教育論』刊行　山名次郎著『社会教育論』が金港堂から刊行。日本最初の体系的社会教育論の書。

7.11　〔法令〕尋常師範学校制度を整備　「尋常師範学校生徒募集規則」「尋常師範学校卒業生服務規則」「尋常師範学校ノ学科及其程度」を改正。また、「尋常師範学校簡易科規程」「尋常師範学校教員免許規則」「尋常師範学校設備規則」、制定。

8.8　〔人事〕河野敏鎌、文部大臣に就任　第2次伊藤内閣が発足し、河野敏鎌が文部大臣に就任。

9.19　〔制度〕小学校教科書を生徒用・教師用の2種に　小学校教科用図書を生徒用・教師用の2種として検定。ただし、作文・手工・唱歌・裁縫・体操は教師用のみとする。

11.5　〔事件〕井上哲次郎、キリスト教を批判　井上哲次郎、雑誌『教育時論』にキリスト教は「教育勅語」の趣旨に反するとの談話を発表。約1年にわたり教育と宗教をめぐる論争が展開される。

11.22　〔法令〕「文部省外国留学生規程」制定　「文部省外国留学生規程」を制定。

11月　〔事件〕修身教科書検定秘密漏洩事件　修身教科書検定秘密漏洩事件が発生。文部次官辻新次、引責辞任。

1893年
（明治26年）

- **1.31** 〔法令〕「文部省視学規程」制定　「文部省視学規程」を制定。その後の視学職務規程の範となる。
- **2.22** 〔政策〕小学校教育費の国庫補助を可決　貴族院、国立教育期成同盟提出の意見書『小学校教育費国庫補助ノ議ニ付請願』を可決。2月23日、衆議院も可決。
- **3.3** 〔設立〕体操練習所、創設　日本体育会、日本体育会体操練習所の創設を認可される。当初は国民体育の奨励を企図した会員制体育クラブで、1900年に体育教師養成機関である日本体育会体操学校へ改組。1941年に日本体育専門学校、1949年に日本体育大学へ改組。
- **3.7** 〔人事〕井上毅、文部大臣に就任　文部大臣河野敏鎌が辞任し、井上毅が後任の文部大臣に就任。産業発達と教育の関係を重視し、教育制度改革に着手。
- **3.30** 〔人事〕浜尾新、帝国大学総長に就任　貴族院勅選議員浜尾新、帝国大学第3代総長に就任。開成学校校長心得・東京美術学校校長事務取扱・文部省専門学務局長などを歴任した人物。
- **5.18** 〔政策〕町村学校組合設立について制定　尋常中学校・高等女学校・技芸学校設置のため、町村学校組合設立について制定。中等教育の拡充を図る。
- **6.29** 〔設立〕高等師範学校附属音楽学校へ改組　東京音楽学校、高等師範学校附属音楽学校へ改組。行政整理・経費削減のための措置で、9月11日に実施。
- **7.22** 〔政策〕小学校教科目に裁縫を加えるよう訓令　文部省、小学校教科目になるべく裁縫を加えるよう訓令。女子の就学を促進するための措置で、当時の女子就学率は40.59％。同日、高等小学校専科教員の試験科目に裁縫を追加。
- **8.11** 〔法令〕「帝国大学令」改正　「帝国大学令」を改正し、「帝国大学官制」を公布。主な内容は講座制の導入、分科大学教授会を設置しての大学自治など。
- **8.12** 〔政策〕祝日大祭日儀式用歌詞・楽譜を選定　文部省、小学校における祝日大祭日儀式に用いる歌詞・楽譜として「君が代」など8編を選定。
- **8.25** 〔法令〕「文部省直轄学校官制」改正　「文部省直轄学校官制」を改正。直轄学校長を全て奏任と定める。同日、「文部省直轄諸学校職員定員」「帝国大学・文部省直轄諸学校及び東京図書館高等官官等俸給令」を制定。
- **10.28** 〔法令〕「箝口訓令」　文部省、教育政策・行政に関する発言を「政論」とみなし、政論をなす教育団体への教員の参加を禁止。いわゆる「箝口訓令」で、これを受けて大日本教育会などの姿勢が軟化し、教育費国庫補助要求運動も後退。1897年10月13日、廃止。
- **10.31** 〔法令〕「文部省官制」改正　「文部省官制」を改正。大臣官房・専門学務局・普通学務局とし、視学官制度を廃止。

11.4 〔法令〕「特別認可学校規則」廃止　「特別認可学校規則」を廃止。10月31日の「文官任用令」「文官試験規則」公布に伴う措置で、私立法律学校卒業生は文官高等試験受験資格を喪失。

11.22 〔法令〕「実業補習学校規程」制定　「実業補習学校規程」を制定。尋常小学校卒業者を対象とし、下級技能者養成のための実業教育を行うもの。

12.21 〔法令〕「市町村立小学校教員任用令」制定　「市町村立小学校教員任用令」を制定。府県に小学校教員銓衡委員を設置し、教員任用の選考を行うこととする。

1894年
（明治27年）

1.12 〔政策〕小学校の二部授業・貧困児童の就学方法について訓令　文部省、小学校の二部授業、貧困児童のため夜学・日曜学校を勧奨する旨を訓令。就学率向上のための措置。

1.12 〔政策〕生徒の訓育上の心得及び処分について訓令　文部省、道府県直轄学校に対し生徒の訓育上の心得及び処分について訓令。生徒の反抗、特に同盟休校を厳重に取締るよう指示するもの。

1.23 〔政策〕教員の政治関与禁止について訓令　文部省、教員の政治関与禁止について訓令。

1.23 〔設立〕中央教育会、創設　日下部三之介ら、中央教育会を東京に創設。文部省の教育政策に反対する政治団体。

2.3 〔法令〕「高等師範学校生徒募集規則」改正　「高等師範学校生徒募集規則」を改正。尋常中学校からの入学を認可。

3.1 〔法令〕「尋常中学校ノ学科及其程度」改正　「尋常中学校ノ学科及其程度」を改正。第2外国語を廃止し、国語・漢文・歴史を「愛国心ヲ成育スルノ資料」として重視。また、実業に就く者のために実科の設置を認可。

3.5 〔法令〕「尋常師範学校・尋常中学校・高等女学校教員免許検定ニ関スル規則」制定　「尋常師範学校・尋常中学校・高等女学校教員免許検定ニ関スル規則」を制定。中等学校急増に対応して有資格教員を供給するための措置で、主な内容は2次以上の検定の廃止、女教員の資格限定の確認など。

4.6 〔法令〕「高等師範学校規程」制定　「高等師範学校規程」を制定。全15条からなり、文科・理科の2分科制へと改編。10月2日には「女子高等師範学校規程」を制定し、両校の位置付けを「普通教育ノ本山」から「教員養成ノ本山」へ改める。

6.12 〔法令〕「実業教育費国庫補助法」公布　「実業教育費国庫補助法」を公布。地方における実業教育の普及振興を企図したもので、各種実業学校へ給付される国庫支出金（補助金）は年額15万円。以後、全国各地で各種実業学校が増加。

6.14 〔法令〕「工業教員養成規程」制定　「工業教員養成規程」を制定。実業学校教員養

成に関する最初の単行法規で、同規定に基づき東京工業学校に修業年限3年の工業教員養成所を併設。

6.15 〔法令〕「尋常中学校実科規程」制定　「尋常中学校実科規程」を制定。4学年から設置する実科の内容、実科のみの実科中学校の設置などを定める。

6.25 〔法令〕「高等学校令」公布　「高等学校令」を公布。高等中学校を高等学校と改称、「専門学科ヲ教授スル所」と規定して専門学科を本科とし、帝国大学進学者のために大学予科を設置。

7.25 〔法令〕「簡易農学校規程」「徒弟学校規程」制定　「簡易農学校規程」「徒弟学校規程」を制定。前者は技術改良活動の組織化を企図したもので、農学の初歩を教授する学校。後者は実業訓練過程の改善による生産性向上を企図したもので、職工養成のための下級工業学校。

8.29 〔人事〕芳川顕正、臨時文部大臣に就任　文部大臣井上毅、辞任。司法大臣芳川顕正、臨時文部大臣を兼任。

9.1 〔政策〕小学校における体育及び衛生について訓令　文部省、小学校における体育及び衛生について訓令。体育を重視し、子どもの健康管理上の要点を指示するもの。

10.2 〔法令〕「女子高等師範学校規程」制定　「女子高等師範学校規程」を制定。全9条からなり、英語を随意科とし、博物・物理・化学を理科に統合。

10.3 〔人事〕西園寺公望、文部大臣に就任　臨時文部大臣芳川顕正、離任。西園寺公望、後任の文部大臣に就任。リベラルを標榜して「教育勅語」改定を試みるが、「世界主義者」(反国家主義者)として保守派の非難を受ける。

1895年
(明治28年)

1.29 〔法令〕「高等女学校規程」制定　「高等女学校規程」を制定。高等女学校に関する初めての独立規程で、尋常小学校4年修了者を対象とし、修業年限は6年。また、裁縫の時数が最も多く、理数系・外国語を軽視。

1月 〔出版〕『少年世界』創刊　博文館、『少年世界』を創刊。少年向け総合誌で、主筆は巌谷小波。1933年、廃刊。

3月 〔出版〕『莱因氏教育学』刊行　ウィルヘルム・ライン著『莱因氏教育学』が能勢栄訳で金港堂から刊行。

4.1 〔活動〕帝国大学文科大学、史料編纂掛を設置　帝国大学文科大学、史料編纂掛を設置。1929年7月9日、史料編纂所と改称。

4.15 〔設立〕東洋語学校、創設　山吉盛義ら、東洋語学校を東京に創設。中国語・朝鮮語・ロシア語を教授。

4月 〔設立〕八王子織染学校へ改組　八王子織物染色講習所、「徒弟学校規程」に基づく

八王子織染学校に改組。対象は高等小学校2年修了以上で、修業年限は2年。
6.12 〔制度〕高等女学校教科書、検定教科書　文部省、高等女学校教科書に検定教科書を採用するよう指示。
12.16 〔法令〕「徒弟学校規程」改正　「徒弟学校規程」を改正。徒弟学校の設置について、「小学校令」に基づく市町村立・私立の他、府県立・郡立を認可。

1896年
（明治29年）

1.8 〔政策〕清国賠償金を普通教育費に充当　衆議院、日清戦争で獲得した清国賠償金の一部を普通教育費に充当するよう建議。1月20日、貴族院で可決。1899年3月22日、「教育基金特別会計法」を公布し、賠償金のうち1000万円を普通教育振興の基金とする。

2.4 〔法令〕「国費ヲ以テ小学校修身教科用図書ヲ編纂スルノ建議」案可決　貴族院、「国費ヲ以テ小学校修身教科用図書ヲ編纂スルノ建議」案を可決。発議者は馬屋原彰。1897年3月19日、小学読本・修身教科書の国費編纂を建議。

2.7 〔政策〕戦死者の遺族の小学校授業料を免除　日清戦争の戦死者の遺族には小学校の授業料を免除することとする。

3.24 〔法令〕「市町村立小学校教員年功加俸国庫補助法」公布　「市町村立小学校教員年功加俸国庫補助法」を公布。1881年以来中絶していた初等教育費国庫補助を復活させたもので、国庫補助から国庫負担への道程の端緒となる。1900年3月16日、廃止。

3.31 〔法令〕「台湾総督府直轄諸学校官制」公布　「台湾総督府直轄諸学校官制」を公布。最初の植民地教育制度で、下級吏務・通訳者の早急な育成を企図し、国語伝習所及び国語学校の設立を定める。5月21日、台湾総督府直轄の国語伝習所を創設。6月22日、「国語伝習所規則」を制定。10月7日、「国語学校規則」を公布。師範部は国語伝習所の日本人教師を、語学部は台湾人エリートおよび日本人植民者を養成するもの。

5.8 〔制度〕文部省、学校衛生顧問・学校衛生主事を設置　文部省、学校衛生顧問及び学校衛生主事を設置。初代主事は三島通良。

5.19 〔設立〕大阪工業学校、創設　文部省、大阪工業学校を創設。機械工芸・化学工芸の2学科を設置し、9月に開講。1901年5月11日、大阪高等工業学校と改称。1929年4月1日、大阪工業大学へ改組。1933年4月1日、大阪帝国大学に合併し、同大学工学部となる。

9.3 〔設立〕鹿児島高等中学校造士館、廃止　鹿児島高等中学校造士館、島津家の反対により高等学校への昇格が困難となり、廃止。1901年、第七高等学校造士館として再興。

9.8 〔設立〕熊本医学校、創設　九州学院医学部長高岡元真ら6人、同学院廃止を受けて

熊本医学校を創設。1904年に熊本医学専門学校と改称。1921年に熊本県へ移管し、1922年に熊本医科大学と改称。1929年に官立となり、1949年に熊本大学医学部及び附属病院となる。

9.28 〔人事〕蜂須賀茂韶、文部大臣に就任　文部大臣西園寺公望、辞任。貴族院議長蜂須賀茂韶、後任の文部大臣となる。

11.15 〔出版〕『教育公報』創刊　大日本教育会、『教育公報』を創刊。『大日本教育会雑誌』の改題誌。1907年6月15日、『帝国教育』と改題。

12.2 〔法令〕「尋常師範学校尋常中学校高等女学校教員免許規則」制定　「尋常師範学校尋常中学校高等女学校教員免許規則」を制定。中等学校教員資格検定制度を確立し、1900年「教員免許令」「教員検定ニ関スル規程」による集大成への基盤となる。

12.18 〔政策〕高等教育会議、設置　「高等教育会議規則」を公布し、高等教育会議を設置。教育政策全般に関する最初の文部大臣諮問機関だが、権限は小さく、委員の大半は文部省官吏・直轄学校長などだった。1897年7月、第1回会議。1913年6月、廃止。

12.20 〔設立〕帝国教育会に改組　大日本教育会、帝国教育会に改組。12月25日、国家教育社を併合。これに先立つ11月15日、機関誌『大日本教育会雑誌』を『教育公報』と改題。

1897年
（明治30年）

1.4 〔政策〕「市町村立小学校教員俸給ニ関スル件」制定　「市町村立小学校教員俸給ニ関スル件」を制定。俸給の平均月額を「義務額」として提示するもので、尋常小学校本科正教員は16～12円、高等小学校本科正教員は20～18円。

1.11 〔政策〕「学校清潔方法」訓令　文部省、「学校清潔方法」を訓令。学校衛生のため、日常的・定期的・浸水後の各清潔方法を提示。

3.1 〔設立〕キングスレー館、創設　片山潜、キングスレー館（琴具須玲館）を東京・神田三崎町に創設。社会改良事業・労働教育活動を展開。

3.15 〔法令〕「学生生徒身体検査規程」制定　文部省、「学生生徒身体検査規程」を制定。直轄学校に年2回の定期検査を義務付ける。

3.19 〔制度〕貴族院、小学読本及び修身教科書の国費編纂を建議　貴族院、小学読本及び修身教科書を国費で編纂することを建議。

3.25 〔設立〕水産講習所に改組　「水産講習所官制」を公布し、大日本水産会経営の水産伝習所を農商務省直轄の官立学校である水産講習所に改組。1949年、東京水産大学と改称。

4.27 〔設立〕高等商業学校附属外国語学校、創設　高等商業学校附属外国語学校、創設。当初は英仏独露西清韓の7語学科からなり、修業年限は3年。1899年4月4日、高等商

業学校から独立し、文部省管轄の官立専門学校である東京外国語学校に改組。1944年4月26日に東京外事専門学校と改称し、1949年5月31日に東京外国語大学へ改組。

4.27　〔設立〕帝国図書館と改称　「帝国図書館官制」を公布し、東京図書館を帝国図書館と改称。通称は上野図書館。1947年まで日本で唯一の国立図書館で、欧米の国立図書館に範を取り、整備拡充を図る。

5.1　〔設立〕帝室京都博物館、開館　帝国京都博物館、開館。

5.4　〔政策〕地方視学を設置　道府県に地方視学を設置。地方長官の指揮により小学校教育を視察するもので、定員は各県2人、北海道庁・東京府他4県は各3人、全国で計100人。5月5日、「地方視学職務規程」を公布。

6.22　〔設立〕京都帝国大学、創設　京都帝国大学、創設。法・医・文・理工の4分科大学で構成。これに伴い、帝国大学を東京帝国大学と改称。6月27日、文部省専門学務局長木下広次が初代総長に就任。

7.21　〔政策〕小学校児童数及び学級数について訓令　小学校児童数及び学級数について訓令を発し、なるべく10学級を超えないことなどを規定。

10.9　〔法令〕「文部省官制」改正　「文部省官制」を改正。専門学務局を高等学務局とし、実業学務局を新設。また、図書局を復活させ、専任視学官・図書審査官・学校衛生主事を置く。

10.9　〔法令〕「師範教育令」公布　「師範教育令」を公布。これに伴い1886年4月10日公布の「師範学校令」を廃止。尋常師範学校を師範学校と改称し、師範学校の増設を可能とする。1947年3月31日、廃止。

10.11　〔法令〕「教科用図書検定規則」改正　「教科用図書検定規則」を改正し、罰則を強化。

10.12　〔法令〕「女子高等師範学校規程」改正　「女子高等師範学校規程」を改正し、文科・理科の2分科制へと改編。同日、「女子高等師範学校生徒募集規則」を制定。

10.13　〔法令〕「箝口訓令」廃止　文部省、1893年10月28日発令の「箝口訓令」を廃止。

11.6　〔人事〕浜尾新、文部大臣に就任　文部大臣蜂須賀茂韶、辞任。浜尾新、後任の文部大臣となる。

11.10　〔政策〕「市町村立小学校授業料ニ関スル件」制定　「市町村立小学校授業料ニ関スル件」を制定。市町村立小学校の授業料について定めたもので、尋常小学校は月額30銭以内に制限した上で、授業料に関する規則制定を地方長官に一任。

12.17　〔政策〕男女別学を訓令　文部省、師範学校・小学校をなるべく男女別学とすること、高等女学校の設置を積極的に計画することを訓令。師範学校では男女別学が実施されたが、小学校ではほとんど実施されなかった。

この年　〔設立〕滝乃川学園、創設　石井亮一、1891年12月1日に自ら創設した孤女（少女の孤児）教育施設聖三一孤女学院を改称し、日本最初の知的障害児教育施設滝乃川学園を創設。

1898年
（明治31年）

1.10　〔出版〕『教育実験界』創刊　石川天涯編で『教育実験界』が創刊される。尋常小学校・高等小学校教員向け雑誌。1919年5月、『創造』と改題。

1.12　〔制度〕公立学校に学校医　公立学校に初めて学校医を置く。ドイツの制度に範を取ったもの。2月26日、「学校医職務規程」を制定。

1.12　〔人事〕西園寺公望、文部大臣に就任　第3次伊藤内閣が発足し、西園寺公望が文部大臣に就任。

1.22　〔法令〕「教育総監部条例」公布　「教育総監部条例」を公布。陸軍省、監軍部を廃止して教育総監部を設置。初代総監は陸軍少将寺内正毅。

2.4　〔政策〕学校教員の政治関与を禁止　学校教員の政治関与を禁止する旨、訓令を発する。8月11日、廃止。

2.26　〔法令〕「学校医職務規程」「学校医ノ資格」制定　「学校医職務規程」「学校医ノ資格」を制定。

3.13　〔活動〕東京市養育院、感化部を設置　東京市養育院、感化部を設置。後の井の頭学校。

4.30　〔人事〕外山正一、文部大臣に就任　文部大臣西園寺公望、辞任。東京帝国大学総長外山正一、後任の文部大臣に就任。

5.10　〔設立〕芸陽海員学校、創設　豊田郡東野村外十二ヶ町村組合、芸陽海員学校を創設。1899年5月17日、芸陽商船学校と改称。1901年4月1日に広島県に移管して広島県商船学校、6月12日に広島県立商船学校と改称。1940年7月1日、文部省に移管して広島商船学校と改称。1942年に逓信省に移管し、1951年に文部省に移管して広島商船高等学校と改称。1967年6月1日、広島商船高等専門学校と改称。

6.18　〔法令〕「高等教育会議規則」改正　「高等教育会議規則」を全面改正。権限を明文化すると共に、議員構成の多様化を図る。同日、「高等教育会議議員互選規則」を制定。各種の学校長の互選により議員を選出するものとする。

6.20　〔設立〕京都府図書館、開館　京都府図書館、開館。一般大衆の利用を前提とする図書館へと発展。

6.24　〔活動〕津田梅子・渡辺筆子、万国婦人教育大会へ出席　津田梅子・渡辺筆子、アメリカ・コロラド州デンバーで開催された万国婦人教育大会へ日本代表として出席。

6.30　〔人事〕尾崎行雄、文部大臣に就任　第1次大隈重信内閣が発足し、尾崎行雄が文部大臣に就任。

7.28　〔法令〕「台湾公学校令」公布　「台湾公学校令」を公布。国語伝習所を廃止し、台湾籍の学童を対象とする初等教育機関である公学校を設立するもの。公学校は日本

人向けの小学校と台湾原住民向けの蕃人学校の2種に区分。8月16日、「台湾公学校規則」を制定。

8.11　〔政策〕教員学生の政治活動禁止の訓令などを廃止　文部大臣尾崎行雄、「集会条例」違反者の教職禁止令や教員学生の政治活動を禁止する諸訓令・内訓などを廃止。

8.21　〔事件〕共和演説事件　文部大臣尾崎行雄、帝国教育会で演説を行い、アメリカでは金があるからと大統領になった者はいないが、日本で共和政治を行えば三井・三菱が大統領候補になると発言。拝金主義の蔓延を批判したものだが、共和政治を仮定したことが不敬として問題化。

9.28　〔法令〕「学校伝染病予防及び消毒方法」制定　文部省、「学校伝染病予防及び消毒方法」を制定。幼稚園にも準用。

10.7　〔法令〕「教科書検定調査標準」、制定　師範学校・尋常中学校・高等女学校の「教科用図書検定調査標準」を制定。

10.22　〔法令〕「文部省官制」改正　「文部省官制」を改正。実業学務局・図書局を廃止し、大臣官房・専門学務局・普通学務局を設置。

10.27　〔人事〕犬養毅、文部大臣に就任　文部大臣尾崎行雄、8月21日の共和演説事件により辞任。犬養毅、後任の文部大臣に就任。

11.8　〔人事〕樺山資紀、文部大臣に就任　第2次山縣内閣が発足し、樺山資紀が文部大臣に就任。

12.10　〔法令〕「学位令」改正　「学位令」を改正。大博士を廃止し、博士の種類を9とする（薬学・農学・林学・獣医学を追加）。また、学位の授与剥奪を審査する博士会を設置。同日、「博士会規則」を制定。

1899年
（明治32年）

2.7　〔法令〕「実業学校令」公布　「実業学校令」を公布。中等程度の実業学校（工業学校・農業学校・商業学校・商船学校・実業補習学校）に関する最初の統一的法令で、中学校制度とは別系統の実業学校制度が成立。

2.7　〔法令〕「中学校令」改正　「中学校令」を改正。尋常中学校を中学校に改組。入学資格は高等小学校2年修了で、修業年限は5年。各府県に1校以上設置するものと定める。

2.8　〔法令〕「高等女学校令」公布　「高等女学校令」を公布。「女子ニ須要ナル高等普通教育ヲ為ス」ことを目的と規定。中学校・実業学校・高等女学校の3系統による中等教育制度が成立。

2.8　〔法令〕「中学校編成及設備規則」制定　「中学校編成及設備規則」を制定。

2.9　〔法令〕「高等女学校編成及設備規則」制定　「高等女学校編成及設備規則」を制

定。修業年限を4ヶ年と定め、中学校とほぼ同格の編制とする。2月21日、「高等女学校ノ学科及其程度ニ関スル規則」を制定し、1895年制定の「高等女学校規程」を廃止。「高等女学校規程」にほぼ準ずる内容。

2.25 〔法令〕実業学校の規程を制定　「工業学校規程」「農業学校規程」「商業学校規程」「商船学校規程」を制定。工業以外の学校を甲乙の2種に区分し、甲種は14歳以上で年限3年、乙種はそれよりやや低程度と規定。1901年12月28日、「水産学校規程」を制定。

3.3 〔法令〕「実業学校教員養成規程」制定　「実業学校教員養成規程」を制定し、「工業学校教員養成規程」を廃止。農業・商業・工業の各教員養成所を、それぞれ東京帝国大学農科大学・高等商業学校・東京工業学校に付設。同日、「実業学校設置廃止規則」を制定。

3.6 〔制度〕小学校修身教科書の国費編纂を建議　衆議院、小学校修身教科書の国費編纂を建議。

3.22 〔法令〕「教育基金特別会計法」公布　「教育基金特別会計法」を公布。日清戦争で獲得した清国賠償金のうち1千万円をもって普通教育振興のための基金を設立。

3.31 〔政策〕高等女学校教員の資格について制定　高等女学校教員の資格について制定。第2学年以下については高等小学校正教員免許状保有者を採用するものとする。

4.5 〔法令〕「公立私立学校外国大学校卒業生ノ教員免許ニ関スル規程」制定　「公立私立学校外国大学校卒業生ノ教員免許ニ関スル規程」を制定。公私立学校卒業生の中等教員無試験検定を認可。

4.5 〔設立〕東京音楽学校・東京外国語学校、独立　高等師範学校附属音楽学校が独立し、東京音楽学校と改称。同日、高等商業学校附属外国語学校が独立し、東京外国語学校と改称。

4月 〔出版〕『日本之小学教師』創刊　国民教育学会、『日本之小学教師』を創刊。1920年、休刊。

6.15 〔法令〕「地方官官制」改正　「地方官官制」を改正。各府県に視学官と視学を、郡に郡視学を設置。同時に「視学官及視学特別任用令」を公布し、初めて視学の任用資格を規定。

6.28 〔法令〕「幼稚園保育及設備規程」制定　「幼稚園保育及設備規程」を制定。幼稚園に関する最初の単行法令で、全7条。1900年、「小学校令」改正により廃止。

6.28 〔法令〕「公立・私立学校認定ニ関スル規則」制定　「公立・私立学校認定ニ関スル規則」を制定。公私立学校卒業生に専門学校入学資格の認定制度を適用。

8.3 〔政策〕「一般ノ教育ヲシテ宗教外ニ特立セシムルノ件」公布　文部省訓令「一般ノ教育ヲシテ宗教外ニ特立セシムルノ件」を公布。学校教育と宗教を分離するもので、公認の官公私立学校における宗教儀式・宗教教育を禁止。同日公布の「私立学校令」と共に、キリスト教系学校の統制を強化。

8.3 〔法令〕「私立学校令」公布　「私立学校令」を公布。私立学校全般に対する監督法令。特に外国人経営の学校に対する監督を強化し、私立学校教員は原則として国語に通ずることとした。また、「私立学校令施行規則」を制定。

10.20 〔法令〕「小学校教育費国庫補助法」公布　「小学校教育費国庫補助法」を公布。議員立法によるもので、小学校教育費一般が対象。政府は財源難を理由に、実施する意図を持たず。同法施行に先立つ1900年3月16日、同法および1896年成立の「教員年功加俸国庫補助法」に代えて政府提出の「市町村立小学校教育費国庫補助法」を公布。

11.11 〔法令〕「図書館令」公布　「図書館令」を公布。図書館に関する最初の単行法令で、全8条からなり、図書館行政の基本を定めたもの。図書館職員の任免・身分等について規定する他、私人による図書館設立を認可。

11.22 〔法令〕「教育基金令」公布　「教育基金令」を公布。清国賠償金1千万円の用途・配分について指示したもの。1900年3月16日、廃止。

11月　〔設立〕家庭学校、創設　留岡幸助、感化院である家庭学校を東京・巣鴨に創設。

11月　〔設立〕学制改革同志会、設立　帝国教育会・学制研究会を中心に、学制改革同志会を設立。修業年限の短縮・大学予科の廃止・教育課程の改善などを内容とする学制改革要綱を発表。

1900年
（明治33年）

3.7 〔法令〕「未成年者喫煙禁止法」公布　「未成年者喫煙禁止法」を公布。3月26日、小学校・中学校・師範学校及び同等の学校の生徒の喫煙を禁止。

3.10 〔法令〕「感化法」公布　「感化法」を公布。各都道府県への感化院設置を規定し、施行は府県会の議を経て定めるものとする。同日、「精神病者監護法」を公布。

3.16 〔法令〕「市町村立小学校教育費国庫補助法」公布　「市町村立小学校教育費国庫補助法」を公布。これに伴い、1896年成立の「教員年功加俸国庫補助法」及び1899年成立の「小学校教育費国庫補助法」を廃止。地方の財政難に対処するための措置で、対象を教員の年功加俸と特別加俸に限定し、総額100万円を補助。

3.26 〔政策〕女生徒の心理的・生理的事情を考慮するよう訓令　文部省、女子師範学校・高等女学校の生徒の心理的・生理的事情を考慮し、生理時には定期試験・体操を実施しないよう訓令。

3.26 〔法令〕「学生生徒身体検査規程」改正　「学生生徒身体検査規程」を改正。主な改正点は年2回の定期身体検査施行、同規程の幼稚園への準用など。

3.27 〔政策〕学校生徒の喫煙を禁止　学校生徒の喫煙を禁止。対象は小学校・中学校・師範学校及び同等の学校で、3月7日の「未成年者喫煙禁止法」公布を受けての措置。

3.30 〔設立〕第六高等学校、創設　第六高等学校、岡山に創設。4月19日、大学予科のみを設置。9月11日、開講。1949年5月、第六高等学校・岡山医科大学・岡山師範学校・岡山青年師範学校・岡山農業専門学校を統合して岡山大学を創設。1950年3月、第六高等学校を廃止。

3.31	〔法令〕「教員免許令」「教員検定委員会官制」公布　「教員免許令」「教員検定委員会官制」を公布。教員免許に関する統一的規定で、文部大臣を授与権者と定め、不適格の要件などを提示。1947年3月31日、廃止。
3.31	〔法令〕「文部省官制」改正　「文部省官制」を改正。実業学務局を設置。
4.4	〔法令〕「文部省分課規程」改正　「文部省分課規程」を改正。学校衛生課を設置。
4月	〔制度〕修身教科書調査委員会、設置　文部省、修身教科書調査委員会を設置。委員長は加藤弘之、委員は井上哲次郎・高嶺秀夫・沢柳政太郎ら。国費による小学校修身教科書の編纂に着手。
6.26	〔法令〕「帝室博物館官制」公布　宮内省、「帝室博物館官制」を制定し、東京・京都・奈良の帝国博物館を帝室博物館と改称。1947年、帝室博物館を国立博物館と改称し、文部省へ移管。
7.26	〔設立〕女子英学塾、創設　津田梅子、女子英学塾を創設。9月14日、開校。1933年に津田英学塾、1943年に津田塾専門学校と改称。1948年、津田塾大学に改組。
8.20	〔法令〕「小学校令」改正　「小学校令」を全面改正（「第3次小学校令」）。尋常小学校を4年制に統一し、授業料を原則廃止した他、高等小学校を2年・3年・4年の3種に区分。また、教科書は文部省が編纂または文部大臣が検定し、小学校図書審査委員会の審査を経て府県知事が採定すると規定。この他、障害児を義務教育から合法的に除外。
8.21	〔法令〕「小学校令施行規則」制定　「小学校令施行規則」を制定。従来の諸細則を統一し、近代初等教育法制を名実共に確立。主な内容は毎週教授時数の規定、教科の整理、国語科の創設など。また、小学校教授用として従来の字音仮名遣を改めて発音仮名遣を採用し、漢字の数を1200字に制限。
9.15	〔設立〕台湾協会学校、創設　台湾協会、台湾協会学校を東京に創設。1907年に東洋協会専門学校、1918年に拓殖大学と改称。1922年、「大学令」基づく大学として認可。
10.19	〔人事〕松田正久、文部大臣に就任　第4次伊藤内閣が発足し、松田正久が文部大臣に就任。
12.28	〔政策〕学校近接地での教育上弊害がある営業・建築を禁止　師範学校・中学校・高等学校・高等女学校に近接する土地において、教育上弊害がある営業または建築を許可しないよう通達。

1901年
(明治34年)

| 1.12 | 〔法令〕「小学校令施行規則」改正　「小学校令施行規則」を改正。教科書採定をめぐる不正事件の頻発を受け、初めて制裁を課すことを規定するなど取締を強化。 |
| 3.5 | 〔法令〕「中学校令施行規則」制定　「中学校令施行規則」を制定。全8章からなり、 |

従来の諸細則を統一したもので、学科目・教授日数・設備などについて包括的に規定。これに伴い「中学校編成設備規則」「中学校設置廃止規則」を廃止。「中学校令」とあわせ、中学校制度・教育内容の統一整備が実現。

3.22 〔法令〕「高等女学校令施行規則」制定　「高等女学校令施行規則」を制定。全8章からなり、従来の諸細則を統一したもので、各教科の構成・時間配当・設備などについて包括的に規定。これに伴い「高等女学校編成設備規則」「高等女学校設置廃止規則」を廃止。

4.1 〔設立〕私立女子美術学校、創設　横井玉子・藤田文蔵・谷口鉄太郎・田中晋、私立女子美術学校を東京・本郷弓町に創設。初代校長は藤田文蔵。1919年9月、女子美術学校と改称。1929年6月、女子美術専門学校と改称。1949年2月、女子美術大学に改組。

4.1 〔設立〕第七高等学校造士館、創設　第七高等学校造士館、鹿児島に創設。6月7日に大学予科のみを設置し、9月11日に授業を開始。

4.1 〔設立〕医学専門学校、創設　第一・第二・第三・第四・第五の各高等学校の医学部を独立させ、千葉・仙台・岡山・金沢・長崎の各医学専門学校を創設。

4.20 〔設立〕日本女子大学校、開校式　日本女子大学校、開校式を挙行。1900年12月24日に成瀬仁蔵らが東京・目白に創設したもの。家政・国文・英文の3学部及び付属高等女学校からなり、入学者数は510人。1904年、第1回卒業生は120人。1948年4月、日本女子大学に改組。

4月 〔設立〕姫路師範学校、創設　姫路師範学校、創設。初代校長野口援太郎、軍隊式教育を批判し、児童中心の自由主義教育を実践。

5.11 〔活動〕東京商船学校、分校を廃止　東京商船学校、大阪・函館の2分校を廃止。

5.18 〔設立〕社会民主党、結党　安部磯雄・片山潜・幸徳秋水ら、社会民主党を結党し、「社会民主党宣言」において「平等に教育を受くる権利」を主張。5月20日、「治安警察法」に基づき結党禁止。同日、「社会民主党宣言」を掲載した『毎日新聞』『万朝報』など7紙誌、発禁に。

5.26 〔設立〕東亜同文書院、創設　東亜同文会、東亜同文書院の開院式を挙行。南京に設立した同文書院を上海に移転、専門学校程度に拡充し、改称したもの。中国大陸で活躍する人材の養成を目的とし、政治・商務の2科からなり、修行年限は3年。1939年12月、東亜同文書院大学と改称。1945年8月、敗戦により廃止。最後の学長である本間喜一の呼びかけにより同大学教職員・学生らが集結し、1946年11月15日に愛知大学を創設。

6.2 〔人事〕菊池大麓、文部大臣に就任　桂太郎が内閣を組閣し、東京帝国大学総長菊池大麓が文部大臣に就任。

7.12 〔出版〕『学校と社会』刊行　ジョン・デューイ著『学校と社会』が上野陽一訳で松村三松堂・井洌堂から刊行。

12.28 〔法令〕「水産学校規程」制定　「水産学校規程」を制定。

1902年
（明治35年）

1.15 〔法令〕「実業補習学校規程」改正　文部省、「実業補習学校規程」を改正。実業教科を主とし普通教育の補習を従とすること、府県が設置主体となりうること、実業学校に付設しうることなどを定める。同日、実業補習学校の設置趣旨・施設・順序等について訓令。

2.6 〔法令〕「中学校教授要目」制定　文部省、「中学校教授要目」を制定。教科内容を学年別に詳細に規定し、教授上の留意点を示す。

2.26 〔制度〕教科書供給の監督強化を要請　文部省、小学校教科書の供給に関して、地方長官の厳重な監督を要請。

3.28 〔設立〕広島高等師範学校、創設　広島高等師範学校、創設。これに伴い高等師範学校を東京高等師範学校と改称。1903年10月17日、広島高等師範学校、開校。1949年5月31日、広島高等師範学校と広島文理科大学・広島高等学校・広島工業専門学校・広島女子高等師範学校・広島師範学校・広島青年師範学校を包括し、広島市立工業専門学校を併合して、広島大学を創設。

3.28 〔設立〕盛岡高等農林学校ほか、創設　盛岡高等農林学校・京都高等工芸学校・神戸高等商業学校、創設。これに伴い高等商業学校を東京高等商業学校と改称。

3.28 〔設立〕臨時教員養成所、設置　「臨時教員養成所官制」を公布し、第一から第五までの各臨時教員養成所を設置。中等諸学校教員養成の補充機関で、学校数の急増に対応するための措置。第一臨時教員養成所が東京帝国大学に付設されたのをはじめ、帝国大学および文部省直轄諸学校に付設された。

4.1 〔法令〕「実業学校教員養成規程」制定　「実業学校教員養成規程」を制定。これに伴い1899年制定の旧規程を廃止。詳細な旧規程に対し、全7条からなる簡易な内容。

4.25 〔制度〕高等学校・大学予科の入試に総合試験制度を導入　文部省、「高等学校大学予科入学試験規程」を制定し、高等学校・大学予科の入学試験に総合試験制度を導入。全国の志願者に対し同一日に同一問題で試験を実施し、成績順に希望校へ配当するもので、受験生の増加に対応するための措置。

7.9 〔政策〕文部省、学校騒動について訓令　文部省、各地の中学校・師範学校等で同盟休校等の学校騒動が頻発したことを受け、生徒の厳重処罰・取締について訓令。

9.2 〔設立〕早稲田大学と改称　東京専門学校、早稲田大学と改称。10月19日、大学開設ならびに創立20周年記念式典を挙行。

11.26 〔政策〕文部大臣、高等教育会議に学制改革案を諮問　文部大臣菊池大麓、高等教育会議に対して学制改革案を諮問。また、既存高等学校の整理方針について提示。第一（東京）・第二（仙台）・京都（第三）・第五（熊本）の各校を大学予備門に、第四（金沢）・第六（岡山）の両校を工業専門学校とする内容。整理方針は大学関係者の反対を受け、改革案本体も否決。

12.13 〔事件〕哲学館事件　文部省、哲学館講師中島徳蔵の倫理学講義を国体を損う不穏な学説とみなし、同校卒業生の中等学校教員無試験検定の認可を取り消す。いわゆる哲学館事件。

12.17 〔事件〕教科書疑獄事件　小学校教科書の採定をめぐる府県採定担当官と教科書会社との贈収賄事件について、一斉検挙を開始。いわゆる教科書疑獄事件。1903年までに県知事・視学官・学校長を含む157人を検挙。捜査中の1903年1月9日、文部省が教科書国定化を企図した「小学校令」改正案を閣議に提出。4月13日、「小学校令」が改正され、小学校教科書の国定制が成立。

1903年
(明治36年)

3.9 〔法令〕「高等女学校教授要目」制定　「高等女学校教授要目」を制定。各学科目の教授内容及び教授上の注意事項を明らかにするもの。

3.10 〔活動〕東京盲唖学校、教員練習科を設置　東京盲唖学校、教員練習科を設置。修業年限は1ヶ年。

3.25 〔設立〕京都帝国大学第二医科大学、設置　京都帝国大学第二医科大学を福岡に設置し、京都帝国大学福岡医科大学と称する。4月1日、開校。1911年4月、九州帝国大学医科大学に改組。1919年4月に医科大学を医学部、1947年10月に九州帝国大学を九州大学と改称。

3.27 〔法令〕「専門学校令」公布　「専門学校令」を公布。「高等ノ学術技芸ヲ教授スル学校」で、入学資格は中学校・4年以上の高等女学校卒業者、修業年限は3年以上。これに伴い「実業学校令」を改正。高等教育を行う実業学校を実業専門学校とし、「専門学校令」の適用対象に。3月31日、「公私立専門学校規程」、制定。

4.1 〔活動〕専門学校・実業専門学校を認可　千葉・仙台・岡山・金沢・長崎の各医学専門学校、東京外国語学校、東京美術学校、東京音楽学校、3月27日公布の「専門学校令」に基づく専門学校となる。同日、札幌農学校、盛岡高等農林学校、東京高等商業学校、神戸高等商業学校、東京高等工業学校、大阪高等工業学校、京都高等工芸学校、「専門学校令」及び3月27日改正の「実業学校令」に基づく官立の実業専門学校となる。

4.13 〔法令〕「小学校令」改正　「小学校令」が一部改正され、国定教科書制度が成立。ただし修身・国史・地理・国語読本以外については検定制度を残す。1904年4月1日、施行。

4.21 〔法令〕「高等学校大学予科入学者選抜試験規程」制定　「高等学校大学予科入学者選抜試験規程」を制定。高等学校・大学予科の入学試験を選抜試験に一本化し、専門学校入学者検定合格者にも受験資格を付与。

4.29 〔法令〕「小学校教科用図書翻刻発行規則」制定　「小学校教科用図書翻刻発行規則」を制定。教科書の翻刻発行の許可を民間に与えるもので、文字の大小・行数及

		び毎行の字数・図画・冊数・ページ数等は全て文部省作成の見本と同一とし、用紙印刷の標準・定価の最高額も規定。
5.29	〔人事〕	文部大臣菊池大麓問責決議案を可決　衆議院、教科書疑獄事件に関して憲政本党が提出した文部大臣菊池大麓問責決議案を可決。7月17日、菊池が辞任。
7.17	〔人事〕	児玉源太郎、文部大臣に就任　文部大臣菊池大麓、辞任。内務大臣児玉源太郎、文部大臣を兼任。
8.29	〔法令〕	「神宮皇学館官制」制定　「神宮皇学館官制」を制定。同校を内務大臣管轄の神宮司庁に属する官立学校とし、「専門学校令」によらない専門学校とする。
9.22	〔人事〕	久保田譲、文部大臣に就任　久保田譲、文部大臣に就任。持論である学制改革を企図するが、日露戦争勃発のため断念。1905年12月14日、戸水事件により引責辞任。
10.12	〔法令〕	「女子高等師範学校規程」改正　「女子高等師範学校規程」を改正し、各科に音楽を追加。
11.21	〔社会〕	第1回早慶戦開催　第1回早慶野球試合が開催される。1906年中止、1922年復活。

1904年
（明治37年）

1.9	〔政策〕	徴兵忌避について訓令　文部省、学校生徒の徴兵猶予を利用した徴兵忌避について、厳重警告の訓令を発す。
1.26	〔制度〕	二部教授を実施研究　文部省、東京高等師範学校・女子高等師範学校の附属小学校で二部教授を実施研究。就学者の急増に対応するためで、この頃から二部授業が広く行われるようになる。
2.10	〔政策〕	戦死者遺族及び出征・応召軍人の子ども達の授業料を減免　文部省、日露戦争勃発に関連し、戦死者遺族及び出征・応召軍人の子ども達の授業料減免について訓令。
2.10	〔政策〕	日露開戦に際し訓令　文部省、日露戦争開戦に際し、教育上の注意について訓令を発す。
2.22	〔法令〕	「小学校令施行規則」改正　「小学校令施行規則」を改正し、設備準則を削除。
3.1	〔出版〕	『社会的教育学講義』刊行　吉田熊次著『社会的教育学講義』が金港堂から刊行。当時の国家主義的風潮を反映した「社会的教育学」を代表する書。
3.8	〔制度〕	2種以上の実業学校の学科を1校内に併置することを認可　「工業学校規程」「農業学校規程」「商業学校規程」「商船学校規程」「水産学校規程」を改正し、2種以上の実業学校の学科を1校内に併置することを認可。

3.8　〔制度〕乙種実業学校における科目選択の自由を認可　「農業学校規程」「商業学校規程」を改正し、乙種実業学校における科目選択の自由を認可。同日、乙種実業学校の設立趣旨について訓令を発す。

4.1　〔出版〕『教育研究』創刊　東京高等師範学校付属小学校内の初等教育研究会、『教育研究』を創刊。教授法のモデル作成及び普及を目的とするもの。1941年3月に休刊し、1950年に復刊。

4月　〔制度〕小学校国定教科書、使用開始　小学校国定教科書、使用開始。修身・国史・地理・国語読本。1905年に算術・図画、1911年に理科でも国定教科書の使用を開始。

5.21　〔制度〕国定教科書編纂のため専任編修官を設置　文部省、国定教科書編纂のため専任編修官を設置。

6.29　〔政策〕通信省所管商船学校学生、海軍軍籍に編入　通信省所管の商船学校学生を入校の日より海軍軍籍に編入。

7.11　〔活動〕明治天皇、東京帝国大学卒業式で訓示　明治天皇、東京帝国大学卒業式に臨幸し、「軍国多事ノ際ト雖モ教育ノ事ハ忽ニスベカラズ其局ニ当ル者克ク励精セヨ」と訓示。7月12日、その主旨を全国の教育関係機関に訓令。

この年　〔活動〕巡回文庫を実施　山口県立図書館、佐野友三郎の指導により日本最初の巡回文庫を実施。

1905年
（明治38年）

1月　〔制度〕教科書需要額調査　文部省、教科書需要額調査結果を発表。国定教科書の年間需要額は約192万円で、民間出版当時の約426万円から大幅な負担減。

2.25　〔法令〕「蕃人子弟就学之公学校教育規程」公布　「蕃人子弟就学之公学校教育規程」を公布。蕃人（台湾原住民）の義務教育を行なう初等教育機関である蕃人公学校の設置を定めるもので、修業年限は4年。

2.25　〔設立〕山口高等商業学校へ改組　山口高等学校、実業専門学校である山口高等商業学校に改組。実施は4月1日。残留生徒は併設された大学予科に編入し、その卒業に伴い1907年に山口高等学校を廃止。1919年4月、山口高等学校を再興。1944年4月、山口高等商業学校を山口経済専門学校と改称。1949年5月31日、山口高等学校・山口経済専門学校・宇部工業専門学校・山口師範学校・山口青年師範学校・山口獣医畜産専門学校を包括して山口大学を創設。

3.8　〔法令〕「医師免許規則」改正　「医師免許規則」を改正。文部大臣指定の私立医学専門学校卒業生にも無試験で医師開業免許状を授与。7月1日、文部省が「医学専門学校指定規則」を制定。

3.29　〔設立〕長崎高等商業学校・名古屋高等工業学校、創設　官立の長崎高等商業学校及び名古屋高等工業学校を創設。長崎高等商業学校は中国・台湾等との貿易従事者

を育成するための機関。両校とも開講は9月。

4.7 〔法令〕「小学校教科用図書翻刻発行規程」改正　「小学校教科用図書翻刻発行規程」を改正。

8.25 〔事件〕戸水事件　文部大臣久保田譲、対露強硬論者の東京帝国大学法科大学教授戸水寛人を休職処分とする。東京・京都の両帝国大学教授ら、大学自治を掲げて抗議運動を開始（戸水事件の始まり）。12月2日、久保田、東京帝国大学総長山川健次郎を依願免職の形で事実上更迭。これに対し、両帝国大学教授らが抗議のため総辞職を宣言。12月14日、久保田が引責辞任。1906年1月29日、戸水が復職。

9.29 〔政策〕内務省、地方青年団について通牒　内務省地方局長、地方長官に対し「地方青年団向上発達ニ関スル件」について通牒。日露戦争中における青年団の銃後活動に着目したもので、青年団に関する内務省の最初の施策。以後、青年団の半官的性格が強まる。

9.29 〔活動〕学習院、大学部を廃止　学習院、大学部を廃止。

10.18 〔政策〕戦後教育の方針について訓令　文部省、日露戦争後の戦後教育の方針について訓令を発す。

10月 〔設立〕武術教員練習所、創設　大日本武徳会、武術教員練習所を創設。1911年に武術専門学校、1919年に武道専門学校と改称。

11.2 〔法令〕「清国人ヲ入学セシムル公私立学校ニ関スル規程」制定　「清国人ヲ入学セシムル公私立学校ニ関スル規程」を制定。通称「清国留学生取締規則」。革命運動の高揚を危惧する清国政府の要請を受けて制定されたもので、過激な留学生の取締を目的とする。12月、清国留学生が同規程に抗議して大量帰国。また、陳天華が大森の海で抗議の自殺。

11.8 〔法令〕「在外指定学校ニ関スル規程」制定　「在外指定学校ニ関スル規程」を制定。

11月 〔活動〕スウェーデン体操を採用　体操遊戯調査会が報告書を提出し、スウェーデン体操採用方針を決定。

12.8 〔人事〕文部大臣久保田譲、辞表を提出　文部大臣久保田譲、戸水事件の責任を取り辞表を提出。

12.14 〔人事〕桂太郎、文部大臣を兼任　内閣総理大臣桂太郎、文部大臣久保田譲の辞表を受理し、自ら文部大臣を兼任。

12.27 〔政策〕文部省、「青年団発達ニ関スル件」について通牒　文部省普通学務局長、地方長官に対し「青年団発達ニ関スル件」について通牒を発す。青年団の設置奨励及び指導について指示するもので、以後文部省が青年団の育成に関与することに。

1906年
（明治39年）

1.7 〔人事〕西園寺公望、文部大臣に就任　内閣総理大臣西園寺公望が内閣を組閣し、自ら文部大臣を兼任。

3.20 〔設立〕帝国図書館、開館　帝国図書館、東京・上野に開館。設計は久留正道。

3.27 〔人事〕牧野伸顕、文部大臣に就任　牧野伸顕、文部大臣に就任。戦後教育の振興に尽力。

3.31 〔活動〕第四臨時教員養成所・第五臨時教員養成所、廃止　第四臨時教員養成所・第五臨時教員養成所、廃止。また、第一臨時教員養成所の国語・漢文科を廃止。

4.1 〔設立〕熊本高等工業学校・仙台高等工業学校、創設　第五高等学校工学部を独立させ、熊本高等工業学校を創設。これにより高等学校の専門学科を全て解消。同日、仙台高等工業学校を創設。

4.2 〔設立〕第六臨時教員養成所、創設　第六臨時教員養成所、女子高等師範学校内に創設。

4.11 〔活動〕華族女学校、学習院に合併　華族女学校を学習院に合併し、学習院女子部とする。1918年9月、女子学習院に改組。

5.5 〔活動〕第1回全国小学校教員会議　帝国教育会、第1回全国小学校教員会議を開催。5月7日、閉会。5月25日、文部省諮問案に答申。

6.5 〔活動〕京都帝国大学、文科大学を設置　京都帝国大学、文科大学を設置。哲学・史学・文学の3学科からなり、9月11日に開講。

6.9 〔政策〕学生の思想風紀について訓令　文部大臣牧野伸顕、学生の思想風紀の振粛について訓令。「社会主義の防止」なる語が初めて登場。

6.13 〔設立〕帝国学士院を創設　「帝国学士院規程」を制定。東京学士会院を改組拡充し、帝国学士院を創設。

8.22 〔法令〕「実業学校教員養成規程」改正　「実業学校教員養成規程」を改正。学資を補給し、卒業後実業教員となる学校の範囲を全官立実業専門学校に拡張。

9月 〔政策〕女子教員の結婚制限論　宮川鉄次郎、『新公論』9月号掲載の「女子職業問題」で女子教員の結婚制限を主張。その後、東京府連合教育会が同様の決議を採択。

10.13 〔活動〕第1回全国聾唖教育大会　第1回全国聾唖教育大会、開催。これを契機に盲・聾教育界で全国的な交流結集の気運が高まり、1907年5月に第1回全国盲唖教育大会を開催。

12.14 〔法令〕「図書館ニ関スル規程」制定　「図書館ニ関スル規程」を制定。

12.19 〔制度〕義務教育延長案を可決　高等教育会議、義務教育延長案を可決。義務教育の年限を4年から6年に延長し、尋常小学校の修業年限を6年とする。

この年　〔出版〕『欧州教育史』刊行　大瀬甚太郎著『欧州教育史』が成美堂から刊行。1907年『続欧州教育史』刊行。

1907年
（明治40年）

1.30　〔人事〕乃木希典、学習院長に就任　陸軍大将乃木希典、明治天皇の意向により学習院長に就任。4月、迪宮裕仁親王（後の昭和天皇）が学習院初等科に入学。

2.2　〔設立〕東京盲人教育会、創設　後藤環爾ら、東京盲人教育会を創設。

2.26　〔法令〕「台湾公学校令」公布　「台湾公学校令」を公布。これに伴い1898年7月28日公布の旧令を廃止。

3.20　〔法令〕「関東州小学校官制」「関東州公学校官制」制定　「関東州小学校官制」「関東州公学校官制」を制定。4月1日、施行。

3.20　〔出版〕『送仮名法』刊行　国語調査委員会編で『送仮名法』が刊行。

3.21　〔法令〕「小学校令」改正　「小学校令」を改正。義務教育（尋常小学校）の年限を6年、高等小学校を2～3年とし、代用小学校を廃止。1908年4月、施行。

3.25　〔法令〕「帝国大学特別会計法」公布　「帝国大学特別会計法」を公布し、「帝国大学特別会計規則」「帝国大学経理委員会規則」を制定。帝国大学の特別会計制を確立し、国庫支出金額を一定とする。3月27日、文部省直轄学校・図書館を対象とする「学校及図書館特別会計法」「学校及図書館特別会計規則」を制定。

4.10　〔法令〕「官立医学専門学校規程」制定　文部省、「官立医学専門学校規程」を制定。修業年限・学科構成・教育内容等を定めるもので、外国語を英語からドイツ語に変更。

4.17　〔政策〕盲聾唖・心身発育不全児のため特別学級設置を奨励　文部省、各府県師範学校の付属小学校に対し、盲聾唖・心身発育不全児のための特別学級を設置することを勧奨。

4.17　〔法令〕「師範学校規程」制定　「師範学校規程」を制定。師範学校制度の細則を総合的に規定するもので、中学校・高等女学校卒業者を対象とする本科第二部を設置。

5.11　〔活動〕全国教育者大会　帝国教育会、全国教育者大会を開催。大会2日目の5月12日、六大教育家（大木喬任・近藤真琴・中村正直・新島襄・福沢諭吉・森有礼）の追頌式を挙行。

5.27　〔政策〕市町村立小学校教育費を府県費で補助　市町村立小学校教育費補助のため、府県費及び北海道地方費から国庫補助額と同額を支出することとする。沖縄県については国庫から支出。

5月　〔活動〕第1回全国盲唖教育大会　第1回全国盲唖教育大会、東京で開催。盲唖教育規程公布を文部省に建議。

6.22　〔設立〕東北帝国大学、創設　東北帝国大学、仙台に創設。同日、札幌農学校を東北帝国大学農科大学と改称し、「東北帝国大学農科大学官制」を制定・公布。

7.13　〔法令〕「地方官官制」改正　「地方官官制」を改正。府県の教育関連事項を内務省の所管とする。

7.18　〔法令〕「高等女学校令」改正　「高等女学校令」を改正。修業年限を原則4年とする。短縮は認めず、1年の延長のみを認可。

7.23　〔設立〕私立明治専門学校、設立認可　私立明治専門学校、設立認可。1909年4月1日に福岡に開校し、1911年4月1日に開講。1921年3月30日、官立となる。1944年4月1日、明治工業専門学校と改称。1949年5月31日、明治工業専門学校を包括し九州工業大学を創設。1951年3月31日、明治工業専門学校を廃止。

10.25　〔活動〕第1回文部省美術展覧会、開催　第1回文部省美術展覧会（文展）、東京・上野で開催。

1908年
（明治41年）

1.7　〔政策〕無資格教員の採用制限を強化　文部省、中学校及び高等女学校における無資格教員の採用制限を強化。

3.12　〔制度〕総合試験制度を廃止　高等学校・大学予科の入学試験における総合試験制度を廃止。各校個別の選抜試験に一本化し、専門学校入学者検定合格者にも受験資格を付与。1909年4月21日、「高等学校大学予科入学者選抜試験規程」を改正。

3.12　〔活動〕第三臨時教員養成所、修業年限を延長　第三臨時教員養成所、修業年限を3ヶ年に延長。

3.31　〔活動〕第一臨時教員養成所・第二臨時教員養成所、廃止　東京帝国大学付設の第一臨時教員養成所及び第一高等学校付設の第二臨時教員養成所を廃止。

4.1　〔設立〕奈良女子高等師範学校他、創設　奈良女子高等師範学校、創設。第一期入学生は77人。これに伴い女子高等師範学校を東京女子高等師範学校と改称。同日、第八高等学校（名古屋）・鹿児島高等農林学校を創設。

5.13　〔法令〕「高等女学校施行規則」改正　「高等女学校施行規則」を改正。主な改正点は教育・手芸に関する規定の削除など。

5.25　〔法令〕「臨時仮名遣調査委員会官制」公布　「臨時仮名遣調査委員会官制」を公布し、文部省に同委員会を設。委員長は菊池大麓、主事は渡部董之介。12月14日、廃止。

7.2　〔活動〕東京帝国大学法科大学、経済学科を設置　東京帝国大学法科大学、政治学科を政治学科と経済学科に分割。

7.14　〔人事〕小松原英太郎、文部大臣に就任　第2次桂内閣が発足し、内務省出身の小松

原英太郎が文部大臣に就任。学制改革の調査研究を推進。

9.5 〔制度〕教科用図書調査委員会、設置　文部省、教科用図書調査委員会を設置。小学校の修身・歴史・国語など国定教科書を調査審議。

9.7 〔法令〕「小学校令施行規則」改正　「小学校令施行規則」を改正。小学校教授用の仮名字体・字音仮名遣・漢字数制限などの規程を廃止。いわゆる棒引仮名廃止。

9.10 〔法令〕「文部省視学官及文部省視学委員職務規程」制定　「文部省視学官及文部省視学委員職務規程」を制定。学事視察のため全国を7地方部に再分画。視学委員制を新設して大学教授らに視学委員を委嘱し、専門的視野から各校の視察を行うものとする。

10.13 〔法令〕「戊申詔書」発布　「戊申詔書」を発布。国が富むに従い道徳が衰退することを憂い、国民を戒める内容。

10.23 〔法令〕「戊申詔書」に基づき訓令　文部省、直轄学校長・地方長官に対し「戊申詔書」に基づき国民道徳作興に努めるよう訓令。

11.16 〔設立〕東京市立日比谷図書館、開館　東京市立日比谷図書館、開館式を挙行。東京市立図書館の中核として機能し、1943年7月に「東京都制」施行に伴い東京都立日比谷図書館となる。2009年7月、千代田区へ移管。

この年　〔出版〕『教師及び校長論』刊行　沢柳政太郎著『教師及び校長論』が同文館から刊行。

1909年
(明治42年)

1.9 〔政策〕学校行事の監督方法について訓令　文部省、直轄学校に対し講演会・記念会・運動会など学校主催の諸行事が華美・浮薄に流れないよう、監督方法について訓令。

2.20 〔出版〕『実際的教育学』刊行　沢柳政太郎著『実際的教育学』が同文館から刊行。

3.25 〔設立〕千葉県立園芸専門学校・京都市立絵画専門学校、設立認可　千葉県立園芸専門学校・京都市立絵画専門学校、「専門学校令」に基づき設立認可。千葉県立園芸専門学校は園芸に関する唯一の専門学校で、1914年4月に千葉県立高等園芸学校、1929年6月に文部省に移管して千葉高等園芸学校、1944年4月に千葉農業専門学校と改称。1949年5月の千葉大学創設に伴い同大学園芸学部となる。京都市立絵画専門学校は1945年に京都市立美術専門学校と改称し、1950年に京都市立美術大学、1969年に京都市立芸術大学へ改組。

4.7 〔設立〕東京盲学校、創設　文部省直轄の東京盲学校、創設。1910年4月1日、東京盲唖学校を東京聾唖学校に改組し、盲教育と聾唖教育を分離。

4.21 〔法令〕「高等学校大学予科入学者選抜試験規程」制定　文部省令第11号「高等学校大学予科入学者選抜試験規程」を制定。

4月	〔事件〕申酉事件	東京高等商業学校で商科大学昇格運動が発生。5月6日、文部省が省令を発し、東京高等商業学校専攻部を東京帝国大学へ移管・廃止し、東京帝国大学法科大学に商科を設置することを決定。5月11日、昇格運動中の生徒側が同盟退学を決議。5月23日、商業会議所や同窓会等の斡旋により、生徒側が復学を決議。6月25日、文部省が専攻部の4年間の存続を認可。いわゆる申酉事件。1912年3月25日、文部省令により専攻部の存続が決定。
5.11	〔設立〕旅順工科学堂、創設	「旅順工科学堂官制」を公布し、旅順に官立工業専門学校を創設。1922年4月1日、旅順工科大学となる。1945年、敗戦により廃止。
6.25	〔活動〕東京帝国大学法科大学、商業学科を設置	東京帝国大学法科大学、商業学科を新設。1919年4月、法科大学から経済学科・商業学科を分離して経済学部を新設。
7.17	〔設立〕富山県立薬学専門学校、創設	富山県立薬学専門学校、「専門学校令」に基づき設立認可。1921年、官立富山薬学専門学校に改組。1949年、富山大学創設に伴い同大学薬学部となる。
9.4	〔政策〕学校施設について訓令	学校施設について、地方の実情を考慮し実用を旨とし、その普及を図るよう訓令。
9.13	〔政策〕修身教育重視を訓令	文部省、直轄学校に対し専門教育においても修身教育を重視し、「教育勅語」「戊申詔書」の趣旨を徹底するよう訓令。
10.2	〔法令〕「小学校教科用図書翻刻発行ニ関スル規程」改正	「小学校教科用図書翻刻発行ニ関スル規程」を改正。日本書籍・東京書籍・大阪書籍に国定教科書の翻刻発行を、国定教科書共同販売所にその販売を許可。
10.19	〔制度〕中学校体操教育調査	中学校の体操教育を調査し、第1回調査委員会を開催。陸軍省の要請によるもの。
11月	〔出版〕『明治教育思想史』刊行	藤原喜代蔵『明治教育思想史』が冨山房から刊行。
12.20	〔法令〕「高等師範学校規程」「女子高等師範学校規程」改正	「高等師範学校規程」「女子高等師範学校規程」を改正。学資償還の条件を改め、卒業生の服務規則を定める。

1910年
(明治43年)

1.22	〔設立〕私立九州医学専門学校、創設	私立九州医学専門学校、「専門学校令」に基づき熊本に設立認可。1925年1月に文部省へ移管し、4月に官立熊本薬学専門学校が開校。1949年5月、熊本大学創設に伴い同大学薬学部となる。
2.3	〔政策〕図書館設立について訓令	文部省、図書館設立について訓令。設置基準について定めたもので、近代的設備を有する専門的地方図書館と一般民衆の教化を意図する簡易な通俗図書館からなる二元的な図書館整備を企図。
3.15	〔政策〕衆議院に学制改革案を提出	根本正ら、衆議院に「帝国学制」案を提出。

高等学校を廃止して中学校を高等中学校と4年制尋常中学校に分ける案だが、否決。3月19日、原敬・鳩山和夫・松田正久らが衆議院に「学制改革ニ関スル建議」案を提出。中学校卒業者を直ちに専門学校に進学させ、専門職業教育・高度技術教育を行う案で、可決。この頃、学制改革に関する議論が活発化。

3.28　〔設立〕上田蚕糸専門学校他、創設　上田蚕糸専門学校・小樽高等商業学校・秋田鉱山専門学校・米沢高等工業学校・新潟医学専門学校、創設。上田蚕糸専門学校は1944年4月に上田繊維専門学校と改称し、1949年5月の信州大学創設に伴い同大学繊維学部となる。小樽高等商業学校は1944年4月に小樽経済専門学校と改称し、1949年5月に小樽商科大学へ改組。秋田鉱山専門学校は1949年の秋田大学創設に伴い同大学鉱山学部となり、1998年10月に工学資源学部へ改組。米沢高等工業学校は1944年4月に米沢工業専門学校と改称し、1949年5月の山形大学創設に伴い同大学工学部となる。新潟医学専門学校は1922年に新潟医科大学へ改組し、1949年5月の新潟大学創設に伴い同大学医学部となる。

3月　〔政策〕文部省、優良青年団体を表彰　文部省、優良青年団体82団体を表彰。以後、毎年表彰。1911年、内務省も表彰を開始。

4.21　〔活動〕東京帝国大学農科大学、水産学科を設置　東京帝国大学農科大学、水産学科を設置。1994年、東京大学農学部が学科制を廃止して課程制に移行、水産学科は水圏生命科学・水圏環境科学・水圏生産科学の3専修に分割。また、大学院農学系研究科を農学生命科学研究科に改称。1995年4月、大学院農学生命科学研究科の水産学専攻を水圏生物科学専攻と改称。2006年、農学部が3課程15専修制となり、水圏生命科学・水圏環境科学・水圏生産科学の3専修から水圏生命科学・水圏生産環境科学の2専修に改組。

4.25　〔政策〕文部省、学制改革案を高等教育会議に諮問　文部省、学制改革案を第11回高等教育会議に諮問。高等中学校の設置と修業年限の短縮を中心とする案で、同会議は修正を加えた上で可決。

4月　〔制度〕第2期国定教科書使用開始　第2期国定教科書の使用を開始。第1期に比べ天皇制・家族国家倫理を強化した内容で、1917年まで使用。

5.31　〔法令〕「師範学校教授要目」制定　文部省、「師範学校教授要目」を制定。各学科について学年ごとの教授時数及び教授内容を詳細に定めたもので、師範学校教育への制度的規制を強化。

6.30　〔法令〕「図書館令施行規則」制定　「図書館令施行規則」を制定。設置上の手続きなどを明確化したもので、これに伴い「図書館ニ関スル規程」を廃止。

7.21　〔制度〕小学校理科教科書を国定化　「小学校令施行規則」を改正し、理科教科書も国定と定める。

7.30　〔政策〕喫煙取締を訓令　文部省、直轄学校に対し学生生徒の喫煙取締を訓令。

10.26　〔法令〕「高等女学校令」改正　「高等女学校令」を改正。10月27日、「高等女学校令施行規則」を改正。家政関係課程を主とする実科または実科高等女学校の設置を認める。

11.15　〔法令〕「東京盲学校規程」「東京聾唖学校規程」制定　「東京盲学校規程」「東京聾唖学校規程」を制定。普通科を5ヶ月～1ヶ年、音楽科を3ヶ年、鍼按科を2ヶ年と定

める。同日、「東京盲学校並東京聾唖学校ノ師範科卒業者服務規則」を制定。

12.22 〔法令〕「東北帝国大学官制」公布　「東北帝国大学官制」を公布。沢柳政太郎、初代校長に就任。1911年1月、数学科・物理学科・化学科・地質学科からなる理科大学を設置。

12.22 〔設立〕九州帝国大学、創設　九州帝国大学、福岡に創設。1911年1月1日、工科大学を設置。4月1日、京都帝国大学福岡医科大学を九州帝国大学医科大学に改組。

12.24 〔政策〕高等小学校の実業科目重視を訓令　文部省、高等小学校において実業科目（農業・商業）を重視し、実習農場設置や商業道徳涵養を督励すべき旨を訓令。

この年 〔出版〕『日本教育文庫』刊行開始　黒川真道編『日本教育文庫』刊行開始。1911年、全12冊が完結。

1911年
（明治44年）

1.1 〔活動〕東北帝国大学理科大学・九州帝国大学工科大学、創設　東北帝国大学理科大学・九州帝国大学工科大学、創設。東北帝国大学理科大学は数学・物理学・化学・地質学の4学科、九州帝国大学工科大学は土木工学・機械工学・電気工学・応用化学・採鉱学・冶金学の6学科を設置。

2.4 〔事件〕南北朝正閏問題　衆議院議員藤沢元造、国定日本歴史教科書の南北朝の記述に関する質問書を提出。南北朝併立説を問題視する内容。質問演説前日の2月15日、内閣総理大臣桂太郎が藤沢に質問書撤回を要請。2月16日、藤沢が質問書を撤回し、議員辞職を表明。2月27日、文部省が編修官喜田貞吉を休職処分とし、南朝正当論に基づく教科書修正を通達。3月、教科用図書調査委員三上参次を免職処分。いわゆる南北朝正閏問題。

3.14 〔法令〕「師範学校教授要目」改正　「師範学校教授要目」を改正。南北朝正閏問題に関連して、南朝正統論に基づき南朝を吉野ノ朝廷と修正。

3.31 〔政策〕小学校教員の待遇を改善　「市町村立小学校教員加俸令」を改正。4月1日、「小学校令施行規則」中の教員月俸額表、「市町村立小学校教員退隠料及遺族扶助法」を改正。一連の措置により教員の待遇改善を図る。

3.31 〔法令〕「九州帝国大学官制」公布　「九州帝国大学官制」を公布。4月1日、山川健次郎が初代総長に就任。

4.10 〔法令〕「文部省官制」改正　「文部省官制」を改正。図書局を設置。

5.10 〔設立〕維新史料編纂会、設置　文部省、維新史料編纂会を設置。1937年から1940年にかけて『維新史料綱要』全10冊、1938年から1943年にかけて『大日本維新史料』全19冊、1939年から1941年にかけて『維新史』全6冊を刊行。

5.17 〔法令〕「文芸委員会官制」「通俗教育調査委員会官制」公布　「文芸委員会官制」「通俗教育調査委員会官制」を公布し、文部省に両委員会を設置。社会教化・思想善

導のため通俗教育（社会教育）の政策立案を行うもので、社会主義思想・自然主義文学などを抑圧。1913年6月13日、両委員会を廃止。

6.12　〔設立〕南朝を吉野朝と改称　文部省教科書調査委員会歴史部会、南朝から吉野朝への改称を決定。7月21日、総会で最終決定。1911年度より北朝の天皇を削除した修正教科書を使用。

7.29　〔法令〕「高等女学校及び実科高等女学校教授要目」制定　「高等女学校及び実科高等女学校教授要目」を制定。「婦徳ノ養成」を強調。

7.31　〔法令〕「高等中学校令」「高等中学校規程」制定　「高等中学校令」「高等中学校規程」を制定。高等学校を廃止し高等中学校で代替するとの内容で、修業年限短縮を企図したもの。1913年4月施行を目指すも、財政的理由により無期延期となる。

7.31　〔法令〕「小学校令」「小学校令施行規則」改正　「小学校令」「小学校令施行規則」を改正。高等小学校の教授時数を増加し、農業・商業のいずれか1科目を必修とし、英語を廃止。

7.31　〔法令〕「中学校教授要目」「中学校令施行規則」改正　「中学校教授要目」を改定し、南朝正当論・韓国併合を導入。同日、「中学校令施行規則」を改正し、科目中に実業を加設。また、各学科目の教授要旨を修正し、教授時数を変更。

8.24　〔政策〕通俗教育のための授業実施を通達　文部省、東京高等師範学校・広島高等師範学校に対し、学校教育の余暇に通俗教育（社会教育）のための授業を実施するよう通達。

8.24　〔法令〕「朝鮮教育令」公布　「朝鮮教育令」を公布。「教育勅語」に基づき朝鮮人を「忠良ナル国民」に教育することを企図し、日本語による教育を主体とした普通・高等普通・女子高等普通・実業・専門の各学校を設置。1922年、廃止。

8.30　〔人事〕長谷場純孝、文部大臣に就任　第2次西園寺内閣が発足し、長谷場純孝が文部大臣に就任。

10.10　〔法令〕「通俗教育調査委員会通俗図書審査規程」など、制定　「通俗教育調査委員会通俗図書審査規程」「通俗教育調査委員会幻燈映画及び活動写真フィルム審査規程」を制定。

11.16　〔設立〕私立東京農科大学と改称　私立東京高等農学校、私立東京農科大学と改称。1919年12月に東京農業大学と改称。

12月　〔出版〕『女子教育』刊行　谷本富著『女子教育』が実業之日本社から刊行。

1912年
（明治45年/大正元年）

2.15　〔設立〕同志社大学と改称　私立同志社専門学校は同志社大学と改称、同志社神学校を廃止し、4月より政治経済部・英文科・神学部を設置。また、2月、私立同志社女学校専門部が「専門学校令」により認可された。

2.25　〔政策〕宗教家懇親会開催　原敬内務大臣が、宗教を国家の目的に沿わせることを狙いに、神道・仏教・キリスト教の代表者を招いて懇親会を開催。

3.9　〔法令〕「臨時教員養成所規程」改正　「臨時教員養成所規程」が改正された。物理及び化学を応用理科とし、手芸及び図画を必修と規程するほか、家事科生徒の指定学校への委託を認可する。

3.14　〔設立〕日本初の女医養成機関、認可　私立東京女子医学専門学校が「専門学校令」により認可された。4年制の日本初の女医養成機関で、4月に95人が入学した。

3.18　〔法令〕「臨時教員養成所卒業者服務規則」制定　「臨時教員養成所卒業者服務規則」が制定された。学資補給を受けた者は2年または3年の服務義務など。

3.25　〔設立〕東京高等商業学校、専攻部設置　東京高等商業学校に、2年制の専攻部を設置。

3.28　〔法令〕「朝鮮公立小学校官制・高等女学校官制」公布　「朝鮮公立小学校官制・高等女学校官制」を公布。在朝鮮日本人子弟のための初等・女子中等教育機関を公立とし、「小学校令」「高等女学校令」に準拠する。

3.30　〔活動〕専門学校を東北帝大に附属　仙台医学専門学校と仙台高等工業学校を東北帝国大学に附属させ、それぞれ医学専門部、工学専門部とした。

5.9　〔設立〕高千穂高等商業学校、認可　私立高千穂高等商業学校が「専門学校令」により認可された。

7.6　〔社会〕オリンピック日本初参加　第5回オリンピックがストックホルムで開催され、日本人陸上選手2人が初めて参加した。

7.11　〔設立〕日本医学専門学校、認可　私立日本医学専門学校が「専門学校令」により認可された。

7.30　〔社会〕「大正」と改元　明治天皇没、「大正」と改元。

11.9　〔人事〕牧野伸顕、文部大臣兼任　農商務大臣牧野伸顕が文部大臣に再任され、兼任。

12.21　〔人事〕柴田家門、文部大臣就任　第3次桂太郎内閣が発足し、柴田家門が文部大臣に就任。

この年　〔設立〕少年文学研究会発足　小川未明が少年文学研究会を組織した。

この年　〔出版〕『少女画報』創刊　東京社が『少女画報』を創刊した。

1913年
(大正2年)

1.28　〔法令〕「学校体操教授要目」制定　「学校体操教授要目」が制定された。兵式体操を教練と改称する。

2.4	〔社会〕「1月1日の歌」改定	祝日大祭日唱歌のうち、「1月1日の歌」の一部を改定。
2.20	〔法令〕「小学校令」改正	「小学校令」が改正され、通俗教育のために校舎を利用することが許可された。
2.20	〔人事〕奥田義人、文部大臣就任	第1次山本権兵衛内閣が発足し、奥田義人が文部大臣に就任。
3.14	〔法令〕「高等中学校令」実施を延期	4月1日に施行予定だった「高等中学校令」の実施が無期延期とされた。
3.29	〔設立〕上智大学認可	私立上智大学が「専門学校令」により認可された。日本初のカトリック系高等教育機関。
6.13	〔政策〕「文部省督学官特別任用ノ件」	視学官を督学官と改称し、「文部省督学官特別任用ノ件」を定めた。
6.13	〔政策〕「文部省直轄書学校長任用ノ件」	「文部省直轄書学校長任用ノ件」を規定。
6.13	〔政策〕教育調査会設置	高等教育会議を廃止し、文部大臣の諮問機関として教育調査会が設置された。
6.13	〔政策〕古社寺保存会を移管	「古社寺保存会規則」が改正され、古社寺保存会が内務省から文部省に移管された。
6.13	〔法令〕「国語調査員会官制」「文芸委員会官制」を廃止	「国語調査員会官制」と「文芸委員会官制」が廃止された。
6.13	〔法令〕「蚕業講習所官制」改正	「蚕業講習所官制」が改正され、東京蚕業講習所と京都蚕業講習所を農相無償から文部省に移管。
6.13	〔法令〕「通俗教育調査委員会官制」廃止	「通俗教育調査委員会官制」が廃止された。
6.13	〔法令〕「文部省官制」改正	「文部省官制」が改正された。実業学務局・図書局を廃止し、宗教局を新設し、内務省から宗教行政を移管。
6.13	〔法令〕「北海道庁官制」「地方官官制」改正	「北海道庁官制」「地方官官制」がそれぞれ改正された。北海道庁及び府県に視学官を置き、理事官をこれに充当する。
6月	〔設立〕横浜高等海員養成所設立	海員掖済会は品川高等海員養成所を横浜会員掖済会出張所内に移し、横浜高等海員養成所を設立。
7.12	〔事件〕沢柳事件	京都大学総長沢柳政太郎、学内刷新を標榜し、教授会に諮らずに谷本富ら7名の各分科大学の教授を罷免し、学内自治を侵すものとして問題化。1914年1月14日、法科大学教授全員が抗議のため辞表を提出、奥田義人文部大臣は覚書で教授会の人事権の慣行的権限を承認して大学自治を認めた。4月に沢柳の総長辞職により集結。
7.16	〔法令〕「小学校令」改正	「小学校令」が改正された。教育・兵事・産業・衛生・慈善等の目的に校舎校地の使用を認めるほか、府県が授与する教員免許状を全国に有効とする。
7.16	〔法令〕「小学校令施行規則」改正	「小学校令施行規則」が改正された。3学級ごとに本科生教員2名をおくこと、兵式体操を教練と改称すること等を内容とする。

7.26 〔法令〕図書、映画に関する規程制定　「通俗図書認定規程」「幻燈映画及活動写真「フイルム」認定規程」が制定された。

8.1 〔法令〕「文官任用令」改正　「文官任用令」が改正され、文官試験合格者以外の学校卒業者に対する特典を拡大。

8.16 〔活動〕日本初の女子大生入学　東北帝国大学理科大学に、黒田ちか、牧田らく、丹下むめの女子3名が合格し、日本最初の女子大学生が誕生したが、以後規則改正により女子の大学入学は禁止され、戦後に解除されるまで継続した。

9.13 〔法令〕「師範学校規程」改正　「師範学校規程」が改正された。師範学校入学に関し、小学校・師範学校訓導在職中の死去の場合の子弟の優先入学・学資支給の規定を準用する。

1914年
（大正3年）

3.3 〔法令〕「女子高等師範学校規程」改正　「女子高等師範学校規程」が改正された。文科・理科・家事科の3学科、4年制とする。

3.6 〔人事〕大岡育造、文部大臣就任　奥田義人の辞任により、大岡育造が文部大臣に就任。

3.23 〔法令〕「実業教育費国庫補助法」改正　「実業教育費国庫補助法」が改正され、私立学校にも補助の道が開かれた。

3.28 〔法令〕「地方学事通則」改正　「地方学事通則」が改正された。学区の設置・市町村の学校組合の設置等、市町村レベルの教育行政事務組織を改める。

4.1 〔設立〕蚕業講習所改称　東京蚕業講習所、京都蚕業講習所をそれぞれ東京高等蚕糸学校、京都高等蚕業学校と改称した。

4.16 〔人事〕一木喜徳郎、文部大臣就任　第2次大隈重信内閣が発足。文部大臣には一木喜徳郎が就任し、教育政策問題に深い関心を示した。

4月 〔設立〕京城と平壌に師範科設置　平壌高等普通学校、京城高等普通学校、京城女子高等普通学校に師範科を設置した。

5.27 〔政策〕御真影を下賜　公立実業補修学校・徒弟学校に御真影を下賜することを通牒。

6.1 〔制度〕修身科廃止論議　沢柳政太郎が教育教授研究会で、尋常小学校3年までの修身科の廃止を提唱。全国訓導協議会でも全廃・時間縮小などが議論された。

6.20 〔制度〕帝大以外に名誉教授を認める　「文部省直轄諸学校ノ名誉教授ニ関スル件」が定められた。帝国大学以外の大学にも名誉教授が認められることになった。

6月 〔法令〕「大学校令」案及び「学位令」改正案を諮問　一木喜徳郎文部大臣は教育調査会に対し、「大学校令」および「学位令」の改正案について、原案のままでは不十

7.2	〔制度〕**大学修業年限短縮**	東京帝国大学法科大学は、修業年限を短縮し、3年で卒業できることとした。8月29日、京都帝国大学法科大学もこれにならった。
8.24	〔設立〕**家庭学校分校設立**	福留幸助、北海道に家庭学校分校を設立。非行少年に家庭環境を与えるほか、生産労働を重視して教育農場を実践。私立教護院の始め。
12.12	〔法令〕**「教育基金令」改正**	「教育基金令」が改正された。教育基金の全部を地方配布していたものを、一部を文部省に保留して普通教育の普及改善、また学校教員の疾病治療費等に充当できることとする。
12月	〔出版〕**『モンテッソリー教育法と其応用』刊行**	河野清丸著『モンテッソリー教育法と其応用』が同文館から刊行。
この年	〔設立〕**教育教授研究会設立**	沢柳政太郎を会長とし、教育教授研究会が東京で設立された。
この年	〔出版〕**『少年倶楽部』創刊**	大日本雄弁会(現・講談社)、『少年倶楽部』を創刊。他に『子供之友』『コドモ』など、少年向けの雑誌が創刊された。

1915年
（大正4年）

1.27	〔法令〕**「公立学校職員分限令」公布**	「公立学校職員分限令」が公布された。小学校以外の公立学校職員の身分を初めて法的に保障するもの。
2.3	〔法令〕**「台湾公立学校官制」公布**	「台湾公立学校官制」が公布された。
2.23	〔法令〕**「高等師範学校規程」改正**	「高等師範学校規程」が改正された。学科を文科・理科とし、特科として体育科を東京高等師範学校に、教育科を広島高等師範学校に設置した。
3.20	〔法令〕**「高等女学校令施行規則」改正**	「高等女学校令施行規則」が改正された。学科木・授業時数の変更など。
3.20	〔法令〕**「師範学校規程」改正**	「師範学校規程」が改正された。女子に限り、入学許可条件が変更された。
3.31	〔法令〕**「実業学校教員養成規程」改正**	「実業学校教員養成規程」が改正された。実業学校教員志望者に対する学資補給制度を廃止し、授業料免除のみとする。
6.21	〔法令〕**「帝国学士院学術奨励特別会計法」廃止**	帝国学士院は「帝国学士院学術奨励特別会計法」を廃止し、学術研究奨励金委任経理の方法を設けた。
6.25	〔出版〕**『時局に関する教育資料』刊行**	文部省は『時局に関する教育資料』第1集を刊行した。
8.10	〔人事〕**高田早苗、文部大臣就任**	高田早苗が文部大臣に就任。

8.18	〔社会〕第1回全国中等学校野球大会開催　朝日新聞社主催で、豊中グラウンドで第1回全国中等学校野球大会が開催。10校が参加し、京都二中が優勝した。後の夏の甲子園大会。
9.3	〔法令〕「東京女子高等師範学校附属高等女学校専攻科規則」改正　「東京女子高等師範学校附属高等女学校専攻科規則」が改正され、家事科の教員免許状が無試験検定で授与されることになった。
9.15	〔政策〕青年団体に内務省・文部省共同訓令　内務省と文部省は青年団体の指導・奨励・発達に関し共同訓令。青年団体を「青年ヲシテ健全ナル国民善良ナル公民タルノ素養ヲ得シムルコト」にあると規定。また、各地方長官宛に内務次官・文部次官の共同通牒を発し「青年団体ノ設置ニ関スル標準」を提示。
12.10	〔政策〕大正天皇、教育に関する沙汰を下賜　大正天皇、宮中で高田早苗文部大臣に対し教育振興に関する沙汰を下賜。翌日文部省はこれに対して訓令を発した。
12.27	〔法令〕「南洋群島小学校規則」制定　「南洋群島小学校規則」が制定され、4年制の小学校が設立された。
12.28	〔設立〕桐生高等染色学校設置　桐生高等染色学校が設立された。のち1920年に桐生高等工業学校と改称。
この年	〔設立〕ブラジルに日本人学校開設　ブラジルへの日本人移民の増加を受け、サンパウロ市に同国で最初の日本人学校である大正小学校が開設された。

1916年
（大正5年）

1.29	〔法令〕「公立学校職員制」公布　「公立学校職員制」が公布された。奏任待遇となる市町村立小学校長の府県における定数を増加する他、中等以上の公立学校全般の職員制を初めて制定。
3.29	〔法令〕「教員検定ニ関スル規程」改正　「教員検定ニ関スル規程」が改正された。中等教員検定試験の受験資格範囲を拡大する。
4.1	〔設立〕朝鮮に専門学校を開校　「朝鮮総督府専門学校官制」を公布、京城専修学校・京城医学専門学校を設立。
5.3	〔設立〕帝国教育会結成　帝国教育会が結成された。会長には沢柳政太郎が就任。日本各地の教育会を吸収。
6.15	〔政策〕学校衛生官、設置　文部省に学校衛生官を置いた。
7.11	〔政策〕帝国協議会調査結果　帝国協議会は日露戦争の戦後教育に関する調査報告書を発表。特に教育行政・私学制度・学制・教員養成機関・教員待遇等に重点を置く。
10.9	〔人事〕岡田良平、文部大臣就任　寺内内閣が発足し、岡田良平が文部大臣に就任。教育政策の恒久化のための臨時教育会議の権威づけを画策し、この後昭和初期まで

文政の中心的地位を歴任。

11.3 〔設立〕青年団中央部と改称　中央報徳会の青年部が独立し、青年団中央部と改称した。

この年 〔出版〕『児童の世紀』刊行　エレン・ケイ著『児童の世紀』が原田実訳で大同館書店から刊行。

1917年
（大正6年）

4.4 〔設立〕成城小学校開講　陸軍士官学校予備校の成城学校が付設の成城小学校を東京市牛込に開校。沢柳政太郎が校長で、「生きた教育」を標榜し、春秋2回入学制、高学年の学科担任制、ドルトンプラン等を導入する、自由教育の実験校。

4.27 〔制度〕大学予科入学者無試験検定の改正　「高等学校大学予科入学者選抜試験規程」を改正し、高等学校に総合試験制度を復活させた。また「高等学校大学予科入学者無試験検定規程」を改正し、従来5分の1だった募集定員を20分の1考慮とした。

4月 〔出版〕『世界童話集』刊行開始　鈴木三重吉編『世界童話集』の刊行が開始された。

5.8 〔社会〕第3回極東選手権競技大会　東京・芝浦で第3回極東選手権競技大会が開催された。日本初の国際競技大会。

9.21 〔法令〕「臨時教育会議官制」公布　「臨時教育会議官制」が公布された。教育調査会を廃止し、内閣直属の諮問機関として臨時教育会議を設置、総裁を平田東助とし、学制改革全般について審議するもの。

10.20 〔活動〕第1回全国小学校女教員大会　帝国教育会は第1回全国小学校女教員大会を開催。160人が参加し女教員産前産後休暇等6項目について協議。

11.1 〔政策〕小学校教育改革第1次答申　臨時教育会議は小学校教育の改革に関して第1次答申。12月6日に第2回答申。

12.7 〔政策〕男子高等普通教育に関して諮問　男子高等普通教育の改善に関し臨時教育会議に諮問。1918年1月7日に第1回答申、5月2日に第2回答申。

12.15 〔政策〕兵式体操振興に関する建議　臨時教育会議は「兵式体操ノ振興ニ関スル建議」を内閣総理大臣に提出。

1918年
（大正7年）

1.11 〔政策〕臨時教育会議、高等普通教育についての第1回答申　臨時教育会議は男子

の高等普通教育の改革に関して第1次答申。

2.5 〔制度〕物理・化学の実験を重視　「師範学校物理及化学生徒実験要目」「中学校物理及化学生徒実験要目」制定。師範学校及び中学校における物理・化学の学習指導方法の改正で、実験をより重視する。

3.27 〔法令〕「市町村義務教育費国庫負担法」公布　「市町村義務教育費国庫負担法」が公布された。小学校教員の俸給の一部を国庫負担とすることを明示、定額制を採用。

4.1 〔法令〕「徴兵令」改正　「徴兵令」が改正された。師範学校卒業生の6週間現役を1年現役とし、中等学校以上在学者は在学中は入営延期。

4.1 〔設立〕北海道帝国大学設置　北海道帝国大学設置。医科と農科で、農科は東北帝大農科大学を北海道帝大農科大学に改組。

4.12 〔設立〕修身教育部設置　東京高等師範学校に専攻科修身教育部が設置された。現職の中等学校教員を対象に、国民道徳の再教育を行う。5月8日には広島高等師範学校に徳育専攻科が設置された。

4.13 〔設立〕全国処女会中央部設置　文部省と内務省は全国処女会中央部を設立、地方の乙女会・処女会などの連絡機関とし、11月には機関誌『処女の友』刊行。1927年4月大日本女子連合青年団に改組。

4月 〔制度〕第三期国定教科書　第三期国定教科書が使用開始。『尋常小学校国語読本』（ハナ・ハト）を使用。

5.2 〔活動〕全国教育会理事者会開催　帝国教育会は全国教育会理事者会を開催、5月4日帝国連合教育会設立を決定、沢柳政太郎が会長に就任。11月までに81教育会が加盟。

5.3 〔法令〕「青年団体ノ健全発達ニ資スヘキ要項」訓令　文部省と内務省が「青年団体ノ健全発達ニ資スヘキ要項」を共同訓令。

5.5 〔活動〕全国青年団連合大会開催　青年団中央部は第1回全国青年団連合大会を開催した。

6.15 〔法令〕「南洋群島島民学校規則」制定　「南洋群島小学校規則」を廃止し、新たに「南洋群島島民学校規則」を制定。4年制を2年制に改定した。

6.22 〔政策〕大学教育および専門教育に関する答申　臨時教育会議は、大学教育および専門教育の改善について答申。この後、7月24日に師範教育、25日に視学制度、10月24日に女子教育、25日実業教育、12月24日通俗教育についてそれぞれ答申。

7月 〔出版〕『赤い鳥』創刊　鈴木三重吉が『赤い鳥』を創刊、新しい児童文学運動の展開を宣言。1929年3月休刊。

9.6 〔設立〕女子学習院設立　「学習院学制」を改め、学習院女子部を独立して女子学習院を設立した。

9.29 〔人事〕中橋徳五郎、文部大臣就任　原内閣が発足し、中橋徳五郎が文部大臣に就任（高橋内閣まで）。

10月 〔設立〕日本幼稚園協会設立　フレーベル会は改組して日本幼稚園協会と改称した。

12.6 〔法令〕「大学令」「高等学校令」公布　「大学令」「高等学校令」がそれぞれ公布さ

れた。「大学令」は公私立大学・単科大学を認め、学部生を採用する。「高等学校令」は公私立を認め、文理科制を採用し、7年制を原則とする。

12.26　〔政策〕高等教育機関に関する文部省案　第41回帝国議会に、高等教育機関の創設および拡張に関する文部省案が提出された。

12月　〔設立〕新人会結成　東京帝国大学の赤松克麿、宮崎龍介らが新人会を結成した。

1919年
（大正8年）

1.4　〔法令〕「台湾教育令」公布　「台湾教育令」が公布された。台湾人子弟に対する教育制度を整備するもの。

1.10　〔事件〕森戸事件　東京帝大経済学部助教授森戸辰男、『経済学研究』に「クロポトキンの社会思想の研究」を発表したかどで休職。

1.17　〔政策〕「教育ノ効果ヲ完カラシムベキ一般施設ニ関スル建議」可決　臨時教育会議は「教育ノ効果ヲ完カラシムベキ一般施設ニ関スル建議」を可決。

2.7　〔法令〕「小学校令」改正　「小学校令」が改正された。高等小学校の教科内容を国民生活の実情に即応するものとする。

2.7　〔法令〕「中学校令」改正　「中学校令」が改正された。予科2年を設置し、尋常小学校第5学年修了者の中学校入学資格を認める他、国民道徳の要請を重視する。

2.7　〔法令〕「帝国大学令」改正　「帝国大学令」が改正された。官立総合大学にのみ適用されるもので、文化大学を学部に改編する。

2.9　〔社会〕デューイ来日　ジョン・デューイが来日し、アメリカの新しい教育思想を紹介。

2.12　〔法令〕「実業学校教員養成規程」改正　「実業学校教員養成規程」が改正された。養成所生徒の学資補給制度を復活させる内容。

2.21　〔設立〕民人同盟会結成　早稲田大学で大山郁夫らの指導のもと民人同盟会が結成。この年は法政大学に扶信会、第一高校に社会問題研究会が結成され、学生の社会思想研究団体が結成された。

3.14　〔設立〕活水女子専門学校認可　私立活水女子専門学校が「専門学校令」により設立認可された。

3.27　〔設立〕京都薬学専門学校認可　京都薬学専門学校が「専門学校令」により設立認可された。

3.29　〔法令〕「高等学校規程」「大学規程」制定　「高等学校規程」「大学規程」がそれぞれ制定された。

3.29　〔法令〕「高等学校教員規程」制定　高等学校急増を受け、「高等学校教員規程」が制定された。

3.29　〔法令〕「高等学校高等科入学資格試験規程」制定　「高等学校高等科入学資格試験規程」が制定された。文部大臣指定の中学校で試験を実施する。

3.29　〔法令〕「小学校令施行規則」改正　「小学校令施行規則」が改正された。

3.29　〔法令〕「中学校令施行規則」改正　「中学校令施行規則」が改正された。小学校第5学年修了者の入学を認め、予科の修業年限を2年とする。

4.16　〔設立〕官立高等学校開設　新潟高等学校・松本高等学校・山口高等学校・松山高等学校が開設され、それぞれ9月11日に授業が開始された。

4.24　〔法令〕「文部省官制」改正　「文部省官制」が改正された。実業学務局を設置する。

4.27　〔活動〕自由画教育運動　日本創作版画協会会長山本鼎が長野県神川村小学校下で児童自由画展を開催、自由画教育を提唱。

5.23　〔法令〕「臨時教育委員会官制」公布　「臨時教育委員会官制」が公布された。臨時教育会議を廃止し、臨時教育委員会をおく。

5.29　〔設立〕京都帝国大学、経済学部設置　京都帝国大学に経済学部が設置された。

7月　〔制度〕初の公立託児所　大阪府鶴町に初めての公立託児所となる第一託児所が開設された。

8.4　〔設立〕啓明会結成　下中弥三郎らが埼玉県下の小学校教員を中心に日本最初の教員組合となる啓明会を結成。9月、日本教員組合啓明会と改称。

8.29　〔法令〕「学校伝染病予防規程」　「学校伝染病予防規程」が公布された。これにより「学校幼稚園伝染病予防及消毒方法」を廃止。

9.4　〔法令〕「東京外国語学校規程」改正　「東京外国語学校規程」が改正された。14語学部とし、各部を文科・貿易科・拓殖科の3科に分ける。

10.10　〔設立〕青年文化同盟結成　新人会の主導により、民人同盟会、扶信会などの学生団体が青年文化同盟を結成。

11.22　〔設立〕大阪府立大学認可　大阪府立大学が「大学令」により設立認可された。「大学令」に寄る初の公立大学。

12.17　〔設立〕保姆養成科設置　奈良女子高等師範学校に保姆養成科が設置された。

12.20　〔事件〕義務教育費国庫負担請願運動　帝国連合教育会は市町村義務教育費国庫負担要求の請願運動を全国的に展開。

この年　〔出版〕『金の船』創刊　金の船社（現・金の星社）、『金の船』を創刊。

1920年
(大正9年)

1.16　〔政策〕青年団体について訓令　内務省と文部省は青年団体の内容整理・実質改善について訓令を発した。

| 1920年(大正9年) |

1.26	〔活動〕第1回思想問題研究会開催　帝国教育会が31日まで第1回思想問題研究会を開催。社会主義・民主主義に対する教育者の態度等について討議、日本固有の思想に基づき、世界思想の長所を取り入れた国民教育を施すべきことを決議した。
2.5	〔設立〕初の私立大学認可　慶応義塾大学、早稲田大学が「大学令」により設立を認可された。初の私立大学で、1926年までに30の私立大学が認可された。
2.17	〔活動〕東京帝国大学女子聴講生認可　東京帝国大学は聴講生に関する規定を制定し、女子の聴講生としての入学を認めた。9月13日、女子32名が入学。
3.31	〔設立〕京都女子専門学校等設立認可　京都女子専門学校、東洋歯科医学専門学校が「専門学校令」により設立を認可された。
4.1	〔設立〕東京商科大学設置　東京高等商業学校を改組し、初の官立単科大学として東京商科大学が設置された。大学予科、附属商業専門部、附属商業教員養成所をおく。
4.15	〔設立〕大学設立認可　明治大学、法政大学、中央大学、日本大学、国学院大学、同志社大学が「大学令」により設立認可された。
4.27	〔活動〕第1回自由画展覧会開催　山本鼎が長野県小諸で第1回自由画展覧会を開催。
4.28	〔制度〕教科書調査会設置　「教科書調査会官制」公布、教科書図書調査委員会を廃止し、教科書調査会を設置する。
4.28	〔制度〕文部省図書局設置　「文部省官制」を改正、図書局を設置し図書監修官をおいた。
4月	〔制度〕合科教育試行　木下竹次、奈良女子高等師範付属小学校で合科教授を試行。6月には千葉師範付属小学校の手塚岸衛が自由教育の実践授業を開始した。
5.2	〔活動〕啓明会メーデー参加　東京の上野公園で日本最初のメーデーが開催され、啓明会が参加。
5.6	〔政策〕社会教育主事特設について通達　文部省は地方長官に対し、学務課内に社会教育事務担当の主任官吏として社会教育主事の特設を通達。
5月	〔出版〕『文部時報』創刊　文部省は『文部時報』を創刊した。
7.6	〔法令〕「学位令」改正　「学位令」が改正された。博士の推薦制を廃止し、提出論文に寄る請求制とした。
7.6	〔法令〕「高等女学校令」改正　「高等女学校令」が改正された。修業年限を5年または4年とし、高等科、専攻科を設置する。21日に「高等女学校令施行規則」を改正し、入学難に対応するため生徒定員を増加した。
7.27	〔法令〕「学生生徒児童身体検査規程」制定　「学生生徒児童身体検査規程」が制定された。
8.3	〔法令〕「公立学校職員年功加俸国庫補助法」公布　「公立学校職員年功加俸国庫補助法」が公布された。
8.14	〔社会〕オリンピック日本初メダル　第7回オリンピックがベルギーのアントワープで開催され、テニスで日本人選手が初のメダルを獲得。

8.20	〔法令〕「小学校令施行規則」改正	「小学校令施行規則」を改正、小学校教員の生活苦に対応するため、教員俸給表を全面的に改正し、本俸を増額する。
8.27	〔法令〕「公立学校職員令」改正	「公立学校職員令」が改正された。公立中学校長・高等女学校長・実業学校長を奏任官待遇とする。
9.15	〔法令〕「文部省在外研究員規程」制定	「文部省在外研究員規程」が制定された。「文部省外国留学生規程」廃止。
9.24	〔設立〕日露協会学校設立	日露協会は北満州及び西シベリア等で事業に従事する者を養成するため、日露協会学校を設立。1933年哈爾浜学院と改称。
10.30	〔法令〕「実業補習学校教員養成所令」公布	「実業補習学校教員養成所令」が公布された。
11.10	〔法令〕「朝鮮教育令」改正	「朝鮮教育令」が改正された。普通学校の修業年限を6年とし、土地の状況に応じ5年ないし4年とする。また、教科に日本歴史・地理を加える。
11.21	〔政策〕全国青年団明治神宮代表者大会開催	文部省と内務省は全国青年団明治神宮代表者大会を開催、22日、皇太子裕仁が全国の青年団に令旨を下賜する。
11.29	〔活動〕全国盲唖教育大会	全国盲唖教育大会が開催された。帝国盲教育会を組織。
12.16	〔法令〕「実業学校令」改正	「実業学校令」が改正された。水産学校を実業学校の一種とする。

1921年
(大正10年)

1.12	〔法令〕「工業学校規程」改正	「工業学校規程」が改正された。徒弟学校を廃止し工業学校に包含する。
1.13	〔法令〕「職業学校規程」制定	「職業学校規程」が制定された。これにより制度上初めて職業学校が成立。
1.15	〔法令〕「農業学校規程」改正	「農業学校規程」が改正された。甲種・乙種の区別を廃止する。
1.18	〔法令〕「二種以上ノ実業学校ノ学科ヲ置ク学校ニ関スル規程」制定	「二種以上ノ実業学校ノ学科ヲ置ク学校ニ関スル規程」が制定された。
2.5	〔政策〕原首相が市町村教育費について言明	原敬首相は議会で市町村教育費の整理節約と調査機関の設置を言明した。
2.8	〔法令〕「中学校令施行規則」改正	「中学校令施行規則」が改正された。生徒定員の制限を緩和する。
3.8	〔設立〕教育擁護同盟結成	沢柳政太郎、下中弥三郎、野口援太郎ら21名が教育擁護同盟を結成、政府の地方教育費整理節約方針を批判した。

4.15	〔設立〕自由学園設立	羽仁もと子が自由学園を設立。初の7年制高等女学校で、26人が入学。
4.28	〔制度〕学習院高等科を高等学校同等に	学習院高等科に高等学校高等科に関する規定を適用、22年以降の卒業生は大学入学に関し同等の扱いとする。
4月	〔制度〕学年始期統一	全国のすべての官立大学・高等学校で4月を学年の始めとする学年始期統一。
6.23	〔設立〕社会教育と改称	文部省は通俗教育を社会教育と改称した。
7.23	〔政策〕臨時教育行政調査会設置	内閣に臨時教育行政調査会を設置、市町村教育費の削減案審議。廃案となり1922年9月18日に廃止された。
7.29	〔法令〕「教育評議会官制」公布	「教育評議会官制」が公布された。臨時教育委員会を廃止し、高等教育機関の整備計画等について審議する。
8.1	〔活動〕八大教育主張講演会開催	大日本学術協会が八大教育主張講演会を開催、新教育運動に対する関心が全国的な高まりを見せた。
8.27	〔政策〕思想善導対策について内訓	文部省が直轄学校に対し、思想善導対策について内訓。
9.2	〔設立〕日本青年館設立	財団法人日本青年館が設立を許可された。1925年に開館。
9.16	〔設立〕日本労働学校開設	友愛会が東京・芝に日本労働学校を開設。
11.1	〔設立〕信濃自由大学開校	山越修蔵、猪坂直一ら、長野県上田に信濃自由大学を開校、地域における自由教育運動は以後新潟、福島などに広がった。
11.9	〔設立〕高等学校設置	東京高等学校、浦和高等学校、大阪高等学校、福岡高等学校がそれぞれ設置された。
11.25	〔活動〕全国保育者大会開催	帝国教育会は全国保育者大会を開催。「幼稚園令」の制定、託児所の設置奨励等を決議。
12.14	〔設立〕武蔵高等学校創立	私立武蔵高等学校が「高等学校令」により認可された。初の私立7年生高等学校。

1922年
（大正11年）

2.6	〔法令〕「台湾教育令」「朝鮮教育令」改正	「台湾教育令」「朝鮮教育令」がそれぞれ改正された。日本人との共学を基本とする。
3.13	〔法令〕「官立医科大学官制」公布	「官立医科大学官制」が公布された。
3.31	〔設立〕医科大学2校改称	新潟医学専門学校、岡山医学専門学校が「大学令」による大学となり、それぞれ新潟医科大学、岡山医科大学と改称。
4.8	〔社会〕常用漢字2000字決定	国語調査会は常用漢字約2000字を決定。初の漢字

		制限案。
4.10	〔活動〕	臨時教員養成所設置　中等学校の増設に対応するため、東京高等師範学校、広島高等師範学校、奈良女子高等師範学校、東京音楽学校に臨時教員養成所を設置。
4.17	〔法令〕	「少年法」公布　「少年法」が公布された。少年の規定を18歳以下とし、非行少年の教育施設として矯正院を設置。
4月	〔設立〕	満州医科大学設立　南満州鉄道が設立した南満医学堂の一部を昇格し私立満州医科大学を設立。
5.20	〔設立〕	龍谷大学、大谷大学認可　龍谷大学と大谷大学がそれぞれ「大学令」による大学となった。
5.25	〔設立〕	熊本医科大学改称　熊本県立医学専門学校が「大学令」による大学となり熊本医科大学と改称。
5.25	〔設立〕	立教大学、専修大学設立認可　立教大学と専修大学が設立認可された。
5.25	〔活動〕	第1回全国青年団大会開催　青年団中央部は第1回全国青年団大会を開催、大日本連合青年団の設立を決議した。
6.1	〔設立〕	大阪労働学校開設　賀川豊彦、大阪安治川教会に大阪労働学校を開設。
6.5	〔設立〕	立命館大学、関西大学、東洋教会大学設立認可　立命館大学、関西大学、東洋教会大学がそれぞれ「大学令」により設立を認可された。
6.8	〔設立〕	福岡県立女子専門学校設立認可　福岡県立女子専門学校が「専門学校令」により、初の公立女子専門学校として設立認可された。
6.12	〔人事〕	鎌田栄吉、文部大臣就任　加藤友三郎内閣が発足し、鎌田栄吉が文部大臣に就任。
9.18	〔政策〕	女教員の産休に関する訓令　文部省は「女教員ノ産前産後休養ニ関スル件」を訓令、産前2週間、産後6週間の休養とした。
10.30	〔政策〕	「学制」頒布50年式典開催　文部省は「学制」頒布50周年記念式典を開催した。
11.7	〔設立〕	全国学生連合会結成　東京帝国大学新人会、早稲田大学文化会、女子医専七日会、第一高校社会思想研究会、第三高校社会問題研究会などが、全国学生連合会（FS）を結成。
11.25	〔社会〕	児童劇第1回発表会　坪内逍遙指導による児童劇の第1回発表会が開催された。
12.13	〔政策〕	公民教育調査委員会設置　公民教育調査委員会が設置された。1924年10月9日、実業補習学校公民科教授要綱を制定。
12.28	〔政策〕	「小学校教育費整理節約ニ関スル注意」　文部省は「小学校教育費整理節約ニ関スル注意」を訓令。
この年	〔出版〕	『自由教育真義』刊行　手塚岸衛著『自由教育真義』が東京宝文館から刊行。

1923年
（大正12年）

- 3.28 〔法令〕「市町村義務教育費国庫負担法」改正　「市町村義務教育費国庫負担法」が改正された。国庫負担金1千万円を4千万円に増額、配分方法を改正する。
- 3.31 〔設立〕医科大学3校設置　千葉・金沢・長崎の医学専門学校が「大学令」による大学に昇格し、それぞれ千葉医科大学、金沢医科大学、長崎医科大学となる。いずれも附属薬学専門部を設置。
- 4.5 〔活動〕臨時教員養成所設置　大阪外国語学校、京都帝国大学、九州帝国大学、東北帝国大学、第四高等学校、浜松高等工業学校に臨時教員養成所を設置。
- 5.4 〔法令〕「活動写真・フィルム・幻燈映画及蓄音機レコード認定規程」制定　「活動写真・フィルム・幻燈映画及蓄音機レコード認定規程」が制定された。レコードを認定の対象とし、認定料等を定める。
- 5.9 〔社会〕常用漢字表発表　臨時国語調査会は常用漢字表を発表した。1963字を常用漢字とし、5月12日に略字154字を追加。
- 5.10 〔設立〕早稲田大学軍事研究団結成　早稲田大学の乗馬部の学生らが軍事研究団を結成し、反対派の学生と衝突した。学生による軍事教練反対運動のさきがけで、5月18日に解散。
- 5.19 〔活動〕第6回帝国連合教育会開催　帝国教育会は21日までの日程で第6回帝国連合教育会を開催、義務教育8年制を決議したほか、田沢義鋪、大倉喜七郎らは7年制夜間高等学校の設立を計画。
- 6.20 〔法令〕「市町村義務教育費国庫負担法施行規程」改正　「市町村義務教育費国庫負担法施行規程」が改正された。国庫交付金の費途の決定を地方長官に委任する。
- 6.28 〔活動〕世界教育会議開催　全米教育協会（NEA）主催の世界教育会議が開かれ、日本から帝国教育会の柳沢政太、阿部重孝らが出席。世界連合教育会を組織。
- 8.28 〔法令〕「盲学校及聾唖学校令」公布　「盲学校及聾唖学校令」が公布された。学校体系上初めて小・中学校と並ぶ位置を確立し、道府県の設置義務を規定する。
- 8月 〔設立〕神戸労働学校設立　神戸労働学校が設立された。
- 9.2 〔人事〕犬養毅、文部大臣兼任　第2次山本内閣が発足、逓信大臣の犬養毅が文部大臣を兼任。
- 9.6 〔人事〕岡野敬次郎、文部大臣就任　岡野敬次郎が第2次山本内閣の文部大臣に就任。
- 9.9 〔政策〕関東大震災による教育上の臨時措置　9月1日に発生した関東大震災のため、教育上の臨時措置に関する規定を設け、教育上の注意を告諭。
- 10.30 〔社会〕成人教育講座開催　文部省は初の成人教育講座を大阪で開催。以後毎年各

地で開催。

11.10 〔法令〕「国民精神作興ニ関スル詔書」発布　「国民精神作興ニ関スル詔書」が発布された。個人主義・民主主義・社会主義の台頭に対処し、関東大震災後の社会的混乱を鎮めるため出されたもの。

12.11 〔設立〕姫路・広島高等学校設立　姫路高等学校、広島高等学校が設置された。

この年 〔設立〕青少年審判所設置　東京と大阪に青少年審判所が設置された。

1924年
（大正13年）

1.7 〔人事〕江木千之、文部大臣就任　清浦奎吾内閣が発足し、江木千之が文部大臣に就任。

3.12 〔制度〕専門学校入学資格認可　実業学校及び実科高等女学校卒業者に専門学校入学資格を認めた。

3月 〔制度〕壮丁教育概況調査　壮丁教育概況調査が文部省により統一された。

4.2 〔社会〕パーカースト来日　ドルトンプランのヘレン・パーカーストが来日し、各地で講演を行った。

4.10 〔設立〕池袋児童の村設立　野口援太郎、下中弥三郎、志垣寛ら、池袋児童の村を設立。徹底した自由主義教育の実験校で、父母・職員・児童の自由と共同経営を標榜した。当初児童61人。1936年廃止。

4.15 〔政策〕文政審議会設置　内閣直属の教育諮問機関として文政審議会が設置された。教育評議会は4月18日に廃止。軍事教練の導入、中学二種制、青年学校等を答申し、1935年12月29日に廃止。

4.30 〔設立〕全国小学校連合女教員会創立　全国小学校連合女教員会が創立された。

5.2 〔設立〕京城帝国大学設立　京城帝国大学が設立された。朝鮮総督府が所管で、予科卒業生累計3000人のうち朝鮮人子弟は約700人。1945年廃止。

5.3 〔政策〕義務教育年限について諮問　江木千之文部大臣は、義務教育の年限を8年に延長することについて文政審議会に諮問。内閣が更迭されたため審議は行われなかった。

5.12 〔設立〕日本体育連盟結成　日本体育連盟が結成された。

5.15 〔設立〕明星学園設立　赤井米吉、ドルトンプランの影響を受け新教育学校明星学園を設立。

5.17 〔設立〕立正大学認可　立正大学が「大学令」により設立を認可された。

6.11 〔人事〕岡田良平、文部大臣就任　加藤高明内閣が発足し、岡田良平が文部大臣に就任（第1次若槻内閣まで）。

8.7 〔政策〕新教育主義への監督強化　岡田良平文部大臣が地方長官会議において新教育主義を鼓舞する者に対する監督強化を指示した。

9.5 〔事件〕臨時視学委員が国定教科書無視を批判　松本女子師範学校付属小学校の公開授業で、川井訓導の修身授業を国定教科書無視と非難。信濃教育会は川井支援運動を展開したが、川井は27日懲戒免職となった。

9.14 〔活動〕学生連合会第1回全国大会開催　学生連合会は第1回全国大会を開催、16日、学生社会科学連合会（SFSS）と改称。

10.9 〔政策〕「実業補習学校公民科教授要綱並其ノ教授要旨」制定　「実業補習学校公民科教授要綱並其ノ教授要旨」が制定された。公民科の原型で、実際生活と日常的経験を重視する。

10.11 〔法令〕「専門学校入学者検定規程」を改正　「専門学校入学者検定規程」が改正された。中学校・高等学校が随意に施行して来た検定試験を国家試験と改正する内容で、受験者が飛躍的に増大した。

10.30 〔設立〕大日本連合青年団設立　大日本連合青年団が設立された。各地の農村青年を中心につくられた青年団をまとめた全国組織。

11.10 〔活動〕社会科学研究団体解散措置　高等学校長会議は、各高校の社会科学研究団体の解散措置申し合わせを決定、12月から1925年10月までにすべての社会科学研究団体が解散した。

11.12 〔設立〕全国学生軍事教練反対同盟結成　学連を中心に全国学生軍事教練反対同盟が結成された。

12.4 〔設立〕女子学生連盟結成　日本大学、早稲田大学、東洋大学の女子聴講生が女子学生連盟を結成、大学・高等学校の門戸開放を要求。1925年4月17日全国女子学生同盟が結成された。

1925年
（大正14年）

1.10 〔政策〕学校での軍事教練実施を可決　文政審議会は学校での軍事教練実施案を可決、翌日答申した。

2.7 〔設立〕成蹊高等学校設立認可　私立7年制の成蹊高等学校が設立認可された。

3.30 〔設立〕駒沢大学設立認可　駒沢大学が「大学令」による大学として認可された。

3月 〔設立〕東亜高等予備校開設　日華学会は中国人留学生の予備教育機関として東亜高等予備校を開設。

4.1 〔法令〕「師範学校規程」改正　「師範学校規程」が改正された。第1部の修業年限を5年に延長する他、専攻科の設置等。

4.13 〔法令〕「陸軍現役将校学校配属令」公布　「陸軍現役将校学校配属令」が公布され

た。中学校以上の学校に配属し、軍事教練の指導に当たらせるもの。あわせて施行規定、教練教授要目も制定。

- 5.1 〔設立〕東京農業大学設立　東京農業大学が「大学令」による大学として認可された。
- 6.19 〔法令〕「陸軍現役将校配属学校教練査閲規程」制定　「陸軍現役将校配属学校教練査閲規程」が制定された。陸軍省から学校への係官の定期的派遣・教練施行状況の査定が制度化。
- 10月 〔活動〕「教育の根本的改善策」発表　政友会は「教育の根本的改善策」を発表。義務教育年限延長の施行を党議決定。
- 10月 〔活動〕日本聾唖教育第1回総会　日本聾唖教育第1回総会が開かれた。文部省は口話法の教授方法について諮問。
- 12.1 〔事件〕京都学連事件　京都府警が学生社会科学連合会加入の学生を検挙する京都学連事件発生。
- 12.14 〔法令〕「地方社会教育職員令」公布　「地方社会教育職員令」が公布された。社会教育主事・主事補の植生を明文化するもの。

1926年
（大正15年/昭和元年）

- 1.9 〔法令〕「図書認定規程」制定　「図書認定規程」が制定された。社会教育に有益な図書を認定する。
- 1.14 〔政策〕青年訓練について答申　文政審議会は青年訓練施行について答申。
- 1.15 〔事件〕社会問題研究会学生を検挙　1925年12月1日の京都学連事件に関連し、全国の社会問題研究会の学生が検挙された。「治安維持法」が初めて適用され、この問題は社研対策、学内問題から治安問題に発展した。
- 2.19 〔活動〕全国連合女子教育大会開催　全国連合女子教育大会が開催され、女学生ら800人が参加、女子高等教育の促進、教育の機会均等等を訴えた。
- 2.25 〔設立〕日本医科大学設立認可　日本医科大学が「大学令」により認可された。
- 3.15 〔設立〕成城高等学校設立認可　私立7年制の成城高等学校が設立を認可された。
- 3.19 〔設立〕浪速高等学校設立認可　大阪府立浪速高等学校が設立を認可された。
- 3.30 〔法令〕「市町村義務教育費国庫負担法」改正　「市町村義務教育費国庫負担法」が改正された。国庫負担金を4000万円から7000万円に増額。
- 4.20 〔法令〕「青年訓練所令」公布　宇垣一成陸相と岡田良平文部大臣との緊密な連絡により成ったもので、国家主義思想注入と軍事教練を重点に置く。尋常小学校卒業から徴兵検査までの青少年教育を担当し、修身公民科・普通学科・職業科・教練を課す。

4.22	〔法令〕「幼稚園令」公布	「幼稚園令」が公布され、幼稚園制度が初めて確立された。
5.18	〔事件〕小作争議で児童が休校	新潟県木崎村の小作争議で、農民組合員の小学校児童が同盟して一斉休校。5月26日、無産農民学校を開校。
5.29	〔政策〕社会科学研究を禁止	文部省は、学生・生徒の社会科学研究禁止を通達した。
5月	〔設立〕大阪府立聾口話学校設立	日本で初めての口話方式による大阪府立聾口話学校が設立された。
6.1	〔社会〕字体整理案・漢字整理案発表	臨時国語調査会は、「字体整理案」および「漢字整理案(その1)」を発表。
6.4	〔法令〕「北海道庁官制」「地方官官制」改正	「北海道庁官制」「地方官官制」が改正された。道府県に学務部を設置、郡視学の廃止と府県視学の増員する内容。
7.1	〔法令〕「工業労働者最低年齢法」施行	1923年3月公布の「工業労働者最低年齢法」が施行された。学齢児童の修業を禁止する。
7.1	〔設立〕青年訓練所開設	全国で一斉に青年訓練所が開設された。
7.21	〔法令〕「一年志願兵及一年現役兵服役特例」制定	「一年志願兵及一年現役兵服役特例」が施行規則とともに制定された。教練の成績検定・合格者の在営期間短縮を規程する。
10.21	〔法令〕「皇族就学令」制定	「皇族就学令」が制定された。皇族の初等・中等教育を義務とする。
11.11	〔政策〕女子青年団の指導育成方針訓令	内務省と文部省は女子青年団の組織化に関し、内務大臣・文部大臣から訓令「女子青年団体ノ指導誘掖ニ関スル件」、内務省社会局長官と文部次官から「女子青年団体施設要項」を発した。
12.7	〔法令〕「学校清潔方法」制定	1897年制定の「学校清潔令」を廃止し、「学校清潔方法」を制定。
12.25	〔社会〕「昭和」と改元	大正天皇没、「昭和」と改元。

1927年
(昭和2年)

1.27	〔法令〕「師範学校・中学校・高等女学校教員無試験検定許可規程」制定	「師範学校・中学校・高等女学校教員無試験検定許可規程」が制定された。公・私立の許可学校の条件について規程する。
2.1	〔設立〕日本国民高等学校開校	茨城県友部に日本国民高等学校が開校、校長は加藤完治。
2.19	〔設立〕千代田女子専門学校認可	千代田女子専門学校が「専門学校令」により設

1927年（昭和2年）

立認可された。

3.24 〔活動〕臨時教員養成所設置　佐賀高等学校内に15番目となる臨時教員養成所を設置。

3.31 〔法令〕「市町村義務教育費国庫負担法」改正　「市町村義務教育費国庫負担」が改正され、国庫負担額を7000万円から7500万円に増額。

3月 〔法令〕「神宮皇学館規程」制定　「神宮皇学館規程」を制定し、4年制の普通科を設置。

4.1 〔政策〕在営期間短縮　「兵役法」が改正された。師範学校卒業者の1年現役兵が服務機関5ヶ月の短期現役兵と改められた。

4.20 〔人事〕三上忠造、文部大臣就任　田中義一内閣が発足し、三上忠造が文部大臣に就任。

4.29 〔設立〕大日本女子青年団創立　大日本女子青年団が創立された。10月に発団式と第1回大会を開催。

4月 〔活動〕青年団体合体　大日本連合青年団と日本青年館が合体。

5.14 〔活動〕全国連合教育会開催　全国連合教育会が開催され、実業補習教育の改善、女子農学校設立奨励などについて協議。

5.22 〔活動〕全国小学校女教員会開催　全国小学校女教員会が開催され、文部省から国民教育上女教員の特に留意すべき点について試問を受けた。

6.2 〔人事〕水野錬太郎、文部大臣就任　水野錬太郎が文部大臣に就任。

7.10 〔出版〕『岩波文庫』刊行開始　『岩波文庫』、岩波書店から刊行開始。ドイツのレクラム文庫を模範とし、第1回は『新訓万葉集』などが刊行された。

7.13 〔活動〕実業補習学校教員養成所設置　水原高等農林学校に実業補習学校教員養成所を付設。

7月 〔設立〕教育文芸家協会創立　教育文芸家協会が創立された。

11.5 〔活動〕啓明会第2次宣言　啓明会は第2次宣言を発表。校長公選など5項目の民主化制度の実施を要望としてあげた。この後1928年以降は『教育時論』上で「教育の政治化」論争に。

11.22 〔法令〕「中学校令施行規則」改正　文部省は「中学校令施行規則」等を改正。中学校、高等女学校、高等学校等の入学試験準備の弊害除去の目的で、内申書の重視、人物考査、身体検査による選抜方法の実施の訓令。

11.24 〔設立〕聖路加女子専門学校認可　聖路加女子専門学校が「専門学校令」により認可された。

11.25 〔政策〕「児童生徒ノ個性尊重及職業指導ニ関スル件」訓令　文部省は「児童生徒ノ個性尊重及職業指導ニ関スル件」について訓令。主に小学校において、児童生徒の個性適正によって進学就職の選択を指導するよう命じた。

12.10 〔設立〕天理外語学校認可　天理外語学校が「専門学校令」により認可された。

12.28 〔政策〕奏任官待遇教員増加　「公立学校職員制」「市町村立小学校及教員名称及待

遇」を改正し、奏任官待遇の教員を増加、市町村立小学校及訓導を判任官待遇とし、そのうち各都道府県10人を奏任官待遇とする。

この年 〔出版〕『キンダーブック』創刊　フレーベル館、『キンダーブック』を創刊。日本初の保育絵本。

1928年
（昭和3年）

1.20　〔法令〕「専門学校令」改正　「専門学校令」が改正された。人格の陶冶・国体観念の養成に留意すべきとし、公私立専門学校への文部大臣の監督権を明示。

2.11　〔社会〕冬季オリンピック日本初参加　第2回冬季オリンピックがサンモリッツで開催され、日本人スキー選手が初めて参加した。

2.24　〔法令〕「学校教練及青年訓練修了者検定規程」　陸軍省は「学校教練及青年訓練修了者検定規程」を公布。学校教練も成績として合否判定の資料とすることを明示する。

3.9　〔法令〕「地方官官制」改正　「地方官官制」が改正された。北海道および府県の学務部に選任の視学官を設置する。

3.17　〔設立〕台北帝国大学設置　台北帝国大学が設置された。

3.23　〔設立〕大阪商科大学認可　初の市立大学となる大阪商科大学が「大学令」により設立を認可された。

4.1　〔制度〕メートル法採用　算術教科書にメートル法が採用された。

4.2　〔設立〕東洋大学認可　東洋大学が「大学令」により設立認可された。

4.17　〔政策〕社会科学研究会を解散命令　文部省は思想問題に関して訓令、東京帝国大学新人会に解散命令を出した。次いで18日に京都、19日に九州・東北の各帝国大学社会科学研究会に解散命令を出した。

4.18　〔事件〕河上肇ら大学教授追放　3月15日に日本共産党が検挙された3.15事件に関し、京都帝国大学の河上肇教授が辞職を迫られて依願免官。23日には東京帝国大学の大森義太郎教授、24日には九州帝国大学向坂逸郎、石浜知行、佐々弘雄教授が大学を追われた。

4月　〔活動〕啓明会解散決議　啓明会幹事会は解散を決議した。

5.4　〔政策〕体育科設置　文部省は「文部省分課規程」を改正し、衛生課を体育科と改めた。

5.8　〔設立〕上智大学設立　上智大学が「大学令」により設立認可された。

5.15　〔活動〕思想問題調査委員会設置　帝国教育会は思想問題調査委員会を設置した。

5.27　〔人事〕勝田主計、文部大臣就任　勝田主計が文部大臣に就任。

7.2	〔社会〕国旗掲揚作法	国民教育奨励会は小学校における祝祭日の国旗掲揚作法を定め、普及を図り全国的実施を強要した。
7.3	〔設立〕大阪女子高等医学専門学校認可	大阪女子高等医学専門学校が「専門学校令」により設立認可された。
8.1	〔政策〕第1回思想問題講習会	文部省は第1回思想問題講習会を開催、高等諸学校の教員が出席した(～5日)。
9.18	〔政策〕師範教育調査委員会設置	文部省、師範教育調査委員会を設置。
9.21	〔制度〕朝鮮人学生に軍事教練	朝鮮人学生に対しても軍事教練を実施することになった。
9.28	〔政策〕中学校教育の改善について諮問	中学校教育の改善について文政審議会に諮問。
10.2	〔政策〕御真影を下賜	大正天皇逝去のため、昭和天皇・皇后の御真影が全国の小中学校に下賜され、各省庁で伝達式が行われた。
10.4	〔法令〕「学齢児童就学奨励規程」	文部省は「学齢児童就学奨励規程」を制定、貧困により就学困難な児童へ国庫補助金を支給する。
10.26	〔法令〕朝鮮で視学官・視察に関する規程	「朝鮮総督府視学官及朝鮮総督府私学委員学事視察規程」が制定された。
10.30	〔政策〕学生課新設	文部省は思想問題対策として学生課を新設、官立大学・高等専門学校に学生・生徒主事を設置した。
11.3	〔活動〕教育会館落成式	帝国教育会は教育会館落成式を行った。
12.21	〔政策〕経済審議会、教育改革案を建議	経済審議会は田中義一首相に対し教育改革案を建議。
12月	〔設立〕教科団体中央会設立	教科団体中央会が設立された。

1929年
(昭和4年)

1.24	〔制度〕小学校での入学準備教育禁止	文部省は小学校での入学準備教育、模擬試験などを禁止するよう通達。
2.1	〔設立〕東京府立高等学校設立	7年制の東京府立高等学校が設立された。
3.12	〔設立〕国士舘専門学校認可	国士舘専門学校が「専門学校令」により設立認可された。
3.17	〔設立〕長野県女子専門学校認可	長野県女子専門学校が「専門学校令」により設立認可された。
3.19	〔法令〕「学校医、幼稚園医及青年訓練所医令」公布	文部省は「学校医、幼稚園医

及青年訓練所医令」を公布。

3.28 〔法令〕「国宝保存法」公布　「国宝保存法」公布。6月29日には「国宝保存会官制」が公布され、ともに7月1日に施行された。

3月 〔社会〕大学卒業者の就職難　大学卒業者の就職難が深刻化し、東京帝国大学卒で30%を記録。

4.1 〔政策〕思想問題に新講座　文部省は学生の思想問題に関連し、京都、広島、九州の各帝国大学、東京、広島の文理科大学に新講座を設置。

4.1 〔法令〕「官立工業大学・官立文理科大学官制」公布　「官立工業大学・官立文理科大学官制」が公布され、東京工業大学・大阪工業大学・神戸商業大学が昇格設置された。

4.8 〔設立〕玉川学園創設　小原国芳、労作教育を主張し玉川学園を創設。

5.28 〔制度〕師範教育改善案決定　文部省師範教育調査委員会は、本科第2部を2年制とし、学科課程・各科教授要綱を改正する師範教育改善案を決定した。

5.31 〔設立〕千葉高等園芸学校改称　千葉県立高等園芸学校が文部省に移管され、千葉高等園芸学校と改称。

6.20 〔政策〕「中学校教育改善ニ関スル件」答申　文政審議会は1928年9月28日の諮問に対し「中学校教育改善ニ関スル件」を答申。

6.26 〔設立〕女子美術専門学校認可　女子美術専門学校が「専門学校令」により設立認可された。

6月 〔設立〕北方教育社結成　成田忠久らが秋田に北方教育社を結成。東北地方における生活綴方運動の始まり。1930年2月『北方教育』発刊。

7.1 〔制度〕社会教育局設置　文部省は学生課を学生部に昇格、社会教育局を新設、社会教育官を設置して思想対策の徹底に当たった。

7.2 〔人事〕小橋一太、文部大臣就任　浜口雄幸内閣が発足し、小橋一太が文部大臣に就任。

9.10 〔政策〕「教化動員ニ関スル件」訓令　文部省、「教化動員ニ関スル件」訓令。中央教化団体連合会を設立し、国体観念明徴、国民精神作興のための強化政策を実施。

10.29 〔政策〕学校看護婦の設置を奨励　文部省は学校看護婦の職務を訓令し、設置を奨励した。

11.3 〔事件〕光州学生運動　朝鮮・全羅南道光州で学生の反日デモが激化、全土に波及し、大弾圧を受ける。

11.7 〔設立〕学生社会科学連合会解散　学生社会科学連合会が自主的に解散。11月22日には東京帝国大学新人会が解散した。

11.8 〔活動〕教員の減俸反対決議　帝国教育会ほか教育関係21団体は教育擁護運動大会で、教員の定員削減・減俸反対を決議。

11.27 〔法令〕「体育運動審議会規程」制定　「体育運動審議会規程」が制定された。

11.29 〔人事〕田中隆三、文部大臣就任　田中隆三が文部大臣に就任(第2次若槻内閣ま

で）。

1930年
（昭和5年）

3.18　〔設立〕東京高等獣医学校認可　東京高等獣医学校が「専門学校令」により設立認可。

3.31　〔活動〕臨時教員養成所廃止　第7、第14臨時教員養成所を廃止。

4.2　〔政策〕社会教化委員会設置を指導　文部省は国民精神作興推進のため市町村に社会教化委員会設置を指導した。

4.8　〔制度〕2年制実業学校を認可　「工業学校規程」「農業学校規程」「商業学校規程」「商船学校規程」「水産学校規程」がそれぞれ改正された。尋常小学校卒業程度を入学資格とする2年制の実業学校を認め、学科目・授業時間数を改定。

5.17　〔法令〕「市町村義務教育費国庫負担法」改正　「市町村義務教育費国庫負担法」が改正され、国庫負担金が8500万円に増額された。

5.17　〔法令〕「小学校教科用図書翻刻発行ニ関スル規程」改正　「小学校教科用図書翻刻発行ニ関スル規程」か改正された。共同販売所を廃止する。

5.20　〔事件〕共産党シンパ事件　東京帝国大学山田盛太郎教授、平野義太郎助教授、法政大学三木清教授らが検挙された。7月11日、山田・平野両教授辞職。

5.25　〔設立〕全日本教員組合準備会結成宣言　全日本教員組合準備会結成宣言、綱領・規約を発表したが即日弾圧された。

5.28　〔法令〕「航海練習所官制」公布　「航海練習所官制」が公布された。

5月　〔設立〕師範教育改善促進連盟結成　帝国教育会ほか教育団体が連合して師範教育改善促進連盟を結成。

6.5　〔法令〕「高等学校高等科修身教授要目」制定　「高等学校高等科修身教授要目」が制定された。各高等学校は思想対策として特別抗議を実施。

8.19　〔設立〕新興教育研究所創立　新興教育研究所が創立された。所長は山下徳治、プロレタリア教育の研究・実践・普及をねらい、9月に機関誌『新興教育』を創刊。

9.1　〔法令〕「図書推薦規程」制定　文部省は「図書推薦規程」を制定、推薦図書に「文部省推薦」と記入する。

11.4　〔設立〕日本図書館協会設立　社団法人日本図書館協会が設立された。

11.20　〔制度〕高等女学校教育改善案発表　文部省女子中等教育調査委員会は高等女学校改善案を発表した。

11.22　〔政策〕青年教育振興について訓令　文部省は青年教育振興について訓令。

11.25　〔法令〕「臨時ローマ字調査会官制」公布　「臨時ローマ字調査会官制」が公布さ

		れ、26日、臨時ローマ字調査会が設置された。1931年7月1日廃止。
11.26	〔設立〕専門学校設立	東京女子薬学専門学校、共立女子薬学専門学校、昭和女子薬学専門学校が「専門学校令」により設立認可された。
11.28	〔制度〕近視予防のための基準	学生・生徒の近視眼予防のため、「教科用図書検定標準」を改め、活字や行間等について定めた。
11月	〔設立〕日本教育労働者組合結成	日本教育労働者組合が非合法に結成された。機関誌『教育労働者』を刊行。
12.23	〔政策〕「家庭教育ノ振興ニ関スル件」訓令	文部省は「家庭教育ノ振興ニ関スル件」を訓令。学校、社会だけでなく家庭でも思考善導教育を強要。
12.28	〔政策〕「師範教育ノ改善ニ関スル件」答申	文政審議会は12月4日の諮問に対し「師範教育ノ改善ニ関スル件」を答申。本科第2部を2年制に延長し、本科第1部と対等・併行とし、1部・2部の併置を原則とする等の内容。
12月	〔設立〕新教育協会創立	野口援太郎、新教育協会を創立。

1931年
（昭和6年）

1.10	〔制度〕公民科設置	中学校・師範学校の「法制及経済」を改め「公民科」とした。
1.10	〔法令〕「中学校令施行規則」改正	文部省は「中学校令施行規則」を改正、第1種・2種の課程を置くほか、柔道・剣道を必修とした。
1.20	〔制度〕「実業学校公民科教授要目」制定	「実業学校公民科教授要目」が制定された。
2.7	〔制度〕中学・高校教授要目制定	「中学校教授要目」「高等学校教授要目」が制定された。
3.11	〔制度〕「師範学校教授要目」制定	「師範学校教授要目」が制定された。
3.26	〔活動〕臨時教員養成所25校廃止	第5、第10、第11、第12、第15の5つの臨時教員養成所を廃止した。
4.23	〔制度〕「実業学校修身教授要目」制定	「実業学校修身教授要目」が制定された。
4.30	〔設立〕大阪帝国大学設置	大阪帝国大学が設置された。府立医大を医学部とし、33年4月には理工学部を開設した。
4月	〔出版〕『教育・国語教育』創刊	千葉春雄、雑誌『教育・国語教育』を創刊。
5.11	〔設立〕東京帝大航空研究所開所	東京帝国大学航空研究所が開所。
5.23	〔活動〕減俸反対を声明	帝国教育会は総会を開催して教員の減俸反対を声明。
5.27	〔政策〕教員の減俸実施	「公立学校職印俸給令」などが改正され、教員の減俸が実施された。

5.27	〔社会〕**常用漢字1858字決定**	臨時国語調査会は「常用漢字表」「仮名遣改定案」を発表。常用漢字1858字。
6.17	〔政策〕**小学校教員減俸**	「小学校令施行規則」が改正され、小学校教員の減俸が実施された。
6.20	〔政策〕**中等教育の改善について答申**	文政審議会は、中等教育の改善について答申。
6.23	〔制度〕**学生思想問題調査委員会設置**	文部省は学生思想問題調査委員会を設置。委員に穂積重遠、河合栄治郎、蝋山政道らが任命された。1932年5月2日、「学生生徒左傾ノ原因及対策」を文部大臣に答申。
6.23	〔法令〕**「学校歯科医及幼稚園歯科医令」公布**	「学校歯科医及幼稚園歯科医令」が公布された。
8.28	〔制度〕**師範学校給費制度廃止**	文部省、大蔵省、内務省の3省の連合会議は師範学校給費制度の廃止、小学校教員昇給制度を改定し、小学校教員の初任給引き下げを決定。
9月	〔政策〕**思想対策協議会開催**	文部省は小学校教員の思想問題対策協議会を開催。
9月	〔制度〕**学制改革案発表**	学制改革に関する「柿内三郎案」「農業教育研究改案」が発表された。
10.15	〔出版〕**『岩波講座 教育科学』刊行開始**	『岩波講座 教育科学』、岩波書店から刊行開始。1933年8月10日、全20巻完結。
10.30	〔活動〕**東京高等師範学校60年記念式典**	東京高等師範学校60年記念式典に、天皇が勅語を下賜。翌日文部省が勅語に対して訓令。
10月	〔事件〕**学校整理反対運動**	財政緊縮に伴う学校の整理廃止に対し反対運動が起こる。
11月	〔社会〕**東北・北海道で冷害**	東北・北海道で冷害が発生、農漁村で不登校児・欠食児童が急増した。
12.13	〔人事〕**鳩山一郎、文部大臣就任**	犬養毅内閣が発足し、文部大臣に鳩山一郎が就任。
この年	〔事件〕**左傾思想事件多発**	全国で学生思想事件が多発し、395件、処分者991人に上った。
この年	〔社会〕**教員を巡る不況の影響**	不況により、全国各地で教員俸給の不払い・延滞・矯正寄付などが続発。3月には市町村でも給料が払えなくなったため、全国各地で小学校教員が多数整理された。5月23日、帝国教育会は総会で減俸反対を声明、教育研究団体でも生活防衛運動を展開したが、27日に公立学校職員、6月17日に小学校教員の減俸が実施された。10月には財政難に伴う学校の整理・廃止に反対運動が起きた。

1932年
（昭和7年）

2.1 〔法令〕「学校医職務規程」「学校歯科医職務規程」制定　「学校医ノ資格及職務ニ関スル規程」を改め、「学校医職務規程」「学校歯科医職務規程」を制定。

2.19 〔制度〕高等女学校に公民科を設置　「高等女学校令施行規則」「高等上学校及実科高等女学校教授要目」を改正し、教育課程に公民科を設置。

3.8 〔設立〕関西学院大学設立認可　関西学院大学が「大学令」により設立を認可された。

3.30 〔活動〕臨時教員養成所5校を廃止　第3、第4、第9、第13、第16の5カ所の臨時教員養成所を廃止。

3.31 〔設立〕神戸女子薬学専門学校認可　神戸女子薬学専門学校が「専門学校令」により設立認可された。

4月 〔設立〕学校劇研究会結成　学校劇研究会が結成され、6月に雑誌『学校劇』を創刊。

5.2 〔政策〕学生思想問題調査委員会答申　学生思想問題調査委員会は思想対策について「学生生徒左傾ノ原因及対策」を答申。

5.17 〔法令〕「市町立小学校長及教員名称及待遇」改正　「市町村立小学校長及教員名称及待遇」が改正され、奏任官待遇とする小学校長の人数制限を撤廃。

5.18 〔制度〕夜間中学卒業者の待遇改善　文部省は、夜間授業を行う中学校に類する各種学校、いわゆる夜間中学の卒業者に対し、専門学校入学の無試験検定の資格を認める。

7.7 〔活動〕水産学校長会、意見書を提出　水産学校長会が水産教育振興に関する意見書を鳩山一郎文部大臣に提出した。

7.27 〔社会〕欠食児童20万人　前年東北・北海道をおそった冷害による欠食児童について、文部省は20万人を突破したと公表。

8.23 〔制度〕国民精神文化研究所設置　文部省は危険思想弾圧と日本精神文化を明確にするため、国民精神文化研究所を設置。

8.30 〔法令〕「師範学校・中学校・高等女学校職員検定規程」制定　「師範学校・中学校・高等女学校職員検定規程」が制定された。各校の教育課程の改定に伴うもの。

8月 〔政策〕思想問題講習会開催　文部省は教員の思想対策として全国各地で思想問題講習会を開催。

9.6 〔法令〕「市町村立尋常小学校臨時国庫補助法」公布　「市町村立尋常小学校臨時国庫補助法」が公布された。教員俸給不払いに1935年まで国庫補助金で対処する。

9.7 〔政策〕欠食児童問題に訓令　文部省は欠食児童増加に対し、学校給食実施の趣旨および学校給食臨時施設方法に関して訓令。

9月 〔政策〕教員の思想問題について訓示　鳩山一郎文部大臣が、師範学校長会議において教員の思想問題について訓示。
11.25 〔法令〕「教科用図書検定規則」改定　「教科用図書検定規則」が改定された。
12.17 〔政策〕「児童生徒ニ対スル校外生活指導ニ関スル件」訓令　文部省は「児童生徒ニ対スル校外生活指導ニ関スル件」を訓令。
12.24 〔法令〕「体育運動審議会官制」公布　文部省は「体育運動審議会官制」を公布。
12.28 〔設立〕日本学術振興会設立　学術奨励のために天皇から文部大臣に下賜された150万円により、日本学術振興会が設立された。

1933年
（昭和8年）

2.4 〔事件〕長野県教員赤化事件　長野県での共産党員検挙に関連して、県下の新興教育運動への弾圧が始まり、教員が一斉検挙が開始された。4月までに65校138人が検挙された。
2.6 〔法令〕「東京美術学校規程」制定　「東京美術学校規程」が制定された。
2.15 〔政策〕社会教育調査委員会設置　文部省に社会教育調査委員会が設置された。
3.9 〔活動〕臨時教員養成所3校廃止　第1、第2、第8臨時教員養成所を廃止。
3.15 〔制度〕学制改革案発表　帝国教育会学制調査会が学制改革案を発表した。
3.20 〔政策〕思想対策決議案提出　政友会、民政党は思想対策決議案・教育対策建議案を衆議院に提出した。
4.1 〔法令〕「児童虐待防止法」公布　農漁村で欠食児童らの虐待事例が続出たため、「児童虐待防止法」が公布された。
4.22 〔事件〕滝川事件　鳩山一郎文部大臣が、京都帝国大学滝川幸辰教授の辞職を総長に要求した。5月26日、滝川教授に休職処分が発令、法学部教授ら39名が抗議の辞表を提出。
4月 〔制度〕国定教科書大改訂　第4期国定教科書の使用が開始された。初の色刷り印刷の、「サクラ教科書」。
5.5 〔法令〕「少年教護法」公布　「少年教護法」が公布された。施行は1934年10月。
5.8 〔法令〕「高等学校高等科体操教授要目」制定　「高等学校高等科体操教授要目」が制定された。
5.10 〔法令〕「師範学校・中学校・高等女学校教科用図書定価標準ニ関スル規程」改定。「師範学校・中学校・高等女学校教科用図書定価標準ニ関スル規程」が改定された。定価標準、不検定図書について規定する。
5.19 〔政策〕臨時教育調査部設置　文部省は省内に臨時教育調査部を設置した。

7.1	〔法令〕「図書館令」改定　「図書館令」「公立図書館職員令」が改定された。26日には「図書館令施行規則」が改定された。
7.1	〔設立〕大学自由連盟創立　大学自由連盟が創立された。
7.8	〔政策〕『非常時ト国民ノ覚悟』配布　文部省は外務省・陸軍省・海軍省と共同で『非常時ト国民ノ覚悟』を編集し、学校・社会教化団体に配布した。
7.20	〔活動〕師範学校の扱いを決議　帝国教育会は師範教育改善促進連盟委員会を開催し、師範学校を3年制の専門学校程度とすることを決議した。
7月	〔設立〕国民精神講習所開設　東京府は国民精神講習所を開設した。
8月	〔政策〕郷土教育講習会開催　文部省は郷土教育講習会を開催。
10.14	〔法令〕「師範学校中学校高等女学校教員検定規程」改正　「師範学校中学校高等女学校教員検定規程」が改正された。
11.29	〔事件〕東京市教育会疑獄事件　東京市教育会に疑獄事件が起こる。
11月	〔政策〕運動医事相談部設置　文部省は体育研究所に運動維持相談部を設けた。
11月	〔事件〕法政大学で学生運動　法政大学で学内改革を求めて学生運動が起こった。
12.12	〔事件〕長崎大で学位売買　長崎大学で学位売買問題が起こった。
この年	〔出版〕『教育』創刊　城戸幡太郎ら、雑誌『教育』を創刊。1944年3月休刊。

1934年
（昭和9年）

2月	〔設立〕日本少国民文化協会結成　日本少国民文化協会が情報局の外郭団体として結成された。
2月	〔事件〕疑獄事件相次ぐ　各地で教育会の疑獄事件が起こった。
3.3	〔設立〕愛育会創立　天皇からの沙汰書をもとに、恩賜財団法人愛育会が創立された。
3.3	〔人事〕斎藤実首相が文部大臣を兼任　鳩山一郎文部大臣が、母親が校長を務める一橋の共立学校の敷地不正払い下げ問題や賄賂問題などで辞任、斎藤実首相が文部大臣を兼任。
3.14	〔制度〕英語授業時間削減論　三上参次、貴族院で中等教育に置ける英語の授業字数削減論を展開、翌年度から高等女学校・農業学校などに影響が出た。
4.3	〔活動〕全国小学校教員精神作興大会　全国連合小学校教員会が宮城前で全国小学校教員精神作興大会を開催、天皇から「国民道徳振作に関する勅語」を下賜される。
4.20	〔設立〕拓殖学校設立決定　樺太庁は拓殖学校の設立を決定した。
4月	〔政策〕東京府、視学制度を強化　教育会の疑獄事件を受け、東京府は視学制度を

強化。

6.1 〔制度〕思想局設置　文部省は学生部を改め思想局を設置。

6.29 〔設立〕修練農場開設　文部省は「地方農事試験場及地方農事講習所規程」を改定し、修練農場を開設。

6月 〔設立〕帝国少年団協会創立　帝国少年団協会が創立された。

6月 〔設立〕塾風教育を開始　北海道十勝農学校が塾風教育を開始。

7.8 〔人事〕松田源治、文部大臣就任　岡田啓介内閣が発足し、松田源治が文部大臣に就任。

7.18 〔法令〕「国民精神文化講習所規程」制定　東京府は「国民精神文化講習所規程」を制定。以後文部省の指導により各府県に設置された。

8月 〔制度〕教育制度改革案まとまる　立憲政友会及び立憲民政党の教育制度改革案がまとまった。

9.21 〔社会〕室戸台風　関西地方を襲った室戸台風が始業時の学校を直撃、学者が倒壊し教員児童生徒合わせて750人が死亡、学校施設の安全性が問題視された。慰霊碑の建築が企画され、1936年10月30日、大阪城内に慰霊碑「教育塔」が落成したが、建碑に当たり天皇からの下賜金支給により目的がねじれ、「皇国の道」教育のシンボル的存在となった。

9.29 〔法令〕「国立少年教護院官制」公布　「国立感化院令」を廃止し、「国立少年教護院官制」が公布された。

10.22 〔制度〕教護院の教科に関する規則　「少年教護法」により、少年教護院での教科についての文部大臣の承認に関する規則を制定。

10.28 〔事件〕御真影盗難事件　御真影盗難事件起こる。長野県下の小学校の小使が、校長の暴虐に反発し、児童のためにと起こした事件。

10月 〔制度〕教育制度改革案まとまる　日本工学会工業教育調査委員会の教育制度改革案がまとまった。

11.12 〔社会〕凶作で小学校閉鎖　山形県は農村の凶作対策として高等小学校の閉鎖を決議した。

11.30 〔法令〕「学校教職員表彰規程」制定　「学校教職員表彰規程」が制定された。

11月 〔設立〕北日本国語教育連盟結成　生活綴方の徹底をめざし、北日本国語教育連盟が結成された。1935年1月『教育・北日本』を創刊。

12.18 〔政策〕学校建築の保全に関する訓令　文部省は学校建築物の営繕・保全に関して訓令。室戸台風を受け、校舎建築の基準を示した。

12.22 〔政策〕国語審議会設立　臨時国語調査会を廃止し、「国語審議会官制」を公布して文部省内に国語審議会を設置。

12月 〔社会〕徴兵忌避に関して警告　陸軍は、各大学における徴兵忌避の不在学籍者について警告した。

1935年
（昭和10年）

1.21 〔政策〕**文政審議会、青年学校新設に関して答申**　文政審議会は青年学校新設に関して答申。2月20日枢密院が「青年学校令」案を可決。

2.4 〔制度〕**中学入試に通達**　中学校入学審査に関し、試験問題が小学校教科書の範囲を超えないよう通達。

2.20 〔法令〕**「青年学校令」案可決**　枢密院は「青年学校令」案を可決した。

2.25 〔事件〕**美濃部達吉、天皇機関説について弁明演説**　美濃部達吉の天皇機関説が問題化し、美濃部が貴族院において弁明演説を行った。美濃部はその後4月7日不敬罪で起訴され、9日著作の発売禁止。9月18日に起訴猶予とされた。

3.23 〔政策〕**国体明徴決議**　衆議院が国体明徴を決議。

4.1 〔法令〕**「青年学校令」公布**　「青年学校令」が公布された。青年訓練所・実業補習学校を廃止。また、「青年学校規程」「青年学校教員養成所令」「青年学校教員養成所規程」「青年学校教員資格規程」を制定。

4.1 〔法令〕**「朝鮮実業学校令」制定**　「朝鮮実業学校令」が制定された。

4.9 〔出版〕**『憲法撮要』発禁**　天皇機関説を巡り4月7日に不敬罪で告発された美濃部達吉の著書『憲法撮要』が発売禁止になった。美濃部は9月18日起訴猶予。

4.10 〔政策〕**天皇機関説を受け訓令**　文部省は天皇機関説問題に関し「建国ノ大義ニ基キ日本精神作興等ニ関シ教育関与者ノ任務達成方」訓令、国体明徴を強調した。

4.15 〔社会〕**全国向け学校放送開始**　日本放送協会は、放送開始10周年記念事業として、全国向けラジオ学校放送を開始。

4月 〔制度〕**外国語授業削減**　北海道・福岡県などで高等女学校・農業学校の英語廃止または授業時数削減が実施された。

5.23 〔活動〕**大日本連合青年団第11回大会開催**　大日本連合青年団第11回大会が神戸湊川神社で開催された。

6.1 〔法令〕**美術に関する官制2種公布**　「帝国美術院官制」「美術研究所官制」が公布された。

6.10 〔制度〕**実業教育振興委員会設置**　文部省は実業教育振興委員会を設置。

6.11 〔法令〕**「在外青年学校令」制定**　外務省は「在外青年学校令」を制定、。

7.18 〔政策〕**憲法講習会開催**　文部省は全国の大学・高等専門学校長、生徒主事らに国体明徴に関する憲法講習会を開催。

8.10 〔法令〕**「青年学校教練科等査閲令」公布**　文部省は「青年学校教練科等査閲令」を公布、13日には査閲規程を制定した。

8.21　〔制度〕「青年学校教授及訓練科目要旨」制定　文部省は「青年学校教授及訓練科目要旨」を制定。

8.23　〔活動〕汎太平洋新教育会議開催　汎太平洋新教育会議が東京で開催された。

9.13　〔法令〕帝国美術院に関する規則2種制定　「帝国美術院展覧会規則」「帝国美術院授賞規則」が制定された。

10.1　〔設立〕青年学校発足　青年学校が全国で一斉に開校した。

10.20　〔活動〕思想講習会開催　国民精神文化研究所の協力団体日本文化協会は、文部省、内務省、司法省の後援で教員赤化問題対策として思想講習会を開催。

11.5　〔政策〕岡田首相内閣審議会に諮問　岡田啓介首相は内閣審議会に対し、「我カ国現下ノ情勢ニ鑑ミ文教ヲ刷新スル根本方策」を諮問。

11.18　〔政策〕教学刷新評議会設置　文部省は文政審議会を廃止し教学刷新評議会を設置。天皇機関説に対し国体観念、日本精神を根本とした学問・教育の刷新方策を審議する。文政審議会官制は廃止。

11.28　〔制度〕学校での宗教的情操教育に関して通達　文部省は「学校ニ於ケル宗教的情操ノ涵養ニ関スル件」を通達。

11.30　〔法令〕陸軍省令による検定規程　陸軍省は省令で「学校教練検定規程」「青年学校課程修了者検定規程」を制定。戦力増強を図り、徴兵前の軍事訓練を強化するため学校教練の軍隊規格を実施する。

11月　〔政策〕教学刷新評議会、国体明徴推進教育について答申　教学刷新評議会は国体明徴推進教育について答申。祭政一致の国体と一体不可分の教育を提言し、「皇国の道」教育を推進する。

11月　〔活動〕全国連合教育会解散　全国連合教育会が解体し、帝国教育会に合体した。

1936年
（昭和11年）

1.8　〔法令〕「青年学校課程修得者検定規程」制定　「青年学校課程修得者検定規程」が制定された。

1.20　〔政策〕青年学校視学委員設置　青年学校視学委員が設置された。

2.2　〔人事〕川崎卓吉、文部大臣就任　松田源治文部大臣が前日に病没し、川崎卓吉が文部大臣に就任。

3.9　〔人事〕潮恵之輔、文部大臣就任　広田弘毅内閣が発足し、内務大臣潮恵之輔が文部大臣を兼任。

3.25　〔人事〕平生釟三郎、文部大臣就任　内務大臣兼文部大臣潮恵之輔が兼任を解かれ、平生釟三郎が文部大臣に就任。

4月	〔制度〕教育行政機構改革案発表	帝国教育会など8団体からなる師範教育改善促進連盟が教育行政機構改革案を発表。師範学校の入学資格について中等学校卒業者以上とし、師範学校・高等所学校卒業者以上を入学資格とする師範大学を設置するなど。
5.30	〔出版〕『教育学辞典』刊行開始	『教育学辞典』、岩波書店から刊行開始。1939年9月30日、全5巻完結。
5月	〔活動〕全国連合小学校女教員大会開催	全国連合小学校女教員大会が開催され、国体明徴、国民道徳の強化等を中心に討議を行った。
6.3	〔法令〕「学校体操教授要目」制定	「学校体操教授要目」が制定された。
6.3	〔法令〕「師範学校規程」改定	「師範学校規程」が改定された。
6月	〔制度〕邦楽科を開設	東京音楽学校に邦楽科が正科として解説された。
7.4	〔制度〕「義務教育8年制実施計画要綱」決定	文部省は平生文相主導のもと「義務教育8年制実施計画要綱」を決定。
9.8	〔設立〕日本諸学振興委員会設置	国体・日本精神の本義の基づいて各種学問の内容・方法を研究批判し、日本独自の学問文化の創造発展、教育の刷新に資することを目的で日本諸学振興委員会を設置。各種学問の研究会・講演会を開催した。
10.20	〔設立〕保育問題研究会設立	保育問題研究会が設立された。子どもを社会の矛盾を抱え込んだ存在としてとらえ、それらを解決する「新しい保育の体系」の実現を目指す。1937年10月に『保育問題研究』を創刊。会長城戸幡太郎。
10.29	〔政策〕教学刷新評議会答申	教学刷新評議会は「教学刷新ノ中心機関ノ設置」その他を答申。また、内閣に有力な諮問機関を設置することを建議した。答申にある教学刷新の中心機関は翌年7月、教学局設置と言う形で実現した。
11.6	〔制度〕義務教育8年制案閣議提出	平生釟三郎文部大臣が義務教育8年制案を閣議提出した。
11.12	〔活動〕第1回教育学会開催	日本諸学振興委員会は第1回教育学会を開催。
11月	〔制度〕小学校国史教科書改訂	文部省は、国体明徴を徹底する目的で小学校国史教科書を改訂。
11月	〔法令〕「海軍現役武官商船学校配属令」公布	「海軍現役武官商船学校配属令」が公布された。

1937年
（昭和12年）

1.27	〔法令〕「学校身体検査規程」制定	文部省は「学校身体検査規程」を制定、4月1日に施行された。
1月	〔制度〕「君が代」教科書に登場	国歌「君が代」が小学校修身教科書に掲載された。

| 2.2 | 〔人事〕林銑十郎首相が文部大臣兼任　陸軍大将林銑十郎が内閣総理大臣に就任し、文部大臣を兼任。
| 2.11 | 〔社会〕文化勲章制定　文化勲章が制定された。4月28日に第1回授与式が挙行され、物理学者長岡半太郎、本多光太郎、天文学者木村栄、国文学者佐佐木信綱、作家幸田露伴、洋画家岡田三郎助、藤島武二、日本画家竹内栖鳳、横山大観が受賞。
| 3.27 | 〔政策〕国体明徴で教授要目改訂　文部省は国体明徴・教学刷新と関連して中学校・師範学校・高等女学校・実業高等女学校・高等学校高等科の教授要目を改訂。母性教育と教員養成を目的として高等女学校の教科に「教育」を新設。
| 4.1 | 〔設立〕東京農教育専門学校設置　東京帝国大学農業学部附属農業教員養成所が独立し、東京農教育専門学校として設置された。
| 4.9 | 〔制度〕大学に国体講座新設　東京帝国大学、京都帝国大学、東京文理科大学、広島文理科大学に、国体及び日本精神に関する講座を新設。
| 4.30 | 〔政策〕「日本文化講義要綱」制定　文部省直轄学校の「日本文化講義要綱」を制定した。
| 5.1 | 〔政策〕国民精神文化講習会について制定　「国民精神文化長期講習会並国民精神短期講習会実施要綱」が制定された。
| 5.18 | 〔設立〕教育科学研究会結成　城戸幡太郎ら、教育科学研究会を結成、1939年9月『教育科学研究』を創刊。
| 5.26 | 〔政策〕文教審議会設置　教学刷新評議会を廃止し、内閣に文教審議会が設置された。
| 5.29 | 〔法令〕「青年学校教授及訓練要目」制定　「青年学校教授及訓練要目」が制定された。
| 5.31 | 〔法令〕「学校教練教授要目」制定　「学校教練教授要目」が制定された。
| 5.31 | 〔出版〕『国体ノ本義』刊行　文部省は『国体ノ本義』を刊行、全国の学校・社会教科団体等に配布した。
| 6.3 | 〔政策〕敬礼方制定　文部省は「行幸啓ノ節学校職員学生生徒児童敬礼方」を制定した。
| 6.4 | 〔人事〕安井英二、文部大臣就任　第1次近衛文麿内閣が発足し、安井英二が文部大臣に就任。
| 6.5 | 〔法令〕「南洋拓殖練習生要項」告示　「南洋拓殖練習生要項」が告示された。
| 6月 | 〔制度〕教育改革同志会教育改革案発表　教育改革同志会は中等学校を青年学校と中学校とし、青年学校は6年制の火事・勤労者が就学するものとした。また、社会大衆党も学制改革案を発表。
| 7.21 | 〔政策〕文部省教学局設置　文部省外局として、思想局を拡充した教学局が設置された。
| 7月 | 〔政策〕公民教育講習会開催　文部省は公民教育講習会を開催。
| 8.2 | 〔活動〕第7回世界教育会議開催　第7回世界教育会議が東京で開催された。

8.24	〔政策〕「国民精神総動員実施要綱」閣議決定	閣議は「国民精神総動員実施要綱」を決定、国民精神総動員運動を開始。10月9日「国民精神総動員実施ノ告諭」を発表。
8.26	〔活動〕工業技術員養成科設置	文部省は官立高等工業学校16校に工業技術員養成科を設置。
9.11	〔法令〕「文部省美術展覧会規則」を制定	「文部省美術展覧会規則」が制定された。
9.13	〔法令〕「直轄学校官制」改正	文部省は「直轄学校官制」を改正し、各学校に事務官を置いた。
9.21	〔社会〕訓令式ローマ字制定	内閣は「国語ノローマ字綴方ノ統一」に関して訓令。
10.12	〔設立〕国民精神総動員中央連盟結成	国民精神総動員中央連盟が結成された。会長は海軍大将有馬良橘。
10.14	〔法令〕「工業学校実習指導員養成規程」制定	「工業学校実習指導員養成規程」が制定された。
10.22	〔人事〕木戸幸一、文部大臣就任	安井英二文部大臣が辞任、木戸幸一が文部大臣に就任。
11.20	〔法令〕「教学局教学官視察規程」制定	「教学局教学官視察規程」が制定された。
12.10	〔政策〕教育審議会設置	内閣に教育審議会が設置され、12月23日第1回諮問「我ガ国教育ノ内容及制度ノ刷新振興ニ関シ実施スベキ方策如何」。1938年12月8日、「国民学校、師範学校及幼稚園ニ関スル件」を答申。
この年	〔出版〕『綴方教室』刊行	豊田正子著『綴方教室』が中央公論社から刊行。生活綴方運動の一環で、教師の指導のもと、雑誌『赤い鳥』掲載されたのち出版された、小学生・豊田正子の作文集。大ベストセラーとなり、戦後の無着成恭らの生活綴方運動にも大きな影響を与えた。

1938年
(昭和13年)

1.11	〔政策〕青年学校義務化を決定	閣議は青年学校義務制実施を決定。7月15日教育審議会が「青年学校義務制実施ニ関スル件」答申。1939年から実施。
1.29	〔法令〕「小学校令施行規則」改正	「小学校令施行規則」が改正された。学籍簿について、教科の成績を10点法とし、操行を優良可の表記に統一。
1月	〔社会〕満蒙開拓団青少年義勇軍募集	拓務省は「満蒙開拓青少年義勇軍募集要綱」により募集を開始し、1月の第1次募集には定員5000人に対し9950人の応募があり、7700人が採用された。しかし厳しい実情が明らかになるにつれ応募者が激減、政府は学校を督励して応募させた。64500人の青少年義勇軍のうち敗戦までの死者・

行方不明者は42400人。

2.3 〔設立〕東京帝大セツルメント解散　1924年に創立された東京帝国大学セツルメントが解散した。

2.25 〔法令〕「兵役法」改正　「兵役法」が改正され、学校教練修了者の在営期間短縮の特典を廃止した。

3.4 〔法令〕「朝鮮教育令」改正　「朝鮮教育令」が改正され、普通学校・高等普通学校・女子高等普通学校を廃止し、日本の学校体系へ一体化。

5.26 〔人事〕荒木貞夫、文部大臣就任　木戸幸一文部大臣が辞任、荒木貞夫が文部大臣に就任（平沼内閣まで）。

5.26 〔社会〕体操場を一般に開放　「学校体操場ノ使用ニ関スル件」について通牒、学校体操場を一般開放。

6.9 〔政策〕勤労動員始まる　文部省は「集団的勤労作業運動実施ニ関スル件」を通達。勤労動員開始。

6.29 〔政策〕「時局ニ鑑ミ学校当事者ノ学生生徒勲化啓導方」訓令　「時局ニ鑑ミ学校当事者ノ学生生徒勲化啓導方」訓令。

7.15 〔制度〕教育審議会、青年学校教育義務制実施について答申　教育審議会は「青年学校教育義務制実施ニ関スル件」を答申。国体の本義に立脚し、皇国青年の錬成、青年学校教員養成の整備、普通科の就学義務、修身・公民科の国定教科書の編纂など。

8.6 〔政策〕「青年学校普通学科及教練科目」制定　文部省は「青年学校普通学科及教練科目」を制定。

8.15 〔政策〕科学振興調査会設置　文部省に科学振興調査会が設置された。

8.24 〔法令〕「学校卒業者使用制限令」公布　「学校卒業者使用制限令」が公布された。26日には施行規則を制定。

8.29 〔政策〕融和教育の徹底　「非常時下、差別的観念ヲ除シ、天業翼賛ノ根帯ヲ固カラシムルコト」について訓令を発す。融和教育を徹底するもの。

9月 〔人事〕留学生派遣中止　文化関係海外留学生の派遣中止が閣議決定された。

10.26 〔政策〕「小学校卒業者ノ職業指導ニ関スル件」訓令　文部省、厚生省の両省は「小学校卒業者ノ職業指導ニ関スル件」を訓令。

11月 〔設立〕愛育研究所設立　恩賜財団母子愛育会は愛育研究所を設立。

12.8 〔政策〕教育審議会、国民学校・師範学校・幼稚園について答申　教育審議会は教育内容、制度の刷新振興に関する諮問に対し「国民学校、師範学校及幼稚園ニ関スル件」を答申。

12.9 〔法令〕「青年学校職業科要目」制定　文部省は「青年学校職業科要目」を制定。

12.10 〔法令〕「師範学校・中学校・高等女学校教員検定規則」改正　「師範学校・中学校・高等女学校教員検定規則」が改正された。

1939年
(昭和14年)

1.6 〔政策〕実業学校卒業者の進学について制定　「実業学校卒業者ノ師範学校本科第二部入学資格ニ関スル件」を制定。

1.28 〔事件〕平賀粛学　東京帝国大学総長平賀譲、経済学部教授河合栄治郎、土方成美の休職を文部省に上申。1月30日、これに反対する教授13人が抗議の辞表を提出。

2.9 〔法令〕「師範学校教授要目」改定　「師範学校教授要目」が改定された。

2月 〔政策〕中学校での中国語授業について訓令　文部省は中等学校に中国語を正科として開設する旨訓令を発した。

3.24 〔法令〕「青年学校教育費国庫補助法」公布　「青年学校教育費国庫補助法」が公布された。

3.30 〔制度〕大学軍事教練必修化　文部省は大学での軍事教練を必修とすることを通達。

3.31 〔法令〕「学校技能者養成令」制定　「学校技能者養成令」が制定された。

3.31 〔設立〕名古屋帝国大学設置　名古屋帝国大学が設置された。名古屋医科大学を医学部とし、1940年4月1日理学部を開設。

4.19 〔法令〕「学校職員身体検査規程」制定　「学校職員身体検査規程」が制定された。

4.26 〔法令〕「青年学校令」改正　「青年学校令」が改正され、施行規則が制定された。12歳～19歳の男子の就学を義務づける。また、「青年学校ニ依リ就学セシメラレルベキ者ノ就学時間ニ関スル法律」を公布、教授・訓練時間を就業時間と見なすとした。

4.28 〔活動〕臨時教員養成所廃止　第6臨時教員養成所が廃止された。

5.15 〔活動〕臨時医学専門部附置　帝国大学及び官立医科大学に臨時附属医学専門部を附置、軍医需要へ即応の目的。

5.22 〔政策〕「青少年学徒ニ賜リタル勅語」下賜　天皇が全国学生生徒を閲兵し「青少年学徒ニ賜リタル勅語」を下賜。同日、「青少年学徒ニ賜リタル勅語聖旨奉戴方」訓令。

5.23 〔設立〕高等工業学校新設　室蘭、盛岡、多賀、大阪、宇部、新居浜、久留米に高等工業学校を新設、広島と熊本の高等工業学校に臨時工業教員養成所を付設。

5.29 〔法令〕「小学校武道指導要目」制定　文部省は「小学校武道指導要目」を制定、5年、6年と高等科男子に柔剣道を必修とした。

5.29 〔設立〕藤原工業大学設立認可　藤原工業大学が設立認可され東京に創立。後の千葉工業大学。

6.10 〔政策〕夏期休暇の集団勤労作業を通達　文部省は夏期休暇を学制・生徒の心身鍛錬にあて、集団勤労作業などを行うようにと通達した。

| 6.15 | 〔法令〕「南洋開拓訓練講習会要項」制定　「南洋開拓訓練講習会要項」が制定された。
| 7.5 | 〔制度〕国民精神総動員文部省実行委員会設置　国民精神総動員文部省実行委員会が設置された。
| 7.10 | 〔法令〕「海員養成所官制」公布　「海員養成所官制」が公布された。
| 8.22 | 〔政策〕「興亜奉公日設定ニ関スル件」制定　「興亜奉公日設定ニ関スル件」について定める。
| 8.22 | 〔設立〕京都帝大人文科学研究所附置　京都帝国大学に人文科学研究所を附置。
| 8.30 | 〔人事〕河原田稼吉、文部大臣就任　阿部信行内閣が発足し、河原田稼吉が文部大臣に就任。
| 9.28 | 〔制度〕中学入試に関して通達　文部省は「中央学校入学者選抜ニ関スル件」を通達、学科試験を廃止し、内申書・口頭試問・身体検査の総合判定によるものとする。
| 10.11 | 〔法令〕「地方官官制」改正　「地方官官制」が改正された。青年教育官を設置。
| 11.1 | 〔政策〕「国民精神総動員実践機関設置ニ関スル件」制定　「国民精神総動員実践機関設置ニ関スル件」が定められた。
| 11.30 | 〔設立〕大阪帝大産業科学研究所設置　大阪帝国大学に産業科学研究所が設置された。
| 12.11 | 〔法令〕「日本語教科用図書調査会官制」公布　「日本語教科用図書調査会官制」が公布された。
| 12.13 | 〔政策〕木炭増産勤労報告運動　文部省、青年団員・学徒・生徒の木炭増産勤労報国運動実施に関して通達。

1940年
（昭和15年）

| 1.16 | 〔人事〕松浦鎮次郎、文部大臣就任　米内光政内閣が発足し、松浦鎮次郎が文部大臣に就任。
| 1月 | 〔政策〕拓務訓練実施　拓務省は高等小学校児童に拓務訓練を実施。
| 2.26 | 〔制度〕中学校入試の人物考査について定める　「中等学校入学者選抜ノ為ノ人物考査ニ関スル件」を定め、人物考査が準備教育を必要とするような者でないことを注意。
| 3.18 | 〔法令〕「青年学校教育費国庫補助法施行規則」制定　「青年学校教育費国庫補助法施行規則」が制定された。
| 3.27 | 〔活動〕臨時教員養成所設置　臨時教員養成所を3校設置した。
| 3.29 | 〔法令〕「義務教育費国庫負担法」公布　「義務教育費国庫負担法」が公布された。

教員給与の半額国庫負担を原則とし、「市町村義務教育費国庫負担法」を廃止。

3.30 〔政策〕「師範学校生徒給費ニ関スル件」発表　師範学校志願者減少傾向の対策として「師範学校生徒給費ニ関スル件」を発し、公費生徒の増員などを指示。

4.17 〔法令〕文部省の機密取扱規程2種　「文部省総動員機密取扱規程」「文部省機密文書取扱規程」が制定された。

4.24 〔法令〕「神宮皇学館大学官制」公布　「神宮皇学館大学官制」が公布された。

4.30 〔法令〕「学校給食奨励規程」制定　「学校給食奨励規程」が制定された。学校給食の恒久化を企図するもの。

4月 〔制度〕壮丁教育思想調査開始　壮丁教育思想調査が開始された。

6.4 〔政策〕「国民学校教員講習会実施要綱」制定　「国民学校教員講習会実施要綱」が制定された。

6.13 〔法令〕「興亜奉公日徹底方策ニ関スル規程」制定　「興亜奉公日徹底方策ニ関スル規程」が制定された。

6.15 〔政策〕支那事変3周年記念行事に関して注意　「支那事変三周年記念行事ニ関スル件」について定め、3周年に当たり学校行事を行うなど児童生徒の戦争邁進の精神涵養について注意。

6.22 〔政策〕学制・生徒・児童の旅行を制限　「学生生徒ノ旅行ニ関スル件」を定め、野外学習や集団勤労等の場合を除き、学制・生徒・児童の旅行を制限。

7.8 〔活動〕東亜教育大会開催　帝国教育会と東京市が共同で紀元2600年記念東亜教育大会を開催。

7.19 〔政策〕校長の会合出席を制限　「学校長ノ会合ニ関スル件」を定め、学校長・教員の文部省承認以外の全国的・地域的会合への出席を注意。

7.22 〔人事〕橋田邦彦、文部大臣就任　第2次近衛文麿内閣が発足し、橋田邦彦が文部大臣に就任。

9.11 〔政策〕訓話方について定める　「満州国承認記念日ニ際シ学生生徒児童ニ対シ訓話方ノ件」について定める。

9.12 〔制度〕中等教育教科書指定制に　文部省は中等教科書の検定制を廃止して指定制とし、各教科5種を選定した。

9月 〔制度〕成人教育講座などの実施要項発表　文部省は、中等学校成人教育講座、家庭教育講座、勤労者教育などに関する実施要項を発表した。

10.30 〔法令〕「教育勅語」50周年式典　「教育勅語」渙発50周年記念式典が挙行され、勅語を下賜。文部省は勅語に対し訓令を発した。

10月 〔設立〕小学校教員共済組合設立　小学校教員共済組合が設立された。

11.26 〔法令〕「高等諸学校教科書認可規程」制定　「高等諸学校教科書認可規程」が制定された。高等師範学校、専門学校等の教科書も文部大臣の認可制となる。

11.27 〔制度〕中等学校制服を制定　文部省は、全国の中等学校生徒の制服を制定。男子はカーキ色で手を入れないようズボンのポケットはなしとし、戦闘帽を着用。女子

は紺色でヘチマ襟・ひだなしスカート。
12.9 〔政策〕上級学校進学制限措置　文部省は産業界の要請に応じ、実業学校卒業者の上級学校進学制限措置を訓令。
12.14 〔法令〕「教員保養所令」公布　「教員保養所令」が公布された。
12.24 〔政策〕「大学教授ノ責務」について訓令　文部省は「大学教授ノ責務」について訓令。
12.24 〔法令〕「国民学校令」閣議決定　閣議は「国民学校令」を決定した。
12.28 〔法令〕小学校教員俸給の国庫負担について制定　「現役小学校教員俸給費国庫負担法施行規程」が制定された。

1941年
（昭和16年）

1.7 〔法令〕「教職員共済組合令」公布　「教職員共済組合令」が公布された。
1.8 〔制度〕文部省体育局新設　文部省に体育局が新設された。
1.16 〔設立〕大日本青少年団結成　大日本青年団、大日本連合女子青年団、大日本少年団連盟、帝国少年団協会を統合し、大日本青年団を結成。
3.1 〔法令〕「国民学校令」公布　文部省は「国民学校令」を公布。「小学校令」を改訂したもので、皇国民錬成を目的とする。
3.6 〔活動〕臨時教員養成所設置　名古屋高等工業学校、第三高等学校、東京女子高等師範学校に臨時教員養成所を設置。
3.10 〔設立〕日本体育専門学校設立　日本体育会体操学校が改組され日本体育専門学校が設立された。後の日本体育大学。
3.26 〔法令〕「台湾教育令」改正　「台湾教育令」が改正された。小学校・公学校を廃止し、国民学校に一本化するもの。
3.29 〔設立〕東京高等体育学校設置　東京高等体育学校が設置された。
3.31 〔政策〕朝鮮語学習禁止　朝鮮総督府は「国民学校規程」を公布、朝鮮語教育を禁止した。
4.1 〔設立〕国民学校発足　国民学校が発足。尋常小学校を6年制国民学校初等科、高等小学校を2年制国民学校高等科に改組したもので、教科は国民科、理数科、体練科、芸能科、実業科に整理統合。読み方は国民科国語、算術は理数科算数となる。教科書は第5期国定教科書『国民学校教科書』を使用、修身科『ヨイコドモ』、国語『ヨミカタ』、算数『カズノホン』など。
4.4 〔政策〕植民地・占領地へ教師派遣　閣議は文部省の管轄の下で、植民地・占領地へ教師の大量派遣の方針を固めた。

4.15	〔政策〕「礼法要項」通達　文部省は「礼法要項」を通達。これまでの師範学校・中学校対象のものと異なり、すべての男女国民に共通する礼儀作法を定める。
5.1	〔設立〕興亜錬成所設置　中国における政治・経済・文化に関する業務に従事する者に対する教育機関として、興亜錬成所が設置された。
5.8	〔法令〕「実業専門学校卒業程度検定規程」制定　「実業専門学校卒業程度検定規程」が制定された。
5.20	〔法令〕「教科用図書調査会官制」公布　「教科用図書調査会官制」が公布された。
5.26	〔法令〕「国民学校教科用映画検定」規定　「国民学校教科用映画検定」が規定された。
5.27	〔政策〕「戦時家庭教育指導要綱」発表　「戦時家庭教育指導要綱」が発表された。
6.16	〔政策〕「社会教育ニ関スル件」答申　教育審議会が「社会教育ニ関スル件」答申。皇国民の臣道実践の修練、国家の指導方針下に官民協力機関の設置、社会教育関係団体の統合などを内容とする。
7.12	〔法令〕「私立学校制度調査会規程」制定　「私立学校制度調査会規程」が制定された。
7.13	〔政策〕修学旅行中止を通達　文部省は軍事輸送確保の必要から修学旅行の中止を通達した。
7.21	〔出版〕『臣民の道』刊行　文部省教学局は『臣民の道』を刊行し、各学校に配布した。
7.30	〔制度〕文部省、計画室設置　文部省は計画室を設置した。
8.8	〔政策〕学校報国団編成を訓令　文部省は各学校に学校報国団の編成を訓令。
8.30	〔制度〕大学に現役将校を配属　文部省は大学学部にも軍事教練担当の現役将校を配属した。
9.5	〔法令〕「陸軍現役将校学校配属令施行規則規程」改正　「陸軍現役将校学校配属令施行規則規程」が改正された。
10.13	〔政策〕「教育行政及財政ニ関スル件」答申　教育審議会は「教育行政及財政ニ関スル件」を答申。教学刷新、文教の根本に関する規格・調査機構の整備、学術の振興、文化の発展に関する部局の設置、社会教育部局の拡大強化、学校教科書行政部局の拡充整備、体育行政の一本化などを内容とする。
10.16	〔政策〕「大学学部等ノ在学年限又ハ修業年限ノ臨時短縮ニ関スル件」公布　文部省は「大学学部等ノ在学年限又ハ修業年限ノ臨時短縮ニ関スル件」を公布。11月1日に1941年度に関する臨時措置を公布し、大学・専門学校を3ヶ月短縮、42年度は高校・実業学校を含め6ヶ月短縮とした。
10.20	〔制度〕学生生徒に臨時徴兵検査実施　これまでは在学中は検査が猶予されていた学生生徒に臨時徴兵検査が実施された。
11.13	〔政策〕「中学校職業指導要領」制定　「中学校職業指導要領」が制定された。
11.27	〔政策〕「学校教練ニ関スル件」公布　「学校教練ニ関スル件」が公布された。学校

教練の目的及び訓練要項を改訂。

12.19 〔法令〕「高等商船学校・商船学校官制」公布　「高等商船学校」「商船学校官制」が公布された。

1942年
（昭和17年）

1.6 〔政策〕師範学校昇格案　閣議は師範学校を官立3年制専門学校程度に昇格する案を決定した。

1.9 〔政策〕「学徒動員命令」出される　「国民勤労報国令施行規則」による「学徒動員命令」が出された。

1.24 〔設立〕国民錬成所設置　文部省は国民錬成所を新設。中等学校教員を学寮制で錬成する。

2.2 〔設立〕大日本婦人会発足　愛国・国防婦人会等を統合し、大日本婦人会が発足した。10月『日本婦人』創刊。

2.6 〔設立〕東亜経済研究所発足　東京商科大学に東亜経済研究所をおいた。

2.12 〔活動〕臨時教員養成所設置　北海道、東北、九州、大阪の各帝国大学と奈良女子高等師範学校に臨時教員養成所を設置。

2月 〔政策〕教師の大量派遣決定　大東亜共栄圏へ教員の大量に派遣する方針が閣議で決まった。

3.5 〔法令〕「中学校教授要目」改正　「中学校教授要目」が改正された。自然科学関係の教育内容が刷新される。

3.24 〔政策〕文部省科学官設置　文部省科学官が設置された。

3.25 〔活動〕東京帝大、第2工学部設置　東京帝国大学に第2工学部が設置された。

3.30 〔政策〕「高等学校規程臨時措置」制定　「高等学校規程ノ臨時措置ニ関スル件」を定め、高等学校高等科の修業年限を2年6ヶ月に短縮、臨時教授要綱を制定。その他、教練実施状況報告に関する件について規定。

5.7 〔政策〕「戦時家庭教育指導要綱」制定　文部省は「戦時家庭教育指導要綱」を制定した。

5.9 〔政策〕教育審議会廃止　教育審議会が廃止された。

5.21 〔政策〕「大東亜建設に処する文教政策」決定　大東亜建設審議会は「大東亜建設に処する文教政策」を決定。大東亜における指導的国民の資質の錬成、国策の総合的要請に基づいた教育の国家計画の樹立、学術振興などを内容とする。

5.27 〔設立〕東京工業大学に教員養成所　東京工業大学に付属高等教育養成所が設置された。

6.17	〔社会〕国語審議会、標準漢字を答申	国語審議会は標準漢字2528時を決定し答申。国粋主義者らの要求を受け、12月4日、文部省は総数2669時、簡易字体80字と修正して公布。7月17日には字音仮名遣表、国語の左書採用などについて答申。
6月	〔設立〕大政翼賛会傘下に	大日本青少年団、大日本婦人会が大政翼賛会傘下に入った。
7.8	〔制度〕外国語選択制	文部省は高等女学校での外国語教育を随意の選択科目とし、週3時間以内とすることを通達。裁縫の授業を増加した。
8.14	〔法令〕「国民学校教職員用参考図書認定規程」制定	「国民学校教職員用参考図書認定規程」が制定された。
8.18	〔政策〕「南方諸地域日本語教育並に普及に関する件」決定	閣議は「南方諸地域日本語教育並に普及に関する件」を決定。
8.21	〔政策〕「中学校・高等学校学年短縮要項」決定	閣議は「中学校・高等学校学年短縮要項」を決定した。中学校を4年、高等学校を2年とする。
9.29	〔政策〕「国民学校体練科教授要項」制定	「国民学校体練科教授要項」が制定された。10月3日、「小学校武道指導要目」を廃止。
9月	〔制度〕期間短縮に寄る卒業式	大学・高等専門学校等で、修業期間6ヶ月短縮による卒業式が行われた。
10.22	〔社会〕『愛国百人一首』選定	『愛国百人一首』が選定された。
10.30	〔法令〕「学制」頒布70周年式典	文部省は「学制」頒布70周年記念式典を挙行、『学制70年史』を刊行した。
10月	〔政策〕養護施設講習会	文部省、養護施設講習会を開催し、肢体不自由児教育について協議した。
11.1	〔法令〕「文部省官制」改定	「文部省官制」が改定された。大臣官房および総務・専門教育・国民教育・教学・科学・体育・図書・教科の8局とし、社会教育局、教育調査部を廃止、督学官・社会教育官を教学官の名称に統一する。
11.2	〔政策〕職業指導に関する通達	文部省は国民学校における職業指導に関して通達を出した。
11.25	〔制度〕大学等の修業年限短縮措置決定	文部省は翌年度の大学・専門学校等の修業年限の臨時措置を決定した。大学・高等専門学校は6ヶ月の短縮、実業学校等は3ヶ月の短縮とする。
12.8	〔政策〕青年学校の訓練教科徹底を通達	文部省は青年学校教授及び訓練の教科徹底に関して通達を出した。
12.8	〔政策〕修業年限短縮勅令案	文部省は修業年限短縮の学制改革勅令案を決定した。

1943年
（昭和18年）

- 1.18　〔政策〕「緊急学徒勤労動員方策要綱」決定　閣議は「緊急学徒勤労動員方策要綱」を決定、勤労動員を年間4ヶ月継続とした。
- 1.21　〔法令〕「大学令」「高等学校令」「専門学校令」改正　「大学令」「高等学校令」「専門学校令」がそれぞれ改正された。高等科の修業年限が2年とされ、実業専門学校は専門学校に統一する。
- 1.21　〔法令〕「中等学校令」公布　文部省は「中等学校令」を公布。既存の中学校・高等女学校・実業学校を中等学校とし、終業年度を1年短縮した4年制の中等学校とした。これにより「中学校令」「高等女学校令」「実業学校令」が廃止。
- 1.30　〔設立〕津田塾専門学校に改称　津田英語塾は名称を津田塾専門学校と改称した。
- 3.1　〔政策〕「学校防空指針」を告示　文部省と内務省は、各学校長へ「学校防空指針」を告示。学校長の責任のもと、教職員学制生徒ら全員が被害を最小限にするためとし、御真影と勅語の保護、児童生徒の保護、文献資料等の防護を挙げる。
- 3.2　〔法令〕中学校・高等女学校・実業学校の規程制定　「中学校規程」「高等女学校規程」「実業学校規程」がそれぞれ制定された。
- 3.8　〔法令〕「師範教育令」改正　「師範教育令」が改正された。師範学校を官立とし、本科3年、予科2年の5年制として専門学校程度に昇格、各県1校以上の設置を義務化する。4月から教科書を国定化。
- 3.12　〔設立〕大阪理工科大学認可　大阪理工科大学の設立が認可された。後の近畿大学。
- 3.25　〔政策〕中学・高等女学校指導要目制定　「中学校教科教授及修練指導要目」「高等女学校教科教授及修練指導要目」が制定された。
- 3.29　〔政策〕「戦時学徒体育実施要綱」通達　「戦時学徒体育実施要綱」が通達された。
- 3.31　〔政策〕「高等学校高等科授要綱」制定　「高等学校高等科授要綱・同修練要綱」が制定された。
- 3.31　〔法令〕「青年学校教員養成所規程」改正　「青年学校教員養成所規程」が改正された。
- 3月　〔設立〕理科・実業教員養成所増設　文部省は中等学校理科及実業教員補充のため臨時教員養成所を増設した。
- 4.1　〔法令〕「教科書用図書検定規則」制定　文部省、「教科書用図書検定規則」を制定。師範学校、中等学校で国定教科書の使用が開始されたが印刷が間に合わず、全面実施は1年後から。
- 4.6　〔法令〕「師範学校教科用図書翻刻発行規程」制定　「師範学校教科用図書翻刻発行規程」が制定された。

4.20	〔人事〕東条英機首相、文部大臣兼任　橋田邦彦の辞任に伴い、東条英機首相が文部大臣を兼任。
4.23	〔人事〕岡部長景、文部大臣就任　岡部長景が文部大臣に就任。
4月	〔政策〕「高等学校教授修練要綱」制定　「高等学校教授修練要綱」が制定された。
6.25	〔政策〕「学徒戦時動員体制確立要綱」決定　閣議は「学徒戦時動員体制確立要綱」を決定。軍事教練の強化、食料増産、国防施設建設等の徹底。終戦までに約300万人が動員された。
8.2	〔法令〕「公立学校職員官級等令」など改正　「公立学校職員官級等令」「公立学校職員俸給令」などが改正された。
8月	〔政策〕「大日本青少年団・戦時女子青年団錬成要綱」制定　「大日本青少年団・戦時女子青年団錬成要綱」が制定された。
9.22	〔制度〕徴兵猶予制停止　文科系学制の徴兵猶予制が停止された。
9.29	〔制度〕特別研究生制度設置　文部省は、大学院・研究科に特別研究生制度を設けた。学資給与、軍の委託特別研究生を受け入れる。
10.2	〔制度〕学生生徒の徴兵猶予停止　「在学徴収延期臨時特例」が公布され、学生生徒の徴兵猶予が停止された。
10.10	〔政策〕「戦時国民思想ニ関スル基本方策要綱」決定　閣議は「戦時国民思想ニ関スル基本方策要綱」を決定。
10.12	〔政策〕「教育ニ関スル戦時非常措置方策」決定　閣議は「教育ニ関スル戦時非常措置方策」を決定。国民学校8年生義務制実施の延期、高等学校分科の3分の1を削減、文科系大学・専門学校の理科系への転換、年間3分の1相当の勤労動員等。
10.18	〔政策〕学徒体育大会禁止　文部省は学徒体育大会を禁止とした。
10.18	〔政策〕防空補助動員に関して通達　文部省は、学校報国隊の防空補助動員に関する件を学校長に通達した。
10.21	〔社会〕学徒出陣壮行会　東京・神宮外苑競技場で学徒出陣壮行会が挙行された。
11.1	〔設立〕教学錬成所設置　国民精神文化研究所、国民錬成所を統合し、教学錬成所を設置。また、文部省図書局・教化局を廃止。
12.1	〔社会〕学徒出陣始まる　学徒兵が入営を開始。学徒出陣の始まり。
12.10	〔社会〕学童の縁故疎開を促進　文部省は学童の縁故疎開促進を発表した。
12.17	〔政策〕学徒の勤労に関して通達　防空警報発令における学徒の勤労作業についての措置に関して通達。
12.20	〔政策〕「教育に関する戦時非常措置方策」通達　文部省は「教育ニ関スル戦時非常措置方策ニ基ヅク中等学校教育内容措置要綱ニ関シテ」通達。教育内容の軍事化を徹底する。

1944年
（昭和19年）

2.4 〔政策〕「学徒軍事教練強化要綱」決定　文部省は大学・高等専門学校での軍事教育強化方針を発表、航空訓練、機構訓練、軍事学、軍事医学を教習する。

2.8 〔政策〕食料増産隊北海道派遣通達　「緊急食料増産農業学校隊北海道派遣」について通達。

2.9 〔制度〕中等学校教科内容の戦時非常措置決定　文部省は中等学校の教育内容の戦時措置を決定した。男子の芸能科を廃止して工作に振り替える。

2.16 〔法令〕「国民学校令等戦時特例」公布　「国民学校令等戦時特例」が公布された。就学義務を満12歳までとし、8年制を停止する。

2.17 〔政策〕教員の選定及資格に関する戦時特例制定　文部省は「国民学校・青年学校及中等学校ノ教員ノ検定及資格ニ関スル臨時特例」を制定。徴兵等による教員不足を補うため、軍人・管理は無資格で教員とする。

2.17 〔法令〕「師範教育令」改正　「師範教育令」が改正された。青年学校教員養成所を官立に移管、修業年限3年の青年師範学校を創設する。

3.1 〔政策〕「中等学校体練科教授要目」制定　文部省は「中等学校体練科教授要目」を制定。

3.7 〔政策〕「決戦非常措置要綱ニ基ク学徒動員実施要綱」決定　「決戦非常措置要綱ニ基ク学徒動員実施要綱」が閣議決定。学徒勤労動員を通年制とする。

3.20 〔設立〕金沢高等師範学校設置　金沢高等師範学校が設置され、4月1日に開講した。

3.24 〔政策〕中学校教育内容についての戦時非常措置　文部省、「決戦非常措置要綱ニ基ク中等学校教育ニ関スル措置要綱」を通達。4月20日高等学校について、6月14日大学等について、同様の通達を出した。

3.29 〔設立〕学校を改称　高等農林学校、高等商業学校、高等工業学校を、農林専門学校、経済専門学校、工業専門学校と改称。

4.6 〔法令〕「青年学校令施行規則」改正　「青年学校令施行規則」が改正された。教科書を国定制とする。

4.17 〔法令〕「学徒動員本部規程」制定　「学徒動員本部規程」が制定された。また、決戦非常措置要綱に基づく学徒勤労動員について通達。

4.28 〔政策〕学校工場化について通達　決戦非常措置要綱に基づく学校工場化実施について通達。

5.17 〔法令〕「学校身体検査規程」制定　「学校身体検査規程」が制定された。

6.13 〔事件〕教育科学研究会役員検挙　4月に文部省・警視庁の干渉により機関誌『教育』を刊行停止とされていた教育科学研究会の役員が検挙された。

6.15 〔政策〕食料増産隊に学徒を動員　食料増産幹部としての学徒動員について通達。
6.30 〔政策〕児童の集団疎開決定　閣議は国民学校初等科児童の疎開促進を決定。同日「帝都学童集団疎開実施要領」が制定され、8月4日、東京中心区の3～6年制から集団疎開を開始。
7.10 〔政策〕「科学技術者動員計画設立要綱」決定　閣議は「科学技術者動員計画設立要綱」を決定、航空機増産のため、理工系卒業者の動員や、科学技術者の短気要請計画等を内容とする。
7.11 〔政策〕学徒動員拡大を決定　閣議は学徒勤労動員の範囲を国民学校高等科・中等学校低学年にまで拡大することを決定。
7.19 〔政策〕学徒勤労動員強化を通達　学徒勤労動員の徹底強化について通達。
7.22 〔人事〕二宮治重、文部大臣就任　小磯国昭内閣が発足し、二宮治重が文部大臣に就任した。
8.2 〔政策〕動員学徒の成績について通達　動員中の学生生徒の成績検査・修業・卒業認定について通達。
8.14 〔政策〕児童の勤労動員について通達　工場・事業所への中等学校低学年生徒・国民学校高等科児童の勤労動員について通達。
8.22 〔事件〕対馬丸事件　沖縄から本土への疎開学童1661人を乗せた汽船「対馬丸」が米潜水艦の魚雷により沈没、生存者はわずか157人だった。
8.23 〔法令〕「学徒勤労令」公布　「学徒勤労令」ならびに「学徒勤労令施行規則」「女子挺身隊勤労令」が公布された。中等学校以上の学徒を軍需工場等へ通年動員する。
9.27 〔設立〕東京産業大学・神戸経済大学改称　東京商科大学を東京産業大学に、神戸商業大学を神戸経済大学にそれぞれ改称。
9.29 〔制度〕疎開学童対策協議会　文部省に疎開学童対策協議会を設置。
11.8 〔政策〕夜間学校学徒動員について通達　夜間学校学徒動員に伴う措置要綱について通達。
12.1 〔政策〕卒業者の勤労動員継続を決定　閣議は、中等学校新規卒業者の勤労動員の継続を決定した。

1945年
（昭和20年）

1.6 〔設立〕東京高師国民学校・中学校で英才学級を発足　東京高等師範附属国民学校・中学校で英才教育を行う自然科学特別学級を発足。その後、広島、金沢高師・東京女高師附属国民学校、京都師範附属国民学校、京都府立一中に設置された。
1.25 〔設立〕大日本教化報国会結成　中央教化団体連合会が解散し、大日本教化報国会を結成。

2.10　〔人事〕児玉秀夫、文部大臣に就任　児玉秀夫が小磯内閣の文部大臣に就任。

2.16　〔法令〕「現役青年学校職員俸給費国庫負担法」を制定　「現役青年学校職員俸給費国庫負担法」を制定。

3.15　〔政策〕「学童集団疎開強化要綱」を決定　大都市の学童疎開を優先する「学童集団疎開強化要綱」を閣議決定した。

3.18　〔政策〕「決戦教育措置要綱」を閣議決定　4月から国民学校初等科以外の授業を1年間停止する「決戦教育措置要綱」を閣議決定。

4.1　〔設立〕岡崎高師、広島女子高師を設置　岡崎高等師範学校、広島女子高等師範学校を新設。

4.7　〔人事〕太田耕造、文部大臣に就任　鈴木貫太郎内閣が発足し、太田耕造が文部大臣に就任。

5.22　〔法令〕「戦時教育令」を公布　「戦時教育令」が公布され、すべての学校・職場に学徒隊を結成。

6.18　〔事件〕沖縄守備隊ひめゆり部隊が多数犠牲に　沖縄守備隊が全滅。看護従事の女学生からなるひめゆり部隊、鉄血健児隊の従軍男女生徒らが多数死亡（〜23日）。1946年3月1日ひめゆりの塔を建立。

7.11　〔政策〕文部省に学徒動員局を設置　文部省は、総務局、体育局を廃止し、学徒動員局を設置。

8.15　〔政策〕文部省、「終戦に関する件」訓令　終戦に際し、文部省、「終戦に関する件」を訓令。

8.16　〔政策〕「学徒動員解除」を通達　文部省、厚生省は「学徒動員解除」を通達。女子学生は直ちに、一般工場等へ出動中の男子学生はなるべく早く動員解除。農業と運輸通信関係部門等に出動中の男子学生は当分の間動員継続を指示。

8.17　〔人事〕松村謙三、文部大臣に就任　東久邇宮内閣が発足し、松村謙三が厚生大臣とともに文部大臣を兼任。

8.18　〔人事〕前田多門、文部大臣に就任　前田多門が東久邇宮内閣の文部大臣に就任（幣原内閣まで）。

8.28　〔政策〕9月中旬までに学校の授業再開を通達　9月中旬までに学校の授業再開を通達。

9.15　〔政策〕文部省、「新日本建設ノ教育方針」を発表　文部省、「新日本建設ノ教育方針」を発表し、国体護持、平和国家建設、科学的思考力等を強調。

9.20　〔制度〕文部省、戦時教材の省略削除を通牒　文部省、「終戦に伴フ教科用図書取扱方ニ関スル件」を通牒。戦時教材の省略削除、いわゆる墨ぬり教科書を指示。

9.22　〔政策〕民間情報教育局、設置　民間情報教育局（CIE）が、日本と朝鮮（韓国）の広報・教育・宗教などの問題に関する施策について、最高司令官に助言するために設置された。

10.6　〔法令〕「戦時教育令」を廃止　「戦時教育令」を廃止。

10.11　〔法令〕「学徒勤労令」を廃止　「学徒勤労令」を廃止。
10.15　〔政策〕「私立学校ニ於ケル宗教教育ニ関スル件」訓令　「私立学校ニ於ケル宗教教育ニ関スル件」訓令。また、教学錬成所を教育研修所に改称。これは1949年国立教育研究所となる。
10.22　〔政策〕GHQ、軍国主義的教育禁止を指令　連合国総司令部（GHQ）、「日本教育制度ニ対スル管理政策」で軍国主義的、超国家主義的教育禁止を司令。
10.30　〔政策〕GHQ、軍国主義的教員の排除を司令　連合国総司令部（GHQ）、「教員及び教育関係官ノ調査、除外、認可ニ関スル件」で、軍国主義的教員の排除、追放を司令。
11.1　〔政策〕文部省、公民教育刷新委員会を設置　文部省、公民教育刷新委員会を設置。
11.4　〔人事〕東大経済学部教授会、追放教授の復職決定　東京大学経済学部教授会、大内兵衛、矢内原忠雄、山田盛太郎らの復職を決定。続いて、九州大学、東北大学などでも追放教授が復職。
11.6　〔政策〕文部省、「社会教育振興ニ関スル件」訓令　文部省、「社会教育振興ニ関スル件」を訓令、体練科教授要項の扱いに際し、武道等の排除を指示。
11.20　〔設立〕京都学生連盟を結成　京都大学、同志社大学の学生らにより、京都学生連盟を結成。
12.1　〔設立〕全日本教員組合結成　全日本教員組合結成。
12.2　〔設立〕全日本教育者組合結成　全日本教育者組合（日教）結成。
12.4　〔政策〕「女子教育刷新要綱」を閣議了解　女子に高等教育機関を解放、男女共学制の実施などをもりこんだ「女子教育刷新要綱」を閣議了解。
12.15　〔政策〕GHQ、学校教育から神道教育排除を指令　連合国総司令部（GHQ）、「国家神道、神社神道ニ対スル政府ノ保証、支援、保全、監督並ニ弘布ノ廃止ニ関スル件」を出し、学校教育から神道教育排除を指示。
12.24　〔社会〕『青い鳥』上演　劇団東童が東京共立講堂で『青い鳥』を上演する（～27日）。
12.31　〔制度〕GHQ、3教科書の停止、教科書回収を司令　連合国総司令部（GHQ）、「修身、日本歴史及ビ地理停止ニ関スル件」で3教科書の停止、教科書回収を司令。

1946年
（昭和21年）

1.4　〔活動〕GHQ、教育使節団派遣を要請　連合国総司令部（GHQ）、教育使節団派遣を要請。
1.13　〔人事〕安倍能成、文部大臣に就任　幣原改造内閣が発足し、安倍能成が文部大臣に就任。

1.19	〔活動〕全日本教員組合、第一回全国協議会開催	全日本教員組合、第一回全国協議会開催。
2.7	〔設立〕米国教育使節団に協力すべき教育家委員会発足	連合国総司令部(GHQ)の指令により南原繁を委員長とし、米国教育使節団に協力すべき日本側教育家の委員会が発足。1946年3月末に6・3・3・4制などをまとめた報告書をGHQ及び文相に提出。
2.21	〔制度〕大学入学者選抜要項を発表	大学入学者選抜要項を発表、1946年度より女子及び専門学校卒業者等に大学を開放。
3.5	〔政策〕第1次米国教育使節団が来日	第1次米国教育使節団が来日。3月30日連合国総司令部(GHQ)最高司令官に報告書を提出し、国家主義・軍国主義教育や官僚統制の排除、6・3制など教育の民主化を勧告。
3.14	〔制度〕大学、高等専門学校の学生・生徒主事を廃止	大学及び高等専門学校の学生主事、生徒主事制度を廃止。
3.17	〔設立〕児童文学者協会を結成	児童文学者協会を結成し、9月『日本児童文学』を創刊。
4.1	〔社会〕『サザエさん』連載開始	長谷川町子の漫画『サザエさん』が『夕刊フクニチ』で連載開始。1951年4月から『朝日新聞』に移る。
4.7	〔政策〕GHQ、「米国教育使節団報告書」を発表	連合国総司令部(GHQ)、国家主義・軍国主義教育や官僚統制の排除、6・3制など教育の民主化を勧告した「米国教育使節団報告書」を発表。
4.19	〔設立〕民主主義教育研究会を結成	民主主義教育研究会を結成。7月20日『明るい学校』を創刊。
5.3	〔設立〕全日本教員組合、全日本教育労働組合と改称	全日本教員組合、全日本教育労働組合(全教労)と改称。
5.7	〔政策〕教職追放の大綱、教職員適格審査規程制定	「教職員の除去、就職禁止および復職等の件」(教職追放の大綱)を公布。また、「教職員適格審査規程」を制定。
5.15	〔制度〕文部省、『新教育指針』第1分冊を配布	文部省、『新教育指針』第1分冊を教師、師範生徒に配布。1947年2月の第5分冊まで続いた。
5.22	〔人事〕田中耕太郎、文部大臣に就任	第1次吉田内閣が発足し、文部省学校教育局長の田中耕太郎が文部大臣に就任。
6.14	〔政策〕文部省、夏休み繰上げ、授業短縮を通達	文部省、食糧危機突破のため「夏休み繰り上げ、授業短縮」等を通達。
6.29	〔政策〕GHQ、全学校の地理授業再開を許可	連合国総司令部(GHQ)、全学校の地理授業再開を許可。
7.5	〔政策〕文部省、「公民館設置運営の要綱」を通達	文部省、「公民館設置運営の要綱」を通達、公民館の設置・普及が始まる。
7.7	〔設立〕教員組合全国連盟を結成	教員組合全国連盟(教全連)を結成。
7.26	〔設立〕大日本教育会を日本教育会に改称	大日本教育会を日本教育会に改称。

8.3	〔政策〕文教再建に関する決議案を採択	衆議院で、文教再建に関する決議案を採択。
8.10	〔政策〕総理大臣の諮問機関教育刷新委員会設置	戦後教育改革の基本理念について、総理大臣の諮問機関として教育刷新委員会(教刷委)を設置。9月7日第1回総会を開催、安倍能成を委員長とし、1947年11月南原繁が委員長に就任。1949年6月教育刷新委員会と改称。
8月	〔社会〕全国中等野球学校大会復活	全国中等野球学校大会が復活する。1948年新制高校発足に伴い、高校野球となる。
9.5	〔出版〕文部省、国民学校用国史教科書刊行	文部省、国民学校用国史教科書『くにのあゆみ』上下2巻を刊行。
9.6	〔政策〕田中文相、学生の政治活動禁止	田中耕太郎文相、学生の政治活動禁止を表明。
9.11	〔政策〕文部省、国語審議会を設置	文部省、国語審議会を設置。
10.8	〔政策〕「教育勅語」奉読の廃止を通達	文部省、「教育勅語」奉読の廃止などを通達。
10.9	〔制度〕文部省、男女共学について指示	文部省、男女共学について指示。
10.12	〔政策〕GHQ、国史授業の再開許可	連合国総司令部(GHQ)、国史授業の再開許可。
11.3	〔法令〕「日本国憲法」公布	「日本国憲法」が公布された。1947年5月3日施行。
11.16	〔社会〕当用漢字表、現代かなづかいを告示	内閣訓令により、1850字の当用漢字表、現代かなづかいを告示。
11.29	〔法令〕「教育基本法」の要綱を決定	教育刷新委員会、「教育基本法」の要綱を決定。
12.4	〔設立〕文部省に調査局を設置	文部省に調査局を設置。
12.22	〔設立〕全日本教員組合協議会を結成	全日本教員組合協議会(全教協)を結成。
12.27	〔政策〕教育刷新委員会、第1回建議	教育刷新委員会、第1回建議。内容は、教育の理念及び「教育基本法」に関すること、学制(6・3・3・4)に関すること、私立学校に関すること、教育行政に関すること。

1947年
(昭和22年)

1.18	〔制度〕高等学校、専門学校入学者選抜試験要領発表	1947年度高等学校、専門学校入学者選抜試験要領を発表。全国統一の進学適性検査を実施したほか、女子や青年学校出身者にも入学資格を認めた。

1947年（昭和22年）

1.31	〔人事〕高橋誠一郎、文部大臣に就任　第1次吉田改造内閣が発足し、経済学者の高橋誠一郎が文部大臣に就任。
1月	〔出版〕『三年の学習』『四年の学習』創刊　学習研究社、『三年の学習』『四年の学習』を創刊。
2.5	〔制度〕文部省、新学制の実施方針発表　文部省、新学制について、小中学校は1947年度から、高校は1948年度から、大学は1949年度から実施する方針を発表。
2.14	〔設立〕沖縄教育連合会を結成　沖縄教育連合会を結成。1952年2月沖縄教職員会となる。
2.20	〔出版〕文部省、小学教科書『こくご 1』刊行　文部省、小学教科書『こくご 1』を刊行、ひらがな先習始まる。
3.5	〔政策〕文部省、PTAの結成を促す　文部省、『父母と先生の会―教育民主化の手引』を刊行し、PTAの結成を促した。
3.8	〔政策〕高橋文相、全教協と団体協約調印　高橋誠一郎文相、全日本教員組合協議会（全教協）と団体協約を調印。
3.20	〔制度〕文部省、『学習指導要領（試案）』を刊行　文部省、『学習指導要領（試案）』を刊行。
3.31	〔法令〕「教育基本法」「学校教育法」公布　「教育基本法」「学校教育法」を公布し、「国民学校令」などを廃止。6・3・3・4制、平和的民主的教育を規定した。
4.1	〔制度〕新学制による小学校、中学校を発足　新学制による小学校（国民学校初等科を改称）、中学校を発足。
4.7	〔法令〕「労働基準法」公布　「労働基準法」を公布し、児童の労働を禁止した。
4.11	〔制度〕日本教育制度刷新に関する極東委員会指令　日本教育制度刷新に関する極東委員会指令により、当用漢字・現代かなづかいを適用した国定教科書使用を開始。また、小学校4年生以上でローマ字教育を開始（年間40時間以上を必修）。
4月	〔出版〕『小学一年生』『小学二年生』復刊　小学館、『小学一年生』『小学二年生』などを復刊。
5.3	〔法令〕「日本国憲法」を施行　「日本国憲法」を施行。
5.3	〔法令〕文部省、「教育基本法制定の要旨について」訓令　文部省、「教育基本法制定の要旨について」訓令。
5.10	〔設立〕全国大学教授連合を結成　全国大学教授連合を結成。
5.23	〔法令〕「学校教育法施行規則」制定　「学校教育法施行規則」を制定。
5.24	〔人事〕片山哲首相、文部大臣を兼任　片山内閣が発足し、臨時代理として片山哲首相が文部大臣を兼任。
6.1	〔人事〕森戸辰男、文部大臣に就任　森戸辰男が片山内閣の文部大臣に就任（芦田内閣まで）。
6.3	〔政策〕学校での天皇の神格化的表現停止等を通達　文部省、学校における宮城遙拝、天皇陛下万歳、天皇の神格化的表現の停止などを通達。

6.8	〔設立〕日本教職員組合を結成	日本教職員組合(日教組)を結成。
6.16	〔政策〕教育刷新委員会、義務教育の緊急措置建議	教育刷新委員会、義務教育に伴う緊急措置を建議。
6.17	〔政策〕文部省、教育施設局を新設	文部省、学校建築推進のため教育施設局を新設。
7.19	〔政策〕米国学術顧問団が科学技術の再編成のため来日	米国学術顧問団が来日、8月28日には科学技術の再編成につき勧告。
8.2	〔出版〕文部省、『あたらしい憲法のはなし』刊行	文部省、『あたらしい憲法のはなし』を刊行。社会教育指導者用テキスト、小中学校児童用副読本として頒布。
8.22	〔政策〕GHQ、追放教員11万人を発表	連合国総司令部(GHQ)、追放教員11万人を発表。
8.25	〔出版〕文部省、『土地と人間』を刊行	文部省、初の社会科教科書として『土地と人間』を刊行。
9.11	〔制度〕文部省、教科書検定制度を発表	文部省、教科書検定制度を発表。
9.29	〔社会〕国語審議会、義務教育用漢字を答申	国語審議会、義務教育用漢字881字を答申(当用漢字別表)。1948年2月16日内閣告示。
9月	〔制度〕小中学校で社会科の授業開始	小中学校で社会科の授業を開始。
10.1	〔制度〕帝国大学を廃止し、国立総合大学とする	帝国大学の名称を廃止し、国立総合大学とする。
10.21	〔法令〕「国家公務員法」を公布	「国家公務員法」を公布。教員には特例法を予定。
11.11	〔制度〕文部省、視学制度を廃止し、指導主事設置	文部省、視学制度を廃止し、指導主事設置を通告。1948年7月15日指導主事を設置。
12.4	〔活動〕中央教育研究所、社会科教育全国集会を開催	海後宗臣らの中央教育研究所、川口市・浦和市で社会科教育全国集会を開催。川口プランとして著名となった。
12.12	〔法令〕「児童福祉法」を公布	「児童福祉法」を公布。1948年4月1日施行。
12.27	〔政策〕教育刷新委員会、教育行政民主化を建議	教育刷新委員会、文部省解体や文化省の設置など教育行政民主化を建議。

1948年
(昭和23年)

1.15	〔制度〕新制大学審査のため大学設置委員会を設置	新制大学審査のため大学設置委員会を設置。
1.24	〔政策〕文部省、朝鮮人学校設立を不承認	文部省、朝鮮人学校設立を不承認。
1.27	〔法令〕「高等学校設置基準」を制定	「高等学校設置基準」を制定。

| 2.7 | 〔政策〕「新制中学校の職業指導に関する件」を通達　文部省、労働省、「新制中学校の職業指導に関する件」を通達。
| 2.10 | 〔制度〕大学、高専進学希望者に進学適性検査　文部省、大学、高等専門学校進学希望者に進学適性検査を一斉実施。1949年〜1954年度大学進学志望者に実施。
| 2.16 | 〔社会〕当用漢字別表の実施に関する訓令　教育漢字及び同音訓範囲を告示。
| 2.23 | 〔法令〕大学設置委員会、「大学設置基準」答申　大学設置委員会、「大学設置基準」を答申。
| 3.1 | 〔出版〕文部省、『保育要領』刊行　文部省、『保育要領　昭和22年度試案』刊行。
| 3.8 | 〔出版〕日教組、初の教育白書発表　日本教職員組合、初の教育白書発表。
| 3.25 | 〔設立〕文部省、公私立大学設立を認可　文部省、初の新制大学となる公私立大学12校の設立を認可。
| 3.29 | 〔制度〕文部省、教員養成は大学で実施する旨発表　文部省、教員養成はすべて大学で実施する旨を発表。
| 3.31 | 〔政策〕米軍政部、朝鮮人学校に閉鎖命令　米軍政部、山口県で朝鮮人学校に閉鎖命令を出す。4月にかけて兵庫、大阪、東京などで同様の命令を出す。私学として許可申請することで妥結した。
| 4.1 | 〔設立〕新制高等学校が発足　全日制、定時制の新制高等学校が発足。
| 4.7 | 〔法令〕盲・聾学校の就学設置義務に関する政令公布　「盲学校・聾学校の就学義務・設置義務に関する政令」を公布。
| 4.24 | 〔事件〕朝鮮人学校閉鎖反対デモで、非常事態宣言　米軍、朝鮮人学校閉鎖反対デモにより、神戸地区に初の非常事態宣言。朝鮮人1732人を検挙。
| 4.30 | 〔制度〕教科用図書検定規則を制定　教科用図書検定規則を制定。
| 5.12 | 〔社会〕厚生省、『母子手帳』を配布開始　厚生省、『母子手帳』を配布開始。
| 6.5 | 〔設立〕国立国会図書館を開館　国立国会図書館を開館。
| 6.17 | 〔設立〕日教組を中心に、教育復興会議を結成　日教組を中心に労組、民主団体など44団体で教育復興会議を結成。
| 6.19 | 〔法令〕「教育勅語」排除に関する決議を衆参院で可決　衆議院で「教育勅語等排除に関する決議」、参議院で「教育勅語等の失効確認に関する決議」を可決。
| 6.22 | 〔政策〕文部省、国立大学設置の方針を発表　文部省、1府県に1大学の設置、東西2カ所に1国立女子大学設置の方針など、国立大学設置の原則を発表。
| 6.23 | 〔事件〕関東の大学・高校で学費値上げ反対のスト　関東地方の大学・高校24校で、学費値上げ反対のストが行われた。6月26日には全国113校でストが行われた。
| 6.27 | 〔設立〕全国PTA協議会結成総会を開催　全国PTA協議会結成総会を開催。
| 7.10 | 〔法令〕「日本学術会議法」などを公布　「日本学術会議法」「市町村立学校職員給与負担法」「教科書発行に関する臨時措置法」などを公布。
| 7.14 | 〔政策〕地方の社会教育団体の組織について通達　文部省、社会教育への公費援助

の禁止など、「地方における社会教育団体の組織について」通達。

7.15 〔法令〕「教育委員会法」を公布　「教育委員会法」を公布。都道府県、市町村に公選教育委員会を置いた。

7.15 〔法令〕改正「少年法」「少年院法」を公布　改正「少年法」を公布し、上限を20歳に延長。「少年院法」も公布。

7.20 〔法令〕「国民の祝日に関する法律」を公布　「国民の祝日に関する法律」を公布。

8.5 〔設立〕日本教育会を解散　日本教育会を解散。

8.25 〔活動〕初の教科書展示会開催　8月25日から31日、初の教科書展示会を開催。

9.9 〔政策〕教育委員に政党支持者は望ましくないと発表　CIE教育課長M.T.オア、教育委員に政党支持者や日本教職員組合（日教組）員は望ましくないと発表。

9.18 〔設立〕全日本学生自治会総連合結成大会を開催　全日本学生自治会総連合（全学連）結成大会を開催。

10.4 〔活動〕教育長等を対象とする教育指導者教習を開催　教育長、指導主事等を対象とする初の教育指導者教習（IFEL）を開催。1952年まで開催された。

10.5 〔制度〕第1回教育委員選挙を実施　第1回教育委員選挙を実施。11月には46都道府県、5大市、26市町村に教育委員会を発足。

10.8 〔政策〕「学生の政治運動について」文部次官通達　文部省、「学生の政治運動について」次官通達。

10.15 〔人事〕吉田茂首相、文部大臣を兼任　第2次吉田内閣が発足し、臨時代理として吉田茂首相が文部大臣を兼任。

10.19 〔人事〕下条康麿、文部大臣に就任　下条康麿が第2次吉田内閣の文部大臣に就任。

10.30 〔設立〕コア・カリキュラム連盟を発足　コア・カリキュラム連盟を発足。1953年生活教育連盟と改称。

11.12 〔制度〕小学校学籍簿に5段階相対評価法採用を通達　文部省、小学校学籍簿に5段階相対評価法採用を通達。

12.1 〔設立〕文部省、PTAの結成を促す　文部省、父母と先生の会参考規約を都道府県に配布し、PTAの結成を促す。

1949年
(昭和24年)

1.12 〔法令〕「教育公務員特例法」を公布　「教育公務員特例法」を公布。

1.20 〔活動〕日本学術会議第1回総会開催　日本学術会議第1回総会開催（〜22日）。

1月 〔出版〕『カリキュラム』創刊　コア・カリキュラム連盟機関誌『カリキュラム』創刊。

2.1	〔法令〕「学校施設の確保に関する政令」を公布	学校施設が学校教育の目的以外に使用されることを防止するため「学校施設の確保に関する政令」を公布。
2.9	〔法令〕文部省、「教科用図書検定基準」を定める	文部省、「教科用図書検定基準」を定める。絶対条件と必要条件を例示。
2.10	〔政策〕公私立新制大学79校を決定答申	大学設置委員会、公私立新制大学79校を決定と答申。
2.16	〔人事〕高瀬荘太郎、文部大臣に就任	第3次吉田内閣が発足し、高瀬荘太郎が文部大臣に就任。
3.5	〔設立〕大学法対策全国協議会を結成	大学法反対の全国組織、大学法対策全国協議会を結成。
3.18	〔政策〕大学設置委員会、新制大学94校を決定答申	大学設置委員会、新制大学94校（国立大学69校、公立大学4校、私立大学21校）を決定答申。
3.19	〔法令〕「学校身体検査規程」を制定	「学校身体検査規程」を制定。
4.8	〔活動〕日教組、教育予算獲得人民大会を開催	日本教職員組合（日教組）、教育予算獲得人民大会を開催。
4.12	〔法令〕大学基準協会、「大学院基準」を決定	大学基準協会、「大学院基準」を決定。修士課程、博士課程、単位制度を導入。
4.28	〔制度〕6・3制完全実施に関する決議案を可決	参議院、6・3制完全実施に関する決議案を可決。7月15日教育刷新委員会、同じ趣旨の建議。
5.3	〔活動〕全学連、「国立大学設置法」等に対して闘争宣言	全学連、「国立大学設置法」「教育職員免許法」を大学管理法の分割立法とみなし、闘争宣言。ストは130校に波及した。
5.5	〔社会〕第1回「こどもの日」	第1回「こどもの日」、5月8日第1回「母の日」。
5.31	〔法令〕「国立学校設置法」「文部省設置法」などを公布	「国立学校設置法」「文部省設置法」「教育職員免許法」「文部省著作教科書の出版権等に関する法律」を公布。
5.31	〔設立〕新制国立大学69校設置	新制国立大学69校を設置。東京大学に全国で唯一の前期2年の教養学部が発足。
6.1	〔設立〕教育刷新委員会を教育刷新審議会と改称	教育刷新委員会を教育刷新審議会と改称。
6.10	〔法令〕「社会教育法」を公布	「社会教育法」を公布。
6.11	〔法令〕「教育基本法」第8条の解釈について通達	文部省、「教育基本法」第8条（政治教育）の解釈について通達、教員の政治活動の限界を指示。
7.5	〔制度〕教科用図書審議会など13審議会を設置	文部省に、教科用図書審議会、ローマ字調査審議会など13審議会、2調査会、1審査会を設置。
7.14	〔設立〕歴史教育者協議会創立大会を開催	歴史教育者協議会創立大会を開催。
7.19	〔政策〕イールズ、共産主義教授追放を講演	CIE顧問W.C.イールズ、新潟大学開学式で共産主義教授追放を講演。その後、1950年4月まで30の大学で同じ趣旨の講

演を行った。

9.22 〔法令〕「学校教育法施行規則」の一部改正　「学校教育法施行規則」の一部改正で、13条（懲戒）に1項追加。学校の秩序を乱した学生生徒の退学処分を規定。

9.24 〔政策〕九州大学で、「赤色教授」に辞職勧告　九州大学で、「赤色教授」に辞職勧告。続いて、富山大学、新潟大学など多くの大学で、同じ趣旨の勧告。

10.6 〔活動〕日本学術会議、大学人事について声明　日本学術会議、「大学等研究機関の人事については、学問・思想の自由を尊重すべきところを念とすべきことについて」声明。さらに「大学等学術機関の人事および大学の教授会の権限について」勧告。10月19日、全国大学教授連合が、「学問の自由と大学教授の地位」の決議文を発表。

10.18 〔事件〕少年ヒロポン患者取締命令　ヒロポン禍が問題化し、警視庁は、少年ヒロポン患者の取締を命令。

10.19 〔設立〕朝鮮総連系在日朝鮮人学校93校を閉鎖　政府は、教育基本法、学校教育法違反を理由に、朝鮮総連系在日朝鮮人学校93校を閉鎖。245校に改組を命令し、建物財産を没収。

10.20 〔出版〕戦没学生遺稿集『きけわだつみのこえ』出版　日本戦没学生手記編集委員会、全国から遺稿を集め『きけわだつみのこえ』を出版。

12.15 〔法令〕「私立学校法」を公布　「私立学校法」を公布。

この年 〔社会〕湯川秀樹、ノーベル物理学賞受賞　コロンビア大学客員教授湯川秀樹、中間子の存在の予想に対してノーベル物理学賞を受賞。

1950年
（昭和25年）

1.20 〔制度〕教員志望学生生徒の特別奨学金貸与制度発表　日本育英会、教員志望学生生徒の特別奨学金貸与制度を発表。

1.29 〔政策〕戦後初の教育調査団渡米　戦後初の教育調査団34名が渡米。

2.13 〔政策〕東京都教育庁、「赤い教員」246人に退職勧告　東京都教育庁、「赤い教員」246人に退職勧告（レッドパージ）。一部に小学生の反対デモも起こった。

2.27 〔設立〕全国学校図書館協議会設立　全国学校図書館協議会が、全国の有志教員によって設立され、創立総会が開催される。5月『学校図書館』を創刊。

3.14 〔活動〕同志社大、関大、関学大に大学院を設置　同志社大学、関西大学、関西学院大学に初の新制大学院（修士課程）を設置。また、大学設置審議会は、短期大学113校を決定。

3.30 〔法令〕盲・聾学校の就学義務に関する政令公布　「盲学校・聾学校の就学義務に関する政令」公布。

3月 〔活動〕旧制高等学校最後の卒業式　旧制高等学校最後の卒業式が行われた。

1950年（昭和25年）

4.1	〔法令〕「生活保護法」改正により教育費扶助実施　「生活保護法」改正により教育費扶助が実施される。
4.11	〔設立〕全国高校職員組合協議会を結成　9県の高校教師、日教組から脱退し、全国高校職員組合協議会を結成。
4.22	〔設立〕日本戦没学生祈念会結成大会　日本戦没学生祈念会（わだつみ会）結成大会が開催された。
4.25	〔政策〕文部省、大学院問題懇談会を発足　文部省、大学院の設備充実を行うための基本方針について研究協議するため大学院問題懇談会を発足。検討課題として、大学院修了者の需給見通しと大学院の整備充実に関する一般方針について、各種の大学院構想について、独立大学院の在り方について。
4.28	〔活動〕日本学術会議、戦争目的の研究拒否を表明　日本学術会議第6回総会で、「戦争を目的とする科学の研究には絶対に従わない決意の表明」を行った。
4.30	〔法令〕「図書館法」「中央青少年問題協議会令」公布　「図書館法」「中央青少年問題協議会令」を公布。
5.2	〔事件〕イールズ事件　東北大学でCIE顧問W.C.イールズの講演会を学生が阻止。5月16日には北海道大学でも中止。5月20日には全学連臨時大会で反イールズ・帝国主義打倒などを決議。
5.6	〔人事〕天野貞祐、文部大臣に就任　高瀬文相が通産相になることに伴い、日本育英会会長天野貞祐が民間から文部大臣に就任。
5.18	〔設立〕全日本中学校長会創立総会　全日本中学校長会創立総会を開催。
5.30	〔法令〕「文化財保護法」を公布　「文化財保護法」を公布。
6.13	〔出版〕国語審議会『国語白書』を発表　国語審議会は『国語白書』を発表。
6.17	〔政策〕学生の政治集会・デモ参加の禁止　文部省、学生の政治集会・デモ参加禁止を通達。
7.1	〔設立〕日本綴り方の会を結成　戦前の生活綴方の伝統をうけつぎ日本綴り方の会を結成。1951年9月日本作文の会に改称。
7.8	〔活動〕日教組中央委員会、認定講習参加拒否を決定　日教組中央委員会、認定講習参加拒否を決定。
7.13	〔設立〕国立大学協会設立　国立大学協会（国大協）を設立。
7.24	〔政策〕新増設高校数発表　全国知事会、1975年から3年間に全国の都道府県が予定している新増設高校は441校で、総事業費は5086億円と発表。
7.25	〔政策〕学内集団行動及び示威運動について通達　文部省、学内集団行動及び示威運動について通達。
8.14	〔制度〕文部省、完全給食の実施を発表　文部省、新学期からの完全給食の実施を発表。
8.27	〔政策〕第2次米国教育使節団来日　第2次米国教育使節団来日。9月22日報告書を提出、9月30日報告書を発表。

8月	〔政策〕文部省『日本における教育改革の進展』発表	文部省『日本における教育改革の進展』を発表。
9.1	〔政策〕天野文相、教職員のレッドパージ実施を表明	天野貞祐文相、教職員のレッドパージ実施を表明。各地の大学で試験ボイコット、反対ストが行われる。
10.17	〔政策〕天野文相、学校の祝日行事に国旗掲揚を勧める	天野貞祐文相、「学校における『文化の日』その他国民の祝日の行事について」談話を発表し、学校の祝日行事に国旗掲揚・君が代斉唱を勧める。
11.7	〔制度〕天野文相、修身科復活の必要を表明	天野貞祐文相、全国教育長会議で修身科復活、国民実践要領の必要性を表明。
11.10	〔制度〕第2回教育委員選挙を実施	46都道府県、5大市、44市町村と新設15市において第2回教育委員選挙を実施。
11.27	〔活動〕社会科教育全国協議会総会を開催	社会科教育全国協議会総会を開催。
12.13	〔法令〕「地方公務員法」を公布	「地方公務員法」を公布し、政治活動・争議行為を禁止。
12.25	〔出版〕『岩波少年文庫』を刊行開始	『岩波少年文庫』、岩波書店から刊行開始。第1回は『宝島』『ふたりのロッテ』などが刊行された。

1951年
(昭和26年)

1.4	〔制度〕教育課程審議会、道徳教育強化を答申	教育課程審議会、道徳教育の充実方策について答申。修身科を復活せず、教育活動の全体を通じて道徳教育を強化。
1.24	〔活動〕日教組、中央委員会でスローガンを決定	日教組、第18回中央委員会で、スローガン「教え子を再び戦場に送るな」を決定。
2.7	〔政策〕天野文相、衆議院で「静かな愛国心」を説く	天野貞祐文相、衆議院で「静かな愛国心」の必要性を説く。
2.8	〔制度〕文部省、道徳教育振興方策を発表	文部省、道徳教育振興方策を発表。道徳科を特設せず、4月26日手引要綱総説小学校篇、5月29日中学校篇・高校篇を配布。
3.5	〔出版〕無着成恭編『山びこ学校』刊行	山形県山元中学校生徒の文集『山びこ学校』(無着成恭編)、2月10日寒川道夫編・大関松三郎詩集『山芋』、2月28日国分一太郎『新しい綴方教室』など、生活綴方運動再興の気運が高まる。
3.7	〔法令〕「国公立大学管理法」案を提出	政府、「国公立大学管理法」案を提出するが、廃案となる。
3.12	〔法令〕「社会教育法」の一部改正	「社会教育法」を一部改正。社会教育主事の設置、職務、資格等について規定を定めた。
3.29	〔法令〕児童の教科書無償給与に関する法律公布	1951年度に入学する児童に対す

		る教科書(国語・算数)の無償給与に関する法律公布。
5.5	〔法令〕	「児童憲章」制定　「児童憲章」を制定。
6.11	〔法令〕	「産業教育振興法」公布　中学校、高校の産業教育に対する国庫補助などを定めた産業教育振興法を公布。
6.22	〔法令〕	「教職員追放令」を改正　「教職員追放令」を改正、「教職員適格再審査令」を公布。7月4日文部省、第1次教職員追放解除者298人を発表。
6.30	〔活動〕	東京都教委、足立区に夜間中学開設認可　東京都教育委員会、足立区に夜間中学開設を認可。7月2日文部省、反対意見を発表。
7.1	〔制度〕	学習指導要領改訂　学習指導要領改訂により、小学校授業時間増加。毛筆習字の復活。中学校に日本史復活が決定。
8.7	〔活動〕	日教組、「教師の倫理綱領」草案発表　日教組、「教師の倫理綱領」草案発表。1952年6月16日第9回定期大会で決定。
8.28	〔法令〕	「フルブライト法」に基づく日米教育交換計画　米国留学に関する「フルブライト法」に基づく日米教育交換計画に調印。1952年7月第1回留学生出発。
8月	〔事件〕	児童の人身売買激増　生活難から「児童福祉法」違反事件(人身売買)が激増。山形、東京、福岡などで約5000人が検挙された。
10.15	〔社会〕	天野文相、学校での道徳教育の改善などを発言　天野貞祐文相、参議院で「学校での道徳教育の改善、国家の道徳的中心としての天皇」等の発言。
10.31	〔制度〕	教委制度協議会、教委制度改革に関して答申　教育委員会制度協議会、教育委員会制度の改革に関して答申。
11.10	〔活動〕	日教組、第1回教研集会を開催　日本教職員組合(日教組)、第1回全国教育研究大会(教研集会)を開催(〜12日)。1953年以降毎年開催された。
11.12	〔政策〕	教育刷新審議会、中央教育審議会を設置　教育刷新審議会、中央教育審議会を設置。
11.14	〔政策〕	天野文相、「国民実践要領」の大綱発表　天野貞祐文相、天皇を道徳の中心におく「国民実践要領」の大綱を発表。参院その他で問題化し、11月27日白紙撤回を表明。
11.16	〔政策〕	政令改正諮問委、教育制度改革に関する答申　政令改正諮問委員会、戦後教育改革の再改革の提案、複線型制度、教育委員任命制など教育制度改革に関する答申を決定。
11月	〔出版〕	教育科学研究会機関誌『教育』復刊　教育科学研究会機関誌『教育』(国土社)復刊。
12.1	〔法令〕	「博物館法」公布　「博物館法」を公布。
12.1	〔社会〕	第1回児童文学賞授与　児童文学協会、壺井栄『柿の木のある家』・岡本義雄『ラクダイ横丁』に第1回児童文学賞を授与。新人賞は松谷みよ子『貝になった子供』。
12月	〔設立〕	数学教育協議会設立をよびかけ　遠山啓ら、数学教育協議会設立を呼びか

ける。1953年11月29日第1回大会開催。

1952年
(昭和27年)

1.18　〔活動〕日本私学団体連、標準教科書計画に反対表明　日本私学団体連合会、文部省の標準教科書編纂計画に反対表明。PTA団体や日教組なども反対を表明し、1月23日文部省、計画中止を発表。

2.19　〔制度〕天野文相、漢文を必修科目にしたいと発言　天野貞祐文相、記者会見で漢文を必修科目にしたいと発言。

2.20　〔事件〕東大ポポロ事件　東京大学生、学内の劇団ポポロ座公演会場に潜入していた警官を摘発。警察手帳を押収した。

2.28　〔法令〕「琉球教育法」公布　教育諸法を統合、「琉球教育法」を公布。教育基本法全文は含まず。

3.27　〔法令〕「私立学校振興法」公布　「私立学校振興法」を公布。

3.27　〔設立〕教育科学研究会を再建　宗像誠也、勝田守一、宮原誠一らを中心に教育科学研究会を再建。

3.31　〔法令〕新入生への教科書の給与に関する法律公布　新たに入学する児童に対する教科用図書の給与に関する法律を公布。

4.3　〔政策〕参院文部委、学問の自由等に関する意見書　参議院文部委員会、学問の自由と大学の自治に関する意見書を発表し、憲法的保障をもつ基本権として重視、警察権の介入を戒める。

4.4　〔制度〕漢文、倫理、芸能の教育強化　文部省、新学年から現在の教育課程の範囲内で、漢文、倫理、芸能の教育強化を決定。

4.10　〔制度〕中学以上の体育教材に竹刀競技採用許可　文部省、中学以上の体育教材に竹刀競技採用許可を通達。1953年4月10日剣道復活を通達。

4.19　〔活動〕和歌山県教委、同和教育振興の為一斉休校　和歌山県教育委員会、県会議員の差別的発言に対し、同和教育振興のため、管下561校に一斉休校を指示し、実施。

4.24　〔社会〕日本学術会議、「破防法」案に懸念表明　日本学術会議、「破防法」案は学問思想の自由圧迫の恐れがあると声明。

5.9　〔事件〕早大事件　警官隊、早稲田大学の警官パトロール抗議集会に突入。学生、教職員100人余りが負傷。

5.17　〔設立〕日本子どもを守る会を結成　日本子どもを守る会を結成、長田新が会長をつとめる。機関誌『子どものしあわせ』を刊行。

5.21　〔法令〕文部省、「幼稚園基準」提示　文部省、「幼稚園基準」を提示。

6.6	〔法令〕「中央教育審議会令」制定　「中央教育審議会令」を制定。6月12日教育刷新審議会を廃止。1953年1月6日文相の諮問機関として中央教育審議会を発足。
6.7	〔社会〕公取委、教科書売り込みの激化に警告　公正取引委員会、教科書発行社の教科書売り込み競争の激化に対し警告。
6.13	〔出版〕『岩波講座 教育』を刊行開始　『岩波講座 教育』を刊行開始。1953年1月25日まで全8冊を刊行。
6.18	〔活動〕日教組、「教師の倫理綱領」を決定　日本教職員組合（日教組）第9回大会で、「教師の倫理綱領」を決定。
7.22	〔活動〕関西経営者協、騒乱学生は就職保証せず　関西経営者協議会、騒乱学生は就職を保証せずと声明。
8.4	〔政策〕「教育の問題としての学生運動」を発表　文部省、「教育の問題としての学生運動」を発表。
8.8	〔法令〕「義務教育費国庫負担法」を公布　「義務教育費国庫負担法」を公布、給与の半額、教材費の一部を国庫負担することを定めた。
8.12	〔人事〕岡野清豪、文部大臣に就任　天野貞祐文相の辞任に伴い、岡野清豪が文部大臣に就任。
8.22	〔政策〕全国児童文化会議開催　文部省、全国児童文化会議を開催する。
9.3	〔活動〕全国国立大学学生部長会議を初めて開催　文部省、全国国立大学学生部長会議を初めて開催。学生の政治活動、学内規律の維持等について討議。全学連は同会議の公開を要求した。
10.5	〔制度〕第3回教育委員選挙を実施　第3回教育委員選挙を実施。
10.14	〔設立〕日本PTA全国協議会結成　日本PTA全国協議会結成大会を開催。
10.16	〔活動〕日経連教育部会、新教育制度の再検討を要望　日経連教育部会、実業教育の充実、大学教育の画一化打破、専修大学の設置などを要望し、「新教育制度の再検討に関する要望」を発表。
10.17	〔制度〕日教組、「文教政策基本大綱」を発表　日本教職員組合、政令改正諮問委員会答申への批判として、「文教政策基本大綱」を発表。6・3制完全実施、市町村教育委員会の設置、教育委員任命制反対、教育費国庫負担など。
10.30	〔法令〕「教科用図書検定基準」告示　「教科用図書検定基準」を告示。
11.1	〔政策〕市町村教委、全国一斉に発足　市町村教育委員会、全国一斉に発足。
12.19	〔制度〕教育課程審議会に社会科の改善について諮問　文相、教育課程審議会に、「社会科の改善、特に地理・歴史・道徳教育」について諮問。1953年8月7日答申。
この年	〔出版〕『二十四の瞳』刊行　壺井栄著『二十四の瞳』が光文社から刊行。瀬戸内海の小村を舞台に、女性教師と児童のふれあいを描いた。

1953年
（昭和28年）

- 1.13 〔制度〕義務教育費の全額国庫負担方針決定　政府、義務教育費の全額国庫負担方針を決定。全国知事会、日教組など、中央集権化をもたらすとして反対。2月19日「義務教育学校職員法」案を国会に提出するが、3月14日廃案となる。
- 1.21 〔政策〕中教審第1回総会　中央教育審議会第1回総会を開催。
- 1.25 〔活動〕日教組第2回教研集会開催　日教組第2回教研集会を高知で開催（～28日）。
- 2.11 〔政策〕朝鮮人子弟の就学は外国人と同様に扱う通達　文部省、朝鮮人子弟の就学は一般外国人と同様に扱い、国内法遵守を入学条件とすると通達。
- 2.18 〔設立〕保育問題研究会再発足　保育問題研究会が再発足。
- 3.7 〔活動〕基地の子どもを守る全国会議を開催　日本子どもを守る会、日教組、基地の子どもを守る全国会議を開催。1953年映画『基地の子ども』を製作。
- 3.12 〔社会〕国語審議会、ローマ字のつづり方の単一化　国語審議会、「ローマ字つづり方の単一化について」建議。原則として訓令式に統一。
- 4.1 〔法令〕「学位規則」を公布　「学位規則」を公布。
- 4.1 〔活動〕12国立大学に新制大学院設置　12国立大学に新制大学院設置。
- 4.22 〔法令〕「国立大学の評議会に関する暫定措置規則」公布　文部省、「国立大学の評議会に関する暫定措置を定める規則」を公布。国立大学の学長の地位を強化し、評議会を学長の諮問機関と規定。
- 5.6 〔設立〕全国同和教育研究協議会を結成　全国同和教育研究協議会を大阪で結成。テーマを「未解放部落の現状と教育上の諸問題」。
- 5.21 〔人事〕大達茂雄、文部大臣に就任　第5次吉田内閣が発足し、大達茂雄が文部大臣に就任。
- 6.3 〔事件〕山口日記事件　岩国市教育委員会、平和問題等に関する記述を不当として山口県教組編『小学生日記』『中学生日記』の回収を決定。
- 7.8 〔政策〕教育の中立性維持に関し次官通達　文部省、教育の中立性維持に関し次官通達。
- 7.20 〔社会〕第1回世界教員会議に日本代表参加　55カ国代表を集めウィーンで開かれた第1回世界教員会議に日本代表17名が参加（～25日）。「教員憲章」「青少年の民主教育原理」を採択。
- 7.25 〔制度〕中教審、6・3制の堅持などを答申　中央教育審議会、第一回答申として、6・3制の堅持、教育委員会の現状維持などを答申。
- 8.5 〔法令〕「学校教育法等の一部改正法」を公布　「学校教育法等の一部改正法」を公布し、文相の教科書検定権を明示。

8.7	〔制度〕教育課程審議会、社会科改訂を答申　教育課程審議会、社会科改訂を答申、道徳・地理教育を強調。学者・民間団体、社会科問題協議会を結成し、8月4日〜9月11日にかけて4次にわたり反対声明。
8.8	〔法令〕「学校図書館法」「理科教育振興法」を公布　「学校図書館法」「理科教育振興法」を公布。
8.13	〔法令〕「大日本育英会法」を「日本育英会法」と改題　「大日本育英会法」を「日本育英会法」と改題。
8.14	〔法令〕「青年学級振興法」を公布　「青年学級振興法」を公布し、青年学級を法制化。日教組、日本青年団連絡協議会、中央集権化として反対。
8.18	〔法令〕「一般職の職員の給与に関する法律」を一部改正　「一般職の職員の給与に関する法律」を一部改正、大学、高校、小中の3本建給与となった。
8.27	〔法令〕「公立学校施設費国庫負担法」を公布　「公立学校施設費国庫負担法」を公布。
10.2	〔政策〕池田・ロバートソン会談　池田勇人自由党政調会長、ロバートソン米国務次官補とワシントンで防衛問題を会談（〜30日）。自衛と愛国心教育を約束。
10.31	〔法令〕「学校教育法施行令」を公布　「学校教育法施行令」を公布。
12.25	〔出版〕文部省、初の教育白書『わが国教育の現状』刊行　文部省は、初の教育白書となる『わが国教育の現状—教育の機会均等を主として』を刊行。

1954年
（昭和29年）

1.8	〔政策〕中教審、教育の中立性維持について答申　中央教育審議会、教育の政治的中立性維持について答申。教育2法の立法本格化。
2.9	〔法令〕教育2法案要綱を閣議で決定　「義務教育諸学校における教育の政治的中立の確保に関する臨時措置法」「教育公務員特例法」一部改正案要綱を閣議で決定。
3.3	〔政策〕文部省、偏向教育事例を衆院文部委員会提出　文部省、偏向教育事例24を衆議院文部委員会に提出。3月12日日教組、反証資料を配布。4月12日参院文部委員会、事例関係者を証人として喚問。
3.14	〔活動〕日教組、教育2法反対の振替授業闘争を実施　日教組、教育2法反対の振替授業闘争を実施。3月15日教育防衛大会を開催。
3.20	〔事件〕京都旭丘中学事件　京都市立旭丘中学校で教育内容を巡って教員・父母が対立、京都市教育委員会は3人の教員に転任を内示、5月4日懲戒免職を発令。分裂授業が行われる。
4.20	〔政策〕小学校の対外競技禁止などを通達　小学校の対外競技禁止、中学校は府県単位まで、高校は全国大会年1回程度を通達。

5.14 〔法令〕参院本会議、教育2法案を可決　参院本会議、教育2法案中、「義務教育諸学校における教育の政治的中立の確保に関する臨時措置法」案賛成122票、反対116票、「教育公務員特例法一部改正法」案賛成123票、反対115票で、それぞれ可決。6月3日公布。

6.1 〔法令〕「へき地教育振興法」などを公布　「へき地教育振興法」「盲学校・ろう学校及び養護学校への就学奨励に関する法律」を公布。

6.3 〔法令〕「教育職員免許法」を改正、「学校給食法」を公布　「教育職員免許法」を改正し、校長、教育長、指導主事の免許状を廃止。「学校給食法」を公布。

8.10 〔法令〕世界教員組合連盟など「世界教員憲章」を採択　世界教員組合連盟、国際教員団体、国際中等教員教員連合の合同委員会において「世界教員憲章」を採択。

9.14 〔社会〕映画『二十四の瞳』封切　映画『二十四の瞳』(松竹、木下恵介、高峰秀子主演)を封切。

10.4 〔政策〕東京都教委、都立朝鮮人学校に廃止を通告　東京都教育委員会、東京都立朝鮮人学校に1955年3月以降廃止を通告。教組などの抗議により、1956年3月学校法人東京朝鮮学園として許可される。

12.10 〔人事〕安藤正純、文部大臣に就任　第1次鳩山内閣が発足し、安藤正純が文部大臣に就任。

12.17 〔活動〕全国教育系大学学生協議会、ゼミナール開催　全国教育系大学学生協議会、神戸大学で第1回全国教育系学生ゼミナールを開催。以後、毎年開催。

12.23 〔活動〕日経連、当面教育制度改善に関する要望　日経連、当面教育制度改善に関する要望を発表。法文系偏重の打破、専門教育の充実や6年制専門大学の設置など。

1955年
(昭和30年)

1.29 〔活動〕日教組、第4次教研集会開催　日教組、長野で第4次教研集会を開催(～2月2日)。

2.12 〔制度〕小学校の改訂社会科の内容について通達　文部省、小学校の改訂社会科の内容について通達。天皇の地位を明示した。3月3日には中学校にも通達。4月から実施。

3.16 〔活動〕民主党政務調査会、教科書の民編国管を検討　民主党政務調査会、教科書の民編国管を検討。

3.19 〔人事〕松村謙三、文部大臣に就任　第2次鳩山内閣が発足し、松村謙三が文部大臣に就任。

4.11 〔設立〕教科書出版労組、教科書問題懇談会を結成　教科書出版労組、教科書問題懇談会を結成。

5.16 〔政策〕文部省、修学旅行の事故防止心得を通達　文部省、修学旅行の事故防止心得を通達。

6.7 〔社会〕第1回母親大会開催　東京において第1回母親大会を2000名参加で開催（〜9日）。

6.18 〔活動〕日本教育学会、教科書検定について声明　日本教育学会、教科書検定について声明。

6.21 〔活動〕良い教科書と子供の教科書を守る大会を開催　総評、日教組、子どもを守る会等6団体・良い教科書と子供の教科書を守る大会を開催。

6.24 〔制度〕衆院特別委員会、教科書問題で証人喚問　衆院行政監察特別委員会、不公正取引、偏向教育などの教科書問題で証人喚問を実施。

8.5 〔法令〕教員産休中の学校教育確保に関する法律公布　「女子教育職員の産前産後の休暇中における学校教育の正常な実施の確保に関する法律」を公布。

8.8 〔法令〕「日本学校給食会法」を公布　「公立小学校不正常授業解消促進臨時措置法」「日本学校給食会法」を公布。10月1日日本学校給食会を発足。

8.13 〔出版〕日本民主党『うれうべき教科書の問題』刊行　日本民主党『うれうべき教科書の問題』第1集を刊行。10月7日第2集、11月13日第3集を刊行。

10月 〔社会〕日本学術会議『うれうべき教科書の問題』で警告　日本学術会議・思想の自由委員会、『うれうべき教科書の問題』で民主党に警告。

11.22 〔人事〕清瀬一郎、文部大臣に就任　第3次鳩山内閣が発足し、清瀬一郎が文部大臣に就任。

12.5 〔制度〕中教審、教科書制度の改善について答申　中央教育審議会、教科書制度の改善について、教科書調査官の設置などを答申。文部省、高等学校学習指導要領（一般編）を刊行。試案の文字が消え、コース制を採用。1956年より実施。

12.21 〔法令〕「地方財政再建促進特別措置法」など公布　「地方財政再建促進特別措置法」を公布。29日には「地方財政再建促進特別措置法施行令」を公布。

1956年
（昭和31年）

1.16 〔制度〕自民党特別委員会、教委会制度改正要綱発表　自民党文教制度調査特別委員会、教育委員会制度改正要綱を発表。委員の公選廃止、教員任命権を県教育委員会に移す。

1.22 〔設立〕バンコク日本人学校開校　タイのバンコクに日本人学校が開校された。1926年設立の盤谷日本尋常小学校を前身としており、最も古い在外日本人学校である。

1.26 〔社会〕冬季オリンピック日本初メダル　第7回冬季オリンピック大会がイタリア

		のコルティナダンペッツォで開催され（～2月5日）、スキー回転で日本人選手が初のメダルを獲得。
2.7	〔政策〕	文部省、幼稚園教育要領を制定　文部省、幼稚園教育要領を制定。保育要領は廃止。
2.11	〔活動〕	高知県繁藤小学校、紀元節式典を挙行　高知県繁藤小学校溝淵校長、紀元節式典を挙行。
3.8	〔法令〕	「地方教育行政法」を国会提出　「地方教育行政の組織及び運営に関する法律」案（地方教育行政法）を国会に提出。
3.12	〔法令〕	「教科書法」案を国会に提出　「教科書法」案を国会に提出。
3.19	〔政策〕	東大学長ら「文教政策の傾向に関する声明」発表　矢内原忠雄東京大学ら10大学長「文教政策の傾向に関する声明」（10大学長声明）を発表。3月23日関西13大学長らが声明を支持。
3.24	〔法令〕	「日本学士院法」を公布　「日本学士院法」を公布。日本学士院を日本学術会議から独立。
3.30	〔法令〕	教科用図書給与の国の補助に関する法律公布　「就学困難な児童のための教科用図書の給与に対する国の補助に関する法律」を公布。また、「学校給食法」を一部改正し、要保護、準要保護児童の給食費に対する国の補助を規定した。
5.10	〔設立〕	日本高等学校教職員組合を結成　日本高等学校教職員組合（日高教）を結成。
5.18	〔活動〕	「新教育委員会法」反対中央国民大会を開催　「新教育委員会法」（地教行法）反対中央国民大会を開催。
6.2	〔法令〕	参議院、「地方教育行政法」案を強行可決　参議院、警官500人を動員して「地方教育行政法」案を強行採決。しかし、「教科書法」案「臨時教育制度審議会設置法」案は審議未了で廃案。
6.14	〔法令〕	「公立養護学校整備特別措置法」を公布　「公立養護学校整備特別措置法」を公布。
6.20	〔法令〕	高校における学校給食に関する法律公布　夜間課程を置く高等学校における学校給食に関する法律を公布。
6.30	〔法令〕	「地方教育行政法」を公布　「地方教育行政法」を公布。
9.28	〔制度〕	文部省、初の全国抽出学力調査を実施　文部省、初の全国抽出学力調査を実施。
9月	〔出版〕	『たのしい1年生』創刊　講談社、学年別学習誌『たのしい1年生』を創刊。
10.1	〔政策〕	任命制教育委員会が発足　「地方教育行政法」による任命制教育委員会が発足。
10.10	〔制度〕	文部省、教科書調査官制度を創設　文部省、教科書調査官制度を創設。定員40人。
10.22	〔法令〕	文部省、「大学設置基準」制定　文部省、「大学設置基準」を制定。

11.1　〔活動〕愛媛県教委、勤評による昇給昇格実施を決定　愛媛県教育委員会、勤務評定（勤評）による教職員の昇給昇格の実施を決定。11月18日小中高等学校校長会、勤務評定拒否を決議。

11.5　〔政策〕中教審、公立小中学校統合方策について答申　中央教育審議会、公立小中学校の統合方策について答申。

11.9　〔活動〕日経連「技術教育に関する意見」を発表　日経連、「新時代の要請に対応する技術教育に関する意見」を発表。

12.5　〔法令〕各種学校規程を制定　各種学校規程を制定。

12.13　〔法令〕文部省、「幼稚園設置基準」制定　文部省、「幼稚園設置基準」を制定。

12.23　〔人事〕灘尾弘吉、文部大臣に就任　石橋内閣が発足し、臨時代理として石橋湛山首相が文部大臣を兼任したのち、同日灘尾弘吉が文部大臣に就任（第1次岸内閣まで）。

1957年
（昭和32年）

2.4　〔政策〕自民党総務会、紀元節復活方針を決定　自民党総務会、紀元節復活方針を決定。

2.14　〔事件〕佐賀県教組、3・3・4割休暇闘争　佐賀県教組、児童・生徒7000人増に対し教員259名整理する案に反対し、3・3・4割休暇闘争を実施（〜16日）。

3.30　〔法令〕就学困難な児童への教科書給与に関する法律改正　「就学困難な児童のための教科用図書の給与に対する国の補助に関する法律」を改正し、中学生を追加。「学校給食法」を一部改正し、国の補助を要保護及び準要保護中学生に拡大。私立大学の研究設備に対する国の補助に関する法律も公布。

3.30　〔人事〕愛媛県教委、勤評による人事発令　愛媛県教育委員会、勤評による人事を発令し、450名の教員の昇給停止。4月3日34名の校長を処分。

4.1　〔政策〕科学技術系学生8000人増計画　1957年〜1960年科学技術系学生8000人増計画を実施。

5.20　〔法令〕養護学校幼稚部高等部学校給食に関する法律　「盲学校・聾学校、養護学校の幼稚部、高等部における学校給食に関する法律」「国立及び公立の学校の事務職員の休職の特例に関する法律」を公布。

6.24　〔制度〕理科教育審議会、理科教員養成について答申　理科教育審議会、「理科教育に従事する教員養成の改善について」答申。

7.10　〔人事〕松永東、文部大臣に就任　第1次岸改造内閣が発足し、松永東が文部大臣に就任。

7.27　〔設立〕日教組、国民教育研究所を設立　日教組、上原専禄を運営委員長に国民教育研究所を設立。

7.30	〔制度〕松永文相、道徳に関する独立教科設置の意向　松永東文相、道徳に関する独立教科設置の意向を表明。
10.22	〔政策〕中教審、高校の産業教育を建議　中央教育審議会、「高等学校における産業教育の在り方について」建議。
10月	〔出版〕『たのしい科学』創刊　学習研究社、学年別科学雑誌の前身である『たのしい科学』を創刊。
11.11	〔政策〕中教審、科学技術教育の振興方策答申　中央教育審議会、「科学技術教育の振興方策について」答申。
11.29	〔政策〕文部省、科学技術教育振興方策を発表　文部省、科学技術教育振興方策を発表。
12.4	〔法令〕「学校教育法施行規則」改正により教頭を設置　文部省、「学校教育法施行規則」改正により教頭を設置。
12.19	〔政策〕理科教育審議会、科学教育のありかた建議　理科教育審議会、「科学教育の在り方について」建議。
12.20	〔活動〕全国都道府県教委協議会、勤評試案決定　全国都道府県教育委員長協議会、勤務評点試案を決定。
12.22	〔活動〕日教組、臨時大会で勤評闘争強化決議　日教組、第16回臨時大会で勤務評定闘争強化決議、非常事態宣言。
12.26	〔活動〕日経連、「科学技術教育振興に関する意見」発表　日経連、「科学技術教育振興に関する意見」を発表。

1958年
（昭和33年）

1.8	〔法令〕沖縄に「教育基本法」「学校教育法」などを公布　民立法により、沖縄に「教育基本法」「学校教育法」「社会教育法」「教育委員会法」を公布。日本国民としての教育を明示した。
2.28	〔出版〕日教組編で『日本の学校白書』刊行　学校白書運動の成果の集約として、日教組編で『日本の学校白書』が刊行される。
3.18	〔政策〕小・中学校「道徳」の実施要領を通達　文部省、小学校・中学校「道徳」の実施要領を通達、「道徳」の特設を指示。
4.10	〔法令〕「学校保健法」を公布　「学校保健法」を公布。
4.23	〔活動〕東京都教委、勤評実施を決定　東京都教育委員会、勤評実施を決定。都教組、勤評反対10割休暇闘争。5月7日福岡、6月5日和歌山、6月26日高知で10割休暇闘争。全国で勤評反対闘争を激化。
4.25	〔法令〕「義務教育諸学校施設費国庫負担法」を公布　「公立小学校不正常授業解消

臨時措置法」を廃止し、「義務教育諸学校施設費国庫負担法」を公布。また、「日本育英会法」を一部改正し、特別貸与奨学生制度を創設。

4.28 〔政策〕中教審、勤労青少年教育の振興方策答申　中央教育審議会、「勤労青少年教育の振興方策について」答申。

5.1 〔法令〕「義務教育標準法」公布　「公立義務教育諸学校の学級編制及び教職員定数の標準に関する法律」を公布、学級編制基準を50名とする。6月30日施行令を公布。7月31日施行規則を公布し、1959年より実施。

6.12 〔人事〕灘尾弘吉、文部大臣に就任　第2次岸内閣が発足し、灘尾弘吉が文部大臣に就任。

7.9 〔法令〕「市町村立学校職員給与負担法一部改正法」公布　校長管理職手当支給のため「市町村立学校職員給与負担法一部改正法」を公布。

7.28 〔制度〕中教審、教員養成制度改善方策について答申　中央教育審議会、「教員養成制度の改善方策について」答申、目的大学化や国家基準を強化。

8.15 〔活動〕勤評反対・民主教育を守る国民大会を開催　総評主催の勤評反対・民主教育を守る国民大会を和歌山で開催。

8.28 〔法令〕「学校教育法施行規則」一部改正　「学校教育法施行規則」一部改正、小中学校を4領域編成とし、学習指導要領を教育課程の基準とする。文部省、小中学校に学習指導要領道徳編を告示。

9.6 〔政策〕文部省、道徳教育指導者地区別講習会を開催　文部省、道徳教育指導者地区別講習会を開催。

9.15 〔活動〕日教組、勤評阻止全国統一行動を実施　日教組、日高教、勤評阻止全国統一行動を実施。10月28日第2波、11月5日第3波、11月26日第4波統一行動を実施。

10.1 〔制度〕小中学校学習指導要領を官報に告示　文部省、小・中学校学習指導要領を官報に告示、国家基準性を強化。

11.10 〔法令〕「文部省設置法施行規則」を一部改正　「文部省設置法施行規則」を一部改正、文部省に教科調査官、視学委員をおく。

12.9 〔政策〕神奈川県県教委、独自の勤評を決定　神奈川県教育委員会、神奈川方式の勤務評定方式（自己反省方式）を決定。

12.12 〔制度〕文部省、教科用図書検定基準を告示　文部省、教科用図書検定基準を告示。

12.15 〔事件〕日教組委員長、高知県仁淀村で暴行される　日教組小林武委員長ら、高知県仁淀村で暴行される。

12.31 〔人事〕橋本龍伍厚相、文部大臣を兼任　灘尾文相が辞任し、橋本龍伍厚生大臣が文部大臣を兼任。

1959年
(昭和34年)

1.10 〔社会〕NHK教育テレビ本放送開始　NHK教育テレビ本放送開始。

1.24 〔活動〕日教組、第8次教研集会を開催　日教組、大阪で第8次教研集会を開催(～27日)。

2.9 〔設立〕民間教育団体連絡協議会発足　民間教育団体連絡協議会を発足。

2.20 〔政策〕科学技術会議を設置　「科学技術会議設置法」を公布し、総理大臣の諮問機関として科学技術会議を設置。

3.2 〔政策〕中教審、育英奨学事業振興方策について答申　中央教育審議会、育英奨学および援護に関する事業の振興方策について答申。

3.17 〔法令〕衆院、「専科大学設置に関する法」案を可決　衆院、「専科大学設置に関する法」案を可決。しかし、参院では審議未了で廃案となる。

3月 〔出版〕少年向け週刊雑誌創刊　講談社の『少年マガジン』、小学館の『少年サンデー』が創刊される。

4.10 〔政策〕青少年向け図書選定制度実施要綱を決定　文部省、青少年向け図書選定制度実施要綱を決定。

4.30 〔法令〕「社会教育法」を改正　「社会教育法」を改正、社会教育主事などを設置。

6.18 〔人事〕松田竹千代、文部大臣に就任　第3次岸内閣が発足し、松田竹千代が文部大臣に就任。

7.11 〔社会〕送り仮名の付け方を内閣告示　送り仮名の付け方を内閣告示。

7.21 〔制度〕文部省主催新教育課程講習会を実施　文部省主催新教育課程講習会を東京で実施。日教組等、不参加闘争を展開した。

8.21 〔活動〕教育長協議会、組合専従制限等立法措置要求　都道府県教育長協議会、組合専従の制限、校長の非組合員化、教育長専任化などについて立法措置要求を決定。

8.31 〔活動〕日本教育学会主催で国際教育学会を開催　日本教育学会主催で国際教育学会を開催(～9月8日)。

9.19 〔設立〕国立中央青年の家を開所　国立中央青年の家を御殿場で開所した。

9.19 〔事件〕伊勢湾台風　伊勢湾台風で児童生徒の死亡約1000人。

10.31 〔出版〕文部省、教育白書『我が国の教育水準』刊行　文部省は1959年度教育白書『我が国の教育水準』を大蔵省印刷局から刊行。

11.19 〔社会〕学童の交通整理に緑のおばさん登場　学童の交通整理に緑のおばさん登場。

11.20 〔法令〕国連、「児童の権利宣言」採択　国際連合で「児童の権利宣言」を採択。12月16日参院で支持決議。

12.17 〔法令〕「日本学校安全会法」を公布　「日本学校安全会法」を公布。

1960年
（昭和35年）

1.12 〔制度〕文部省、教科書採択の公正確保について通達　文部省、教科書採択の公正確保について通達。

1.16 〔政策〕羽田空港占拠事件に関し、各大学長に通達　文部省、全学連の羽田空港占拠事件に関し、参加学生の処分、学園からの排除などを各大学長に通達。

1.26 〔活動〕日教組、日高教初の合同教研集会　千葉で日教組第9次、日高教第6次となる初の合同教研集会を開催（～29日）。

3.3 〔活動〕養護学校教員養成課程を設置　文部省、東京学芸大学、広島大学、京都学芸大学、北海道学芸大学、熊本大学に1年課程と半年課程の養護学校教員養成課程設置を決定。

3.31 〔制度〕教育課程審議会、高校教育課程の改善を答申　教育課程審議会、高等学校教育課程の改善について、生徒の能力・適正・進路に応じた適切な教育、普通課程の類型化、家庭科女子必須などを答申。また、盲学校・聾学校・養護学校への就学奨励に関する法律を一部改正、修学旅行費の補助などをとりきめ。

4.1 〔政策〕教頭にも管理職手当を支給　教頭にも管理職手当を支給。

4.1 〔制度〕千葉大、東京外国語大に留学生課程設置　千葉大学（理科系）、東京外国語大学（文科系）に留学生課程を設置。

4.30 〔政策〕小中学校の建物維持修繕費の住民転嫁禁止　「地方財政法」の一部改正で公立小中学校の建物維持・修繕費の住民転嫁を禁止。

6.15 〔事件〕安保闘争で東大女子学生死亡　60年安保闘争デモで、参加していた東京大学の女子学生樺美智子が死亡。

6.21 〔政策〕高校生に対する指導体制の確立について通達　文部省、高校生に対する指導体制の確立について通達。

7.10 〔活動〕経済同友会、産学協同について発表　経済同友会、産学協同について発表。

7.19 〔人事〕荒木万寿夫、文部大臣に就任　第1次池田内閣が発足し、荒木万寿夫が文部大臣に就任。

8.19 〔政策〕荒木文相、日教組を非難し「教育基本法」再検討発言　荒木万寿夫文相、全国都道府県教育長・教育委員長合同会議で日教組を非難し、「教育基本法」再検討を発言。

10.4 〔政策〕科学技術会議、科学技術振興方策を答申　科学技術会議、10年後を目標とする科学技術振興方策を答申。

10.15 〔制度〕文部省、高等学校学習指導要領官報告示　文部省、高等学校学習指導要領

を、コース制の教科、『倫理社会』の設置、1963年度からの実施を官報で告示。
- 11.1 〔出版〕文部省、『進みゆく社会の青少年教育』発表　文部省は、『進みゆく社会の青少年教育』を発表。
- 11.14 〔活動〕関西経済連合会、大学制度改善意見書提出　関西経済連合会、「大学制度改善について」の意見書を提出。
- 12.8 〔活動〕日経連技術教育委員会、専科大学制度の要望　日経連技術教育委員会、専科大学制度創設に関する要望を発表。
- 12.24 〔政策〕文部省、高校生徒会の連合組織について通達　文部省、高等学校生徒会の連合組織について、教育上好ましくないと通達。

1961年
(昭和36年)

- 2.5 〔活動〕日教組幹部、社会党に集団入党　日教組幹部、日本社会党に集団入党。
- 3.11 〔政策〕科学技術庁、科学技術者養成について勧告　科学技術庁、科学技術者の養成について文部省に勧告。
- 3.25 〔法令〕養護学校への就学奨励に関する法律改正　盲学校、聾学校、養護学校への就学奨励に関する法律の一部改正、学用品等への補助を決める。「就学困難な児童のための教科用図書の給与に対する国の補助に関する法律」を改正し、「就学困難な児童及び生徒に係る就学奨励についての国の援助に関する法律」を公布。
- 3.31 〔設立〕東洋大学、産学協同システムの工学部創設　東洋大学、日立製作所、日本光学等の資金援助で産学協同システムの工学部創設。
- 4.1 〔制度〕小学校新学習指導要領による教育課程の実施　小学校新学習指導要領による教育課程を全面実施。1961年度から1975年にかけて科学技術系学生1万6000人増員計画に着手。
- 4.27 〔制度〕全国中学生一斉学力調査要綱を通達　文部省、1961年度全国中学生一斉学力調査(学テ)要綱を通達。
- 5.19 〔法令〕国立工業教員養成所の設置の臨時措置法公布　「国立工業教員養成所の設置等に関する臨時措置法」を公布。3年制を北海道大学、東京工業大学など9大学に設置。
- 6.16 〔法令〕「スポーツ振興法」を公布　「スポーツ振興法」を公布。
- 6.17 〔法令〕「学校教育法」を一部改正　「学校教育法」を一部改正、1962年度より5年制高等専門学校を設置。
- 8.25 〔活動〕日経連等、技術教育振興策推進に関する要望　日経連、経団連「技術教育の画期的振興策の確立推進に関する要望」を政府、国会へ提出。
- 8.30 〔法令〕「高等専門学校設置基準」公布　「高等専門学校設置基準」を公布。

10.26　〔制度〕全国一斉学力調査実施　文部省、中学2・3年生全員に対し全国一斉学力調査を実施。日教組、「学テ」反対の早朝集会統一行動を実施。

11.1　〔出版〕文部省、『わが国のへき地教育』発表　文部省は、『わが国のへき地教育』を発表。

11.6　〔法令〕公立高校の設置などに関する法律公布　「公立高等学校の設置、適正配置及び教職員定数の標準等に関する法律」を公布。

11.9　〔法令〕「女子教員の産休補助教員確保等の法律」公布　「女子教員の産休補助教員確保等の法律」公布。産休補助教員の法的地位の明確化、幼稚園にも適用、私立学校における措置を追加など。

11.29　〔法令〕「児童扶養手当法」を公布　「児童扶養手当法」を公布。低所得家庭は子ども一人につき月800円支給。

12月　〔出版〕少女向け週刊雑誌創刊　講談社の『週刊少女フレンド』が創刊。1963年5月集英社の『週刊マーガレット』が創刊。

1962年
（昭和37年）

1.25　〔政策〕第1回日米教育文化合同会議を開催　日米共同声明に基づく第1回日米教育文化合同会議を東京で開催。

1.26　〔政策〕文部省、高等学校生徒急増対策を決定　文部省、高等学校生徒急増対策を決定。

3.31　〔法令〕義務教育の教科書無償化に関する法律公布　「義務教育諸学校の教科書無償化に関する法律」を公布。

4.1　〔制度〕中学校の新学習指導要領による教育課程実施　中学校の新学習指導要領による教育課程を全面実施。

4.1　〔設立〕高等専門学校が発足　「国立学校設置法」改正に基づき、工業高等専門学校が発足。国立12校、公立2校、私立5校が発足した。

4.2　〔社会〕アジア地域ユネスコ加盟18国文相会議開催　アジア地域ユネスコ加盟18国文相会議が東京で開催（〜11日）。

4.4　〔法令〕「学校法人紛争の調停等に関わる法律」公布　「学校法人紛争の調停等に関わる法律」を公布。

4.18　〔裁判〕都教組勤評闘争に無罪判決　東京地方裁判所、東京都教組勤評闘争に無罪判決。

4.24　〔設立〕高校全員入学問題協議会結成大会開催　高校全員入学問題協議会結成大会を開催。

4.26　〔政策〕防衛庁、文部省に学校教育に関する要望　防衛庁、事務次官会議で文部省

に愛国心、国防教育を強調した「学校教育に関する要望」を提出。

5.25　〔政策〕池田首相、人づくり政策などを演説　池田勇人首相、自民党演説会で「人づくり政策」、大学管理制度改革などを演説。

6.19　〔設立〕大学教授らで大学の自治を守る会を結成　大学教授有志らで大学の自治を守る会を結成。

7.6　〔制度〕保谷町教委、中学全国一斉学力調査を不実施　東京都保谷町教育委員会、中学全国一斉学力調査を実施せずと決定。

7.11　〔制度〕小・中学校全国一斉学力調査を実施　文部省、小・中学校全国一斉学力調査を実施。全国一斉学テ反対闘争が激化する。

9.1　〔法令〕「高等学校通信教育規程」を全面改正　「高等学校通信教育規程」を全面改正。

9.8　〔制度〕地方公務員に対する共済制度を統一整備　「地方公務員共済組合法」「地方公務員共済法」の長期給付に関する施行法を公布。

9.15　〔政策〕国大協、大学の管理運営中間報告　国立大学協会、大学の管理運営に関する中間報告を決定。

10.15　〔政策〕中教審、大学教育の改善の中間報告　中央教育審議会、大学教育の改善のうち、「設置および組織編成」「管理運営」「入学試験」についての中間報告。

11.5　〔出版〕文部省、教育白書『日本の成長と教育』を刊行　文部省は1962年度教育白書『日本の成長と教育―教育の展開と経済の発達』を帝国地方行政学会から刊行し、教育投資論を展開。

11.12　〔制度〕教育職員養成審議会、教員養成制度を建議　教育職員養成審議会、教員養成制度の改善について建議。

11.30　〔制度〕第1回中学校教育課程研究集会を開催　文部省主催、第1回中学校教育課程研究集会（文部教研）を開催。

12.4　〔活動〕高校全入全国大行動実施　高校全入全国大行動を実施（～12月8日）。

12.5　〔政策〕人づくり懇談会発足　池田勇人首相の私的諮問機関人づくり懇談会が発足。

1963年
（昭和38年）

1.1　〔社会〕『鉄腕アトム』放映開始　手塚治虫原作のアニメ『鉄腕アトム』が、フジテレビで放映開始（～1966年12月31日）。

1.14　〔政策〕経済審議会、人的能力開発の課題と対策答申　経済審議会、「経済発展における人的能力開発の課題と対策」を答申。3～5％のハイタレント、能力主義教育を強調。

1.16	〔設立〕能力開発研究所を設立　財団法人能力開発研究所を設立、森戸辰男が理事長に就任。1969年3月廃止。
1.25	〔法令〕「国立大学運営管理法」案の国会提出取りやめ　「国立大学運営管理法」案の国会提出取りやめを閣議決定。
1.28	〔政策〕中教審、大学教育の改善について答申　中央教育審議会、「大学教育の改善について」答申。大学の目的・性格・設置・組織編成・管理運営・入学試験等。
2.3	〔設立〕日本教師会結成　反日教組団体の統合を目指し日本教師会結成、田中卓が会長に就任。
2.17	〔設立〕日本教育国民会議を結成　松下正寿を議長とする日本教育国民会議を結成。
3.6	〔制度〕定時制高と技能教育施設の共通履修科目拡大　文部省、高等学校定時制課程（工業）と技能教育施設との連携を強化するため共通履修科目の範囲を拡大。
4.1	〔制度〕高校の新学習指導要領による教育課程を実施　高等学校の新学習指導要領による教育課程を全面実施。
4.1	〔設立〕日本放送協会学園高校が発足　日本放送協会学園高校（NHK学園）が発足。
5.2	〔政策〕全国に道徳教育研究指定校を指定　文部省、全国に道徳教育研究指定校を指定。
5.4	〔出版〕厚生省『児童福祉白書』発表　厚生省は、『児童福祉白書』を発表。
5.13	〔設立〕教科書国家統制法案粉砕推進会議を結成　日教組、出版労連など36団体教科書国家統制法案粉砕推進会議を結成。
5.22	〔裁判〕最高裁、東大ポポロ事件につき差戻し判決　最高裁判所、東大ポポロ事件につき学生集会が政治的社会的活動の場合、大学の自治を享有しないと差戻し判決。
7.18	〔人事〕灘尾弘吉、文部大臣に就任　第2次池田内閣の第3次改造内閣で、灘尾弘吉が文部大臣に就任。
8.23	〔法令〕「学校教育法施行規則」を一部改正　文部省、「学校教育法施行規則」を一部改正し、高等学校は志願者が入学定員を超過しなくても選抜を行うことを原則とする。8月30日高校全員入学問題全国協議会、反対声明を出す。
9.6	〔政策〕首都圏基本問題懇談会、筑波研究学園都市建設を報告　首都圏基本問題懇談会、筑波研究学園都市建設を建設相に報告。
10.3	〔社会〕ユネスコ、第1回アジア教育計画会議を開催　ユネスコ、第1回アジア教育計画会議を15か国参加により東京で開催（〜10日）。
10.28	〔政策〕幼稚園と保育所との関係について通達　文部省、厚生省「幼稚園と保育所との関係について」を共同通達。
11.16	〔制度〕能力開発研究所、初の能研テストを実施　能力開発研究所、初の能研テストを実施、受験者は32万人となった。
12.21	〔法令〕「義務教育標準法」改正　「公立義務教育諸学校の学級編制及び教職員定数の標準に関する法律」一部改正。養護学校を同法の適用範囲に加え、小中学校の1学級児童・生徒数を最高45人とするなど。

12.21 〔法令〕義務教育の教科書を無償とする法律公布　「義務教育諸学校の教科書無償措置に関する法律」公布。広域採択・検定強化など。

1964年
（昭和39年）

2.18 〔政策〕国立大学大学寮経費の負担区分を通達　文部省、国立大学大学寮経費の負担区分を通達し、受益者負担を打ち出す。

2.25 〔法令〕国立大学の学科目及び課程に関する省令公布　文部省、「国立大学の学科目及び課程、講座及び学科目に関する省令」を公布。

2.26 〔裁判〕最高裁、義務教育の無償化についての判断　最高裁判所、義務教育の無償化は授業料の無償化を意味するもので、その他一切を無償とすべきではないと判断。

3.14 〔出版〕小中学校教師用『道徳指導資料』第1集刊行　文部省、小中学校教師用の『道徳指導資料』第1集をし、無償配布。

3.16 〔裁判〕一斉学テは「教育基本法」違反と判決　福岡地方裁判所小倉支部、文部省一斉学テは「教育基本法」10条違反と判決。

3.23 〔法令〕改訂「幼稚園教育要領」を告示　文部省、改訂「幼稚園教育要領」を告示。

4.3 〔活動〕青森県教委、小学校教科書を全県1種制に　青森県教育委員会、1965年度からの小学校教科書を全県1種制と決定。

5.13 〔裁判〕一斉学テは権限逸脱と判決　福岡高等裁判所、文部省一斉学力調査は行政の権限を逸脱と判決。

6.1 〔法令〕「国立教育会館法」を公布　「国立教育会館法」を公布。

6.4 〔制度〕香川、愛媛の学テ実態調査を実施　宗像誠也、梅根悟ら香川、愛媛の文部省一斉学力調査実態調査を実施。6月9日中間発表。

6.19 〔法令〕「学校教育法」一部改正、短大を恒久制度に　「学校教育法」を一部改正、短期大学を恒久制度とする。

7.18 〔人事〕愛知揆一、文部大臣に就任　第3次池田改造内閣が発足し、愛知揆一が文部大臣に就任（第1次佐藤内閣まで）。

7.30 〔制度〕教育職員養成審議会、教育課程基準案中間発表　教育員職員養成委員会、教員養成のための教育課程基準案を中間発表。11月9日日本教育大学協会は反対を表明。

8.21 〔出版〕文部省、『わが国の高等教育』を発表　文部省は、『わが国の高等教育―戦後における高等教育の歩み』を発表。

9.29 〔政策〕文部省、「集団行動指導の手引」草案を発表　文部省、「集団行動指導の手引」草案を発表。1965年5月刊行。教練復活と問題化する。

10.10 〔社会〕東京オリンピック開幕　第18回オリンピック東京大会が開催される(〜24日)。日本及びアジアでは初のオリンピック開催。女子バレーボール、体操、レスリングなどで日本選手が金メダルを獲得。11月3日、第2回パラリンピック東京大会が開催される(〜12日)。

10.14 〔制度〕文部省、全国学力調査を20%抽出に変更　文部省、全国一斉学力テストを20%抽出に改めると発表。

11.6 〔出版〕文部省、教育白書『我が国の教育基準』を刊行　文部省は1964年度教育白書『我が国の教育基準』を大蔵省印刷局から刊行。

12.15 〔活動〕東北大評議会、教育学部教員養成課程を分離　東北大学評議会、教育学部教員養成課程の分離を決議。1965年4月宮城教育大学を発足。

1965年
(昭和40年)

1.11 〔政策〕中教審「期待される人間像」中間草案発表　中央教育審議会「期待される人間像」中間草案発表。

1.28 〔事件〕慶大生、学費値上げ反対で全学ストライキ　慶応義塾大生、学費値上げ反対で全学ストライキを決行。

2.5 〔活動〕日経連、後期中等教育に対する要望を発表　日経連教育特別委員会、職業訓練制度の重視を盛り込んだ後期中等教育に対する要望を発表。

3.6 〔活動〕日教組、「「期待される人間像」批判のために」発表　日教組、「「期待される人間像」批判のために」を発表。

3.31 〔法令〕「大学設置基準」改善要綱を答申　大学基準等教育協議会、一般教育の縮小、講義時間の増加等をもりこんだ「大学設置基準」改善要綱を答申。

4.13 〔事件〕高崎市立経済大生、委託学生入学に反対　高崎市立経済大学生、地元優先の委託学生入学に反対しストライキを決行。

4.15 〔法令〕ILO、「教員の地位に関する勧告草」案送付　国際労働機関(ILO)、「教員の地位に関する勧告草」案を各国政府に送付。6月9日文部省、同草案は日本の国情にそぐわないと発表。7月10日日教組、同草案を全面支持決定。

5.5 〔社会〕こどもの国開園　国立こどもの国開園。

5.6 〔活動〕日教組、ベトナム反戦平和アピール採択　日教組、第28回大会でベトナム反戦平和アピールを採択。

5.20 〔事件〕市立都留文科大生、市の運営方針に抗議デモ　山梨県の市立都留文科大学生、市の運営方針に反対し抗議デモ。9月15日市当局、扇動を理由に3教官を懲戒免職処分とする。1967年7月29日甲府地方裁判所、職権乱用の判決。

6.3 〔人事〕中村梅吉、文部大臣に就任　第1次佐藤内閣の第1次改造内閣で、中村梅吉

が文部大臣に就任。

6.12 〔裁判〕家永教授、教科書裁判第1次訴訟　家永三郎東京教育大学教授、教科書検定を違憲として、国に対し賠償請求の民事訴訟（第1次訴訟）を起こす。

6.16 〔制度〕福岡県教委、文部省一斉学テ実施せずと決定　福岡県教育委員会、文部省一斉学力調査実施せずと決定。

10.10 〔設立〕教科書検定訴訟を支援する全国連絡会結成　遠山茂樹、宮原誠一らにより、教科書検定訴訟を支援する全国連絡会結成。

11.1 〔活動〕東大生に『大学の自治と学生の自治』を配布　東京大学、全学生に『大学の自治と学生の自治』を配布。教授会による意思決定の慣行を強調。

11.1 〔出版〕文部省、『わが国の社会教育』を発表　文部省は『わが国の社会教育―現状と課題』を発表。

11.16 〔裁判〕都教組勤評闘争につき有罪判決　東京高等裁判所、東京都教組勤評闘争につき全員に有罪判決。

11.19 〔制度〕都教委、「入試準備教育の是正について」通達　東京都教育委員会、「入試準備教育の是正について」通達。補習教育の廃止。12月2日富山県教育委員会も同主旨の決定。

12.28 〔政策〕朝鮮人のみを収容する教育施設について通達　文部省、「朝鮮人のみを収容する教育施設の取扱について」通達。「学校教育法」第1条の学校として不認可とするなど。また、日韓条約に基づく教育措置として「在日韓国人の法的地位における教育関係事項の実施について」通達。

この年 〔社会〕朝永振一郎、ノーベル物理学賞受賞　東京教育大学教授朝永振一郎、量子電気力学分野での基礎的研究に対してノーベル物理学賞を受賞。

1966年
（昭和41年）

1.6 〔活動〕横浜国大学芸学部教授会、学部名変更の方針　横浜国立大学学芸学部教授会、学部名を教育学部に変更方針を決定。1月27日同学部生、無期限スト。2月9日学園封鎖、自主管理で抗議、3月末解決。

1.13 〔法令〕歴史的風土の保存に関する特別措置法公布　「古都における歴史的風土の保存に関する特別措置法」を公布。

1.18 〔事件〕早大2学部、授業料値上げ反対などでスト　早稲田大学2学部、授業料値上げ反対、学生会館運営参加要求でストを決行。2月21日全学ストに発展し、4月23日大浜信泉総長辞任。6月22日ストが終結。

2.19 〔社会〕山形県民大学開講、農村での学習運動を提起　第1回山形県民大学を開講。真壁仁学長、農業近代化による危機に対し、農村における学習運動を提起。

4.5	〔設立〕北海道学芸大など5学芸大、教育大学に改称	北海道学芸大学など5学芸大学は教育大学に改称。岩手大学などの学芸学部は教育学部と改称。
5.25	〔裁判〕一斉学力テスト違憲判決	旭川地方裁判所、一斉学力テストに対し、違憲判決。
6.14	〔法令〕ILO勧告を発効	ILO87号条約(教員の地位に関する勧告)を発効。
6.27	〔法令〕「国立演劇法」を公布	「国立演劇法」「国立演劇法施行法」を公布。
7.9	〔政策〕公立学校職員の管理職員の範囲について通達	文部省、公立学校職員の管理職員の範囲について通達。また公立高等学校の入学者選抜について通達。
7.13	〔制度〕都教委、学校群高校入試制度改善基本方針	東京都教育委員会、学校群制度、3教科制、内申書重視など、学校群高校入試制度改善基本方針を決定。
7.22	〔裁判〕岩手教組学テ阻止事件に有罪	盛岡地方裁判所、岩手県教組一斉学力テスト阻止事件につき有罪判決。
8.1	〔人事〕有田喜一、文部大臣に就任	第1次佐藤内閣の第2次改造内閣で、有田喜一が文部大臣に就任。
10.4	〔政策〕特別政府間会議でILO勧告を採択	ユネスコ主催の特別政府間会議でILOの教員の地位に関する勧告を採択。日本は83項(教員と雇い主との紛争解決の交渉が行き詰った場合、他の団体がその正当な利益を保護するために普通もっているような他の手段をとる権利)を留保。
10.21	〔事件〕日教組、人事院勧告完全実施を要求しスト	日教組、人事院勧告の完全実施を要求し半日ストライキを決行。1969年まで毎年実施。
10.31	〔政策〕中教審、「期待される人間像」答申	中央教育審議会、「期待される人間像」を答申。青年に愛国心や遵法精神を育成することを強調。
10.31	〔政策〕中教審、後期中等教育の拡充整備最終答申	中央教育審議会、後期中等教育の拡充整備について最終答申。技能学科、家政高校の設置などの多様化を強調。
11.8	〔出版〕文部省、『青年の健康と体力』を発表	文部省は、『青年の健康と体力』を発表。
11.9	〔活動〕東大法学部教授会、専門課程3年制構想	東京大学法学部教授会、専門課程を1年延長する3年制構想を発表。
11.22	〔制度〕全国一斉学力調査の中止を発表	文部省、1967年度から全国一斉学力調査の中止を発表。
12.3	〔人事〕剱木亨弘、文部大臣に就任	第1次佐藤内閣の第3次改造内閣で、剱木亨弘が文部大臣に就任。
12.9	〔法令〕建国記念日を2月11日とする政令公布	建国記念日を2月11日とする政令を公布。

1967年
(昭和42年)

1.13 〔制度〕文部省、建国記念日について通達　文部省、建国記念の日の取扱いは、学習指導要領の定めるところによると通達。

1.25 〔法令〕琉球立法院文教社会委員会、教公2法を採決　琉球立法院文教社会委員会、勤評実施と教員の政治活動禁止を目的に「地方教育公務員法」「教育公務員特例法」(教公2法)を採決。2月24日2万人のデモ隊に囲まれ本会議が流会。11月22日廃案。

3.12 〔社会〕青年医師連合、インターン制度に反対　36大学2400人からなる青年医師連合、インターン制度に反対して医師国家試験をボイコット。

4.28 〔裁判〕福岡刈田小・学テ事件で有罪判決　福岡高等裁判所、福岡刈田小学校の学テ事件に有罪判決。

5.3 〔社会〕小中学校の騒音・大気汚染被害状況を発表　文部省、全国の小中学校2047校中、1662校で騒音被害、605校で大気汚染被害と発表。

5.19 〔政策〕米陸軍極東研究開発局からの研究資金提供　文部省、米国陸軍極東研究開発局からの研究資金に関する資料を国会に提出。大学研究所へ96件3億8700万円提供とされるが、5月22日大阪市立大学、京都大学、日本学術会議などが辞退を表明。

6.10 〔活動〕東京教育大学評議会、筑波移転を強行決定　東京教育大学評議会、筑波移転を強行決定。文学部は保留。

6.23 〔裁判〕家永教授、教科書裁判第2次訴訟　家永三郎東京教育大学教授、教科書不合格処分取り消しの訴訟(第2次訴訟)を起こす。1970年7月17日杉本裁判。

7.22 〔政策〕北海道教委、教員の家庭・思想傾向調査　北海道教育委員会、1966年度の大量教員異動に教員の家庭状況、思想傾向、政党関係などを調査事実が発覚。8月1日国会で問題化。

7.26 〔裁判〕勤評事件につき全員無罪判決　前橋地方裁判所、勤評事件について「地方公務員法」61条を違憲として全員無罪判決。

8.11 〔政策〕高校における職業教育の多様化について答申　理科教育及び産業教育審議会「高等学校における職業教育の多様化について」第1次答申。森林土木科等14学科の新設と職業教育担当教員の養成をうたう。

8.27 〔社会〕ユニバーシアード東京大会が開幕　大学スポーツの発展・体育教育の振興のための総合競技大会ユニバーシアードの東京大会が開催される。「学生のためのオリンピック」と言われる。

8.31 〔政策〕義務教育学校における教材基準を通達　文部省、義務教育学校における教材基準を通達。

9.16 〔設立〕原理運動対策全国父母の会を結成　原理研究会の活動で学生の学業放棄などが問題化し、原理運動対策全国父母の会が結成される。

10.2 〔設立〕モスクワ日本人学校開校　ソ連のモスクワに在外教育施設として日本人学校が開校。ヨーロッパで日本人学校が設立されたのはこれが初めて。
11.25 〔人事〕灘尾弘吉、文部大臣に就任　第2次佐藤内閣の第1次改造内閣で、灘尾弘吉が文部大臣に就任。
12.1 〔設立〕大阪市議ら思想調査特別委員会を設置　大阪市議会自民党議員団、大阪市立大学教授ら、思想調査特別委員会を設置し、問題化する。
12.28 〔法令〕「学校教育法施行令」の一部改正　文部省、「学校教育法施行令」を一部改正し、定時制・通信制と職業訓練施設の連携措置の拡大を図る。

1968年
(昭和43年)

1.13 〔事件〕中央大学、授業料値上げ撤回を要求しスト　中央大学、授業料値上げ案撤回を要求してストライキを決行。2月16日大学当局値上げ案を白紙撤回。
1.29 〔事件〕東大医学部生、登録医制度に反対しスト　東京大学医学部生、登録医制度に反対し無期限ストライキ。これが東大紛争の発端となる。
2.9 〔政策〕国大協「最近の学生運動に関する意見」発表　国立大学協会「最近の学生運動に関する意見」を発表。
2.22 〔裁判〕京教組勤評事件に無罪判決　京都地方裁判所、京教組勤評事件に対し無罪判決。
3.12 〔法令〕教育3法案を国会に提出　政府、「わが国の利益を害する」民族教育を排除する「外国人学校法」案、教頭制を設置する「学校教育法」改正案「教育公務員特例法」改正案の教育3法案を国会に提出。5月24日廃案となる。
3.29 〔裁判〕和歌山勤評闘争事件に無罪判決　大阪高等裁判所、和歌山勤評闘争事件に全員無罪判決。
4.9 〔出版〕文部省、『わが国の私立学校』発表　文部省、初の私学白書となる『わが国の私立学校』を発表。
4.15 〔事件〕日大闘争　国税庁、日大の使途不明金20億と発表。これが日大闘争の発端となり、6月11日全学共闘会議総決起集会、9月30日古田重二良会頭、全学集会で自己批判書に署名。
4.17 〔設立〕朝鮮大学校を各種学校として認可　美濃部亮吉東京都知事、朝鮮大学校を各種学校として認可。灘尾弘吉文相、遺憾の談話を発表。
5.10 〔活動〕日教組、総学習・総抵抗運動展開を決定　日教組、第34回大会で総学習・総抵抗運動を決定。経済闘争と教育闘争の一体的展開。
6.2 〔事件〕米軍機、九州大学構内に墜落　米軍機、九州大学構内に墜落。それに伴い、学内に基地撤去運動が起こる。

6.15	〔政策〕文部省に、文化庁が発足	「文部省設置法」を一部改正し、文化庁が発足。
6.15	〔事件〕東大安田講堂占拠に対し機動隊を導入	大河内一男東大総長、学生の安田講堂占拠に対し機動隊を導入。全学ストライキに突入。
6.26	〔裁判〕学テ事件につき有罪判決	札幌高等裁判所、学テ事件につき有罪判決。
6.26	〔事件〕東京教育大生、移転に反対しスト	東京教育大学文学部生、移転に反対しストライキ。
7.8	〔活動〕京都府教委、学習指導要領案に反対声明	京都府教育委員会、学習指導要領案に反対声明。
7.11	〔制度〕文部省、小学校学習指導要領告示	文部省、1971年からの小学校学習指導要領を告示。
9.7	〔活動〕京都府教委、国歌、国旗への見解発表	京都府教育委員会、「君が代」は国歌ではなく、「日の丸」は国旗ではないとの見解を発表。
11.1	〔人事〕東大評議会、大河内総長の辞任を承認	東大評議会、大河内一男総長の辞任を承認。11月10日学部長も辞任。
11.15	〔活動〕経済同友会「大学の基本問題」発表	経済同友会「大学の基本問題」発表。
11.18	〔政策〕大学問題懇談会初会合	首相の私的諮問機関である大学問題懇談会の初会合。
11.19	〔裁判〕京都旭丘中学校事件で学校側勝訴	大阪高等裁判所、京都旭丘中学校事件につき学校側勝訴の判決。
11.30	〔人事〕坂田道太、文部大臣に就任	第2次佐藤内閣の第2次改造内閣で、坂田道太が文部大臣に就任。
12.29	〔活動〕東大、東教大4学部の入試中止を決定	東京大学、東京教育大学4学部、1969年度の入試中止を決定。
この年	〔社会〕川端康成、ノーベル文学賞受賞	作家川端康成、日本人の心情の本質を描いた、非常に繊細な表現による叙述の卓越さに対してノーベル文学賞を受賞。
この年	〔社会〕大学紛争が激化	この年、大学紛争が激化。

1969年
(昭和44年)

1.10	〔事件〕東大紛争で、大学側、学生側と確認書に署名	東大紛争、大学側代表団、7学部の学生代表団と確認書に署名。
1.18	〔事件〕東大、機動隊を導入し安田講堂の学生排除	東京大学、機動隊を導入し安田講堂占拠の学生を排除。
2.19	〔裁判〕岩手教組の学テ闘争につき無罪	仙台高等裁判所、岩手教組の学力テスト

闘争につき無罪判決。

2.24　〔活動〕日教組「大学問題に関する基本理解」発表　日教組「直面する大学問題に関する基本理解」を発表。

4.2　〔裁判〕最高裁、都教組勤評事件上告審で無罪判決　最高裁判所、東京都教組勤評事件上告審で全員無罪判決。

4.14　〔制度〕文部省、中学校学習指導要領を告示　文部省、1972年度実施の中学校学習指導要領を告示。

4.21　〔政策〕文部省、大学内の秩序維持について通達　文部省、警官の学内立入りの最終判断は警察にあるとする「大学内における正常な秩序維持について」を通達。

4.30　〔政策〕中教審、大学教育の課題にについて答申　中央教育審議会、「当面する大学教育の課題に対応するための方策について」答申。文相の権限強化の臨時特別立法を目指すが、5月9日国立大学協会が立法化に対し反対声明。

5.23　〔法令〕大学運営に関する臨時措置法案を了承　閣議で大学運営に関する臨時措置法案を了承。5月24日国会に提出。

7.18　〔活動〕経済同友会、「高次福祉社会のための高等教育」発表　経済同友会は「高次福祉社会のための高等教育」を発表。

7.24　〔活動〕東教大評議会、筑波学園都市への移転決定　東京教育大学評議会、筑波研究学園都市への移転、新大学構想を決定。

8.1　〔法令〕大学法案に反対表明　100大学学長、大学法案に反対を表明。

8.3　〔法令〕参院、大学運営に関する臨時措置法強行採決　参議院、「大学運営に関する臨時措置法」強行採決。8月11日施行、10月17日臨時大学問題審議会を設置。

9.5　〔設立〕全国全共闘連合を結成　反共産党系の全国全共闘連合を結成。

9.18　〔活動〕日経連、教育の基本問題に対する提言を発表　日経連、「教育の基本問題に対する提言」「教育の基本問題に対する産業界の見解」を発表。

10.23　〔政策〕京都府教委、勤評闘争に関する行政処分取消　京都府教育委員会、1958年勤評闘争に関する行政処分を取り消し。

10.30　〔政策〕放送大学問題懇談会が発足　放送大学問題懇談会が発足。

10.31　〔政策〕文部省、高校における政治的教養等を通知　文部省、高等学校における政治的教養と政治活動について通知。

11.1　〔活動〕日教組、高校生の自主的民主的活動の見解発表　日教組、「高校生の自主的民主的活動を発展させるための見解」を発表。

12.15　〔活動〕日経連、産学関係に関する提言を発表　日経連、「産学関係に関する産業界の基本認識および提言」を発表。

1970年
(昭和45年)

1.1 〔社会〕「国際教育年」スタート　国連提唱による国際教育年が始まる。

1.11 〔政策〕OECD派遣教育調査団来日　エドウィン・O.ライシャワー、エドガール・フォール、ロナルド・ドーアらOECD派遣教育調査団来日。11月18日～20日パリでの会議で報告書を発表。

1.12 〔政策〕中教審、高校教育改革に関する試案発表　中央教育審議会、「高等教育の改革に関する基本構想試案」を発表。大学の類型化、教育と研究の分離、管理権限の集中等。

3.9 〔活動〕日教組、労働時間と賃金に関する草案発表　日教組「教職員の労働時間と賃金のあり方」で草案発表。6月2日～5日定期大会で修正を決定。

3.14 〔社会〕「大阪万博」開幕　日本万国博覧会「大阪万博」が開幕(～9月13日)。日本及びアジアでは初の国際博覧会開催。高度経済成長を遂げた日本を象徴するイベントとなった。財団法人日本万国博覧会協会が主催。「人類の進歩と調和」をテーマとした。

3.20 〔事件〕都内354の高校でゲバ卒業式、50人検挙　警視庁、東京都内354の高校でゲバ卒業式が行われ、50人検挙と発表。

4.8 〔裁判〕福岡教育大附属小入学汚職で実刑　福岡地方裁判所、福岡教育大学附属小の入学汚職事件に際し収賄罪で2名に実刑判決。

5.9 〔政策〕文部省、初の中堅教員研修講座を開催　文部省、初の中堅教員研修講座(小学部会100人)を開催。

5.18 〔法令〕「日本私学振興財団法」を公布　「日本私学振興財団法」を公布。7月1日日本私学振興財団が発足し、私立学校振興会は廃止となる。

6.6 〔事件〕伝習館高校3教諭を偏向教育で懲戒免職　福岡県教育委員会、県立伝習館高校の3教諭を偏向教育のため懲戒免職処分。

6.13 〔政策〕文部省、学校環境・特性の調査中間報告　文部省、「学校環境・学校特性に関する調査」中間報告。小中学校の4校に1校が環境公害を訴えた。

6.28 〔設立〕反日教組の日本教職員連盟結成大会　反日教組の日本教職員連盟の結成大会。

7.16 〔裁判〕最高裁、和歌山県教組の勤評反対闘争に無罪　最高裁判所、和歌山県教組の勤評反対闘争に無罪判決。

7.17 〔裁判〕教科書裁判第2次訴訟で家永教授勝訴　東京地方裁判所、教科書検定処分取消訴訟(第2次訴訟)で家永三郎勝訴判決。杉本良吉裁判長、「国民の教育権と教育の自由」を強調。7月24日文部省が控訴。

7.18	〔社会〕立正中・高生に光化学スモッグ被害	東京都杉並区の立正中学・高校生に光化学スモッグ被害。
8.7	〔制度〕教科書検定訴訟の地裁判決について通知	文部省、教科書検定訴訟の地裁判決について、教育行政に変更なしと都道府県に通知。
8.27	〔設立〕日本教育法学会を設立	有倉遼吉を会長とする日本教育法学会を設立。
9.7	〔人事〕東京教育大学評議会、家永教授らに辞職勧告	東京教育大学評議会、家永三郎教授ら文学部の3教授に対して、「紛争解決を遅らせた」として辞職勧告。9月12日文学部教授会は勧告を拒否。
9.17	〔政策〕沖縄の本土復帰時には教育委員を任命制に	坂田道太文相、沖縄で「本土復帰とともに教育委員は任命制に切り替える」と発言。11月19日政府、沖縄復帰対策要綱案に盛り込む。
10.15	〔制度〕文部省、高等学校学習指導要領を告示	文部省、1973年度実施の高等学校学習指導要領を告示。
11.10	〔出版〕文部省、教育白書『我が国の教育水準』を刊行	文部省は1970年度教育白書『我が国の教育水準』を大蔵省印刷局から刊行。生涯教育の視点から制度改革を強調。
11.20	〔制度〕国大協、共通一次試験の実施方針を報告	国立大学協会、総会で共通一次試験の実施方針を報告。
12.1	〔活動〕日教組、教育制度検討委員会第1回総会	日教組、教育制度検討委員会第1回総会を開催。会長は梅根悟が就任。

1971年
（昭和46年）

1.20	〔制度〕小中新学習指導要領の「公害」部分改訂告示	文部省、小中学校新学習指導要領の「公害」に部分改訂告示。
1.29	〔設立〕海外子女教育振興財団設立	海外子女・帰国子女教育の振興を図るために、海外子女教育振興財団が設立された。日本人学校・補習授業校への財政面・教育面での援助や、赴任者・帰任者のための情報提供等を行う。
2.27	〔政策〕小中学校生徒指導要録の改訂について通知	文部省、「小学校児童指導要録および中学校生徒指導要録の改訂について」通知。評価段階の機械的人数割り当てを改め通知表の記載様式を自由化した。
3.13	〔制度〕養護学校小中学部学習指導要領の改訂を告示	文部省、盲学校・聾学校・養護学校小学部・中学部学習指導要領の改訂を告示。
3.23	〔裁判〕最高裁、佐賀福岡教組地公法違反事件で無罪	最高裁判所、佐賀・福岡教組地方公務員法違反事件で上告を棄却し、無罪。

4.1	〔制度〕小学校教育課程全面改訂　小学校教育課程を全面改訂し、新教科書を使用。
4.30	〔政策〕社会教育審議会、「社会教育のあり方」答申　社会教育審議会、「急激な社会構造の変化に対処する社会教育のあり方」答申で、生涯教育を提唱。
5.28	〔法令〕教職員の給与などに関する特別措置法公布　「国立および公立の義務教育諸学校等の教育職員の給与等に関する特別措置法」を公布。超過勤務手当に代えて、教職調整額を支給。
6.2	〔活動〕義務教育改善に関する意見調査結果を発表　全国教育研究所連盟、「義務教育改善に関する意見調査」結果を発表、半数の子どもが授業についてゆけないとして問題化した。
6.11	〔政策〕中教審、学校教育の基本施策を最終答申　中央教育審議会、「今後における学校教育の総合的な拡充整備のための基本施策」を最終答申。第3の教育改革、四六答申。
6.14	〔活動〕日教組教育制度検討委員会発表　日教組教育制度検討委員会「日本の教育はどうあるべきか」発表。
7.5	〔人事〕高見三郎、文部大臣に就任　第3次佐藤改造内閣が発足、高見三郎が文部大臣に就任。
7.16	〔政策〕筑波新大学創設準備調査会議最終報告　筑波新大学創設準備調査会議「筑波新大学のあり方について」最終報告。教育組織・学群と研究組織・学系の分離など。
8.16	〔政策〕放送大学の実験放送を開始　文部省、放送大学（家政学、教育工学、経済学、文学専攻）の実験放送を開始。
9.29	〔設立〕沖縄教職員会が解散総会　沖縄教職員会が解散総会。9月30日沖縄教職員組合結成大会。
10.5	〔政策〕中央児童福祉審議会、幼児教育の在り方答申　中央児童福祉審議会「保育所における幼児教育のあり方について」厚相に答申。保育所と幼稚園の併存、保育所の充実などを提言。
10.17	〔設立〕原爆被爆教師の会全国連絡会議を結成　原爆被爆教師の会全国連絡会議を結成、石田明会長が就任。
10.22	〔設立〕文部省、筑波新大学創設準備会を設置　文部省、筑波新大学創設準備会を設置。
11.6	〔設立〕反中教審の民主教育をすすめる国民連合結成　日教組、日高教、総評など、中教審路線に反対する民主教育をすすめる国民連合を結成。
12.9	〔制度〕大学入学者選抜方法の改善について報告　文部省、大学入学者選抜方法の改善に関する会議「大学入学者選抜方法の改善について」報告。全国共通学力テストの実施、大学学部の特色にあった学力、実技テストの実施、調査所の多角的活用を強調。

1972年
（昭和47年）

1.1　〔制度〕児童手当制度発足　児童手当制度が発足する。93万6000人の児童が適用対象となる。

1.15　〔出版〕日教組、教育黒書『中教審路線の教育実態』刊行　日教組は、教育黒書『中教審路線の教育実態』刊行した。

2.3　〔社会〕札幌オリンピック開幕　第11回冬季オリンピック札幌大会が開催される（～13日）。日本及びアジアでは初の冬季オリンピック開催。スキージャンプ70メートル級で日本選手が金・銀・銅を独占。

2.10　〔法令〕「学校教育法施行規則」一部改正　文部省、「学校教育法施行規則」一部改正により、海外の日本人学校卒業生に高校入学資格を与える旨を通達。

2.18　〔活動〕経済同友会、教育改革の促進を提起　経済同友会「70年代の社会緊張の問題点とその対策試案」を発表し、教育改革の促進提起。

3.8　〔事件〕教職員の思想調査に石川県教委職員が協力　石川県議会、石川地方公安局による教職員の思想調査に対し、石川県教育委員会職員が協力したことを問題に。

3.15　〔制度〕教育課程審議会、養護学校高等部の改善答申　教育課程審議会、「盲・聾・養護学校高等部の教育課程の改善について」答申。養護、訓練の新設などを提起。

3.18　〔法令〕「大学設置基準」の改正省令を公布　文部省、単位の互換制度をまとめ、「大学設置基準」の改正省令を公布。4月1日実施。

3.18　〔裁判〕「内申書裁判」起こる　東京都千代田区立麹町中学校卒業生保坂展人の父母、内申書記載内容による高校不合格に抗議し、損害賠償訴訟を起こす。

3.31　〔裁判〕目黒高教諭の地位保全仮処分認める　東京地方裁判所、授業を隠しマイクで聴取され偏向教育を理由に解雇された私立目黒高校教諭の地位保全仮処分申請を認める。

3.31　〔出版〕長野県教育史刊行会『長野県教育史』刊行開始　長野県教育史刊行会、『長野県教育史』（16巻・別巻2・総目次）の刊行を開始（～1983年3月10日）。

4.1　〔制度〕新中学校教育課程実施　新中学校教育課程全面実施。

4.1　〔設立〕自治医科大学開学　自治医科大学を開学。

4.6　〔裁判〕最高裁、静岡超過勤務手当訴訟で支払を命令　最高裁判所、静岡の超過勤務手当請求訴訟で、支払を命じた1・2審を支持。

4.9　〔社会〕『中学生日記』放映開始　テレビドラマ『中学生日記』が、NHKで放映開始。中学生の学校生活やプライベートの問題などを描く。

4.28　〔裁判〕日の丸掲揚反対の元高教組員無罪　大阪地方裁判所、日の丸掲揚反対で公務執行妨害に問われた元府高教組副委員長に無罪判決。

5.12	〔社会〕練馬区立石神井南中学で光化学スモッグ	東京・練馬区立石神井南中学で111名の生徒が光化学スモッグ被害。
6.1	〔設立〕広島市平和教育研究所発足	広島市平和教育研究所を発足。
6.26	〔政策〕高等教育懇談会を発足	文相の私的諮問機関高等教育懇談会を発足。
7.3	〔制度〕教員養成審議会「教員養成の改善方針」建議	教育職員養成審議会、単位の引き上げ、実習期間延長、免許の3段階制など教員養成の改善方針について建議。
7.7	〔人事〕稲葉修、文部大臣に就任	第1次田中内閣が発足し、稲葉修が文部大臣に就任。
7.21	〔制度〕立川市立二中の音楽教師、全生徒に評価3	立川市立二中の音楽教師、全生徒に評価3をつけて問題化。
7.21	〔裁判〕勤務手当カット事件で教委側勝訴	富山地方裁判所、勤務手当カット事件で教育委員会側に勝訴判決。
10.1	〔出版〕文部省『学制百年史』を刊行	文部省『学制百年史』(2巻)を刊行。10月5日記念式典が開催。
10.5	〔法令〕文部省、「学制」百年記念式典開催	文部省、「学制」百年記念式典を国立劇場で開催。
10.6	〔制度〕国大協、全国共通一次試験の基本構想を発表	国立大学協会、全国共通一次試験の基本構想を了承し、公表。
10.17	〔制度〕盲・聾・養護学校高等部学習指導要領を発表	文部省、盲学校・聾学校・養護学校高等部学習指導要領を発表。
10.27	〔制度〕小中高校等の学習指導要領の一部改正など通達	文部省、知育偏重是正の「小・中・高校などの学習指導要領の一部改正ならびに運用について」通達。
12.22	〔人事〕奥野誠亮、文部大臣に就任	第2次田中内閣が発足し、奥野誠亮が文部大臣に就任。

1973年
(昭和48年)

2.10	〔制度〕大阪府小中学校指導要録を3段階絶対評価に	大阪府教育委員会、小中学校の指導要録を3段階絶対評価と決定。2月19日大阪市教育委員会、中学校指導要録の段階評価全廃を決定。
2.19	〔政策〕文部省、高校生徒指導要録の改訂を通知	文部省、高校生徒指導要録の改訂について通知。
3.1	〔政策〕高等教育拡充整備計画に関する基本構想	高等教育懇談会、「高等教育拡充整備計画に関する基本構想」を発表。1980年代後半の大学進学率を40％と予想。地方大学の拡充整備を提起した。

3.22	〔裁判〕最高裁、東大ポポロ事件再上告棄却	最高裁判所、1952年の東大ポポロ事件の再上告を棄却、被告の有罪判決確定。
4.15	〔制度〕日教組委員長、学校5日制を表明	日教組槇枝委員長、学校5日制を表明。5月2日奥野文相が、5日制実施についての検討を事務当局に指示。
4.25	〔裁判〕全農林警職法事件で官公労働者の争議禁止は合憲	最高裁判所、官公労働者の争議禁止は合憲と判断（全農林警職法事件）。
4.27	〔事件〕春闘初のゼネストで日教組半日スト	春闘初のゼネストで日教組半日スト決行。44万人が参加した。
4.28	〔裁判〕最高裁、愛知大学事件の上告棄却	最高裁判所、愛知大学事件の上告を棄却、有罪判決。大学自治と警察権の限界が争点となった。
6.18	〔活動〕教育制度検討委員会、第3次報告書提出	教育制度検討委員会、日教組に教育内容改革、大学改革などを含む第3次報告書「日本の教育をどう改めるべきか（続）」を提出。
7.20	〔法令〕文部省、「教育職員免許法施行規則」改正	文部省、「教育職員免許法施行規則」改正、履修科目の憲法・倫理学を削除。12月9日必修から削除された憲法は従来通り履修させるよう各大学長宛てに通達。
8.4	〔社会〕就学猶予・免除児童の実態調査発表	文部省、就学猶予・免除児童の実態調査発表。6、7歳児で1万人の就学猶予・免除児童。
9.12	〔裁判〕勤評闘争行政処分無効確認請求訴訟	和歌山地方裁判所、勤評闘争行政処分無効確認請求訴訟で、「処分取り消し、地方公務員法の争議禁止は違憲」判決。
9.25	〔法令〕参院本会議、筑波大学法案を可決	参院本会議、筑波大学法案を自民党単独で可決。学系、学群制、副学長制、参与会制等、筑波方式管理を導入。
10.2	〔政策〕文部省、公立小中学校の統合について通達	文部省、公立小中学校の統合について通達。統合を積極的に推進した1955年通達からの方針転換。
10.31	〔政策〕学術審議会、学術振興に関する基本施策答申	学術審議会「学術振興に関する当面の基本的施策について」答申。教育と研究の分離、大学教員の契約制等を提起。
11.5	〔活動〕旭川医大・愛媛大医学部・山形大、医学部開学	旭川医科大学、愛媛大学医学部、山形大学医学部を開学。
11.9	〔法令〕大学設置審議会、「大学設置基準」の改善を答申	大学設置審議会、「筑波大学法」にあわせ、医・歯学部の6年間一貫課程を認めるなど「大学設置基準」の改善について答申。
11.16	〔政策〕養護学校の義務化	政府、障害児の養護学校への就学義務及び養護学校の設置義務を決定。1979年4月1日から施行。「学校教育法」施行以来32年ぶりに義務教育実施。
12.7	〔事件〕茨城の小6女児3人が飛び降り自殺	茨城の神栖町・軽野小学6年生の女子児童3人が、精神安定剤を飲み校舎3階から傘を手に飛び降り自殺。自殺の低年齢化が問題となる。

この年　〔社会〕江崎玲於奈、ノーベル物理学賞受賞　米国IBM主任研究員江崎玲於奈、半導体におけるトンネル効果の実験的発見に対してノーベル物理学賞を受賞。

1974年
（昭和49年）

2.25　〔法令〕「教員人材確保法」を公布　学校教員の水準の維持向上のため義務教育学校の人材確保に関する特別措置法「教員人材確保法」を公布。

3.18　〔法令〕「教員人材確保法」により教員の給与引上げ勧告　人事院、「教員人材確保法」により小中学校教員で9％、高校教員で5.5％の給与引上げを勧告。

3.22　〔政策〕放送大学設置調査研究会議、最終報告　文部省放送大学設置調査研究会議、番組は学長直轄チームが制作するなど基本構想を最終報告。

4.3　〔政策〕小中学校に就学希望の障害児全員入学実施　東京都教育庁、1974年度から全国に先駆けて小中学校に入学希望する障害児全員の入学を実施することを決定。

4.11　〔事件〕春闘ゼネスト、日教組初の全日スト　春闘ゼネストにおいて日教組、35都道府県で初の全日ストを決行。

4.26　〔政策〕社会教育審議会、社会教育の在り方答申　社会教育審議会、「在学青少年に対する社会教育のあり方について」答申。学校以外の団体活動を重視することを提起。

5.20　〔政策〕新構想の教員養成大学に関する調査会報告　文部省新構想の教員養成大学に関する調査会、教員の再教育大学院、筑波方式を導入など「教員のための新しい大学・大学院の構想について」報告。

5.21　〔活動〕教育制度検討委員会、日教組に最終報告　日教組委嘱の教育制度検討委員会、「日本の教育改革を求めて」を日教組に最終報告。

5.27　〔政策〕中教審「教育・学術・文化の国際交流」答申　中央教育審議会、海外子女教育の充実、留学生の交流など「教育・学術・文化における国際交流について」答申。

6.1　〔法令〕「学校教育法」改正、教頭職が法制化　「学校教育法」改正により、教頭職が法制化された。

6.1　〔設立〕全国無認可保育所連絡協議会を結成　全国無認可保育所連絡協議会を結成。

6.3　〔法令〕「文部省設置法」一部改正　「文部省設置法」一部改正。大学学術局を大学局と学術国際局に分離。

7.16　〔裁判〕教科書裁判第1次訴訟で、教科書検定は合憲　東京地方裁判所、家永三郎教授の教科書裁判第1次訴訟で教科書検定制度は憲法、「教育基本法」に違反せずと判決。原告、被告とも控訴。

7.19　〔裁判〕最高裁、昭和女子大学事件で退学処分は適法　最高裁判所、1961年の昭和女子大学生身分確認請求上告審で大学側の退学処分を適法と判決、上告棄却。

− 149 −

7.26	〔法令〕「大学運営臨時措置法」は8月17日以後も有効　閣議、「大学運営臨時措置法」は8月17日以降も効力を失わないことを了承。
8.21	〔政策〕私立学校振興方策懇談会、私学助成を強調　私立学校振興方策懇談会、公費による大幅な私学助成を強調するなど「私立学校の振興方策について」報告。
10.4	〔制度〕市町村教委の任命権の行使について通達　文部省初等中等局長「地方教育行政の組織及び運営に関する法律38条の市町村教育委員会の任命権の行使について」通達。内申抜きの教員を処分。
11.11	〔人事〕三原朝雄、文部大臣に就任　第2次田中内閣の第2次改造内閣で、三原朝雄が文部大臣に就任。
11.21	〔事件〕八鹿高校で同和教育に関連して傷害事件　兵庫県立八鹿高校で差別解放教育に関連して傷害事件が起きる。
12.9	〔人事〕永井道雄、文部大臣に就任　三木内閣が発足し、永井道雄が文部大臣に就任。民間人の文部大臣は24年ぶり。
12.10	〔裁判〕最高裁、京都旭丘中学事件の再上告審棄却　最高裁判所、京都旭丘中学事件の再上告審で、原告の上告を棄却。
この年	〔社会〕佐藤栄作、ノーベル平和賞受賞　前首相佐藤栄作、非核三原則の提唱に対してノーベル平和賞を受賞。
この年	〔社会〕高校進学率が90％を超える　高校進学率が90％を超える。

1975年
（昭和50年）

2.5	〔活動〕福岡県教委、任命権の行使を初適用　福岡県教育委員会、市町村教育委員会からの内申抜きでも教職員のストライキ処分等ができるとした文部省通達（1974年10月4日）を全国で初行使し、3市1町の教職員1433名処分。2月7日、福岡県教組は福岡地方裁判所に処分無効確認の第1次訴訟。22日第2次訴訟。
3.7	〔政策〕大学設置審議会で短期大学設置基準要綱　大学設置審議会、「短期大学設置基準要綱」「短期大学設置基準の制定について」をまとめ、永井文相に答申。4月28日文部省令として公布。1975年度より施行。
3.14	〔政策〕文明問題懇談会、初会合　永井文相の私的諮問機関・文明問題懇談会、初会合。会長は桑原武夫。
4.19	〔制度〕国立大学共通一次試験調査報告書を発表　国立大学協会入試改善調査委員会が国立大学共通第一次試験調査報告書を発表。内容は、高校の必修教科・科目の一般的学習の達成程度を評価する共通一次試験を5教科、7科目で行う。各大学の二次試験は学部・学科の適正評価と総合力・思考力の判定に力点をおく。実施機関として独立又は国立大学に国立大学共同利用施設（仮称：入試センター）を設置。

4.20	〔社会〕四谷大塚進学教室選抜試験に1万6千人応募	東京の小学生進学塾・四谷大塚進学教室の選抜試験に1万6000人が応募。塾・進学教室が過熱化。

4.20 〔社会〕四谷大塚進学教室選抜試験に1万6千人応募　東京の小学生進学塾・四谷大塚進学教室の選抜試験に1万6000人が応募。塾・進学教室が過熱化。

4.25 〔政策〕文部省、大学院問題懇談会が初会合　文部省、大学院問題懇談会が初会合、大学院整備充実の基本方針を研究協議。

5.6 〔政策〕ベトナム、カンボジア留学生の教育指導　ベトナム、カンボジア留学生の教育指導について通達。

6.4 〔活動〕学校給食の添加物Lリジンの安全性に疑問　神奈川県教育委員会、文部省が学校給食に添加をすすめる必須アミノ酸のLリジンの安全性に疑問があるとして市町村教育委員会などに一時使用中止を通達。発がん性が問題化し、8月28日文部省、リジン使用は各都道府県の自主的判断にゆだねると通達。

6.16 〔設立〕日本教育会が結成大会　教育の正常化推進を掲げ社団法人日本教育会が結成大会。会長は森戸辰男。

7.3 〔法令〕「私立大学振興助成法」案などが可決　参院本会議で、「私立大学振興助成法」案「学校教育法」一部改正案（専修学校法案）が可決。1976年4月1日施行。内容は、私大経常費2分の1以内の補助、高校以下の私学に国と府県で4分の1ずつ補助、1976年4月〜1981年3月までの5年間は私立大学の新増設や学生定員増は認めないなど。

7.7 〔政策〕ベトナム、カンボジア留学生へ緊急救援措置　ベトナム、カンボジア留学生に対する緊急救援措置について通達。

7.11 〔法令〕「私立学校振興助成法」などを公布　「私立学校振興助成法」「義務教育諸学校等の女子教育職員及び医療施設、社会福祉施設等の看護婦、保母等の育児休業に関する法律」を公布。

7.16 〔法令〕「教科用図書検定実施細則」の一部改正を通達　「教科用図書検定実施細則」の一部改正について通達。

7.20 〔社会〕「沖縄海洋博」開幕　沖縄国際海洋博覧会が開幕（〜1976年1月18日）。沖縄県の本土復帰記念事業として開催された。財団法人沖縄国際海洋博覧会協会が主催。「海―その望ましい未来」をテーマとした。

7.23 〔政策〕公立高校新増設に関する調査を公表　全国知事会、公立高校新増設に関する調査を公表。1975年〜1977年の3年間に必要とされる新増設高441校、総事業費5086億1300万円。

8.15 〔制度〕教育研究災害補償制度に関する最終報告　文部省の学生の教育研究災害補償制度に関する調査研究会が大学生、短大生の体育実技や実験実習中に負傷・事故死したときの互助制度の実施を求めた最終報告書を公表。内容は、学生の掛け金をもとにした互助制度とする。学部、学科、大学院から聴講生まで幅広い学生を対象とする。正課中の事故によるケガ、疾病、死亡と対象とする。運営は公益法人にまかせるなど。

8.30 〔出版〕文部省、初の学術白書『わが国の学術』を発表　文部省学術国際局、初の学術白書『わが国の学術』を発表。今後の学術研究奨励策は、宇宙科学、加速器科学などビッグ・サイエンスを重点に、研究者の養成、研究投資、組織化を推進すべ

きと強調。

9.19 〔活動〕経済同友会、上場企業社員の学歴昇進を調査　経済同友会教育問題委員会、東証一部上場企業社員の学歴・昇進などに関する調査を発表。出身校は一部の大学に偏るも、大卒は増加。

10.11 〔活動〕慶大、スライド方式による学費値上げを発表　慶応義塾大学、1977年以降国家公務員給与の上昇率に合わせた、スライド方式による学費値上げを発表。

10.15 〔制度〕文部省、小中高校に部長制等の導入方針　文部省、小中高校に部長制等の導入方針。教務、生活、健康3部長、学級担任、高校事務長を職制化。

11.13 〔制度〕国大協総会、共通一次試験の具体化方針決定　国立大学協会総会、共通一次試験実施に会員校の65～70％の支持を得て、積極的具体化の方針を決定。23日、24日高校3年生5000人を対象に模擬テストを実施。

11.22 〔政策〕総理府、青少年の性行動調査報告を公表　総理府、日本初の全国規模で行われた「青少年の性行動」調査報告を公表し、性行動の進む年齢の早期化、性教育の遅れなどを指摘。

11.25 〔政策〕行政管理庁、幼保行政の問題点を指摘　行政管理庁、「幼児の保育及び教育に関する行政監察」をまとめ、幼稚園、保育園行政の問題点を指摘、文部省、厚生省に改善を勧告。内容は幼稚園と保育所の監督官庁の違いから、整備計画の未調整。長時間保育、夜間保育の実情が十分に把握されていないため、無認可保育園・保育所解消の努力が不十分。双方の施設に対する施設基準も改善の必要があるなど。

12.8 〔制度〕高校制度の能力主義・多様化を提唱　自民党文教部会・初中教育チーム「高等学校制度及び教育内容に関する改革案」の中間まとめを公表、高校制度の能力主義・多様化を提唱。内容は、普通科を文科、理科に分割。教育内容の程度を下げる。卒業に必要な総単位と必須科目を削減し、選択科目を増加。職業課程は学科の細分化を避け、基礎学習を重視。卒業試験制度を設けるか、あるいは普通卒業と特別卒業（所定の単位を修得できず卒業する者）に分けるなど。

12.10 〔事件〕日教組等、主任制度化に反対しスト　日教組、日高教、主任制度化に反対して、大阪、福岡など20都道府県で午後から半日ストライキ。また、愛知、京都など17都道府県では午後3時から時限ストライキを実施。

12.20 〔裁判〕教科書裁判第2次訴訟控訴審棄却　東京高等裁判所第1民事部は、教科書検定裁判第2次訴訟控訴審で、憲法判断を避け、国側の控訴棄却を判決。1966年の改訂検定不合格処分が裁量の範囲を越え、行政の一貫性、安全性に欠けるものであるとした。12月30日文部省、最高裁判所に上告。

12.25 〔制度〕主任制度化のための「学校教育法施行規則」改正を決定　文部省、省議で主任制度化のための「学校教育法施行規則」改正を決定。12月26日官報公示。1976年3月1日施行。改正点は、小学校に教務主任と学年主任、中学校に教務、学年主任と生徒指導主事、進路指導主事、高校に教務、学年主任と生徒指導、進路指導と学科主任を設置。主任は校長の監督をうけて連絡調整と指導助言の役割を担当。必要に応じて校務を分担する主任を設置し、事務職員のなかで事務主任を設置など。

1976年
(昭和51年)

1.2 〔政策〕文部省、放送大学基本計画公表　文部省の放送大学創設準備調査研究会議、放送大学基本計画公表。

1.6 〔法令〕「専修学校設置基準」設定　文部省、専修学校法制化を前に、「学校教育法施行規則等の一部を改正する省令」及び「専修学校設置基準」を設定、10日公布。

1.13 〔制度〕「「学校教育法施行規則等の一部を改正する省令」の施行について」の指導通達　文部省、小中高の主任制度の施行に備え、各都道府県教育委員会等に「「学校教育法施行規則等の一部を改正する省令」の施行について」の指導通達。

1.17 〔制度〕全国革新市長会、主任制度反対　全国革新市長会拡大幹事会、主任制度反対を決定。文部省と日教組の話し合いを要望。

3.1 〔制度〕主任制度施行　「学校教育法施行規則」改正、小中高の主任制度化を13県が施行、5県が主任発令。日教組は全国統一ストライキの実施を決定。

3.9 〔事件〕日教組、ストライキ実施　日教組、主任手当を含む人事院勧告阻止のため34都道府県で午後3時からストライキ実施。

4.1 〔制度〕文部省、主任制度化実施状況調査　文部省、主任制度化実施状況を調査。制度化した県は28県、速やかに実施の方針は14道県、さらに検討が5都府県。

5.7 〔出版〕文部省、教育白書『我が国の教育水準』刊行　文部省は1975年度版教育白書『我が国の教育水準』を大蔵省印刷局から刊行。高学歴化、生涯教育の体系化等を提示。

5.11 〔活動〕日教組「学力実態調査」の結果発表　日教組と国民教育研究所は6県の小中学生5万人を対象とし、「教育課程改善のための学力実態調査」の結果を発表。国語・算数ともに学力停滞、格差拡大、落ちこぼれの実態が報告される。

5.12 〔事件〕水戸五中事件　茨城県水戸市立水戸第五中学校で、女性教諭が2年男子生徒の頭を殴る「体罰」を行う。5月20日生徒死亡。

5.17 〔制度〕日教組「教育課程改革試案最終報告書」を発表　日教組教育課程検討委員会は、「教育課程改革試案最終報告書」を発表。ゆとりある授業・楽しい学校の実現を目指す。

5.21 〔裁判〕最高裁、旭川学力テスト裁判で教組有罪判決　最高裁判所、旭川学力テスト反対闘争事件、岩手県教組学力テスト反対闘争事件について、原判決破棄、教組有罪と判決。他方、教育行政と教育権のあり方に新しい見解を示す。

6.18 〔出版〕全国私立大学教授連合、『全国私大白書』発表　120大学204学部、70短大が加盟する全国私立大学教授連合は『全国私大白書』を発表。私大の危機を訴え、国庫助成の公正な増額を提言。

7.7 〔制度〕高等専門学校教育課程調査会「高等専門学校教育課程の改善について」を

	発表　文部省高等専門学校教育課程調査会、「高等専門学校教育課程の改善について」を発表。教育課程基準の弾力化、履修の選択制の採用などの内容。
9.7	〔制度〕文部省、都道府県教委に業者テストの取扱等について通達　文部省、都道府県教育委員会に「学校における業者テストの取扱い等について」を通達。
10.6	〔制度〕教育課程審議会「教育課程の基準の改善について」を発表　文部省教育課程審議会、「教育課程の基準の改善について(審議のまとめ)」を発表。授業時数の1割削減、教科内容の2～3割削減等、ゆとりの教育を強調。
11.6	〔制度〕永井文相、槇枝日教組委員長トップ会談　永井道雄文相と槇枝元文日教組委員長は、主任手当問題を中心としたトップ会談を行う。
11.10	〔社会〕天皇在位50周年記念日　天皇在位50周年記念日、京都などは平常授業を実施。天皇在位50周年粉砕闘争として国立3大学、私立1大学において授業放棄。
11.18	〔制度〕国大協、共通一次試験の最終見解発表　国立大学協会入試改善調査委員会は、共通第一次学力試験の1979年度実施、入試期日の一本化などの最終見解を発表。
12.18	〔制度〕教育課程審議会「小学校,中学校及び高等学校の教育課程の基準の改善について」を答申　教育課程審議会、1973年に文相から諮問されていた「小学校,中学校及び高等学校の教育課程の基準の改善について」を答申。授業時数10％、教科内容20％の削減等、ゆとりある教育を提唱。
12.23	〔政策〕文部省、公私立高校新増設建物整備費補助金の交付要綱を決定　文部省、公私立高等学校新増設建物整備費補助金交付要綱を決定、各都道府県に通知。公立高校40億円、私立高校2億円が計上される。
12.24	〔人事〕海部俊樹、文部大臣就任　福田赳夫内閣が発足し、海部俊樹が文部大臣に就任。
12.28	〔活動〕日本私立大学連盟「私立大学教育の充実と向上のために」を発表　日本私立大学連盟、「私立大学教育の充実と向上のために」を発表。私学助成の拡充強化を訴える。

1977年
(昭和52年)

1.7	〔活動〕国立教育研究所「学習到達度と学習意識に関する調査」まとめ発表　国立教育研究所、1975年11～12月実施の「学習到達度と学習意識に関する調査」まとめ発表。
1.8	〔活動〕全国知事会「公立高校新増設計画に関する調査」の結果発表　全国知事会、1976～80年度までの「公立高校新増設計画に関する調査」の結果発表。5年で687校の新増設が必要と指摘。
1.21	〔社会〕第12期国語審議会「全漢字表試案」まとめ　第12期国語審議会、「全漢字表試案」まとめ。1946年制定の当用漢字表を全面的に再検討したもの。海部文相

に報告。

1.26 〔制度〕教科用図書検定調査審議会、「教科書検定制度の運用の改善について」を海部文相に建議　教科用図書検定調査審議会、「教科書検定制度の運用の改善について」を海部俊樹文相に建議。現行検定基準や検定手続の改正、検定周期の延長等の内容。

3.2 〔制度〕文部省、高校以下の教員の週休2日制実施要領を各県教委に送付　文部省、「公立の高等学校以下の学校における教職員の週休2日制の試行について」を各都道府県教育委員会に送付。

3.9 〔制度〕国立教育研究所「学校における評価の現状について」の調査結果発表　国立教育研究所、「学校における評価の現状について」（通知表およびテスト利用に関する全国調査結果）（1976年実施）の発表。小・中の2割で国基準の相対評価ではなく、到達度評価を実施。

3.11 〔政策〕文部省、初の学習塾調査の発表　文部省、「児童生徒の学校外学習活動に関する実態調査結果」（1976年実施）を発表。初の学習塾調査。通塾率小学生26.6％、中学生38％の実態が明らかになる。

4.22 〔法令〕「国立学校設置法」改正　参院本会議で大学入試センター設置を内容とした「国立学校設置法及び国立養護教諭養成所設置法の一部を改正する法律」を修正可決、同日衆院本会議で可決、成立。

5.2 〔設立〕大学入試センター発足　「国立学校設置法及び国立養護教諭養成所設置法の一部を改正する法律」公布、大学入試センターが設置される。初代所長・加藤陸奥雄（前東北大学長）。

5.24 〔事件〕慶応大学商学部入試問題漏洩事件判明　慶応義塾大学商学部で入試委員の1977年度の入学試験問題の漏洩が判明。教授2人の懲戒解職を決定。

6.3 〔活動〕日教組結成30年式典挙行　日教組結成30年、日本教育会館落成を祝し記念式典を挙行。

6.15 〔政策〕第11期中教審発足　第11期中央教育審議会は第1回総会を東京で開催、高村象平会長選出。海部文相、席上で「当面する文教の課題に対応するための施策について」を諮問。

6.29 〔法令〕法制審議会「少年法改正について」答申　法制審議会は福田一法相に「少年法改正について」答申。

7.1 〔設立〕国立婦人教育会館発足　文部省の附属機関として国立婦人教育会館発足。

7.8 〔政策〕都道府県教育長協議会「高校教育の諸問題と改善の方向」最終報告まとめる　都道府県教育長協議会の高校問題プロジェクトチーム、「高校教育の諸問題と改善の方向」最終報告まとめる。内容は選択教科導入、中高一貫6年制高校設立、特色ある高校等の提案。

7.23 〔制度〕文部省、小中学校新学習指導要領を告示　文部省、「学校教育法施行規則」一部改正。「小学校新学習指導要領」及び「中学校新学習指導要領」を改正、官報告示。

8.16 〔制度〕文部省、「小学校及び中学校の学習指導要領等の施行について」を通達　文

部省、「小学校及び中学校の学習指導要領等の施行について」を各都道府県教育委員会に通達。「ゆとりある教育のため学校の創意工夫」を要望。

9.8 〔活動〕日教組、大学問題検討委発足　日教組大学問題検討委員会発足。初代会長に梅根悟就任。

9.22 〔法令〕文部省、教科書新検定規則公布　文部省、「教科用図書検定規則の全部を改正する省令」公布。「教科用図書検定基準および実施細則」を改正。学習指導要領改訂対応。

10.6 〔制度〕文部省、小中学校教育課程移行措置を告示、通達　文部省、「小学校および中学校の教育課程移行措置」（現行学習指導要領の特例）を告示、各都道府県教育委員会等に通達。

10.9 〔制度〕文部省「体力・運動能力調査」発表　文部省、1975・1976年度「体力・運動能力調査」発表。児童から一般成人を対象とし、筋力の低下を指摘。

10.14 〔事件〕警察庁、「少年の自殺」調査結果発表　警察庁は、「少年の自殺」（1977年3月～9月10日20歳未満対象）の調査結果発表。自殺原因の4分の1以上が学業問題と指摘、国際比較でも最高率。

11.17 〔制度〕国大協教員養成制度特別委「大学における教員養成」報告書発表　国立大学協会教員養成制度特別委員会、「大学における教員養成—その基準のための基礎的検討」報告書発表。

11.24 〔事件〕日教組、主任手当阻止でスト　日教組、主任の制度化に反対して午後3時以降の統一ストライキ実施、33都道府県参加。

11.28 〔人事〕砂田重民、文部大臣就任　福田赳夫改造内閣が発足し、砂田重民文部大臣就任。

12.21 〔法令〕主任手当支給と一本化の給与法成立　「一般職の職員の給与に関する法律の一部を改正する法律」案が参院本会議で可決、同日衆院本会議で可決、成立、公布。これにより「主任手当」支給と一本化の給与法成立。

12.23 〔裁判〕最高裁、都教組勤評闘争の懲戒処分取消訴訟で上告棄却　最高裁判所、東京都教組の1958年勤務評定反対一斉休暇闘争による懲戒処分取消訴訟で、教組側の上告を棄却判決。

12.24 〔制度〕共通一次試験試行テスト実施　国立大学協会、24・25日共通第一次試験試行テスト実施。国公立大204カ所で約48,600人受験。

12.27 〔裁判〕内申抜き処分無効確認訴訟で違法判決　福岡地方裁判所、1974年10月4日の文部省通達で処分された福岡県教組員8人が福岡県教育委員会を相手取った「内申抜き処分無効確認訴訟」で、地方教育委員会に内申義務なしとし、処分は違法と判決。

1978年
（昭和53年）

2.7 〔政策〕東京都青少年問題協議会「盛り場と青少年について」意見書公表　東京都青少年問題協議会、「盛り場と青少年について」意見書公表。盛り場規制の他、魅力ある公共青少年施設や情報サービス充実を説く。

2.12 〔事件〕滋賀県で中学生殺傷事件　滋賀県野洲町で中3男子2人が、一緒に泊まっていた友人4人を殺傷、1人を死亡させる事件発生。

2.27 〔制度〕文部省、学術修士新設　文部省、学術修士を学位規則の省令改正により新設。

3.2 〔事件〕警察庁、『少年の自殺白書』発表　警察庁は、1977年度の『少年の自殺白書』を発表。自殺少年784件、高校生242人、中学生103人。

3.15 〔設立〕東京教育大学、閉学式　1872年師範学校として開学した東京教育大学が閉学記念式を挙行。新制国立大学の中で最初の廃校大学。106年にわたる伝統と業績は、筑波研究学園都市における筑波大学で継承。

5.10 〔政策〕東京都産業教育委員会「工業高校のあり方について」答申　東京都産業教育委員会、工業高校からの大学進学門戸拡大等の採用を提案した「工業高校のあり方について」を答申。

5.12 〔法令〕「産休代替法」可決　「女子教育職員の出産に際して補助教育職員の確保に関する法律の一部を改正する法律」（「産休代替法」）可決、6月9日公布、9月9日施行。この法改正によって、教員以外の学校事務職員・学校栄養職員の産休時代替職員の制度が成立。

6.7 〔制度〕「進学ローン」「進学積立郵便貯金」スタート　「郵便貯金法」と「国民金融公庫法」の一部改正法が可決成立。「進学ローン」「進学積立郵便貯金」がスタートする。

6.13 〔法令〕新構想大学の「国立学校設置法」改正　新構想大学設置のための「国立学校設置法」改正案が成立する。

6.16 〔政策〕中教審「教員の資質能力の向上について」を答申　中央教育審議会、「教員の資質能力の向上について」を砂田文相に答申。教員の養成、採用、研修全般にわたった体系的教員管理対策を提言。

6.22 〔制度〕文部省、「新高等学校学習指導要領」を発表　文部省、「新高等学校学習指導要領」を発表。多様化、弾力化、学校の裁量幅の拡大を強調した内容。

7.3 〔制度〕立教大学法学部、社会人入学の実施発表　立教大学法学部、1979年度の社会人入学の実施を発表。社会人への門戸開放は全国初。28日福島大学経済学部も夜間課程で社会人推薦入学枠の新設を発表。

7.11 〔政策〕労働省「中・高校生のアルバイト実態調査」を発表　労働省、1977年実施

の「中・高校生のアルバイト実態調査」を発表。アルバイト生徒は中学生3.8%、高校生15.1%。

7.18 〔政策〕全国知事会「公立高校新増設計画に関する調査結果」公表　全国知事会、「公立高校新増設計画に関する調査結果」公表。5年間で必要な高校の増設は637校、1兆2000億円が必要との内容。

7.26 〔人事〕世界教職員団体総連合で槇枝日教組委員長、会長に　世界教職員団体総連合の年次総会において、日教組槇枝元文委員長が第4代会長に選出される。

8.4 〔制度〕中野の教育を良くする会、教委準公選条例制度の直接請求の署名簿提出　中野の教育を良くする会、「教育委員準公選条例」制度の直接請求の署名で、有効数の約4倍である2万1千人分を集め、署名簿を中野区選挙管理委員会に提出。

8.30 〔制度〕文部省、高校の新学習指導要領を告示　文部省、全面改訂の「高等学校学習指導要領」を告示。多様化、弾力化、学校裁量幅の拡大などを通知。

9.9 〔政策〕教育職員養成審議会「教育実習の改善充実について」を提出　教育職員養成審議会、一般大学の教育実習改善に関する「教育実習の改善充実について」を砂田重民文相に提出。

10.1 〔設立〕教育放送開発センター等が発足　教育放送開発センター、上越教育大学、兵庫教育大学が発足。

10.23 〔制度〕教育課程審議会「盲ろう養護学校の小中高等部の教育課程の基準の改善について」答申　教育課程審議会「盲学校、聾学校及び養護学校の小学部、中学部及び高等部の教育課程の基準の改善について」を砂田文相に答申。

11.3 〔活動〕日教組・国民教育研究所「学級規模と教育活動に関する調査」発表　日教組・国民教育研究所「学級規模と教育活動に関する調査」発表。小学校教員の95%、中学校教員の88%が35人以下の学級編成希望との結果が明らかになる。

11.14 〔裁判〕最高裁、勤評不提出校長の免職処分を有効と判決　最高裁判所、勤務評定の提出拒否により懲戒免職となった元校長の処分取消訴訟で、処分は有効と判決。

11.20 〔設立〕国際児童年子どもの人権を守る連絡会議の結成大会　国際児童年子どもの人権を守る連絡会議の結成大会が東京で開催される。総評、日本子どもを守る会、日本婦人団体連合会の3団体が発起人となり、34団体が参加。

12.7 〔人事〕内藤誉三郎、文部大臣就任　第1次大平内閣が発足し、内藤誉三郎が文部大臣に就任。

12.12 〔裁判〕最高裁、山口県学テ作文事件で教諭側の上告棄却　最高裁判所、1962年の山口県学力テスト作文事件で山口県教育委員会の処分は有効とし、教諭側の上告棄却。

12.15 〔法令〕中野区議会本会議、教育委員準公選制条例を可決　東京都中野区議会特別委員会は、「中野区教育委員候補者選定に関する区民投票条例」案を可決。

1979年
(昭和54年)

1.1 〔社会〕「国際児童年」スタート　国連総会で、「児童の権利に関する宣言」の採択20周年を記念して、1979年を国際児童年とする決議が採択されたことによるもの。

1.13 〔制度〕初の国公立大学共通一次試験実施　第1回国公立大学共通第一次学力試験実施、14日まで。入試期日を一元化。全国225会場、志願者34万1,875人。

1.14 〔事件〕世田谷祖母殺害事件　東京都世田谷区で、早大高等学院の高校生が祖母を殺害し自殺。

3.26 〔政策〕保健体育審議会「児童生徒の運動競技の在り方について」を答申　文部省保健体育審議会、「児童生徒の運動競技の在り方について」を文相に答申。学校教育活動としての小・中・高校の対外運動競技の規制を大幅に緩めることを進言。

3.28 〔裁判〕「内申書裁判」で原告勝訴判決　東京地方裁判所は、東京都町田市の保坂展人の「内申書裁判」で、原告勝訴判決。原告の政治的思想・信条に基づく行為を不利益な形で内申書に記載することは、教育権の逸脱・濫用であり学習権の侵害と判示。

4.1 〔制度〕「養護学校の義務制度」発足　1973年の政令に基づき、「養護学校の義務制度」発足。新学制発足以来32年目。

5.8 〔事件〕福岡教委、君が代をアレンジ演奏した教師を免職処分に　福岡県教育委員会、福岡県立若松高校の卒業式で君が代をジャズ風にアレンジ伴奏した教師を分限免職。

5.10 〔裁判〕北教組マンモス訴訟で処分取消判決　札幌地方裁判所は、北海道教組4,581人が提訴した「北教組マンモス訴訟」において、公立学校教員のストライキに対する行政処分を、全員処分取消判決。

5.25 〔法令〕「中野区教育委員候補者選定に関する区民投票条例」公布　東京都中野区の青山良道区長、住民の直接請求で成立した全国初の中野区教育委員候補者選定に関する区民投票条例」公布。

6.8 〔社会〕中教審「地域社会と文化について」答申　第11期中央教育審議会、民間活力による文化振興策や文化活動圏の提唱をした「地域社会と文化について」答申。中教審、大学公開講座、放送大学の整備促進、教育休暇を提唱した「生涯教育に関する小委員会報告」了承。

6.12 〔政策〕自民党、家庭基盤の充実に対する対策要綱作成　自民党家庭基盤の充実に関する特別委員会、「家庭基盤の充実に対する対策要綱」作成。

6.30 〔活動〕日教組「日本の大学」を発表　日教組大学問題検討委員会、「日本の大学―その現状と改革への提言」を発表。入学資格認定試験、有給休暇制度などの採用を提言。

7.2 〔制度〕文部省、盲・ろう・養護学校の新学習指導要領告示　文部省、「盲学校、聾

学校、養護学校の学習指導要領」を改訂、告示。

7.5 〔政策〕青少年問題審議会「青少年と社会参加」を首相に提出　総理府青少年問題審議会、「青少年と社会参加」を首相に提出。青少年の社会参加の機会を与えることによって、青少年問題の対処とする。

7.26 〔事件〕警察庁、「少年の非行と自殺の概況」発表　警察庁は「少年の非行と自殺の概況」を発表。自殺の動機の1位は「学校問題」と指摘。

8.22 〔制度〕文部省「第5次教職員定数改善計画案」発表　文部省、「第5次教職員定数改善計画案」発表。40人学級実現のための教職員増加計画等の内容。

9.21 〔法令〕「国際人権規約」発効　わが国で「国際人権規約」発効。ただし、中等・高等教育の漸進的無償化等3項目につき留保。

10.16 〔活動〕関西経済同友会「教育改革への提言」発表　関西経済同友会、創造的能力の育成、国際教育の充実等の内容の「教育改革への提言—21世紀の選択」発表。

10.24 〔活動〕経済同友会「多様化への挑戦」を発表　経済同友会、教育改革への提言「多様化への挑戦」を発表。学校の多様化による個性化教育の推進を説く。

10.26 〔社会〕『金八先生』放映開始　テレビドラマ『3年B組金八先生』が、TBSで放映開始。武田鉄矢主演の教育ドラマ・学園ドラマで、2011年に終了するまで32年間制作・放送され続けた人気番組となった。

11.9 〔人事〕大平正芳首相、文相兼任　第2次大平内閣成立、大平正芳内閣総理大臣が文部大臣兼務。

11.20 〔人事〕谷垣専一、文部大臣就任　谷垣専一が第2次大平内閣の文部大臣に就任。

11.20 〔出版〕『青少年白書』報告　閣議、1979年版『青少年白書』を報告。核家族世帯の子ども、活字ばなれなどの、憂慮すべき子どもの生活と意識についてまとめる。

11.24 〔制度〕教科用図書検定調査審議会「義務教育教科書の貸与制」について建議　文部省教科用図書検定調査審議会教科用図書分科会、「義務教育教科書の貸与制」について文相に建議。教科書貸与制の問題と無償制度の存続を主張。

1980年
(昭和55年)

1.19 〔政策〕総理府「読書・公共図書館に関する世論調査」公表　総理府、「読書・公共図書館に関する世論調査」の結果公表。1年間に本を読んだことがない者40％、1年間に公共図書館を利用したことのない者86％と報告。

1.22 〔制度〕自民党機関紙で教科書批判キャンペーン　自民党、機関紙『自由新報』において国語・社会科教科書批判キャンペーン「いま教科書は」を展開。8月まで継続。

2.29 〔政策〕文部省、都道府県教委に「小・中学校指導要録の改正」通知　文部省、都道府県教育委員会に「小・中学校指導要録の改正」通知。また新指導要録の参考案

- 3.16 〔政策〕総理府「国際児童年記念調査報告」発表　総理府、「国際児童年記念調査報告」発表。国際比較で日本の子供は世界一学校外の勉強時間が長く、睡眠時間が短い等判明。
- 3.25 〔活動〕日教組・国民教育研究所「子どもの生活環境調査」発表　日教組・国民教育研究所、「子どもの生活環境調査」発表。生活リズムの乱れや悪化を指摘。
- 4.1 〔法令〕「小学校新教育課程基準」実施　「小学校新教育課程基準」が全面実施。40人学級12年計画が開始。
- 4.10 〔政策〕文部省、「盲・ろう・養護学校の小・中学部指導要領の改訂」について通知　文部省、「盲・ろう・養護学校の小・中学部指導要領の改訂」について通知。
- 4.24 〔法令〕日本学術会議、「科学者憲章」採択　日本学術会議第79回総会、科学者の社会的責務を規定した「科学者憲章」採択。
- 4.25 〔制度〕40人学級実現化へ　参院本会議、公立義務教育諸学校の小中学校40人学級、高校習熟度別授業加配の「定数法」改正成立。これにより40人学級は12年計画で実現化へ。
- 5.4 〔活動〕日教組「子どもの健康実態」調査結果発表　日教組、「子どもの健康実態」調査結果発表。糖尿病、胃かいようなど成人病の増加、骨折の頻発等が報告される。
- 5.8 〔社会〕日教組「日本のスポーツ・遊びの現状と改革提言」発表　日教組、「日本のスポーツ・遊びの現状と改革提言」発表。スポーツが国民の権利であるとする。
- 5.14 〔裁判〕私立高生超過学費返還請求訴訟で原告請求を棄却　大阪地方裁判所、私立高校の父母36人が国を相手取って起こした、公立高と私立高の現状における学費の格差は憲法違反とする「私立高校生超過学費返還請求訴訟」で原告請求を棄却。
- 6.9 〔活動〕ユネスコ初の「軍縮教育世界会議」開催　パリのユネスコ本部で初の「軍縮教育世界会議」が13日まで開催。核軍縮に関する教育の必要性を訴えた合意文書を採択。日本から東京都教組代表、広島、長崎被爆教師等が参加。
- 7.7 〔政策〕大蔵省「歳出百科」発表　大蔵省、「歳出百科」を発表。財政再建の課題の1つとして文教予算の徹底見直しを提起。
- 7.17 〔人事〕田中龍夫、文部大臣就任　鈴木内閣が発足し、田中龍夫が文部大臣に就任。
- 7.28 〔裁判〕「摂津訴訟」の控訴審で控訴棄却　東京高等裁判所、大阪府摂津市の保育所の超過負担支払いに関する行政訴訟(摂津訴訟)において、控訴審で制度上自治体が国家に直接請求はできないと控訴棄却。
- 8.22 〔制度〕文部省「学力調査」実施決定　文部省、来年度より小・中学校で全国的に新「学力調査」実施決定。1966年に学力テストが打ち切られて以来15年ぶり。
- 9.16 〔政策〕家庭内暴力に関する研究調査会、調査結果発表　総理府青少年対策本部委託の家庭内暴力に関する研究調査会、全国1051件の事例を分析した調査結果発表。
- 10.7 〔法令〕岐阜県議会、「教育基本法」改正要望を自民党多数で強行可決　岐阜県議会、「教育基本法」改正要望を自民党議員の強行多数採決で可決。
- 10.9 〔出版〕文部省、『体力・運動能力白書』発表　文部省は『体力・運動能力白書』を

発表。子どもの背筋力低下、体の硬さ等を指摘。
10.11　〔政策〕総理府「家庭内暴力に関する調査研究」発表　総理府、「家庭内暴力に関する調査研究」発表。親の過剰な期待、父母の無力、溺愛等が家庭内暴力の原因と指摘。
10.22　〔制度〕自民党教科書小委員会発足　自民党教育問題連絡協議会、「教科書に関する小委員会」発足。委員長に三塚博・前文部政務次官を選出。
10.31　〔事件〕中学校校内暴力事件で警官多数出動　三重県尾鷲市立尾鷲中学校、校内暴力事件で警官51人出動、生徒12人補導。
11.24　〔活動〕日教組、長崎の教育行政の調査実施　日教組教育行政学術調査団、29日まで長崎の教育行政の調査実施。「管理あって教育なし」と報告。
11.29　〔事件〕金属バット事件　川崎市の2浪予備校生が両親を金属バットで殺害する事件発生。
12.4　〔政策〕自民党、5小委員会発足　自民党文教部会と文教制度調査委員会は、「文教制度調査」「戦後教育見直しのための高等教育」「教員問題」「教科書問題」「学制問題」の5小委員会を発足。

1981年
（昭和56年）

1.13　〔活動〕日教組・日高教、教研集会開催　東京で日教組第30次、日高教第27次合同教育研究集会が開催。右翼団体の妨害行動の中、1万2千人が参加。教育荒廃克服、平和教育推進を強調。
2.4　〔活動〕民社党書記長、中学校社会科教科書を偏向と批判　民社党の塚本三郎書記長、衆院予算委員会で中学校社会科教科書を権利主張・共産主義に偏向していると批判。
2.25　〔制度〕中野区の教育委員投票締切　東京都中野区、初の教育委員準公選投票締切。最終投票率42.98％。
3.3　〔制度〕中野区、区教育委員を任命　中野区、全国初の教育委員準公選投票の結果を参考に投票上位の3人（俵萠子、森久保仙太郎、矢島忠孝）を区教育委員に任命。
3.10　〔活動〕教育8団体「教育・教科書の反動化に反対する国民集会」を開催　東京・日本教育会館で日教組、日高教など教育8団体「教育・教科書の反動化に反対する国民集会」を開催。
3.23　〔社会〕国語審議会「常用漢字表」答申　第14期国語審議会、「常用漢字表」答申。これに対し日教組は、漢字の増加が生徒に対する負担増加につながると批判。
3月　〔出版〕『窓ぎわのトットちゃん』刊行　黒柳徹子著『窓ぎわのトットちゃん』が講談社から刊行。著者が通ったユニークな小学校の生活を描いた自伝エッセイ。戦後

最大のベストセラーとなった。

4.1 〔裁判〕水戸五中事件で無罪判決　東京高等裁判所、水戸市の中学校教諭体罰事件で「体罰に当たらず教師としての正当行為」として一審の有罪を破棄、逆転無罪判決。

5.9 〔政策〕社会教育審議会「青少年の特性と社会教育」を答申　社会教育審議会、田中龍夫文相に7年前の奥野文相からの諮問に答えた「青少年の特性と社会教育」を答申。

5.22 〔出版〕文部省、教育白書『我が国の教育水準』刊行　文部省は1980年度教育白書『我が国の教育水準』を大蔵省印刷局から刊行。社会教育と文化活動の推移について、生涯教育の観点から言及。

6.4 〔法令〕「放送大学学園法」可決成立　衆院本会議、日本社会党・日本共産党以外の各党の賛成を得て「放送大学学園法」案を可決成立。成立まで4年を要した。11日公布。

6.11 〔政策〕中教審「生涯教育について」を答申　第12期中央教育審議会、「生涯教育について」を文相に答申。骨子は大学開放、学習社会、教育休暇等の制度化推進。

6.30 〔政策〕青少年問題審議会「青少年問題に関する提言」答申　総理府青少年問題審議会、「青少年問題に関する提言」を首相に答申。家庭内暴力、校内暴力対策を提言。

7.10 〔政策〕臨時行政調査会「行財政改革に関する第1次答申」発表　臨時行政調査会「行財政改革に関する第1次答申」発表。増税なき財政再建を唱え、40人学級の凍結など教育予算の見直し・削減を提案。

8.3 〔事件〕教科書協会の役員会社、自民党に政治献金　教科書協会の役員会社17社が、自民党政治資金団体である国民政治協会に1590万円を政治献金。違法献金として問題となる。

8.14 〔出版〕『防衛白書』報告　閣議に防衛白書『日本の防衛』報告、承認。軍備増強の必要性の強調とともに「愛国心」を育てる教育の重要性を強調。

8.23 〔政策〕総理府「現代の青少年」発表　総理府青少年対策本部、「現代の青少年」発表。現状満足型、個人生活重視型が増加傾向にあると指摘。

9.18 〔政策〕大学設置審議会「大学通信教育の基準」答申　大学設置審議会、田中龍夫文相に「大学通信教育の基準」を答申。10月29日省令「大学通信教育設置基準」公布。

10.1 〔社会〕「常用漢字表」内閣告示　「常用漢字表」(1,945字)内閣告示、文部省は学習指導要領の部分改定を告示。

11.5 〔政策〕総理府「青少年の性行動」公表　総理府青少年対策本部、第2回「青少年の性行動」公表。生理的性成熟の低年齢化はほぼ終息、性行動は増加と分析。

11.13 〔法令〕公務員2法成立　地方公務員の定年制実施、国家公務員の退職手当減額の公務員2法成立。

11.13 〔活動〕教科書問題で2万人集会　総評、日教組、出版労連等12団体、東京・武道館で「教科書に真実を！言論に自由を！そしてわたしたちに平和を！」をテーマに2万人集会。

11.17　〔政策〕自民党「教員の資質向上に関する提言」発表　自民党教員問題小委員会、「教員の資質向上に関する提言」発表。新採教員の内定時期の早期化などの制度改革、試補制度導入の検討などを提言。

11.24　〔制度〕教科書問題で第13期中教審発足　教科書問題で第13期中央教育審議会発足。

11.27　〔法令〕「行財政改革関連特別法」成立　40人学級計画抑制を含む「行財政改革関連特別法」が成立。

11.28　〔活動〕初の「平和・軍縮教育フォーラム」開催　わが国初の「平和・軍縮教育フォーラム」が横浜市で開催される。

11.30　〔人事〕小川平二、文部大臣就任　鈴木改造内閣が発足し、小川平二が文部大臣に就任。就任会見で「心の教育」を強調。

12.12　〔活動〕日教組、第2次教育制度検討委発足　日教組第2次教育制度検討委員会発足。教育臨調反対、高校教育改革等の問題を検討。会長・大田堯都留文科大学長、事務局長・小川利夫名古屋大学教授が就任。

12.14　〔制度〕第13期中教審、教科書・教育内容の各小委発足　第13期中央教育審議会、教科書・教育内容の各小委員会発足。教科書小委員会座長・吉本二郎大正大学教授、教育内容小委員会座長・辰野千寿上越教育大学長を選出。

この年　〔社会〕福井謙一、ノーベル化学賞受賞　京都大学教授福井謙一、化学反応過程の理論的研究に対してノーベル化学賞を受賞。

1982年
（昭和57年）

1.21　〔活動〕日高教「高校生の憲法意識調査」発表　日高教、「高校生の憲法意識調査」発表。徴兵制反対・非核三原則堅持は約7割、憲法第9条改正反対は過半数、改憲派は4分の1との結果。

1.22　〔活動〕経済同友会「行政改革」発表　経済同友会、「行政改革―今後の文教政策に望む」の意見書発表。

1.22　〔活動〕全国統一献立給食実施　全国学校栄養士協議会、20周年記念事業としてカレーライスの全国統一献立給食実施。日教組の反対運動もあり約300市町村の学校で不実施。

1.24　〔活動〕日教組「自衛隊の高校介入実態調査」発表　日教組、「自衛隊の高校介入実態調査」発表。入隊勧誘を受けた生徒27％という結果に。

2.24　〔制度〕文部省、新学力調査を実施　文部省、小学5・6年の1％を対象に国語・算数の新学力調査を実施。

3.23　〔事件〕高校校長、校内暴力等を苦に自殺　千葉県立流山中央高校校長、校内暴力等を苦にして服毒自殺。

3.29　〔事件〕警察庁、「中学・高校卒業式当日の警戒状況」をまとめる　警察庁、今春の「中学・高校卒業式当日の警戒状況」をまとめる。全国の中高の約1割で警察官を配備し卒業式挙行。

4.1　〔制度〕高等学校新学習指導要領実施　高等学校新学習指導要領実施。第1学年から学年進行で実施。

4.8　〔裁判〕最高裁、教科書裁判第2次訴訟で原告勝訴の2審破棄、高裁差戻し　最高裁判所、教科書裁判第2次訴訟の上告審で、家永三郎教授側の「訴えの利益」が失われたとして原告勝訴の2審判決破棄、東京高等裁判所に差し戻す。

5.19　〔裁判〕「内申書裁判」で原告敗訴　東京高等裁判所、内申書裁判で原告勝訴の1審破棄、原告保坂展人敗訴の判決。調査書の記載について学校側の裁量権を広く認める判決。

5.31　〔政策〕文部省、「教員の採用・研修について」を提示　文部省初等中等局長通達「教員の採用・研修について」を提示、採用内定時期の繰り上げ、学校管理と勤務時間管理に対する指導の強化を求める。

6.14　〔裁判〕4.11スト事件で教組委員長に無罪判決　盛岡地方裁判所、1974年の岩手県教職員組合春闘スト事件(4.11スト事件)で当時の岩手県教組委員長に無罪判決。

6.15　〔法令〕「日本学校健康会法」成立　「日本学校健康会法」が国会で成立。日本学校健康会は学校保健会と学校安全会の統合。22日公布。

6.24　〔政策〕青少年問題審議会「青少年の非行等問題行動への対応について」答申　鈴木首相の諮問機関である青少年問題審議会、「青少年の非行等問題行動への対応について」首相に答申。

6.28　〔活動〕第57回日教組大会開催　長崎県島原市で、会場問題で難航していた第57回日教組定期大会が開催。右翼団体の妨害行為の激化で異例の分散大会となる。

6.30　〔制度〕中国『人民日報』、日本の教科書問題に関し批判　中国の『人民日報』、日本の教科書問題に関し「歴史を歪曲し侵略を美化している」と批判。

7.8　〔政策〕文部省「学校施設の文化的環境作りに関する調査研究会議」が報告公表　文部省学校施設の文化的環境作りに関する調査研究会議が、学校施設の文化的環境づくりについて報告公表。

7.20　〔制度〕中国『人民日報』と韓国各紙、日本の教科書問題に関し厳しく批判　中国『人民日報』と韓国各紙、日本の教科書検定が中国侵略を歪曲し美化していると厳しく批判。これ以降政治問題、外交問題となる。

8.21　〔法令〕国公立大の外国人教員任用に関する法律成立　「国立又は公立大学における外国人教員の任用等に関する特別措置法」成立。

9.9　〔制度〕中国・韓国政府との教科書問題、一応の決着　桜内義雄外相、記者会見で後藤公使の教科書是正再説明により中国・韓国両国との間で教科書問題の外向的決着となったと言明。

9.14　〔制度〕教科用図書検定調査審議会、「歴史教科書の記述に関する検定の在り方について」諮問　教科用図書検定調査審議会は「歴史教科書の記述に関する検定の在り方について」諮問。

9月	〔出版〕『積木くずし』刊行　穂積隆信著『積木くずし―親と子の二百日戦争』が桐原書店から刊行。不良少女となった娘との葛藤を描いた、実話を基にした著者の体験記。大ベストセラーになり、テレビドラマ化・映画化もされた。
10.2	〔政策〕文部省、公立校教員に外国人を採用しないよう通知　文部省、公立小中高校教諭に外国人を採用しないよう都道府県・指定都市教育委員会に対し通知。
10.4	〔出版〕日教組、健康白書『子どもの骨折増加原因を探る』発表　日教組が健康白書『子どもの骨折増加原因を探る』を発表。親の子育てと骨折の関係を分析。
10.22	〔活動〕神戸大、日本初の「平和教育」講座開設　神戸大学教育学部、日本初の「平和教育」講義開講。
10.26	〔活動〕WCOTP主催「軍縮教育国際シンポジウム」開催　世界教職員団体総連合（WCOTP）主催「軍縮教育国際シンポジウム」広島で開催。「ヒロシマ・アピール」採択。
11.24	〔法令〕文部省、「教科用図書検定基準」改正官報告示　文部省、教科用図書検定調査審議会の答申に基づき、新検定基準改正官報告示。
11.27	〔人事〕瀬戸山三男、文部大臣就任　第1次中曽根内閣が発足し、瀬戸山三男が文部大臣に就任。

1983年
（昭和58年）

1.10	〔政策〕第2次臨時行政調査会第3部会「補助金等の整理合理化について」提出　第2次臨時行政調査会第3部会「補助金等の整理合理化について」提出。学校給食・私学助成等4項目において文教予算の厳しい縮減・抑制を求める。
1.26	〔制度〕文部省、新「学力調査」実施　文部省、新「学力調査」を中学3年生対象に実施。27日まで。
2.12	〔事件〕横浜市で少年による浮浪者襲撃事件　横浜市中区で8件の浮浪者襲撃事件、3人死亡、13人負傷。中学生5人を含む10人の少年が逮捕される。
2.15	〔事件〕忠生中事件　東京都町田市立忠生中学校の教諭が襲いかかってきた男子生徒を刺傷させる事件発生。
4.1	〔設立〕放送大学開学　放送大学開学。初代学長・香月秀雄前千葉大学長。
5.26	〔制度〕自民党「教員の養成・免許等に関する提言」発表　自民党文教部会と文教制度調査会が合同会議を開催。「教員の養成・免許等に関する提言」発表。教員免許基準引上げ、教育実習期間延長等の内容。
6.2	〔政策〕文部省「出席停止等の状況調査」「校内暴力の発生状況と発生校に関する調査」発表　文部省「出席停止等の状況調査」「校内暴力の発生状況と発生校に関する調査」発表。校内暴力の発生率が公立中13.5%、高校10.5%、被害教師1,880人。

	出席停止生徒287人、登校停止生徒547人(延べ人数)。
6.13	〔事件〕戸塚ヨットスクール事件　戸塚ヨットスクールで訓練生が死亡する事件が発生、校長を傷害致死容疑で逮捕。5月26日にはコーチ6人暴力行為等の容疑ですでに逮捕されている。
6.14	〔政策〕文化と教育に関する懇談会発足　中曽根首相の私的諮問機関・文化と教育に関する懇談会発足。
6.30	〔制度〕中教審「教科書の在り方について」答申　中央教育審議会「教科書の在り方について」答申。検定基準の明確化、都道府県教育委員会の教科書選定権、採択地区の広域化等を示す。
7.6	〔活動〕日経連「近年の校内暴力問題について」を発表　日本経営者団体連盟(日経連)「近年の校内暴力問題について」の報告書を発表。
7.15	〔社会〕ファミコン発売　任天堂から家庭用ゲーム機「ファミリーコンピュータ」が発売された。1985年には『スーパーマリオブラザーズ』が大ヒットし、ファミコンブームとなる。
7.19	〔活動〕日教組「現代日本の教育改革」を発表　日教組第2次教育制度検討委員会、総会を開催。最終報告書「現代日本の教育改革」を発表、槙枝委員長に提出。
8.5	〔政策〕文部省「公立小・中学校における道徳教育の実施状況に関する調査」発表　文部省「公立小・中学校における道徳教育の実施状況に関する調査」発表。道徳の時間が年間標準時数35時間以下、小学校46.7％、中学校75.3％。同時に「道徳教育の充実徹底」初等中等教育局通知を各県等教育委員会に提出。
8.30	〔活動〕日教組第58回定期大会開催　日教組第58回定期大会、岡山県湯原町で開催。右翼の妨害、県当局の会場貸与拒否によりプレハブ会場を設営。田中一郎新委員長を選出。
9.15	〔政策〕日本私学振興財団「私大等の経常費補助金に係る制裁措置の強化」決定　日本私学振興財団は運営協議会で「私大等の経常費補助金に係る制裁措置の強化」を決定。国士舘大学、九州産業大学への補助金を5年間不交付とする。
10.21	〔政策〕大学設置審議会「新長期高等教育計画」中間報告公表　大学設置審議会大学設置計画分科会、高等教育計画専門委員会がまとめた「新長期高等教育計画」の中間報告を公表。
11.15	〔政策〕中教審、教育内容等小委の中学の習熟度別学習指導等の審議経過報告了承　第13次中央教育審議会、中学の習熟度別学習指導等2年間の審議内容をまとめた教育内容等小委員会の「審議経過報告」を了承。
11.22	〔制度〕教養審「教員の養成及び免許制度について」答申　教育職員養成審議会「教員の養成及び免許制度について」答申。免許状の初級・標準・特修の3種化、教職専門科目の最低修得単位数の増加等の内容。
11.28	〔法令〕「日本学術会議法」改正案成立　「日本学術会議法」改正案成立。日本学術会議会員公選制度廃止、首相による会長任命制度など。即日交付。
12.5	〔政策〕文部省、「公立の小学校及び中学校における出席停止の措置について」を通知　文部省初等中等教育局長の名で、問題児童生徒の「公立の小学校及び中学校にお

ける出席停止の措置について」を通知。
12.10 〔政策〕中曽根首相「7つの構想」発表　中曽根康弘首相、遊説先の鹿児島で学制改革の検討等、教育改革の「7つの構想」を発表。
12.27 〔人事〕森喜朗、文部大臣就任　第2次中曽根内閣が発足し、自民党元文教部長森喜朗が文部大臣に就任。

1984年
（昭和59年）

1.16 〔政策〕文部省「公・私立における中途退学者数等の状況」公表　文部省「公・私立における中途退学者数等の状況」公表。1982年度中の中退者数、公立は全公立高校生の2%の65,314人、私立は全私立高校生の3.2%の40,727人、理由は「学業不振」「学校生活・学業不適応」等。

1.19 〔裁判〕家永教授、教科書裁判第3次訴訟提訴　家永三郎中央大学教授、教科書裁判第3次訴訟を東京地方裁判所に起こす。「80年代」検定を対象として国に200万円の損害賠償を求める。

1.27 〔活動〕日教組、国民教育研究所「学校規模と教育活動に関する調査報告書」発表　日教組、国民教育研究所「学校規模と教育活動に関する調査報告書」発表。大規模な学校ほど子どもの問題行動・教育環境の低下等教育問題が多く発生と指摘。

2.1 〔政策〕教育臨調設置決定　中曽根康弘首相、教育改革を推進するための首相直属の教育臨調設置を正式決定。3月27日「臨時教育審議会設置法」案提出。

2.22 〔活動〕日教組、教育改革国民協議会設置提唱　日教組、教育臨調に反対し、文部省内に教育改革国民協議会設置を提唱。

2.26 〔活動〕全日本教職員連盟結成　日教組の連合加盟に反対の全日本教職員連盟（全日教連）結成。日教組分裂。

3.5 〔制度〕文部省、中野区あてに教育委員準公選区民投票の不実施を勧告　文部省は中野区あてに第2回教育委員準公選区民投票を実施しないことを求める異例の勧告を行う。

3.13 〔政策〕世界を考える京都座会「学校活性化のための7つの提言」発表　世界を考える京都座会、「学校活性化のための7つの提言」発表。内容は学校設立の容易化と多様化、通学区域の緩和、学制の検討等。

3.21 〔制度〕中野区議会、第2回公選実施を含む予算案を可決　中野区議会、第2回教育委員準公選区民投票実施を含む予算案を賛成多数で可決。

3.22 〔政策〕文化と教育に関する懇談会最終報告　中曽根首相の私的諮問機関・文化と教育に関する懇談会最終報告。内容は教育改革の必要性と課題について。

4.6 〔活動〕総評、教育改革推進本部設置　総評、教育改革推進本部設置を決定。

5.4 〔政策〕総理府統計局、15歳未満の子ども人口を発表　総理府統計局、15歳未満の子ども人口を発表。総人口比22.3％と史上最低を記録。

5.30 〔政策〕文部省「児童の日常生活調査」発表　文部省、全国規模で初調査した「児童の日常生活に関する調査」発表。小学3、6年生約1万5千人が対象。テレビ視聴時間が長いほど生活習慣や技能の程度が低いことを報告。

6.6 〔政策〕大学設置審議会、高等教育の計画的整備について報告　大学設置審議会大学設置計画分科会、第2次ベビーブーム世代が大学・短大に入学する1986年度以降の7年間の高等教育の計画的整備について最終報告をまとめる。

8.7 〔法令〕「日本育英会法」改正法成立　「日本育英会法」の全改正法成立。日本育英会の奨学金の有利子化などの内容。

8.8 〔法令〕「臨時教育審議会設置法」公布　「臨時教育審議会設置法」を7日参院本会議で賛成多数で成立、8日公布。

8.21 〔人事〕臨教審委員25名任命　政府は閣議で「臨時教育審議会設置法施行令」を決定、臨時教育審議会委員25名任命、正式発足。

9.3 〔活動〕関西経済連合会「教育改革」提言　関西経済連合会が「教育改革」を提言する。

9.5 〔政策〕臨教審初会合　臨時教育審議会、首相官邸で初会合。

10.12 〔政策〕中野区教委、教委のみに児童生徒の出席停止の裁量権を限定　中野区教育委員会、児童生徒の出席停止の裁量権を教育委員会のみに限定。東京都教育委員会基準規則の緊急時の校長独自の命令権を削減。

11.1 〔人事〕松永光、文部大臣就任　第2次中曽根内閣の第1次改造内閣が発足し、松永光が文部大臣に就任。

11.2 〔事件〕大阪産業大学付属高校同級生殺害事件　大阪産業大学付属高校1年生の男子生徒、いじめの仕返しという理由で同級生2人に殺害される。

11.14 〔政策〕臨教審「審議経過の概要（その1）」発表　臨時教育審議会、「審議経過の概要（その1）」発表。

12.11 〔活動〕日教組、国際シンポジウム開催　日教組、東京で教育改革を考える国際シンポジウム開催。

12.26 〔事件〕長野県教委、在日韓国人小学校教師採用内定取消　長野県教育委員会、文部省の指導により在日韓国人の小学校教師採用内定を取消し。

1985年
(昭和60年)

1.17 〔事件〕教員採用内定取消の韓国人、人権侵害救済の申立　韓国籍を理由に長野県教育委員会から教員採用内定を取り消された女性、長野県弁護士会に人権侵害救済

を申立て。

1.24 〔事件〕七戸中暴行事件　青森県七戸町立七戸中学校の男性教諭、酒に酔った3年男子生徒に暴行され重体、30日に死亡。

2.9 〔活動〕日教組、教育改革研究委員会設置　日教組、教育改革研究委員会設置。臨教審に対抗、国民合意の教育改革の大綱づくりを目指す。

2.11 〔政策〕臨教審第1部会「個性主義」を打ち出す　臨時教育審議会第1部会、第3部会が提唱する「教育の自由化」の対案として「個性主義」を打ち出す。

2.12 〔設立〕教育問題研究会発足　都留重人元一橋大学長を代表者として学者・文化人ら12人による教育問題研究会が発足。国民の立場からの教育改革を提唱。

2.19 〔政策〕理産審、「高等学校における今後の職業教育の在り方について」答申　文部省理科教育及び産業教育審議会、「高等学校における今後の職業教育の在り方について」答申。先端技術に対応する新学科設置、教育課程の弾力化などを盛り込む。

2.25 〔制度〕中野区、第2回教育委員準公選の投票実施　中野区、第2回教育委員準公選の投票実施。投票率は前回より低く27.37%。

3.12 〔政策〕法務省、いじめ問題解決に向けた通達　法務省、各法務局・地方法務局長にいじめ問題解決に向けて積極的に対応するよう通達。

3.17 〔社会〕「科学万博」開幕　国際科学技術博覧会「科学万博つくば'85」が開幕（～9月16日）。筑波研究学園都市の国内外における知名度の向上と民間企業の誘致のために開催された。財団法人国際科学技術博覧会協会が主催。「人間・居住・環境と科学技術」をテーマとした。

3.22 〔事件〕文部省、長野県の韓国籍教諭不採用問題について言及　文部省、長野県における韓国籍教諭不採用問題で「講師としての任用は法的に不可能ではない」と言及。

3.25 〔活動〕日本経済調査協議会「21世紀に向けて教育を考える」発表　日本経済調査協議会「21世紀に向けて教育を考える」発表。教師社会に競争原理を導入せよとの内容。

4.2 〔政策〕文部省「高校中退者数等の状況」発表　文部省、1983年度「高校中退者数等の状況」発表。高校中退生徒が11万人突破。

4.8 〔設立〕女性による民間教育審議会発足　女性による民間教育審議会が東京で発足。16名で構成。

4.24 〔政策〕臨教審「審議経過の概要（その2）」公表　臨時教育審議会「審議経過の概要（その2）」公表。岡本道雄会長と石川忠雄会長代理はこの内容について衆参両院で説明。

5.9 〔制度〕政策構想フォーラム「学校教育行政の行革提言」発表　村上泰亮東大教授ら社会科学者16人で構成される政策構想フォーラム、「学校教育行政の行革提言」発表。自由化の立場から学習指導要領の法的規制、教科書検定制の大幅緩和等の主張を盛り込む。

5.17 〔法令〕「補助金等の整理及び合理化並びに臨時特例に関する法律」可決成立　「補

助金等の整理及び合理化並びに臨時特例に関する法律」可決成立。義務教育教材費の国庫負担廃止などを含む。

6.26　〔制度〕臨教審「教育改革に関する第1次答申」を提出　臨時教育審議会、「教育改革に関する第1次答申」を首相に提出。大学入試共通テスト使用、6年制中学校、単位制高校などの構想を盛り込む。

9.5　〔政策〕文部省「特別活動の実施状況に関する調査」の結果発表　文部省、「特別活動の実施状況に関する調査」の結果発表。卒業式国歌斉唱が53～73％の結果。国旗・国歌の取扱いが不徹底だとして都道府県教育委員会に適切な取扱いをするよう通知。

9.10　〔制度〕教課審に「幼・小・中・高の教育課程の基準の改善」諮問　文部省の教育課程審議会、初会合。松永光文相「幼・小・中・高の教育課程の基準の改善」諮問。臨教審にかかわる6年制中等学校、小学校低学年の教科再編成などが具体的課題として出される。

9.19　〔制度〕文部省、専修学校卒業生の大学入学資格付与で告示　文部省、文部大臣が指定する修業年限3年以上の専修学校卒業生に大学入学資格付与。1948年文部省告示第47号の改正。

9.27　〔裁判〕「校長着任拒否闘争裁判」で県教組・高教組の控訴棄却　福岡高等裁判所、1968年の福岡県高教組の「校長着任拒否闘争」事件で福岡県教育委員会、高教組の控訴を棄却。実質組合勝訴。

10.18　〔活動〕日弁連、人権擁護大会開催　日本弁護士連合会、秋田市で人権擁護大会開催。いじめ・体罰をなくし、子供の人権保障をすすめる提言を発表。

11.13　〔裁判〕丸刈り訴訟で、校則は違憲違法ではないと判決　熊本地方裁判所、中学生の頭髪丸刈り強制が人権侵害との訴えに対し、長髪禁止の校則は違憲違法ではないと判決。

11.20　〔裁判〕日教組の「4.11全日スト」が違法と判決　東京高等裁判所、1974年の日教組「4.11全日スト」が違法と判決。当時の槇枝元文委員長等に執行猶予つき懲役刑の判決。

11.29　〔法令〕「日本体育・学校健康センター法」可決成立　参院で「日本体育・学校健康センター法」可決成立。日本学校健康会と国立競技場を合併するという法律。1983年の臨調答申に基づく特殊法人の整理・合理化による。

12.26　〔制度〕文部省、中学校新学力調査結果発表　文部省、1982～83年実施の中学校新学力調査の結果を発表。

12.28　〔人事〕海部俊樹、文部大臣就任　第2次中曽根内閣の第2次改造内閣が発足し、海部俊樹が文部大臣に就任。

1986年
（昭和61年）

1.22　〔制度〕臨教審「審議経過の概要（その3）」発表　臨時教育審議会、第43回総会で「審議経過の概要（その3）」発表。初任者研修制度の導入など提言。

2.1　〔事件〕富士見中いじめ自殺事件　東京都中野区立富士見中学校2年男子生徒、いじめを苦に盛岡で自殺。

2.21　〔政策〕文部省「いじめの実態等に関する調査」結果発表　文部省「いじめの実態等に関する調査」結果発表。小学5年生〜中学2年生でいじめ多発。

3.11　〔活動〕国民教育研究所「教職活動に関する教職員の意識調査」結果発表　国民教育研究所「教職活動に関する教職員の意識調査」結果発表。全体の46％が体罰肯定派。教職活動に抜本的なゆとりの保障などを提言。

3.13　〔裁判〕最高裁、「内申抜き処分取消訴訟」で処分有効判断　最高裁判所、福岡県「内申抜き処分取消訴訟」で内申抜き処分適法として処分を受けた5人の上告を棄却する判決。

3.18　〔裁判〕岐阜県立岐陽高校体罰事件で、教師有罪判決　水戸地方裁判所土浦支部、1985年の岐阜県立岐陽高校体罰事件で、体罰教師に懲役3年の判決。

3.19　〔裁判〕教科書裁判第1次訴訟で検定合憲合法と判決　東京高等裁判所、家永三郎元東京教育大教授の教科書裁判第1次訴訟で国側の控訴を認め、検定は合憲合法と判決。家永側敗訴。

4.8　〔政策〕文部省「児童生徒の学校外学習活動に関する実態調査」速報発表　文部省、「児童生徒の学校外学習活動に関する実態調査」速報を発表。通塾率が中学生44.5％、小学生16.5％と判明。

4.23　〔政策〕臨教審「教育改革に関する第2次答申」発表　臨時教育審議会「教育改革に関する第2次答申」発表。生涯学習体系への移行を主軸とする。

5.23　〔制度〕教員の資質能力向上方策等について教育職員養成審議会に諮問　海部俊樹文相、教員の資質能力向上方策等につき教育職員養成審議会に諮問。初任者研修制度、特別免許制度等の検討養成。

6.4　〔制度〕中国外務省、復古調高校日本史教科書を非難　中国外務省、日本を守る国民会議編の復古調高校日本史教科書を非難。

6.13　〔政策〕文部省「臨教審『教育改革に関する第2次答申』について」を通知　文部省、「臨教審『教育改革に関する第2次答申』について」、教員採用早期化等を、都道府県・指定都市教育委員会と知事に対して教育助成局・初等中等教育局・社会教育局3局長連名で通知。

7.7　〔出版〕日本を守る国民会議編『新編日本史』の検定合格　文部省教科用図書検定調査審議会第2部会を開催。日本を守る国民会議編の高校日本史教科書『新編日本

7.22　〔人事〕藤尾正行、文部大臣就任　第3次中曽根内閣が発足し、藤尾正行が文部大臣に就任。

7.29　〔政策〕文部省小学校低学年の教育に関する調査研究協力者会議、生活科新設を提言　文部省の小学校低学年の教育に関する調査研究協力者会議、審議報告。「理科」「社会科」を廃止して「生活科」新設を提言。

9.8　〔人事〕藤尾正行文相罷免　藤尾正行文相、『文芸春秋』10月号に「日韓併合は韓国側にも責任」との発言を掲載される。文相は発言撤回せず辞任を拒否、中曽根首相は文相罷免に踏み切る。

9.9　〔人事〕塩川正十郎、文部大臣就任　藤尾文部大臣の罷免を受け、塩川正十郎が文部大臣に就任。

10.20　〔制度〕教育課程審議会、中間まとめ発表　教育課程審議会、中間まとめとして「教育課程の基準の改善に関する基本方針について」発表。小学校低学年の「生活科」の新設、国旗・国歌指導の義務化、中学校選択拡大などを示す。

11.24　〔政策〕総理府「学校教育と週休2日制に関する世論調査」発表　総理府「学校教育と週休2日制に関する世論調査」発表。学校5日制導入の支持率は2割の結果。

12.9　〔政策〕文部省「児童・生徒の問題行動の実態調査」結果発表　文部省、1985年度の「児童・生徒の問題行動の実態調査」結果発表。校内暴力の沈静化の一方で、登校拒否といじめの増加を報告。

1987年
（昭和62年）

1.9　〔制度〕国立教育研究所、国際数学教育調査中間報告　国立教育研究所、第2回国際数学教育調査の中間報告を発表。日本の中学生は平均点が17カ国中第1位、高校生は第2位。応用力・理解力に弱点と発表。

1.19　〔活動〕OECD加盟国など「ハイレベル教育専門家会議」開催　OECD加盟国などの教育専門家44人参加の「ハイレベル教育専門家会議」が京都で開催。1986年の東京サミットの中曽根首相の提案を基に実現。教育改革をテーマとする（～21日）。

1.23　〔政策〕臨教審「審議経過の概要（その4）」発表　臨時教育審議会「審議経過の概要（その4）」発表。9月入学、教科書制度など委員の合意が得られなかった案件は両論を併記。

1.24　〔制度〕複数受験期の国公立大学共通一次試験実施　受験機会を前期後期の複数にした国公立大学共通第一次試験実施（～25日）。

3.13　〔活動〕日教組第63回臨時大会開催　日教組、第63回臨時大会を神戸市で開催。当面の闘争方針と予算等を決定。

3.17	〔活動〕日本数学教育学会、算数の意識調査の結果発表	日本数学教育学会、第2回児童の算数に対する意識調査の結果、算数嫌いが増加と発表。
4.1	〔政策〕臨教審「教育改革に関する第3次答申」提出	臨時教育審議会、「教育改革に関する第3次答申」を中曽根首相に提出。岡本道雄会長、提言実現に政府が最大限努力することを要望。
5.7	〔活動〕日教組第36次教育研究全国集会開催	内紛で延期されていた日教組第36次及び日高教第33次教育研究全国集会が東京で開催。教育改革問題を中心に討議される。
5.8	〔政策〕文部省、臨教審の第3次答申の積極的対応を求める	文部省、臨時教育審議会の第3次答申の積極的対応を求める。各都道府県教育委員会および知事あてに初等中等教育局長、教育助成局長、社会教育局長、体育局長の4局長連名で通知。
5.20	〔活動〕全日本中学校長会、中学生の国体参加を条件付きで賛成	全日本中学校長会理事会、中学生の国体参加を3年生に限る等の条件付きで賛成。
5.26	〔活動〕「子どもの人権宣言1987」発表	子どもの人権保障をすすめる各界連絡協議会、「子どもの人権宣言1987」を発表。
6.8	〔活動〕日教組40周年式典	東京で日教組結成40周年式典開催。主流派の左派欠席。
6.12	〔活動〕日教組教育改革研究委員会、第3次報告案をまとめる	日教組教育改革研究委員会、総会開催。第3次報告案の教育提言「日本の教育をどう改めるか」をまとめる（7月8日決定）。
6.13	〔政策〕女性による民間教育審議会、教育改革提言発表	女性による民間教育審議会、「女たちの教育改革提言」発表。無試験・無料の高校就学権等の内容。
6.22	〔政策〕文部省「高校中退者の進路状況調査」発表	文部省、初の「高校中退者の進路状況調査」発表。6割が中退して良かったとする一方、5割が再就学を希望。
7.1	〔政策〕臨教審、第86回会議開催	臨時教育審議会、第86回会議を開催。塩川正十郎文相、私学行政の一本化、国旗・国歌尊重、日教組問題等の検討を要請。
7.21	〔制度〕教員初任者洋上研修始まる	西日本地区で教員初任者の文部省船舶洋上研修が10日間の日程で始まる。
8.1	〔活動〕日教組、機能停止	日教組、内部対立が深刻化し大会開催ができず、本年度予算も闘争方針も決定せず、機能停止の状態に陥る。
8.7	〔政策〕臨教審「教育改革に関する第4次答申」提出	臨時教育審議会、「教育改革に関する第4次答申（最終答申）」を中曽根首相に提出。
8.20	〔政策〕臨教審解散式	3年の設置期限終了し、臨時教育審議会が解散式。中曽根康弘首相はあいさつで"ポスト臨教審"の設置に意欲を示す。
9.10	〔法令〕「学校教育法」「私立学校法」一部改正、大学審議会設置	大学審議会及び大学設置・学校法人審議会の設置を規定した「学校教育法及び私立学校法の一部を改正する法律」改正。
9.20	〔政策〕法務省、体罰事件の概要発表	法務省、「60年および61年における体罰事件の概要」発表。体罰問題を起こす教員の若年化が目立つ。

10.10	〔政策〕文部省「体力・運動能力調査報告書」発表　文部省、1986年度の「体力・運動能力調査報告書」を発表。大学受験期の青年の運動能力の低下等を指摘。
11.6	〔人事〕中島源太郎、文部大臣就任　竹下登内閣が発足し、中島源太郎が文部大臣に就任。
11.27	〔制度〕教課審「審議のまとめ」発表　教育課程審議会、「審議のまとめ」を発表。小学校低学年に生活科の新設、高校社会科を地歴科と公民科に分割、世界史の必修、国旗・国歌の取扱い明確化等を示す。
12.4	〔政策〕文部省「教育委員会の活性化について」報告　文部省教育委員会の活性化に関する調査研究協力者会議、「教育委員会の活性化について」を報告。
12.18	〔制度〕教養審「教員の資質能力の向上方策について」答申　教育職員養成審議会、「教員の資質能力の向上方策について」中島文相に答申。免許状の専修・1種・2種の3本立て、初任者研修制度創設等。
12.24	〔制度〕教課審、幼稚園から高校までの教育課程の基準改善について答申　教育課程審議会、「幼稚園、小学校、中学校及び高等学校の教育課程の基準の改善について」中島文相に答申。
この年	〔社会〕利根川進、ノーベル生理学・医学賞受賞　マサチューセッツ工科大学教授利根川進、多様な抗体を生成する遺伝的原理の解明に対してノーベル生理学・医学賞を受賞。

1988年
（昭和63年）

1.5	〔政策〕文部省「教育改革の推進」発表　文部省教育改革実施本部、「教育改革の推進―現状と課題」を発表。臨教審答申を踏まえ、文部省の推進しようとする教育改革の方向性を示したもの。
1.21	〔裁判〕最高裁、佐賀県教組処分取消請求の行政訴訟上告審の判決　最高裁判所、佐賀県教職員組合の一斉休暇闘争に対する処分取消請求の行政訴訟の上告審で、処分妥当の判決。
2.1	〔活動〕日教組第64回定期大会開催　福島市で2年7ヶ月ぶりに日教組の第64回定期大会開催。新運動方針の決定、新委員長に福田忠義岡山県教組委員長が選出される（～3日）。
2.9	〔裁判〕教科書裁判第3次訴訟、沖縄出張尋問　家永教科書裁判第3次訴訟、沖縄出張尋問が那覇地方裁判所で行われる。4人の承認が集団自決などを証言（～10日）。
2.18	〔制度〕国大協臨時総会　国立大学協会、東京都内で臨時総会開催。1989年度入試の実施要領と実施細目を決定。連続方式と分離分割方式の併用実施を行うこととする。
3.1	〔活動〕国立教育研究所「国際理科教育調査」中間報告発表　国立教育研究所、第2

1988年(昭和63年)

回国際理科教育調査の中間報告発表。日本の小中学生の成績は上位、高校生は中位。

3.8 〔事件〕高校の理数科入試で女子制限措置　静岡県立韮山高校理数科入試で、事前に女子生徒の入学制限の事前措置がとられ、女性差別として弁護士が申し立てていたことが表面化する。

3.24 〔事件〕高校の海外修学旅行で列車事故　修学旅行中の高知学芸高校の一行が中国上海市近郊の列車衝突事故に遭遇、高校生26名、教師1名死亡。

3.29 〔事件〕中学校で問題生徒の顔写真の卒業アルバム除外が発覚　静岡県清水市の中学校で、問題生徒の顔写真を卒業アルバムから外していたことが判明。その後、各地で同様のことが起こっていることが判明。

4.1 〔制度〕単位制高校発足　文部省、都道府県教育委員会に単位制高校の指導要録を通知。岩手県、石川県、長野県で単位制高校発足。

4.20 〔制度〕文部省、学習指導要領作成協力者会議から社会科解体反対メンバーを外す　文部省、学習指導要領作成協力者会議から、高校社会科解体に反対した、筑波大・上越教育大教授等6名のメンバーを外す処置をとる。

5.10 〔裁判〕「4.11スト」の1審有罪判決支持　東京高等裁判所、日教組の1974年の「4.11スト」の埼玉県教組事件の控訴審で、1審どおりの有罪判決。

5.18 〔法令〕「国立学校設置法」改正案可決成立　大学入試センター改組等を含む「国立学校設置法」改正案が国会で可決成立。

5.19 〔政策〕文部省、校則見直し指導を要請　文部省、生徒指導担当指導主事連絡協議会で校則見直し指導を要請。

5.24 〔事件〕日教組、29分スト実施　日教組、初任者研修制度など臨教審関連6法案に反対し、29分ストを実施。

5.25 〔法令〕「教育公務員特例法」等改正案可決成立　教員の初任者研修制度化する「教育公務員特例法」等改正案が参院本会議で可決、成立。1989年4月1日施行。

6.29 〔出版〕文部省『国際理解と協力の進展』発表　文部省教育改革実施本部第5回会合。初の教育国際化白書『国際理解と協力の進展―教育・学術・文化・スポーツを通して』を発表。

7.1 〔政策〕文部省生涯教育局発足　文部省の機構改革。社会教育局が廃止、生涯教育局が発足。

7.8 〔事件〕目黒家族3人殺害事件　東京都目黒区立第十中学校の2年男子、両親と祖母を殺害。

7.15 〔裁判〕「内申書裁判」上告審で原告敗訴　最高裁判所、「内申書裁判」上告審で千代田区立麹町中学校元生徒の原告保坂展人の訴えを棄却、敗訴。

7.18 〔活動〕日教組第65回定期大会開催　日教組第65回定期大会が福岡市で開催。子どもの人権保障の教育改革等の方針を決定。

9.22 〔制度〕文部省「教科書検定制度改善の骨子」発表　文部省教科用図書検定調査審議会の検定調査分科会、総括部会を開催。「教科書検定制度改善の骨子」を発表。現行の3段階審査の簡略化等を示す。

10.9 〔活動〕日教組第37次・日高教第34次教研集会開催　日教組第37次・日高教第34次教育研究全国集会が、東京都と北海道で開催。初の分割集会となり、前期約1,200人、後期約3,000人が参加（〜12日、10月23〜26日）。

11.2 〔事件〕リクルート事件　高石邦男前文部事務次官、リクルートコスモス未公開株約1万株の譲渡を受けていたことが判明。森喜朗元文相、藤波孝生元官房長官、池田克也公明党代議士への譲渡問題も発覚。

11.30 〔政策〕文部省「児童生徒の問題行動実態調査」結果発表　文部省、1987年度「児童生徒の問題行動実態調査」結果発表。登校拒否、小・中学校合わせて3万8,000人と調査史上最高、中学生が激増という結果に。

12.6 〔出版〕文部省、教育白書『我が国の文教施策』刊行　文部省は、1988年度版教育白書『我が国の文教施策―生涯学習の新しい展開』を大蔵省印刷局から刊行。

12.21 〔法令〕「教育職員免許法」改正案可決　参院本会議で「教育職員免許法」改正案可決成立。自民党、公明党、民社党が賛成。免許状の種別化制度が発足。

12.27 〔人事〕西岡武夫、文部大臣就任　竹下改造内閣が発足し、西岡武夫が文部大臣に就任（宇野内閣まで）。

1989年
（昭和64年/平成元年）

1.7 〔社会〕「平成」と改元　昭和天皇没、「平成」と改元。これに伴い文部省は「弔意奉表」「元号制定」「学内の秩序維持」について通知。

1.15 〔政策〕総理府「生涯学習に関する世論調査」発表　総理府「生涯学習に関する世論調査」発表。77.6％の人が生涯学習の意欲を持っているという結果に。

2.10 〔制度〕文部省、幼・小・中・高校の学習指導要領等の改訂案発表　文部省、新しい幼稚園教育要領案、小・中・高校の学習指導要領案の改訂案発表。西岡武夫文相、記者会見で国旗・国歌不実施の教員の処分がありうると発言。

2.24 〔社会〕昭和天皇大喪の礼　昭和天皇の大喪の礼。国公立の学校等、休日となる。

3.9 〔制度〕西岡文相、外国人記者団と会見　西岡武夫文相、外国人記者団と会見。新学習指導要領の趣旨を説明。

3.15 〔制度〕文部省、幼・小・中・高校の学習指導要領等を告示　文部省、「幼稚園教育要領」「小学校学習指導要領」「中学校学習指導要領」「高等学校学習指導要領」を官報に告示。

3.28 〔事件〕リクルート事件で前文部次官逮捕　東京地検特捜部、リクルート事件に関与した高石邦男前文部次官を収賄容疑で逮捕。

4.1 〔制度〕初任者研修開始　初任者研修制度、小学校について本格実施開始。

4.4 〔法令〕文部省、新教科書検定規則・基準を公示　文部省、「教科用図書検定規則・

検定基準」を全面改訂、公示。

4.7 〔活動〕国民教育研究所「校則についての調査」結果発表　日教組と国民教育研究所、教師と生徒への「校則についての調査」結果発表、改革提言。

4.14 〔事件〕文部省、リクルート事件で更迭　文部省、リクルート事件に関連し、官房長・生涯学習局長・初等中等教育局長を更迭。また20日にはリクルート社から接待を受けた教科調査官、その上司等の処分も発表。

4.24 〔政策〕第14期中教審開催　第14期中央教育審議会第1回開催。4年制高校の構想等、新時代に対応する教育諸制度の改革について諮問。

5.26 〔活動〕日教組「改訂学習指導要領批判と私たちの課程」発表　日教組教育課程検討委員会、ブックレット形式15分冊の「改訂学習指導要領批判と私たちの課程」発表。

6.1 〔制度〕文部省、地区別教育課程講習会を開始　文部省、地区別教育課程講習会を開始。講習会資料で君が代・日の丸の取扱い等が明確化。

6.27 〔裁判〕教科書裁判第2次訴訟差戻し審判決　家永三郎の教科書裁判第2次訴訟差戻し審で東京高等裁判所、原告に「訴えの利益なし」と請求却下。

7.7 〔事件〕鹿児島の小学校でうさぎ生き埋め事件　鹿児島県の根占町立宮田小学校で、教頭が飼育中の子うさぎを生き埋めにした事件が発覚。

7.27 〔政策〕大学審議会「審議の概要」了承　大学審議会総会開催。「大学設置基準」の緩和等が盛り込まれた、大学教育部会の「審議の概要」を了承。

8.8 〔活動〕日教組第38次・日高教第35次教研集会開催　日教組第38次・日高教第35次教育研究集会が盛岡市で開催（～11日）。改訂学習指導要領の問題を中心として討議。

8.10 〔人事〕石橋一弥、文部大臣就任　海部内閣が発足し、石橋一弥が文部大臣に就任。

8.11 〔事件〕連続幼女殺人事件で容疑者逮捕　連続幼女殺人事件で容疑者逮捕。1988年から1989年にかけて、4人の幼女を殺害。ホラービデオ規制などの動きが出て論議を呼ぶ。

9.1 〔法令〕文部省、「大学院設置基準」等改正　文部省、大学院制度弾力化等の「大学院設置基準」「学位規則」「学校教育法施行規則」の一部改正省令公布。

9.6 〔活動〕日教組、新・連合への加盟決定　日教組第68回定期大会が鳥取市で開催、新・連合への加盟決定。反主流派25都府県教組は不参加を表明。

10.3 〔裁判〕教科書裁判第3次訴訟で判決　東京地方裁判所、家永三郎の教科書裁判第3次訴訟で、大筋で国側の主張を認める判決。

10.24 〔制度〕文部省、盲ろう養護学校学習指導要領告示　文部省、盲学校・聾学校・養護学校の新学習指導要領、新教育要領を告示。

10.27 〔活動〕日教組臨時大会で反主流派の除名決定　日教組第69回臨時大会が前橋市で開催。反主流派32人の除名を決定。

10.31 〔政策〕中教審、生涯学習推進センター設置提起　中央教育審議会生涯学習小委員会、各県の生涯学習推進センター設置等を提起した審議経過を総会に報告。

11.17 〔設立〕全日本教職員組合協議会結成　全日本教職員組合協議会結成。連合参加に反対する教職員組合の新組織。日教組の内部分裂が確定。

11.22 〔出版〕文部省、教育白書『我が国の文教施策』刊行　文部省は、1989年度版教育白書『我が国の文教施策―社会の変化に対応する初等中等教育』を大蔵省印刷局から刊行。

11.30 〔制度〕文部省、高校学習指導要領移行措置告示　文部省、高等学校の学習指導要領への移行措置告示。1990年度から特別活動や総則を先取り実施。

1990年
(平成2年)

1.1 〔社会〕「国際識字年」スタート　1987年12月7日、国連総会は、1990年を国際識字年とする決議を行ない、「2000年までに全ての人に教育を」を掲げ、スタート。

1.12 〔出版〕総務庁、『青少年白書』を発表　総務庁青少年対策本部は、1989年版『青少年白書―青少年の現状と対策』において情報メディアへの過度の依存傾向が人や社会との関係の希薄化や心の荒廃をもたらしていると指摘。青少年の無気力、引きこもりなどの非社会的問題行動の対策を重視。

1.13 〔制度〕大学入試センター試験が始まる　共通一次試験に代わる大学入試センター試験(新テスト)は、43万人が参加して始まった(14日まで)。私立大学16大学19学部、国立大学95大学、公立大学37大学が参加。

1.18 〔裁判〕伝習館高校訴訟、教諭側全面敗訴　上告審判決は、教師3人の処分取り消しを命じた一、二審判決を破棄し、20年ぶりに確定した。学習指導要領の法規的性質を前提に、教師の創意工夫の余地、実践課程における個別化、弾力化の実際などにはふれず、教科書を使わずに授業を行った伝習館高校3教諭に対する県教育委員会の懲戒処分は、著しく妥当性を欠くものではないとして認めるとした。教諭側の全面敗訴で確定。

1.30 〔政策〕中教審、生涯学習の基盤整備について答申　中央教育審議会は、石橋一弥文相に答申を提出。中央と地方に生涯学習審議会を設置すること、生涯学習推進センターは、地域学習活動の中核施設とすること、民間社会教育事業に税制上の優遇措置をとることなどを答申。

2.24 〔活動〕千葉県弁護士会、体罰問題で関係教師に勧告書を送付　柏市立柏中学校で複数教師による体罰が日常的に行われ、学校もこれを容認しているとして、千葉県弁護士会は、学校と市教育委員会に改善を求める勧告書、要望書を提出。

2.28 〔人事〕保利耕輔、文部大臣に就任　第2次海部内閣が発足し、保利耕輔が文部大臣に就任。

3.6 〔制度〕教科書採択の在り方に関する調査研究協力者会議、採択改善方策を報告　教科書採択の在り方に関する調査研究協力者会議は、市町村教育委員会の教科書採

択にあたって、採択権者の責任の明確化、採択手続きの規制強化などを文部省に提言した。現場教師の意見を集約した学校投票は、採択責任者の権限が曖昧でふさわしくないとし、都道府県教育委員会の指導力強化を提言した。

3.14 〔裁判〕高校中退者数などの開示拒否は違法　福岡県立高校の中退者、留年者数の公開を求めた行政訴訟で、福岡地方裁判所は、開示拒否は「県情報公開条例」に違反するとして県教育委員会に全面開示を命じる。

3.26 〔事件〕安登小学校生徒殺害事件　広島県安浦町立安登小学校の38才の教諭は、教え子の6年女子を殺害。前年9月頃からいたずらを繰り返し、その発覚をおそれての犯行。3月27日町教育委員会は、同教諭を懲戒免職処分。

4.1 〔制度〕新学習指導要領への移行措置が開始　この年度から、小・中・高校で学習指導要領への移行措置が開始され、道徳と特別活動（日の丸・君が代）、及び幼稚園新教育要領、中学校の初任者研修が実施される。

4.1 〔社会〕「花の万博」開幕　国際花と緑の博覧会「花の万博」が開幕（〜9月30日）。財団法人国際花と緑の博覧会協会が主催。国際園芸家協会の大国際園芸博覧会として、「花と緑と人間生活のかかわりをとらえ21世紀へ向けて潤いのある豊かな社会の創造をめざす」をテーマとした。

4.11 〔制度〕文部省、公立高校教育課程編成状況調査の結果を発表　全日制3893校を対象とした1988年度の調査によれば、削減を指向した「ゆとりと充実」の新教育課程の趣旨に逆行し、1週の授業時数や卒業に必要な単位数が増加する傾向にある。

4.16 〔制度〕東京都教委、都立高校入試に単独選抜制を復活させる方針　東京都教育委員会は、「特色ある教育」を推進し都立校の「地盤沈下」を食い止めるために、都立高校入試の総合選抜制をやめ、各校ごとに科目選択、傾斜配点が出来るよう単独選抜制復活の方針を固めた。

4.17 〔政策〕文部省、「国歌」「国旗」の実施状況について調査を開始　今春の卒業式、入学式における「日の丸掲揚、君が代斉唱」の実施状況、および各教育委員会の指導方針について調査票による回答を求めた（〜7月16日）。

4.18 〔制度〕臨時行政改革推進審議会、国立大学の制度・運用の弾力化を求める　臨時行政改革推進審議会は、海部俊樹首相に最終答申を提出。行政改革の一環として、国立大学の法人化など、設置形態の検討などに触れ、制度や運用の弾力化を求める。

4.23 〔政策〕文部省、臨時定員増について応急的措置を各大学に通達　大学志願者数の増加が著しく、私立大学・短大の臨時的定員増について、制限を大幅に緩め、恒常的定員の2倍まで認める等の通達を私大に送付。第2次ベビーブームにより、今春、大量の不合格者（43万8000人）が生じたことに対応したもの。

5.23 〔事件〕埼玉県教委、「日の丸掲揚」をめぐり、教諭25人を戒告　「日の丸掲揚」方針に反発し、卒業式予行演習（3月8日）を生徒に指示し、ボイコットさせたとして、埼玉県教育委員会は、県立福岡高等学校の教諭25人を懲戒処分。「日の丸掲揚」をめぐる全国ではじめての処分となる。

5.25 〔制度〕海部首相、朝鮮半島の過去の歴史認識を学校教育に反映させると表明　海部俊樹首相は、韓国盧泰愚大統領への「謝罪表明」をふまえ、日本と朝鮮半島の過去の歴史に対する認識を学校教育に積極的に反映させていきたいと語る。文部省

		は、新学習指導要領講習会の席上において口頭で指示するに止める方針。
6.6	〔制度〕	中教審学校制度小委、中等教育の「飛び級制度」に否定的見解　高校生の「飛び級」について、高校教育が果たすべき人格形成の面で問題があること、数学など特定の分野で優れた生徒には、大学の入学年齢の緩和を例外的に認めてもよいことなど、慎重な意見が大勢を占める。
6.29	〔法令〕	「生涯学習の振興のための施策の推進体制等の整備に関する法律」を公布　7月1日から施行。生涯学習審議会の設置、「生涯学習振興のための施策の推進体制」を整え、「地域における生涯学習に係わる機会の整備」を行う。保利耕輔文相は、8月29日生涯学習審議会委員27人を任命。
6.29	〔活動〕	日教組、定期大会で「参加・提言・改革」の運動方針案を採択　日教組は、定期大会において、「対決」路線を転換し、文教施策の形成、実施に関与することを示した「参加・提言・改革」の運動方針案を採択。学校5日制、「児童の権利条約」批准などを求めていくこと、政策研究機関として国民教育文化総合研究所の発足などを決定。
6.29	〔事件〕	東京都教委、「日の丸」をめぐり、小学校教諭3人を懲戒処分　東京都教育委員会は、入学式で国旗掲揚塔から日の丸を引き下ろした小学校教諭3人に懲戒（戒告）処分、6人に文書による指導（文書訓告）を行う。
7.4	〔制度〕	文部省、留学生の専修学校への受入について定員の半数以下にとどめるよう通知　文部省は、専修学校が留学生を受け入れる場合、定員の半分までに止めるよう各学校に通知。専修学校が、外国人の不法就労の隠れ蓑になることを防止するもの。
7.6	〔事件〕	兵庫県立神戸高塚高校校門圧死事件　兵庫県立神戸高塚高校で、始業直前に十数人の生徒と一緒に駆け込んできた1年女子生徒が、鉄製の門扉に頭部をはさまれ圧死。登校指導中の教諭が、注意義務を怠ったまま、扉を強引に作動させていた。7月21日、同教諭を業務上過失致死容疑で事情聴取、8月31日書類送検。7月26日、兵庫県教育委員会は同教諭を懲戒免職処分、校長、教育長も処分。11月16日、兵庫県教育委員会は、示談金6000万円の支払に応じ、全面的な落ち度を認める。
7.16	〔政策〕	文部省、入学式における「日の丸・君が代」の実施状況調査結果を公表　新学習指導要領が前倒しで実施されて最初の公立小中高等学校の1990年の入学式について、「日の丸・君が代」の扱いに関する調査を行い、結果を公表した。公立学校の割合は、「日の丸掲揚」で、小中高は9割を超え、「君が代斉唱」では、小中が7割を超え、高は6.5割。
7.29	〔事件〕	法政大学、替え玉受験による入学取り消しを発表　法政大学の今春の入試で、経営、工の2学部で2件の替え玉受験があった。学籍簿作成のための顔写真と受験票の顔写真との照合により発覚、学生2人の入学を取り消した。替え玉当事者は同一人物で、予備校で2-5万円の謝金でもちかけられ応じたもの。
7.30	〔政策〕	文部省大学審議会大学部会、「審議の概要その2」を公表　カリキュラム編成と教員組織の柔軟性を期するための方策で、大学教育の自由化が強く出る方向。一般教育と専門教育との区分を廃止、学位の専攻分野の表記をやめる、1単位の授業時数の規定を廃止、非常勤教員の制約撤廃、各大学における自己採点・評価システムの整備など。

9.1 〔政策〕文部省、国立大学定員増加予定数を発表　予想を上回る大学志願者数増に緊急に対応し、文部省は次年度国立大学定員の増加数を前年比3倍に引き上げ、2025人と大幅な増員と発表。他に公立大学で1162人、私立大学4万2000人の増員を見込む。

9.8 〔事件〕埼玉医科大学が、入試操作　埼玉医科大学一次入試で、この春合格ラインに達しなかった特定の受験生6人を合格圏内に入れるため、合格最低ラインを引き下げ、当該者だけを繰り入れていたことが発覚。合否の最終判定権を理事会が握り、教授会が関与の外に置かれていたことが主因。文部省は異例の改善指導を行う。

10.19 〔事件〕O-157による集団下痢で幼稚園児死亡　埼玉県浦和市私立しらさぎ幼稚園で病原性大腸菌O-157による集団下痢で2人死亡、重症5人を含む20人が入院。後に重症9人、入院32人に増える。原因は同園の井戸水の汚染で、基準値をはるかに超える菌が検出される。汚染源はトイレの汚水槽と判明。

10.31 〔政策〕文部省大学審議会高等教育計画部会、大学等の新増設を原則抑制する方針　18才人口の205万人（1992年）から151万人（2000年）に減少することを前提に大学等の新増設を原則抑制し、「量から質へ」転換する方針を決める。入学定員の削減、社会人入学や留学生の受入、学生のニーズに即した授業の工夫など。

10.31 〔政策〕文部省大学審議会大学院部会、独自の教育研究組織を確立することを提言　大学院部会は、大学院の拡充のため、学部から切り離した教育研究組織を確立することを提言し、「質量ともに大学院の飛躍的充実を」との報告を出す。

10.31 〔政策〕文部省大学審議会短大専門委員会、「教育内容の自由化」を報告　文部省大学審議会短大専門委員会は、「教育内容の自由化」を骨子とし、短大卒業者にも「学士」に準ずる称号を付与すべきとの報告を提出。

11.16 〔活動〕高体連の全国理事会、朝鮮高級学校の加盟認めず　全国高校体育連盟は、朝鮮高級学校の加盟を認めない決定。しかし、競技への参加は、都道府県レベルで検討。大阪、京都では11月27日、次年度の府県大会への参加を認める方針を決め、広島、神奈川でも同じ方向で検討中。

11.20 〔出版〕文部省、教育白書『我が国の文教施策』刊行　文部省は、1990年度版教育白書『我が国の文教施策―新しい高等教育の構築を目指して』を大蔵省印刷局から刊行。高等教育の今後の改革の方向を提示。大学の個性化・多様化、大学の履修形態の柔軟化、社会人入学、大学院の拡充、自己評価システムの導入などを打ち出す。

11.30 〔裁判〕八鹿高校の同和教育裁判で被告有罪判決　兵庫県立八鹿高校で同和教育の在り方をめぐり、部落解放同盟と教師が対立、教師46人が負傷した事件の上告審で、最高裁判所は13人の被告全員を有罪とした一、二審判決を支持し結審。

12.6 〔政策〕文部省の学校不適応対策調査研究協力者会議、登校拒否問題に関する中間まとめ提出　登校拒否は、個人や家庭の問題ではなく「学校・家庭・社会生活の在り方にかかわり、状況によっては誰にでも起こりうる現象」と大きく見方を転換。「子ども自身の自立」を支援する体勢が必要と、自治体による適応指導学級などの開設を求める。

12.17 〔裁判〕高校中退生徒保護者が、救済を申し立て　東京都立秋川高校を中退した生徒の保護者3人が、「軽微な罪で充分な指導もなく退学させられた」として東京弁護

士会子ども人権センターに救済を申し立てる。入学者232人中、35人が喫煙、万引き、暴行などを理由に退学処分を受けていた。学校側の説明では、入学当初から転校希望者が20％相当いるので、問題行動の生徒の早期排除はやむを得ないとした。

12.18 〔制度〕中教審学校制度小委員会、審議経過報告書を提出　受験競争緩和のため、大学における入試制度の改善などについて報告。私立6年一貫校の大学予備校化を批判し、特定高校からの特定大学入学者数を制限する案、大学入試の判定基準の多元化等を提言する。

12.20 〔活動〕川崎市の市民オンブズマン、川崎市教委に対して体罰に関する勧告を提出　市民オンブズマンは、学校での体罰の防止と体罰が発生した場合の適切な措置を求め、川崎市教育委員会に勧告する。体罰により不登校になった児童の保護者が学校の事故報告書に対して、調査を求めていた案件に対応したもので、市民オンブズマンによる初の勧告。

12.26 〔裁判〕福島県いわき市のいじめ訴訟で、市に賠償命令　福島地方裁判所いわき支部は、いわき市立小川中学校3年男子生徒のいじめによる自殺事件で、「いじめ」が悪質な場合、自殺の予見性が無くても学校側の過失責任を認め、市に損害賠償額1109万円の支払いを命ずる。12月28日双方が控訴を断念し、判決が確定。

12.29 〔人事〕井上裕、文部大臣に就任　第2次海部改造内閣が発足し、井上裕が文部大臣に就任。

1991年
（平成3年）

1.7 〔政策〕日韓21世紀委員会、両国の歴史教育の検討を提言　日韓21世紀委員会（1988年2月設置、両国学識経験者各9名で構成）は、海部俊樹首相の訪韓前に報告書を提出。過去のわだかまりが両国関係の発展に影響があるとし、歴史教育の在り方について民間レベルの共同研究の促進と在日韓国人の法的地位等の人権問題解決を提言。

1.11 〔出版〕総務庁、『青少年白書』を発表　総務庁青少年対策本部は、1990年版『青少年白書―青少年の人間形成と友人関係』において、塾通いの過熱が活動性や創造力を育む多様な遊びの機会を奪い、その中で培われる友人関係が均質化した表面的なものになっていると指摘。

1.12 〔制度〕大学入試センター試験　大学入試センター試験が2日間の日程で行われた（13日まで）。千葉県立松戸馬橋高校の試験会場で心不全を起こした受験生が倒れ、病院で死亡した。

1.29 〔活動〕社会経済国民会議、大学生・学長対象の意識調査報告書を公表　社団法人社会経済国民会議は、国公私立大学4年生を対象としたアンケート調査結果を公表。大学生の3人に1人が入学後に進路変更（転校・転学部）を考えたことがあり、転学希望が多いことが判明。また企業関係者と学生との意識の比較調査では、学歴社会の解

消について、企業関係者が比較的「楽観的」な見方に対し、学生は「懐疑的」見方。

1.30 〔政策〕文部省日韓外相覚書を受け、教育関係事項取扱いを通知　文部省は、『日本国に居住する大韓民国国民の法的地位及び待遇に関する覚書』(1月10日、日韓首脳会談で取り交わす)を受け、各都道府県教育委員会・国立学校等に、「課外の韓国語学習等の公認」「在日韓国人子女への就学案内の発給」を通知。また他の在日外国人にも適用することを通知。同時に、在日韓国人に公立学校教員採用試験の受験資格を与え、常勤講師としての任用を認めた。

2.1 〔政策〕生涯学習審議会に初諮問　井上裕文相、生涯学習審議会に「今後の社会の動向に対応した生涯学習の振興策」を初諮問。

2.8 〔制度〕大学審議会、大学・短大・高専制度の改革について答申　大学審議会は、大学・短大・高専制度の改革について答申。1988年以来大学部会が取りまとめ、公表した内容を総括。大学・短大の一般教育、専門教育との区別の廃止。研究水準維持のため、各大学に自己点検・評価システムの導入。生涯学習機会拡大のため、大学学部に昼夜開講制の実施および短大に生涯学習センターの設置。学位授与機構の設置。大学卒業者に「学士」、短大・高専卒業者に「準学士」の称号を附与。高専の設立を工業・商船以外の分野でも承認することとした。

2.14 〔事件〕千葉大学医学部付属病院の高額医療機器納入贈収賄容疑で教授・業者逮捕　東京地検特捜部は、千葉大学医学部付属病院放射線部教授が、断層撮影装置(CTスキャナー)納入の際、業者から海外旅行費の肩代わりなどとして224万円を受け取ったとし、業者2人も含め贈収賄容疑で逮捕。また、3月6日、東京地検特捜部は、同じ業者からの収賄(590万円)容疑で横浜市立大学医学部教授を逮捕。

2.22 〔政策〕文部省の調査研究協力者会議、「学校施設の複合化」促進を提言　文部省の調査研究協力者会議は、「学校施設の複合化」の促進を提言。小中学校改築時、建物および敷地内に社会教育・文化・スポーツ施設を併設し、地域住民の生涯学習の拠点とすること。学校専用部分は下層階とし、活動に影響を及ぼさないように防音に配慮すること。併設施設の管理は、学校職員等に過度の負担がかからぬように措置することなど。

2.28 〔事件〕高槻市個人情報保護審査会、内申書開示要求に対し市教委に申し入れ　大阪府高槻市の中学3年女子生徒が、内申書開示を拒否した高槻市教育委員会に異議を申し立てた問題で、高槻市個人情報保護審査会は、開示要求に応じるよう市教委に申し入れ。自治体の委託を受けた審査会が内申書開示を認めたのは全国初。6月7日、市教委は、公開により保護者からの圧力、教師と保護者・生徒との信頼関係の崩壊、現場の混乱をまねくとし、「公正、客観性確保」の理由から非公開を決定。それに対し6月20日、女生徒側は大阪地方裁判所に提訴。

3.1 〔政策〕文部省の調査研究協力者会議、3歳児就園促進を提言　文部省の幼稚園教育振興に関する調査研究協力者会議は、新幼稚園教育振興計画に関する報告書をまとめ、3年保育の必要性と役割を重視し、3歳児就園促進を提言。2000年度までに就園率45〜50%の達成を目指すこと。1992年度から就園奨励費を3歳児に拡大し、市町村に3歳児クラスの設置を促すこと。これにより、3月15日、文部省は、「第3次幼稚園教育振興計画」(1991年〜2000年)を作成し、都道府県教育委員会・知事宛に送付。

3.2 〔活動〕高野連、朝鮮高級学校軟式野球部の加盟申請を認可　日本高等学校野球連

盟は、全国理事会で神奈川朝鮮高級学校軟式野球部の加盟を認可。日朝国交正常化への流れから規約改定。4月以降全国大会をはじめ各種大会への参加を認可。各地区高野連の申請に基づき、4月10日広島、5月23日茨城・東京・愛知の各朝鮮高級学校軟式野球部の加盟を承認。

3.6 〔設立〕全日本教職員組合協議会と日高教左派、「新全教」結成　全日本教職員組合協議会と日高教左派は、反連合の立場から組織を統一し、「新全教」（全日本教職員組合（全教））を結成。加盟人数は13万人。

3.12 〔活動〕大阪大学大学院、初の「飛び入学」合格者2名発表　大阪大学大学院理学研究科は、「飛び入学」合格者2名（理学部3年次学生）を発表。全国28大学57研究科で初適用。その後、3月15日同志社大学法学研究科7名、3月18日愛媛大学理学研究科1名が、同制度により合格。

3.13 〔制度〕文部省の調査研究協力者会議、「小中学校指導要録改訂の審議のまとめ」を提出　文部省の調査研究協力者会議は、学習効果の測定をこれまでの「相対評価」から学習目的への到達度をみる「絶対評価」重視に転換を提言。小学校低学年は3段階評価をやめ、中高学年は5段階から3段階に、中学校は選択教科を3段階（必修教科と英語は従来通り5段階）とした。3月20日文部省は、指導要録を改定し、中学校では新入学者から順次、小学校では1992年度から一斉に実施。

3.15 〔法令〕文部省、「学校教育法施行規則」を改定　文部省は、「学校教育法施行規則」を改正する省令を公布、施行。児童生徒の進学時に学校長が作成し進学先に送付する指導要録を「抄本または写し」と変更。指導要録中の2区分構成（学籍記録・指導記録）と保存期間も規定。

3.19 〔制度〕高校の初任者研修実施にともない政令を改正　1992年度からこれまでの小中に加え、高校でも初任者研修を実施すること、指導教員等を配置するため公立高校の教職員定数の加算を認めることなどに対応し、「公立高校設置、適正配置及び教職員定数標準時に関する法律施行令」「教育公務員特例法施行令」の一部を改正。

3.22 〔政策〕文部省、在日外国人の常勤講師としての採用認可　文部省は、1992年度公立学校教員採用試験から、在日外国人の受験許可と常任講師としての採用認可を求め、各都道府県教育委員会に通知。「公務員に関する法理」により、公の意思の参画に関わる立場の「教諭」ではなく、「常任講師」として任用。

3.26 〔法令〕「学位授与機構」設置法案により「国立学校設置法」「学校教育法」改正　衆参両院の文教委員会は、「学位授与機構」設置法案創設により「国立学校設置法」「学校教育法」を一部改正。国公立私立大学に根強い同機関設立の不満・危惧の念をふまえ、付帯決議を附す。学位認定の基準・方法を明確にし、学位の水準維持に努めること、審査担当教授に第一線の者を充てることなど。4月2日に公布。

3.26 〔法令〕文部省、小中学校の新「標準教材基準」を発表　文部省は、1978年以来13年ぶりに小中学校の新「標準教材基準」を発表。標準教材品目3945点。新たに、ワープロ・ビデオディスクプレーヤー・CDプレーヤー・ビデオソフト・16ミリ映画フィルム等が登場。一方8ミリ映写機・レコード・ものさしは姿を消した。

3.27 〔裁判〕富士見中いじめ自殺事件で、暴行のみ認定　東京地方裁判所は、中野区立富士見中学校のいじめ自殺の訴訟判決で暴行のみを認め、400万円（請求額6000万円）の支払を命じた。自殺までの級友達の行為は、「葬式ごっこ」を含めて「いじ

め」と認定せず、学校側も自殺を予測するのは不可能と自殺の学校責任を否定。交友グループによる自殺直前の暴行のみ違法行為と認定。4月9日、原告の両親は判決を不服として控訴。

4.1 〔制度〕高校の初任者研修実施、中1に新授業時数導入　高校の初任者研修が本格的に実施される。中学校1年生に新授業時数を導入。

4.2 〔制度〕大学卒業者に附与する学位名称を「学士」とする　「学校教育法」が一部改定。大学卒業者に附与する学位を「学士」とする。これまでの称号としての性格から、「学位規則」に定める学位（博士、修士、学士）の1種類とする。

4.2 〔法令〕「学校教育法」の大学、高専関連規定の一部改定　「学校教育法」の大学、高専関連規定の一部を改定。医・歯学部の専門課程（4年）と進学課程（2年）の区分を廃止。短期大学・高専卒業者に「準学士」を附与。高専に工業・商船以外の学科を設置し、専攻科を制度化。

4.10 〔裁判〕福岡県立高校中退者数開示問題で非開示処分取消を判決　福岡高等裁判所は、福岡県立高校の中退者数開示問題で、県教育委員会の非開示処分の取消を命じた福岡地方裁判所の判決について、これを支持する判決。これにより、23日福岡県教育委員会は、上告を断念し、開示を決定。

4.10 〔活動〕国大協、教育研究費に関する教官の意見調査を発表　国立大学協会は、国立大学の教育研究費に関する教官の意見調査を発表。教官1人当たりの校費（経常的研究費）が過去10年間で13％削減され、8割の教官が学会出張の旅費や図書資料費の不足分を私費で負担。また実験施設設備の老朽化が進み、民間や他の研究施設との格差が拡大。国の財政措置の薄さを指摘。

4.11 〔政策〕全国の中学校・高校の73，8％で、校則見直し　文部省は、「日常の生徒指導の在り方に関する調査研究報告書」を発表。全国の中学・高校の73.8％で過去3年間に校則見直しを実施し、そのほとんどが緩和の方向で取り組み、好ましい結果をもたらしたとの調査結果を公表。見直し率は、中学校が78％・高校が64.4％。見直しをした項目と実施校の割合は、服装60.7％・郊外生活37.3％・校内生活33.4％・頭髪29.5％・所持品24.7％・登下校の時刻および通学方法18.1％。

4.12 〔事件〕兵庫県教委、県立高校入試合否漏洩　兵庫県教育委員会は、県立高校入試の合否を発表前に、県議・代議士秘書に漏洩。県教育委員会幹部が依頼を受付け、その指示で入試担当の高校教育課が一括処理し、47校82人の合否情報を漏らす。神奈川県でも、県立高校60校80人の合否情報が、県教育委員会幹部らを通じて県議・国会議員に漏洩。

4.19 〔政策〕中教審、高校教育改革と受験競争緩和を答申　第14期中央教育審議会は、高校教育改革と受験競争緩和の答申を井上裕文相に提出。高等学校教育の多様化、弾力化について、普通科と職業科を統合した新学科を設置し、入学後の学校・学科間の移動を柔軟にすること。普通科40人学級編成を実現し、理科系の能力の伸長著しい生徒に対し、特進扱いを試行すること。また、有力大学への特定高校出身者の集中是正策について、大都会の国立付属校や私立中高一貫校が長期にわたり有利なことが果たして公正かと疑問視。文部省は、この提言を具体化するため、「高校教育改革推進会議」を設置。

4.23 〔社会〕総務庁、家計調査に基づく「子供に関する支出の動向」を発表　総務庁は、

「子供に関する支出の動向」について調査結果を公表。40代世帯の教育費は、1ヶ月平均41,819円（10年前は23,646円）となり、保護者負担は、10年間で1、8倍。学習塾や家庭教師の謝金等「補習教育費」が2、7倍に急増。

4.24　〔政策〕文部省の「社会人継続教育の推進企画会議」発足　文部省は、「社会人継続教育（リカレント）の推進企画会議」を発足させ、社会人が随時大学に戻り、必要時に最新の専門知識・技術を修得できる体勢をつくる。

4.26　〔裁判〕米国国際大学日本校の学生、授業料返還訴訟　米国国際大学日本校の学生34人は、経営難から6月に閉校予定の同校と同校を誘致した岸和田市を相手取り、授業料の返還等を求めて、大阪地方裁判所に1億6800万円の支払を求める訴訟を起こす。教育内容や方法、資格の習得条件が事前の説明と全く異なると主張。

4.29　〔事件〕明治大学二部商学部の今春試験の替え玉受験で、合格取消　明治大学二部商学部の今春試験で替え玉受験があり、不正入学の男子学生2人の合格を取消。4月30日、同大は告訴。受験票の写真と入学後の学生証の写真照合により発覚。学内関係者3人・OB1人が関与し、不正入学者は、政経学部・経営学部・第二商学部・第二法学部の4学部14人と判明。6月までに警視庁は、4人を逮捕・送検し、大学は関係者の処分、不正入学者14人の合格取消を発表。

5.17　〔政策〕大学審議会、「高等教育の計画的整備」「大学設置基準等改正要綱」「大学院の整備充実」を答申　大学審議会は、井上裕文相に高等教育改革の柱となる答申を行う。「18歳人口の見通しにおいて、高等教育機関への入学者数減少を見込み、当面の大学の新増設を認めないこと」「大学院を学部から独立し、充実させること」「大学院学生の処遇を改善し、大学・大学院への財源配分は取り組みに応じた重点配分であること」「民間資金導入を促し、各設置基準の大綱化を図ること」など。

5.27　〔裁判〕バイクの校則違反による退学処分は違法と判決　東京地方裁判所は、校則で禁止されたバイク免許取得・運転を理由とする私立修徳学園2年男子生徒退学処分（1988年2月）は、学校の裁量権を逸脱していて違法とし、慰謝料として108万円の支払を命じた。1992年3月9日、東京高等裁判所も一審判決を支持し、学校側の控訴を棄却。

6.2　〔法令〕文部省、「大学設置基準」を改定　文部省は、制度の弾力的運用を求め、「大学設置基準」を改定する。教育研究の水準を図るため自己評価の義務化、総意工夫による課程編成を行うため一般教育・専門教育の区分を廃止、教育内容の改善のための組織的な研修の義務化、大学以外の施設でも大学の履修とし単位を授与、社会人への学習機会拡大を図るため「科目等履修生」「昼夜開講制」の設置、図書資料および図書館の整備重点、各大学の教育研究の柔軟な運用のため学位の種類の提示をやめ各大学の裁量に委ねる、とした。6月3日に告示。

6.5　〔政策〕文部省、普通教室用机と椅子の特号を新設　文部省は、普通教室用机と椅子のJIS改正を通知。長身生徒用に特号を新設。

6.5　〔制度〕文部省、「文部大臣が別に定める学修」を告示　文部省は、大学設置基準の規定により、大学が履修単位として認定できる内容「文部大臣が別に定める学修」を告示。主なものは、高専の学修、専修学校専門課程（2年以上の課程）の学修、文部大臣認定の上級教員免許状取得のための講習・公開講座の学修、社会教育主事講習における学修、司書・司書教諭講習における学修、技能検定の合格者に係る学修。

6.19　〔制度〕文部省、『環境教育指導資料』を作成・配布　文部省は、初の『環境教育指導資料』(中・高校用)を作成・配布。地球環境を守るうえで必要な知識・態度を培うために取り上げている素材を新学習指導要領の中で例示し解説する。小学校用指導資料を1992年7月、追加作成配布。

7.2　〔活動〕経済同友会、「就職協定」の廃止を提唱　経済同友会は、企業側も「学歴社会」打破に取り組むべきとして、採用の画一化をもたらしている「就職協定」の廃止を提言。企業と学生が相手を十分選別できずに、一方的に内定者を拘束し、就職の機会均等を妨害していると指摘。通年卒業・通年採用制度を導入し、転職者採用枠を広げることを提言。また8月8日、日経連も、「就職協定」が不公平な採用活動を横行させていると批判し、採用情報の公開・学事日程尊重・学生の拘束自粛等の廃止代案を提言。

7.12　〔政策〕文部省の調査研究協力者会議、保護者の転勤に伴う高校転入学の円滑化を提言　文部省の調査研究協力者会議は、保護者の転勤に伴う高校転入学の円滑化を提言。全国の転入学の情報提供システムを整備し、各高校が転入学者を受け入れる特別枠を設定、転入学受験手段の簡素化・弾力化を提言。同省はこれを受け、1992年2月に転入学情報ネットワークを始動予定。

7.17　〔政策〕文部省の調査研究協力者会議、「通級」の実施方策について中間報告　文部省の調査研究協力者会議は、軽度の心身障害児が普通学級に在籍して部分的に特殊学級で障害に応じた教育を受ける「通級」の実施方策を提言。「通級」を教育課程上明確に位置づける、「通級」による指導の円滑化のため教員定数上の措置を講じるなど。さらに、学習障害(LD)児について実践的な研究をするように提言。

7.19　〔政策〕社会党、「21世紀子どもルネッサンス」をまとめ、公表　日本社会党は、就学前教育と大学教育の改革案「21世紀子どもルネッサンス―教育改革の構想と行動指針」を決定。幼稚園と保育所を統合して「こどもの家」(仮称)とすること、大学間格差を無くすため「国立総合大学」の名称で統合し各大学はその地域校とすること(希望者全員入学・教員任期制・修業年限なし)、旧7帝大は連合大学院大学(学術研究機関)に改組することなどを提言。

7.22　〔制度〕文部省、初の大検志願者アンケート実施　文部省は、初の大検志願者アンケートを実施。7割が高校の中退者であること、大検が高校中退者の大学進学へのバイパスの役割を果たしている、等の調査結果を発表。

7.29　〔事件〕風の子学園事件　更生施設風の子学園で、喫煙の罰として14歳の少年と16歳の少女がコンテナ内に44時間閉じ込められ熱射病で死亡。7月30日、三原署は、園長を障害致死容疑で逮捕。8月21日、元園生4人の障害致傷容疑で再逮捕。1995年5月17日、広島地方裁判所福山支部は、懲役6年を判決。

8.6　〔制度〕学校5日制試行校の保護者を対象とした文部省調査の結果を公表　文部省は、学校5日制試行校(全国幼小・中・高68校)の保護者対象の調査結果を公表。試行前は51.3%が反対だったが、試行1年後は18.5%に減少。条件付きを含め78.7%が賛成に。賛成の最多理由は、子どもが自由に過ごせる時間が増えた。

8.6　〔事件〕福岡県教委、国旗掲揚・君が代斉唱を妨害した小中学校教員14名を懲戒処分　福岡県教育委員会は、今春の中間市内の入学式・卒業式で国旗掲揚・君が代斉唱を妨害したとして小中学校教員14名に停職を含む懲戒処分(減給・戒告)。同問題

で停職処分は全国初。

8.13 〔制度〕公立大学二次試験で「分離分割方式」の定員が初めて半数を突破　文部省は、1992年度公立大学第二次試験選抜概要を発表。「分離分割方式」の増加にともない、この方式による入学定員比率が57、6％とはじめて半数を突破。69大学241学部が導入し、前・後期の定員配分比率は68：32。

8.22 〔制度〕日本PTA全国協議会、全国大会で「学校5日制」に前向きの見解　日本PTA全国協議会は、高知市で行われた全国研究大会で「学校5日制」に前向きの見解を発表。これまでの消極的対応から、「子どものことすべてを学校に依存するのではなく、子どもたちを伸び伸びと育成する仕組みの一つ」と積極的対応へ転換。

9.2 〔裁判〕豊中市立中学校の卒業生、卒業証書の日付の元号表記をめぐり、市に損害賠償請求　豊中市立中学校の卒業生女子3人は、中学卒業証書の日付の元号表記は思想の自由侵害として、市を相手取り、一人あたり10万円の損害賠償を求め、大阪地方裁判所に提訴。1994年11月11日、大阪地方裁判所は、元号表記が原告の思想・信条を侵害するものとはいえないとし、原告の訴えを棄却。

9.3 〔裁判〕バイクの校則違反による退学処分の損害賠償訴訟で、原告側上告を棄却　最高裁判所は、「バイクの3ない運動」（免許・購入・運転をしない）の校則違反により鎌形学園を自主退学となった損害賠償訴訟で、非合理とはいえないと、原告の請求（退学処分の取消と賠償金300万円の支払い）を棄却した第1・第2審判決を支持。「3ない運動」をめぐる、初の最高等裁判所判断。

9.16 〔事件〕帝京中・高校の校長室に、理事長の指示で盗聴器が設置　帝京中・高校の校長室に、理事長の指示で盗聴器が設置されたことにより、校長らが理事長の退任を要求。理事長と学校側の長引く対立に文部省と都が調査。帝京学園短大で定員の4倍の学生を入学、60人をヤミ入学させていた。帝京第三高で推薦入学者から推薦料2600万円を徴収。学園の経営が理事長の独断で行われ、理事会は5年間に1度も開かれていなかった。都は学園に対し助成手続を停止。理事長退任。

9.25 〔活動〕東京都教職員組合、都内公立小学生の6人に1人が私立中学校を受験と発表　東京都教職員組合は、都内公立小学卒業生の6人に1人が私立中学校を受験していると発表。私立中学校の受験決定については、担任教師のほとんどが相談を受けていない。

10.18 〔制度〕文部省、全日制公立高校普通科の40人学級編成を認めると発表　文部省は、1992年度から、生徒数急減地域の高校、転入学者の特別定員枠を設定している高校などで、全日制公立高校普通科の40人学級を認めると発表。生徒数減少に伴う公立高校の教員定数の削減が見込まれ、その削減幅を緩和するための対応。

10.31 〔政策〕青少年問題審議会、青少年の逃避的問題行動への対応策を答申　青少年問題審議会は、青少年の逃避的問題行動への対応策を示した答申を海部俊樹首相に提出。

11.1 〔政策〕大学審議会の大学院部会、大学院生数の拡大を提言　大学審議会の大学院部会は、2000年までに大学院生数を20万人に倍増させると報告。修士課程を中心とした量的拡大を図ること。大学院にも科目等履修生を制度化すること、社会人に長期の履修コースを設けること、大学外でも学習の場を設定し、授業や研究指導を行うこと等を提言。

11.1 〔人事〕文部省、教員処分状況を発表　文部省は、1990年度の教員処分状況を発表。体罰・日の丸・君が代に関する処分が増加。

11.5 〔人事〕鳩山邦夫、文部大臣に就任　宮沢内閣が発足し、鳩山邦夫が文部大臣に就任。

11.5 〔出版〕文部省、教育白書『我が国の文教施策』刊行　文部省は、1991年度版教育白書『我が国の文教施策―世界に貢献する学術研究』を大蔵省印刷局から刊行。

11.6 〔事件〕第一経済大、定員の12倍を入学　福岡県太宰府市にある第一経済大学が、今春の入試で定員の12倍にあたる6000人を入学させたことが発覚。3学科定員500人に5954人が入学。文部省は、12倍の水増しは前代未聞と調査を指示。

11.13 〔事件〕慶応大教授、大学院入試問題漏洩疑惑で辞任　慶応義塾大学大学院理工学研究科の修士課程の入試で、英語の問題が事前に学生に漏れる。疑惑をうけた英語出題担当教授が辞任。学内調査により、担当教授の研究室から漏洩した事実は確認できたが、当事者が否定し、事実究明ならず。

11.22 〔政策〕文部省、「教職員等に係る生涯生活設計推進計画の策定」を通知　文部省は、「教職員等に係る生涯生活設計推進計画の策定」を通知。

11.24 〔政策〕「日の丸」を国旗として認め、「君が代」に代わる新国歌の制定を提言　日本社会党の嶋崎譲文化教育委員長は、「日の丸」を国旗として認め、「君が代」に代わる主権在民にふさわしい新国歌の制定を教育シンポジウムで提言。ただし、国旗認定条件として、国会による戦争責任の明確化に関する決議を求める。これに対し日教組は、「日の丸」「君が代」の法制化と強制に反対。

11.25 〔政策〕大学審議会、「大学院の量的整備」を答申　大学審議会は、大学院生を倍増させる「大学院の量的整備」を鳩山邦夫文相に答申。量的拡充方策として、学術研究の高度化、社会人の再教育の学習ニーズの高まりから学生数を2000年までに20万人に倍増すること、社会人の学習の便を図るため、科目履修生制度や昼夜開講など。

12.5 〔政策〕第3次行革審の「ゆたかな生活部会」で、教育施策を提言　第3次行革審の「ゆたかな生活部会」で、地域社会を重視した行政システムを構築する一環として教育施策を提言。国立大学の自治体への委譲を検討し、小学校の特別活動として英会話導入や教科新設の検討を提言。12月10日、行革審は、同内容を答申。

12.13 〔政策〕文部省、教育委員会の活性化に関する調査を発表　文部省は、教育委員会の活性化に関するアンケート調査を発表。市町村教育委員会の立ち遅れが、際立つ。

12.19 〔制度〕文部省の調査協力者会議、学校5日制の導入実施計画を発表　文部省の社会の変化に対応した学校運営等に関する調査研究協力者会議は、1992年度から導入する学校5日制の実施計画中間まとめを発表。月に1回、土曜日を休業日とする。実施にあたり、教育水準の確保、子どもの学習負担増への配慮、過度の学習塾通いの抑制の対応の必要性を報告。

12.20 〔制度〕文部省の調査協力者会議、学校5日制に対応した地域の受け入れ体制の拡充を公表　文部省の青少年の学校外活動に関する調査研究協力者会議は、学校5日制の導入に対応し、児童生徒に豊かな生活体験・活動体験の機会を提供するため、博物館等の社会施設の無料開放や学校施設の開放、地域のボランティア活動の企画と実施など学校外活動の拡充を要望する中間まとめを公表した。

12.23 〔政策〕総務庁、「青少年の連帯感などに関する調査」発表　総務庁は、「青少年の連帯感などに関する調査」を発表。「日の丸」への無関心派が56％であることが判明。

12.25 〔出版〕文部省、『問題行動白書』発表　文部省は、1990年度版『問題行動白書』を発表し、登校拒否が調査史上最高になっていることが明らかになる。

12.28 〔社会〕文部省、初の保健室利用調査を発表　文部省は、初の保健室利用調査で、中学校4校に1校（23.2％）が保健室登校の生徒をかかえていると発表。小学校では7.1％、高校では8.1％。常時保健室にいる生徒、特定教科は出席するが主として保健室にいる生徒が平均1〜2人。また一般の生徒にとっても保健室は、養護の先生や友達と話せるやすらぎの場となっている。

1992年
（平成4年）

1.2 〔社会〕総務庁、中学生の母親の日米間比較調査を発表　総務庁は、中学生を持つ母親の日米間の比較調査結果を発表。その結果から、子育てについての考え方に日米間に大差があることが判明。

1.3 〔社会〕文部省、学校保健統計を発表　文部省は、1991年度学校保健統計を発表。内容は30年前と体位の比較をおこなったもの。

1.11 〔制度〕大学入試センター試験　1992年度大学入試センター試験が開始（12日まで）。私立大学の参加校32校で前年より11校増える。女子の占める比率が3割を初めて超え、志願者は、47万2000人。

1.14 〔政策〕公私立高校中退者の数が過去最多　文部省は、1990年度公私立高校中退者の数が、12万3500人余となり、過去最多と発表。

1.14 〔出版〕総務庁、『青少年白書』発表　総務庁は、1991年版『青少年白書』を発表。小・中学生の学業時間の増加傾向、学業意欲が乏しく、学校嫌いの増加を指摘。中学生の54.3％が学習塾に通い、自由時間は3時間14分で少ない。また、中学生の40.2％は、規則のきびしさをあげて、学校に不満を持つ。

1.16 〔事件〕歯科医師国家試験問題漏洩容疑で教授逮捕　1991年春の歯科医師国家試験問題漏洩容疑で鶴見大学教授が逮捕。警察及び厚生省の調べで、大学ぐるみの漏洩工作が判明。試験委員である教授が、国家試験の前日に、受験生が集まる壮行会の場で、自ら作成した問題を十数問漏らす。この年の国家試験の合格率は90.3％と急上昇。学生委員会が受験生から4000万円を集め大学関係者と合格向上のため施策をしていた。4月1日、同教授懲戒免職。

1.17 〔社会〕宮沢首相、朝鮮人従軍慰安婦問題を教科書で取り上げる考えを表明　韓国訪問中の宮沢喜一首相は、事実を隠すべきではないとし、朝鮮人従軍慰安婦問題を日本の教科書で取り上げる考えを記者会見で表明。

1.18 〔政策〕公立看護系大学・短大の設立に財政支援決定　自治省は、公立看護系大

学・短大の設立に財政支援(事業費総額1088億円)を決定。保健・医療・福祉関連の人材確保の必要と地域の活性化を目指し、起債枠を認め、元利償還費と事業費の一部を交付税より手当する。13自治体を支援対象と内定。

1.20　〔政策〕東京都、不当な生活指導を行った私立貞静学園に対し補助金カット　東京都は、不当な生活指導を行った私立貞静学園に対し、補助金削減処分。喫煙を理由とした中学生の停学処分、生まれつきの赤毛を黒く染めさせたこと、無断で持ち物検査を実施したことなどを人権侵害とみなし補助金10%を削減。

1.24　〔政策〕文部省「教員の心の健康等に関する調査研究協力者会議」が発足　文部省は、急増する教員の精神性疾患に対応するため「教員の心の健康等に関する調査研究協力者会議」を発足させる。精神疾患による休職教員数は1017人におよぶ。

2.1　〔制度〕大学入試センター試験で平均点低下　1992年度センター試験の実施結果が発表。5教科11科目で平均点が低下したことが判明。

2.6　〔人事〕江崎玲於奈、筑波大学学長に選出　ノーベル物理学賞受賞者の江崎玲於奈が、筑波大学学長に選出される。現在の阿南功一学長体制に不満を持つ改革派グループが、硬直した体制を改善するには外部から招くべき、と運動を展開。学内候補の渡辺良雄副学長を破り第5代学長に選任。

2.20　〔制度〕「学校5日制」で第2土曜日休業へ　文部省の調査研究協力者会議は、1992年度2学期より第2土曜日を休業とする「学校5日制」を行うことを提言。これに対し、日教組は、条件の整った地域での月2回以上の実施を要求。

2.21　〔裁判〕習志野市立第七中学校の体罰訴訟で、市に支払い判決　千葉地方裁判所は、習志野市立第七中学校の教師による体罰訴訟(1986年7月、給食に遅れた中2男子生徒の頭を足蹴りし負傷させる)で、市に対し、元生徒へ55万円の支払いを命じた。体罰が生徒に与えた屈辱感や体罰後の学校や市教育委員会の不適切な対応などが慰謝料請求の根拠となる。

2.26　〔制度〕「学校5日制実施推進連絡会議」発足　「学校5日制実施推進連絡会議」が発足。文部省は、「学校5日制」の導入を正式に決定。

2.27　〔政策〕文部省、不登校児童の民間施設通学を出席とする見解を発表　文部省の衆議院文教委員会で、坂元弘直初中局長が、不登校児童が適切な民間施設に通う場合、学校長の判断により出席扱いにしてもよいとの見解を示す。

3.6　〔政策〕文部省調査研究協力者会議、社会人の再教育推進を提言　文部省の調査研究協力者会議は、社会人の再教育(リカレント教育)推進のために、大学の受け入れ体制と教育プログラムの開発などを積極的に取り組むように提言。

3.11　〔政策〕文部省、「学校施設設計指針」の全面見直しを提言　文部省の調査研究協力者会議は、多様性に富み、ゆとりと潤いのある学校環境作りに向け「学校施設設計指針」の全面見直しを提言。教育内容・方法の多様化に向け多目的室や図書室、コンピューター室などを拡充、ラウンジやランチルームなど児童生徒や教師の交流の場を設けること、築20年以上の校舎の改修を行うことなどを提言。

3.13　〔政策〕文部省の調査研究協力者会議、登校拒否への対応策を発表　文部省の調査研究協力者会議は、公文書ではじめて「登校拒否(不登校)」と併記し、登校拒否への対応策を発表。子どもを無理に連れ戻すよりも自立させる取り組みの重要性、子

3.13	〔法令〕「児童の権利に関する条約」の批准条件を国会に提出　政府は、国連の「児童の権利に関する条約」の批准条件を国会に提出。同条約の内容は、憲法や国際人権規約で規定しており、国内法や制度の改正を要しないとの見解を示す。すでに批准国は100ヵ国余りあり、日教組は、対応の遅さを指摘。
3.13	〔裁判〕筋ジストロフィー症を理由の不合格は違法と判決　神戸地方裁判所は、1991年春の入試で、筋ジストロフィー症を理由の不合格は違法で、校長に裁量権の逸脱があったとし、尼崎市立高校に不合格の取消を命じた。
3.18	〔制度〕長崎県議会、「学校5日制」は時期尚早と意見書採択　長崎県議会は、「学校5日制」の導入は学力低下をもたらす恐れがあり、時期尚早との意見書を可決。3月23日、高知県議会も可決。
3.23	〔制度〕文部省、学校5日制導入に伴う授業時間について、各府県教委に通知　文部省は、学校5日制導入に伴う授業時間の運用について、各府県教育委員会に通知。幼稚園は土曜の保育時間を削減。小・中・高校では教科外活動や学校行事を精選し、土曜日の授業時間と相殺。高等学校に限り、土曜日相当分を他の曜日に上乗せを認めた。
3.23	〔法令〕文部省、9月から「学校5日制」導入とする「学校教育法施行規則」を改定　文部省は、9月から第2土曜日を休業とする「学校5日制」を導入する「学校教育法施行規則」を改正を公布。将来完全週5日制を実施するためのステップとする。1995年度から月2回実施、2002年度から完全実施。
3.26	〔事件〕箕面市の個人情報保護審議会、市教委に指導要録の全面開示を要求　箕面市の個人情報保護審議会は、箕面市教育委員会に指導要録の全面開示を要求。請求者の大学生が、市教育委員会の部分開示(成績記録などを非開示)を不服としていた問題で、「全面開示」が指導要録の公正・客観性の面から必要と判断。
3.30	〔裁判〕学校給食でのそばアレルギー死亡事件で、賠償金支払い判決　札幌地方裁判所は、札幌市立小学校6年男子が学校給食でのそばアレルギーにより死亡した事件で、札幌市教育委員会と担任教師の過失を認め、賠償金1500万円の支払を命じた。
4.1	〔制度〕小学校学習指導要領と高校の初任者研修が実施　1992年度より小学校で新学習指導要領が全面実施。高校の初任者研修も実施。
4.9	〔政策〕法務省、短期収容の少年院を「学園」と名称変更　法務省は、鉄格子、暗くて古いというイメージから明るく開放的なイメージをアピールするため、短期収容の少年院8施設を「学園」と名称変更。長期収容の26施設は変更なし。
4.16	〔事件〕大阪商大入試問題漏洩事件で教授逮捕　大阪商業大学経済学部教授(元ラクビー部長)が、ラクビー部強化のため、私立高校の受験生に入試問題を郵送し、漏洩容疑で逮捕。4月25日、同教授懲戒免職。
4.16	〔社会〕日本語教育が必要な外国人生徒5400人余に上る　文部省は、外国人児童・生徒の受け入れ、指導状況調査の結果を発表。日本語教育が必要な外国人児童・生徒は、5400人余に上る。

4.22 〔裁判〕体育授業中に失明した事件で損害賠償命令　桶川市小学校の体育の授業中、ボールが左目に当たり失明した生徒が、5200万円の損害賠償を求めて訴訟を起こす。浦和地方裁判所は、事故防止策が不十分だったと学校側の過失を認め、桶川市に対し2800万円の損害賠償を命じた。

4.24 〔制度〕埼玉県教委、公立教員採用試験で一芸入試を実施と発表　埼玉県教育委員会は、今夏の公立学校教員採用試験で一芸に秀でた者の特別試験を実施すると発表。

5.1 〔制度〕文部省、公立学校教職員の週休2日制について通知　文部省は、公立学校教職員の週休2日制について、各都道府県教育委員会に通知する。学校5日制による休業日（第2土曜日）以外は休業の扱いとせず、未消化の休業（毎週土曜3回分）は夏休みを利用することなど「公立学校教職員の扱い」について通知。

5.2 〔活動〕日高教、高校生の5割が自衛隊の海外派遣に反対と発表　日高教（左派）は、高校生の5割が自衛隊の海外派遣に反対していると憲法意識調査結果を発表。

5.6 〔活動〕経団連、大学理工系の研究機能強化を発表　経団連、大学が外部からの評価を受け入れ社会の使命を果たすこと、科学技術・高等教育研究予算をGNP比2倍に増やすことなど、大学理工系研究機能強化を発表。これに対し、自民党の基礎研究基盤整備等特別委員会は、5カ年計画（1993～1997年度）で研究開発予算（7兆8000億円規模）の倍増計画を発表。

5.13 〔政策〕生涯学習審議会、学歴より学習歴重視を目指すと発表　生涯学習審議会は、リカレント教育、ボランティア、学校外活動、学習機会の4点に注目し、学歴より学習歴重視の「生涯学習社会」を目指すと発表。

5.15 〔制度〕学区による単独選抜制度導入を発表　都立高校入学者選抜制度検討委員会は、グループ合同選抜制度を廃止し、学区による単独選抜制度導入を発表。9月10日、東京都教育委員会は、1994年度からの実施を提示。導入理由として、生徒の主体的な学校選択と独自の選択方法による各高校の個性・特色化を生かせることなど。

5.19 〔制度〕文部省、学校5日制調査協力校642校を指定　文部省は、学校5日制調査協力校642校を指定。週5日制を先取り実施し、円滑な移行にむけ対象校を増やす。月2回の5日制の試行期間は2年と決定。

5.19 〔出版〕大学基準協会、『大学の自己点検・評価の手引』を発表　大学基準協会は、自己点検・評価の視点、範囲、実施手続などをまとめた『大学の自己点検・評価の手引』を作成し、発表。

5.21 〔制度〕文部省、学校5日制実施により学習塾に営業自粛の協力要請　文部省は、学習塾団体に、学校5日制実施により当該土曜日の営業自粛の協力を要請。同時に、深夜の授業、過度の受験競争や塾通いへの配慮も要請。

5.22 〔政策〕文部省、大阪の市立小学校2校を英語教育の研究開発校に指定　文部省は、大阪の市立小学校2校（真田山小・味原小）と中学校1校（高津中）を英語教育の研究開発校に指定。3年計画とし、小学4年生では年間15時間、5・6年生では70時間、カリキュラム開発や生徒の負担を調査。高津中では、英語教育の小中一貫制について調査。

6.10 〔政策〕大阪府教委と大阪市教委、在日外国人の常勤講師採用を発表　大阪府教育委員会と大阪市教育委員会は、1993年度から在日外国人の常勤講師としての採用を

発表。両教育委員会は、過去に19人の在日外国人を教諭として採用したが、文部省通達に従い後退、常勤講師採用に留まる。

6.12 〔政策〕箕面市教委、指導要録全面開示を決定　箕面市教育委員会は、大学生からの開示要求に対し、1991年学籍部分のみ開示を認めたが、大学生が異議を申し立てたため、市教委が市個人情報保護審査会に諮問。全面開示が妥当との判断により、幼稚園から中学校までの指導要録全面開示を決定。全面開示は全国初。

6.18 〔政策〕埼玉県庄和町、学校給食廃止の方針を表明　埼玉県庄和町神谷尚町長は、学校給食が教育上の意義が薄れ、学校運営上、家庭教育上の問題を起こしているとして、学校給食廃止の方針を表明。これに対し、町民から反対請願。このため、町長は廃止を見送ったが、間もなく死去し、立ち消えとなる。

6.29 〔制度〕高校教育改革推進会議、総合学科の開設と単位制を全日制とすることを提言　高校教育改革推進会議は、高校教育の多様化・弾力化にあたり総合学科の開設と単位制高校を全日制に認めることを提言。単位制は1993年度から、総合学科は1994年度からの実施を見込む。単位制高校は、多様な学習要求に応えるためさらに機能を拡大すること。普通科・職業科に次ぐ第3の学科として総合学科を設置し、特色を生かして高校教育の幅を広げることを提言。

6.30 〔制度〕文部省、教科書の検定結果公表　文部省は、1991年度教科書の検定結果を公表。社会科の分野で、自衛権、各国の防衛の取り組み、自衛隊の任務等の明記を要求。

7.28 〔政策〕文部省の調査協力者会議、公立学校教職員配置の在り方を提言　文部省の調査協力者会議は、公立学校教職員配置を、一律の定数改善ではなく、学習活動の状況に応じて配置する方針を提言。教科の難しさなどに即して、複数教員の授業やグループ学習・コンピューター学習を導入し、帰国子女や不登校児童への指導を手厚くすることとした。高校では、1993年度から普通科等の40人学級編成の実施を要求。

7.29 〔政策〕生涯学習審議会、資格の評価基準の転換等を提言　生涯学習審議会は、学歴社会の見直しとして、資格の評価基準を学歴から社会経験重視へ転換するように提言。これにより文部省は、図書館司書の基礎資格を高卒に緩和し、大卒者には資格取得の講習の一部を免除する方針を検討。また、リカレント教育・青少年の学校外活動の柱とした生涯学習の振興策を答申。

8.13 〔制度〕文部省、国公立大入試の「分離分割方式」増加を発表　文部省は、1993年度国公立大入試は「分離分割方式」を採用する大学が増加し、入学定員の7割を占めると発表。

8.21 〔政策〕文部省、公立学校の「教職員配置改善6カ年計画」を発表　文部省は、公立義務教育諸学校の「教職員配置改善6カ年計画」を発表。ティームティーチングの導入、登校拒否や通級の指導担当要員配置、小規模小学校の音楽・体育の専門教員配置、生徒指導困難校への要員増配など人員改善策を意図。

8.25 〔政策〕文部省、登校拒否・高校中退の緊急対策を発表　文部省は、登校拒否・高校中退の緊急対策を発表。登校拒否に関して、10県20地区の250人に、前後の状況、きっかけ、学校・課程・教委の対応を面接調査。登校拒否のきっかけは、家庭生活での影響(学校)、本人の問題(保護者)、学校生活での影響(本人)と三者三様の認

識。特別室登校の措置が学校復帰に効果が大きいことなどが判明。

8.28 〔制度〕**高校教育改革推進会議、入試の多様化を盛込んだ改善策を発表**　文部省の高校教育改革推進会議は、入試の多様化を盛込んだ改善策を発表。定員の一部は内申書なしの選抜を導入。定員分割による受験機会の複数化を図る。同一校・学科で定員を分割し、内容や尺度を変えた選抜を導入。内申書にボランティア活動やスポーツの取り組みの記入欄の設置。面接や小論文の取り入れなど。

9.12 〔制度〕**国公立学校で、月1回の学校5日制による土曜休業開始**　全国4万7000校の国公立学校で、月1回の学校5日制による土曜休業が開始。幼稚園から小学5年までは、近所での遊び、運動など、小学6年から中・高生は、自宅などでゆっくり休養が多い。大阪市部の私立中学校は、中高一貫校を中心に実施されず。

9.16 〔政策〕**文部省初中局長、PKO協力法案の学校での正確な取扱いを要請**　文部省の野崎弘初中局長は、道府県教育委員長に教育長会議で、PKO協力法案について、学校で正確および客観的に取り扱うように要請。

9.21 〔制度〕**総務庁、文部省に対し「義務教育諸学校等に関する行政監察」を勧告**　総務庁は、文部省に対し「義務教育諸学校等に関する行政監察」を勧告。一部の私立中学校で、英語・数学などの科目の時数を増やす一方で、技術・家庭科・音楽などを減らし、学習指導要領から外れた難解な入試問題を出題するなどの逸脱行為に是正を勧告。また公立学校で空き教室が有効に活用されていないことも指摘。

9.22 〔政策〕**文部省、登校拒否生徒が民間施設に通うことを出席扱いにすると通知**　文部省は、登校拒否生徒の学校への出席について、各教育委員会に通知。生徒の自立をうながし、学校生活の適応を図るため多様な方法を検討。学校以外の民間施設に通った日数も在籍学校の出席扱いとした。

10.9 〔政策〕**川崎市個人情報保護審査会、卒業生に限り指導要録開示を答申**　川崎市個人情報保護審査会は、卒業生に限り、指導要録の開示を答申。これに対し、鳩山邦夫文相は、記者会見で、非開示が原則と発言。

10.13 〔政策〕**町田市情報公開・個人情報保護審査会、中学女生徒自殺の事故報告書の全面開示を答申**　町田市情報公開・個人情報保護審査会は、中学女生徒自殺に関する事故報告書の全面開示を答申。

10.13 〔制度〕**埼玉県教委、業者テストの偏差値を高校側に提供しないよう通告**　埼玉県教育委員会は、各中学校に対し、業者テストの偏差値を高校側に提供しないように通告。県内のほとんどの公立中学校が業者テストを利用。一部の私立高校に結果を提供していることが青田買いを助長していると批判。鳩山邦夫文相は、公教育の場で業者テストの利用がまかり通ること自体が問題と公立中学校の対応を批判。

10.16 〔政策〕**東京都新宿教委、登校拒否教育相談記録の開示を決定**　東京都新宿教育委員会は、登校拒否教育相談記録の開示を決定。

10.17 〔事件〕**日本人高校生、米ルイジアナ州留学中に不審者と疑われ射殺**　愛知県立旭丘高校2年生が、米ルイジアナ州留学中、知人宅と間違えて訪問した家で、静止の指示に従わず、不審者と疑われ射殺される。陪審刑事裁判のルイジアナ地方裁判所、被告の行為は正当防衛とし無罪判決したが、民事裁判の損害賠償訴訟では正当防衛とは認めず、6500万円の支払を命じ、両親側が全面勝訴。

10.27 〔政策〕町田市教委、中学生徒自殺の事故報告書の全面開示を決定　町田市教育委員会は、中学生徒自殺に関する事故報告書の全面開示を決定。

10.28 〔活動〕日弁連、文部省に朝鮮高級学校の高体連拒否は人権侵害にあたると勧告　全国高校体育連盟が、朝鮮高級学校の高体連加盟を拒否したことは人権侵害にあたるとし、日本弁護士連合会は、文部省に対し改善指導を勧告。

11.4 〔裁判〕「君が代のテープ配布は財産処分ではない」と判決　京都地方裁判所は、「君が代のテープを配布することは財産処分ではない」と市教育委員会に対する住民の訴えを却下する判決。

11.5 〔出版〕文部省、教育白書『我が国の文教施策』刊行　文部省は、1992年度版教育白書『我が国の文教施策─スポーツと健康　豊かな未来に向けて』を大蔵省印刷局から刊行。

11.11 〔活動〕千代田区立永田小PTA、文部省に学校存続を陳情　学校統合により廃校が決まった東京都千代田区立永田小学校PTAが、抗議のため登校を拒否し、国会周辺をデモ行進。12月25日、区議会は、統廃合案可決。永田小学校は、学区を隣接の3小学校区に分割され、廃校。

11.12 〔制度〕国大協、国立大学二次試験を分離分割方式に統一実施と発表　国立大学協会は、総会で、1997年度の入試から国立大学二次試験を分離分割方式に統一して実施と発表。1993年度入試で国立大学の9割を超える87大学320学部が、分離分割方式の実施予定であることから一本化。

11.12 〔活動〕高槻市個人情報保護審査会、内申書開示の要求を認める　大阪府高槻市個人情報保護審査会は、府立高校1年生が内申書開示を求めていた件で、要求を認める答申。

11.13 〔制度〕鳩山文相、業者テストの横行に対し強く批判　鳩山邦夫文相は、記者会見で、業者テストの横行について「教育の常識ではあってはならぬこと」と強く批判。11月17日にも同様に批判。

11.17 〔制度〕文部省、公立中学校の業者テストの緊急実態調査結果を発表　文部省は、公立中学校における業者テストの実態調査結果を発表。42都道府県（北海道、神奈川、長野、静岡、大阪では利用せず）で利用し、9都県（東京、埼玉、千葉、群馬、栃木、茨城、愛知、岐阜、三重）で業者テストの偏差値などを私立高校に提供。

11.19 〔事件〕東京大学医学部助教授、贈収賄容疑で逮捕　心臓ペースメーカーの機器納入をめぐる贈収賄容疑で、東京大学医学部助教授、都立病院内科長、医療機器販売関係者ら7人が逮捕。助教授は、見返りとして7年間に1100万円の現金を受け取る。また営業マンを手術室に立ち入らせ、手術中に機器の調整をさせていたことも判明。同助教授、懲戒免職。

12.5 〔制度〕鳥取県教委、調査書に絶対評価の導入を発表　鳥取県教育委員会は、調査書に絶対評価を導入すると発表。

12.9 〔政策〕東京都教委、都立高校教員の「週1研修」の段階的廃止を通達　東京都教育委員会は、都高教組との合意に基づき、都立高校教員の「週1研修」を段階的に縮小し、1995年度に廃止を各高校長に通達。1993年度は第2週のみ廃止、1994年度は第2・第4週を廃止と順次移行。事前申し出の半日研修は容認。

12.9　〔政策〕文部省、教師用エイズ手引きの全面改訂版を公表　文部省は、教師用エイズ手引きの全面改訂版を公表。

12.9　〔制度〕文部省、第5次公立高校学級編成・教職員定数改善計画を発表　文部省は、第5次公立高校学級編成・教職員定数改善計画を発表。普通科・商業科・家庭科において40人学級編成を実施(工業・農業は実施済)。単位制高校などの新しい学校・学科に要員を配置。中退者防止指導、外国人指導、英会話少人数指導のために増員配置。これらの達成のため増員を必要としたが、生徒減少による定数減で相殺。

12.11　〔政策〕文部省の調査研究協力者会議、高校中退者の対応策を発表　文部省の調査研究協力者会議は、高校中退者の対応策をまとめ、積極的な進路変更を尊重する考えを発表。進路変更を支援するシステムづくりや中退者が退学しやすい条件づくりなど「やり直し」がきく体制づくりを指示。中学校において適正・個性・将来の職業希望を無視した進路指導が中退者を増やし、高校の画一的なカリキュラムにより落第が増え、転校・転学科を困難にしていると批判。

12.12　〔人事〕森山真弓、女性初の文部大臣に就任　宮沢改造内閣が発足し、女性初の文部大臣に森山真弓が就任。

12.24　〔政策〕日の丸・君が代職員会議録、個人名を伏せて公開を命じる　神奈川県大和市公文書公開審査会は、個人名を伏せて、日の丸・君が代職員会議録の公開を命令。

12.29　〔活動〕日教組の組合員、1万7000人減少　労働省は、6月末現在の労組組織状況を発表。日教組の組合員が1万7000人減少。

1993年
(平成5年)

1.4　〔社会〕文部省、学校保健統計調査を発表　文部省は、1992年度学校保健統計調査を発表。視力低下が特に多い。

1.8　〔制度〕文部省、私立学校の学校5日制実施状況調査を発表　文部省は、私立学校の学校5日制実施状況調査を発表。中学校2割、高校3割の実施にとどまり、都道府県知事に指導を要求。

1.13　〔事件〕山形マット死事件　山形県新庄市立明倫中学校1年男子生徒、体育館で殴られた後、マットで巻かれ窒息死。1月18日中学2年の男子生徒3人を傷害と監禁致死の容疑で逮捕。中学1・2年の男子生徒4人を同容疑で補導。1992年秋より少年の両親からいじめの相談を受けながら、学校側は保護監督を怠ったとして、校長を停職、教頭を文書戒告処分。逮捕された生徒3人は、十分な証拠がなしとして不処分(無罪)。補導された4人のうち、犯行を認めた1人は在宅指導処分、否認の3人は保護処分が決定。

1.14　〔政策〕文部省の調査研究協力者会議、教職員の定数加配の目安を発表　文部省の調査研究協力者会議は、教職員定数の在り方についてまとめ、定数加配の目安を発表。

1.16 〔制度〕大学入試センター試験　大学入試センター試験が2日間の日程で行われた（17日まで）。

1.19 〔政策〕東京都公文書開示審査会、体罰事故報告書を開示するよう答申　東京都公文書開示審査会は、東京都教育委員会に対し、個人情報を除き、体罰事故報告書を開示するよう答申。

1.19 〔裁判〕大分県教組の人勧ストに対する処分は違憲で無効と判決　大分地方裁判所は、大分県教組組合員の人勧スト（1983年）処分の取消を求める訴訟で、大分県教育委員会の大分県教組・高教組に対する処分（1012人に減給・戒告）は違憲で無効と判決。28日、県教育委員会は福岡高等裁判所に控訴。

1.26 〔制度〕文部省、中学校における業者テストの実施・利用状況を発表　文部省の高校教育改革推進会議は、中学校における業者テストの実施・利用状況を発表。業者テストは学校施設を使って実施しないこと。進路指導は業者テストの偏差値に頼らず、生徒の能力・適正・関心に基づき総合的に行うなど、実施・利用についての基本方針を公表。

1.28 〔法令〕文部省、通級指導制度化のため「学校教育法施行規則」を改正　文部省は、特殊学級に属しない軽度の心身障害児童に対する指導の制度化のため、「学校教育法施行規則」を改正。心身の障害（言語障害・情緒障害・弱視・難聴）に応じて、特殊学級と同様に特別課程による指導を行う条項を追加。

2.6 〔政策〕川崎市教委、指導要録について在校生にも全面開示すると発表　川崎市教育委員会は、指導要録について、現行の卒業生対象の全面開示を1994年からは在校生にも拡大して実施すると発表。在校生を含めた開示方針は全国初。手続きは、「市個人情報開示条例」に基づき、市公文書館に請求。

2.10 〔裁判〕兵庫県立神戸高塚高校校門圧死事件で、元教諭に有罪判決　神戸地方裁判所は、兵庫県立神戸高塚高校校門圧死事件で、業務上過失致死罪の元教諭に対し、禁固1年、執行猶予3年の有罪判決。被告は控訴を断念し、有罪確定。

2.12 〔制度〕文部省の高校教育改革推進会議、第3学科「総合学科」について提言　文部省の高校教育改革推進会議は、普通科と職業学科を統合した第3学科「総合学科」の具体像について提言。多様な科目を用意し選択の自由を図ること。体系性や専門性の観点から複数の科目群を用意すること。他校での単位を認定し、無学年制を採用。筆記試験以外の選抜を導入すること。これに対し、日教組は、対症療法的と批判。

2.22 〔制度〕文部省、業者テストの実施・利用中止を各都道府県教委・知事に通知　文部省は、業者テストの実施・利用を即刻中止するよう、各都道府県教育委員会・知事に通知。進路指導を業者テストに頼らず、日頃の学業成績や活動をみて判断することを要求。これによって、多くの都道府県が業者テストを取り止め、これに代わる市町村単位の公的テストを導入。

3.5 〔政策〕神奈川県大和市、市立小中学校の職員会議録を公開　神奈川県大和市は、日の丸・君が代について市立小中学校の職員会議録を公開。

3.9 〔政策〕文教部会・文教制度調査会、教育制度改革を決定　自民党の文教部会・文教制度調査会は、4プロジェクトチーム（学校制度、学術・国際交流、大学改革、教職員資質向上）による教育制度改革を決定。大学改革チームは、旧帝大の法人化・

大学院大学化、国立大学を地方自治体へ移管推進、教職員の任期制の導入、秋季入学制の採用を検討、などの検討課題をまとめる。

3.10 〔制度〕文部省、高校制度改革により「総合学科」を加える省令改正　文部省は、高校制度改革により既存の「普通科」と「専門科」に「総合学科」（普通教育及び専門教育を統合し、自由選択）を加える省令を改正。

3.16 〔裁判〕最高裁、家永教科書裁判第1次訴訟で「教科書検定制度は合憲」と判断　最高裁判所は、家永教科書裁判第1次訴訟の控訴審で「教科書検定制度は合憲」と判断。1965年6月の提訴以来28年間の長期訴訟に幕。1962・1963年度の検定不合格処分は、「文部大臣の裁量に逸脱はなかった」とした二審（東京高等裁判所）の判決を支持し、家永三郎元東京教育大学教授の主張を退けた。

3.26 〔政策〕文部省、大学の自己評価実施状況を報告　文部省は、自民党文教チームに大学の自己評価実施状況を報告。59大学が自己評価を公表。

3.29 〔政策〕文部省、学校図書館整備5カ年計画を実行　文部省は、学校図書館整備5カ年計画（1993〜1997年度）を実行。小中学校の蔵書数を1、5倍にし、学校規模別に標準蔵書数を定め、総額500億円を投入し整備。生徒の図書離れや活字離れを考慮し、魅力ある図書館をねらう。

3.31 〔政策〕文部省、中・高校卒の就職内定取消防止を通知　文部省は、中・高校卒の就職内定取消を防止するよう通知。高校生184人、中学生6人が内定取消を受ける。

4.1 〔制度〕中学校の新学習指導要領、全面実施　中学校の新学習指導要領が、1993年度より全面実施。

4.6 〔政策〕新潟市教委、日の丸・君が代の職員会議録の公開要求に非公開決定　新潟市の医師による日の丸・君が代の職員会議録の公開要求に対し、新潟市教育委員会は、全面非公開を決定。7日、京都市教育委員会も同様決定。

4.9 〔政策〕文部省、小中学校の「空き教室」活用指針を通知　文部省は、小中学校の「空き教室」活用指針を各都道府県教育委員会に通知。児童生徒減少により余裕になった教室を社会教育施設や地域の交流の場として提供すること。活用計画を立てるため地域民、保護者、教師らによる委員会を設置すること。夜間や休日だけでなく授業のある日も利用できるようにすることなどを示す。

4.20 〔事件〕大桐中学校同級生殺害事件　大阪市立大桐中学校3年男子生徒2人が、同級生を呼び出し、「気合いをいれてやる」と頭部や腹部を殴る蹴るの暴行殺害容疑で逮捕。3年男子2人から日常的にいじめを受け、金銭を奪い取られていたことが、残された日記から判明。

4.23 〔政策〕文部省、高校中退問題の対応について通知　文部省は、高校中退問題の対応について各都道府県教育委員会に通知し、進路変更の積極的支援や中退者が転入学しやすい開かれた高校づくりを要求。各高校が中退者を減らす授業の工夫や生徒の立場・意志を尊重した進路選択の体勢整備の必要性を強調。

5.11 〔裁判〕体育の授業の事故で全身麻痺になった高校生の裁判で、賠償金支払い命令　福岡県立早良高校の体育の授業中、組体操の人間ピラミッドが崩れ3年男子が下敷きになり、全身麻痺の後遺症をおった裁判で、福岡地方裁判所は、指導教諭の過失を認め、福岡県に対し1億2900万円の賠償金の支払を命じた。

5.20 〔政策〕大学審議会、大学人事の改革・大学院の夜間博士課程開設方針を決定　大学審議会は、教員の大部分が自校出身者で占める閉鎖的な人事が、大学の教育研究を停滞させているとし、他大学出身者・社会人・女性・外国人など幅広い人事を求める。大学院の夜間博士課程を開設し、博士の学位を求める社会人にも学習機会を増やす方針を決定。

5.23 〔裁判〕日本人高校生が射殺された事件で無罪判決　米国ルイジアナ州で日本人高校留学生を射殺した被告に無罪の判決。

5.31 〔制度〕文部省、高校の「総合学科」開設促進を指示　文部省、教委担当者研究協議会で、高校の「総合学科」開設促進を指示。施設設備費の3分の1を助成し、教員の定数配分を優遇。単一学科の高校を新設ではなく既存学科の一部を転換。1学区に1校の割合で開設などを指示。

6.3 〔法令〕文教部会・文教制度調査会、「教育基本法」の見直しを検討　自民党の文教部会・文教制度調査会は、「教育基本法」の見直しを検討。国際貢献の観点からとらえ直し、国の財政負担に応じた文部省の権限強化などを検討。

6.12 〔政策〕法務省、専修学校実地調査を発表　法務省は、専修学校が外国人学生の不法就労を手助けしていると調査結果を発表。東京と大阪の専修学校57校を調査。実際に授業に出ていないのに出席日数を水増し、証明書を発行。在留期間の更新手続きを手助けしている実態が判明。

6.29 〔政策〕文部省の調査研究協力者会議、問題教員の対応策を提言　文部省の調査研究協力者会議は、問題教員の対応策を提言。学校教育を円滑に進めるため、特別な対応を必要とする教員を精神性疾患者、教員の適格性に問題がある者、不祥事を起こし懲戒処分になった者に区分。精神性疾患者の復職には可否判定を厳格に行い、教員の適格性に問題がある者には教職以外の仕事を勧める。

7.14 〔政策〕文部省の調査研究協力者会議、一定の日本語能力のない外国人は国内の日本語学校への入学不可の方針　文部省の調査研究協力者会議は、日本語学校への就学が外国人の不法就労の温床になっているとして、語学研修を目的とする者以外に入国規制を強める。外国の言葉を学ぶために入国する外国人に、一定以上の語学能力を要求するのは異例。

7.20 〔活動〕経団連、高等教育改革推進のため、首相直属の諮問機関設置を提言　経団連は、高等教育改革推進のため、首相直属の諮問機関設置を提言。「教育の自由化」と「競争原理の導入」を柱に、大学設置基準の柔軟化と民間活力の導入による国立大学の活性化、評価システムに基づいた資金配分を提言。

7.29 〔政策〕文部省、高等学校の指導要録の簡素化を通知　文部省は、高等学校の指導要録の簡素化を各都道府県教育委員会に通知。生徒のプライバシーに注意し、長所を取り上げることを記述の基本とすること。「行動性格の記録」「趣味」「進路に関する記録」を廃止し、自由記述にすること。「学籍に関する記録」と「指導に関する記録」は変わらないが、後者の記録を現行の20年から5年に短縮。

7.29 〔社会〕厚生省、子育て家庭支援のため「児童館」の整備を提言　厚生省の少子化対策研究会（子どもの未来21世紀プラン委員会）は、子育て家庭支援のため、「児童館」を各小学校区に整備するよう提言。

| 7.30 | 〔政策〕文部省の調査研究協力者会議、外国語教育の改善を提言　文部省の調査研究協力者会議は、外国語教育の改善を提言。英文法や英文解釈に偏らない英会話能力の育成、高校・大学入試におけるリスニングテストの導入、英語のみならずアジア言語を重視し、高校での各種資格の単位化を提言。小学校の英語導入は賛否両論を併記。

| 8.9 | 〔人事〕赤松良子、文部大臣に就任　細川内閣が発足。日本新党を中心とした38年ぶりの非自民連立政権。民間人の赤松良子が文部大臣に就任。細川護熙首相が、就任会見で「太平洋戦争は侵略戦争で間違った戦争であった」と発言したのに対し、赤松文相も同感の意を表明。1994年4月28日発足の羽田内閣でも留任。

| 9.8 | 〔制度〕東京都教委、都立高校の普通科・商業科に推薦入学制の導入を決定　東京都教育委員会、1995年度から都立高校の普通科・商業科に推薦入学制の導入を決定。公立高校の早期の入学者確保をねらいとし、都内の私立学校の77％が推薦制を実施し、定員の半分が推薦入学であることに対応。

| 9.16 | 〔制度〕大学審議会、大学入試の推薦について答申　大学審議会は、大学入試の推薦について答申。推薦入学者を、大学は定員の3割、短大は5割以内とし、推薦入学者の募集は11月以降とした。多くの私立大学・短大が多数の推薦入学者を早期に決め、一般入試は名ばかりの傾向に対処。

| 9.22 | 〔政策〕文部省の調査研究協力者会議、「教育上の例外措置」について提言　文部省の調査研究協力者会議は、数学・物理の分野で並外れた能力を持つ高校生に大学の講義を聴講させ、科目等履修生として受け入れる「教育上の例外措置」について提言。

| 10.12 | 〔制度〕文部省、公立中学校の新学習指導要領実施後の課程編成状況を発表　文部省は、公立中学校の新学習指導要領実施後の課程編成状況を発表。90％の学校が、英語（週4時間）・社会（3時間）・理科（4時間）と最大限に確保し、特別活動・美術・音楽は最小限となる。科目選択も担当教師や教室の関係により、1・2科目に限定され、選択教科拡大は、消極的な傾向。

| 10.20 | 〔裁判〕家永教科書裁判第3次訴訟で、検定意見3カ所を違法と判決　東京高等裁判所は、家永教科書裁判第3次訴訟の控訴審で、検定意見8カ所中、3カ所を違法とし、30万円の損害賠償金の支払を命じた。一審の東京地方裁判所の「戊辰戦争の草莽隊」の記述の違法性を追認、南京大虐殺の「記述を加えさせたため正確性を損なう結果を生じさせた」、日本軍による中国女性に対する暴行事件の「事件の特徴を考慮しないか、認識を誤った」の2件を追加認定。これに対し、赤松文相は「一部違法は誠に遺憾」と発言。25日、家永三郎は不服として上告。

| 10.26 | 〔裁判〕障害者の学級決定権は校長にあると判決　北海道留萌市の中学3年生が、本人の希望を無視し、肢体不自由を理由に特殊学級に入れられたのは憲法26条に違反するとして、留萌市教育委員会に対し入級処分取消と慰謝料を要求していた訴訟で、旭川地方裁判所は、「障害者を普通学級ないし特殊学級に分ける決定権は校長にある」と判決。

| 10.30 | 〔政策〕文部省、公立中学校94％で体験学習に取り組んでいると発表　文部省は、「啓発的学習状況調査」を発表。公立中学校94％で、実地体験型の学習として職場体験・職場実習を実施し、78％が介護・保育・福祉施設でボランティア活動を取り入れる。

11.5 〔出版〕文部省、教育白書『我が国の文教施策』刊行　文部省は、1993年度版教育白書『我が国の文教施策―「文化発信社会」に向けて』を大蔵省印刷局から刊行。「文化の発信を通じて、個性ある文化が出会い、新たな文化創造へ展開する」と文化振興施策推進を強調。赤松文相は、この白書を閣議で報告。

11.10 〔制度〕神奈川県教委の入試制度改革協議会、高校入試合否判定のアチーブメントテスト廃止を決定　神奈川県教育委員会の入試制度改革協議会は、高校入試合否判定として1950年から利用してきたアチーブメントテスト（中2の2学期に実施）の廃止を決定。中学校からの調査書（50%）、学力調査（30%）、アチーブメントテスト（20%）で入試判定が行われてきたが、2年生の成績が3年生の受験指導に使われるのは疑問との声から廃止。

11.15 〔制度〕文部省、総合学科設置校を確定し、連絡協議会開催　文部省は、1994年度の総合学科設置校7校と確定し、連絡協議会を開催。各地区のパイロットスクールとしての意義と役割を強調。7高校は、岩谷堂（岩手）・氏家（栃木）・木本（三重）・和歌山（和歌山）・益田農林（島根）・沖縄水産（沖縄）・筑波大学付属坂戸（埼玉）。

11.18 〔制度〕国大協、入試を分離分割方式に一本化すると決定　国立大学協会は、総会を開き（11月17日～18日）、1997年度から入試を分離分割方式に一本化すると決定。

11.19 〔活動〕高体連の理事会、朝鮮高級学校や専修学校の高校総体参加を認める　全国高校体育連盟の理事会は、1994年度から朝鮮高級学校や専修学校の高校総体の参加を認めることを決定。ただし、これは特例措置で、高体連への加盟は認めず。

1994年
（平成6年）

1.10 〔事件〕学部再編に絡む贈収賄容疑で、文部省の係長と椙山女学園理事長を逮捕　椙山女学園大学家政学部から生活科学部への改組再編を担当した文部省振興係長が、審査促進に便宜を図ったとして現金や供応を受け、椙山女学園理事長と共に贈収賄容疑で逮捕。1月11日、理事長辞任。2月3日、振興係長休職。

1.15 〔制度〕大学入試センター試験　大学入試センター試験で、史上最多の49万8700人が受験（16日まで）。新たに私立大学22校が参加し、73校に。女子の志願率上昇も影響した。

1.18 〔制度〕全国364自治体で、新学習指導要領の見直しを採択　文部省は、全国の1割にあたる364自治体で、新学習指導要領の見直しの決議を採択した、と発表。福島・栃木・静岡・福井・滋賀・佐賀の県議会は、過密な内容の新学習指導要領が週5日の実施を阻むと指摘。それに対し、文部省は、教材整理により週2回は、この指導要領で可能と説明。

1.23 〔事件〕姫路学院女子短大の受験者、寄付金を断ったため不合格になる　姫路学院女子短大1993年度入試で合格水準に達した受験者が、寄付金を断ったため不合格になる。1993年8月、多額の債務により前理事長が退任後、定員200人に対し1360人の

水増し入学を図り、補欠入学者に寄付金を強要したことが判明。文部省は調査開始。

1.28 〔事件〕静岡県立静岡商業高校、推薦入試で男女差別　静岡県立静岡商業高校は、1993年度の推薦入試で、女子の比率を低くするため、女子の推薦基準を男子より10点厳しく提示していたことが判明。9教科の内申点を男子55点以上、女子65点以上とし、文化活動面も女子を厳しくした。合格者、男子83人、女子72人。1994年から廃止。

1.31 〔制度〕中野区議会、「教育委員準公選制」廃止決定　中野区議会は、「教育委員準公選制」を廃止後の住民参加の在り方を検討する審議機関を設立し、その結論によって、1年後に廃止すると決定。同制度は、1980年に創設したが、過去4回投票率がふるわず支持基盤を失う。廃止案に対する厳しい反対運動もあり、会期切れ寸前に自民党・公明党・民社党の賛成で可決。

1.31 〔裁判〕指導要録全面開示の却下取消要求裁判で、原告側敗訴　20年前の小学校時代の指導要録全面開示を要求した原告に対し、東久留米市教育委員会は却下。その取消要求裁判で、東京地方裁判所は、指導要録が全面開示されると「生徒が自尊心を傷つけられて自信を失い、教師・学校に不信感を抱き、指導に支障を来す」とし、原告側の訴えを退ける。10月13日、東京高等裁判所でも同様の判決。

2.21 〔政策〕JR各社、在日外国人学校や専修学校にも通学定期割引を決定　JRグループ6社は、朝鮮人学校など在日外国人学校や専修学校に一般校と同じ通学定期割引を決定。これまでは12歳以上割引なし、12歳未満は50％引きだった。

2.28 〔政策〕文部省、専門学校の修了者に「専門士」の称号附与を提言　文部省の調査研究協力者会議は、一定の条件を満たす専門学校の修了者に「専門士」の称号を附与すると提言。修了に必要な授業時間の4分の1までを大学などで修得できる単位互換の弾力化も指示。

3.22 〔制度〕文部省、「総合理科」の教師用指導資料を公表　教科書会社による「総合理科」の教科書が刊行されず、その代替用のため、文部省は、「総合理科」の教師用指導資料を公表。作成のための調査研究協力者会議に委嘱し、表現や記述を工夫した。公立校の1割が「総合理科」を予定。

3.29 〔法令〕「児童の権利に関する条約」成立　「児童の権利に関する条約」の批准を国会で承認。1992年3月、国会に提出されるが、他法案審議や国会解散などで審議が遅れる。国連に批准書を提出し、5月22日に発効、156ヵ国が批准を済ませる。

4.1 〔制度〕高校の新学習指導要領、実施　高校の新学習指導要領が本格実施。

4.3 〔活動〕経済同友会、大衆化時代の大学教育改革を提言　経済同友会は、大衆化時代の大学教育の質を維持する方策を発表。企業は採用の際、学校歴ではなく学習歴を重視すること。採用時期を通年とすること。大学入学資格試験制度の導入。転部・転入学の柔軟化。学位試験制度などの確立。研究の主体を大学院へ移し、水準の向上を目指すことなど。

4.27 〔活動〕日教組、21世紀ビジョン委員会を設立　日教組は、新世紀への教育の在り方と教組の役割について検討する21世紀ビジョン委員会を設立。文部省と協調し、地方分権時代に向け、組合の取り組みを模索。

5.16 〔法令〕「児童の権利に関する条約」を公布　体罰・虐待の禁止、意志表現の自由、

プライバシーの保護など権利保護を内容とした「児童の権利に関する条約」を公布。批准に伴い締約国は、条件の実行を照合するため国連の児童の権利委員会に権利実現にむけてとった措置を報告。それに対し、同委員会が問題ありと判断した時、所要の勧告を行う。

5.20　〔法令〕文部省、「児童の権利に関する条約」について通知　文部省、「児童の権利に関する条約」の内容は、憲法・「教育基本法」の趣旨に即し、教育の制度・仕組みに変更は必要ないと通知。これに対し、日教組は、条約内容を子どもに知らせる視点が欠落と批判。

5.20　〔裁判〕富士見中いじめ自殺事件で、損害賠償を命じる判決が確定　中野区立中野富士見中事件で、東京高等裁判所は、いじめはないという一審判決を退け、自殺はいじめが原因で、学校は適切な指導を怠ったとして、都と中野区・同級生の保護者に総額1150万円の損害賠償を命じる。25日、都・中野区は上告を断念し、同級生の保護者も同調し、判決確定。

5.26　〔政策〕文部省、「道徳教育推進状況調査」を発表　文部省は、「道徳教育推進状況調査」を発表。1993年6月、全国公私立小中学校を対象に10年ぶりに調査。道徳の標準時間（年間35時間）を下回る学校が、小学校42％、中学校76％。中学校では、道徳の時間を学級活動や学校行事に充てていたため確保できず、27日、これを受け道徳時間数の確保を通知。小学校では「規則正しい生活」「相手に対する思いやり」、中学校では「節度の調和のある生活」「温かい人間愛の精神」が指導対象となる。

5.30　〔事件〕大妻女子短大、朝鮮人学校からの編入者の受験拒否　大妻女子短大は、都立上野高校通信制の卒業生を朝鮮高級学校からの編入という理由で受験を拒否していたことが判明。「朝鮮人学校から高校への編入は認めない」という文部省見解に従ったもの。都立上野高校通信制では、教育的配慮として、十数年前から編入を認め、3科目を1年間で履修し卒業させていた。31日、赤松文相は、高校が編入を認めたなら受験資格はあると発言。

5.30　〔事件〕岡山県いじめ自殺事件　岡山県総社市立総社中学校3年男子生徒が、同級生のいじめによると遺書を残し、首つり自殺。6月22日、同級生7人・卒業生1人を書類送検。31日、同級生4人が、いじめを認める。

6.8　〔制度〕文部省、「推薦入試」について通知　文部省は、「推薦入試」の実施時期・定員枠について各大学に通知。11月1日以降に実施し、入学定員は、大学3割以内、短大5割以内とすることを指示。推薦枠が定員の大部分を占め、一般入試が有名無実化しているとの高校からの批判に対応。

6.18　〔活動〕福岡市公立中学で、「丸刈り」拒否の1年男子を教室から隔離　福岡市公立中学で、校則の「丸刈り」拒否の1年男子を教室から隔離し、1ヶ月間、会議室で授業を受けさせていたことが判明。「丸刈り」を校則で規定することの議論が再燃。23都道府県のほとんどの学校は、校則見直しで「丸刈り」を撤廃。

6.20　〔社会〕日本女性学会、大学でのセクハラ防止を求める声明文を発表　日本女性学会は、大学でのセクハラの実態が深刻であるとし、セクハラ防止を求める声明文を発表。セクハラのガイドラインや相談窓口を設け、女性の人権を尊重し、啓発運動や研修実施を要求。

6.21　〔法令〕文部省、「専修学校設置基準」改正を公布　文部省は、「専修学校設置基準」

1994年（平成6年）

改正を公布。専修学校専門課程修了者に「専門士」の称号附与を定めるための課程用件を定める。修業2年以上、総授業時間数1700以上、試験による修了認定の実施を指示。1995年1月23日、文部省は、専門学校2085校、看護・保育・情報処理関連等4554学科を認定。11月30日、318校322学科が新たに追加。

6.28　〔制度〕大学審議会、大学教員採用の改善策を提言　大学審議会は、大学教員採用の改善策を提言。学長のリーダーシップを強めるため副学長を配置、配分経費を認める。学部長の選考は、年功序列ではなく能力がある適任者を充てる。教授会の審議事項は、重要事項に限り、機能権限を制約。これにより大学運営の円滑化を目指す。

6.30　〔人事〕与謝野馨、文部大臣に就任　村山内閣が発足。内閣総理大臣となった村山富市は46年ぶりの日本社会党委員長の首相。自民党・社会党・新党さきがけの3党による連立内閣。自民党の与謝野馨が文部大臣に就任。

7.1　〔政策〕法務省、「子供人権オンブズマン制度」を通知　法務省は、「児童権利条約」を受け、「子供人権オンブズマン制度」について通知。

7.9　〔政策〕文部省、薬学教育の改善を提言　文部省の調査研究協力者会議は、薬学教育において、当面4年制を維持しつつ、時代に即したカリキュラム改革を行うと提言。厚生省の年限延長構想と対立する形だが、後に1995年11月29日、同内容を最終答申。

7.21　〔政策〕学術審議会、学術国際交流推進を提言　学術審議会は、特定の研究組織を重点的に整備し、最先端研究を推進する場の形成と、世界トップレベルの研究成果をあげている施設を研究拠点として支援する必要性を提言。1995年7月20日、同内容を最終答申。

8.22　〔制度〕日本物理学会、小学校低学年における「理科」の廃止を批判　日本物理学会は、小学校低学年における「理科」の廃止を批判。児童生徒間での「理科離れ」を問題視し、「理科」の授業時間の上乗せを求め、文部省に要望書を提出。新科目「生活科」では、自然科学的な見方・考え方は養われないと批判。

9.29　〔制度〕文部省、学校図書館に教科書の常備を指示　文部省は、各都道府県教育委員会の担当者会議で、学校図書館に多種多様な教科書を常備するよう指示。日常使い慣れている教科書以外にも接する機会をつくることを目指す。全教科書数は、小学校371冊、中学校147冊、高校1417冊（高校は多いので可能な限り）。

9.29　〔活動〕日教組と日本PTA全国協議会が初会談　日教組と日本PTA全国協議会が初会談し、長年の対立関係に終止符。学校5日制や教育条件の整備などについて意見交換。

10.1　〔制度〕東洋大工学部、全国で初めて「秋期入学制度」を導入し、入学式を行う　東洋大工学部は、一般高卒を対象とした「秋期入学制度」を全国で初めて導入し、26人が入学。7月に試験を実施し、第一回入学式を行う。

10.17　〔裁判〕高知学芸高校上海列車事故訴訟で、遺族側の賠償請求を棄却　高知学芸高校上海列車事故訴訟で、高知地方裁判所は、学校側の下見不足を批判したが、遺族側の賠償請求を棄却。

10.18　〔活動〕日教組の21世紀ビジョン委員会、文部省とパートナー関係になるよう提言　日教組の21世紀ビジョン委員会は、文部省とイデオロギー対立から解消し、パート

ナー関係になるよう提言。これまでのイデオロギー対立は、55年体制がもたらした最大の不幸であり、教育荒廃に有効な手段を打てなかったと厳しく批判。教育荒廃を脱するには、子どもや保護者と最も近い現場教職員が重要と指摘。

11.1 〔政策〕文部省、子どもの読書離れ対策として学校図書館の充実を提言　文部省の調査研究協力者会議は、感想文に偏った指導により子どもの読書離れを引き起こしているとし、本に向かわせるきっかけとなる学校図書館の充実を提言。図書室に本だけでなく、新聞・雑誌・ビデオ・CDの視聴覚資料を整える、心のオアシスとなるような雰囲気作り、司書教諭の充実など「十の提言」を行う。

11.10 〔制度〕文部省、学校5日制を月2回に拡大すると提言　月1回の学校5日制実施の結果、心配された非行の増加や過度な塾通いは無かった。また実験校での月2回の試験結果でも、指導の工夫や行事のやり方で所定の授業時間を確保できた。これにより、文部省の調査研究協力者会議は、学校5日制を1995年度から月2回に拡大すると提言。ただし、土曜の授業時間が他曜日に上乗せされ、生徒の負担にならないように注意を促した。

11.11 〔裁判〕卒業証書の元号表記をめぐる損害賠償訴訟で、原告の請求を却下　豊中市立中学校卒業証書の元号表記をめぐる損害賠償訴訟で、大阪地方裁判所は、元号記載の卒業証書が原告の思想・信条を阻害しておらず、表記様式決定権は校長にあるとし、原告の請求を却下。

11.14 〔制度〕文部省、国公立校の「総合学科」開設数を発表　文部省は、1995年度「総合学科」開設は、国公立で14県15校と発表。1995年1月23日、初の私立福井南高校定時制が開設され16校になり、前年開講分も合わせると、23校に。

11.24 〔法令〕文部省、公立学校の月2回学校5日制実施のため「学校教育法施行規則」を改定　文部省、1995年度から公立学校の月2回学校5日制（第2・第4土曜日休み）実施のため、「学校教育法施行規則」を改定。また、教職員の勤務時間取扱いを通知し、教職員のまとめ取りは7日間減る。

11.27 〔事件〕愛知県西尾市でいじめ自殺事件　愛知県西尾市立東部中学校2年男子生徒、いじめにより自宅裏庭で自殺。「いじめ」の経過と加害者4人を名指した手記から100万円相当の金銭を恐喝されるなど悪質ないじめを受けていたことが判明。遺族が、これをマスコミに公表し、大きな社会問題になる。

12.8 〔政策〕文部省、学校健康診断の見直しを実施　文部省は、「学校保健法」の改定を行い、学校健康診断の見直しを実施。検査項目で、貧血の有無とアレルギー疾患を新たに追加。小学校から高校まで4回実施の色覚検査も小学4年のみの1回に減らす。胸囲測定を任意実施に変更し、裸眼検査も省略可能になる。

12.9 〔政策〕文部省のいじめ対策緊急会議で、緊急アピールを発表　文部省のいじめ対策緊急会議で、「いじめ」の総点検を各学校で行うようにアピール。いじめられている子にも問題ありという考え方は、「いじめ」の本質を見失うおそれがあり、「いじめ」を傍観する者も加害者と同じ立場であることを強調。「いじめ」による中学男子の自殺が、この時点で6件あり、国会でも取り上げられる。12月16日、文部省は、各都道府県の教育長を召集し、適切な対応を指示。

12.14 〔出版〕文部省、教育白書『我が国の文教施策』刊行　文部省は、1994年度版教育白書『我が国の文教施策―学校教育の新しい展開　生きる力をはぐくむ』を大蔵省

印刷局から刊行。「いじめ」、登校拒否、校内暴力などの問題を取り上げ、「一人ひとりを大切にする教育」を強調。成績や進学の問題から、学校生活を楽しいと感じる生徒が、学年上昇と共に減っていることを指摘。初等中等教育の現状と課題を示す。

12.16 〔政策〕与謝野文相と日教組横山委員長が初会談　与謝野文相と日教組横山委員長が、「いじめ」や学校5日制について初会談。

12.19 〔政策〕与謝野文相、森自民党幹事長、日教組横山委員長が会談　与謝野文相、森自民党幹事長、日教組横山委員長が出席し、三者会談。長年の対立関係解消と協調関係の確立を目指し、意見交換。

12.20 〔裁判〕高槻市立中学校内申書訴訟で、「部分開示」を認める初判断　高槻市立中学校内申書訴訟で、大阪地方裁判所は、中学時代の開示請求を棄却したのは、個人の尊厳を保障した憲法13条に違反するが、教師が評価する総合所見欄を除いた「部分開示」を認める初判断。内申書は高校に送られており、「非開示処分」の取消請求は却下し、慰謝料5万円の支払を命じる。これに対し、原告は不服として、28日控訴。

12.22 〔裁判〕エホバの証人訴訟で、退学処分は違法と判決　信仰上の理由で剣道の授業を拒否し退学になった神戸市立高専元生徒のエホバの証人訴訟の控訴審で、「処分は校長の裁量権を逸脱しており違法」とし、学校側に同人を復学させるように命じた。1993年2月の神戸地方裁判所の一審判決を退けた逆転判決。

この年 〔社会〕大江健三郎、ノーベル文学賞受賞　作家大江健三郎、詩的な言語を用いて現実と神話の混交する世界を創造し、窮地にある現代人の姿を、見る者を当惑させるような絵図に描いたことに対してノーベル文学賞を受賞。

1995年
（平成7年）

1.3 〔活動〕経団連豊田会長、創造的な人材育成のための教育提言をまとめる意向　経団連豊田章一郎会長は、個性なき学歴社会の形成に企業側が関与していたことを認め、企業として創造性・国際性・個性に富む人材育成に果たし得る役割を検討するため、学識経験者を加えた懇談会設置を表明。のち、創造的な人材の育成に関する委員会を設置。

1.14 〔制度〕大学入試センター試験　1995年度大学入試センター試験が始まる（15日まで）。私学の参加校が104校となり、女子の受験率も続伸したため、18歳人口減少にもかかわらず受験者数が前年より1万2000人増加。51万8244人が受験し、最多記録を更新する。

1.17 〔社会〕阪神淡路大震災　未明に近畿南部でマグニチュード7.2の直下型地震が発生。文部省、非常災害対策本部を設置。死亡した幼児児童生徒357人、学生111人、教職員29人にのぼる。両親を失った児童生徒52人、疎開のための転校2万3000人、被災した学校3870校。被災地にある学校の教室や体育館を学区民の避難所として提供し、炊き出しに学校給食用の米40トンが提供される。被災した児童生徒の受け入

れ、授業料の減免、入試実施上の配慮、被災校に対する復興資金助成などの諸措置がとられる。1月19日、文部省は、書類が不備であっても被災地からの転入を受け入れるよう、都道府県教委に通知。1月23日、被災地の休校していた小・中・高校562校のうち、285校で再開の体勢が整う。1月25日、国立大学協会は、通常の入試日程とは別に被災地の生徒を対象とした特別日程での入試の実施を各大学に求める。

1.18 〔政策〕文部省マルチメディアの発展に対応した文教施策の推進に関する懇談会、提言　懇談会は、すべての国立学校において21世紀初頭までに、児童生徒学生1人1台ずつ授業用パソコンを常備することなどを提言する。

1.19 〔社会〕警察庁と少年いじめ等問題研究会、いじめに関する調査結果公表　警察庁と少年いじめ等問題研究会は、児童・生徒・保護者・教師を対象とするいじめに関する調査結果を公表する。学校でいじめを見聞きしたのは小学生51％、中学生63％。

1.27 〔裁判〕喫煙による退学処分の取り消し命令　近畿大学付属豊岡高校3年男子生徒に対し大阪地方裁判所は、「1度の喫煙で退学処分は重すぎる」とし処分の取り消しを命ずる。センター試験受験のため宿泊中のホテルで喫煙したことを理由とする退学処分は、校長の懲戒権公使に逸脱ありとの判断によるもの。

2.1 〔制度〕都中野区の住民参加制度について、区民推薦制を採用するよう提言　東京都中野区の住民参加制度を検討していた専門委員は、教育委員準公選制に代え区民推薦制を採用するよう提言する。準公選制にかわり、区民が個人または共同で適任者を委員候補として区長に推薦するもの。教育委員の推薦手続きについては区長の選任権に配慮し「要綱」として規定し、教育行政に対する区民参加の原則のみを条例で定めることを提示する。

2.8 〔法令〕文部省、「幼稚園設置基準」改定　文部省は、「幼稚園設置基準」を改定。1学級を35人以下とし、園舎の構造を「2階建て以下を原則」とするが、特別な事情のある場合においては3階建て構造も認めるなど。

2.21 〔制度〕与謝野文相、中教審再開の考えを表明　与謝野馨文相は、学校5日制実施に向けた教育の体勢づくりに関して諮問を行うと表明、4年ぶりに中央教育審議会の委員を任命する。

3.8 〔政策〕文部省調査協力者会議、職業高校活性化方策について提言　文部省調査協力者会議は、職業高校活性化方策について提言。職業高校を専門高校に改称する、スペシャリストに必要な専門性の基礎・基本に重点を移す、大学入試において職業高校用の特別枠を設けるなど。

3.13 〔政策〕文部省、いじめ総点検結果発表　総点検の結果、さらに1万8000件のいじめがあったことが明らかになる。教職員の認識不足、相談窓口の未整備、相談員の不足、学校と関連機関との連携不十分などにより実態の把握が十分でなかったためと釈明。小学校での新たな把握数の多さが目立つ。

3.13 〔政策〕文部省のいじめ対策緊急会議、いじめ対応策について提言　文部省いじめ対策緊急会議は、いじめ対応策に関する報告をまとめ、いじめを加えた児童生徒に対する「出席停止措置」の適用、養護教諭役割の見直しを提言する。いじめが限度を超える場合に学校教育法上の措置を講じ被害者の学習権を守る、養護教諭を保健主事に起用、また生徒指導の一員に加える、など。

3.20 〔事件〕地下鉄サリン事件　東京都内の地下鉄で、オウム教団が神経ガスのサリンをまく事件が発生する。死者を含む多数の被害者を出し、児童・生徒も二十数人が被害にあった。

3.22 〔制度〕山口女子大学教授会、男女共学化の方針決定　山口女子大学教授会、男女共学制を1996年度から実施、「山口県立大学」と改称の方針を決定する。

3.24 〔制度〕自民党と日教組、第一回定期協議を行う　自民党と日教組は、第一回定期協議を行う。月1回のペースで、学校5日制など次年度予算に教育施策を反映させる方策について検討する。自民党から石橋一弥文教制度調査会長等6議員、日教組から横山英一委員長等幹部7名が出席。

3.24 〔裁判〕学校側にはいじめ防止措置を講ずる義務があるとして損害賠償命令　大阪市立十三中学校在学中にいじめにより重傷をおった男性が起こした裁判で、大阪地方裁判所は、いじめの申告がなくても学校側には適切な防止措置を講ずる義務があるとの判断を示す。学校側の「突発的な事故で予見は不可能」とする主張を退け、加害者が度々校内で暴力をふるっていた事実から、市と加害者が損害賠償金2400万円を被害者に対し支払うよう命じる。

3.24 〔事件〕滋賀県教委、君が代斉唱時において生徒・職員の退席を認めた校長を処分　滋賀県教育委員会は、卒業式の君が代斉唱時において生徒・職員の退席を認めた県立大津高校校長を懲戒処分とする。日の丸・君が代をめぐるトラブルで管理職を対象とした処分ははじめて。同行為が、全員による唱和を期す学習指導要領の趣旨に反すると判断したため。

3.27 〔政策〕文部省調査協力者会議、「学習障害」の定義について提言　文部省調査協力者会議は、「学習障害」(LD)児童の指導に関する中間報告をまとめ、初めて公式定義について提言する。「学習障害」を一般の知的障害と区分し、全般的に遅れはないが、読む・書く・聞く・話す・計算する・推論するなど特定能力の習得と使用に著しい困難を示す様々な障害とする。

3.28 〔政策〕文部省、静岡県教委に対しオウム教団の不就学児の対応を指示　文部省は、静岡県教育委員会に対し、山梨県上九一色村内のオウム教施設内に義務教育に達していながら就学していない子供が多数存在するとし、相応の指導を行うよう指示する。

3.28 〔制度〕文部省調査研究協力者会議、留学生受け入れの促進を提言　文部省調査研究協力者会議、短期留学制度による留学生受け入れの促進を提言する。大学間協定に基づいて、在籍のまま1年以内日本の大学に留学、学位取得を目的としない学修を行う機会を増やすことにより5千人程度の受入を想定、留学生受け入れ計画の達成を期す。

3.31 〔政策〕「規制緩和推進計画」を閣議決定　政府、「規制緩和推進計画」を閣議決定する。保健主事の選任、幼稚園建物の階層制限、指定教員養成機関などに対する許認可、学校における健康診断の項目など文部省関係14件。

4.11 〔政策〕山梨県上九一色村、オウム教信徒の手続きを受理しない方針を通知　山梨県上九一色村は、オウム教団が村民に対する敵対的行動を強め、全国から信者を集結させようとする方針に反発し、村内の信徒の住民票の受け入れ手続き、児童生徒の就学手続きを受理しないことを決め、教団に通知。

4.12 〔活動〕日教組の21世紀ビジョン委員会、最終報告を提出　日教組21世紀ビジョン委員会は、内閣に教育諮問機関を設置すること、教育複合産別組織の結成などを最終報告で提言する。前年の中間報告を踏襲、6・3制の区切り方を検討するため内閣レベルでの国民合意形成組織を設け、日教組を教育複合産別組織に改組、主任制度などを条件付きで容認するなど運用上の改善を進めること等を提示し、文部省を社会的パートナーと位置づける。

4.19 〔裁判〕ラグビー合宿中の死亡事件で学校側に慰謝料等支払い命令　静岡地方裁判所沼津支部は、ラグビー合宿中高2死亡事件において、熱中症が起こり得る状況下で必要な安全を講ずることなく過度な練習を強要したと判断、無理な練習指導が原因として、学校法人沼津学園とラグビー部監督らに逸失利益や慰謝料の支払いを命ずる。

4.19 〔活動〕経済同友会、教育改革提言を発表　経済同友会、教育改革提言「学校から合校へ」を発表。「学校・家庭・地域が一体となった教育体制作り」を提唱する。教育に多様な人々が参加する仕組みづくり、子供が異年齢の中で育ち行くような場を作る、学校のスリム化で基礎・基本に専念させ、行事・部活は地域に委ねるなど。

4.26 〔制度〕「21世紀を展望したわが国の教育の在り方について」諮問　与謝野馨文相、第15期中教審の初会合で、「21世紀を展望したわが国の教育の在り方について」諮問。「完全学校5日制」実施に伴う学校・家庭・地域の役割分担の在り方や学校間の接続の改善について審議に着手。

5.17 〔裁判〕愛知県西尾市いじめ自殺事件で、少年の抗告を棄却　名古屋高等裁判所は、愛知県西尾市のいじめ自殺事件において、保護処分を不服とした少年の抗告を棄却、5月31日4少年全員の処分が確定する。

5.20 〔政策〕川崎市で中学校卒業生に内申書開示　川崎市教育委員会は、政令指定都市では初めて、市立中学校の卒業生に内申書を全面開示した。

5.23 〔社会〕警察庁、いじめ問題に積極的に対応するよう指示　警察庁は、小・中学生のいじめのうち悪質なものについては事件として積極的に処理するよう指示する。「いじめ」苦による自殺が頻発し、いじめる側に罪の意識のない事例が目立つため、これまでは教育的配慮に立ち限定して対応してきたが、今後「事件」として処理することが罪の重さを認識させるのに有効と判断、全国少年課長会議で指示。

5.24 〔制度〕大学審議会に高等教育将来構想専門委員会設置　大学審議会は、臨時増募定員削減の見直しを検討するため、高等教育将来構想委員会を設置。高卒者進学率が予想を超えたため既定方針を再検討する。

6.9 〔政策〕衆議院本会議で「戦後50年国会決議」を与党3党のみで可決　与党3党(自民党、日本社会党、新党さきがけ)は、アジア諸国民に対し過去にわが国が行った「植民地支配と侵略行為」によって与えた苦痛を認識し深い反省の意を表明する決議を可決する。同決議に日本共産党は反対、与党の一部及び新進党が欠席する。行為言及や反省が「不十分」または「行き過ぎ」とし、反対・欠席理由が両極端に分かれる。

6.14 〔制度〕文部省、大学入試実施要項を発表　文部省は、1996年度大学入試実施要項を発表。社会人や帰国子女に加え職業関係学科卒業者に対して職業に関する教科・科目の学力検査の成績により判定する選抜方式を新設し、職業高校卒に対する特別

枠設定を認める。

7.17　〔政策〕文部省、スクールカウンセラー配置校154校を決定　文部省は、いじめや不登校問題が多発している学校を中心に、スクールカウンセラーを全国小・中・高154校に配置する。いじめ自殺事件の起きた愛知県西尾市立東部中を含む。臨床心理士や精神科医を週2回派遣し、児童生徒の相談に応じる。

7.17　〔政策〕文部省創造的人材育成産学懇談会、大学理工分野の人材育成策を緊急提言　文部省創造的人材育成産学懇談会は、大学理工分野の人材育成策を緊急提言する。ソーラーカー・ロボットなどを作り出す過程を通じ、現代学生に欠落している「創造性・主体性・積極性・協調性・感激性」を育成することをねらいとし、理工学生が専門分野を超え共同で「ものづくり」が行える施設の設置を提言する。

7.17　〔事件〕福岡県で高2女子生徒、男性教諭による体罰で死亡　福岡県飯塚市の近畿大付属女子高2年女子生徒が、副担任教師に平手打ちで数回殴られ転倒、後頭部をコンクリートの柱に打ちつけ、死亡する。「気合いを入れる」の名目で同教諭による体罰が日常的に行われていたことが判明。12月25日、福岡地方裁判所は、私的な怒りによる犯行で情状酌量の余地なしとし懲役2年の実刑判決。

7.20　〔政策〕学術審議会、若手研究者の養成・確保の方策について提言　学術審議会は、博士課程在学者に対する経済支援の一環としてリサーチアシスタント制度を導入する、学術研究の所産として生成、体系的に収集された学術情報を蓄積し有効な利用を期す方途としてのユニバーシティ・ミュージアム構想などについて提言する。

7.25　〔活動〕日教組、文部省との協力関係構築で合意し運動方針案を発表　日教組は、文部省との協調路線を提起し、初任者研修・主任制度の運営、学習指導要領の位置づけなどについて合意する。日教組はこの路線変更を盛り込んだ今年度運動方針案を発表する。学習指導要領は運用上の教育現場の創意工夫が生かされること、教職員の意向を踏まえ初任者研修は企画・運営されること、校務分掌見直しと適任者の起用を期し主任制を運用することなど。

8.8　〔人事〕島村宜伸、文部大臣に就任　村山改造内閣が発足し、自民党の島村宜伸が文部大臣に就任。

8.15　〔社会〕村山首相、終戦記念日に談話を発表　村山富市首相は、「戦後50年にあたっての首相談話」を発表する。「植民地支配と侵略によって多くの国々、特にアジア諸国の人々に多大な影響を与えた」として当時政策決定に誤りがあったとする歴史認識を示すとともに、被害を受けた人々に率直な反省と陳謝の気持ちを表明する。

9.3　〔活動〕日教組、定期大会で文部省との対決路線から協調路線への転換を掲げた運動方針を可決　日教組、学習指導要領、初任者研修の容認、主任制度、日の丸・君が代問題の棚上げなどにより「教育界の対立解消」と教育課題の取り組みへの協力を期すといった、文部省との対決路線から協調路線への転換を掲げた運動方針を賛成多数で可決。島村宜伸文相、日教組の路線転換を高く評価するコメントを発表する。

9.18　〔制度〕大学審議会組織運営部会、大学教員の任期制導入方針について合意　大学審議会組織運営部会、大学教員の任期制導入方針について合意する。人事流動化により研究の活性化と多様な経験を通じた若手教官・研究者の養成のため必要な制度であり、任期制を導入する職種、再任の有無、任期、職種などは各大学が決めるものとするなど。

10.3 〔政策〕文部省、「アビトゥア」取得者に対し大学入学資格を与えると通知　文部省は、ドイツの大学入学資格「アビトゥア」取得者で18歳に達した者に対し、1996年春から大学入学資格を与えると各大学に通知する。

12.5 〔事件〕新潟県上越市立高田西小において児童が担任教師の授業を拒否していたことが判明　新潟県上越市立高田西小6年児童21人が、担任教師の授業の進め方や部活指導方針に反発、授業を9日間にわたり拒否し、別室で自習を続けていたことが判明する。この間、児童達の要望により保護者には知らされず、教師達が指導方法を改めることを約束し、異常事態は解消。

12.11 〔制度〕文部省、総合学科の開設校を発表　文部省、総合学科が1996年度から19校開設されると発表する。普通科からの転換が多く、国際、情報、環境、高齢化対応が目立つ。これにより、29都県の42校に開設され、複数校設置が11県、3校設置が2府県となる。

12.15 〔政策〕文部省、教育長会議を開催、「いじめ根絶のための指導方針」を提示　文部省、いじめ問題に関し緊急の都道府県・指定都市教育長会議を開催、「いじめ根絶のための指導方針」を提示する。子供に信頼感・安心感を与えること、いじめに伴う学校変更が可能なこと、場合によっては出席停止措置など毅然とした対応をとることなど。いじめ根絶への取り組みと自殺防止を掲げた通知を出す。

1996年
（平成8年）

1.11 〔人事〕奥田幹生、文部大臣に就任　橋本内閣が発足。自民党の橋本龍太郎を首班とする自民党・日本社会党（党名を社会民主党に変更）・新党さきがけの3党による連立内閣。自民党の奥田幹生が文部大臣に就任。

1.12 〔社会〕阪神大震災による疎開転校生なお1万人あまり　文部省の調べによると、阪神大震災による疎開転校生は、この時点でなお1万人となる。ピーク時の前年2月は2万6千人あまり。8割が大阪・兵庫の諸学校・園に通う。

1.13 〔制度〕大学入試センター試験　大学入試センター試験が始まる（14日まで）。依然として女子の4年制大学の進学志向が高く、私立大学の参加が122校に増えたことにより、53万1千人が受験、史上最多となった。

1.30 〔社会〕奥田文相、いじめ問題で緊急アピールを発表　奥田幹生文相、いじめ問題について10項目の緊急対応措置を示す緊急アピールを発表。子ども・保護者・教師・地域の人々に「どんなことがあっても自ら命を絶つことがあってはならない」などと呼びかけを行う。

2.16 〔出版〕文部省、教育白書『我が国の文教施策』刊行　文部省は、1995年度版教育白書『我が国の文教施策―新しい大学像を求めて　進む高等教育の改革』を大蔵省印刷局から刊行。メーンテーマを大学改革として、学生に対し実施したアンケート調査結果を白書作成の準備過程で掲載。授業の進め方や講義内容に学生の不満が高

いことをふまえ、学生の視点で改革を進めるべきことを協調。

2.22 〔裁判〕日の丸掲揚問題で、原告の訴えを棄却　日の丸掲揚問題で処分を受けた大阪府の教師らが起こした訴訟で、大阪地方裁判所は原告の訴えを棄却。

2.22 〔裁判〕最高裁、校則は法的効果なしと判断　丸刈りや外出時の制服着用を定めた校則が憲法に違反するとして、公立中学校の校則の取り消しを求めた裁判で、最高裁判所は、校則は「生徒の守るべき心得」とした約束事で法的効果はなしと判断、「門前払い」の判決を言い渡す。

3.8 〔裁判〕最高裁、エホバの証人訴訟で、退学処分取り消しの判決　神戸市立工業高等専門学校の「エホバの証人」信徒学生が剣道授業を拒否、退学処分を受けた事件（1992・3）に対し、最高裁判所は、大阪高等裁判所の判決（1994・12・22）を支持し、退学は違法と判決。学校教育の場に「秩序」ばかりでなく「信教の自由」への「寛容」を求め、他の代替え科目を履修させる措置をとることなく、留年・退学としたことは違法と断定。

3.12 〔政策〕奥田文相、学校カウンセリング室の整備方針を表明　奥田幹生文相、いじめ対策として学校カウンセリング室を整備する方針を表明。小・中学校の空き教室を利用し870校に開設するため、次年度から3年計画で予算措置を講ずる。

3.15 〔制度〕中教審第1小委員会、中間報告をまとめる　中央教育審議会第1小委員会、完全5日制への移行とその教育的対応を柱とした中間報告をまとめ公表する。学校5日制の完全実施に向けて「学校のスリム化」を進めることや、登校拒否（不登校）の生徒にも中学校卒業検定試験を活用し高校入学へのバイパスを開くようにすること、これからの子供達に求められる資質や能力は「変化の激しい社会を生きる力」であり、学校・家庭・地域社会全体で育まれるべきものであることなどを盛り込んだもの。

3.25 〔政策〕文部省の、創造的人材育成産学懇談会が、報告をまとめる　文部省、創造的人材育成産学懇談会は、大学理工系分野における創造的人材育成を目指した大学教育改革、産学協同を進めるよう提言。

3.25 〔法令〕文部省、総合学科の教職員加配による施行令一部改正　文部省、総合学科をもつ高等学校に対し、教職員加配による施行令改正を行う。「公立高等学校の設置、適正配置及び教職員定数の標準等に関する法律施行令」の一部改訂で、1946年4月1日から施行。

3.26 〔活動〕経団連、教育改革提言を発表　経団連は、これからの時代に即した「創造的な人材」育成に向けての教育改革提言を発表する。教員資格の弾力化・大学入学年齢の引き下げ・飛び級の拡大・教育行政の緩和・カリキュラム編成の自由度を高める・偏差値重視の教育の改めなど、教育制度において「個性・ゆとり・野性味」を求めたもの。

4.5 〔制度〕文部省協力者会議、教員採用における評価尺度の多様化を提言　文部省の協力者会議、教員採用試験改善に関する報告をまとめ、教員の採用において評価尺度を多様化するよう提言する。面接者にPTAや他職域の者を含めること、面接・論文・スポーツ・文化・ボランティア活動などに重きを置くこと、特定領域に秀でた者について得枠を設けること、教育実習での評価を判定の資料に加えることなど。

1996年（平成8年）

4.9 〔政策〕文部省、PTAとの定期協議始める　文部省は、初めてとなる定期協議を、日本PTA全国協議会とはじめる。公立小中学校学校日本PTA全国協議会、公立高校PTA連合会と週5日制の実施に伴う対応策や、いじめ問題などについて意見交換する。

4.12 〔社会〕文部省、阪神大震災による生徒・児童の心の健康に関する調査研究報告書を発表　文部省協力者会議は、阪神大震災被災地による児童生徒の心の健康に関する調査研究報告書を発表。震災で深い心の傷を負い、なお個別の手当が必要な児童生徒が相当おり、女子を中心にストレス障害がみられた。被災地の7万人の児童生徒を対象に面接調査した結果、女子は4～5人に1人、男子は5～8人に1人の割合でケアを要した。

4.18 〔制度〕行革委員会、規制緩和を検討するための分科会を設置　行革委員会は、教育分野の規制緩和を検討するための分科会を設置し、審議を通じて通学区指定の弾力的運用（学校選択の許容）・教科書採択の弾力化を提起。

4.18 〔制度〕連合、教科書制度の撤廃・国体の廃止を提言　連合は、教科書採択の弾力化を求め教科書検定制度の撤廃や、開催自治体や児童生徒に過大な負担を強いており形骸化しているとして「国体」の廃止を提言。また、国体にかわり気軽に地域住民が参加できる「生涯スポーツの集い」を提案する。

4.19 〔事件〕旭川医科大学、入試合否漏洩　旭川医科大学で、合格者発表前に入試の合否結果漏れる。予備校生を通じて受験生にもれていたことが判明し、同大学副学長の関与が判明。文部省は同大学副学長を訓告処分とし、副学長は辞表を提出。

4.24 〔政策〕生涯学習審議会、地域における学習機会の充実方策について答申　生涯学習審議会は、地域においての学習機会の充実方策について答申する。学校における地域社会の教育力の活用、学校・社会教育施設との一体化による事業展開、学校による住民への積極的な学習機会の提供などを提言した。

5.7 〔活動〕天理大、リストラ策を打ち出す　天理大学は、今年度末にスタッフ若返りをはかる為、リストラ策を打ち出す。実施方針を前年理事会で決め、65歳以上の教授32人解雇を通告。同年4月から退職予定者給与を半額に減給し支給。これに対し教授会は、理事会による一方的な措置と抗議活動を展開する。

5.17 〔政策〕中教審第2小委員会、「審議のまとめ」案の骨子発表　中央教育審議会第2小委員会、小学校への英語導入などを盛り込んだ「審議のまとめ」の骨子を発表する。小学校での総合的な学習時間などを利用し英会話に親しむ機会を設けることを答申に含む方向で合意するが、根強い消極論に配慮し教科としては位置づけせず、実施は各学校の判断に委ねる。

5.20 〔制度〕文部省、国立大学第二次入試において別枠試験を制度化　文部省、97年度大学入試実施要項を通知。次年度から国立大学第二次入試において総合学科卒業生を対象とする別枠試験を制度化し、総合学科卒に別枠入試の道を開く。総合学科での生徒が履修した職業教育の内容が受け入れ大学の学科と関連する場合に特枠で受け入れる事を認めたもの。

5.26 〔社会〕法務省、小学校のいじめ実態調査を発表　法務省、小学校のいじめ実態調査を発表する。小学校5、6年生を対象とした調査によると、いじめを受けたことのある児童の過半数が登校拒否願望をもち、34％が見てみぬふりとの結果。

5.30　〔政策〕奥田文相、経団連などに対し労働環境づくりに協力を求める　奥田幹生文相、経団連など5経済団体幹部と会談し、労働環境づくりに協力を求める。家庭教育の基礎基盤の要件として、家庭で父親が子供と触れ合う時間がとれるよう企業側に求めたもの。

5.30　〔政策〕自民党21世紀ビジョン検討委員会、第2次臨教審設置を提言　自民党21世紀ビジョン検討委員会は、硬直化した制度が受験戦争やいじめを引き起こしているとして、教育改革の推進・政治主導で学制の根本問題まで踏み込んだ体勢づくりを期すため、第2次臨教審の設置を提言する。

5.30　〔制度〕文部省調査研究協力者会議、教員の長期社会研修のあり方について中間まとめ　文部省の教員採用、研修の改善方策に関する調査研究協力者会議は、現職員が社会福祉施設や民間企業などで長期にわたり社会体験研修を行うことの意義を強調。現職研修体系の位置づけを提言し、7府県1政令都市に試行実践を委託する。「視野を広げ、いじめなどに柔軟に対応できる」効果を期待したもので、同年度には13府県2指定都市でのべ537人が企業・福祉施設・教育施設などに出向。

6.1　〔事件〕O-157による集団食中毒発生　岡山県邑久町の小学校で集団食中毒が発生する。O-157によるもので、1年女子が死亡し、6日に2人目の1年女子が死亡。その後、全国に拡大した。

6.12　〔活動〕経団連と与党3党の文教関連議員が会合を開く　経団連と与党3党の文教関連議員が会合を開き、教育改革への取組み強化について申し合わせるとともに、改革の視点について意見交換する。学校歴にこだわる企業の体質や、学歴偏重・偏差値などでゆとりを失っている教育現状、いじめがはびこる現状などについて意見を交換。

6.13　〔政策〕文部省21世紀医学医療懇談会、医療分野への人材受け入れについて提言　文部省21世紀医学医療懇談会は、医療分野へ人材を受け入れる際に偏差値以外の尺度を加味し、より安定した使命感と意欲を持つ者を確保するなどを提言。入試における面接の重視、一般大学卒から医師を養成する「メディカルスクール創設」など。

6.18　〔政策〕中教審、総合学習・いじめ問題などについての審議のまとめ公表　中央教育審議会、審議の経過と結果について「審議のまとめ」を公表。教育内容の厳選により、学校のスリム化を進め、これによって生じた時間の一部を総合的な学習の時間に振り向けることなどといった既存の教科の中に収めきれない問題について体験を通じ学ぶ機会とすること。また、いじめは社会全体に投げかけられた課題であり、不登校への対応として中卒認定試験を適用するよう検討することなど。教育の転換点を示した上、学習指導要領改訂の方向を提示した。

6.26　〔活動〕日教組、第82回定期大会を開催　日教組、第82回定期大会を新潟県湯沢町で開催し（～28日）、文部省との協調路線と「教師の倫理綱領」との整合性をめぐり活発に議論が行われる。協調路線に立つ今年度運動方針を決定。宮城高教祖は、新路線に反発しボイコット。川上祐司委員長、倫理綱領は実質的な効力を失っていると記者会見で述べ、教師の倫理綱領をめぐる執行部答弁がゆれる。

6.27　〔制度〕文部省、教科書の検定結果と事例を発表　文部省、来年度使用教科書の検定結果と事例を発表する。中学校の社会科7社全教科書における自衛権・戦後補償問題に関しての内容が、政府見解に即し、修正または書き加えられる。自民党総務会

では、「南京大虐殺」「従軍慰安婦」などの記述に関して教科書批判が続出。

7.4 〔政策〕文部省懇談会、高等教育の在り方について提言　文部省の懇談会は、高等教育の在り方について提言する。通信衛星や光ファイバーにより、音声や映像を同時双方向に送受信する方法で行われる遠隔授業の単位認定などを推進したもの。

7.4 〔制度〕自民党行革規制緩和委員会、教育分野の規制緩和策をまとめ公表　自民党行革規制緩和委員会は、教育分野の規制緩和策を公表する。大都市の大学立地規制の緩和、国立大学教員の兼業規制の緩和、教授の任免権の移行、大学教員の任期制導入などを提言。7月11日には大学の民営化、飛び級、中高一貫教育などを提言する。

7.4 〔制度〕文部省、教員などの給与改善に関する要望書提出　文部省は、人事院に教員などの給与改善に関する要望書を提出する。大学教員の任期制導入に備える措置を要求したもの。

7.15 〔事件〕O-157による集団食中毒発生　大阪府堺小学校で集団食中毒が発生。O-157によるもので、この日までに市内の児童4000人が中毒症状を起こし、全市立校が休校となる。8.16までには女児2人が死亡し、この後も全国に広がりをみせ32都道府県で8000人が発症。

7.16 〔政策〕文部省調査研究協力者会議、いじめ対策における最終報告を発表　文部省調査研究協力者会議は、いじめ総合対策を集大成した最終報告を発表する。細かすぎる校則などいじめの要因除去、いじめに対する学校取組みを外部評価するシステムの検討、被害者も中卒資格試験を受けられるようにする、加害者の一定期間の学級外特別指導、被害者の欠席を緊急避難として認めることなど。

7.19 〔政策〕中教審、取り組むべき教育課題について第1次答申提出　中央教育審議会、取り組むべき教育課題について第1次答申を奥田幹生文相に提出する。自ら学び考える力はゆとりの中で育まれるとして、ゆとりを生み出すため授業時間を削減し学校5日制を実現、生活・社会体験の機会・場の拡充、総合的学習時間や英会話に親しむ機会を設ける、インターネット環境の整備など。

7.24 〔制度〕早大・同志社大、交換留学生の実施を発表　早稲田大学・同志社大学は、全学部対象の交換留学生の実施を発表する。遠隔の大学ぐるみの留学制度は初めてで、異なる学部への留学も認められ、1年間各年度10人程度とし、留学中に習得した単位は卒業単位に算入される。翌1997年、同志社女子大・フェリス女学院も同様の交換留学制度を発表する。

7.25 〔制度〕行革委員会、規制見直し対象項目を発表　行政改革委員会規制緩和小委員会は、規制見直し対象項目を発表し、規制緩和対象として初めて教育分野を取り上げる。教科書採択を市区郡単位での広域採択から学校単位採択への改め、同一市区町村における複数小中学校の通学先を保護者が自由に選べるようにすることなど、学校選択による競争原理導入を提言。

7.26 〔政策〕文部省、高校専門学科の状況を発表　文部省は、多様化が進んでいる高校専門学科の状況を発表する。

7.29 〔政策〕学術審議会、研究者の養成について建議　学術審議会は、奥田幹生文相に対し「21世紀に向けての研究者の養成・確保」などを建議する。

8.27　〔制度〕文部省、教育課程審議会を9年ぶりに再開　教育課程審議会、会長に三浦朱門が就任し9年ぶりに再開する。完全週5日に向けスリム化した新しい学校像への転換を目指し、奥田幹生文相は、学習指導要領改訂を諮問する。

9.15　〔事件〕信州短大、水増し入学による補助金の不正受給判明　信州短期大学、定員の2倍を超える学生を、6年度から3年間水増し入学させていたことが判明。定員の1.5～1.6倍を超えると私学助成の対象からはずされる為、虚偽の報告を繰り返し、多額の私学助成金を不正に受け取っていた。実際の入学者は2.5倍に相当。水増し入学者の授業料20億円は裏帳簿に隠す。10月21日、文部省は助成金返還を求め、5年間の助成停止を通告。

9.17　〔裁判〕体罰事件で慰謝料支払い命令　東京地方裁判所、東京都東久留米市の中学校で、女性徒に平手打ちの体罰を加えた中学校教諭と管理者の東久留米市に対し慰謝料50万の支払いを命ずる。判断の根拠として、依然として教育界に体罰擁護がはびこっていること、生徒に暴力をもって問題解決をはかる気風を植えつけていること、感情任せの暴行は教育に値しないことなどをあげ、裁判長は「学校教育の場から体罰を根絶してもらいたいという裁判所の気持ちの表明」と述べる。

9.27　〔裁判〕大阪府高槻市の内申書訴訟で控訴棄却　大阪高等裁判所、大阪府高槻市の内申書訴訟における全面開示を認めた控訴を棄却する。

10.3　〔制度〕行革委員会で、文部省や教育団体が、学校選択の弾力化などに反対意見　行政改革委員会規制緩和小委員会の公開ディスカッションで、文部省やPTA代表は、受験戦争が過熱化する、不公平を生むなどとして、学校選択の弾力化に反対意見を述べる。

10.7　〔社会〕文部省、中学・高校生の運動部活調査発表　文部省、中学・高校生の運動部活調査を発表する。中高生の70％以上が週6日以上部活に参加するという「部活」漬けで、週5日制は有名無実となっている実態が明らかになる。しかしながら、8割以上の生徒がその意義を認めており、部活の望ましいあり方として週5日・練習時間2～3時間と考えており、教師の半数が地域に部活を移すことを望んでいることなどがわかる。

10.11　〔制度〕文部省、フランスバカロレア試験合格者の日本の大学受験資格について通知　文部省は、フランスバカロレア試験合格者にも日本の大学受験資格を次年度より認めることを通知する。

10.29　〔政策〕大学審議会の高等教育将来構想部会、大学・短大臨時定員の恒常定員化を報告　大学審議会の高等教育将来構想部会、大学への受験志望がなお高水準にあることを考慮し「2000年までに全部削減」の既定方針を撤回し、大学・短大の臨時増募定員の5割を恒常定員化させ、段階的に残りの5割を2000年から5年間で削減することを答申に盛り込む方針を決める。

10.29　〔制度〕大学審議会、選択的任期制導入を提言　大学審議会は、奥田幹生文相に大学教員の任期制導入を提言する。教育活動の活発化、大学間や民間との人事交流の促進などをねらいとし、導入の賛否・適用範囲・運用方法などは個々の大学の判断に委ねる。

10.30　〔裁判〕富山市中学生の両親が、いじめにより市を提訴　富山市中学生の両親は娘の自殺をめぐり、いじめによって学習権利が奪われたとして市を相手取り提訴。事

件から8年が経過しており、民法の不法行為ではなく、債務不履行により学校側の取り組みの不十分さを問う。

11.7 〔人事〕小杉隆、文部大臣に就任　第2次橋本内閣が発足。自民党が3年3か月ぶりに単独政権を樹立する。また、社会民主党・新党さきがけは連立から離脱、政策協定を結び閣外協力にとどまる。小杉隆が文部大臣に就任。

11.20 〔制度〕東京大学医学部教授会、入試に面接を全面導入　東京大学医学部教授会、偏差値偏重の緩和とともに「オウム事件」で同学部出身者が深く関与していたことがきっかけとなり、1999年度入試から面接を全面導入する方針を決める。既に実施している後期日程に加え、前期日程でも実施。

12.2 〔設立〕西尾幹二らが「新しい歴史教科書をつくる会」を結成　西尾幹二、藤岡信勝らが新しい歴史教科書をつくる会を結成。中学校の歴史教科書から従軍慰安婦の記述の削除を求めた。これに対抗し、1997年3月25日「教科書に真実と自由を」連絡会が結成される。

12.5 〔制度〕行政改革推進委員会、分野別規制緩和方策報告書をまとめる　行政改革推進委員会規制緩和委員会、分野別規制緩和方策報告書をまとめる。教育関係では、教科書採択方法の学校単位化、中卒程度認定試験の受験資格緩和、大学立地規制の緩和、通学区制の弾力的運用などを検討する方向で盛り込まれる。

12.6 〔政策〕小杉文相、文部省審議会を原則公開する考えを発表　小杉隆文相、文部省所轄15審議会を原則公開する考えを記者会見で発表する。「自由な議論が妨げられる」として、前年9月の閣議で公開の原則が決まっていたが文部省の審議会が最も立ち遅れる。この日開かれた保健体育審議会から実施。

12.11 〔政策〕小杉文相、「従軍慰安婦」の記述削除を認めないと言明　小杉隆文相、「従軍慰安婦」の記述削除を認めないと言明する。政府がすでに「慰安婦の募集や調達管理に旧日本軍が関与した事実を認める調査報告書」を出していることや、自民党内に記述訂正に同調する動きが小さいことなどによる。

12.12 〔政策〕文部省調査研究協力者会議、「兼業」規制緩和を提言　文部省産学の連携協力の在り方に関する調査研究協力者会議は、「兼業」規制緩和を提言する。国立大学と企業間の研究者交流・研究開発を促進するためのもので、これまで限定されていた兼業範囲を一定の制約のもと拡大し、従事できる時間の制約の解除などを求めたもの。

12.19 〔活動〕日経連、就職協定の廃止を正式に表明　日経連、企業側の総意とし次年度より就職協定の廃止を表明する。大学側委員は再考を強く要請。

12.20 〔制度〕地方分権推進委員会、地教委に対する指揮監督権や教育長の任命承認制の廃止を文部省に勧告　地方分権推進委員会、地方教育委員会に対する指揮監督権や教育長の任命承認制の廃止を文部省に勧告する。通学区決定事務の規制緩和・地方自治体への大幅な権限委譲・教育課程の緩和などを求めたもの。

12.20 〔出版〕文部省、教育白書『我が国の文教施策』刊行　文部省は、1996年度版教育白書『我が国の文教施策―生涯学習社会の課題と展望　進む多様化と高度化』を大蔵省印刷局から刊行。

12.26 〔政策〕文部省、大学教員における兼業許可範囲の拡大を全国に通知　文部省、大

学教員における兼業許可の範囲拡大を全国に通知する。兼業の件数や時間制限の撤廃、国立大学教員が勤務時間外に民間企業で研究開発や技術指導に従事することを認めるなど。

1997年
（平成9年）

1.1 〔政策〕橋本首相、「6つの改革」を提唱　橋本龍太郎首相、年頭の記者会見で「6つの改革」を提唱する。行政改革・経済構造改革に加え、教育改革を新たに取り入れたもの。

1.6 〔事件〕香川医科大推薦入試で履修科目不足生徒の合格が判明　香川医科大学推薦入試において、募集要項の受験資格を満たしていない履修科目不足の生徒の合格が判明する。その後の実情調査で、選考関与の教授に対し学生の親が寄付していたとされ、金銭等の授受がからむ不明朗な行為が明らかになる。文部省は学長を懲戒処分とし引責辞職を認めるも、教授会の反応は鈍く、疑惑の中心となった教授に対する懲戒処分を決め辞職届けを受理するにとどまる。

1.7 〔政策〕橋本首相、教育改革プログラム策定を指示　橋本龍太郎首相、文部省に対し「教育改革プログラム」策定を指示。行・財政改革の進展が思わしくないため、中高一貫教育・大学入試改革・いじめ非行対策などの教育を取り上げ、教育改革を政府の重要施策の1つとして組み入れる方針を決める。

1.10 〔制度〕就職協定協議会、就職協定廃止決定　就職協定協議会は、大学・短大などの新卒者に対する就職協定の廃止を決定する。企業側による「就職協定撤廃」の強い主張を受け入れ、次年度から双方が採用日程を申し合わせる就職協定を廃止することで合意する。

1.18 〔制度〕初の新教育過程による大学センター試験始まる　初の新教育課程に基づくセンター試験が始まり、史上最多となる54万9000人が受験（19日まで）。出題ミス、問題用紙の不足など不手際が目立ち、科目別平均点では現役生向けと浪人生向けとの間に点の差が生じていることが判明し批判が起こる。その後、得点調整を行わない方針を入試センターが決めた事により、文部省は、二段階選抜を予定している大学に実施を見合わせるよう要請する。

1.24 〔政策〕小杉文相、教育改革プログラムを提示　小杉隆文相、教育改革プログラムを橋本龍太郎首相に提示する。2003年度からの完全週休5日制実施を明示したもの。

1.24 〔政策〕文部省調査協力者会議、特殊教育拡充重点の移行を提言　文部省調査協力者会議、盲・聾・養護学校中等部からの進学者増加に伴い特殊教育拡充の重点を「高等部」に移すことを提言する。適正な配置を行い、通学困難な生徒に対する「訪問教育」の実施体制を整え、4月から試行するというもの。

1.27 〔政策〕文部省、通学区域の弾力的運用を通知　文部省、各都道府県教育委員会に対し通学区域の弾力的運用を通知する。具体的事情のある児童生徒には保護者から

の申し出に応ずるほか、地理的・身体的理由やいじめ対応などを指示。

1.29 〔政策〕大学審議会、臨時増募定員5割の恒常化方針を答申　大学審議会、臨時増募定員を2000年までに全廃する既定方針を改め、各大学の臨時増募定員の5割を恒常化するなどの高等教育の将来構想を答申。

1.29 〔人事〕奈良女子大学評議会、家政学部教授を学長に選出　奈良女子大学評議会、丹羽雅子家政学部教授を学長に選出、国立大学における初の女性学長となる。

2.13 〔政策〕自民党と日教組、8ヶ月ぶりに定期政策協議を再開　自民党と日教組、8ヶ月ぶりに定期協議を再開し、教育課題について意見交換する。教育改革理念を明確にすべきであることや、学校5日制の実施を早める、教育改革に現場の意見を反映させるといったもので、文部省の教育改革プログラムは不満と一致。

2.18 〔制度〕日本数学会、飛び入学に反対表明　日本数学会は、早期の入学より人間としての知識教養のバランスのとれた成長が大切と指摘し、大学への飛び入学に反対表明する。高2段階で研究者としての才能を判定することは不可能であり、数学に早期の専門教育が必要というのは世界一般の誤解であると指摘。日本物理教育学会も、性急な英才教育による教育現場の序列化が進み混乱するとして批判。

2.21 〔政策〕文部省21世紀医学医療懇談会、介護人材の育成を提言　文部省21世紀医学医療懇談会、学校における福祉教育の充実、介護体験の機会を用意すること、大学では、福祉大学と一般大学との単位互換制度実施例を提示するなど、高齢化社会の介護業務従事者の育成促進を提言する。

2.25 〔政策〕文部省の調査研究協力者会議、司書教諭講習科目見直し案を提言　文部省の調査研究協力者会議、2003年からの司書教諭必置に向け、司書教諭講習科目見直し案を提言。所要科目を5科目10単位にするなどの軽減や受講資格を大学生にも認めるといったもの。

3.12 〔裁判〕戸塚ヨットスクール事件で実刑判決　名古屋高等裁判所、戸塚ヨットスクール訓練生死亡事件で校長らに実刑判決。

3.24 〔法令〕文部省、「学校教育法施行規則」を改正　文部省、「学校教育法施行規則」を改正する。登校拒否（不登校）による学校欠席者に対し中学校卒業認定資格試験受験資格を付与する、また保護者が子女の就学義務の猶予・免除を受けなかった場合でも中学校修了者・在学中に15歳に達した者も就学猶予者・免除者として文部大臣が認定できるなど。

3.27 〔事件〕援助交際の女子高生ら摘発　大阪府警、女子高生を含む3人の少女を「援助交際は売春」とし摘発する。「援助交際」を求める行為を「売春」と判断し、関係した少女らにはじめて売春防止法を適用する。大阪地検に、同法違反容疑で書類送検される。

3.28 〔政策〕規制緩和推進計画再改訂、閣議決定　規制緩和推進計画の再改訂が閣議決定され、はじめて教育分野が独立項目として位置づけられる。カリキュラム編成の弾力化や、学校選択における弾力化の推進、高校での学校外活動への単位認定拡大、社会人の教員登用の拡大、通信制大学院の制度化などを盛り込んだもの。

3.28 〔法令〕「国立学校設置法」改正が成立　「国立学校設置法」改正が成立し、国立大学における大学院研究科の改組・新設が盛んとなる。

4.2 〔法令〕自民党小委、介護体験を義務付ける法案をまとめる　自民党教員資格取得希望者の教育実習に関する小委員会は、教員志願者に対し、老人や障害者の介護（7日以上）の義務付け、また証明書の提出を免許申請時に求める法案をまとめ、次年度からの実施を期す。

4.3 〔政策〕東京都青少年問題協議会、都条例に処罰規定の導入を答申　東京都青少年問題協議会、「買春」を取り締まる都条例「青少年健全育成条例」に処罰規定導入を答申。売春防止法では処罰の対象にならない「買春」行為を「金品と引き換えに18歳未満の青少年を相手とする場合」に限り、処罰の対象とすることを求めたもの。援助交際の横行など環境の激変に即応し、性を金銭の対象とすることは人格形成の疎外や誤った異性観を育てると判断したため。

4.3 〔制度〕大学入試センター、試験改善策発表　大学入試センター、次年度からの試験改善策を発表する。試験問題の事前チェックに対する高校教員の参加や、社会、理科、数学の得点調整を実施する方針など。

4.10 〔制度〕滋賀県教育長、公立中学校中高一貫教育に懸念表明　吉川勉滋賀県教育長、中教審の中高一貫教育構想に対し、受験競争の低年齢化をもたらすとして懸念を表明し、人物評価や内申書などテスト以外での競争が激化しかねないとして導入に慎重な姿勢を示す。

4.15 〔政策〕小杉文相、国立教員養成大学の定員削減を提示　小杉隆文相、財政構造改革会議委員会において、児童生徒数の急減に伴う需要減に対応させ、国立教員養成大学の定員削減を提示。3年間で5000人削減し、9700人とする方針。

4.15 〔社会〕文部省、排水口の調査結果公表　文部省、学校プール排水口調査結果を公表する。プールの排水口に吸い込まれた児童生徒の死亡事故が頻発したためによるもので、以後フタを固定するなどの改善措置がとられたが、要改善がなお約2700枚あり、フタを固定していないプールが8.4％、未着手が10％弱という結果となる。

4.23 〔裁判〕大阪府豊中市のいじめ事件で損害賠償金の支払い命令　大阪地方裁判所は、豊中市立第十五中学校3年女子が同級生の暴行によって死亡するという「いじめ事件」損害賠償訴訟で、加害者側に5500万の支払いを命ずる。しかし、事件は偶発的で予測は不可能として市の責任については請求を却下。

4.24 〔裁判〕福島県白河市の中1男子死亡事件で市側に損害賠償金の支払いを命令　福島地方裁判所は、中1男子生徒死亡事件で白河市側に損害賠償金4900万円の支払いを命ずる。体育の授業中、同級生に首を絞められなどして死亡した事件で、教師の安全管理の落ち度によるものとし白河市側に支払を命じる。

5.1 〔制度〕高知県教委、授業評価システム導入発表　高知県教育委員会、子供による授業評価システム導入を発表する。同年度から1年にわたる研究指定校での試行をふまえ、全校に拡大実施し、県立高校も、同年中の試行を経て次年度から実施予定。授業がわかりやすかった・楽しく勉強することができたなど、3段階で評価し授業改善に役立てるというもの。

5.7 〔活動〕小田原市、職員採用試験の受験資格から学歴条項を外すことを決定　小田原市は、住民が必要とする行政に学歴は必要でないと判断し、職員採用試験の受験資格から学歴条項を外すことを決定する。この時点で、前橋・金沢・宿毛の各市が実施済み。

5.9 〔制度〕大学生のインターンシップ制導入決定　政府、大学生のインターンシップ制度(就業見習い制度)を次年度から導入することを決定する。これまでの就職協定が破棄されたため具体化し、大学と産業界連携の一環として在学中に企業に出向いて行う就職体験を単位として認める。

5.12 〔事件〕盛岡大学の新学部設置に際し、体協常務理事への工作費受渡しが判明　盛岡大学前理事長が、体育系新学部設置許可に便宜を図ってもらうため日本体育協会(体協)常務理事へ総額6300万を渡していたことが明らかになる。常務理事が文部省への工作費名目として要求、6年間にわたり振り込まれる。また、資産内容が要件を満たしていないため、新学部申請は見送られたままで、具体的な工作行為は一切なかったと、理事側・文部省ともに否定する。

5.21 〔政策〕文部省、科学技術庁との一本化に前向きな姿勢　文部省は、内閣の行政改革会議のヒアリングにおいて、科学技術庁との一本化に前向きな姿勢を示す。

5.21 〔政策〕文部省、国立大学の民営化反対を表明　文部省、内閣の行政改革会議のヒアリングにおいて、国立大学の民営化反対を表明する。大学管理システムの改革を優先させるべきであり、国が高等教育推進に果たすべき役割は大きいとして反対を表明する。

5.27 〔事件〕神戸連続児童殺傷事件　兵庫県神戸市須磨区で、小学6年男子児童が殺害され、頭部が中学校の校門に警察への挑戦状とともに放置されているのが発見される。24日から不明になっていた小学6年生の男児と確認される。6月28日神戸市立中学校3年男子生徒を逮捕。別に数人の小学生をハンマーで殴りつけたり小刀で刺すなどの事件も起こしており、うち一人は死亡している。10月17日神戸家裁は、同少年を医療少年院送致を言い渡す。

5.30 〔制度〕中教審、飛び級や中高一貫校などについての審議の途中経過を公表　中央教育審議会、第2次答申に先立ち審議の途中経過を公表。飛び級や中高一貫校などについて審議したもの。公立の中高一貫校を設立すること、数学・物理分野で高2からの飛び入学を認めること、受験競争緩和のため入試制度の多様化を図ることなど。

6.3 〔政策〕財政構造改革会議、教職員配置改善6か年計画の2年延長を決定　政府による財政構造改革会議は、財政構造改革の一環とした教職員配置改善6か年計画の2年延長を決定する。次年度予算歳出抑制のため文教予算の大半を占める人権費削減に踏み込み、最終年度の5000人増から3年間で5000人増に改定。

6.6 〔政策〕文部省調査協力者会議、育英事業に提言　文部省調査協力者会議、育英事業の在り方に関し提言する。大学院修了者については返還免除の拡大、学部段階での教職の返還免除の廃止などを提言したもの。これにより文部省は、教職就職者に対し同年度限りでの日本育英会奨学金の返済免除措置の打ち切りを決定。

6.11 〔法令〕介護体験義務づけ議員立法成立　小中学校教員免許取得希望者に対し、介護体験義務づけの議員立法が成立する。18日公布。1998年4月1日から施行。一定期間(7日間)、障害者、高齢者に対する介護、介助、交流体験行うことを免許状授与の条件とする。

6.13 〔法令〕「大学の教員等の任期に関する法律」公布　「大学の教員等の任期に関する法律」が公布される。大学管理機関・学校法人が必要に応じて教員の任期に関して規則を定めることができる、また、任期を定めて任用する対象職種として先端・学

際的・総合的な教育研究組織の職や、自ら研究課題を定めて研究を行うことを職務内容とする助手、期限付きの教育研究組織の職などをあげる。大学教員の交流促進、教育研究の活性化を図るためのもの。

6.16 〔政策〕生涯学習審議会に諮問 小杉隆文相、地域社会環境の充実方策や民間教育事業者の役割について生涯学習審議会に諮問する。学習塾など民間教育事業者に関する諮問は、学習指導のみならず、地域での多様な学習活動を支える事業体として無視できなくなった事情によるもの。

6.18 〔制度〕国大協、国立大の独立行政法人化・民営化の反対意見書公表 国立大学協会は、国立大の独立行政法人化・民営化の反対意見書を公表する。大学の都市集中・学費値上げにより地方や低所得層などの教育のおそれがあること、高等教育の在り方をめぐる議論がなおざりにされており、教育と学問の成果を効率の尺度だけで測ることは危険であるなど。

6.26 〔制度〕中教審、入試改革・中高一貫教育・飛び入学などを盛り込んだ第2次答申を行う 中央教育審議会、第2次答申を行う。中高一貫モデルとして教育内容によった7類型を例示し主体的な各自治体の選択に委ねると指摘、飛び入学については物理や数学に芸術を追加、対象分野の拡大や許容年齢の引き下げを検討する必要性を附記したもので、入試改革・中高一貫教育・飛び入学を盛り込んだ答申を行う。

6.26 〔制度〕文部省、高校教科書検定結果発表 文部省、高校教科書1996年検定結果を発表し、家庭科4点が不合格となる。個の自立を取り上げた内容が、家庭生活を営む前提が見落とされている、夫婦別姓や結婚しない生き方を取り上げた内容が、特殊な事例を強調しすぎるとして不合格となり、家庭像をめぐり議論をよぶ。

6.30 〔政策〕幼稚園教育の在り方に関する文部省調査協力者会議、総合的な学びに重点をおくよう提言 幼稚園教育の在り方に関する文部省調査協力者会議、知識編重を避け総合的な学びに重点をおくよう提言する。幼稚園の役割として、主体的に生きる喜びを味わえる場や家庭では体験できない自然・文化・社会に出合う場の提供を強調し、経営の弾力化として、地域への園庭・園舎の開放、預かり保育の検討を提示。

7.28 〔制度〕教養審、教員養成カリキュラム改革提言 教養審、小杉文相に対し、教員養成の過程改善や教員採用の弾力化などを盛り込んだ教員養成カリキュラム改革を提言する。教職専門科目を大幅に増やし、いじめや不登校に対応できる指導力を身につけさせる事に主眼を置く、手続きの簡素化や小学校の担当科目制限の撤廃により特別非常勤講師の起用の促進をはかることなどを盛り込む。

7.31 〔制度〕高等学校第2学年修了者の大学への進学を許可 「学校教育法施行規則」の改定により高等学校第2学年修了者の大学への進学を許可。高等学校卒業者と同等以上の学力を有する者とし、当該生徒を大学への入学を認めるが、物理学または数学の専門大学院を置く大学が、当該分野において特にすぐれた資質を有する者と認めた場合に限定される。

8.5 〔政策〕文部省、教育改革プログラム改訂版を作成 文部省、中教審の第2次答申をふまえ教育改革プログラムを改訂。大学の管理運営方式の見直し、1999年度より中高一貫教育の実施、教育長任命承認制など教委制度の見直し、ボランティア活動を加味した教員養成カリキュラム改定など。

8.19 〔制度〕文部省、国公立大学入学者選抜概要発表 文部省、国公立大学1998年度入

学者選抜概要を発表する。次年度国公立大学入試における高校の総合学科卒業生を対象に別枠を設け試験を実施する総合学科特別選抜の大学は、6大学8学部に増え、面接導入も増加。

8.29 〔裁判〕最高裁、教科書裁判第3次訴訟で検定意見違法の判決　最高裁判所、家永教科書裁判第3次訴訟で731部隊に対し、同部隊の存在は定説化しており、当該記述削除を求めた検定意見は裁量権を逸脱すると断定し、違法の判決を出す。訴訟の争点となっていた8箇所の検定意見のうち4箇所が違法と認定、国に対し40万の賠償を命じる。一方、検定制度は合憲と判断され、32年に及ぶ教科書訴訟が結審。

9.9 〔出版〕全国私立学校教授連合、第6次『私大白書』を発表　全国私立学校教授会連合は、第6次『私大白書』を発表する。調査によると、マスプロ授業の改善が進み、短大の57%が4年制大学への改組・転換に向けて検討をはじめる。

9.11 〔人事〕町村信孝、文部大臣に就任　第2次橋本改造内閣が発足し、町村信孝が文部大臣に就任。行財政など「6つの改革」の実現をかかげる。

9.29 〔制度〕文部省、小・中学校で実施した新学力テストの結果を発表　文部省、12年ぶりに実施した新学力テスト（教育課程実施状況調査）の結果を発表。思考力・応用力・表現力を問う問題の正答率の低さが目立ち、新学習指導要領が目指した、自分で考え表現する力はどの学年においても不十分であることが明らかになる。

9.30 〔政策〕文部省、今後の地方教育行政の在り方を諮問　文部省、中教審に対し今後の地方教育行政の在り方を諮問する。検討課題として、地方教育行政における国・都道府県・市町村の役割分担や関与のあり方、地方教育委員の役割・運営のあり方、地域住民・行政機関・学校の連携の在り方、を提示。10月6日、中教審は、地方教育行政に関する小委員会を設置し、審議を開始する。

10.14 〔政策〕自民党の教育改革推進会議、教育改革案をまとめ発表　自民党の教育改革推進会議は、教育制度、教育内容、教育行財政などに関する教育改革案をまとめ発表する。「教育基本法」の改正、チャータースクールの導入を検討、高等教育の流動化を図ることなど。

10.17 〔制度〕町村文相、国立大の独立行政法人化に反対　町村信孝文相、国立大の独立行政法人化に反対を表明。短期的な効率性に基盤を置いた運営は大学の教育研究にはなじまないとして、蓮見東大学長・井村京大学長からの申し入れをふまえ反対を表明。

10.21 〔制度〕国大協常務理事会、国立大の独立行政法人化に反対の決議　国立大学協会常務理事会は、多様な教育研究をしている大学には定型化された業務について短期的に効率性を評価する独立行政法人はふさわしくなく、高等教育改革は大学及び大学院の将来構想を策定する中で決められるべきものとして、独立行政法人化に反対を決議する。

10.22 〔活動〕連合、教育改革案まとめ公表　連合は、5・4・4制などを基本とした教育改革案をまとめ公表する。学制の基本を5歳児入学による義務教育制、大学受験の要件として基礎資格と専門資格取得、国立大は地方移管または法人化する、どの大学でも受講できるクーポン券の発行、幼稚園と保育所の統合化により幼保交園とする、教員養成は6年とすることなど。

10.23 〔制度〕文部省、国立大学教授の任命権を学長委任に決定　文部省は、自民党行政改革推進本部規制緩和委員会の提言をふまえ、国立大学教授の任命権を学長委任に決定する。次年度より実施される。

10.30 〔社会〕ダイオキシン調査で4分の1市町村での公立小・中学校焼却炉が中止　文部省によるダイオキシン調査で、4分の1市町村での公立小・中学校焼却炉が中止していたことがわかる。日常ゴミの焼却炉が猛毒物質ダイオキシンを発生し健康に悪影響を及ぼすおそれがあるとし、文部省は、全廃するよう各都道府県教育委員会に指示。

10.31 〔政策〕改革構想と21世紀大学像について諮問　町村信孝文相は、改革構想と21世紀大学像について大学審議会に諮問する。高度職業人養成制度の創設、大学院中心の大学体制の整え、学長・学部長主導の大学運営の整え、学部教育改善の推進などを検討課題とし提示する。

11.4 〔制度〕町村文相、全小・中・高のインターネット接続を2003年までに完了と表明　町村信孝文相、記者会見で全小・中・高のインターネット接続を2003年までに完了する方針と表明する。計画完成時の通信費は年間総額81億円を見込み、小学校は2003年までに、中・高・特殊教育諸学校は2001年までの目処とする。

11.10 〔裁判〕兵庫県県立高2年男子生徒、長髪による教室出入り拒否で救済申し立て　兵庫県県立高校2年男子生徒、神戸弁護士会に人権救済を申し立てる。長髪を理由に教室への出入りを拒否されたため。

11.17 〔制度〕教育課程審議会、教育課程改定案を「中間まとめ」として発表　教育課程審議会、教育課程改正案の枠組みを示す「中間まとめ」を発表する。完全学校5日制実施に伴う教育課程改定案で、各学年授業時数70時間削減、総合的な学習時間の新設、初めて中学校英語を必修として位置づける、高校における理科基礎・数学基礎・福祉・情報科目の新設、中学校における選択授業を増やし必修教科に上乗せできる上限を1教科当り2時間とすることなど。

11.20 〔政策〕文部省、空き教室手続きの大幅な簡素化を通知　文部省、保育所などとの同居促進に向け、空き教室手続きの大幅な簡素化を各都道府県教育委員会に対し通知、空き教室の有効利用をはかる。

11.20 〔制度〕北陸先端技術大学院大学、任期制適用を発表　北陸先端技術大学院大学は、新年度4月から任用される全教員に任期制を適用すると発表。教授・助教授は任期10年とし10年ごとに再任され、助手は任期5年または7年とし1回限り再任可とする。再任の可否は貢献度により学外者を加えた審議会で決定。全学の任期制導入は、国立大学では初めてとなる。

11.26 〔法令〕文部省、教員志望者に対する「介護等体験特例法施行規則」公布通達　文部省、教員志望者に対する「介護等体験特例法施行規則」を公布通達する。志望者に対し介護体験を課すことを各都道府県教育委員会に通知。介護体験受け入れ窓口は、各都道府県社会福祉協議会・教育委員会とし、介護体験期間は7日間とすることなど。

11.27 〔制度〕教養審カリキュラム等特別委員会、保健について法改正措置方針を決定　教育職員養成審議会のカリキュラム等特別委員会は、保健室に限定されていた役割を教科担当まで広げ、養護教諭による保健授業を認めるなどの法改正措置を決定す

る。養護教諭がかかわる薬物乱用防止などの課題に対応するとともに、総合的な学習時間導入における協力体制を整える。

12.3 〔政策〕行政改革会議、最終報告を決定　政府行政改革会議、各省庁の再編案など最終報告を決定する。文部省と科学技術省が統合し教育科学技術庁とする。また独立行政法人制度の導入により、国民のニーズに即応した効率的行政サービス提供を目指すとし、130の業務・組織を具体的に提示。大学の独立法人化については、大学改革の1つの選択肢となり得る可能性を有していると指摘する。

12.4 〔制度〕行政改革委員会、規制緩和・撤廃を求める最終報告を決定　行政改革委員会の規制緩和小委員会、17分野26項目の規制緩和・撤廃を求める最終報告を決定。教育関係においては、受験機会を増やす大学秋季入学促進や、飛び入学対象分野の拡大など。

12.5 〔出版〕文部省、教育白書『我が国の文教施策』刊行　文部省は、1997年度版教育白書『我が国の文教施策―未来を拓く学術研究』を大蔵省印刷局から刊行。

12.16 〔事件〕ポケモンショック　テレビ東京系で放映されていたテレビアニメ『ポケットモンスター』を見ていた視聴者の一部が病院に搬送された。背景色の激しい点滅により光過敏性発作などを引き起こしたことによるもの。

12.18 〔政策〕大学審議会、通信制大学院の制度化・大学編入資格附与などについて答申　大学審議会は、町村信孝文相に対し、通信制の大学院の制度化や専門学校卒業者に大学編入資格を附与することなどを答申する。その他、科目履修生既学修期間を大学在籍期間に参入できること、大学校地地面積基準の緩和なども盛り込まれる。

12.25 〔政策〕文部省調査協力者会議、中高部活動の練習時間の短縮を提言　文部省調査協力者会議は、中高部活動に関し行過ぎた運動部の部活動は望ましくないとして、休養日を設定するなど、練習時間の短縮を提言する。過度な活動により引き起こされる病気や怪我の予防、バランスのとれた生活・成長を確保するなど、実態調査をふまえ改善を求める。

1998年
（平成10年）

1.17 〔制度〕大学入試センター試験　大学入試センター試験が2日間の日程で行われた（18日まで）。受験者数が初めて前年を下回る。

1.28 〔事件〕栃木県教師殺害事件　栃木県黒磯市黒磯北中学校で、13歳の1年男子、部活で膝を痛め保健室通いをしていたが、教室に戻るのが遅いことを女性教諭から咎められ、所持していた刃渡り10cmのナイフで女性教諭を刺殺する。この頃、中学男子生徒の間でナイフを持ち歩くことが一種の流行となり、ナイフを使用した事件が頻発、大きな波紋を呼んだ。

2.3 〔政策〕文部省、校長の判断による所持品検査は差し支えないとの見解を示す　町村信孝文相は、校長の判断により、学校の安全を確保するため子供や保護者の理解

を求めながら適切な方法での生徒に対する所持品検査は差し支えないとの見解を示す。東京都教育委員会も、中止していた所持品検査を容認する方針を示すが、25府県は、検査は人権上問題があるとし慎重な対応をとる。

2.7 〔社会〕長野オリンピック開幕　第18回冬季オリンピック長野大会が開催される（〜22日）。72ケ国・地域から3500人が参加。スキージャンプ団体、スピードスケートなどで日本選手が金メダルを獲得。3月5日、第7回冬季パラリンピック長野大会が開催される（〜14日）。

2.12 〔制度〕中卒認定試験で4人合格　1997年11月7日実施の中卒認定試験を5人の不登校生徒が受験、4人が合格、高校受験資格を取得する。

2.20 〔制度〕日弁連、是正勧告書提出　日本弁護士連合会、首相・文相に対し是正勧告書を提出。在日外国人学校卒業者に国立大学入学資格を認めないことは制度的不平等・人権侵害であるとし、大学受験資格を与えるよう勧告したもの。

3.9 〔事件〕埼玉中学生同級生殺害事件　埼玉県東松山市立東中学校1年男子生徒、けんか仲間である同級生にナイフで刺され、まもなく死亡。4月2日、浦和家裁は加害少年の児童自立支援施設送致を決定。

3.9 〔事件〕所沢高校で卒業生が卒業式をボイコット　埼玉県立所沢高校の卒業生423人中400人が校長主導の卒業式に反発、卒業式をボイコットする。式終了後の生徒会主催による卒業記念祭には全員が参加。その後も対立が続き、4月9日の校長主導の入学式に6割が参加、別途行われた生徒会主催の祝う会には全員が参加した。

3.10 〔政策〕町村文相、緊急アピール発表　町村信孝文相が緊急アピールを発表。ナイフ事件多発を受け、「学校にナイフを持って来させないよう家庭で断固指導するよう」という内容。

3.10 〔政策〕文部省厚生省、幼保施設・運営共同化に関する指針を通知　文部省厚生省、幼保施設・運営共同化指針を各都道府県へ通知。幼保連携に着手するもので、隣接保育所、幼稚園を対象に、スタッフ・施設の共同利用・交流、施設管理業務の一元化、施設面積の算定に際し弾力的な取り計らいなどを含めたもの。

3.23 〔政策〕生涯学習審議会社会教育分科審議会、中間報告発表　生涯学習審議会社会教育分科審議会は、中間報告を発表。司書資格を持たない図書館長の配置を認めるといった司書配置基準の廃止などを含めたもので、規制撤廃の一環として関連の法改定を提言する。

3.24 〔政策〕文部省協力者会議、少年犯罪に対する緊急対策を公表　文部省児童生徒の問題行動等に関する調査研究協力者会議は、児童・生徒の問題行動に対する緊急対策をまとめ公表する。初めて学校の処理能力の限界を打ち出し、抱え込みを止め、警察や児童相談所などの外部機関との連携するよう提言。

3.26 〔政策〕文部省協力者会議、教育行政と民間教育事業との連携で提言　文部省の調査研究協力者会議、教育行政と民間教育事業との連携推進の要件として、両者の役割を明確にしたうえで、公平・適切な手続きや住民の生涯学習上の利益などを提言する。

3.27 〔政策〕中教審、心の教育に関し提言　中央教育審議会幼児期からの心の教育の在り方に関し提言する。一家団欒の妨げとなっている要因や家庭を取り巻く状況・問

題については言及せず、幼少期から子供に勉強を強いたり、他の子と比較するなどの親の態度が「子供の心をゆがめる」原因とし、家庭において金を使わず心を使うよう強調する。

3.31 〔政策〕中教審、地方教育行政制度改革に関する基本方針公表　中央教育審議会、町村信孝文相に地方教育行政制度改革に関する中間報告を提出。地教行法の見直し、教育課程において大枠だけを国が定め細部は地方や学校に任せる、文部大臣による教育長の任命承認制から議会の同意とすることなどを含む。同年9月21日最終答申。

4.9 〔制度〕長野県小海教委、小人数学級編制実施を断念　長野県小海教育委員会は、1学級18から19人の小人数学級編制実施を計画するも、長野県教育委員会のクレームにより実施を断念。教育機会の均等・公平の上から是認しがたい、また現行法に抵触するとして県教委が撤回を強く申し入れる。

4.9 〔事件〕所沢高校、入学式が分裂　埼玉県立所沢高校は、校長と生徒会が対立。3月の卒業式と同様、校長主催の入学式と生徒会が主催する入学式が行われた。

4.22 〔裁判〕横浜教科書訴訟で、2箇所の検定意見を違法と認める判決　横浜地方裁判所は、高嶋伸欣琉球大教授が提訴した「現代社会」の教科書検定訴訟において、争点となった4箇所中2箇所について裁量権の逸脱と判断、検定意見を違法とする判決を言い渡し、20万円の損害賠償金支払いを命じる。原告、被告とも控訴。

4.24 〔政策〕総合経済対策、教育関係4200億円を決定　政府、景気浮揚のための総合経済対策を決定する。教育関係では、学校における心の教育充実関係のための、中学校「心の相談員配置」「心の相談室」整備や大学の最先端技術施設設備費などで計4200億円にのぼる。

4.28 〔制度〕文部省、教育改革プログラム再改訂版発表　文部省、教育改革プログラムの再改訂版を発表。4つの柱として「自主性を尊重した学校づくり」の推進、大学改革、「個性を伸ばした多様な選択ができる」学校制度改革、「心の教育」の充実を提示。

4.28 〔法令〕民主党、「中高一貫教育法」案を国会に提出　民主党、「中高一貫教育法」案を国会に提出する。受験負担を軽くし安定充実した教育の機会・場を整えるため、10年間で全国に6年制中等教育学校を整備し、6・3・3制を6・6制に全面切換するというもの。

5.13 〔事件〕帝京安積高校教諭銃撃事件、脅迫容疑で元暴力団組長ら逮捕　帝京安積高校は、労使紛争での地元暴力団の介入や資金提供で、組合幹部に対し脅迫・銃撃事件を起こさせていたことが判明。前身である商業学校が経営難のため帝京傘下に入り、受験化が強引に進められたことに対して、内部の強い反発を受ける。そうした反発を力づくで抑えることを学校側が画策。労務担当として雇われた元タクシー会社職員が、高校の資金で、暴力団に組合幹部の脅迫・殺害を依頼する。元暴力団幹部ら3人が逮捕される。

5.20 〔法令〕「スポーツ振興投票法」成立　サッカー特定試合を対象に投票権を販売、その収益金の一部をあてる「スポーツ振興投票法「サッカーくじ法」」が成立。同年3月18日法制化反対を日本PTA全国協議会日本弁護士連合会が声明を発表するほか、4月11日までに334地方議会が法案の慎重審議や廃案を求める決議を採択。11月19日に施行。

5.28 〔活動〕日教組、定期大会開催　日教組、第85回定期大会を東京で開催。完全学校5日制の推進、中高一貫教育を条件付で容認する方針を決定。公立中学校すべての生徒達の教育改革と位置づけるとともに、受験戦争の低年齢化や中学校教育の複線化をもたらすことがないよう、地方主権、学校・家庭・地域連携を重視し取り組むことなどを決める。

6.4 〔法令〕改正「教育職員免許法」成立　改正「教育職員免許法」が成立する。

6.5 〔政策〕国連の児童（子ども）の権利条約委員会、日本教育改善について勧告　国連の児童（子ども）の権利条約委員会、日本教育の改善について勧告。いじめ・体罰・ポルノ規制・薬物乱用など、'96年5月30日の日本政府からの報告に基づき10人による審査を経て、22項目にわたり提言される。

6.5 〔法令〕改正「学校教育法」が成立　参院本会議で中高一貫の中等教育学校を制度化する改正「学校教育法」が可決、成立。審議過程において、受験エリート化しないために運用上配慮をする、受験競争の低年齢化を避けるため入学者の決定にあたり公立中等教育学校では学力試験を行わないようにすることを付帯決議する。

6.8 〔制度〕町村文相、教科書検定基準に疑問を投げかける発言を行なう　町村信孝文相、「日本の歴史に否定的な印象を与える教科書が多い」と国会答弁を行なう。これに対し、政治介入と問題視した市民団体が抗議行動を展開する。

6.9 〔法令〕「中央省庁等改革基本法」成立　「中央省庁等改革基本法」が成立し、2001年より教育科学技術省がスタート。

6.10 〔法令〕「教育職員免許法」「教育職員免許法施行規則」を改定　「教育職員免許法」「教育職員免許法施行規則」を改定。履修単位区分の弾力化、中・高における教職に関する科目の配当単位数の増加、教育実習の倍増、カウンセリングなどの履修科目の拡充、総合演習の新設、教員免許状を有しない者を非常勤講師として任用することなど。

6.12 〔法令〕「学校教育法」を改め、中等教育学校を追加規定　「学校教育法」改め、中等普通教育・高等普通教育・専門教育を一貫して施すことを目的とする「中等教育学校」を学校の種類として追加規定。修業年限6年（前期3年、後期3年）とする。単独型・併設型・連携型のいずれの形態によるかは選択導入とし、併設型の高校においては、併設型中学からの進学希望者に対す津選抜試験を省略できるなど運用上の措置を規定。

6.22 〔制度〕教課審、審議のまとめ公表　教育課程審議会、「ゆとり」の中で「生きる力」を育成することをねらいとした審議のまとめを公表。週5日制に伴い授業時数70時間削減、小・中学校の教育内容3割減による基礎学力の徹底、中学校の選択科目を大幅に増やす、新たに小学3年以上に「総合的な学習の時間」を設けるなど、教育課程編成の際、各学校の自主判断を重視する一方、日の丸・君が代の一斉実施の徹底を求めるとするもの。

6.23 〔制度〕教育職員養成審議会、中間報告公表　教育職員養成審議会、大学院レベルの教員養成の拡充について提言し、中間報告を公表する。いじめ・校内暴力・不登校といった諸課題に対応するため、教員養成大学院における修業年限1年課程の設置、現職教員研修のための休業制度を設けるなど。

6.30 〔政策〕中教審、心の教育の在り方に関し答申　中央教育審議会、心の教育に関する答申を提出。幼少時において親からの叱られた経験が欠けていることも少年非行の誘因がある、家族揃って食卓を囲む意義を再認識することなどといった心の教育の在り方に関し家庭教育の復権を提言する。会長に根本次郎日経連会長を選出。

7.9 〔制度〕東京都教委、職員会議を「学校長の補助機関」と明文化する　東京都教育委員会、「学校管理運営規則」を改定。これまで都立高校の大半が職員会議で重要事項を決定してきた慣行を取り止め、校長のリーダーシップの確立を期すため、職員会議を「学校長の補助機関」と明文化する。これに反発して同10日、都高教は抗議のストライキを行う。

7.22 〔活動〕社会経済生産性本部、教育改革中間報告発表　社会経済生産性本部、教育改革中間報告発表する。小・中学校の通学区制廃止、校長によるリーダーシップの発揮、公選制教委が校長選任・評価を行う、小・中・高12年間の一貫した義務教育の整備、学生・教官の流動性や自由な選択の余地を広げるためカリキュラムなどの情報の公開・厳格な成績評価の下での大学入試・定員の廃止、などを盛り込んだもの。

7.23 〔制度〕理科教育及び産業教育審議会、専門高校の在り方に関する方針提出　理科教育及び産業教育審議会、専門高校（職業高校）の在り方に関する方針を町村信孝文相に対し提出。新しい職業科目への移行、在学中、生徒全員のインターンシップ制度実施を提言する。現場実習の時間制約の廃止、長期にわたり実施し得るよう単独科目とすることなどにも言及。

7.29 〔制度〕教育課程審議会、新しい小・中・高の教育課程編成の在り方について答申を提出　教育課程審議会、新しい小・中・高の教育課程編成の在り方について答申を提出。同年6月22日の「審議のまとめ」の基本方針に加え、週5日制実施の趣旨を徹底するため、私立学校5日制導入を強く求めること、新教育課程の成否について高校・大学入試改善が不可欠であることなどを強調する。

7.30 〔人事〕有馬朗人、文部大臣に就任　小渕恵三内閣が発足し、前東大学長の有馬朗人が文部大臣に就任。

8.7 〔制度〕有馬文相、国立大の独立行政法人化に対し反対を表明　有馬朗人文相、国立大の独立行政法人化に対し、本質を見極める必要があり、基本的に国公立を含め高等教育費支出を増やす方向でいかなければならないとして、反対を表明する。

8.28 〔事件〕製薬会社からの収賄容疑で、元名古屋大学医学部教授逮捕　名古屋地検特捜部・愛知県警は、元名古屋大学医学部教授が製薬会社社員を研究生として大学研究室に受け入れ、施設を使用し新薬開発を行い、多額の成功報酬を受け取り私物化し、3社から2億5000万円の謝礼金を受け取っていたとして逮捕。特定製薬会社との癒着ぶりが明らかになり、会社関係者とともに贈収賄罪で起訴。

9.8 〔制度〕東北大・筑波大・九州大、AO入試導入決まる　東北大学・筑波大学・九州大学、2000年からAO（アドミッション・オフィス）入試の導入が決まる。国立大学では初めてとなり、面接・小論文を実施。時間をかけ学生を選抜する。

9.17 〔政策〕生涯学習審議会、社会教育の在り方に関する答申提出　生涯学習審議会、有馬朗人文相に対し、社会教育の在り方に関する答申を提出する。図書館館長の司書資格要件の廃止、博物館学芸員の定数規定廃止、青年学級振興法の廃止など、公民館や図書館に対する設置運営上の規制を緩和ないし廃止することを提言する。

9.21　〔制度〕中教審、地方行政制度改革に関する答申提出　中央教育審議会、有馬朗人文相に対し地方行政制度改革に関する答申提出する。内容は、学校運営における学校長権限裁量幅の拡大、教員免許を持たない者の校長任用を認める、小・中学校において通学区や学級編成の弾力的運用を期す、1校について10人程度の学校評議員を設けるなど。

9.28　〔制度〕「首都圏西部大学単位互換協定」締結　小田急線沿線にある18の大学・短大（学生総数4万3000人）、1999年4月から「首都圏西部大学単位互換協定」を締結。各校で提供する科目から5～10科目分が卒業単位として認められ、自前で用意できない科目を学生がそれぞれの関心により選べるようになり、履修上の幅が広がることに期待する。

9.29　〔制度〕茨城県総和町長、中学校を28人制とする方針を表明　茨城県総和町長菅谷憲一郎、増える不登校やいじめに対応するためには40人学級編成では多すぎると判断し、町立3中学校を28人制とする方針を表明する。同町からの申し入れに対し、県は現行法下では認められないと回答する。

10.7　〔制度〕中央省庁等改革推進本部、独立行政法人化の検討対象に国立学校を申し入れ　政府中央省庁等改革推進本部、文部省に対し独立行政法人化の検討対象として国立学校を各省庁97機関・業務のひとつとすることを申し入れる。

10.7　〔制度〕日教組委員長、30人学級編成実施の検討を明らかにする　日教組川上祐司委員長、中央委員会において、2001年からの30人学級編成実施を民主党・社会民主党両党と共同提案に向け検討していることを明らかにする。30人を超える学級が小学校5割、中学校7割という現状をふまえ実現に向け取り組む決議を採択する。日本共産党も同年10月14日、1999年から30人学級編成実現の法案まとめる。

10.13　〔政策〕大阪府教委、府立高校生徒に対し生徒指導要録の全面開示を決定　大阪府教育委員会、府立高校生徒に対し指導要録の全面開示を決定する。大阪府の個人情報保護審議会、教育情報の前面開示によって教員と生徒間の信頼関係を損なうことや教員が生徒に対して正確な評価ができなくなることはないとの見解を示し、在校生への指導要録全面開示にはじめて踏み切る。

10.23　〔政策〕国民生活審議会多様な生活に関する研究会、小・中学校通学区制の見直しを提言　国民生活審議会多様な生活に関する研究会、小・中学校通学区制の見直しなどを提言する。内容は、小・中学校の通学区域の弾力化による学校多様性の向上、大学秋季入学促進や転部・転学科の弾力化、学ぶ内容の多様化を推進、奨学金の拡充といったことなど。

10.26　〔政策〕大学審議会、「21世紀の大学像と今後の改革方針」について答申　大学審議会、「21世紀の大学像と今後の改革方針」について答申する。内容は、卒業時における学生の質確保のため年間履修科目数に上限を設ける、単位互換認定上限60までの引き上げ、理工系中心に国立大学学部刷新再編を推進、大学運営において教授会中心から学長・学部長主導への切り替え、学外有識者による大学運営協議会・第三者評価機関の設置、大学院修士課程に対し社会人向け1年コース・長期在学コースを設定、大学院修士課程に高度専門職業人養成課程を創設することなど。なお、国立大の独法化には、慎重な姿勢。

10.29　〔政策〕教育職員養成審議会、第2次答申　教育職員養成審議会、有馬朗人文部大

臣に第2次答申。現教職員のための修学休業制度の創設、一年程度の短期コース設置などといった大学院修士課程を活用した教員再教育について提言する。

10.30 〔出版〕文部省、教育白書『我が国の文教施策』刊行　文部省は、1998年度版教育白書『我が国の文教施策―心と体の健康とスポーツ』を大蔵省印刷局から刊行。

11.12 〔制度〕教科書検定調査審議会、検定基準の改善等について建議　教科書検定調査審議会、新版教科書の検定に際し、検定基準の改善、検定日程について、有馬朗人文部大臣に建議する。

11.13 〔政策〕文部省、「学校教育についての意識調査」結果を公表　文部省6000人を対象に実施した「学校教育についての意識調査」の調査結果を公表する。高学年になるほど授業がわからない児童生徒が増加、高校7割・中学5割・小学校3割であることが判明。「学校が楽しくない」も高学年ほど高率であった。

11.13 〔制度〕文部省教科書検定審議会、文書による検定意見伝達の切り替えを提言　文部省教科書検定審議会、口頭での伝達では、検定意見・参考意見・私見の区別がつきにくいとし、あいまいさを改善、検定の透明性を高めるため、教科書出版会社へ検定意見伝達を文書とすること提言する。

11.17 〔制度〕面接のみでの選考ができる高校入試実施へ　文部省、「学校教育法施行規則」を改正。併設型中高一貫校での選考を想定し、学力検査や調査書なしの面接のみでの選考ができる高校入試を2000年から可能にする。併設型中高一貫校が特色を発揮するためのカリキュラム編成上の特例措置を設ける。必修科目時間に加算できる上限の撤廃、週2時間までの範囲以内で必修科目の代替科目を課し得る、全学年において全科目を選択科目とするといったことなど。

11.18 〔制度〕文部省、小・中学校学習指導要領の改定内容を公表　文部省、2002年度から施行の小・中学校学習指導要領の改定内容を公表する。主な改定点は、教育内容の厳選、知識詰め込み型教育の改善、先取りで実施されている総合的学習時間の新設、分かる授業の展開を期す、各学校が独自にカリキュラム編成できる部分を広げるため中学校の選択授業を拡大することなど。

11.18 〔活動〕一橋大学、学長選考規則の学生・職員の参加に関する条項削除決定　一橋大学、学長選考規則から、1946年以来続いた学生・職員の参加に関する条項の削除を決定する。大学管理運営強化の気運が高まる中、存続が難しくなったとし決断、教授会の投票で決着する。

11.20 〔制度〕中央省庁等改革推進本部、独立行政法人化に国立大・文部省の研究所も検討対象とする方針決定　中央省庁等改革推進本部、独立行政法人化に国立大・文部省の研究所も検討対象とする方針をいったんは決定。同年12月17日、国立大学においては是非を含めて検討課題とし、5年後を目処に結論を先送りとする。

11.24 〔事件〕文部省の主任教科書調査官、教科書が「戦争の贖罪のパンフレット」と発言　文部省の主任教科書調査官が、日本史の教科書の記述が「戦争の贖罪のパンフレット」であると発言をし問題となる。有馬朗人文相、近隣諸国との和を損なう軽率な発言として批判。25日自ら定めた基準を否定し偏狭な歴史観に基づく主張として、出版労連など6団体が同調査官の解任を求め、26日文部省、主任教科書調査官を厳重注意処分のうえ更迭。

12.3 〔政策〕文部省、「行動指針となる日常体験」調査を実施し実態を公表　文部省、7月に小学校2・4・6・中2の児童生徒2万2000人を対象として「行動指針となる日常体験」のアンケート調査を初めて実施。今年家庭において親から注意を受けず、生活規範が示されることなく育ち、父親の役割が小さく、ルールを身につけるきっかけとなる異年齢集団との遊びや交流の体験や自然体験が乏しく、これらの体験を通じ世界観・正義感・平衡感覚が身についていない傾向があるといった実態を公表。

12.7 〔事件〕大阪府で中3男子生徒、女子生徒をナイフで襲う　大阪市立城東中学校3年生男子生徒、2年女子生徒をナイフで襲い重傷を負わせる。犯行の動機として、受験の疲れがたまりイライラしはけ口がほしかった、誰でもよかった、と供述する。

12.11 〔活動〕中教審、少子化と教育に関する委員会を設置　中央教育審議会、少子化と教育に関する委員会をこの日の総会で設置、初会合を持つ。委員からの提案をふまえ、同審議会の正式な議題として扱うことが決まったのはきわめて異例のこと。2000年4月17日、少子化問題に教育がどのように対応すべきか、教育に与える影響について報告書を提出。

12.14 〔制度〕文部省、幼稚園新教育要領、小・中学校学習指導要領を全面改定し公示　文部省、小・中学校学習指導要領、幼稚園新教育要領を全面改定し公示する。小・中学校は2年間の移行措置を経て2002年度から、幼稚園は2000年度から施行する。

12.14 〔制度〕文部省、私立中入試に英語を出題しないよう、各都道府県知事に指示　文部省、総合的な学習の時間の一部として実施される小学校の英語教育が受験英語となることを避けるため、私立中学の入試に英語を出題しないよう、各都道府県知事に指示する。

12.17 〔政策〕文部省と農林省、子供自然休暇村を具体化するための協議会設置　文部省と農林省、子供自然休暇村を具体化するための協議会を設置する。大きな農家やユースホステルなど全国1000箇所を指定。自然体験学習や農業体験学習のため、2週間泊り込みで農作業の見学と参加・環境学習などを行なう。この他、国土庁林野庁環境庁なども構想を打ち出す。

12.21 〔政策〕文部省、小学校のインターネット接続計画2年前倒しを発表　文部省、地方交付税よりまかなわれる回線使用料やプロバイダー接続料の支払いについて自治省と折り合いがついたとして、小学校のインターネット接続計画を2年前倒しし、中・高校と同じ2001年度とすると発表。

12.22 〔政策〕総務省、義務教育諸学校に関する行政監察結果をまとめる　総務省、義務教育諸学校に関する行政監察結果をまとめ、9割の小中学校においていじめの情報を家庭に知らせず、5～6割の学校が教委・警察との連携をおろそかにしているといった、いじめ発見への取り組みが不十分とする調査結果を公表。

12.24 〔政策〕小田原市個人情報審査会、指導要録所見欄の記述削除を認める答申を行う　小田原市個人情報審査会、指導要録所見欄に記載された「偏向的正義感が強く」云々の記述内容が「個人尊厳を著しく侵害」すると判断、本人からの申し出を認め、小田原市教育委員会に対し当該箇所の削除を求める。

1999年
（平成11年）

1.13 〔制度〕文部省、「検定規則」を改正　文部省は、教科書の検定を簡素化し、教科書内容の厳選を明記して「検定規則」などを改正。

1.16 〔制度〕大学入試センター試験　大学入試センター試験始まる（17日まで）。少子化による影響で2年連続減少するが、私学参加は217大学で半数近くに達し、現役志願率30.8％と最高記録を更新する。

1.26 〔制度〕中央省庁等改革推進本部、改革法案の大綱決定　政府中央省庁等改革推進本部は、法案の大綱を決定する。内閣官房組織とした内閣府の設置、内閣府には「総合科学技術会議」「中央防災会議」「男女平等参画会議」「経済財政諮問会議」を設ける、国家公務員数の削減、84機関の独立行政法人への移行、国立大学における独立行政法人化については2003年までに結論を出すことなど。

1.29 〔裁判〕最高裁、君が代訴訟で住民側敗訴の判決　君が代の強制は憲法に違反するとした訴訟で、最高裁判所が住民敗訴の判決。「君が代が国家に準ずるものとして適切かどうかは個人の感性や良心によるもの」「歌詞や曲が憲法を誹謗し破壊することが明らかでない限り適否の司法判断になじまない」との判断を踏襲し、原告の請求を却下する。

2.1 〔社会〕千葉大の飛び入学3人合格　千葉大学の飛び入学で3人合格。

2.23 〔活動〕広島県教委、県立高校校長に対し国旗・国歌の完全実施を職務命令　広島県教育委員会は、県立高校校長に対し国旗・国歌の完全実施について職務命令を発する。また、妨害行為の詳細を含む実施状況について報告を求める。直後の2月28日、県教委と教組との板挟みで、広島県立世羅高校校長が自殺。

3.1 〔制度〕文部省、高等学校学習指導要領公表　文部省は、2003年度実施予定の高等学校学習指導要領を公表する。卒業に必要な単位の縮減、学校設定科目の創設、総合的な学習時間の設定、選択科目としてコンピューター入門の「情報」・実生活に直結する「国語表現」「オーラルコミュニケーション」を新設することなど、学校5日制完全実施に合わせる。

3.10 〔制度〕文部省、大学推薦入試定員枠を緩和・撤廃する方針決定　文部省は、大学推薦入試定員枠を緩和・撤廃する方針を決める。大学においては総定員の5割に緩和、短大においては、規制撤廃する方針を決定。

3.29 〔制度〕文部省、高等学校・特殊教育学校の新学習指導要領公示　文部省、高等学校・特殊教育学校の新学習指導要領を正式に告示。

3.30 〔政策〕文部省、セクシュアル・ハラスメント防止のための指針を大学等に通知　文部省は、セクシュアル・ハラスメント防止のための指針を国立大学等に通知。国立大学で性的な不祥事が多発している状況をふまえたもので、「職員が他の職員・学生等を不快にさせる言動、学生等が職員を不快にさせる性的な言動」をセクシャル

ハラスメントと定義し、防止に向けた体勢づくりを求める。

3.30 〔制度〕東京都教委教員人事考課に関する研究会、教員業績評価制度導入を提言　東京都教育委員会教員人事考課に関する研究会は、教員の人事や給与に反映させるよう、教員業績評価制度導入を提言する。現行の勤評制度にかわるもので、現行制度は能力業績を充分に反映し活用されているとは言えないとし、5項目について教頭が教員の自己申告書を参考にしながら評定書を作成するものと改める。

3.30 〔法令〕民主党、国会に「30人学級編制法」案提出　民主党は、国会に「30人学級編制法」案提出。個性に応じた教育の充実を目指すもので、小・中学校は6年計画、高校は3年計画で実現を見込み、2001年度から着手。

3.31 〔活動〕2医療技術短期大学が廃止　「国立学校設置法」改正が国会で成立し、鳥取大・新潟大の医療技術短期大学を廃止。

4.12 〔政策〕文部省、公立学校におけるセクハラ防止について通知　文部省、公立学校におけるセクハラ防止について通知。学校における職員相互及び教師・児童・生徒・保護者間のセクハラに対する方針を明確にし、注意喚起、セクハラに対する苦情・相談を受ける体勢を整えることなど、学校設置主体としての各府県教育委員会がとるべき措置を提示。

5.21 〔法令〕「大学改革法」「国立教育会館解散法」成立　「大学改革法」「国立教育会館解散法」が、国会で成立する。「大学改革法」は、「学校教育法」等の一部改正。

5.24 〔裁判〕東北大セクハラ訴訟、教授に対し賠償命令の判決　仙台地方裁判所、東北大元女性大学院生によるセクハラ訴訟で指導教官の同大学男性教授に対し750万の賠償を命じる判決。地位、権限の乱用行為をはじめて認定。

5.26 〔法令〕「児童ポルノ処罰法」公布　「児童買春、児童ポルノに係る行為等の処罰及び児童の保護等に関する法律」が公布される。児童買春及びその斡旋・勧誘・児童ポルノの頒布また児童の人身売買の行為を処罰対象とする、捜査・公判の過程における被害児童への配慮や被害児童を特定するような報道の禁止、被害児童に対する事後の保護支援体制、国・地方団体に対し未然防止のための啓発活動の義務付けなどを規定。11月1日より施行。

5.28 〔制度〕国立大学管理運営に関する条文を整備　国立大学の管理運営に関する条文を整備。学長の諮問に応じて大学の基本計画・評価・運営などを審議、国立大学に運営諮問会議を設置し、文相が学長の申し出により委員を任命、評議会の構成・権限を規定、教授会の組織・権限を規定、大学教育研究の組織運営状況公表の義務付けなど。

5.31 〔制度〕中教審小委員会、大学類型化やセンター試験の在り方について議論　中央教育審議会小委員会は、大学類型化やセンター試験の在り方について議論する。大学を研究中心・職業能力開発・教養教育などに3類型化する、センター試験の出題において基礎学力を試す試験・難易度の高い試験の2種類とし、選択は大学の判断に委ねるというもの。

6.1 〔政策〕社会人を特別非常勤講師として雇用する方針を決定　政府は、中高年雇用創出策とし情報や外国語など技能を持つ社会人を学校の特別非常勤講師として雇用する方針を決定する。この頃、失業率が5％と最悪の水準に達し企業のリストラが

進む。

6.3 〔制度〕文部省、学習指導要領移行措置を提示　文部省、学習指導要領移行措置を提示。新学習指導要領が実施されるまでの過程編成の暫定措置を提示したもので、2000年、2001年度は各教科配当に「総合的な学習の時間」を加え編成、配当時間については、特別活動時間の枠内で各学校が決めるものとする。

6.9 〔政策〕生涯学習審議会、地域社会の環境充実方策について答申　生涯学習審議会、地域社会の環境充実方策について答申する。身近で豊かな生活体験や自然体験が心や生きる力を育む基盤となることや、実体験を充実させるための地域社会環境づくりが必要であるとして、生活体験や自然体験の重要性を強調。また補習塾については学校教育を補完する相応の意義があるが進学塾への過度な依存はバランスのとれた子供の発達を阻害するおそれがあるとして、学習塾を「学校外での多様な機会を提供する役割を担いえるもの」と初めて取り上げる。

6.10 〔政策〕地域高齢者施設と学校施設との連携を深めるよう教委に通知　文部省は、地域高齢者施設と学校施設との連携を深めるよう各都道府県教育委員会に通知。学校の鉄筋建物の改築・改修の際に、児童生徒が学校生活において日常的に高齢者と触れ合う機会を設けるよう、校地内にデーサービスセンターを設置。高齢者を招いて交流行事が行えるよう施設整備上の配慮を図ることなど。

6.11 〔法令〕政府自民党、「国旗国歌法」案国会に提出　政府自民党は、「国旗国歌法」案を国会に提出し、国会での成立を目指す。公明党上層部が法案成立に協力を示したため、会期を延長し強行する方針を固める。公明党内部には、国会での成立の見送りを求めた動きが活発化するなど、慎重論が根強くあり、民主党は慎重な審議を求め、有識者で構成する審議会を設置。日本共産党・社会民主党は反対姿勢を強める。

6.16 〔制度〕国大協が入試成績・調査書評定点開示を決定　国立大学協会、2001年度を目処に、入試成績・調査書評定点開示を決定する。試験終了後の4月1日～5月31日の間、本人からの請求により閲覧での開示。合格発表時の氏名公表・個人成績の出身校への提供といった、これまで慣行として実施していたものを取り止めると発表。2000年春から順次実施する。

6.17 〔制度〕有馬文相、国立大学の独立行政法人化問題や設置形態の在り方についての検討を急ぐ考えを表明　有馬朗人文相、「独立行政法人通則法」案の国会審議が始まり、国家公務員の削減目標達成に向けての対応など、国立大学の独立行政法人化問題や設置形態の在り方についての検討を急ぐ考えを表明する。

6.29 〔政策〕学術審議会、学術研究の総合的推進について提言　学術審議会は、学術研究の在り方について提言する。知的存在感のある国を目指したもので、21世紀の科学技術は持続的発展に寄与するものであり、新しい豊かさを備えたものであること、また、各学問分野の総合的でバランスのとれた研究推進を図ることなどといったもの。

7.1 〔政策〕文部省調査協力者会議、公立学校施設整備の在り方について提言　文部省調査協力者会議、改築期を迎えた校舎の整備の在り方について提言する。学校が地域交流の場となることを期し、授業以外の相互スペースの確保・コンクリート塀の取り払いなど、校内施設を広く地域に開放する基本方針で整備計画を立て学校づくりを促す。

7.2　〔政策〕調査協力者会議、学習障害児指導のあり方に関する報告書まとめる　文部省の調査協力者会議は、学習障害児指導のあり方に関する報告書をまとめる。

7.8　〔制度〕外国人学校などを対象に大検を認める方針決定　文部省は、外国人学校などを対象に大検を認める方針を決定する。外国人学校・インターナショナルスクールの卒業者・在学者・不登校などで中学校を卒業していない生徒を対象にしたもの。

7.16　〔法令〕「地方分権の推進を図るための関係法律の整備等に関する法律」公布　「地方分権の推進を図るための関係法律の整備等に関する法律」公布。機関委任事務制度の廃止・地方公共団体が処理する事務を法定委任事務と自治事務に区分・国の権限を都道府県に、都道府県の権限を市町村に委譲するなど、国と地方公共団体との関係を「対等・協力」への関係へと転換する。

7.16　〔法令〕「文部科学省設置法」公布　「文部科学省設置法」公布される。文部省科学技術庁文化庁の組織権限を引き継ぎ、2001年1月6日より施行。

7.23　〔活動〕社会経済生産性本部が、教育改革報告書を発表　校長より上位の学校理事会設置などについて社会経済生産性本部は、教育改革報告書を発表。

8.9　〔法令〕「国旗国歌法」案成立　自民党・自由党・公明党の与党3党の他、民主党・新緑風会20人が賛成し、可決、成立する。8月13日公布。日教組、全教は批判的見解、全日教連は歓迎の見解を発表。

8.10　〔制度〕文部省、懇談会を設置し国立大学独立行政法人化問題検討　文部省は、国立大学設置形態についての有識者による懇談会を設置し、国立大学独立行政法人化問題を検討。12万5000人をかかえる国立大学に対し、国家公務員削減計画達成のための圧力が強まるとともに、設置形態の変更に伴い当面の削減を免れえるのではないかとの思惑が絡む。

8.13　〔事件〕高岡経済法科大学で、成績改竄により生徒を卒業させていたことが判明　高岡経済法科大学幹部職員、単位不足生徒の成績改竄により卒業させていたことが判明。その後、理事長が関与していたことが判る。教授会の反対を押し切り、毎年数名のリストを学長に提示、強引に体裁を整えていた。

8.19　〔制度〕文部省、AO入試実施を発表　文部省は、2000年度国公立大の入試概要を発表し、4大学が、AO入試を初導入。3国立・1公立大学で実施、九州・岩手県立大はセンター試験を課さず、面接と書類のみ。

8.30　〔政策〕文部省、大学入学定員計画を発表　文部省は、2000年度入学定員計画を発表し、大学学部の入学定員を2602人削減する。少子化に伴う教員養成課程の縮小等による。

8.31　〔法令〕「学校教育法施行規則」改正　文部省は、大学院の受験資格を弾力化するなど、「学校教育法施行規則」を改正。短大・外国人学校・各種学校の卒業者などを大学院が個別審査し、入学資格を認め得るものとする。

9.2　〔裁判〕全身マヒとなった高校生への損害賠償金支払いの判決　福岡地方裁判所は、福岡県立春日高校運動会の際に騎馬戦の怪我がもとで全身マヒになった生徒の訴えを認める。当日の監視や練習時の指導など学校側の安全配慮に不手際があったとし、県に対し1億3000万円の損害賠償金の支払いを言い渡す。

1999年(平成11年)

9.6　〔制度〕中教審、高校の「適格主義者」の撤廃方針を固める　中央教育審議会は、高校入試において、一定の成績や適正を求める適格主義をあらため、受験者が定員割れした場合、全員を合格させることで合意する。

9.8　〔制度〕文部省、国立大学の独立行政法人化容認の方針固める　文部省は、国立大学の独立行政法人化容認の方針を固める。大学の自治尊重を条件にするもので、前提条件を示すことにより有利な妥協点を見出す方針へと転換を図る。その後、国立大学学長会議において国立大学法人化案を提示。

9.10　〔政策〕厚生省、学校法人や企業に保育所の設置を認める方針を決定　厚生省は、学校法人や企業に保育所の設置を認める方針を決定する。保育所に入れない待機児童を解消するためのもので、施設の増加を図り、無認可保育所を公認し公費助成の道を開くため、自治体や社会法人に限定されている認可保育所設置制限を緩和し、設立を容易にするため定員・建物・設置位置・などの制約を撤廃する。

9.10　〔裁判〕O-157による食中毒女子児童死亡事件で、市に賠償を命じる判決　大阪地方裁判所堺支部は、O-157による食中毒女子児童死亡事件で、市に4500万円の賠償を命じる判決。

9.13　〔制度〕国大協、独立行政法人化への対応策について意見交換　国立大学協会と第一常置委員会がまとめた独立行政法人化への対応策について意見交換。基本的に法人化に反対する姿勢を堅持するが、法人化が避けられない場合は大学の自主性を尊重する内容を盛り込んだ特例法を制定、実施することを求める。

9.14　〔法令〕文部省、「大学設置基準」改正　文部省、「大学設置基準」を改正。履修単位の上限設定に関する条項や大学の情報の積極的な公開を追加規定。教育活動における自己点検・評価の結果を公表、教育内容・方法改善のための組織的な研究、年間または学期に履修できる単位の上限を定める、研修体勢を整えること、学部3年卒業の要件などを定める。

9.17　〔政策〕文部省、国旗・国歌の取り扱い状況公表　文部省は、入学式・卒業式における国旗・国歌の取り扱い状況を公表する。君が代斉唱は小90%中87%高83%、日の丸掲揚は小・中・高とも99%。

9.20　〔制度〕有馬文相、国立大学独立行政法人化に踏み切る方針表明　有馬朗人文相、国立大学独立行政法人化に踏み切る方針を国立大学長会議で表明する。大学自らの権限と自主性により管理運営する、各大学の判断による学科新設・改廃、交付金は弾力的に運用できるようにする、教育研究評価は大学評価・学位授与機構の判断を尊重、教職員の身分は国家公務員を維持することなど。

9.28　〔政策〕東京都品川区教委、公立小学校選択自由化を決定　東京都品川区教育委員会、公立小学校選択自由化を決定する。2000年度から区内小学校40校を4ブロックに分け、ブロック内の小学校への通学を認めると発表。

10.5　〔人事〕中曽根弘文、文部大臣に就任　第2次小渕改造内閣が発足し、中曽根弘文が文部大臣に就任(第1次森内閣まで)。政策担当会議において、「教育基本法」の改定・教育の規制緩和などを検討するため、民間・学識経験者らで構成する「教育改革国民会議」の設置を申し合わせる。

11.1　〔制度〕中教審、高校と大学との接続に関する中間報告提出　中央教育審議会は、

高校と大学との接続に関する中間報告を中曽根弘文文相に提出。多様な選抜方法の取り入れ、センター試験科目として総合科目を設ける、大学新入生に対し指導教官を配置、高校教師の大学生向け補修授業への参加、高校生による大学授業の受講機会を拡大することなど。

11.10 〔制度〕国立大学理学部長会議、国立大学独立行政法人化に反対声明　国立大学理学部長会議は、性急な国立大学独立行政法人化は基礎科学の教育・研究体制を崩しかねないと懸念を表明する声明を発表した。

11.25 〔裁判〕西宮市に対し市立小学校卒業生6人の内申書全面開示の判決　大阪地方裁判所、開示すれば生徒と教師との信頼関係が破壊されるとの主張は開示を拒む理由にならないとし、西宮市に対し市立小学校卒業生6人の内申書全面開示の判決。

11.25 〔事件〕音羽お受験殺人事件　東京都文京区主婦が顔見知りの2歳女子を殺害する。同じ家族構成で長男が同じ幼稚園に通う2家族の間に感情のもつれが高じる。背景に「お受験」かと波紋が広がる。

12.7 〔出版〕文部省、教育白書『我が国の文教施策』刊行　文部省は、1999年度版教育白書『我が国の文教施策―進む教育改革』を大蔵省印刷局から刊行。

12.10 〔制度〕教養審、教員採用・研修の改善方策をまとめ答申　教育職員養成審議会は、教員採用・研修の改善方策を答申。社会人採用枠を設ける、筆記試験免除・実務経験加味による採用の促進、二次試験では人物本位に重点をおいた選考、民間企業での短期研修の実施、問題職員排除に関する方策の検討など。

12.15 〔政策〕文部省、高校中退状況を発表　文部省は、前年度私立高校中退率が最高記録更新の2.6%を発表。大検を大学へのバイパスとしての機能向上を期すため、大検の年間複数回実施の検討に着手。

12.16 〔制度〕中教審、初中等教育と高等教育接続改善について答申　中央教育審議会、初中等教育と高等教育接続改善について答申。大学等の入学選抜方法を多様化する必要性、大学への主体的な進路選択を促す対応など。

12.16 〔制度〕東京都教委、教員人事考課制度導入を決定　東京都教育委員会は、教員人事考課制度の2000年導入を決定する。

12.17 〔制度〕教育課程審議会に諮問　中曽根弘文文相は、教育課程審議会委員の入れ替えを行い、学習評価の在り方・学校の自己点検・評価の在り方について諮問。

12.21 〔事件〕京都日野小児童殺害事件　京都市立日野小学校校庭において侵入してきた若い男が小学2年男子児童を刺殺。「私は日野小学校を攻撃する」とのメモを現場に残し逃げ去る。京都府警山科警察署、同小学校区に住む男を特定。男は犯行を認めるメモを残し飛び降り自殺。

2000年
(平成12年)

1.11 〔事件〕妙寺中学校生徒殺人未遂事件　和歌山県かつらぎ町立妙寺中学校1年男子生徒が、包丁を持ち教室に侵入してきた男に切りつけられ負傷、3週間のけが。

1.15 〔制度〕大学入試センター試験　大学入試センター試験が2日間の日程で行われた(16日まで)。

1.18 〔政策〕21世紀日本の構想懇談会、15～20年後の日本のあるべき姿について提言　小渕恵三首相の私的諮問機関である21世紀日本の構想懇談会は、15～20年後の日本のあるべき姿について提言する。停滞気味の社会風潮に活力をもたらすことを期すため、義務教育学校における教育内容の縮減により「学校週3日制」とし、義務としての教育は最小限を厳正協力に行い、サービスとしての教育は市場の役割に委ね、間接支援することなど。また、実用英語の普及、18歳以上に選挙権を与える、大幅に法曹人口を増やすといったことなども提示。

1.19 〔政策〕文部省、「教育指針の国際比較」発表　文部省は、1999年度「教育指針の国際比較」を発表する。先進国中で日本の学級編成基準(40人)は最も過大。

1.20 〔制度〕文部省研究調査協力者会議、総合学科の今後の在り方に関して報告　文部省の総合学科の今後の在り方に関する研究調査協力者会議は、履修機会均等化をはかるため、高校総合学科の全国500開設を提示する。同時に、同学科に新しい進路指導の形態として、生徒とのコミュニケーションを重視する「キャリアカウンセリング」の先行導入を決定する。また、今後の課題として、自己管理支援・学校間連携の促進・入学者選抜方法の改善をあげる。

1.21 〔法令〕文部省、「学校教育法施行規則」の改定　文部省は、「学校教育法施行規則」を改定し、学校の管理運営に関する規定を整備する。学校長・教頭資格要件の緩和、部外者による「学校評議員」を設置し校長の求めに応じ学校運営に関して意見を述べるものとする、職員会議の位置づけの明確化など。

1.28 〔事件〕新潟少女監禁事件　新潟県三条市の行方不明少女が9年2ヶ月ぶりに、同県警により柏崎市内の病院で発見、保護される。柏崎市で母親と2人暮らしをしていた無職男性を同少女監禁容疑で逮捕する。母親は2階での長期にわたる不法監禁に気づかず。犯行の直前にも同様の未遂事件を市内で起こしていたことがわかり、警察捜査の進め方に批判が起こる。

1.31 〔裁判〕竜野市男児自殺事件で教師の暴行と因果関係を認定　兵庫県竜野市小6男児自殺事件で神戸地方裁判所は、男子児童の自殺原因は担任教師の暴行との親の訴えを認め、因果関係を認定する。担任の行為は「教育的措置によるではなく単なる暴力行為」と判断、市に損害賠償金3790万円の支払いを命じる。

2.29 〔事件〕大阪府教委、国旗を引き下ろした豊中市立小学校教員を停職処分　大阪府教育委員会は、卒業式・入学式において国旗を引き下ろした豊中市立小学校教員を

1ヶ月の停職処分とする。また、同教諭は抗議活動の一環とし、担当学級32人の通知表提出を拒否、校長印なしで配布する。8月10日、東京都教育委員会も、国旗国歌の抗議活動をした小学校教諭17人を処分する。

3.7 〔政策〕中曽根文相、国歌斉唱の不指導は懲罰対象となると発言　参院予算委員会で中曽根弘文文相は、国歌斉唱の不指導は法規の性格をもつ学習指導要領に違反、各教育委員会が「地方公務員法」による処罰をなし得るとの見解を示す。

3.15 〔政策〕教育改革国民会議を設置　小渕恵三首相は、私的諮問機関としての教育改革国民会議を設置する。同じ私的諮問機関であった21世紀日本の構想懇談会との連続性を期し、「戦後教育の総点検」を求める。学者11人に主力を置き、話題性の高い人物も起用し、委員26人を委嘱。

3.18 〔政策〕中曽根文相、日本文相として韓国初訪問　中曽根弘文文相は、日本文相として韓国を初訪問し、韓国文教育相と会談する。日本側は日本に韓国教員を招く意向を表明し、韓国側も日本教員を招く方針を伝える。

3.27 〔政策〕教育改革国民会議、初会合　教育改革国民会議は、初会合を行う。小渕恵三首相、戦後教育の総点検を要請する。12月22日「教育を変える17の提案」を報告。

3.30 〔活動〕経団連、グローバル化時代の人材育成の在り方について提言　経団連は、グローバル化時代の人材育成の在り方について関連方策を提言。大学学部・学科の開設や小・中学校の通学区域における統制撤廃による弾力的な運用、早期から英語会話や情報に関する能力を養い、企業による残業時間短縮などの協力で家庭の教育力を高めるなど。

3.31 〔法令〕「国立学校設置法」の改定　学位授与機構を大学評価・学位授与機構に改組。これまでの学位授与業務と併せて、教育活動を評価し結果を提供、大学評価に関する調査研究と情報の収集などの業務を行う。

3.31 〔法令〕改正「教育職員免許法」公布　特別免許状を有する教員が上級免許状を取得できる途を開く。所定年数（3年以上）の勤務を経て、大学で所要単位を修得することで取得できる。また、高校教員免許状として、福祉・福祉実習・情報実習を追加規定。

4.1 〔政策〕G8教育相会合、議長サマリーを採択　G8教育相会合は、議長サマリーを採択する。情報格差縮小に向けた各国の協力、学生や教員の国際交流の促進などを盛り込む。

4.1 〔制度〕新学習指導要領の移行措置スタート　新学習指導要領の移行措置がスタート。移行期間中から総合的な学習時間については、教育課程に加えることができるとした。

4.7 〔政策〕森首相、教育改革国民会議の中間報告を求める考えを表明　森喜朗首相は、夏に教育改革国民会議中間報告を求める考えを所信表明演説で表明する。

4.17 〔政策〕中教審、「少子化と教育について」報告書提出　中央教育審議会は、「少子化と教育について」の報告書を提出する。社会全体での子育てを強調し、すべての学校における保育体験学習の実施、付属学校エリート化防止、保護者以外の大人も参加可能なPTAを提言。

4.21　〔法令〕改正「教育公務員特例法」成立　改正「教育公務員特例法」成立し、教員の現職教育のため「大学院修学休業制度」を創設する。

4.25　〔政策〕文部省、ロースクール基本構想発表　文部省は、「法科大学院」ロースクール基本構想を発表する。質の高い法曹育成を期し、専任教員の一定数を法曹の実務者をもって充てる、2年及び3年の2コースを備えた修士課程、面接を中心とした新たな司法試験の実施、など。

4.28　〔制度〕「大学院修学休業制度」創設　学校教員における「大学院修学休業制度」を創設。上級免許状取得を目的とし大学院で修学するためのもの。事前に任命権者に申請、修学許可を得た上で3年以内の休業を認める。休業期間中は給与を支給しないなど。

4.28　〔制度〕大学審議会、大学入試センター試験改善方策について提言　大学審議会は、大学センター試験改善方策について提言する。成績の本人開示制度、成績次年度繰り越し利用制度の実施、センター試験「年2回」に向けての検討、リスニングテストの導入、教育の必要に合わせ試験科目を増やすなど。

5.3　〔事件〕西鉄バスジャック事件　福岡県内で西日本鉄道の高速バスが、牛刀を持った高校中退の17歳の少年に乗っ取られた。乗客1人が殺害され、5人が負傷する。翌5月4日東広島市小谷サービスエリアで銃刀法違反容疑などで現行犯逮捕された。6月4日少年を強盗殺人・銃刀法違反などで広島家庭裁判所に送致、10月2日医療少年院に送致。

5.5　〔設立〕国際こども図書館、開館　世界で初めての児童書専門図書館として国際こども図書館が東京上野に開館、一般に公開する。内外の児童図書、関連の研究書など4万冊を備える。

5.12　〔制度〕生涯学習審議会、「新しい情報通信技術を活用した生涯学習の基本方策」について中間まとめ案を公表　生涯学習審議会は、通信衛星を利用し「大学の公開講座」を全国各地の公民館で受講できるよう提言する。また、通信大学院における博士課程の増設、不登校児童生徒向けのインターネットによる在宅学習支援システムの開発など。

5.18　〔政策〕国立教育研究所グループ、学級崩壊に関する事例研究報告書をまとめ公表　国立教育研究所グループは、学級崩壊に関する事例研究報告書をまとめ公表する。全国150校の事例について調査した結果、前回の事例と共通する部分が少なくないが、学級の人数増が学級崩壊の引き金となっていたことがあらたにわかり、学年初めの学級編成などにより人数が増加した学級で発生率が高い傾向が見られる。

5.19　〔政策〕文部省協力者会議、学級編成基準改定の見送り等について報告書を公表　学級編成基準の一律改善においては、財政事情を勘案して当面見送ること。また、指導が困難な事情のある場合や個に即したきめの細かい指導を行う場合に少人数学級制を積極的に導入することとし、教育形態に応じて弾力的運営を進めるなど。

5.24　〔法令〕「児童虐待防止法」公布　「児童虐待防止等に関する法律」を公布。保護者が、監護する子女に対し虐待行為を行うことを禁止、医師・保健婦・児童福祉施設職員・学校教職員・弁護士に対し児童相談所への通告の義務付け、児童相談所による一時保護、児童福祉施設への収容・保護者との隔離、児童福祉施設職員による立ち入り調査などの措置を講じる。11月20日から施行。

5.26 〔制度〕中曽根文相、国立大学等の「独立行政法人化」正式に表明　中曽根弘文文相、国立大学等の「独立行政法人化」を国立大学学長等会議で正式に表明する。大学運営において効率性・自主性・自立性を目指し改革を進める上で有効としたため。7月19日、国立大学の行政法人化検討会議を設置し、4部会で具体的な検討に入る。2001年度中の結論を求める。

5.31 〔裁判〕東京で内申書の全面開示を判断　東京地方裁判所、内申書の全面開示を判断する。内申書の一部開示は不適法とした。また、指導要領の開示は認めず。

6.15 〔政策〕保健体育審議会、中間報告を提出　保健体育審議会、学校運動部の組織・運営のあり方について提言する。少子化に対応し近隣学校との合同による組織運営、地域関係者に対し運動部指導の参加・協力を求め分担する、勝利至上主義の運動部運営を改め土日の活動休止など。8月9日の最終答申では、土日の活動休止においては、部活の衰退につながるとの意向により「学校地域の実情に応じて休養日とする」とトーンダウンする。

6.21 〔事件〕岡山金属バット母親殴殺事件　岡山県長船町の高校3年男子生徒が、学校で同じ野球部に所属する後輩4人をバットで殴打、重軽傷を負わせ、逃走。自宅で少年の母親が殺害されているのが見つかる。母親や部活仲間への日ごろの不満を爆発させ、日記に犯行を予告。7月6日秋田県内で逮捕。

7.4 〔人事〕大島理森、文部大臣に就任　第2次森内閣が発足し、大島理森が文部大臣に就任。

7.24 〔政策〕文部省、「幼児教育の充実に向けて」の中間報告を提出　文部省幼児教育の振興に関する調査研究協力者会議は、一貫教育を進めるため地域にある小学校・幼稚園が連携するよう提言する。スタッフの情報交換や合同研修のための定期的な会合を双方でもつこと、共同の運動会や遠足の実施により子供の交流を深めること、幼稚園児を小学校生活科授業へ参加させることなど。

7.28 〔設立〕3国立大、「大学連合」を発足　一橋・東京工業・東京医科歯科大学は、教育面において密接に連携する「大学連合」を次年度から発足させることを発表する。相互の編入学を容易にし、複数の学位を取得しやすくさせ、3大学が共同開講する「複合領域コース」を設ける。同連合への参入を東京外語大・東京芸術大学も検討中。

8.4 〔政策〕文部省、学校基本調査速報発表　文部省は、2000年度学校基本調査速報を発表し、不登校は13万人余り、大学・短大進学率49.4％、大卒無業者2割でいずれも過去最高となる。

8.7 〔制度〕文部省協力者会議、大検を年2回実施する方針を打ちだす　文部省の協力者会議は、大検の年2回実施を2001年度から行う方針を打ちだす。

8.11 〔政策〕文部省、問題行動調査速報を発表　文部省、1999年度公立学校における問題行動調査速報を発表し、校内暴力が初めて3万件を超える。

8.14 〔事件〕大分一家6人殺傷事件　大分県野津町で高1男子、ナイフで隣家の6人を殺傷。犯行後、証拠隠滅のため石油をまき放火を図る。米国製のホラー映画「13日の金曜日」が犯行のきっかけになったことが本人の自供によりわかる。同日少年を殺人・殺人未遂の容疑により逮捕。

9.8 〔裁判〕「ゲルニカ訴訟」で、教諭側敗訴確定　1988年に福岡市立長尾小学校で、ピカソの代表作「ゲルニカ」を模して作った旗の扱いをめぐり卒業式が混乱。戒告処分を受けた教諭が処分取り消しを求めた訴訟に対し、最高裁判所は、上告を棄却。教諭側の敗訴が確定する。

9.19 〔制度〕東京大学評議会、65歳へ定年の引き上げを決定　東京大学評議会は、60歳から65歳へ定年の引き上げを決定、18年以来80年間続けられていた慣行の廃止に踏み切る。任期制導入など年齢の枠を超えた教員組織の新たな機軸を期す。

9.22 〔政策〕教育改革国民会議、中間報告提出　教育改革国民会議は、「教育を変える17の提案」をまとめ首相に提出する。小・中・高生に一定期間の奉仕活動の義務付け、指導力を欠く教員の排除、大学入学年齢制限の撤廃、プロフェショナルスクール・コミュニティスクールの設置など。12月22日に最終報告。

11.6 〔政策〕大阪府教委、府立高校における問題教員は400人と発表　大阪府教育委員会は、府立高校における指導力の不足する問題教員は400人と発表する。教育指導や生活態度に問題があるとし年度内に判定委員会を設置。本人に対し、休職・懲戒免職などの処置をとる方針を示す。埼玉教育委員会の同問題に関する委員会は、指導力不足の観点として、「授業が成立しない・人間関係がつくれない・使命感や意欲に欠ける・校内指導や研修において改善のあとがみられない」ことをあげ、判定会議で総合判断することを提言する。

11.6 〔政策〕文部省21世紀特殊教育の在り方に関する調査協力者会議、中間報告を発表　障害児が教育委員会の判断により一般校へ就学できるよう就学手続きの見直しや、養護学校に対し就学すべき障害の程度に関する基準の見直しなどを提言する。

11.14 〔出版〕文部省、教育白書『我が国の文教施策』刊行　文部省は、2000年度版教育白書『我が国の文教施策―文化立国に向けて』を大蔵省印刷局から刊行。「文化」を教育テーマとし、教育改革にも言及。

11.15 〔制度〕国大協、大学入試センター試験を原則5教科7課目以上の受験義務付けを決定　国立大学協会は、これまでの方針を転換し、センター試験を原則5教科7課目以上の受験義務付けを決定する。入試科目のみに学習が偏る傾向があり、入試の多様化で受験科目削減をもたらすことにより、基礎学力が低下している事態に対応するもの。

11.28 〔法令〕改正「少年法」成立　衆院本会議で改正「少年法」が可決成立する。少年犯罪における刑事罰対象年齢を16才から14才に引き下げる、重大事件の裁判において審判に検察官の立会いを認め、意見開陳の機会を被害者に設けることなども規定する。12月6日公布、2001年4月1日施行。

12.4 〔制度〕教育課程審議会、学習評価の在り方について答申　教育課程審議会は、学習評価を相対評価から絶対評価に切り替えるよう提言する。自ら課題を見つけ考える「生きる力」を評価するうえで絶対評価は有効であり、通知表や内申書のもとになる指導要録をこれに即し改定、新学習指導要領が実施されるまでに教科基準や方法を作成し学校に提示すること、また全国的な学力調査の実施などを提言。

12.4 〔事件〕歌舞伎町ビデオ店爆破事件　東京都新宿区歌舞伎町のビデオ店で手製爆弾による爆破事件が発生し、栃木県立高2年男子生徒が警察に出頭し逮捕される。成績のよくない者を見下し、中学生のころから爆発物にも異常な関心を示し、人を壊

してみたかったと供述する。のち、中等少年院送致。

12.5 〔人事〕町村信孝、文部大臣に就任　第2次森改造内閣が発足し、町村信孝が文部大臣に就任。2001年1月6日から初代文部科学大臣に。

12.19 〔政策〕文部省、国立教員養成大学就職状況を発表　文部省、国立教員養成大学就職状況を発表する。教員養成大学・学部卒業者の就職率は過去最低となる。教職への正規採用者は、12.0%の1803人、期限付き臨時採用が多く、両者をあわせても30%に止まる。

12.21 〔法令〕川崎市で「子ども権利条例」が成立　川崎市で全国初となる「子ども権利条例」が成立する。7つの権利などを定め、学校・家庭・地域においてその権利を保障するよう明文化、体罰や虐待を禁止。2001年4月1日から施行される。

12.22 〔政策〕教育改革国民会議、最終報告をまとめ答申　奉仕活動の「義務化」を「奨励」にトーンダウンさせ、教育基本法の扱いを「見直しに取り組む必要」と明記する。文部省、ボランティアについて「奨励」に変更した趣旨を無視し、児童生徒にボランティアを義務付ける。また、教育基本法については、後継内閣の遠山敦子文相が同問題を中教審に諮問、立法化に向けて具体的な調整に入る。

12.25 〔政策〕中教審、初等・中等における教養教育の在り方について提言　中央教育審議会は、初等・中等における教養教育の在り方について提言する。「教養」は主体的に生きる資質や能力で年齢に関わりなく学校・家庭・地域で自然・社会体験・奉仕活動により培われるものであり、小学校の段階から他者と触れ合える機会・場を作り、読書を通じ異文化を知ることなど教育上の配慮がなされるべきである。

12.25 〔設立〕文部省、ものづくり大学の開設を認可　文部省は、ものづくり大学の新年度からの開設を認可する。設立準備団体は、前理事長が背任罪で起訴された事業団と、深い関わりをもっていたことが判明し認可を保留されていたが、逮捕者との断絶を守ることを条件に認可される。

この年 〔社会〕白川英樹、ノーベル化学賞受賞　筑波大学名誉教授白川英樹、導電性高分子の発見と発展に対してノーベル化学賞を受賞。

2001年
(平成13年)

1.6 〔設立〕文部科学省設立　中央省庁が1府22省庁から1府12省庁に再編された。文部省・科学技術庁が統合され文部科学省が設立され、町村信孝が初代文部化学大臣に就任。また、国立教育研究所は国立教育政策研究所と改組されたほか、教育課程研究センターなどを新設。

1.20 〔制度〕大学入試センター試験　2001年度大学入試センター試験が2日間の日程で行われた(21日まで)。志願者増を受け各教科とも受験者が増加。

1.25 〔制度〕21世紀教育新生プラン発表　文部科学省は「21世紀教育新生プラン」を発

表。教育改革国民会議の最終報告を具体化する内容で、まず「義務教育標準法」改正案を国会に提出。40人学級基準の下での習熟度別授業の実施、学級運営が困難な場合は20人クラスの運営を認めるなど。

2.9 〔事件〕えひめ丸沈没事故　愛媛県立宇和島水産高校の実習船「えひめ丸」が、ハワイ沖で、緊急浮上訓練中のアメリカの原子力潜水艦「グリーンビル」に衝突され沈没、「えひめ丸」の乗組員20人、教員2人、実習生13人のうち生徒4人を含む9人が行方不明になった。27日、アメリカ特使が来日し、ジョージ・W.ブッシュ大統領からの書簡を森喜朗首相に手渡した。2002年4月10日、アメリカが愛媛県に賠償金約14億9600万円を支払うことで和解が成立。

3.31 〔法令〕改正「義務教育標準法」告示　「公立義務教育諸学校の学級編成及び教職員定数の標準に関する法律等の一部を改正する法律」が告示された。教職員の配置の適正化、学級編成の弾力化を図る。

4.3 〔制度〕「新しい歴史教科書をつくる会」教科書検定合格　文部科学省は教科書に対する検定結果を公表。「新しい歴史教科書をつくる会」の中学校歴史教科書が検定に合格していることが明らかになり、日教組や一部野党から批判が出た。また、中国・韓国が内容に強く反発し修正を要求、外交問題に発展した。

4.10 〔制度〕文科省、大学入試センター試験利用状況について発表　文部科学省は2002年度の大学入試センター試験について、311の私立大学・763学部が利用することを発表、また、大学入試センターはセンター試験に加わる韓国語の出題方法を通知した。

4.11 〔政策〕中教審に奉仕活動のあり方など諮問　町村信孝文科相は中央教育審議会に対し、奉仕活動のあり方について、教員免許制度のあり方について、高等教育改革について、子供の体力向上のための方策について諮問した。

4.26 〔人事〕遠山敦子、文部科学大臣に就任　第1次小泉内閣が発足し、民間から遠山敦子が文部科学大臣に就任。

4月 〔制度〕文科省、大学入試センター試験に前年度成績利用を認める　文部科学省は2002年度の大学入試センター試験から、各大学の判断で受験生の前年の成績を選抜に利用できるようにすることを決定した。

4月 〔制度〕指導法ガイドライン作成に着手　「学習指導要領」は「全員が身につけるべき最低基準」としたことをうけ、文部科学省は教師が教科書の内容を超えた授業を展開するためのガイドライン作りに着手した。

5.4 〔社会〕15歳未満人口過去最低を更新　総務省のまとめにより、2001年4月1日現在の15歳未満の子供の人口が1834万人で1982年から20年連続減少で過去最低を更新。総人口に閉める子供の割合も14.4％で27年連続で下がった。

5.8 〔制度〕韓国、歴史教科書に修正要求　韓国の外交通商相が駐韓大使に対し、誤りや歪曲があるとして8社の歴史教科書の記述について35項目の修正を申し入れた。

5.16 〔制度〕中国、歴史教科書に修正要求　中国外務省アジア副局長が、在北京日本公使に、扶桑社が刊行した「新しい歴史教科書をつくる会」編纂の教科書について、8項目の修正を求める覚書を手渡した。

5.18	〔事件〕山形大学入試判定ミス　山形大学工学部で2001年度入試の大学入試センター試験の国語の問題で集計ミスが判明、90人の追加合格を決定した。1997年から入試5回で計428人が誤って不合格になっていた。文部科学省は改めて入学する受験生の他、入学し直せない人への経済的損失に対する賠償を決定。
6.6	〔事件〕山形大学、不合格者におわび金　山形大学は、過去5年間の入試採点ミスで誤って不合格とされた428人全員に一律10万円の「おわび金」を支払うことを決定。
6.8	〔事件〕池田小児童殺傷事件　大阪教育大学附属池田小学校に刃物を持った男が乱入し、男児1人、女児7人を刺殺、児童と教師計15人に重軽傷を負わせた。大阪府警は37歳の元小学校職員を逮捕。11日、文部科学省は学校への不審者侵入対策を求める通知をした。
6.11	〔政策〕大学構造改革　文部科学省は「大学の構造改革の方針」ほかをまとめた。再編統合を通じた国立大学の削減、民間的経営手法の導入、競争的資金の重点配分で世界最高水準の30校を育成する構想などを明らかにした。
6.15	〔事件〕富山大学で入試判定ミス　富山大学人文学部の97年、98年度入学試験で採点ミスがあり、16人が誤って不合格とされていたことが発覚。大学側は99年にミスに気づいていたが隠蔽していた。また、教育学部でもミスがあったことが発覚。
6.18	〔事件〕金沢大学で入試判定ミス　金沢大学理学部での1997、1998年度入試の得点集計などでミスがあり、6人が誤って不合格となっていたことが明らかになった。
6.29	〔法令〕教育改革関連法案成立　「学校教育法」「地方教育行政法」「社会教育法」3法が改正成立。問題行動を繰り返す児童・生徒に対して都道府県教育委員会が出席停止命令を出せるようにした他、奉仕活動の充実、また、指導力が不足する虚位運を配置転換できるようにするなど。7月11日公布。
7.2	〔制度〕歴史教科書自主訂正　扶桑社は自社が刊行した「新しい歴史教科書をつくる会」編集の歴史教科書について9ヵ所の自主訂正を文部科学省に申請した。
7.9	〔制度〕歴史教科書修正要求に回答　日本政府は中学歴史教科書への中国・韓国からの計43ヵ所の修正要求に対し、近現代史については「誤りとは言えない」とし、韓国から修正要求のあった朝鮮古代史2ヵ所についてのみ訂正の必要を認めると回答、両国から強い反発を受けた。
7.16	〔事件〕大学入試ミスで処分　山形大学は入試ミスの関係者を減給などの処分とし、学長と工学部長が辞意を表明。富山大学は元学生部長を懲戒免職、金沢大学は減給とするなどの処分が決定。
7.17	〔事件〕愛知県女児虐待死事件　愛知県名古屋市で、小学校2年の女子児童が32歳の母親と29歳の内縁の夫から虐待され死亡した。名古屋市教育委員会は18日、幼児屋児童、生徒への虐待防止に向けた対応を求める依頼文書を市内の全幼稚園・小中高等学校に送付。
8.7	〔制度〕東京都教委が「新しい歴史教科書をつくる会」の歴史教科書を採用　東京都教育委員会は扶桑社刊行の中学校歴史・公民教科書の一部の都立養護学校での採択を決定。
8.10	〔政策〕不登校過去最多　文部科学省は2001年度学校基本調査速報を発表。不登校

の小中学生が13万4000人で、調査開始以来9年連続で過去最高を更新。

8.24 〔政策〕校内暴力過去最多　文部科学省は公立学校の2000年度問題行動調査速報を発表。全国の公立学校の児童生徒が起こした校内暴力は教師に対するものを中心に前年を10.4％上回り3万4595件で過去最多。

9.12 〔裁判〕東京の調査書開示訴訟で不公開処分を取り消す判決　東京地方裁判所は、中学校時代の調査書の前面開示を求めた訴訟で、一部を不公開とした東京都側の処分を取り消す判決を下した。

9.27 〔制度〕国立大学法人化案中間報告　文部科学省の調査検討会議は、国立大学法人化案の中間報告を公表した。大学運営に民間の経営手法や競争原理を取り入れて活性化することをめざす。

10.15 〔事件〕板橋誘拐事件　東京都板橋区で小学校1年生の男児が通学途中に誘拐され、身代金5000万円を要求される事件が発生。男児は無事に保護され、16日、男児の姉が通う学習塾の経営者が身代金目的誘拐などの疑いで逮捕された。

11.4 〔政策〕学校の安全確保のための有識者会議設置　文部科学省は学校の安全確保のため、建築・防犯・犯罪心理・学校管理等の外部専門家や教育関係者による調査研究協力者会議を設置した。

11.22 〔政策〕教員養成系大学について報告書　文部科学省の国立の教員養成系大学・学部のあり方に関する懇談会が報告書をまとめた。各都道府県に一つ教員養成学部を置く体制を見直し、再編・統合に寄ってい機能の充実・強化を提言する内容。

11.26 〔法令〕中教審に教育振興基本計画と「教育基本法」について諮問　遠山敦子文部科学大臣は中央教育審議会に対し、「教育振興基本計画の策定」と「新しい時代にふさわしい教育基本法のあり方」について諮問。

11.27 〔制度〕飛び入学に関する規定　文部科学省は「学校教育法施行規則」の一部を改正し、大学や大学院への飛び入学を規定した。

12.13 〔事件〕虐待による死亡56人　2000年11月の「児童虐待防止法」の施行後1年間に、虐待により死亡した児童の数は56人に上ることが警察庁のまとめで明らかになった。

12.26 〔人事〕教員のわいせつ行為による懲戒が過去最多　文部科学省が公立学校教員の2000年度処分状況を発表。処分を受けたのは過去最多の141人で、そのうちわいせつ行為等を理由に懲戒処分された者が前年より11人増え108人。

12.27 〔事件〕国立大入試ミスで賠償金　文部科学省は5つの国立大学の入試ミスで、本来合格していたのに不合格とされていた461人全員に対し、一律20万円の慰謝料を含む国家賠償の方針を決定した。

この年 〔政策〕ゆとり教育と学力低下　東京理科大学の教授らが、小学生の算数の計算能力がこの20年で大幅に低下しているとの調査結果を発表。特に分数・小数の計算量の低下が激しく、反復練習が不足していると指摘された。一方2002年から使用される教科書検定は学習内容を3割削減する新学習指導要領に基づくもので、特に理数系科目で検定意見が付き、学力低下を懸念する声が上がった。

この年 〔社会〕野依良治、ノーベル化学賞受賞　名古屋大学教授野依良治、キラル触媒による不斉反応の研究に対してノーベル化学賞を受賞。

2002年
（平成14年）

1.17 〔制度〕「学びのすすめ」公表　遠山敦子文科相はアピール「学びのすすめ」を公表、学力向上を重視し、教科書の範囲を超えた授業や補習・宿題を奨励する方針を示した。

1.18 〔出版〕文科省、文部科学白書『21世紀の教育改革』刊行　文部科学省は、2001年度版文部科学白書『21世紀の教育改革』を財務省印刷局から刊行。

1.19 〔制度〕大学入試センター試験　大学入試センター試験が2日間の日程で行われた（20日まで）。

2.21 〔制度〕中教審、大学への社会人受入れ・教員免許制度・教養教育についての3答申を提出　中央教育審議会は「大学等における社会人受入れの推進方策について」「今後の教員免許制度の在り方について」「新しい時代における教養教育の在り方について」の3つの答申を遠山敦子文科相に提出。

3.7 〔法令〕中教審、「大学設置基準」について答申　中央教育審議会は「大学設置基準等の改正について」を答申した。学生が修業年限を超えて一定の期間にわたり授業科目を計画的に履修することを認めることが盛り込まれた。

3.23 〔事件〕茨城高校生殺人事件　茨城県立高校の2年生の女子生徒が1月から行方不明になっていた事件で、別の県立高校の2年生の男子生徒の供述通り山林から遺体で発見され、茨城県警は男子生徒を死体遺棄容疑で逮捕。交際のもつれ。

3.26 〔制度〕国立大学独立行政法人化で最終報告　文部科学省の国立大学等の独立行政法人化に関する調査検討会議が最終報告を文科相に提出。全国の国立大学100校を2004年度から独立行政法人化をめざす。

4.1 〔制度〕学校完全5日制開始　公立を中心とした全国の小中学校・高校で完全学校5日制が開始され、授業時間や教科内容を削減した「新学習指導要領」実施。

4.9 〔制度〕高校教科書の検定結果公表　文部科学省は2003年4月から強いようされる高校教科書の検定結果を公表した。「新学習指導要領」に基づく検定で、9年ぶりに一新された。理科を中心に「厳選」の方針を反映した内容。

5.4 〔社会〕15歳未満人口過去最低更新　総務省は2001年4月1日現在の人口推計を発表。15歳未満の子供の人口は1817万人で、前年より20万人少なく、21年連続で過去最低を更新。総人口に閉める割合も過去最低の14.3％に低下した。

5.27 〔政策〕障害児の普通学校就学について通知　「学校教育法施行令」の改正により、養護学校通学が適当と判断される障害児でも、市町村教育委員会の判断で普通学校への就学が認められるようになったことを受け、文部科学省は就学指導上の留意事項等をまとめ都道府県知事・教育委員会へ通知した。

5.29 〔裁判〕横浜教科書訴訟、損害賠償請求棄却　高嶋伸欣琉球大学教授が、高校現代

社会の教科書執筆を文部省の違法な検定により断念させられたとして、国に100万円の損害賠償を求めた訴訟の控訴審で、東京高等裁判所は一審判決を取り消し、原告側の請求を棄却した。

5.31 〔法令〕「教育職員免許法」一部改正　「教育職員免許法の一部を改正する法律」が公布された。懲戒免職となった教員の免許執行等について定める。

6.12 〔法令〕「教育公務員特例法」一部改正　「教育公務員特例法の一部を改正する法律」が公布された。小学校教諭等を対象とした10年経験者研修の実施義務化等について定める。

6.24 〔事件〕帝京大学、合格発表前から寄付金　国税当局は、帝京大学医学部受験生の親から合格発表前に受け取っていた寄付金の一部が関連財団に流れていたとして、入学斡旋料の所得隠しと認定、重加算税を含め約25億円を関連財団から追徴課税した。9月24日、日本私立学校振興・共済事業団は帝京大学に対し、補助金49億3000万円の返還命令を出すことを決定。

7.29 〔政策〕中教審、奉仕活動に関する答申　中央教育審議会は青少年のボランティア活動促進に関する答申を遠山敦子文科相に提出した。ボランティア活動を高校の単位として認定する、内申書で活動の有無を記述する等の推薦策を提示。

7.31 〔制度〕教科書記述に対し提言　教科書用図書検定調査審議会は、「学習指導要領」を超える教科書記述を認めるよう提言した。

8.5 〔政策〕中教審、大学関係答申提出　中央教育審議会は大学関係の答申3本を提出。すべての大学の第三者評価の義務づけや、法科大学院設置基準等についてまとめる。

8.9 〔政策〕不登校者過去最高　文部科学省は2002年度学校基本調査速報を公表した。年間30日以上学校を休んだ不登校の小中学生は13万9000人で過去最高。

8.30 〔政策〕「人間力戦略ビジョン」発表　遠山敦子文科相は「人間力戦略ビジョン―新しい時代を切り拓くたくましい日本人の育成～画一から自立と創造へ～」を発表。6月の「経済財政運営と構造改革に関する基本方針2002」で打ち出された「人間力戦略」を具体化するもので、自ら考え行動するたくましさの育成、トップレベルの人材の育成、文化の継承、国際社会を生きる教養の育成の4つの目標を達成するための施策の推進を提唱する。

9.30 〔社会〕中教審、子供の体力向上について答申　中央教育審議会は答申「子供の体力向上のための総合的な方策」を公表。1980年代半ばから長期低落傾向にある小中学生の体力を向上させる目的で、外遊びやスポーツで身体を動かすきっかけを与えるべく、校庭の芝生化の推進や五輪メダリストによる巡回指導などを提案。

10.2 〔政策〕COEプログラム採択結果を発表　日本学術振興会は、世界最高水準の教育・研究拠点を選ぶ「21世紀COEプログラム」に、163大学からの応募のうち国立84件、公立4件、私立25件、計50大学113件を採択し、文部科学省に報告した。毎年1～5億円を5年間補助する。

10.30 〔制度〕義務教育費国庫負担金縮減へ　地方分権改革推進会議は最終報告を小泉純一郎首相に提出した。義務教育費国庫負担金は5000億円お縮減で決着し、将来的には全額一般財源化を検討する。

11.6 〔事件〕帝京学園学元理事長を脱税容疑で逮捕　帝京大学の寄付金問題で、東京地検は系列の学校法人帝京学園元理事長を、受験生の親から受け取った入学に関する「口利き料」を隠した所得税法違反の疑いで逮捕した。

11.14 〔法令〕中教審、「教育基本法」全面改正を提言　中央教育審議会は中間報告をまとめた。「教育基本法」全面改正を提言するもので、愛国心や公共の精神などを基本理念に盛り込むことを求める一方、家庭の教育力の回復や生涯学習社会の実現、いじめを減らすなどの具体的な目標を設定した教育振興基本計画の策定などを提言。

11.22 〔法令〕改正「学校教育法」成立　「学校教育法」が一部改正、成立。専門職大学院の設置が可能とされるほか、すべての大学に対し第三者評価が義務づけられる。また、大学設置基準に満たないなど法令に違反する大学に対し、これまで「閉鎖命令」しか出せなかった文部科学省が「改善勧告」「変更命令」などの是正措置をとることが可能になった。11月29日公布、2003年4月1日に施行され、第三者評価は2004年4月から実施。

12.12 〔政策〕規制改革推進のための第2次答申　総合規制改革会議は、「規制改革の推進に関する第2次答申」を小泉純一郎首相に提出。社会人向け職業実務教育を行う大学院に限定して株式会社の参入を認めるよう要求する内容。

12.13 〔制度〕社会・算数・数学で学力低下　国立教育政策研究所は、1・2月に実施した「2001年度小・中学校教育課程実施状況調査」の結果を発表した。1993〜95年度に実施された前回調査と比べ、のべ23教科のうち10教科、特に算数・数学と社会の平均正答率が全学年で下回るなど、学力低下傾向が裏付けられた。文部科学省は中学3年段階で低下した教科がなかったことなどから「全体としておおむね良好」と評価。

12.19 〔政策〕学校の危機管理マニュアル発表　文部科学省は「学校への不審者侵入時の危機管理マニュアル」を発表。学校内で発生する犯罪の増加を受けて共通留意事項のモデルを作成したもので、各学校などでこれをもとに実情に合わせたマニュアル作りと、防犯訓練の実施を要請した。

12.25 〔政策〕指導力不足教員187人　教員人事管理制度に基づき都道府県と政令市の教育委員会が「指導力不足」と判定した公立小中学校・高校の教員の数が9月までの半年間で少なくとも187人に上っていることが文部科学省の調査で明らかになった。

この年　〔政策〕学力向上アクションプラン　2003年度予算で「学力向上アクションプラン」に、2002年度比3.5倍の48億9600万円を計上。学力向上フロンティア事業モデル校を倍増、取り組みの範囲を高校まで広げる他、学習意欲向上と、教員の資質改善に力を入れる。

この年　〔制度〕全国一斉学力テスト実施　1月、2月、文部科学省は教育課程実施状況調査（全国一斉学力テスト）を実施した。全国の小学校5、6年生と中学1〜3年生計49万人を対象、結果は12月13日に公表された。

この年　〔社会〕小柴昌俊、ノーベル物理学賞受賞　東京大学名誉教授小柴昌俊、天体物理学、特に宇宙ニュートリノの検出に対するパイオニア的貢献に対してノーベル物理学賞を受賞。

この年　〔社会〕田中耕一、ノーベル化学賞受賞　島津製作所研究員田中耕一、生体高分子の同定および構造解析のための手法の開発に対してノーベル化学賞を受賞。

2003年
（平成15年）

1.18　〔制度〕大学入試センター試験　大学入試センター試験が2日間の日程で行われた（19日まで）。

1.23　〔政策〕中教審、「大学設置基準等の改正について」答申　中央教育審議会、「大学設置基準等の改正について」答申。2002年8月の答申「大学の質の保証に係る新たなシステムの構築について」「大学院における高度専門職業人養成及び法科大学院の設置基準について」を受けてのもの。

1.29　〔法令〕「国立大学法人法」案の骨子まとまる　文部科学省、「国立大学法人法」案の骨子をまとめる。2004年度から国立大学を法人化して経営の独自性を認めるもので、大学の裁量を拡大し、学長に強い権限を付与。

1.31　〔事件〕東京大学医学部、補助金を不正受給　東京大学医学部の調査委員会、同大学大学院医学系研究科教授による科学研究費補助金の不正受給を発表。1998年5月からの5年間に2250万円余を不正受給し、研究室運営費に充当。

2.4　〔出版〕文科省、文部科学白書『新しい時代の学校　進む初等中等教育改革』刊行　文部科学省は、2002年度版文部科学白書『新しい時代の学校　進む初等中等教育改革』を財務省印刷局から刊行。

2.5　〔政策〕国立高専55校を連合　文部科学省、全国55の国立高等専門学校を1つの独立法人に連合し、予算・人事など裁量権の拡大を目指す中間報告をまとめる。

2.28　〔法令〕「国立大学法人法」案、提出　政府、「国立大学法人法」案及び関連5法案を国会へ提出。7月9日に成立し、全国99の国立大学を法人化することが決定。10月1日、施行。「国立大学法人法」のみ2004年4月1日に施行。

3.6　〔制度〕大学入学資格弾力化を議論　中央教育審議会大学分科会、大学入学資格の弾力化を議論。アメリカ・イギリスの評価機関による認定を受けたインターナショナル・スクール卒業生に入学資格を認める一方、アジア系外国人学校卒業者には入学資格を認めず、従来通り大学入学資格検定合格を要件とするとの声明を発表。3月7日、国立大学教職員約570人がアジア系外国人学校卒業生に入学資格を認めるよう求める声明を発表。3月17日、日本弁護士連合会が在日外国人の教育を受ける権利を広く保障するよう要求する声明を発表。3月28日、文部科学省がアジア系外国人学校卒業生に入学資格を認める方向で再検討することを発表。

3.9　〔事件〕尾道市立高須小学校長が自殺　広島県尾道市立高須小学校長が自殺し、校長室から力不足を嘆くメモが発見された。民間から起用された人物で、前歴は地元銀行の幹部。5月9日、広島県教育委員会が最終報告書で校長と教職員の間に対立があったことなどを指摘。

3.20　〔政策〕中教審、「新しい時代にふさわしい教育基本法と教育振興基本計画の在り方について」答申　中央教育審議会、「新しい時代にふさわしい教育基本法と教育振

興基本計画の在り方について」答申。「教育基本法」を全面改正し教育振興基本計画を策定するよう求め、「教育基本法」で「公共の精神」「郷土や国を愛する心」「宗教的情操」などに言及することを提言。

3.28 〔政策〕今後の特別支援教育の在り方に関する調査研究協力者会議、最終報告を提出　今後の特別支援教育の在り方に関する調査研究協力者会議、文部科学省に最終報告を提出。障害の程度に応じて特別の場で行う「特殊教育」から児童生徒一人一人の実情に応じて教育的支援を行う「特別支援教育」への転換を提言。

3.31 〔法令〕「義務教育費国庫負担法及び公立養護学校整備特別措置法の一部を改正する法律」公布　「義務教育費国庫負担法及び公立養護学校整備特別措置法の一部を改正する法律」を公布。義務教育諸学校教職員の共済費長期給付、地方公務員災害補償基金負担金に要する経費を国庫負担対象から除外。

4.1 〔制度〕新「高等学校学習指導要領」実施　新「高等学校学習指導要領」、第1学年から学年進行で実施。1999年に告示されたもので、総合的な学習の時間・情報科を新設する一方、各教科の学習内容を大幅に削減。

4.8 〔制度〕高等学校教科書検定結果を公表　文部科学省、2004年度高等学校教科書検定結果を公表。検定基準の運用を緩和したことにより学習指導要領を超える「発展的な学習の記述」が認められたため、「不必要」の検定意見が激減。

4.8 〔活動〕経済同友会、「若者が自立できる日本へ」提言　経済同友会、「若者が自立できる日本へ──企業そして学校・家庭・地域に何ができるか」提言。学校を開かれた競争社会にして教員の質的向上を図ることなどを主張。

4.16 〔法令〕改正「国立学校設置法」成立　「国立学校設置法の一部を改正する法律」が成立。東京商船大学と東京水産大学を統合して東京海洋大学を創設するなど、国立大学10組20大学の統合が決定。4月23日公布。

5.1 〔制度〕外国人留学生は10万9508人　5月1日現在の日本国内の外国人留学生は10万9508人で、1983年に政府が作成した「留学生受け入れ10万人計画」の目標を達成したことが判明。

5.11 〔社会〕住民投票に中学生が参加　長野県平谷村、市町村合併に関する住民投票を実施。中学生までが参加する初の住民投票となり、中学生24人が投票。

5.15 〔政策〕中教審に「今後の初等中等教育改革の推進方策」を諮問　文部科学大臣遠山敦子、「今後の初等中等教育改革の推進方策」を中央教育審議会に諮問。義務教育を中心に高校までを含む学校教育制度全般の在り方について意見を求める。5月26日、中教審初等中等教育分科会が議論を開始し、同分科会に教育行財政部会を設置することを決定。

5.16 〔政策〕「不登校への対応の在り方」通知　文部科学省、都道府県及び政令指定都市教育委員会に対し「不登校への対応の在り方」について通知。

5.23 〔制度〕構造改革特区第二弾を認定　内閣総理大臣小泉純一郎、構造改革特別区域の第二弾47件を認定。このうち教育関連は外国語早期教育など14件。

5.30 〔法令〕改正「構造改革特区法」成立　改正「構造改革特別区域法」が成立。株式会社などの学校経営への参入が可能となる。

6.5 〔事件〕文科省、池田小児童殺傷事件に関して謝罪　文部科学省、2001年6月8日に発生した大阪教育大学附属池田小学校児童殺傷事件に関して国の責任を認めて謝罪。遺族16人に計4億円の損害賠償を支払うこと、再発防止策を講じることなどを内容とする合意書案を発表。6月6日、文部科学省・大阪教育大学が安全管理の監督不十分などを理由に池田小学校長ら24人を処分。6月8日、文部科学大臣遠山敦子が正式に謝罪し、遺族が合意書に調印。

6.6 〔法令〕「出会い系サイト規制法」成立　「インターネット異性紹介業を利用して児童を誘引する行為の規制等に関する法律」(通称「出会い系サイト規制法」)が成立。児童(18歳未満の少年少女)を対象とする売買春・援助交際を誘引する書き込みを禁止。6月13日公布。

6.10 〔人事〕文科省、懲戒処分状況を公表　文部科学省、2002年一年間の懲戒処分状況を公表。女子学生らに対するセクシュアル・ハラスメントで処分を受けた国立大学教官らが過去最多の17人に達することが明らかに。

6.12 〔法令〕改正「著作権法」、成立　「著作権法の一部を改正する法律」が成立。教育上の無許諾利用範囲を拡大。6月18日公布。

6.18 〔事件〕スーパーフリー事件で5人を逮捕　警視庁麻布署、元早稲田大学公認サークル・スーパーフリーのメンバーによる女子大生への集団暴行事件に関連して、早稲田大学・学習院大学・日本大学の学生ら5人を婦女暴行容疑で逮捕。

6.27 〔政策〕「骨太の方針」第3弾閣議決定　政府、「骨太の方針」第3弾を閣議決定。教育関連の主な内容は義務教育費を含む国庫補助負担金の削減、公設民営学校構想など。

7.2 〔事件〕長崎市男児誘拐殺人事件　長崎市万才町のパーキングビル敷地内で、4歳男児が頭から血を流して死んでいるのが発見される。7月9日、同市内の中学1年の少年が長崎県警の事情聴取に対し男児を誘拐・殺害したことを認め、補導される。9月29日、長崎家庭裁判所は少年を児童自立支援施設へ送致し、1年間の強制的措置を認める保護処分を決定。

7.5 〔事件〕沖縄中学生殺害事件　沖縄県北谷町の墓地で、地中から中学2年の少年の他殺体が発見される。同日、沖縄県警沖縄署が中学3年の少年と16歳の少年を殺人及び死体遺棄容疑で、中学3年の少女を死体遺棄容疑で逮捕し、中学2年の少年を補導。

7.9 〔法令〕「国立大学法人法」及び関連5法、成立　「国立大学法人法」及び「独立行政法人国立高等専門学校機構法」「独立行政法人大学評価・学位授与機構法」など関連5法が成立。7月16日、公布。10月1日、施行。「国立大学法人法」のみ2004年4月1日に施行。

7.9 〔法令〕「次世代育成支援対策推進法」、成立　「次世代育成支援対策推進法」及び、改正「児童福祉法」が成立。市町村・企業による子育て支援事業の強化を図るため。7月16日公布。

7.16 〔裁判〕大学前納金返還訴訟で返還を命じる判決　京都女子大学・同大学短期大学部の入学を辞退した元受験生4人が学校法人京都女子学園に対して前納した入学金・授業料計約280万円の返還を求めた訴訟で、京都地方裁判所が京都女子学園に計約204万円の返還を命じる判決を言い渡す。入学契約にも「消費者契約法」が適用され

るとの判断で、入学金などの返還を命じる判決はこれが初めて。7月17日、京都女子学園側が控訴。

7.23 〔法令〕「少子化対策基本法」成立　「少子化対策基本法」が成立。少子化対策の基本理念を定めるもの。7月30日、公布。

8.4 〔制度〕大検免除制度の導入を表明　文部科学大臣御手洗康、各大学が入学を希望する高校中退者や外国人学校卒業者などの学習歴を独自に審査し、大学入学資格検定を免除する制度の導入を表明。

8.5 〔事件〕東京大学副学長が補助金を不正処理　東京大学副学長が8月1日に辞表を提出、受理されていたことが判明。自らが受けた科学研究費補助金に不正な処理があったことが理由。

8.8 〔政策〕学校基本調査速報、発表　文部科学省、2003年度学校基本調査速報を発表。高卒・大卒とも就職率が過去最低であることが判明。また、不登校の小中学生は13万1211人で前回（2001年度）比約7500人減、不登校出現率も1.18%で前回比0.05ポイント減であることが明らかに。不登校者数が減少したのは1991年度の調査開始以来初めて。

8.26 〔制度〕国公立大学入試概要、発表　文部科学省、国公立大学の2004年度入試概要を発表。センター試験で5教科7科目以上を課す大学が91大学344学部に急増していることが判明。前年比28大学231学部の増加で、国立大学では86.7%にあたる72大学が5教科7科目以上に。

8.28 〔裁判〕池田小児童殺傷事件で死刑判決　大阪教育大学附属池田小学校児童殺傷事件で、大阪地方裁判所が被告の完全責任能力を認め、死刑判決を言い渡す。9月26日、被告が弁護団による大阪高等裁判所への控訴を取り下げ、死刑が確定。2004年9月14日執行。

9.2 〔事件〕九州産業大学学生ら、大麻栽培容疑で逮捕　厚生労働省九州厚生局麻薬取締部、九州産業大学の学生・卒業生ら14人を「大麻取締法」違反容疑で逮捕。学生らは仲間内で大麻の密売・吸引を行い、さらには大分県の山中で大麻を栽培していた。

9.10 〔制度〕中教審、栄養教諭制度の創設を提言　中央教育審議会、学校で食育を行う栄養教諭（仮称）制度の創設を提言する中間報告をまとめる。栄養教諭の職務は学校栄養職員の職務を拡大させたもので、給食管理の他、偏食・肥満傾向や食物アレルギーのある児童生徒への個別指導、家庭科などの授業における担任教員と連携しての食に関する指導などを想定。

9.12 〔政策〕指導力不足の教員、289人　文部科学省による調査の結果、2002年度に23の都道府県・政令指定都市で公立学校教員289人が指導力不足と認定され、うち3人が初の分限免職になっていたことが判明。

9.12 〔事件〕少年非行対策のための検討会、報告書案をまとめる　政府の少年非行対策のための検討会、刑事責任を問えない14歳未満の少年による凶悪事件について、事実関係解明のため警察が捜査に準ずる「調査」を行うことなどを内容とする報告書案をまとめる。なお、同検討会は7月の長崎市男児誘拐殺人事件を契機に設置されたもの。

9.18 〔制度〕「特色ある大学教育支援プログラム」開始　文部科学省、「特色ある大学教

育支援プログラム」を開始し、初年度分80件を発表。教育分野で優れた大学を支援するプログラムで、1大学1件とされた申請に対し、採択率は国立大学が25.3％、公立大学が9.5％、私立大学が11.9％。

9.19 〔制度〕大学入学資格を弾力化　文部科学省、「学校教育法施行規則」及び告示を改正し、大学・専門学校の入学資格を弾力化。アメリカ・イギリスの評価機関による認定を受けた外国人学校の卒業生、本国の12年間の正規課程と同等と位置づけられた外国人学校の卒業生、大学・専門学校の個別審査で高校卒業と同等以上の学力があると認められた者に対し、大学入学資格検定（大検）を免除。これにより外国人学校卒業生や高校中退者などの大学入学が可能に。

9.22 〔人事〕河村健夫、文部科学大臣に就任　第1次小泉内閣第2次改造内閣が発足し、河村健夫が文部科学大臣に就任。

10.1 〔政策〕国立大学10組20大学を統合　4月23日公布の「国立学校設置法の一部を改正する法律」に基づき、東京商船大学と東京水産大学を統合して東京海洋大学を創設するなど、国立大学10組20大学を統合。少子化などの環境変化に対応するための「大学の構造改革」の一環で、法人化を前に規模を拡大して経営基盤を強化することが目的。

10.7 〔制度〕中教審、「初等中等教育における当面の教育課程及び指導の充実・改善方策について」答申　中央教育審議会、「初等中等教育における当面の教育課程及び指導の充実・改善方策について」答申。主な内容は「学習指導要領」の「歯止め規程」の見直し、2学期制の導入など。

10.10 〔制度〕「学校法人制度の改善方策について」最終報告　大学設置・学校法人審議会学校法人分科会学校法人制度改善検討小委員会、「学校法人制度の改善方策について」最終報告を発表。主な内容は財務書類の公開義務付けなど。

10.23 〔裁判〕大学入学金返還請求訴訟で授業料のみ返還を命じる　入学を辞退した元受験生20人が4大学に対して入学金・授業料の返還を求めた集団訴訟について、東京地方裁判所が一審判決を言い渡す。「消費者契約法」施行後の合格者13人のうち4月1日以前に入学辞退を申し出た8人について授業料計約480万円の返還を命じる一方、入学金については返還する必要はないとする内容。

10.24 〔制度〕構造改革特区、認定　政府、構造改革特別区域を認定。教育関連では株式会社立学校の設立申請など3件を認定。

11.1 〔事件〕河内長野市家族殺傷事件　大阪府河内長野市の大学1年の18歳男子が自宅で両親と弟を包丁で刺す事件が発生。母親が死亡、父親と弟も重傷を負った。大阪府警が付近で自動車に乗っていた大学生を殺人容疑などで逮捕。自動車に同乗していた交際相手である高校1年の16歳少女も、自分の家族を殺害する目的で包丁を購入しており、殺人予備容疑で逮捕された。

11.5 〔社会〕文化審議会国語分科会、常用漢字の指導内容について報告　文化審議会国語分科会、小学校卒業までに常用漢字の大半を読めるようにする指導内容を検討し、報告書をまとめる。主な内容は教科書に振りがなを振ることで早くから漢字を目に触れさせること、国語の時間数の大幅増加など。

11.11 〔裁判〕最高裁、指導要録の部分開示を命令　東京都大田区の女性が「大田区公文

書開示条例」に基づき小学校時代の指導要録の全面開示を求めた訴訟で、最高裁判所が上告審判決を言い渡す。全面非開示処分を妥当とした二審判決を破棄し、学習記録など客観的内容を記載した部分の開示を認め、所見欄などを非開示とした一審判決が確定。

11.11 〔裁判〕最高裁、県立高校長の出張記録公開を命令　千葉県の県立高校の元PTA役員が「千葉県公文書公開条例」に基づき千葉県教育委員会に対して校長の出張記録の非公開処分取り消しを求めた訴訟で、最高裁判所が上告審判決を言い渡す。公務員の職務に関する情報は個人を識別するものでも非公開にはあたらないとして、県教育委員会の上告を破棄し、公開を命じた一審・二審判決が確定。

11.20 〔制度〕法科大学院などの新増設について答申　大学設置・学校法人審議会、2004年度の大学・短期大学・大学院の新増設などについて答申。法科大学院については申請72件のうち66校、大学については16校、短期大学については2校の新設を認可。11月27日、文部科学省が法科大学院66校の新設申請を合格とする。のこる6校のうち4校は不可、2校は保留。

11.28 〔制度〕構造改革特区、認定　政府、構造改革特別区域94件を認定。10月に地方自治体から申請されたもので、このうち教育関連は6件。

12.9 〔政策〕「青少年育成施策大綱」決定　政府の青少年育成推進本部、「青少年育成施策大綱」を決定。主な内容は刑事責任を問えない14歳未満の少年による凶悪事件について、事実関係解明のため警察が捜査に準ずる「調査」を行えるようにする法整備の検討など。

12.11 〔事件〕少年による凶悪犯罪を公開捜査　警察庁、全国の警察本部に対し19歳以下の少年による凶悪犯罪を公開捜査の対象とすることを通達。少年犯罪の凶悪化に対処するための措置で、これまで公開捜査の対象は成人に限られていた。

12.16 〔政策〕中教審、「今後の学校の管理運営の在り方について」中間報告　中央教育審議会、「今後の学校の管理運営の在り方について」中間報告を文部科学大臣河村健夫に提出。5月に前文部科学大臣遠山敦子から諮問された「今後の初等中等教育改革の推進方策について」に対する検討結果の一部で、主な内容は保護者参画の地域学校運営、特区での公設民営学校構想など。

12.16 〔制度〕中教審、「新たな留学生政策の展開について」答申　中央教育審議会、「新たな留学生政策の展開について—留学生交流の拡大と質の向上を目指して」答申。海外からの留学生受け入れに重点を置く従来の政策から「相互交流重視」への転換を説く内容で、日本人の海外留学支援の充実、海外からの留学生の質の確保などを提言。

12.18 〔事件〕宇治小不審者乱入事件　京都府の宇治市立小学校の教室に刃物を持った男が侵入し、児童2人に軽傷を負わせる事件が発生。男は教員らに取り押さえられ、京都府警宇治署に傷害の現行犯で逮捕された。また、12月19日には兵庫県の伊丹市立桜台小学校の敷地に男が侵入し、児童1人の頭を木の棒で殴って軽傷を負わせる事件が発生。

12.20 〔制度〕義務教育費国庫負担制度に総額裁量制を導入　義務教育費国庫負担制度に総額裁量制を導入することが決定。公立小中学校の教職員給与費などの半額を国が負担する国庫負担制度について、給料・諸手当・教職員定数それぞれに定められて

いた国の負担限度を撤廃し、総額の範囲内で各都道府県が給与水準・教職員定数などを自由に設定できるようにするもの。

この年 〔政策〕「21世紀COEプログラム」113件を選定　文部科学省、世界最高水準の研究拠点に育成する国公私立大学院を重点助成する「21世紀COEプログラム」2003年分として、5分野56大学の113件を選定。前年分と合わせて85大学246件。

2004年
（平成16年）

1.14 〔政策〕中教審、「構造改革特別区域における大学設置基準等の特例措置について」答申　中央教育審議会、「構造改革特別区域における大学設置基準等の特例措置について」答申。主な内容は運動場の設置の弾力化、空地確保の弾力化。

1.17 〔制度〕大学入試センター試験　大学入試センター試験が2日間の日程で行われた（18日まで）。受験者数・受験率が前年を下回る科目が多数出る。

1.20 〔政策〕中教審、「食に関する指導体制の整備について」答申　中央教育審議会、「食に関する指導体制の整備について」答申し、栄養教諭の創設などを提言。5月21日、「学校教育法」を改正して栄養教諭の免許制度を創設。

1.20 〔事件〕「学校安全緊急アピール」発表　文部科学省、「学校安全緊急アピール─子どもの安全を守るために」を発表し、学校安全に関する具体的な留意事項を提示。

1.22 〔事件〕医師の名義貸し、51大学1161人　文部科学省、大学病院や医学部の医師による名義貸し問題に関する全国調査の結果を発表。2002年4月以降の1年半の間に医学部を持つ全国の国公私立大学79校のうち51校の1161人が名義貸しを行っていたことが判明。うち国立大学が854人、公立大学が108人、私立大学が199人。

1.23 〔制度〕「高等学校教育課程実施状況調査」結果発表　文部科学省、2002年度「高等学校教育課程実施状況調査」の結果を発表。2002年に高校3年生を対象に4教科の学力テストを実施したもので、国語・英語で好成績である一方、数学・理科の成績はふるわなかった。また、同時実施のアンケートの結果、学習意欲が低下傾向にあることも判明。

2.6 〔政策〕中教審、「大学設置基準等の改正について」答申　中央教育審議会、「大学設置基準等の改正について」答申。「学校教育法」上で自己点検・評価に関する規定が整備されたことを受け、大学・高等専門学校・大学院・短期大学の設置基準からそれらに関する規定を削除することを提言。

2.6 〔政策〕中教審、認証評価機関について答申　中央教育審議会は「文部科学大臣が認証評価機関になろうとする者を認証する基準を適用するに際して必要な細目を定める省令の制定について」を答申した。

2.10 〔法令〕「学校環境衛生の基準」改正　文部科学省、「学校環境衛生の基準」を改正。主な内容は教室の明るさの増加、ダニ検査の導入など。

2.18 〔政策〕中教審、「薬学教育の改善・充実について」答申　中央教育審議会、「薬学教育の改善・充実について」答申し、薬剤師養成学部の修業年限を6年とするよう提言。5月21日、「学校教育法」を改正し、修業年限を6年に延長。

2.18 〔事件〕北海道大学、名義貸しで教授ら64人を処分　北海道大学、医局ぐるみの名義貸しや自治体からの不明朗な金銭授受について、教授ら64人に減給などの処分を課すことを発表。

2.20 〔出版〕文科省、文部科学白書『創造的活力に富んだ知識基盤社会を支える高等教育　高等教育改革の新展開』刊行　文部科学省は、2003年度版文部科学白書『創造的活力に富んだ知識基盤社会を支える高等教育　高等教育改革の新展開』を国立印刷局から刊行。

2.25 〔法令〕「教育基本法」改正促進委員会、結成　自民党・民主党両党の国会議員有志、「教育基本法」改正促進委員会を結成。最高顧問は自民党の森喜朗と民主党の西岡武夫、委員長は自民党の亀井郁夫。

3.4 〔政策〕中教審、「今後の学校の管理運営の在り方」について答申　中央教育審議会、「今後の学校の管理運営の在り方」について答申。地域運営学校の創設などを提言。6月9日、「地方教育行政法」を改正し、学校運営協議会の設置を認可。

3.19 〔事件〕島根県公立高校入試問題漏洩　3月9日に実施された島根県公立高校入学試験の英語問題漏洩疑惑で、島根県教育委員会が入試問題作成委員である元県立高校教員と知人の学習塾経営者を事前漏洩の疑いで告発し、島根県警が2人を「地方公務員法」違反容疑で逮捕。

3.30 〔制度〕小学校教科書検定結果、発表　文部科学省、2005年度から使用される小学校教科書の検定結果を発表。2000年の前回検定では学習内容を大幅に削減した「学習指導要領」に基づき多くの記述が削除されたが、今回の検定ではそれらの記述が「発展的記述」として多数復活。学力低下への不安から脱「ゆとり教育」の動きが進展。

3.31 〔法令〕「義務教育費国庫負担法及び公立養護学校整備特別措置法を一部改正する法律」公布　「義務教育費国庫負担法及び公立養護学校整備特別措置法を一部改正する法律」を公布。国庫負担を削減する内容。同日「児童福祉法」も一部改正され、公立保育所の保育費用が国庫負担の対象外となる。

4.1 〔制度〕国立大学法人、発足　「国立大学法人法」が施行され、全国89の国立大学が国立大学法人による経営へ移行。これに伴い教員・事務職員ら約12万人が非公務員化。同日、国公私立68の法科大学院が開校。

4.7 〔法令〕改正「児童虐待防止法」成立　改正「児童虐待の防止等に関する法律」が成立。虐待を早期発見するため、児童相談所などへの通告義務範囲を従来の虐待を発見した場合から、虐待の可能性がある場合にまで拡大。また、児童相談所に対し、必要に応じて警察へ援助要請することを義務付けた。4月14日公布、10月1日施行。

4.30 〔政策〕指導力不足の公立学校教員は481人　文部科学省、「指導力不足教員等の人事管理に関する各都道府県・指定都市教育委員会の取組状況について」を発表。2003年度に指導力不足と認定された公立学校教員が前年比192人増の481人にのぼることが判明。認定制度を運用する教育委員会が前年の23都道府県・政令指定都市か

		ら52に増えたことも認定数増加の一因。
5.21	〔法令〕	「学校教育法」改正　「学校教育法」を改正。主な内容は栄養教諭の免許制度創設、薬学教育の修業年限延長など。
5.28	〔裁判〕	山形マット死事件民事訴訟、賠償金支払い命令　1993年に山形県の新庄市立明倫中学校1年の少年が体育館用具室のマットに巻かれて窒息死した事件の民事訴訟で、仙台高等裁判所が事件性はないとして損賠賠償支払いを求める原告側の訴えを棄却した一審判決を破棄し、少年を死亡させた元生徒7人の責任を認め総額約5760万円の支払いを命じる判決を言い渡す。
6.1	〔事件〕	長崎県佐世保市女子児童殺害事件　長崎県佐世保市の小学校で6年の女子児童が同級生の女子児童にカッターナイフで切りつけ死亡させる事件が発生。女子児童は長崎県警佐世保署に補導され、後に長崎少年鑑別所に収用する観護措置となった。
6.2	〔法令〕	改正「地方教育行政組織法」成立　改正「地方教育行政の組織及び運営に関する法律」が成立。主な内容は保護者・地域住民らを学校運営に参画させるための学校運営協議会の設置認可（地域運営学校の創設）など。6月9日公布。
6.16	〔法令〕	教育基本法改正協議会、中間報告　自民党・公明党両党の幹事長・政調会長らによる「教育基本法」改正に関する協議会、中間報告をまとめる。現行法の全面改正を求める内容だが、両党の意見が割れた「愛国心」については調整がつかず両論併記となり、宗教教育に関しては公明党の意向を尊重してほぼ現行法を踏襲。
6.21	〔活動〕	藍野グループ、東北文化学園大学を経営支援　仙台市の学校法人東北文化学園大学、大阪府の医療法人を中心とする藍野グループから経営支援を受けることで合意。「民事再生法」適用を東京地方裁判所に申請し、受理される。同大学は大学設置認可申請書類の虚偽記載が発覚し、経営危機に陥っていた。
6.22	〔事件〕	新宿区男児突き落とし事件　東京都新宿区のマンションで、5歳男児が階段の踊り場から突き落とされ軽傷を負う事件が発生。23日、警視庁が男児の顔見知りである区立中学2年の13歳少女を補導。
7.6	〔事件〕	東京慈恵会医科大学、不正にプールした私学補助金を返納　東京慈恵会医科大学が国の私学補助金を取引業者の口座に不正にプールしていた問題で、同大学が2000年度以降に交付された1億7590万円に加算金を加えた計2億1210万円を国庫に返納。
7.12	〔事件〕	城西国際大学、留学生227人が不法残留　城西国際大学で2003年までの2年間に在留期間の更新が必要だった留学生のうち計227人が不法残留になっていることが判明、留学生の管理方法に問題があるとして東京入国管理局が同大学に立ち入り調査。
7.15	〔裁判〕	桐生工業高校生徒会誌切り取り事件、上告審判決　群馬県立桐生工業高校の元教員が、生徒会誌に寄稿した文章が職務命令で削除されたのは違憲だとして校長と県に損害賠償などを求めた訴訟で、最高裁判所が一審・二審判決を支持して元教員の請求を棄却する判決を言い渡す。
8.6	〔制度〕	中教審、「大学入学資格検定の見直しについて」答申　中央教育審議会、「大学入学資格検定の見直しについて」答申。就職試験などへの活用を念頭に、大学

入学資格検定(大検)を高等学校卒業程度認定試験(高認)に改編することを提案。2005年、大検から高検へ移行。

8.10 〔制度〕「義務教育の改革案」発表　文部科学大臣河村健夫、「義務教育の改革案」を発表。小学校6年・中学校3年からなる義務教育の仕組みを自治体の判断で変更できるようにする6・3制弾力化、都道府県が有する教員人事権の市への移譲、学校・教員の評価制度確立などを提案。

8.19 〔制度〕義務教育費国庫負担制度をめぐり議論　全国知事会など地方6団体、公立小中学校の教職員給与の半額を負担する義務教育費国庫負担制度について、中学校分を廃止するなどの改革案をまとめる。国・地方の税財政を見直す三位一体改革の一環で、2004年度の義務教育費国庫負担予算額に2兆5000億円、うち中学校分は8500億円。これに対し、文部科学大臣河村健夫が制度を堅持する方針を表明し、ノーベル賞受賞者小柴昌俊・野依良治ら著名な科学者も反対を表明。

9.3 〔事件〕東北文化学園大学元理事長と元財務部長を逮捕　学校法人東北文化学園大学が虚偽の申請書類を提出して国の私学助成金約870万円を不正受給していた問題で、宮城県警が元理事長と元財務部長を逮捕。

9.10 〔裁判〕学納金返還訴訟で授業料返還を命じる判決　兵庫県内の元受験生が入学辞退した2つの大学に対して入学金・授業料などの返還を求めた訴訟で、大阪高等裁判所が一審判決の一部を取り消し、授業料などの変換を命じる判決を言い渡す。入学金については返還不要とする一審判決を踏襲。

9.21 〔法令〕与党が「教育基本法」改正案作成作業で合意　自民党と公明党、両党の見解が一致している項目に限り文部科学省による「教育基本法」改正案作成作業を認めることで合意。焦点とされた愛国心・宗教教育などについては先送り。

9.27 〔人事〕中山成彬が文部科学大臣に就任　第2次小泉改造内閣が発足し、中山成彬が文部科学大臣に就任。

10.5 〔政策〕「児童生徒の問題行動対策重点プログラム(最終まとめ)」発表　文部科学省に設置された児童生徒の問題行動に関するプロジェクトチーム、「児童生徒の問題行動対策重点プログラム(最終まとめ)」を発表。6月に発生した長崎県佐世保市女子児童殺害事件を受けての措置。

10.20 〔制度〕中教審に「今後の教員養成・免許制度の在り方について」諮問　文部科学大臣中山成彬、「今後の教員養成・免許制度の在り方について」中央教育審議会に諮問。指導力不足など教員の質が問題視されていることを背景に、生涯有効とされている教員免許に有効期限を設ける教員免許更新制の導入を企図。

11.9 〔制度〕五反野小学校、地域運営学校に指定　東京都の足立区立五反野小学校、全国で初めて地域運営学校に指定。

11.10 〔事件〕日本医科大学教授が補助金を不正プール　日本医科大学、同大学老人病研究所の教授が文部科学省からの補助金のうち使い切れなかった分を取引業者の口座に不正プールしていたことを発表。金額は2003年までの5年間で数千万円にのぼる。

11.16 〔制度〕自民党、義務教育費国庫負担制度について基本方針を提示　自民党、義務教育費国庫負担制度の一般財源化について基本方針を提示。中央教育審議会の結論も踏まえて検討するとの政府・与党合意案を尊重しつつ、文部科学省に対して2006

年度末までとされる検討期間の前倒しを要求する内容。11月26日、政府・与党が削減規模を8500億円とし、このうち2005年度に4250億円を暫定的に削減、制度存廃については中教審が2005年秋までに結論を出すとの内容で合意。

12.7 〔制度〕PISAの結果を発表　経済協力開発機構（OECD）、2003年国際学習到達度調査（PISA）の結果を発表。調査対象はOECD加盟国を中心とする41ヶ国・地域の15歳男女約27万6千人で、日本は読解力が前回2000年の8位から14位、数学的応用力が1位から6位に低下。科学的応用力は前回と同じ2位、今回が初調査となる問題解決能力は4位。

12.15 〔制度〕高校就学費用を生活保護の給付対象に　厚生労働省の専門委員会、生活保護世帯の子どもが高校に就学するための費用を給付対象とすることなどを求める最終報告書を求める。

12.17 〔政策〕義務教育改革推進本部・義務教育特別委員会、設置　文部科学省内に義務教育改革推進本部を設置。本部長は文部科学副大臣塩谷立。また、中央教育審議会に義務教育特別委員会を設置することを決定。

2005年
（平成17年）

1.15 〔制度〕大学入試センター試験　大学入試センター試験が全国712会場で行われた（16日まで）。センター試験を利用する4年制大学は前年より20校増えて過去最高となったが、志願者数は2年連続で減少、志願倍率は過去最低の3.7倍となった。16日に実施された「国語1」で、教科書に載っている評論文がそのまま出題されるというミスが発覚。

1.18 〔制度〕中山文科相、「ゆとり教育」転換を示唆　中山成彬文部科学相は、子どもたちの学力低下問題に関して、国語や算数などの基本的な教科の授業時間確保のため、総合学習の時間削減や土曜日の活用などについて述べ、「ゆとり教育」の路線の転換を示唆した。

1.28 〔政策〕中教審、幼児教育・高等教育について答申　中央教育審議会は「子どもを取り巻く環境の変化を踏まえた今後の幼児教育の在り方について」「我が国の高等教育の将来像」を答申した。子どもの最善の利益を考えた幼児教育と、大学助教授を「准教授」とする教員組織の見直し・短大卒業生への「短期大学士」の学位の付与等を含む今後の高等教育についての在り方を示した。

1.31 〔法令〕「高卒認定試験規則」制定　「高等学校卒業程度認定試験規則」を制定。「高卒認定試験」は大学入学資格検定に代わり、2005年度から実施。

2.2 〔社会〕文化審議会、常用漢字見直しを提言　文化審議会の国語分科会は、パソコン・携帯電話の急速な普及などによる情報化を踏まえて、常用漢字表の見直しを提言する報告書を提出した。「手書き」の重要性や、敬語の使い方の指針作成についても言及した。文化庁は国立国語研究所に、漢字の使用頻度や固有名詞の使われ方

などの実態調査を依頼。

2.14 〔事件〕寝屋川市立中央小教職員殺傷事件　大阪府寝屋川市立中央小学校に卒業生の17歳の少年が侵入、刺し身包丁で教職員3人に切りつけ、男性教師1人が死亡、女性教職員2人が重傷を負った。職員室にいた少年は殺人未遂容疑で現行犯逮捕された。在学中いじめに遭った時に助けてくれなかったとして元担任への恨みなどを供述。精神鑑定後、6月15日大阪家庭裁判所に送致。判断能力があり悪質だとして検察官送致され、8月8日起訴された。少年は精神鑑定で特定不能の広汎性発達障害と診断されていた。

2.15 〔制度〕中山文科相、学習指導要領の見直しを要請　中山成彬文部科学相は、第3期中央教育審議会の初めての総会で、学習指導要領全体の見直しを要請。具体的には国語力育成や理数教育の充実、総合学習の削減や土曜日・長期休業日の活用による授業時間数の増加、教科の指導方法などの検討課題を挙げた。

2.25 〔活動〕中教審、義務教育特別部会を設置　中央教育審議会が義務教育特別部会を設置。義務教育費の国庫負担制度の存廃など義務教育全般について議論する。地方6団体から選ばれることになっている委員3人は未定のままスタート。

3.3 〔設立〕初の株式会社運営の中高一貫校が認可　岡山県御津町で、全国初の株式会社運営による中高一貫校が認可される。2004年に朝日塾中学校を開校、2007年に高等学校を開校して、朝日塾中学高等学校となる。構造改革特区を利用した、学習指導要領に捉われない独自のカリキュラムを採用。2010年学校法人認可を申請。

3.11 〔出版〕文科省、文部科学白書『「生きる力」を支える心と体』刊行　文部科学省は、2004年度版文部科学白書『「生きる力」を支える心と体』を国立印刷局から刊行。

3.16 〔人事〕中教審義務教育特別部会に地方代表が初参加　中央教育審議会義務教育特別部会の第2回会合が開催され、地方代表が初参加した。地方代表委員は石井正弘岡山県知事、増田昌三高松市長、山本文男全国町村会長（福岡県添田町長）の3人。

3.25 〔社会〕「愛・地球博」開幕　2005年日本国際博覧会「愛・地球博」が開幕（～9月25日）。財団法人2005年日本国際博覧会協会が主催。環境問題を前面に打ち出し、「自然の叡智」をテーマとした。

3.26 〔制度〕文科省、学校選択制についての調査結果発表　文部科学省は、学校選択制についての初の実態調査の結果を公表。小中学校では全国の約1割の自治体が導入していることが判明。小学校は227自治体（8.8％）、中学校は161自治体（11.1％）。うち、すべての学校から選べる自由選択制を採用しているのは小学校で31自治体、中学校で45自治体。

4.5 〔制度〕文科省、中学校教科書検定結果を公表　文部科学省は次年度から使われる教科書の検定結果を公表した。前年までの小学校・高校に続き、中学校でも学力低下に配慮した学習指導要領の範囲を超える「発展的学習」を導入し、数学の「解を求める公式」、理科の元素周期表などが復活した。

4.5 〔制度〕韓国、日本の教科書の竹島の記述に「憂慮」表明　韓国外交通商省は、日本の教科書検定結果に関して声明を発表し、一部の公民教科書に竹島（韓国名・独島）が日本の領土であり韓国が不法占拠していると明記されていることに「深刻な憂慮」を表明した。

4.22　〔制度〕小中学生、学力改善傾向　文部科学省は、2004年1～2月に実施された小学5、6年生と中学生を対象とした「学力テスト（教育課程実施状況調査）」の結果を公表した。「ゆとり教育」世代初の調査となる。前回の2002年と同一の問題では約43％が前回より正答率が高かった反面、国際学力調査で指摘されたのと同じく記述式問題が弱いなどの点が見られた。

4.26　〔裁判〕君が代斉唱拒否の教師らの減給取り消し　入学式や卒業式で君が代斉唱を拒否した北九州市の小中学校の教職員が、処分の取り消しなどを求めた訴訟で、福岡地方裁判所は、国歌斉唱の指導は違憲ではないが減給は重すぎるとして減給処分を取り消した。戒告以下の処分取り消しと慰謝料請求は棄却。

6.10　〔法令〕「食育基本法」成立　「食育基本法」が成立。国民が健全な心身を培い、豊かな人間性をはぐくむため、食育に関する施策を総合的かつ計画的に推進すること等を目的とする。6月17日公布、7月15日施行。施行に伴い、棚橋泰文科学技術担当相が食品安全とともに「食育」担当を兼務。

6.10　〔事件〕山口県立光高校爆発事件　山口県光市の山口県立光高校で、授業中の3年生の教室内に、別のクラスの3年生の男子生徒がガラス瓶に入った爆発物に火をつけて投げ込んだ。生徒58人が負傷（うち重傷1人）。生徒は傷害容疑で現行犯逮捕。いじめによる同級生への恨みがあったなどと供述。爆発物作成にネット情報を参考にしたとされるため、6月14日、政府はインターネット上の違法・有害情報対策に取り組むことを決定。7月12日山口家庭裁判所に送致、8月4日少年院送致を決定。

6.18　〔政策〕文科省、「義務教育改革に関する意識調査」結果発表　文部科学省は「義務教育改革に関する意識調査」の結果を発表。見直しが論議されている総合学習については、不要とする教師は小学校では4割以下にとどまっているのに対し、中学校では6割に達し、現場での取り組みの難しさを示した。

6.21　〔設立〕萩国際大学、民事再生法申請　山口県萩市の萩国際大学、民事再生法の適用を申請。同大学では1999年の開校から大幅な定員割れが続き、経営難に陥っていた。学校法人の定員割れによる民事再生法申請は初。

6.28　〔事件〕中国、日本人学校の社会科副教材を没収　中国遼寧省大連市の大連日本人学校が新学期に合わせて日本から取り寄せた小・中学生用の社会科資料集などの副教材が、大連税関の検閲によって差し押さえられていたことが判明した。大連税関は、中国と台湾を色分けしている部分が「中国の国内法に反する」として罰金を科し、一部を没収した。

7.15　〔法令〕「学校教育法」一部改正　「学校教育法の一部を改正する法律」が成立。大学・高等専門学校の助教授を「准教授」、教育・研究を職務とする助手を「助教」とすること、短期大学卒業者に「短期大学士」の学位を与えることなどが盛りこまれる。

7.22　〔法令〕「文字・活字文化振興法」成立　国民の活字離れなどを受け超党派議員による「活字文化議員連盟」が提出した「文字・活字文化振興法」が成立。国民が広く読書に親しめる環境を作るため、地方自治体には必要な数の公立図書館の設置や、学校における司書教諭・学校司書の配置、資料の充実などの体制整備を求める。7月29日公布、同日施行。

9.5　〔政策〕中教審、大学院教育について答申　中央教育審議会は「新時代の大学院教

育」(中間報告)を答申した。「国際的に魅力ある大学院教育の構築に向けて」として大学院教育の展開についての方策、改革を推進するための計画を示した。

9.6 〔裁判〕山形マット死事件民事訴訟、遺族側の勝訴確定　山形県新庄市立明倫中学校で1993年1月に起きた「マット死事件」の損害賠償を求めた民事訴訟で、最高裁判所は元生徒側の上告を棄却、2審の遺族側の逆転勝訴判決が確定した。少年審判で無罪にあたる不処分となった3人を含む7人全員の関与を認め、計約5760万円の支払いを命じた。

10.3 〔事件〕慶大教授ら、科研費不正受給　文部科学省と厚生労働省が交付する科学研究費補助金(科研費)について、慶応義塾大学医学部教授らが計約8500万円を不正に受給していたことが、会計検査院の調査で判明。科研費の不正受給についての会計検査院の指摘は初。10月4日慶応大学は陳謝してこの教授を停職3カ月の処分とし、不正受給分を国に返還するとした。

10.26 〔制度〕中教審、義務教育費国庫負担制度の維持について答申　中央教育審議会は「新しい時代の義務教育を創造する」を答申した。国と地方公共団体に関する行財政を見直す「三位一体の改革」の焦点となる義務教育費国庫負担金制度について、国の負担率を2分の1として、現行制度の存続を明記した。義務教育費国庫負担金については、中教審の義務教育特別部会が存続と廃止して地方に税源を移す一般財源化との両論を併記して総会に報告しており、10月18日の特別部会での答申案決定、この日の総会での正式決定はともに異例の多数決による決定。地方代表委員3人は修正案を提案していた。

10.31 〔人事〕小坂憲次、文部科学大臣に就任　第3次小泉改造内閣が発足。小坂憲次が文部科学大臣に就任、初入閣。

11.30 〔制度〕政府・与党、義務教育費の国庫負担率引き下げで合意　政府と与党(自民党・公明党)は、義務教育費の国庫負担率を2分の1から3分の1に引き下げることで決着し、「三位一体の改革」の合意文書に「国庫負担制度堅持」と明記した。8500億円の削減となる。12月24日の閣議で引き下げ決定。

12.1 〔裁判〕横浜教科書訴訟、執筆者敗訴が確定　高校の「現代社会」の教科書執筆者の高嶋伸欣琉球大学教授が、違法な検定で教科書執筆を断念させられたとして国に賠償を求めた「横浜教科書訴訟」で、最高裁判所は、検定制度は合憲として上告を棄却、2審の教授側逆転敗訴判決が確定した。

12.5 〔法令〕安倍官房長官、「教育基本法」改正へ意欲　安倍晋三官房長官は、「教育基本法」改正について、2006年の通常国会への提出・成立を目指す意欲を示した。

12.8 〔政策〕中教審、「特別支援教育」について答申　中央教育審議会は「特別支援教育を推進するための制度の在り方について」を答申した。障害のある幼児児童生徒一人一人に適切な指導及び必要な支援を行うために、盲・聾・養護学校を障害種別を超えた「特別支援学校」とすること、これまでの「特殊教育」制度が対象としてこなかった「軽度発達障害」の子どもへの支援を行うことなどが盛り込まれた。

12.10 〔事件〕宇治学習塾女児殺害事件　京都府宇治市の学習塾「京進宇治神明校」内で、同志社大学生のアルバイト講師が、生徒の小6女児を刺殺。刺した講師は自分で110番通報し、殺人未遂容疑で現行犯逮捕された。女児とは折り合いが悪く、事前に包丁を購入し他の生徒を別室に行かせて教室のモニターの電源を切るなど、最初から

殺意があったと供述。12月28日容疑者を殺人と銃刀法違反で起訴。

2006年
(平成18年)

1.11　〔裁判〕連続幼女殺人事件で死刑判決　最高裁判所は連続幼女殺人事件で、被告の完全責任能力を認め、上告を棄却、死刑確定。2008年6月17日執行。

1.17　〔政策〕文科省、「教育改革のための重点行動計画」発表　文部科学省は「教育改革のための重点行動計画」を発表。2005年10月26日の中教審答申「新しい時代の義務教育を創造する」、11月30日の三位一体改革についての政府・与党合意に基づき、「国際社会の中で活躍できる心豊かでたくましい人づくり」を目指し、どの子どもにも豊かな教育を与えられるようにするため取り組むべき施策をまとめたもの。

1.21　〔制度〕大学入試センター試験、英語リスニングでトラブル多発　大学入試センター試験が全国721会場で行われた（22日まで）。今回初実施となる英語のリスニングテストでは、機器の接触不良などのトラブルが相次ぎ、使用したICプレーヤーが不良だったとして全国で461人が再テストを受けた。1月23日小坂憲次文部科学相が記者会見で陳謝した。

2.7　〔裁判〕教研集会会場訴訟、組合側の勝訴確定　広島県教職員組合が1999年に申請した呉市立中学校での教育研究集会が不許可となったことにより、組合が呉市に損害賠償を求めた裁判で、最高裁判所は「不許可処分は裁量権の逸脱」として呉市側の上告を棄却、組合側の勝訴判決が確定した。

2.28　〔事件〕学校法人理事長、補助金不正受給で逮捕　北海道札幌市の浅井学園の耐震補強工事のための補助金不正受給問題で、浅井学園前理事長らが背任容疑で逮捕された。前理事長の自宅改修費に不正に流用したもの。前理事長は2005年12月に理事長職を辞任、学園側は加算金を加えた約8000万円を文部科学省に返還した。

3.17　〔出版〕文科省、文部科学白書『教育改革と地域・家庭の教育力の向上』刊行　文部科学省は、2005年度版文部科学白書『教育改革と地域・家庭の教育力の向上』を国立印刷局から刊行。

3.27　〔制度〕中教審、小学校英語必修化について提言　中央教育審議会外国語専門部会は、小学5年生から英語を必修にすべきという報告書をまとめた。グローバル化が進みアジア各国で小学校段階の必修化が相次いでおり、英語によるコミュニケーション能力の育成が不可欠として、道徳や特別活動、総合学習の中などで平均週1回（年間35時間）程度の英語教育を行うように提言した。9月27日伊吹文明文部科学相は「必修化は不要」との見解を示した。

3.30　〔政策〕文科省、「学校評価ガイドライン」「大学院教育振興施策要綱」発表　文部科学省は、学校評価の目的・方法等を示した「義務教育諸学校における学校評価ガイドライン」と、大学院教育の充実・強化のための「大学院教育振興施策要綱」を発表した。

4.4 〔事件〕受験生の合否漏洩含む個人情報が流出　北海道札幌市の北海道武蔵女子短期大学で、2004年度受験生約1000人の住所・氏名・合否結果などの個人情報が、システム開発会社の社員の自宅パソコンからファイル交換ソフトを介してネット上に流出したことが判明した。

4.13 〔法令〕与党、「教育基本法」改正案を決定　与党の自民党・公明党両党は、「教育基本法」改正に関する協議会を開き、与党案を正式決定。「愛国心」のほか、教育の目標などの項目を含む。

4.28 〔法令〕「教育基本法」改正案閣議決定　政府は「教育基本法」改正案を閣議決定し、国会へ提出。4月13日の与党合意に基づき、「伝統と文化を尊重し、それらをはぐくんできた我が国と郷土を愛するとともに、他国を尊重し、国際社会の平和と発展に寄与する態度を養うこと」と明記した。

6.9 〔法令〕「認定こども園法」成立　「就学前の子どもに関する教育、保育等の総合的な提供の推進に関する法律(認定こども園法)」成立。幼稚園と保育所の機能を併せ持つ「認定こども園」の整備を目指す。6月15日公布、10月1日施行。

6.21 〔法令〕「学校教育法」一部改正　「学校教育法の一部を改正する法律」が成立。2005年12月8日の中教審答申「特別支援教育を推進するための制度の在り方について」を踏まえ、盲・聾・養護学校を特別支援学校とし、教員の免許状を改めて、小中学校等における特別支援教育を推進する。

6.23 〔事件〕早大教授、研究費不正受給　早稲田大学は、内部告発で覚した理工学部教授の研究費不正受給に関して、私的流用していたとする中間報告を発表した。7月12日企業との間で架空取引があった可能性が高いとする調査結果を発表。2006年12月早稲田大学はこの教授を退職勧告付きの停職処分とし、既に提出されていた辞表を受理した。

7.11 〔制度〕中教審、教員免許更新制について答申　中央教育審議会は「今後の教員養成・免許制度の在り方について」を答申した。教員免許の有効期限を10年間とし、期限切れ前の講習を義務付ける教員免許の更新制の導入、現職教員や卒業生を対象にした教職大学院の創設を提言した。

7.31 〔事件〕ふじみ野市大井プール事故　埼玉県ふじみ野市の市営ふじみ野市大井プールで、小2女児が吸水口に吸い込まれて死亡した。外れた吸水口のふたが針金で固定されるなど施設の点検や、監視員への教育のずさんさが問題となった。政府は関係省庁連絡会議を開き、8月10日全国のプール管理者に緊急点検を指示。11月16日市職員と管理業者を業務上過失致死容疑で書類送検。

8.17 〔政策〕君が代斉唱巡り自殺の校長、公務災害認定　1999年2月に起きた広島県立世羅高校の校長の自殺は、卒業式での日の丸・君が代の対応に悩んだことによるものとして、公務災害と認定した。2004年2月に遺族が地方公務員災害補償基金広島県支部に認定を請求していた。

9.21 〔裁判〕国旗・国歌訴訟、強制は違憲、教職員ら勝訴　卒業式や入学式で日の丸に向かって起立し君が代を斉唱するよう義務付けた東京都教育委員会の通達に対して、教職員が従う義務がないことを求めた訴訟で、東京地方裁判所は、強制は違憲で、従う義務がないことを確認し、東京都と東京都教育委員会に賠償を命令した。9月29日東京都と東京都教育委員会が控訴。

9.21 〔社会〕文科省、「スポーツ振興基本計画」改定　文部科学省は、2000年9月に策定した「スポーツ振興基本計画」の改定版を告示した。子どもの体力の向上を目指す。

9.22 〔事件〕阪大教授、論文捏造　大阪大学大学院生命機能研究科の研究グループが米国の科学雑誌に発表した論文を取り下げ、共著者の男性助手が自殺した問題で、同研究科の研究公正委員会は論文責任者の教授が単独でデータを改竄して投稿したとの報告を発表した。教授は不正の一部を認めたが、反省の色が見られないとして12月20日大阪大学はこの教授を懲戒解雇した。

9.26 〔人事〕伊吹文明、文部科学大臣に就任　安倍内閣が発足し、伊吹文明が文部科学大臣に就任。

9.29 〔法令〕安倍首相、「教育基本法」早期改正に言及　安倍晋三首相は、所信表明演説で「教育基本法」の早期改正に言及した。

10.1 〔事件〕子どものいじめ自殺事件相次ぐ　2005年9月北海道滝川市の小学校の教室で起きた小6女児の自殺が、いじめを苦にしたものだったことが判明。10月5日滝川市教育委員会は従来の見解を一転していじめを認めた。10月11日の福岡県筑前市の中2男子生徒、10月23日の岐阜県瑞浪市の中2女子生徒など、各地でいじめを苦にした子どもの自殺が相次ぐ。10月19日文部科学省は緊急会議を開き、都道府県教育長らにいじめの兆候の把握を求めて通知。10月30日安倍晋三首相は、文部科学省の調査ではいじめ自殺が1999年度以降は「なし」となっていることで統計に不備があると認めた。

10.4 〔政策〕文科省、「幼児教育振興アクションプログラム」発表　文部科学省は、2005年1月28日の中教審答申「子どもを取り巻く環境の変化を踏まえた今後の幼児教育の在り方について」を踏まえ、幼稚園教諭の増員など幼稚園の教育機能の充実を目指した「幼児教育振興アクションプログラム」を発表した。

10.10 〔政策〕「教育再生会議」の設置を決定　政府は、教育改革を議論する安倍晋三首相の諮問機関「教育再生会議」の設置を閣議決定した。座長はノーベル化学賞受賞者の野依良治理化学研究所理事長、委員には全寮制の男子中高一貫校を創設した張富士夫トヨタ自動車会長、「百ます計算」など独特の指導で知られる陰山英男立命館大学教授、「ヤンキー先生」として有名な義家弘介横浜市教育委員会委員、「教育基本法」見直しを唱えた浅利慶太劇団四季代表などが入った。10月18日に初会合開催。

10.20 〔裁判〕大学前納金返還訴訟、「AO入試」は認めず　一般入試より前に行なわれる「AO入試」で早稲田大学に合格した後入学を辞退した元受験生が入学金や授業料の返還を求めた訴訟で、最高裁判所は上告を棄却。

10.24 〔制度〕高校履修不足問題が発覚　富山県立高岡南高校で、3年生全員が必修の世界史などを履修していないことが判明した。学習指導要領に反し、大学入試に必要な科目だけの選択を認めていた。履修単位不足は全国各地の高校で発覚し、11月22日文部科学省は公私立計663校(12.3％)、生徒数10万人以上(9％)と調査結果を発表した。

10.30 〔事件〕高校履修不足問題で校長が自殺　茨城県大子町の山林で茨城県立佐竹高校の校長が死亡しているのが発見された。履修単位不足問題が原因の自殺と見られる。11月6日には愛媛県立新居浜西高校の校長が同様の自殺。

10.31 〔政策〕教育改革タウンミーティングで「やらせ質問」発覚　9月2日に青森県八戸市で開かれた政府主催の「教育改革タウンミーティング」で、青森県教育委員会が内閣府の指示を受け、「教育基本法」改正案に賛成する立場から質問するよう関係者に依頼した疑いがあることが判明。11月27日内閣府と文部科学省は8回のうち6回「やらせ質問」に関与していたと認める調査結果を提出した。

11.1 〔制度〕高校履修不足問題の救済策発表　政府と与党（自民党・公明党）は、高校の履修単位不足問題で、補習の上限を70回とし、未履修が70回以下の場合は50回程度、未履修が70回を超える場合はリポート提出などで単位取得を認めるとした救済策で合意した。11月2日文部科学省が救済策を都道府県知事・教育委員会などに通知。

11.6 〔事件〕いじめ自殺予告手紙が届く　文部科学省は、伊吹文明文部科学相あてに「いじめで11月11日に自殺する」と自殺を予告する手紙が届いていることを明らかにした。11月7日伊吹文科相は自殺を思いとどまるよう呼び掛ける異例のメッセージを出した。2006年末までに50通以上のいじめ自殺予告手紙が文部科学省に届いた。

11.8 〔社会〕文化審議会、敬語についての指針を作成　文化審議会の国語分科会は、「尊敬語」「謙譲語」「丁寧語」の3分類を5分類とするなど、敬語についての考え方や具体的な使い方をまとめた「敬語の指針」を作成した。文化庁が意見募集を開始（〜12月7日）。

11.12 〔事件〕いじめ問題で校長が自殺　福岡県北九州市の北九州市立皿倉小学校の校長が死亡しているのが発見された。自殺と見られる。皿倉小では小5の女児2人への複数の生徒のたかりを把握しながら、いじめとして対応していなかったことで、校長が11月11日に会見で陳謝していた。

11.17 〔政策〕伊吹文科相、「文部科学大臣からのお願い」発表　伊吹文明文部科学相、いじめ根絶アピールとして「文部科学大臣からのお願い」を発表。子どもたちには「けっして一人ぼっちじゃない」「きっとみんなが助けてくれる」、保護者には「子どもとの対話を」と訴えた。この種のアピールは1996年以来10年ぶり。

11.27 〔裁判〕大学前納金返還訴訟、3月中辞退なら授業料返還との判決　私立大学に合格後入学辞退した元受験生人が各校に入学金や授業料の返還を求めた16件の訴訟で、最高裁判所は、2002年4月の消費者契約法施行以降の入試で3月末までに入学を辞退した場合、原則として授業料を返還するように大学側に命じた。入学金の返還は認められなかった。

11.29 〔政策〕教育再生会議、いじめ問題で緊急提言発表　教育再生会議は、第3回会合を開き「いじめ問題への緊急提言」を発表した。「いじめは反社会的な行為として絶対許されない」との認識を強調し、学校にいじめをした子どもに対する指導を徹底すること、放置・助長した教員も懲戒処分の対象とすることなどを明記した。

12.4 〔事件〕小学校教師が事故死の子どもの写真をホームページに無断掲載　交通事故死した子どもの写真と遺族を侮辱するコメントが、インターネットのホームページ上に無断で掲載されていたことが判明。遺族らはホームページを制作した東京都あきる野市の小学校教師の男を侮辱と「児童ポルノ処罰法」違反の容疑で告訴。

12.15 〔法令〕改正「教育基本法」成立　安倍内閣が最重要課題と位置付けてきた、前文に「愛国心」を盛り込んだ改正「教育基本法」が成立。9年の義務教育年限を削除し、6・3制の変更も対象とした。「教育基本法」の改正は1947年の制定以来初。12

12.27　〔事件〕**東大教授、論文捏造疑惑で懲戒解雇**　東京大学大学院工学系研究科の教授らによる論文不正疑惑について、捏造と断定はできなかったものの、論文に信憑性は認められず、東京大学は「科学の信頼を損ねる行為によって、大学の名誉と信用を傷つけた」として、この教授と共同研究者の助手の2人を懲戒解雇したと発表した。研究不正にからむ懲戒解雇処分は東大では初。

2007年
（平成19年）

1.20　〔制度〕**大学入試センター試験**　大学入試センター試験が全国735会場で行われた（21日まで）。4年ぶりに志願者が増加し、55万3352人となった。履修単位不足が明らかになった現役高校3年生は、直前まで補習に追われる中の受験となった。前回初めて実施された英語リスニングは今回も不調が見られた。

1.24　〔制度〕**教育再生会議、「社会総がかりで教育再生を」（第1次報告）発表**　教育再生会議は「社会総がかりで教育再生を─公教育再生への第一歩」（第1次報告）を発表した。「ゆとり教育」を見直し、学力向上のため授業時間数を10％増加させること、いじめや暴力を振るう子どもに出席停止制度を活用するなど厳しく対処すること、民間教員の採用・教員免許更新制の導入などを盛りこむ。

1.24　〔制度〕**給食費、小中学校9万9000人、22億円滞納**　文部科学省の実態調査で、2005年度の全国の小中学校での給食費の滞納は、全体の1％にあたる9万8993人で計22億2963万円に上ることが判明した。保護者の経済的な問題より、責任感や規範意識の欠如によるものが大きいと見られる。

1.26　〔制度〕**安倍首相、教育再生を明言**　安倍晋三首相は、施政方針演説で教育再生を内閣の最重要課題として、改正された「教育基本法」を踏まえて公教育の再生に取り組むことを強調した。「ゆとり教育」の見直し、学習指導要領の改訂、教員免許更新制の導入、教育委員会改革などを行う考えを示した。

1.30　〔政策〕**中教審、青少年の育成について答申**　中央教育審議会は「次代を担う自立した青少年の育成に向けて─青少年の意欲を高め、心と体の相伴った成長を促す方策について」を答申した。委員からは「教育の政治的な中立性確保が重要」などと政府主導の教育改革を批判する発言も見られた。

2.1　〔事件〕**いじめ加担生徒、自殺**　千葉県松戸市で中2男子生徒がマンションから飛び降り死亡。自殺と見られる。前日に数人で同級生の生徒を殴って重傷を負わせ、教師から注意されて被害生徒に謝罪していた。自殺した生徒も部活動の際のいじめを訴えていた。

2.2　〔制度〕**文科省、体罰についての解釈見直し**　文部科学省は、「問題行動を起こす児童生徒に対する指導について」別紙で体罰についての考え方をまとめた。体罰に関する許容範囲の見直しを求めた教育再生会議の第1次報告や深刻ないじめが多発し

ていることを受け、起立指示や居残り指導など、肉体的に苦痛が伴わないものは体罰ではないとした。2月5日都道府県・政令市教育長らに通知。

2.27 〔裁判〕君が代ピアノ拒否訴訟、命令は合憲、教師側の上告を棄却　東京都日野市の市立小学校の入学式で「君が代」のピアノ伴奏を求めた職務命令を拒否したことにより受けた懲戒処分取り消しを求めた訴訟で、最高裁判所は、思想・良心の自由を侵害しないとして職務命令を合憲と判断、原告女性教師側の上告を棄却した。

3.6 〔裁判〕宇治学習塾女児殺害事件で、元講師に懲役18年の判決　2005年12月10日京都府宇治市の学習塾「京進宇治神明校」内で講師が生徒を刺殺した事件で、京都地方裁判所は被告に懲役18年を言い渡した。求刑は無期懲役だったが、精神鑑定で発達障害のアスペルガー症候群と診断され減軽された。3月19日京都地検が控訴、20日弁護側も控訴。

3.10 〔法令〕中教審、教育関連3法改正について答申　中央教育審議会は「教育基本法の改正を受けて緊急に必要とされる教育制度の改正について」を答申し、教育関連3法の改正案を了承した。国による教育委員会への勧告・指示については異例の賛否両論併記となった。国による都道府県教育長の任命承認権と教育委員会による私学への指導は否定した。

3.20 〔活動〕日本経団連、「少子化問題への総合的な対応を求める」提言を公表　日本経団連は「少子化問題への総合的な対応を求める」提言を公表した。出産退職者に対する再就職支援の拡充について、官民ともに各種の費用を助成する仕組みを作る必要があることなどを示した。

3.23 〔出版〕文科省、文部科学白書『教育再生への取組/文化芸術立国の実現』刊行　文部科学省は、2006年度版文部科学白書『教育再生への取組/文化芸術立国の実現』を国立印刷局から刊行した。

3.29 〔制度〕中教審、教員給与について答申　中央教育審議会は「今後の教員給与の在り方について」を答申した。教員が適切に評価され、教育活動が活性化されるため、教員給与について具体的な見直し案を提言した。

4.1 〔制度〕大学に「准教授」「助教」誕生　2005年7月15日に成立した改正「学校教育法」施行。大学・高等専門学校の助教授は「准教授」、助手は教育・研究を職務とする者は「助教」、研究補助や事務を職務とする者は「助手」となった。

4.13 〔制度〕高校生、学力改善方向　文部科学省は、2005年11月に実施された「ゆとり教育」で学んだ高校3年生を対象とした「学力テスト（教育課程実施状況調査）」の結果を公表した。記述式の苦手傾向は変わらないが、理数科目や英語のリスニングは前回より好転した。

4.24 〔制度〕全国学力テスト実施　国公私立の約3万2700校の小中学校で、小6・中3の全児童・生徒233万人を対象とした「全国学力・学習状況調査（全国学力テスト）」が実施された。国語と算数・数学の2科目で、それぞれ知識力と知識活用力を問う。全児童を対象とするテストは43年ぶり。テストに参加しなかったのは私立では4割弱、公立では愛知県犬山市のみ。30校が学級・学校閉鎖により実施できなかった。

5.25 〔法令〕「児童虐待防止法」「児童福祉法」一部改正　「児童虐待の防止等に関する法律及び児童福祉法の一部を改正する法律」が成立。虐待のおそれがある場合、都

道府県知事による親の出頭要求、児童相談所の強制立ち入り、親への接近禁止命令を認めることなどを盛り込んだ。6月1日公布、2008年4月1日施行。

5.25 〔法令〕「少年法」「少年院法」一部改正　「少年法等の一部を改正する法律」が成立。刑事責任を問えない14歳未満の「触法少年」について、警察の強制調査権を認め、少年院送致の下限年齢を12歳に引き下げることなどを盛り込んだ。6月1日公布、11月1日施行。

5.27 〔活動〕日本経団連、「教育と企業の連携推進に向けて」を公表　日本経団連は「教育と企業の連携推進に向けて」(中間まとめ)を公表。学校経営や授業の改善に向けて教育と企業の連携を強化することを目指す。

6.1 〔政策〕教育再生会議、「社会総がかりで教育再生を」(第2次報告)発表　教育再生会議は「社会総がかりで教育再生を—公教育再生に向けた更なる一歩と『教育新時代』のための基盤の再構築」(第2次報告)を発表した。授業時間数増のための土曜授業の復活、道徳に代わって「徳育」を教科として新設すること、大学の9月入学導入などを盛り込む。

6.7 〔事件〕学生・生徒の自殺過去最多　2006年の全国の自殺者は3万2155人で、9年連続で3万人を超えたことが警察庁のまとめで判明。全体では減ったが、60歳以上と19歳以下がふえ、うち学生・生徒・児童は2.9%増の886人で、統計を取り始めた1978年以降最多となった。

6.20 〔法令〕教育関連3法「学校教育法」「地方教育行政法」「教育職員免許法」一部改正　「学校教育法等の一部を改正する法律」「地方教育行政の組織及び運営に関する法律の一部を改正する法律」「教育職員免許法及び教育公務員特例法の改正法」が成立。愛国心を義務教育の目標に規定すること、副校長等の新設、国の教育委員会への指示権と是正要求権新設、教員免許の有効期間10年の更新制導入などの内容が含まれる。6月27日公布。

7.26 〔事件〕給食に産地偽装牛肉　香川県丸亀市で、オーストラリア産牛肉を国産と偽って学校給食に納入されていたことが判明した。農林水産省中国四国農政局は、「牛肉トレーサビリティー法」違反で、食肉卸売業者に行政指導、小売店には是正勧告を行なった。

8.3 〔事件〕給食に牛ミンチ偽装も　農林水産省は、牛ミンチに豚などを混ぜる偽装が明らかになっていた北海道苫小牧市の食肉加工卸会社「ミートホープ」の牛ミンチが、北海道をはじめ22道府県で給食に使用されていたことを発表。健康被害は報告されていない。

8.9 〔制度〕不登校中学生過去最高　文部科学省の学校基本調査速報で、30日以上欠席した「不登校」の小中学生が5年ぶりに増加し、中学生は「35人に1人」の2.86%で1991年の調査開始以来最高となったことが判明した。通信制高校や通信制での高校卒業資格取得を支援するサポート校も大幅に増加している。

8.9 〔制度〕大学・短大進学率5割超す　文部科学省の学校基本調査速報で、2007年度の高校卒業者の大学・短大への進学率は51.2%で初めて5割を超えたことが判明した。志願者に対する入学者の割合は90.5%で、2007年に到来すると予測されていた志願者数と入学者数が同じになる「大学全入時代」は数年先になる見通し。

8.27 〔政策〕文科省、学校評価の在り方について報告　文部科学省は「学校評価の在り方と今後の推進方策について」(第1次報告)をまとめた。自己評価の充実と学校関係者評価(外部評価)の着実な導入についての検討結果が報告された。

9.17 〔事件〕滝川高校いじめ自殺事件で、同級生を恐喝未遂容疑で逮捕　兵庫県神戸市の私立滝川高校で、この年7月に校舎から飛び降り自殺した高3男子生徒から金を脅し取ろうとしたとして、同級生を恐喝未遂容疑で逮捕した。被害生徒は金を要求されていたことを苦に自殺したと見られている。

9.26 〔人事〕渡海紀三朗、文部科学大臣に就任　福田内閣が発足し、渡海紀三朗が文部科学大臣に就任。安倍内閣からの再任が多い中の二人だけの新任閣僚の一人で、初入閣。

10.24 〔制度〕文科省、全国学力テストの結果を公表　文部科学省は、この年の4月に43年ぶりに実施した全国学力・学習状況調査(全国学力テスト)の結果を公表した。平均正答率は基礎知識については7〜8割だったが、活用力を問う問題については6〜7割で課題が残り、経済協力開発機構(OECD)の「国際学習到達度調査(PISA)」でも指摘された表現力・思考力が苦手な傾向が確認された。トップは秋田で最下位は沖縄。

10.29 〔活動〕経済同友会、「国民生活の向上と市場創造の実現に向けて」発表　経済同友会は「国民生活の向上と市場創造の実現に向けて」で農業・林業・教育・医療・保育の5分野の規制緩和について提言。教育に関しては、個性ある学校運営を実現し、新たな変革を起こすことができる人材の育成を実現することを提唱し、校長の権限を強化するとともに、保護者や児童・生徒による教職員の評価を反映する仕組みを設けるよう求めた。

10.30 〔制度〕中教審、学習指導要領について報告　中央教育審議会教育課程部会は、学習指導要領についての中間報告をまとめた。小中学校の理科等の主要教科と体育の授業時間数を約1割増やし、英語の小5からの必修、総合学習の削減等を盛り込み、「ゆとり教育」の見直しを行なうものとなった。

11.1 〔制度〕教科書検定で沖縄集団自決記述の復活申請　高校日本史の教科書の検定で沖縄戦の集団自決を日本軍が強制したという記述を修正・削除した問題で、教科書会社5社のうち東京書籍と実教出版が文部科学省に訂正を申請した。2日には清水書院と山川出版、8日には三省堂が訂正申請を提出し、5社すべてが訂正を申請した。9日検定意見が付けられなかった第一学習社も訂正申請を提出。

11.8 〔事件〕大学生大麻汚染　関東学院大学ラグビー部の寮内で大麻を栽培していたとして、ラグビー部員の3年生の学生2人が逮捕された。11月9日関東学院大学は3月まで対外試合を自粛、優勝が決まっても辞退と発表。11月29日元部員を起訴。12月3日ほかに部員12人が大麻を吸引していたことが判明し、14日書類送検されが、28日不起訴処分になった。

11.15 〔政策〕文科省、いじめの調査を発表　文部科学省は「児童生徒の問題行動等生徒指導上の諸問題に関する調査」で、2006年度に認知されたいじめの件数は12万4898件、前年度の6倍以上と発表した。これまでの調査といじめの定義を変更し、対象も公立だけでなく国立・私立にも拡大した。自殺した児童・生徒171人のうち「いじめ」が原因と認定されたのは6人だけで、遺族からは疑問の声も上がった。

11.20 〔社会〕日本経団連、「子育てに優しい社会作りに向けて」提言を公表　日本経団連は「子育てに優しい社会作りに向けて—地域の多様なニーズを踏まえた子育て環境整備に関する提言」を公表。事業所内保育施設の設置・運営、男性の育児参加の推進、多様な子育て支援サービスの整備などを提言した。

11.27 〔制度〕大学設置審議会、教職大学院の設置を答申　大学設置・学校法人審議会は、2008年度からの教職大学院19校開設などを渡海紀三朗文部科学相に答申した。当初予定されていた21校のうち2校が準備不足のため申請を取り下げ、開設を認められた19校すべてに専従の教員数不足や実習の免除基準の明確化などの「留意事項」が付けられた。

12.14 〔事件〕大学入試センター試験の問題盗難　大学入試センターは、次年度のセンター試験の問題作成のための資料が入ったパソコンが盗難にあったため、一部問題を差し替えると発表した。施設外に資料を持ち出すことはセンターの内規違反で、理事長が給与の10分の1を3カ月間自主返納する。

12.25 〔政策〕教育再生会議、「社会総がかりで教育再生を」(第3次報告)発表　教育再生会議は「社会総がかりで教育再生を—学校、家庭、地域、企業、団体、メディア、行政が一体となって、全ての子供のために公教育を再生する」(第3次報告)を発表した。首相交代もあり、全体にトーンダウン。

12.26 〔制度〕教科書に沖縄集団自決記述復活　文部科学相の諮問機関である教科用図書検定調査審議会は、旧日本軍による沖縄集団自決への関与を認め、教科書会社の訂正申請を承認したが、「強制」の表現を使うことは認めなかった。渡海紀三朗文部科学相は「高等学校日本史教科書に関する訂正申請について」と題した談話で「沖縄戦に関する学習がより一層充実するよう努めていきたい」と発表した。

2008年
(平成20年)

1.2 〔事件〕高卒認定試験で合否ミス　文部科学省は、高校卒業程度認定試験の「世界史A」で採点ミスにより、2005～2007年度に不合格になっていた受験者は80人と発表した。当事者の大学入試センター試験への出願を7日まで延長し、電話連絡(8人連絡取れず)。3月31日誤って不合格と判定されるなどした1901人に、1人当たり最高20万円の和解金を支払うことを発表したが、うち105人が「金額に納得できない」等で和解に同意せず。

1.7 〔制度〕文科省、「学校の危機管理マニュアル」作成　文部科学省は「学校の危機管理マニュアル—子どもを犯罪から守るために」を作成。地域のボランティアとの連携、心肺蘇生の充実などについて記述。

1.17 〔制度〕中教審、「ゆとり教育」の見直しについて答申　中央教育審議会は「幼稚園、小学校、中学校、高等学校及び特別支援学校の学習指導要領等の改善について」を答申した。学習指導要領を改定して小中学校の主要教科と体育の授業時間数を増やし、「ゆとり教育」の見直しを行うという内容。

1.17 〔社会〕中教審、子どもの健康・安全について答申　中央教育審議会は「子どもの心身の健康を守り、安全・安心を確保するために学校全体としての取組を進めるための方策について」を答申した。食育の推進、子どもの安全ための地域社会との連携などについて盛りこむ。

1.19 〔制度〕大学入試センター試験　大学入試センター試験が全国736会場で行われた（20日まで）。利用する大学・短大は前年度を上回り過去最高を更新したが、志願者数は2年ぶりに減少した。英語のリスニングはICプレーヤーの不具合などで不調があり、3年連続で再テストとなった。

1.21 〔事件〕サイバー大学、本人確認怠る　インターネットだけで講義を行うサイバー大学が、学生入学時の本人確認を怠っていたことが判明。文部科学省の大学設置・学校法人審議会は、開学前から、チェック体制を明確にして本人確認をすること、対面式のオリエンテーションを実施することなどを求めていた。本人確認ができていない学生は在校生の約3割の180人。25日文科省が15項目の指導。3月7日サイバー大学は学生6人と連絡取れなかったと発表した。

1.24 〔制度〕中教審、「高大接続テスト」提言　中央教育審議会大学分科会作業部会は「高大接続テスト」（仮称）の新設を求める提言をまとめた。AO入試や推薦で筆記試験を受けずに進学する学生の学力維持のため、「高大接続テスト」（仮称）を新設すること等を盛り込んだ。

1.31 〔政策〕教育再生会議、最終報告　教育再生会議は最後の総会を開き、最終報告を出した。追加提言はなく、これまでの提言を「直ちに実施に取りかかるべき事項」と「検討を開始すべき事項」に分けて報告した。

1.31 〔政策〕文科省、学校評価ガイドラインを改定　文部科学省は改定「学校評価ガイドライン」（指針）を公表した。小中学校から高校にも対象範囲を広げ、小中高校に「学校関係者評価委員会」を設置し、学校の外部評価を「学校関係者評価」と「第三者評価」に分けて行なうことを盛りこむ。

2.19 〔政策〕中教審、生涯学習の振興について答申　中央教育審議会は「新しい時代を切り拓く生涯学習の振興方策について—知の循環型社会の構築を目指して」を答申した。「教育基本法」改正を受け、生涯学習振興の一環として、英検や漢検などの民間業者により実施されている「検定試験」の信頼性を確保するための指針作成などを提言した。

2.25 〔政策〕「教育再生懇談会」の設置を発表　政府は、教育再生会議の後継組織として「教育再生懇談会」の設置を発表した。メンバー10人のうち5人は中央教育審議会の委員で、座長には安西祐一郎慶応義塾塾長が選ばれた。3月25日に初会合開催。

3.25 〔政策〕文科省、幼稚園評価のガイドラインを策定　文部科学省は「幼稚園における学校評価ガイドライン」を策定した。「学校教育法」改正を受け、1月31日改定された「学校評価ガイドライン」の内容に準ずるとともに、子育て支援や預かり保育を行なうなどしている幼稚園の特性を生かすものとする。

3.28 〔制度〕文科省、学習指導要領を告示　文部科学省は新しい「幼稚園教育要領」「小学校学習指導要領」「中学校学習指導要領」を告示した。総則に「愛国心」を盛り込み、脱「ゆとり教育」に向けて主要教科と体育の授業時間を増やすほか、「言語活動の充実」を強調した。

3.31 〔法令〕「義務教育標準法」一部改正　「公立義務教育諸学校の学級編制及び教職員定数の標準に関する法律の一部を改正する法律」成立。小学校の少人数学級を実現するため、主幹教諭を置くなどの教員加算について改正を行なった。

4.1 〔制度〕文科省、全国体力テストの実施を発表　文部科学省は、小5・中2の全児童・生徒を対象とした「全国体力・運動能力、運動習慣等調査（全国体力テスト）」を今年度から毎年実施すると発表した。「全国学力・学習状況調査（全国学力テスト）」のスポーツ版で、全児童・生徒を対象としたスポーツテストは初。50メートル走やボール投げなど8種目で、実施時期は4〜7月。参加は公立で7割、私立は3割で、2万3000校の155万人を調査した。

4.14 〔出版〕文科省、文部科学白書『教育基本法改正を踏まえた教育改革の推進/「教育新時代」を拓く初等中等教育改革』刊行　文部科学省は、2007年度版文部科学白書『教育基本法改正を踏まえた教育改革の推進/「教育新時代」を拓く初等中等教育改革』を日経印刷から刊行。

4.18 〔政策〕中教審、教育振興計画について答申　中央教育審議会は「教育振興基本計画について―『教育立国』の実現に向けて」を答申した。一人一人の充実した人生と社会の持続的な発展を実現するため、今後10年間を通じて目指すべき教育の姿を提言し、今後5年間に取り組むべき具体的な施策を明らかにしたもの。

4.22 〔制度〕全国学力テスト実施　国公私立の3万2542校の小中学校で、小6・中3の全児童・生徒約232万3000人を対象とした「全国学力・学習状況調査（全国学力テスト）」が前年に続き実施された。国公立では前年と同じく不参加は愛知県犬山市のみ、私立では前年の61.52％からさらに参加率が下がり53.49％となった。

5.26 〔政策〕教育再生懇談会、英語教育や小中学生の携帯電話所持についての第1次報告を提出　教育再生懇談会は第1次報告を提出した。小3から英語教育を行うモデル校を5000校程度設置すること、質の高い留学生を受け入れる重点大学を30校指定すること、有害情報から子供を守るため小中学生に携帯電話を必要のない限り持たせないよう保護者や関係者に協力を求めることなどを盛り込んだ。

6.4 〔法令〕「社会教育法」「図書館法」「博物館法」一部改正　「社会教育法等の一部を改正する法律」案が成立。「教育基本法」改正を踏まえ、運営・職員の資格などに関する規定を整備するため。6月11日に公布、同日施行。

6.11 〔法令〕「学校保健法」一部改正　「学校保健法等の一部を改正する法律」が成立。「学校保健安全法」へ改称、学校保健と学校安全の充実とともに学校給食を活用した食に関する指導の充実と衛生管理の実施のために、栄養教諭の役割などについて規定したもの。6月18日公布、2009年4月1日施行。

6.14 〔事件〕大分の教員採用汚職で小学校長ら逮捕　大分県佐伯市で、佐伯市立蒲江小学校校長らが、2008年度の教員採用試験で校長の長男と長女の受験に際し賄賂を贈ったとして逮捕された。7月4日大分県教育委員会審議監だった由布市教育長と教育委員会義務教育課参事が収賄容疑で、5日大分県教育委員会義務教育課参事とその妻の佐伯市立重岡小学校教頭が、自分たちの長女の教員採用試験での贈賄の容疑で再逮捕された。昇任や採用に際し、不正な口利きや金品授受が常態化していたことが判明。9月17日現職ナンバー2の大分県教育委員会審議監が収賄容疑で逮捕された。

6.18 〔事件〕学校の天窓から転落死　東京都杉並区立杉並第十小学校で、小6男児が屋上の採光用の天窓から転落、死亡した。屋上での授業中、男児が天窓に乗り、窓のガラスを突き破って、約12メートル下の1階の床に転落した。児童が以前から遊んでいた形跡があり、学校施設での安全管理が問題となった。12月17日校長と教諭を業過致死容疑で書類送検。

7.1 〔政策〕「教育振興基本計画」閣議決定　政府は「教育振興基本計画」を閣議決定した。改正「教育基本法」に基づき、今後10年で世界最高の学力水準を目指し、いじめ・不登校・自殺などへの対応の推進、「留学生30万人計画」の実現など、教育が目指すべき姿を提示した。文部科学省は「教育予算を国内総生産（GDP）比5％超に」「教職員定数を約2万5000人増員」という数値目標記載を目指していたが、財務省などの反対で断念。

7.14 〔制度〕学習指導要領解説書に「竹島」記載　文部科学省は、中学校の新学習指導要領の解説書を公表し、社会科の解説書に竹島の領土問題について「韓国との間に主張に相違がある」と記載した。韓国大統領は「失望と遺憾の念」を表明し、15日大使を一時帰国させた。

7.16 〔事件〕愛知バスジャック事件　東名高速道路を走っていたJR東海バスが、ナイフを持った山口県宇部市の中2男子生徒に乗っ取られた。少年は愛知県岡崎市のパーキングエリアで、監禁と銃刀法違反容疑で現行犯逮捕された。死傷者はなかった。「自分をしかった親への腹いせに世間を騒がせたかった」と供述した。8月6日少年を山口家庭裁判所に送致、11月4日広島高等裁判所が少年側の初等少年院送致の決定についての抗告を棄却。

7.31 〔制度〕私立大学、47％が定員割れ　日本私立学校振興・共済事業団は、2008年度の入学者が定員割れした私立大学は全体の47.1％（266校）で過去最低との調査結果を発表した。定員の半分に満たない大学も5.1％（29校）あった。文部科学省は経営難に陥る大学が増える危険性が高いと懸念を表明した。

8.2 〔人事〕鈴木恒夫、文部科学大臣に就任　福田改造内閣が発足。鈴木恒夫が文部科学大臣に就任、初入閣。17人の閣僚のうち13人が交代する大幅改造となった。

8.29 〔制度〕文科省、全国学力テストの結果を公表　文部科学省は、全国学力・学習状況調査（全国学力テスト）の結果を公表した。結果は前年度とほぼ同じで知識の活用力をみる問題の正答率は小中ともなお5～6割にとどまった。学校間格差・地域間格差が固定化している実態が判明した。秋田のトップ、沖縄の最下位は2年連続。

8.29 〔事件〕大分教員採用汚職で、21人採用取り消し　大分の教員採用汚職で、大分県教育委員会は教員採用試験のデータ分析を行い、2008年度に採用された小中学校などの教諭21人の採用取り消しを決定。15人が自主退職したが、うち11人は臨時講師として学校に残った。不正により不合格になっていた本来の合格者22人については全員が希望通り採用されることになった。2007年度に不合格とされた23人については、10月11日救済のための特別試験が実施され、受験した22人全員が合格した。

9.12 〔事件〕汚染米、給食使用　米卸売加工会社「三笠フーズ」の汚染米転売問題で、京都市は、保育所と老人保健施設に残っていた給食用の米から殺虫剤メタミドホスを検出した。18日京都市教育委員会は、市立中学校の給食に汚染米が使われていたと発表した。健康被害は確認されていない。学校給食で汚染米使用が確認されたの

は初。その後全国の都道府県で学校給食300食以上に汚染米が使われていたことが判明した。

9.24 〔人事〕塩谷立、文部科学大臣に就任　麻生内閣が発足。塩谷立が文部科学大臣に就任、初入閣。

9.28 〔人事〕中山国交相、日教組批判等で辞任　中山成彬国土交通相は、成田空港の拡張が進まなかった原因を地元住民のごね得とした問題発言の責任を取って辞任した。「日教組が強いところは学力が低い」「日本の教育のがんは日教組だ」などと日教組について批判的な発言も繰り返していた。

10.2 〔事件〕大学生大麻汚染　法政大学の男子学生5人が、キャンパス内で大麻を吸引していたとして逮捕された。30日には慶応義塾大学の男子学生がキャンパス内で大麻を売買したとして、31日には同志社大学の女子学生が自宅で大麻を所持していたとして逮捕された。この年の8月には早稲田大学の男子学生が自宅で大麻を栽培していたとして逮捕されており、若者を中心に大麻汚染が深刻化していることが明らかになった。

10.6 〔法令〕中教審、「大学設置基準」について答申　中央教育審議会は「大学設置基準等の改正について」を答申した。複数大学で共同学部設置が可能となるよう、「大学設置基準」等の改正をすることが盛り込まれた。11月13日答申に基づき「大学設置基準」等を一部改正。

10.16 〔制度〕橋下大阪府知事、全国学力テストの結果を一部開示　橋下徹大阪府知事が、情報公開請求を受けて全国学力テストの市町村別結果を一部開示。開示に反対している自治体については非開示。橋下知事は大阪の成績が低迷していることに危機感を抱き、文部科学省の非開示方針を批判していた。

10.22 〔制度〕秋田県教委、全国学力テストの結果を開示　秋田県教育委員会は、自治体名を伏せた形で全国学力テストの市町村別平均正答率を開示。12月25日寺田典城秋田県知事は2007・2008年の全国学力テストの市町村別結果を全面開示。都道府県レベルでの市町村別結果の全面開示は全国初。

11.14 〔政策〕文科省、専修学校の振興について報告　文部科学省は「社会環境の変化を踏まえた専修学校の今後の在り方について」を報告。社会の変化に応じたキャリア教育や実践的・専門的な職業教育の充実など、専修学校の教育制度の改善や今後の振興方策についての議論をとりまとめたもの。

11.14 〔制度〕鳥取県教委、全国学力テストの結果開示を決定　鳥取県教育委員会は、次年度分から全国学力テストの市町村別・学校別結果を開示することを決定した。12月18日条例成立。7月には鳥取県情報公開審議会が「開示すべき」と答申していたが、文部科学省からの要請により断念していた。鳥取県内では10月2日に南部町が開示請求を受け学校別平均正答率を開示していた。

11.21 〔事件〕暴力行為件数過去最多　文部科学省の小中高の「問題行動調査」で、2007年度の暴力行為の発生件数が5万2756件（前年度比18.2%増）で過去最多になったとの結果を発表した。いじめの認知件数は10万1127件（19.0%減）と減ったが、「学校裏サイト」や「プロフ」を使った「ネットいじめ」などの新しい形態のいじめも増えてきている。

11.26　〔法令〕「児童福祉法」一部改正　「児童福祉法等の一部を改正する法律」が成立。児童福祉施設内での虐待の通告の義務づけ、新たな子育て支援事業として少人数の子どもを育てる事業「ファミリーホーム」や「保育ママ」事業の制度化を盛り込む。ねじれ国会のあおりで廃案となっていた改正が実現した。

11.28　〔社会〕厚労省、内定取消は331人と発表　厚生労働省は、2009年春の新卒者の内定取消が87社331人に上ったと発表した。悪質なケースもあり、12月10日労組などでつくる「高校・大学生、青年の雇用と働くルールを求める連絡会」は企業への規制強化や雇用確保を厚生労働省などに要請。12月15日塩谷立文部科学相は日本経団連などに、事業者に就職先の確保をさせるよう要請した。

12.12　〔政策〕「青少年育成施策大綱」改定　政府の青少年育成推進本部は、青少年育成の基本理念などを定めた「青少年育成施策大綱」を改定した。就職氷河期世代である20代後半〜30代の「ポスト青年期」の社会的自立支援も対象とするもの。

12.18　〔制度〕教育再生懇談会、教科書等についての第2次報告を提出　教育再生懇談会は「教科書の充実に関する提言」（第2次報告）を提出した。国語・理科・英語はページ数の倍増を目指す。また、子どもの携帯電話利用に関する提言の素案をまとめ、フィルタリングサービスの利用、小中学校への持ち込み禁止などを提言した。

12.22　〔制度〕高校学習指導要領案を公表　文部科学省は高校の新しい学習指導要領案を公表した。英語はコミュニケーション能力重視する方針で、基礎学力不足の生徒への対応の充実、前回削られた内容の復活などを盛り込み、高校も脱「ゆとり教育」へと転換。

12.24　〔政策〕中教審、学士課程教育について答申　中央教育審議会は「学士課程教育の構築に向けて」を答申した。グローバル化する社会へ対応できる人材の育成を目指すことを盛り込んだ。

12.24　〔政策〕中教審、高等専門学校について答申　中央教育審議会は「高等専門学校教育の充実について―ものづくり技術力の継承・発展とイノベーションの創出を目指して」を答申した。産業界や地域社会との連携の強化などを盛り込んだ。

12.24　〔制度〕文科省、全国学力テストの実施要領を発表　文部科学省は次年度の全国学力テストの実施要領を発表した。これまで通り都道府県教育委員会による市区町村・学校別の結果開示は禁止とした。

12.25　〔制度〕教科書検定の透明化などについて報告　教科用図書検定調査審議会は「教科書の改善について―教科書の質・量両面での充実と教科書検定手続きの透明化」の報告を提出。2007年に沖縄集団自決の記述をめぐって問題になったことを受けての教科書検定制度の透明化や、学習指導要領の範囲を超える「発展的学習」についての記載量規制撤廃などを盛り込んだ。

12月　〔制度〕国際数学・理科教育動向調査の結果発表　2007年に実施された小4と中2対象の国際教育到達度学会による「国際数学・理科教育動向調査（TIMSS）」の結果が発表された。日本はテスト成績は5位以内だったが、同時に行なわれた学習環境調査で学習意欲の低さが明らかになった。

この年　〔社会〕下村脩、ノーベル化学賞受賞　米ボストン大学名誉教授下村脩、緑色蛍光タンパク質（GFP）の発見と開発に対してノーベル化学賞を受賞。

この年　〔社会〕小林誠・益川敏英、ノーベル物理学賞受賞　高エネルギー加速器研究機構名誉教授小林誠・京都産業大学教授益川敏英、クォークが自然界に少なくとも三世代以上ある事を予言する、CP対称性の破れの起源の発見（小林・益川理論）に対してノーベル物理学賞を受賞。

この年　〔社会〕南部陽一郎、ノーベル物理学賞受賞　米シカゴ大学名誉教授南部陽一郎、自発的対称性の破れの発見に対してノーベル物理学賞を受賞。

2009年
（平成21年）

1.14　〔事件〕中央大学教授刺殺事件　東京都文京区の中央大学のキャンパス内で、理工学部の教授が刺されて倒れているのが発見され、搬送先の病院で死亡が確認された。5月21日教え子だった男を殺人容疑で逮捕した。教授に不満はあったようだが直接的な動機は不明。10月2日起訴。

1.17　〔制度〕大学入試センター試験　大学入試センター試験が全国738会場で行われた（18日まで）。利用する大学・短大は797校で過去最多、志願者数は2年ぶりに増えて54万3981人となった。英語のリスニングは4年目となるこの年も不調が見られた。

1.21　〔制度〕文科省、全国体力テストの結果を公表　文部科学省は、2008年度の「全国体力・運動能力、運動習慣等調査（全国体力テスト）」の結果を公表した。トップは男女とも、小5が福井、中2は千葉。全国学力テストと同様、市町村名や学校名を明らかにした公表は禁止としている。

1.30　〔政策〕文科省、学校への携帯電話持ち込み禁止を通知　文部科学省は、携帯電話の小中学校への原則持ち込み禁止とした「学校における携帯電話の取り扱い等について」と題した指針を都道府県教育委員会などに通知した。

2.2　〔活動〕経済同友会、「十八歳までに社会人としての基礎を学ぶ」を発表　経済同友会は「十八歳までに社会人としての基礎を学ぶ―大切な将来世代の育成に向けて中等教育、大学への期待と企業がなすべきこと」を発表、教育界への期待と経済界の支援の在り方を提言した。

2.3　〔政策〕塩谷文科相、「新しい日本の教育 今こそ実行のとき！」「「心を育む」ための五つの提案」を発表　塩谷立文部科学相は「新しい日本の教育 今こそ実行のとき！―元気あふれる教育によって日本の底力を回復する」「「心を育む」ための五つの提案―日本の良さを見直そう！」を発表した。全国学力テストの活用、就学援助等による教育費の軽減、学校の校訓の確認、家庭での生活ルール作りなどを示した。

2.9　〔政策〕教育再生懇談会、小中学生の携帯電話利用・大学改革・教育委員会改革についての第3次報告を提出　教育再生懇談会は第3次報告を提出した。小中学校への携帯電話の原則持ち込み禁止、大学への交付金・補助金の増額、前年の大分での教員採用汚職事件を受け教育委員会の委員の民間からの登用などを提言した。

2.26　〔事件〕高校生爆弾製造　北海道札幌市の北海道立高校の1年男子生徒が、教室で

	爆弾を爆発させ同級生を殺害しようとしたとして殺人予備容疑で再逮捕された。インターネットで製造方法を知り材料を購入、自宅で製造中だった。2月6日に同級生に殺害予告メールを送ったとして脅迫容疑で逮捕されていた。
3.4	〔事件〕中高生大麻汚染　大阪府岸和田市の高1の男子生徒が、大麻を持っていたとして逮捕された。吸引・栽培も認めた。3月30日には広島県広島市の中2男子生徒が、10月6日には京都府京都市の高3男子生徒が逮捕されるなど、中高生にも大麻が広まっていることが明らかになった。
3.9	〔制度〕高校学習指導要領を告示　文部科学省は「高等学校学習指導要領」「特別支援学校教育要領・学習指導要領」を告示した。高校の新しい学習指導要領は10年ぶりの全面改定で、言語活動や理数教育、伝統文化に関する教育の充実などを目指す。英語はコミュニケーション能力を重視し、前回削られた内容の復活などが盛り込まれ、これで小中高とも脱「ゆとり教育」へと転換することになった。
3.11	〔人事〕教育再生懇談会に新メンバー　教育再生懇談会に、ノーベル物理学賞受賞者の小林誠日本学術振興会理事、北京五輪陸上男子四百メートルリレー銅メダリストの朝原宣治ら6人が加入した。
3.23	〔制度〕愛知県犬山市、全国学力テスト参加を決定　愛知県犬山市教育委員会は、今年度の全国学力テストに参加することを決定した。犬山市は全国学力テストに公立のうちでは唯一2年連続で参加していなかった。
4.14	〔活動〕日本経団連、「競争力人材の育成と確保に向けて」を公表　日本経団連は「競争力人材の育成と確保に向けて」を公表した。人材育成の場としての大学の重要性、外国人材受け入れのための環境整備などを示した。
4.21	〔制度〕全国学力テスト実施　国公私立の3万2300校の小中学校で、小6・中3の全児童・生徒約234万5000人を対象とした3回目の「全国学力・学習状況調査（全国学力テスト）」が実施された。国公立ではこれまで不参加だった愛知県犬山市の参加で全参加となり、全体として参加者は増えたが、私立では参加校がさらに減って5割を切る47.5％となった。
4.28	〔裁判〕小学校体罰訴訟、児童側が逆転敗訴　熊本県本渡市の本渡市立小学校で、小2男児が体罰を受けて心的外傷後ストレス障害（PTSD）を発症したとして損害賠償を求めた訴訟で、最高裁判所は、教員の行為は体罰に当たらないとして原告側の請求を棄却、児童側の敗訴が確定した。胸元をつかんで体を壁に押し当てた行為が体罰にあたるかどうかが争われた。
4.30	〔社会〕厚労省、内定取消は2083人と発表　厚生労働省は、2009年3月の新卒者の内定取消が427事業所2083人に上ったとする調査をまとめ、悪質な13事業所名を公表した。1998年3月卒の約2倍で、1998年以降では最悪。4月以降の自宅待機や入社延期も92事業所1023人となっている。大学生が1703人、高校生が379人、中学生が1人。
4月	〔制度〕教員免許更新制度始まる　2007年6月20日に成立した「教育職員免許法」の改正を受け、教員免許更新制度が導入された。自公政権下で導入が決定し、強い反対意見もあることから、民主党政権は廃止を目指している。
4月	〔制度〕小学校で英語学習始まる　小学5・6年生の英語学習が、全国の公立小学校

の98％で実施されていることが文部科学省の調べでわかった。必修化は2011年度からだが、ほとんどの自治体で先行して実施され、そのうち58％が必修化後と同じ年間35時間以上を予定している。

5.28 〔社会〕教育再生懇談会、スポーツ振興などについての第4次報告を提出　教育再生懇談会は第4次報告を提出した。「教育安心社会」「科学技術人材の育成」「スポーツ立国ニッポン」の柱を掲げ、幼稚園就園奨励費や給付型の奨学金制度、英会話教育の推進、スポーツ振興のため「スポーツ庁」を新設することなどを提言した。

6.16 〔政策〕小中学校の耐震化状況調査、7300棟が震度6強で倒壊危険性　文部科学省は、公立小中学校の耐震化状況調査の結果を発表し、7309棟の学校施設が震度6強の地震で倒壊する危険性が高いと推計した。前年から3347棟減った。耐震化率は67.0％で前年から4.7ポイント上昇したが、3割を超える4万1206棟は耐震性が不十分とされた。耐震診断実施率は95.7％だが、公表率は83％で320の市町村などが非公表。

7.1 〔法令〕「子ども・若者育成支援推進法」成立　「子ども・若者育成支援推進法」成立。子ども・若者育成支援施策の総合的な推進、ニートや引きこもりなどの「社会生活を円滑に営む上での困難を有する子ども・若者」への支援を目的とする。7月8日公布。2010年4月1日施行。

7.3 〔政策〕文科省、「教育安心社会の実現に関する懇談会報告」をまとめる　文部科学省は「教育安心社会の実現に関する懇談会報告―教育費の在り方を考える」を取りまとめた。「教育安心社会」の実現に向けて社会全体で取り組むことの必要性に触れ、教育費負担の軽減について具体的な方策を提案した。

7.4 〔事件〕桜井市同級生刺殺事件　奈良県桜井市の近鉄桜井駅のホームで、私立高校の3年男子生徒が同級生の男子生徒を包丁で刺され、搬送先の病院で死亡した。刺した男子生徒は殺人未遂容疑で現行犯逮捕された。仲たがいをしたことが原因と見られる。7月24日奈良家庭裁判所に送致。検察官送致され、8月27日起訴。

7.28 〔裁判〕日教組教研集会会場訴訟、ホテル側に賠償命令　2007年11月、グランドプリンスホテル新高輪とグランドプリンスホテル高輪が、日本教職員組合の教育研究集会全国集会への会場使用を拒否した問題で損害賠償を求めた裁判で、東京地方裁判所は、ホテル側に賠償命令を出した。7月29日ホテル側が控訴。

7.30 〔出版〕文科省、文部科学白書『教育政策の総合的推進/大学の国際化と地域貢献』刊行　文部科学省は、2008年度版文部科学白書『教育政策の総合的推進/大学の国際化と地域貢献』を日経印刷から刊行した。

8.4 〔政策〕文科省、「校訓を活かした学校づくりの在り方について」発表　文部科学省は、2月3日に塩谷立文科相が発表した「「心を育む」ための五つの提案」を受けて「校訓等を活かした学校づくり推進会議」を設置し、「校訓を活かした学校づくりの在り方について」の報告を発表した。具体的な学校づくりの在り方、家庭や地域との連携の在り方などを盛り込んだ。

8.6 〔制度〕大学進学率が5割を超え、過去最高　大学・短期大学等への進学率が現役・浪人をあわせて初めて5割を超えたことが、文部科学省の学校基本調査速報で判明した。志願者に対する入学者の割合は「大学全入時代」に近づく92.7％だった。

8.19 〔社会〕文科省、「今後の総合型地域スポーツクラブ振興の在り方について」を発表

文部科学省の総合型地域スポーツクラブに関する有識者会議は「今後の総合型地域スポーツクラブ振興の在り方について―七つの提言」を発表。質の高い指導者の確保、地域住民のニーズの把握、運営財源の確保などについてまとめる。

8.26　〔政策〕中教審、認証評価機関について答申　中央教育審議会は「認証評価機関の認証について」を答申した（2件）。財団法人の日本高等教育評価機構と日本臨床心理士資格認定協会に係る認証評価機関の認証を認めた。

8.27　〔制度〕文科省、全国学力テストの結果を公表　文部科学省は、全国学力・学習状況調査（全国学力テスト）の結果を公表した。小6で大阪が下位から中位に浮上するなど一部変動もあったが、おおむね3回目も傾向は変わらず、正答率・上位は前回までとほぼ同じとなった。知識の活用や記述力が弱い面も変わらず。学校間格差も依然としてあり、経済的に困窮している家庭の割合が高いほど、平均正答率が低い傾向が続いている。

8月　〔制度〕私立大学の経営悪化深刻　全国の私立大学の4割近い222校が、2008年度支出超過となっていることが、日本私立学校振興・共済事業団のまとめで判明した。地方の小規模校ほど経営が厳しいことが明らかになった。

9.7　〔制度〕鳥取県教委、全国学力テストの学校別データ開示　鳥取県教育委員会は、全国学力テストの市町村別と学校別データを初開示した。都道府県レベルでの学校別データ開示は全国初。

9.14　〔裁判〕広島生徒強姦事件で懲役30年の判決　広島県の小学校内で教え子に性的暴行を繰り返したとして、10人の女児への強姦46件などの罪に問われた元教諭の被告に対し、広島地方裁判所は、求刑通り懲役30年を言い渡した。上申書によると被害児童は27人。元教諭は控訴。

9.16　〔人事〕川端達夫、文部科学大臣に就任　鳩山内閣が発足。民主党を中心とした、細川内閣以来16年ぶりの非自民勢力による政権。川端達夫が文部科学大臣に就任。

9.25　〔制度〕川端文科相、高校無償化を明言　川端達夫文部科学相は、高校の授業料実質無償化について、2010年度から実施すると発言。現金は個人に渡さない間接給付とし、公立校の場合は所得制限は設けない方針となった。高等専門学校や外国人学校を含む各種学校なども助成対象に含めるが、朝鮮人学校については北朝鮮による韓国砲撃事件のため凍結された。

9.30　〔事件〕大牟田市小学生殺害未遂事件　福岡県大牟田市で、15歳の2人の少年（うち1人は中学生）が、小3男児に暴行して海に突き落としたとして、殺人未遂と傷害の容疑で逮捕された。別に小6男児2人と中1男子生徒も暴行に加わっていたと見られる。男児は自力で海から上がり無事だった。

10.2　〔裁判〕鳥取県に全国学力テストの結果開示命令　全国学力テストの市町村別と学校別の平均正答率を非開示としていた鳥取県に対し、市民オンブズ鳥取が取り消しを求めた訴訟で、鳥取地方裁判所は開示を命令。学力テスト結果開示を命じた判決は全国で初。非開示の条例は提訴後改正され、鳥取県は2009年度の結果は既に開示している。鳥取県教育委員会は控訴せず、過去のデータを開示する方針。

10.8　〔政策〕文部科学省政策会議が初会合　文部科学省政策会議が初会合を開催した。高校無償化、奨学金の拡充、教員の資質と数の充実、大学や研究機関の強化などに

向けて、文科省の予算について精査・削減を議論する。

10.27 〔政策〕中教審、医学部の定員増員について答申　中央教育審議会は「大学設置基準の改正について」を答申した。医師不足解消のための医学部の定員増員と、それに伴う専任教員数等について「大学設置基準」の改正を求めた。

11.17 〔政策〕教育再生懇談会廃止　政府は、教育再生懇談会などの廃止を閣議決定。政権交代により、自公政権時代に設置された18組織が廃止されることになった。

11.17 〔制度〕大阪府教委、全国学力テストの市町村別正答率開示　大阪府教育委員会は、全国学力テストの市町村別平均正答率を開示。非公開とした自治体分も含めて開示した。8月13日には情報公開請求に対して2007・2008年度の市町村別平均正答率を全面開示していた。

11.20 〔事件〕沖縄うるま市中学集団暴行殺人事件　沖縄県うるま市で、中2の男子生徒に暴行を加えて死亡させたとして、同級生5人が傷害致死容疑で逮捕、3人が補導された。当初「小屋の屋根から飛び降りた際に着地に失敗した」と説明して、転落事故を装っていた。

12.17 〔制度〕文科省、全国体力テストの結果を公表　文部科学省は、「全国体力・運動能力、運動習慣等調査（全国体力テスト）」の結果を公表した。4～7月の実施で、参加率は8割を超え、191万人となった。点数・順位とも前年と同様で地域差が固定化がうかがえる結果で、小5のトップは男女とも2年連続で福井。週の運動時間が1時間未満なのは小5男子10.5%・中2男子9.5%なのに対し、小5女子は22.6%・中2女子は31.6%と、運動量の男女差が現れた。

12.28 〔制度〕文科省、全国学力テストの実施要領を発表　文部科学省は次年度の全国学力テストの実施要領を発表した。これまでの全員対象から小学校25%、中学校44%の抽出方式に変更する。学校には児童生徒個人の結果を返却し市町村教育委員会には管内抽出対象校の児童生徒の結果を提供、都道府県教育委員会には全国と都道府県別データのみの提供とした。市町村教育委員会や学校が独自に集計したデータを公表することは認めた。

2010年
（平成22年）

1.16 〔制度〕大学入試センター試験　大学入試センター試験が全国725会場で行われた（17日まで）。利用する大学・短大は811校、志願者数は55万3368人でいずれも過去最多となった。インフルエンザなどで過去最多の972人が追試を受けることになった。

1.19 〔事件〕東大教授、科研費不正使用　東京大学は、大学院農学生命科学研究科の教授が、2008年度に受給した文部科学省の科学研究費補助金（科研費）の未使用分を不正にプールしていたとして、18日付で停職15日の処分とした。

1.23 〔活動〕日教組の教研集会に文科省政務三役が出席　日本教職員組合の教育研究全

国集会が山形市内で開幕され、文部科学省の高井美穂政務官が来賓として出席した。教研集会開催は日教組を支持母体に持つ民主党政権となってから初めてで、文科省政務三役の出席は1951年の第1回集会以来59年ぶり。

1.27 〔社会〕教育費の学校以外活動費、大幅減　文部科学省の調査で、2008年度の家庭の教育費のうち、塾や習い事など「学校以外活動費」が前回（2006年度）に比べて大幅に減少していたことが判明した。公立・私立の幼稚園から高校までのうち、私立小学校と公立中学校以外はすべて減少、私立高校の23.9%減が最も大きかった。不況の影響が教育面にも現れたものと見られる。

2.1 〔政策〕中教審、持続的な就業力育成について答申　中央教育審議会は「大学設置基準及び短期大学設置基準の改正について」を答申した。生涯を通じた持続的な就業力育成のため、大学が社会的・職業的自立への指導に取り組むこと、そのための体勢整備をすることなどが盛り込まれた。2月25日「大学設置基準」改正。

2.1 〔制度〕中教審、法科大学院について答申　中央教育審議会は「専門職大学院設置基準及び学校教育法第百十条第二項に規定する基準を適用するに際して必要な細目を定める省令の改正について」を答申した。法科大学院教育の質の向上のため、基礎的な学修の充実・単位数の見直しをすること、また、認証評価での法科大学院の評価基準・方法を改善することが盛り込まれた。

2.3 〔制度〕小中学校に「読書科」設置　東京都江戸川区教育委員会は、2010年4月から区立の全小中学校106校で独自の新教科「読書科」をスタートさせることを決定した。自治体が読書に絞った教科を設置するのは全国で初めて。「生きる力」を養うのが狙い。週に数回、朝や下校前の10〜15分間を読書時間にあてる形で行なうとしている。

2.5 〔制度〕文科省、法科大学院に改善要求　文部科学省は、大学などの運営状況を調べた「設置計画履行状況調査」の結果を発表し、法科大学院6校に、人数の適正化・授業科目の調整・教員の年齢構成などについての改善要求を出した。全国で74校ある法科大学院は、東京大学や京都大学が1クラスの人数が多すぎるのに対し、姫路獨協大学では2010年度の合格者がゼロになるなど乱立が指摘されていた。

2.22 〔政策〕性同一性障害の生徒を認める動き　性同一性障害と診断された鹿児島県の中1女子生徒について、学校側は4月から男子の制服で通うことを認めた。性同一性障害の児童・生徒についての対応としては、埼玉県の小2男児が2009年9月に女児として学校生活を送ることが認められている。

2.25 〔制度〕都立高、日本史必修化　東京都教育委員会は、2012年度から全都立高校で日本史を必修科目とすることを決定した。学習指導要領では日本史は選択科目となっている。公立高校での日本史必修化は2010年4月から横浜市が始めることになっており、9月29日には2013年度からを予定していた神奈川県が2012年度からの実施を決定した。

3.17 〔政策〕中教審、認証評価機関について答申　中央教育審議会は「認証評価機関の認証について」を答申した（4件）。財団法人大学基準協会と財団法人日本高等教育評価機構と教員養成評価機構と社団法人日本技術者教育認定機構に係る認証評価機関の認証を認めた。

3.24 〔制度〕国立大学の「順位」判明　文部科学省が行なった、国立大学の今後の運営

費公布金に反映させる独立行政法人化後の6年間の評価結果が判明した。「教育水準」「研究水準」「教育研究達成度」「業務運営達成度」の4つの視点から最高値が91となる「ウエイト」を算定。最も評価が高いのは70の奈良先端科学技術大学、評価反映額が最も多いのは2500万円増となる東京大学。

3.26　〔法令〕「子ども手当法」成立　「平成二十二年度における子ども手当の支給に関する法律」が成立した。民主党政権のマニフェストの目玉で、中学生までの子どもの保護者に支給される。所得制限はないが、2010年度は半額支給で子ども1人あたり1月13000円。3月31日公布、4月1日施行。6月から支給開始。4月22日兵庫県尼崎市在住の韓国人男性がタイで養子縁組した子ども554人分の申請をしたが、不受理となった。

3.30　〔制度〕小学校教科書、25％増量　文部科学省は次年度から使われる小学校教科書の検定結果を公表した。前回の2004年と比べると、全教科平均25％増しのページ数となった。中でも理科は37％増、算数は33％増となる。脱「ゆとり教育」の傾向を押し進めるものとなる内容。

3.31　〔法令〕「高校無償化法」成立　「公立高等学校に係る授業料の不徴収及び高等学校等就学支援金の支給に関する法律」が成立した。同日公布、4月1日施行。2010年度から開始。4月30日に文部科学省は制度の対象となる外国人学校を発表。都道府県から各種学校としての認可を受け、日本の高校に類する教育をしていると認められたインターナショナルスクール、ブラジル人学校など31校が対象となる。朝鮮人学校については、教育内容を確認できないとして除外し、改めて検証して除外措置を解除するか判断する見通し。

4.15　〔制度〕市町村にも教員採用権　文部科学省は、都道府県がもっている公立小中学校の人事権について、権限移譲を盛りこんだ条例を作ることを前提に、市区町村への移譲を認める方針を固めた。実現すれば市区町村が直接教員を採用して独自の方針をとることが可能となる。この移譲は大阪府の橋下徹知事が文科省に要請していたもので、橋下知事は来年度から実現したいと表明した。

4.20　〔制度〕全国学力テスト、抽出方式で実施　4回目の全国学力調査が20日朝、各地の小学校で始まった。小学6年生と中学3年生を対象としており、過去3年間は原則全員参加で実施されていたが、2010年は全体の3割にあたる9979校を抽出する方式となった。抽出から外れたが自主参加を希望する学校が1万3896校あったため、全体の参加率は公立で75％に達した。うち13県は県内の全校が参加した。

4.25　〔社会〕「なくそう！　子どもの貧困」全国ネットワーク設立　家庭が経済的に恵まれない子どもたちを支援するため、「なくそう！　子どもの貧困」全国ネットワークが設立された。2009年に刊行された『子ども貧困白書』を受け、学費の滞納による高校生の退学・卒業取消の防止などに取り組む。

5.18　〔制度〕日系ブラジル人の通学年齢を弾力化　日本に住む日系ブラジル人の子が、不況の影響でブラジル人学校の学費が払えず通えなくなるケースが増えている。これを受け文部科学省は、日本語能力などの原因で授業に付いていけない場合に、年齢より下の学年で学べるようにするなど、公立の小中学校に受け入れられるようにする支援策をまとめた。

5.26　〔法令〕「児童扶養手当法」一部改正　「児童扶養手当法の一部を改正する法律」が

成立した。非正規労働者の増加等により増えている低所得の父子家庭を支援するため、母子家庭のみが対象だった児童扶養手当を父子家庭にまで拡大する改正を行なった。6月2日公布、8月1日施行。

5.28　〔政策〕中教審、大学が公表すべき事項について答申　中央教育審議会は「大学設置基準等の改正について」を答申した。大学等が公的な教育機関として求められる公表すべき事項を法令上明確にするため、「大学設置基準」などの関連する規定を整理・改正するもの。6月22日改正「学校教育法施行規則」公布、2011年4月1日施行。

6.15　〔事件〕清心女子高同級生刺傷事件　神奈川県横浜市の私立清心女子高校で、1年生の生徒が教室で同級生に刺され重体になる事件が起きた。刺した生徒は殺人未遂容疑で現行犯逮捕された。逮捕された生徒と刺された生徒は入学後から関係が悪く、逮捕された生徒が担任に席替えを求めていたが要望は認められなかったという。7月6日横浜家庭裁判所に送致、10月27日医療少年院送致の保護処分が決定した。6月17日には、山口県の県立高校でも1年男子生徒が同級生の女子生徒を刺して軽傷を負わせる事件が起こった。

6.30　〔制度〕中教審、国連大学との単位互換について答申　中央教育審議会は「大学院設置基準等の改正について」を答申した。日本に本部を置く国際連合大学が「学位」授与を認められたことを受け、単位互換等のため、「学校教育法施行規則」「大学院設置基準」「専門職大学院設置基準」の改正を行うことを盛り込んだもの。

6.30　〔出版〕文科省、文部科学白書『我が国の教育水準と教育費』刊行　文部科学省は、2009年度版文部科学白書『我が国の教育水準と教育費』を日経印刷から刊行。

6月　〔制度〕都立高教師に予備校が受験ノウハウ指導　東京都教育委員会は、都立高校の教師に予備校が大学受験のノウハウを指南する制度を開始した。今年度は進学校10校が対象となる。受験ビジネスの力を借りて英語・国語・数学など4教科の指導力を高め、都立高校の復権を図るもの。文部科学省によると公立高校でこういった制度が作られるのは全国的にも珍しいとのこと。

6月　〔設立〕上海日本人学校に高校開校決定　中国・上海で、日本人学校として初めての高校が2011年4月に開校されることが決まった。日本人学校は海外51ヶ国・地域に88校があるが、高等部が設置されるのはこれが初めて。上海に長期滞在する日本人は近年増加中で、ニューヨークを抜いて世界一になり（約4万8千人）、2校ある日本人学校の生徒数も合計2428人に達している。

7.9　〔事件〕宝塚市放火事件　兵庫県宝塚市で、中3女子生徒が自宅に放火した家族3人が重体になった事件で、女子生徒とその同級生が放火と殺人未遂容疑で逮捕された。母親はのち死亡。女子生徒は以前から親にたたかれたことなどによる家族への不満があり、殺意があったことを供述。7月29日神戸家庭裁判所に送致、8月23日2人を初等少年院送致とする保護処分が決定した。

7.12　〔政策〕中教審、学級定員減を提言　中央教育審議会初等中等教育分科会は、公立小中学校の1学級の人数の上限を、現行の40人から引き下げる提言をまとめた。小学校1・2年生は30人程度、それ以上の学年は35人程度とした。実施には教員増、それに伴う予算増が必要となる。

7.27　〔制度〕科学オリンピックでメダル獲得　世界の中等教育課程にある生徒（日本では主に高校生）を対象に毎年開かれ、成績上位者にメダルが授与される「科学オリ

ンピック」の化学の大会で、参加者4人が全員メダルを獲得した（金2銀2）。2010年は7〜9月に開かれた他の大会では、数学で金2銀3、物理で銀1銅3、情報で金2銀2、生物学で金1銀3、地理で銅1、地学で金1銀3。化学オリンピックの日本開催は初で、日本開催は2009年の生物学オリンピックのほか、2012年には地学オリンピックが予定されている。

7.30　〔制度〕文科省、全国学力テストの結果を公表　文部科学省は、全国学力・学習状況調査（全国学力テスト）の結果を公表した。初実施の2007年時の小6が中3になったのに際し、中3には3年前の小6のとき受けた問題と似た「比較問題」で理解力の進みも調べた。応用力が伸びていない傾向は変わらず、地域間格差の固定化傾向も変わらず。今回から全員参加から抽出方式になり、希望参加校は問題は無償配布だが採点・分析は自己負担なため、業者委託して数千万円の負担をした自治体もあった。

7.30　〔事件〕大阪幼児放置死事件　大阪府大阪市のマンションの一室で、3歳の女児と1歳の男児が死亡しているのが発見され、母親が死体遺棄容疑で逮捕された。「子どもなんていなければいいのにと思った」と供述した母親は6月末から自宅に戻っておらず、1か月あまり子どもたちを放置していた。8月10日殺人容疑で再逮捕。厚生労働省のまとめによると、2009年度に対応した児童虐待は4万4210件に上り過去最多となっており、2010年も子どもの虐待死事件が相次いでいた。

9.2　〔制度〕奨学金滞納、回収進まず　文部科学省は、3か月以上の奨学金滞納額は2009年度に2629億円で、この10年で2.6倍になったとの報告書を公表した。日本育英会から奨学金事業を引き継いだ日本学生支援機構のシステムにも問題があり、文科省は抜本的な改革を求める。

9.7　〔政策〕日本の教育予算、OECD諸国中最下位　経済協力開発機構（OECD）が世界各国の教育状況を紹介した『図表でみる教育2010』で、教育機関への日本の公的支出の割合が、国内総生産（GDP）比で3.3％と、データのある28か国中最低であることが判明した。

9.9　〔設立〕「さくらんぼ小」校名断念　山形県東根市市長は、2011年4月開校予定だった小学校の校名について、予定していた「さくらんぼ小学校」から変更することを発表した。インターネット上に同名の成人向けサイトがあることが判明したため。

9.14　〔政策〕文科省、全小中高生にいじめ調査を要請　文部科学省は、すべての小学校・中学校・高等学校・特別支援学校の児童・生徒にいじめの有無を聞くアンケート調査を実施するよう、全国の都道府県の教育委員会に要請する通知を出した。この日発表した「問題行動調査」では2009年度のいじめの件数は7万2778件で3年で4割以上減ったことになっており、現状の把握が不十分と懸念されるため。

9.15　〔事件〕算数の授業に「殺人」を題材　愛知県岡崎市の市立小学校で、算数の割り算の授業で「18人の子どもを1日3人ずつ殺したら何日で殺せるか」という出題をしていたことが判明した。出題した教諭は「指導に自信がなく、子どもたちの関心を引こうとした」として謝罪した。10月19日には、東京都杉並区の小学校で「自殺した姉の葬儀に来た人に会うために妹を殺す」というクイズ、愛知県東海市の高校で中間試験に「校長の暗殺」を題材にした設問が出されたことなどが判明した。

9.17　〔人事〕高木義明、文部科学大臣に就任　菅改造内閣が発足し、高木義明が文部科学大臣に就任。

10.20 〔事件〕横川東小学校傷害事件　栃木県宇都宮市の宇都宮市立横川東小学校の前で、登校する児童の列に車が突っ込み5人が重軽傷を負った。車を運転していたこの学校の教諭が自動車運転過失傷害容疑で逮捕された。この教諭はそれまでたびたび校内で児童の首を絞めたとして問題になっていた。10月21日送検。

10.27 〔制度〕民間人校長、任用数横ばい　文部科学省は「公立学校教職員の人事行政状況調査」で、2000年から始まった「民間人校長」の数が伸び悩んでいると発表した。教員免許や教育関係の職業経験のない人を学校の校長に登用し、ビジネス経験等を生かしてもらおうという制度だが、ブームが沈静化した格好。

10.30 〔社会〕「子どもへの暴力防止フォーラム」開催　J-CAPTA・朝日新聞厚生文化事業団・朝日新聞社が主催で「子どもへの暴力防止フォーラム」が開催された（〜31日）。基調講演でデービッド・フィンケルホー教授（アメリカ・ニューハンプシャー大学）が、子どもと女性への性的虐待・いじめ・ネグレクト・貧困などに対応する必要性を述べた。

11.1 〔社会〕幼保統合方針示す　内閣府は、2013年度から幼稚園と保育所を廃止して「こども園」（仮称）に統合する方針を示した。既存の施設は今後10年程度はそのまま存続できる経過措置を設けることとする。基準を満たせば企業やNPO法人なども運営でき、利用料は一律にする予定。

11.11 〔制度〕教員免許失効恐れ2000人　文部科学省は、9月時点で年度末に教員免許を失効する恐れのある教員が約2000人いることを発表した。文科省は全国の教育委員会に、教員免許更新制で義務づけられている講習等を受けていない者に早期の受講を呼びかけるよう求めた。

11.30 〔制度〕中教審、教員免許3段階案まとめる　中央教育審議会の特別部会は、教員免許を3段階とする制度改革案をまとめた。大学の学部卒業者に与える「基礎免許状」、大学院などで修士号を取った者に与える「一般免許状」、管理職登用の条件ともなるより高い専門性を身につけた者に与える「専門免許状」の3段階とする。12月27日了承。

11月 〔社会〕教育費、家庭の年収の37％　日本政策金融公庫が国の教育ローン利用世帯に対して7月に行なったアンケート調査で、小学校以上の子どもの在学費用が世帯年収に占める割合は37.6％であることが判明した。世帯の平均年収は減少したのに対し授業料・通学費・教科書代などの在学費用の額は増加した。

12.7 〔制度〕PISA結果公表、日本の学力改善傾向　経済協力開発機構（OECD）は、過去最高の65か国が参加した「国際学習到達度調査（PISA）」の結果を公表した。2006年の前回に比べ、日本は「読解力」が15→8位、応用力を見る「科学的リテラシー」が6→5位、「数学的リテラシー」が10→9位と順位が上昇した。読解力は様々な取り組みにより向上してきたが、科学と数学は実質横ばいの状態と見られる。

12.16 〔制度〕文科省、全国体力テストの結果公表　文部科学省は、「全国体力・運動能力、運動習慣等調査（全国体力テスト）」の結果を公表した。3回目の今回は全体の19％にあたる42万人を抽出しての調査となった。小5・中2男女ともにトップは福井、小5では3年連続。運動をする子としない子に二極化する傾向も前回までと変わらず。

12.24 〔政策〕教員の精神疾患による休職増加　文部科学省は、2009年度の全国の公立学校の教員についての調査結果を公表した。うつ病などの精神疾患での休職者は5458

人と過去最高で、1993年度から増え続けている。

12.27 〔事件〕インド人留学生の自殺、いじめが原因　追手門学院大学に在学していたインド人男子留学生が2007年に自殺したのは、他の学生に服を脱がされたり花火を向けられたりした学内で受けたいじめが原因であるとした報告が、大学が設けた第三者委員会から提出された。報告を受け、大学側は陳謝。

12月 〔制度〕海外からの留学生、過去最高に　日本学生支援機構の調査で、2010年に海外から日本へ来た留学生が前年から9054人増えて過去最高の14万1774人に上ったことが判明した。中国からの留学生が6割で、10年間で2.7倍となった。逆に日本から海外への留学生は8323人減って6万6833人で、過去最大の減少数となった。

この年 〔社会〕鈴木章・根岸英一、ノーベル化学賞受賞　北海道大学名誉教授鈴木章・米パデュー大学特別教授根岸英一、有機合成におけるパラジウム触媒クロスカップリングの開発に対してノーベル化学賞を受賞。

分野別索引

分野別索引　目次

政　策 ………………………………………… 295
制　度 ………………………………………… 306
法　令 ………………………………………… 315
裁　判 ………………………………………… 323
設　立 ………………………………………… 325
活　動 ………………………………………… 329
人　事 ………………………………………… 334
事　件 ………………………………………… 336
出　版 ………………………………………… 339
社　会 ………………………………………… 340

【政策】

学校掛を設置	1868.3.15
学校取調御用掛を設置	1868.12.10
知学事・判学事を設置	1869.1.25
伊藤博文、「国是綱目」提出	1869.2月
東京府に中学校・小学校の取調掛を設置	1869.5.4
宣教使、神祇官所属に	1869.11.12
天文暦道、大学の所管に	1870.3.11
文部省、設置	1871.9.2
工部寮、設置	1871.9.28
山尾庸三、盲唖学校創設を建白	1871.10月
府県の学校が文部省所管に	1872.1.5
神祇省、廃止	1872.4.21
教導職を設置	1872.5.31
学生への官費支給を停止	1872.9.17
中小学区の地画を制定	1873.1.17
文部省、築造局を設置	1873.2.27
神官・僧侶の学校創設を許可	1873.3.13
宗教教育を制限	1873.5.14
各大学区合併督学局、設置	1873.7.3
教導職の学校教員兼勤を禁止	1873.8.28
督学詰所を設置	1874.1.15
外国人の入学を許可	1874.3.18
督学局、設置	1874.4.12
学校の名称を統一	1874.8.29
府県に中小学校地の無償提供を指示	1874.9.30
学監を設置	1874.10.4
「官立小学師範学校生徒入学心得」制定	1875.3.24
伊沢修二らが渡米	1875.7.18
「官立女子師範学校生徒入学心得書」制定	1875.8.13
第一大学区で教育議会を開催	1876.1.10
督学局の視学・書記、第一大学区を視察	1876.4月
督学局を廃止し、学監事務所を設置	1877.1.12
「米国独立百年記念大博覧会教育報告」提出	1877.1月
府県公立師範学校に補助金を配付	1877.2.19
「学監考案日本教育法」提出	1877.6月
学事巡視報告書を提出	1877.8月
体操取調掛を設置	1878.9.6
関信三、「幼稚園創立之法」を文部卿に提出	1878.11.11
文部省吏員・教員らの職務外の集会開催を禁止	1879.5月
幼稚園の創設・廃止・保育法について布達	1879.11.12
変則小学校を認可	1880.1.6
教則取調掛、設置	1880.3.9
「君が代」作曲	1880.10.25
「東京大学職制」改正	1881.6.15
府県立町村立学校職員名称ならびに準官等を規定	1881.6.15
文部省、局課を改置	1881.10.24
公私立学校の監督取締について通達	1882.4.17
農商務省の職制を改正	1882.4.26
学事諮問会を開催	1882.11.21
学齢未満の幼児の小学校入学を禁止	1884.2.15
高等商業教育を開始	1884.3.26
森有礼、文部省御用掛に就任	1884.5.7
府県立及び町村立学校で授業料を徴収	1885.8.19
体操伝習所での教員養成を布達	1885.11.18
訓盲唖院掛を設置	1885.12.4
図画取調掛、設置	1885.12.10
文部省、視学部を設置	1885.12.28
高等中学校の設置区域を制定	1886.11.30
府県立医学校費用の地方税による支弁を禁止	1887.10.1
「紀元節歌」、学校唱歌に	1888.2.3
教員・学生生徒の政論禁止を訓令	1889.10.9
教員の集会・政治活動を取締る	1889.12.20
『徳育涵養ノ義ニ付建議』提出	1890.2.26
郡視学・学務委員を設置	1890.10.7
小学校教育費の国庫補助を可決	1893.2.22
町村学校組合設立について制定	1893.5.18
小学校教科目に裁縫を加えるよう訓令	1893.7.22
祝日大祭日儀式用歌詞・楽譜を選定	1893.8.12
小学校の二部授業・貧困児童の就学方法について訓令	1894.1.12
生徒の訓育上の心得及び処分について訓令	1894.1.12
教員の政治関与禁止について訓令	1894.1.23
小学校における体育及び衛生について訓令	1894.9.1
清国賠償金を普通教育費に充当	1896.1.8
戦死者の遺族の小学校授業料を免除	1896.2.7
高等教育会議、設置	1896.12.18
「市町村立小学校教員俸給ニ関スル件」制定	1897.1.4
「学校清潔方法」訓令	1897.1.11
地方視学を設置	1897.5.4
小学校児童数及び学級数について訓令	1897.7.21
「市町村立小学校授業料ニ関スル件」制定	1897.11.10
男女別学を訓令	1897.12.17
学校教員の政治関与を禁止	1898.2.4
教員学生の政治活動禁止の訓令などを廃止	1898.8.11
高等女学校教員の資格について制定	1899.3.31
「一般ノ教育ヲシテ宗教外ニ特立セシムルノ件」公布	1899.8.3
女生徒の心理的・生理的事情を考慮するよう訓令	1900.3.26
学校生徒の喫煙を禁止	1900.3.27

学校近接地での教育上弊害がある営業・建築を禁止	1900.12.28	全国青年団明治神宮代表者大会開催	1920.11.21
文部省、学校騒動について訓令	1902.7.9	原首相が市町村教育費について言明	1921.2.5
文部大臣、高等教育会議に学制改革案を諮問	1902.11.26	臨時教育行政調査会設置	1921.7.23
		思想善導対策について内訓	1921.8.27
徴兵忌避について訓令	1904.1.9	女教員の産休に関する訓令	1922.9.18
日露開戦に際し訓令	1904.2.10	「学制」頒布50年式典開催	1922.10.30
戦死者遺族及び出征・応召軍人の子ども達の授業料を減免	1904.2.10	公民教育調査委員会設置	1922.12.13
		「小学校教育費整理節約ニ関スル注意」	1922.12.28
逓信省所管商船学校学生、海軍軍籍に編入	1904.6.29	関東大震災による教育上の臨時措置	1923.9.9
内務省、地方青年団について通牒	1905.9.29	文政審議会設置	1924.4.15
戦後教育の方針について訓令	1905.10.18	義務教育年限について諮問	1924.5.3
文部省、「青年団発達ニ関スル件」について通牒	1905.12.27	新教育主義への監督強化	1924.8.7
		「実業補習学校公民科教授要綱並其ノ教授要旨」制定	1924.10.9
学生の思想風紀について訓令	1906.6.9	学校での軍事教練実施を可決	1925.1.10
女子教員の結婚制限論	1906.9月	青年訓練について答申	1926.1.14
盲聾唖・心身発育不全児のため特別学級設置を奨励	1907.4.17	社会科学研究を禁止	1926.5.29
		女子青年団の指導育成方針訓令	1926.11.11
市町村立小学校教育費を府県費で補助	1907.5.27	在営期間短縮	1927.4.1
無資格教員の採用制限を強化	1908.1.7	「児童生徒ノ個性尊重及職業指導ニ関スル件」訓令	1927.11.25
学校行事の監督方法について訓令	1909.1.9	奏任官待遇教員増加	1927.12.28
学校施設について訓令	1909.9.4	社会科学研究会を解散命令	1928.4.17
修身教育重視を訓令	1909.9.13	体育科設置	1928.5.4
図書館設立について訓令	1910.2.3	第1回思想問題講習会	1928.8.1
衆議院に学制改革案を提出	1910.3.15	師範教育調査委員会設置	1928.9.18
文部省、優良青年団体を表彰	1910.3月	中学校教育の改善について諮問	1928.9.28
文部省、学制改革案を高等教育会議に諮問	1910.4.25	御真影を下賜	1928.10.2
喫煙取締を訓令	1910.7.30	学生課新設	1928.10.30
高等小学校の実業科目重視を訓令	1910.12.24	経済審議会、教育改革案を建議	1928.12.21
小学校教員の待遇を改善	1911.3.31	思想問題に新講座	1929.4.1
通俗教育のための授業実施を通達	1911.8.24	「中学校教育改善ニ関スル件」答申	1929.6.20
宗教家懇親会開催	1912.2.25	「教化動員ニ関スル件」訓令	1929.9.10
教育調査会設置	1913.6.13	学校看護婦の設置を奨励	1929.10.29
「文部省督学官特別任用ノ件」	1913.6.13	社会教化委員会設置を指導	1930.4.2
「文部省直轄諸学校長任用ノ件」	1913.6.13	青年教育振興について訓令	1930.11.22
古社寺保存会を移管	1913.6.13	「家庭教育ノ振興ニ関スル件」訓令	1930.12.23
御真影下賜	1914.5.27	「師範教育ノ改善ニ関スル件」答申	1930.12.28
青年団体に内務省・文部省共同訓令	1915.9.15	教員の減俸実施	1931.5.27
大正天皇、教育に関する沙汰を下賜	1915.12.10	小学校教員減俸	1931.6.17
学校衛生官、設置	1916.6.15	中等教育の改善について答申	1931.6.20
帝国協議会調査結果	1916.7.11	思想対策協議会開催	1931.9月
小学校教育改革第1次答申	1917.11.1	学生思想問題調査委員会答申	1932.5.2
男子高等普通教育に関して諮問	1917.12.7	思想問題講習会開催	1932.8月
兵式体操振興に関する建議	1917.12.15	欠食児童問題に訓令	1932.9.7
臨時教育会議、高等普通教育についての第1回答申	1918.1.11	教員の思想問題について訓示	1932.9月
		「児童生徒ニ対スル校外生活指導ニ関スル件」訓令	1932.12.17
大学教育および専門教育に関する答申	1918.6.22	社会教育調査委員会設置	1933.2.15
高等教育機関に関する文部省令	1918.12.26	思想対策決議案提出	1933.3.20
「教育ノ効果ヲ完カラシムベキ一般施設ニ関スル建議」可決	1919.1.17	臨時教育調査部設置	1933.5.19
青年団体について訓令	1920.1.16	『非常時ト国民ノ覚悟』配布	1933.7.8
社会教育主事特設について通達	1920.5.6	郷土教育講習会開催	1933.8月

運動医事相談部設置	1933.11月
東京府、視学制度を強化	1934.4月
学校建築の保全に関する訓令	1934.12.18
国語審議会設立	1934.12.22
文政審議会、青年学校新設に関して答申	1935.1.21
国体明徴決議	1935.3.23
天皇機関説を受け訓令	1935.4.10
憲法講習会開催	1935.7.18
岡田首相内閣審議会に諮問	1935.11.5
教学刷新評議会設置	1935.11.18
教学刷新評議会、国体明徴推進教育について答申	1935.11月
青年学校視学委員設置	1936.1.20
教学刷新評議会答申	1936.10.29
国体明徴で教授要目改訂	1937.3.27
「日本文化講義要綱」制定	1937.4.30
国民精神文化講習会について制定	1937.5.1
文教審議会設置	1937.5.26
敬礼方制定	1937.6.3
文部省教学局設置	1937.7.21
公民教育講習会開催	1937.7月
「国民精神総動員実施要綱」閣議決定	1937.8.24
教育審議会設置	1937.12.10
青年学校義務化を決定	1938.1.11
勤労動員始まる	1938.6.9
「時局ニ鑑ミ学校当事者ノ学生生徒勲化啓導方」訓令	1938.6.29
「青年学校普通学科及教練科目」制定	1938.8.6
科学振興調査会設置	1938.8.15
融和教育の徹底	1938.8.29
「小学校卒業者ノ職業指導ニ関スル件」訓令	1938.10.26
教育審議会、国民学校・師範学校・幼稚園について答申	1938.12.8
実業学校卒業者の進学について制定	1939.1.6
中学校での中国語授業について訓令	1939.2月
「青少年学徒ニ賜リタル勅語」下賜	1939.5.22
夏期休暇の集団勤労作業なる	1939.6.10
「興亜奉公日設定ニ関スル件」制定	1939.8.22
「国民精神総動員実践機関設置ニ関スル件」制定	1939.11.1
木炭増産勤労報告運動	1939.12.13
拓務訓練実施	1940.1月
「師範学校生徒給費ニ関スル件」発表	1940.3.30
「国民学校教員講習会実施要綱」制定	1940.6.4
支那事変3周年記念行事に関して注意	1940.6.15
学制・生徒・児童の旅行を制限	1940.6.22
校長の会合出席を制限	1940.7.19
訓話方について定める	1940.9.11
上級学校進学制限措置	1940.12.9
「大学教授ノ責務」について訓令	1940.12.24
朝鮮語学習禁止	1941.3.31
植民地・占領地へ教師派遣	1941.4.4
「礼法要項」通達	1941.4.15
「戦時家庭教育指導要綱」発表	1941.5.27
「社会教育ニ関スル件」答申	1941.6.16
修学旅行中止を通達	1941.7.13
学校報国団編成を訓令	1941.8.8
「教育行政及財政ニ関スル件」答申	1941.10.13
「大学学部等ノ在学年限又ハ修業年限ノ臨時短縮ニ関スル件」公布	1941.10.16
「中学校職業指導要領」制定	1941.11.13
「学校教練ニ関スル件」公布	1941.11.27
師範学校昇格案	1942.1.6
「学徒動員命令」出される	1942.1.9
教師の大量派遣決定	1942.2月
文部省科学官設置	1942.3.24
「高等学校規程臨時措置」制定	1942.3.30
「戦時家庭教育指導要綱」制定	1942.5.7
教育審議会廃止	1942.5.9
「大東亜建設に処する文教政策」決定	1942.5.21
「南方諸地域日本語教育並に普及に関する件」決定	1942.8.18
「中学校・高等学校学年短縮要項」決定	1942.8.21
「国民学校体練科教授要項」制定	1942.9.29
養護施設講習会	1942.10月
職業指導に関する通達	1942.11.2
青年学校の訓練教科徹底を通達	1942.12.8
修業年限短縮勅令案	1942.12.8
「緊急学徒勤労動員方策要綱」決定	1943.1.18
「学校防空指針」を告示	1943.3.1
中学・高等女学校指導要目制定	1943.3.25
「戦時学徒体育実施要綱」通達	1943.3.29
「高等学校高等科教授要綱」制定	1943.3.31
「高等学校教授練要綱」	1943.4月
「学徒戦時動員体制確立要綱」決定	1943.6.25
「大日本青少年団・戦時女子青年団錬成要綱」制定	1943.8月
「戦時国民思想ニ関スル基本方策要綱」決定	1943.10.10
「教育ニ関スル戦時非常措置方策」決定	1943.10.12
学徒体育大会禁止	1943.10.18
防空補助動員に関して通達	1943.10.18
学徒の勤労に関して通達	1943.12.17
「教育に関する戦時非常措置方策」通達	1943.12.20
「学徒軍事教練強化要綱」決定	1944.2.4
食料増産隊北海道派遣通達	1944.2.8
教員の選定及資格に関する戦時特例制定	1944.2.17
「中等学校体練科教授要目」制定	1944.3.1
「決戦非常措置要綱ニ基ク学徒動員実施要綱」決定	1944.3.7
中学校教育内容についての戦時非常措置	1944.3.24
学校工場化について通達	1944.4.28

食料増産隊に学徒を動員	1944.6.15
児童の集団疎開決定	1944.6.30
「科学技術者動員計画設立要綱」決定	1944.7.10
学徒動員拡大を決定	1944.7.11
学徒勤労動員強化を通達	1944.7.19
動員学徒の成績について通達	1944.8.2
児童の勤労動員について通達	1944.8.14
夜間学校学徒動員について通達	1944.11.8
卒業者の勤労動員継続を決定	1944.12.1
「学童集団疎開強化要綱」を決定	1945.3.15
「決戦教育措置要綱」を閣議決定	1945.3.18
文部省に学徒動員局を設置	1945.7.11
文部省、「終戦に関する件」訓令	1945.8.15
「学徒動員解除」を通達	1945.8.16
9月中旬までに学校の授業再開を通達	1945.8.28
文部省、「新日本建設ノ教育方針」を発表	1945.9.15
民間情報教育局、設置	1945.9.22
「私立学校ニ於ケル宗教教育ニ関スル件」訓令	1945.10.15
GHQ、軍国主義的教育禁止を指令	1945.10.22
GHQ、軍国主義的教員の排除を司令	1945.10.30
文部省、公民教育刷新委員会を設置	1945.11.1
文部省、「社会教育振興ニ関スル件」訓令	1945.11.6
「女子教育刷新要綱」を閣議了解	1945.12.4
GHQ、学校教育から神道教育排除を指令	1945.12.15
第1次米国教育使節団が来日	1946.3.5
GHQ、「米国教育使節団報告書」を発表	1946.4.7
教職追放の大綱、教職員適格審査規程制定	1946.5.7
文部省、夏休み繰上げ、授業短縮を通達	1946.6.14
GHQ、全学校の地理授業再開を許可	1946.6.29
文部省、「公民館設置運営の要綱」を通達	1946.7.5
文教再建に関する決議案を採択	1946.8.3
総理大臣の諮問機関教育刷新委員会設置	1946.8.10
田中文相、学生の政治活動禁止	1946.9.6
文部省、国語審議会を設置	1946.9.11
「教育勅語」奉読の廃止を通達	1946.10.8
GHQ、国史授業の再開許可	1946.10.12
教育刷新委員会、第1回建議	1946.12.27
文部省、PTAの結成を促す	1947.3.5
高橋文相、全教協と団体協約印	1947.3.8
学校での天皇の神格化的表現停止等を通達	1947.6.3
教育刷新委員会、義務教育の緊急措置建議	1947.6.16
文部省、教育施設局を新設	1947.6.17
米国学術顧問団が科学技術の再編成のため来日	1947.7.19
GHQ、追放教員11万人を発表	1947.8.22
教育刷新委員会、教育行政民主化を建議	1947.12.27
文部省、朝鮮人学校設立を不承認	1948.1.24
「新制中学校の職業指導に関する件」を通達	1948.2.7
米軍政部、朝鮮人学校に閉鎖命令	1948.3.31
文部省、国立大学設置の方針を発表	1948.6.22
地方の社会教育団体の組織について通達	1948.7.14
教育委員に政党支持者は望ましくないと発表	1948.9.9
「学生の政治運動について」文部次官通達	1948.10.8
公私立新制大学79校を決定答申	1949.2.10
大学設置委員会、新制大学94校を決定答申	1949.3.18
イールズ、共産主義教授追放を講演	1949.7.19
九州大学で、「赤色教授」に辞職勧告	1949.9.24
戦後初の教育調査団渡米	1950.1.29
東京都教育庁、「赤い教員」246人に退職勧告	1950.2.13
文部省、大学院問題懇談会を発足	1950.4.25
学生の政治集会・デモ参加の禁止	1950.6.17
新増設高校数発表	1950.7.24
学内集団行動及び示威運動について通達	1950.7.25
第2次米国教育使節団来日	1950.8.27
文部省『日本における教育改革の進展』発表	1950.8月
天野文相、教職員のレッドパージ実施を表明	1950.9.1
天野文相、学校の祝日行事に国旗掲揚を勧める	1950.10.17
天野文相、衆議院で「静かな愛国心」を説く	1951.2.7
教育刷新審議会、中央教育審議会を設置	1951.11.12
天野文相、「国民実践要領」の大綱発表	1951.11.14
政令改正諮問委、教育制度改革に関する答申	1951.11.16
参院文部委、学問の自由等に関する意見書	1952.4.3
「教育の問題としての学生運動」を発表	1952.8.4
全国児童文化会議開催	1952.8.22
市町村教委、全国一斉に発足	1952.11.1
中教審第1回総会	1953.1.21
朝鮮人子弟の就学は外国人と同様に扱う通達	1953.2.11
教育の中立性維持に関し次官通達	1953.7.8
池田・ロバートソン会談	1953.10.2

中教審、教育の中立性維持について答申	1954.1.8
文部省、偏向教育事例を衆院文部委員会提出	1954.3.3
小学校の対外競技禁止などを通達	1954.4.20
東京都教委、都立朝鮮人学校に廃止を通告	1954.10.4
文部省、修学旅行の事故防止心得を通達	1955.5.16
文部省、幼稚園教育要領を制定	1956.2.7
東大学長ら「文教政策の傾向に関する声明」発表	1956.3.19
任命制教育委員会が発足	1956.10.1
中教審、公立小中学校統合方策について答申	1956.11.5
自民党総務会、紀元節復活方針を決定	1957.2.4
科学技術系学生8000人増計画	1957.4.1
中教審、高校の産業教育を建議	1957.10.22
中教審、科学技術教育の振興方策答申	1957.11.11
文部省、科学技術教育振興方策を発表	1957.11.29
理科教育審議会、科学教育のありかた建議	1957.12.19
小・中学校「道徳」の実施要領を通達	1958.3.18
中教審、勤労青少年教育の振興方策答申	1958.4.28
文部省、道徳教育指導者地区別講習会を開催	1958.9.6
神奈川県教委、独自の勤評を決定	1958.12.9
科学技術会議を設置	1959.2.20
中教審、育英奨学事業振興方策について答申	1959.3.2
青少年向け図書選定制度実施要綱を決定	1959.4.10
羽田空港占拠事件に関し、各大学長に通達	1960.1.16
教頭にも管理職手当を支給	1960.4.1
小中学校の建物維持修繕費の住民転嫁禁止	1960.4.30
高校生に対する指導体制の確立について通達	1960.6.21
荒木文相、日教組を非難し「教育基本法」再検討発言	1960.8.19
科学技術会議、科学技術振興方策を答申	1960.10.4
文部省、高校生徒会の連合組織について通達	1960.12.24
科学技術庁、科学技術者養成について勧告	1961.3.11
第1回日米教育文化合同会議を開催	1962.1.25
文部省、高等学校生徒急増対策を決定	1962.1.26
防衛庁、文部省に学校教育に関する要望	1962.4.26
池田首相、人づくり政策などを演説	1962.5.25
国大協、大学の管理運営中間報告	1962.9.15
中教審、大学教育の改革の中間報告	1962.10.15
人づくり懇談会発足	1962.12.5
経済審議会、人的能力開発の課題と対策答申	1963.1.14
中教審、大学教育の改革について答申	1963.1.28
全国に道徳教育研究指定校を指定	1963.5.2
首都圏基本問題懇談会、筑波研究学園都市建設を報告	1963.9.6
幼稚園と保育所との関係について通達	1963.10.28
国立大学大学寮経費の負担区分を通達	1964.2.18
文部省、「集団行動指導の手引」草案を発表	1964.9.29
中教審「期待される人間像」中間草案発表	1965.1.11
朝鮮人のみを収容する教育施設について通達	1965.12.28
公立学校職員の管理職員の範囲について通達	1966.7.9
特別政府間会議でILO勧告を採択	1966.10.4
中教審、後期中等教育の拡充整備最終答申	1966.10.31
中教審、「期待される人間像」答申	1966.10.31
米陸軍極東研究開発局からの研究資金提供	1967.5.19
北海道教委、教員の家庭・思想傾向調査	1967.7.22
高校における職業教育の多様化について答申	1967.8.11
義務教育学校における教材基準を通達	1967.8.31
国大協「最近の学生運動に関する意見」発表	1968.2.9
文部省に、文化庁が発足	1968.6.15
大学問題懇談会初会合	1968.11.18
文部省、大学内の秩序維持について通達	1969.4.21
中教審、大学教育の課題にについて答申	1969.4.30
京都府教委、勤評闘争に関する行政処分取消	1969.10.23
放送大学問題懇談会が発足	1969.10.30
文部省、高校における政治的教養等を通知	1969.10.31
OECD派遣教育調査団来日	1970.1.11
中教審、高校教育改革に関する試案発表	1970.1.12
文部省、初の中堅教員研修講座を開催	1970.5.9
文部省、学校環境・特性の調査中間報告	1970.6.13
沖縄の本土復帰時には教育委員を任命制に	1970.9.17
小中学校生徒指導要録の改訂について通知	1971.2.27

| 政策 | 分野別索引 | 日本教育史事典 |

社会教育審議会、「社会教育のあり方」
　答申　　　　　　　　　　　　1971.4.30
中教審、学校教育の基本施策を最終答
　申　　　　　　　　　　　　　1971.6.11
筑波新大学創設準備調査会議最終報告　1971.7.16
放送大学の実験放送を開始　　　1971.8.16
中央児童福祉審議会、幼児教育の在り
　方答申　　　　　　　　　　　1971.10.5
高等教育懇談会を発足　　　　　1972.6.26
文部省、高校生徒指導要録の改訂を通
　知　　　　　　　　　　　　　1973.2.19
高等教育拡充整備計画に関する基本構
　想　　　　　　　　　　　　　1973.3.1
文部省、公立小中学校の統合について
　通達　　　　　　　　　　　　1973.10.2
学術審議会、学術振興に関する基本施
　策答申　　　　　　　　　　　1973.10.31
養護学校の義務化　　　　　　　1973.11.16
放送大学設置調査研究会議、最終報告　1974.3.22
小中学校に就学希望の障害児全員入学
　実施　　　　　　　　　　　　1974.4.3
社会教育審議会、社会教育の在り方答
　申　　　　　　　　　　　　　1974.4.26
新構想の教員養成大学に関する調査会
　報告　　　　　　　　　　　　1974.5.20
中教審「教育・学術・文化の国際交流」
　答申　　　　　　　　　　　　1974.5.27
私立学校振興方策懇談会、私学助成を
　強調　　　　　　　　　　　　1974.8.21
大学設置審議会で短期大学設置基準要
　綱　　　　　　　　　　　　　1975.3.7
文明問題懇談会、初会合　　　　1975.3.14
文部省、大学院問題懇談会が初会合　1975.4.25
ベトナム、カンボジア留学生の教育指
　導　　　　　　　　　　　　　1975.5.6
ベトナム、カンボジア留学生へ緊急救
　援措置　　　　　　　　　　　1975.7.7
公立高校新増設に関する調査を公表　1975.7.23
総理府、青少年の性行動調査報告を公
　表　　　　　　　　　　　　　1975.11.22
行政管理庁、幼保行政の問題点を指摘
　　　　　　　　　　　　　　　1975.11.25
文部省、放送大学基本計画発表　1976.1.2
文部省、公私立高校新増設建物整備費
　補助金の交付要綱を決定　　　1976.12.23
文部省、初の学習塾調査の発表　1977.3.11
第11期中教審発足　　　　　　　1977.6.15
都道府県教育長協議会「高校教育の諸
　問題と改善の方向」最終報告まとめ
　る　　　　　　　　　　　　　1977.7.8
東京都青少年問題協議会「盛り場と青
　少年について」意見書公表　　1978.2.7
東京都産業教育委員会「工業高校のあ
　り方について」答申　　　　　1978.5.10

中教審「教員の資質能力の向上につい
　て」を答申　　　　　　　　　1978.6.16
労働省「中・高校生のアルバイト実態
　調査」を発表　　　　　　　　1978.7.11
全国知事会「公立高校新増設計画に関
　する調査結果」公表　　　　　1978.7.18
教育職員養成審議会「教育実習の改善
　充実について」を提出　　　　1978.9.9
保健体育審議会「児童生徒の運動競技
　の在り方について」を答申　　1979.3.26
自民党、家庭基盤の充実に対する対策
　要綱作成　　　　　　　　　　1979.6.12
青少年問題審議会「青少年と社会参加」
　を首相に提出　　　　　　　　1979.7.5
総理府「読書・公共図書館に関する世
　論調査」公表　　　　　　　　1980.1.19
文部省、都道府県教委に「小・中学校
　指導要録の改正」通知　　　　1980.2.29
総理府「国際児童年記念調査報告」発
　表　　　　　　　　　　　　　1980.3.16
文部省、「盲・ろう・養護学校の小・中
　学部指導要領の改訂」について通知　1980.4.10
大蔵省「歳出百科」発表　　　　1980.7.7
家庭内暴力に関する研究調査会、調査
　結果発表　　　　　　　　　　1980.9.16
総理府「家庭内暴力に関する調査研究」
　発表　　　　　　　　　　　　1980.10.11
自民党、5小委員会発足　　　　1980.12.4
社会教育審議会「青少年の特性と社会
　教育」を答申　　　　　　　　1981.5.9
中教審「生涯教育について」を答申　1981.6.11
青少年問題審議会「青少年問題に関す
　る提言」答申　　　　　　　　1981.6.30
臨時行政調査会「行財政改革に関する
　第1次答申」発表　　　　　　1981.7.10
総理府「現代の青少年」発表　　1981.8.23
大学設置審議会「大学通信教育の基準」
　答申　　　　　　　　　　　　1981.9.18
総理府「青少年の性行動」公表　1981.11.5
自民党「教員の資質向上に関する提言」
　発表　　　　　　　　　　　　1981.11.17
文部省、「教員の採用・研修について」
　を提示　　　　　　　　　　　1982.5.31
青少年問題審議会「青少年の非行等問
　題行動への対応について」答申　1982.6.24
文部省「学校施設の文化的環境作りに
　関する調査研究会議」が報告公表　1982.7.8
文部省、公立校教員に外国人を採用し
　ないよう通知　　　　　　　　1982.10.2
第2次臨時行政調査会第3部会「補助金
　等の整理合理化について」提出　1983.1.10
文部省「出席停止等の状況調査」「校内
　暴力の発生状況と発生校に関する調
　査」発表　　　　　　　　　　1983.6.2
文化と教育に関する懇談会発足　1983.6.14

文部省「公立小・中学校における道徳教育の実施状況に関する調査」発表 1983.8.5
日本私学振興財団「私大等の経常費補助金に係る制裁措置の強化」決定 1983.9.15
大学設置審議会「新長期高等教育計画」中間報告公表 1983.10.21
中教審、教育内容等小委の中学の習熟度別学習指導等の審議経過報告了承 1983.11.15
文部省、「公立の小学校及び中学校における出席停止の措置について」を通知 1983.12.5
中曽根首相「7つの構想」発表 1983.12.10
文部省「公・私立における中途退学者数等の状況」公表 1984.1.16
教育臨調設置決定 1984.2.1
世界を考える京都座会「学校活性化のための7つの提言」発表 1984.3.13
文化と教育に関する懇談会最終報告 1984.3.22
総理府統計局、15歳未満の子ども人口を発表 1984.5.4
文部省「児童の日常生活調査」発表 1984.5.30
大学設置審議会、高等教育の計画的整備について報告 1984.6.6
臨教審初会合 1984.9.5
中野区教委、教委のみに児童生徒の出席停止の裁量権を限定 1984.10.12
臨教審「審議経過の概要(その1)」発表 1984.11.14
臨教審第1部会「個性主義」を打ち出す 1985.2.11
理産審、「高等学校における今後の職業教育の在り方について」答申 1985.2.19
法務省、いじめ問題解決に向けた通達 1985.3.12
文部省「高校中退者数等の状況」発表 1985.4.2
臨教審「審議経過の概要(その2)」公表 1985.4.24
文部省「特別活動の実施状況に関する調査」の結果発表 1985.9.5
文部省「いじめの実態等に関する調査」結果発表 1986.2.21
文部省「児童生徒の学校外学習活動に関する実態調査」速報発表 1986.4.8
臨教審「教育改革に関する第2次答申」発表 1986.4.23
文部省「臨教審『教育改革に関する第2次答申』について」を通知 1986.6.13
文部省小学校低学年の教育に関する調査研究協力者会議、生活科新設を提言 1986.7.29
総理府「学校教育と週休2日制に関する世論調査」発表 1986.11.24
文部省「児童・生徒の問題行動の実態調査」結果発表 1986.12.9

臨教審「審議経過の概要(その4)」発表 1987.1.23
臨教審「教育改革に関する第3次答申」提出 1987.4.1
文部省、臨教審の第3次答申の積極的対応を求める 1987.5.8
女性による民間教育審議会、教育改革提言発表 1987.6.13
文部省「高校中退者の進路状況調査」発表 1987.6.22
臨教審、第86回会議開催 1987.7.1
臨教審「教育改革に関する第4次答申」提出 1987.8.7
臨教審解散式 1987.8.20
法務省、体罰事件の概要発表 1987.9.20
文部省「体力・運動能力調査報告書」発表 1987.10.10
文部省「教育委員会の活性化について」報告 1987.12.4
文部省「教育改革の推進」発表 1988.1.5
文部省、校則見直し指導を要請 1988.5.19
文部省生涯教育局発足 1988.7.1
文部省「児童生徒の問題行動実態調査」結果発表 1988.11.30
総理府「生涯学習に関する世論調査」発表 1989.1.15
第14期中教審開催 1989.4.24
大学審議会「審議の概要」了承 1989.7.27
中教審、生涯学習推進センター設置提起 1989.10.31
中教審、生涯学習の基盤整備について答申 1990.1.30
文部省、「国歌」「国旗」の実施状況について調査を開始 1990.4.17
文部省、臨時定員増について応急的措置を各大学に通達 1990.4.23
文部省、入学式における「日の丸・君が代」の実施状況調査結果を公表 1990.7.16
文部省大学審議会大学部会、「審議の概要その2」を公表 1990.7.30
文部省、国立大学定員増加予定数を発表 1990.9.1
文部省大学審議会高等教育計画部会、大学等の新増設を原則抑制する方針 1990.10.31
文部省大学審議会大学院部会、独自の教育研究組織を確立することを提言 1990.10.31
文部省大学審議会短大専門委員会、「教育内容の自由化」を報告 1990.10.31
文部省の学校不適応対策調査研究協力者会議、登校拒否問題に関する中間まとめ発表 1990.12.6
日韓21世紀委員会、両国の歴史教育の検討を提言 1991.1.7

| 政策 | 分野別索引 | 日本教育史事典 |

文部省日韓外相覚書を受け、教育関係
　事項取扱いを通知　　　　　　　1991.1.30
生涯学習審議会に初諮問　　　　　1991.2.1
文部省の調査研究協力者会議、「学校施
　設の複合化」促進を提言　　　　1991.2.22
文部省の調査研究協力者会議、3歳児就
　園促進を提言　　　　　　　　　1991.3.1
文部省、在日外国人の常勤講師として
　の採用認可　　　　　　　　　　1991.3.22
全国の中学校・高校の73、8％で、校則
　見直し　　　　　　　　　　　　1991.4.11
中教審、高校教育改革と受験競争緩和
　を答申　　　　　　　　　　　　1991.4.19
文部省の「社会人継続教育の推進企画
　会議」発足　　　　　　　　　　1991.4.24
大学審議会、「高等教育の計画的整備」
　「大学設置基準等改正要綱」「大学院
　の整備充実」を答申　　　　　　1991.5.17
文部省、普通教室用机と椅子の特号を
　新設　　　　　　　　　　　　　1991.6.5
文部省の調査研究協力者会議、保護者
　の転勤に伴う高校転入学の円滑化を
　提言　　　　　　　　　　　　　1991.7.12
文部省の調査研究協力者会議、「通級」
　の実施方策について中間報告　　1991.7.17
社会党、「21世紀子どもルネッサンス」
　をまとめ、公表　　　　　　　　1991.7.19
青少年問題審議会、青少年の逃避的問
　題行動への対応策を答申　　　　1991.10.31
大学審議会の大学院部会、大学院生数
　の拡大を提言　　　　　　　　　1991.11.1
文部省、「教職員等に係る生涯生活設計
　推進計画の策定」を通知　　　　1991.11.22
「日の丸」を国旗として認め、「君が代」
　に代わる新国歌の制定を提言　　1991.11.24
大学審議会、「大学院の量的整備」を答
　申　　　　　　　　　　　　　　1991.11.25
第3次行革審の「ゆたかな生活部会」
　で、教育施策を提言　　　　　　1991.12.5
文部省、教育委員会の活性化に関する
　調査を発表　　　　　　　　　　1991.12.13
総務庁、「青少年の連帯感などに関する
　調査」を発表　　　　　　　　　1991.12.23
公私立高校中退者の数が過去最多　1992.1.14
公立看護系大学・短大の設立に財政支
　援決定　　　　　　　　　　　　1992.1.18
東京都、不当な生活指導を行った私立
　貞静学園に対し補助金カット　　1992.1.20
文部省「教員の心の健康等に関する調
　査研究協力者会議」が発足　　　1992.1.24
文部省、不登校児童の民間施設通学を
　出席とする見解を発表　　　　　1992.2.27
文部省調査研究協力者会議、社会人の
　再教育推進を提言　　　　　　　1992.3.6

文部省、「学校施設設計指針」の全面見
　直しを提言　　　　　　　　　　1992.3.11
文部省の調査研究協力者会議、登校拒
　否への対応策を発表　　　　　　1992.3.13
法務省、短期収容の少年院を「学園」
　と名称変更　　　　　　　　　　1992.4.9
生涯学習審議会、学歴より学習歴重視
　を目指すと発表　　　　　　　　1992.5.13
文部省、大阪の市立小学校2校を英語教
　育の研究開発校に指定　　　　　1992.5.22
大阪府教委と大阪市教委、在日外国人
　の常勤講師採用を発表　　　　　1992.6.10
箕面市教委、指導要録全面開示を決定　1992.6.12
埼玉県庄和町、学校給食廃止の方針を
　表明　　　　　　　　　　　　　1992.6.18
文部省の調査協力者会議、公立学校教
　職員配置の在り方を提言　　　　1992.7.28
生涯学習審議会、資格の評価基準の転
　換等を提言　　　　　　　　　　1992.7.29
文部省、公立学校の「教職員配置改善6
　カ年計画」を発表　　　　　　　1992.8.21
文部省、登校拒否・高校中退の緊急対
　策を発表　　　　　　　　　　　1992.8.25
文部省初中局長、PKO協力法案の学校
　での正確な取扱いを要請　　　　1992.9.16
文部省、登校拒否生徒が民間施設に通
　うことを出席扱いにすると通知　1992.9.22
川崎市個人情報保護審査会、卒業生に
　限り指導要録開示を答申　　　　1992.10.9
町田市情報公開・個人情報保護審査会、
　中学女生徒自殺の事故報告書の全面
　開示を答申　　　　　　　　　　1992.10.13
東京都新宿教委、登校拒否教育相談記
　録の開示を決定　　　　　　　　1992.10.16
町田市教委、中学生徒自殺の事故報告
　書の全面開示を決定　　　　　　1992.10.27
文部省、教師用エイズ手引きの全面改
　訂版を公表　　　　　　　　　　1992.12.9
東京都教委、都立高校教員の「週1研
　修」の段階的廃止を通達　　　　1992.12.9
文部省の調査研究協力者会議、高校中
　退者の対応策を発表　　　　　　1992.12.11
日の丸・君が代職員会議録、個人名を
　伏せて公開を命じる　　　　　　1992.12.24
文部省の調査研究協力者会議、教職員
　の定数加配の目安を発表　　　　1993.1.14
東京都公文書開示審査会、体罰事故報
　告書を開示するよう答申　　　　1993.1.19
川崎市教委、指導要録について在校生
　にも全面開示すると発表　　　　1993.2.6
神奈川県大和市、市立小中学校の職員
　会議録を公開　　　　　　　　　1993.3.5
文教部会・文教制度調査会、教育制度
　改革を決定　　　　　　　　　　1993.3.9

— 302 —

文部省、大学の自己評価実施状況を報
　告　　　　　　　　　　　　　　1993.3.26
文部省、学校図書館整備5カ年計画を実
　行　　　　　　　　　　　　　　1993.3.29
文部省、中・高校卒の就職内定取消防
　止を通知　　　　　　　　　　　1993.3.31
新潟市教委、日の丸・君が代の職員会
　議録の公開要求に非公開決定　　1993.4.6
文部省、小中学校の「空き教室」活用
　指針を通知　　　　　　　　　　1993.4.9
文部省、高校中退問題の対応について
　通知　　　　　　　　　　　　　1993.4.23
大学審議会、大学人事の改革・大学院
　の夜間博士課程開設方針を決定　1993.5.20
法務省、専修学校実地調査を発表　1993.6.12
文部省の調査研究協力者会議、問題教
　員の対応策を提言　　　　　　　1993.6.29
文部省の調査研究協力者会議、一定の
　日本語能力のない外国人は国内の日
　本語学校への入学不可の方針　　1993.7.14
文部省、高等学校の指導要録の簡素化
　を通知　　　　　　　　　　　　1993.7.29
文部省の調査研究協力者会議、外国語
　教育の改善を提言　　　　　　　1993.7.30
文部省の調査研究協力者会議、「教育上
　の例外措置」について提言　　　1993.9.22
文部省、公立中学校94%で体験学習に
　取り組んでいると発表　　　　　1993.10.30
JR各社、在日外国人学校や専修学校に
　も通学定期割引を決定　　　　　1994.2.21
文部省、専門学校の修了者に「専門士」
　の称号附与を提言　　　　　　　1994.2.28
文部省、「道徳教育推進状況調査」を発
　表　　　　　　　　　　　　　　1994.5.26
法務省、「子供人権オンブズマン制度」
　を通知　　　　　　　　　　　　1994.7.1
文部省、薬学教育の改善を提言　　1994.7.9
学術審議会、学術国際交流推進を提言　1994.7.21
文部省、子どもの読書離れ対策として
　学校図書館の充実を提言　　　　1994.11.1
文部省、学校健康診断の見直しを実施　1994.12.8
文部省のいじめ対策緊急会議で、緊急
　アピールを発表　　　　　　　　1994.12.9
与謝野文相と日教組横山委員長が初会
　談　　　　　　　　　　　　　　1994.12.16
与謝野文相、森自民党幹事長、日教組
　横山委員長が会談　　　　　　　1994.12.19
文部省マルチメディアの発展に対応し
　た文教施策の推進に関する懇談会、
　提言　　　　　　　　　　　　　1995.1.18
文部省調査協力者会議、職業高校活性
　化方策について提言　　　　　　1995.3.8
文部省、いじめ総点検結果発表　　1995.3.13
文部省のいじめ対策緊急会議、いじめ
　対応策について提言　　　　　　1995.3.13
文部省調査協力者会議、「学習障害」の
　定義について提言　　　　　　　1995.3.27
文部省、静岡県教委に対しオウム教団
　の不就学児への対応を指示　　　1995.3.28
「規制緩和推進計画」を閣議決定　1995.3.31
山梨県上九一色村、オウム教信徒の手
　続きを受理しない方針を通知　　1995.4.11
川崎市で中学校卒業生に内申書開示　1995.5.20
衆議院本会議で「戦後50年国会決議」
　を与党3党のみで可決　　　　　1995.6.9
文部省、スクールカウンセラー配置校
　154校を決定　　　　　　　　　 1995.7.17
文部省創造的人材育成産学懇談会、大
　学理工分野の人材育成策を緊急提言　1995.7.17
学術審議会、若手研究者の養成・確保
　の方策について提言　　　　　　1995.7.20
文部省、「アビトゥア」取得者に対し大
　学入学資格を与えると通知　　　1995.10.3
文部省、教育長会議を開催、「いじめ根
　絶のための指導方策」を提示　　1995.12.15
奥田文相、学校カウンセリング室の整
　備方針を表明　　　　　　　　　1996.3.12
文部省の、創造的人材育成産学懇談会
　が、報告をまとめる　　　　　　1996.3.25
文部省、PTAとの定期協議始める　1996.4.9
生涯学習審議会、地域における学習機
　会の充実方策について答申　　　1996.4.24
中教審第2小委員会、「審議のまとめ」
　案の骨子発表　　　　　　　　　1996.5.17
自民党21世紀ビジョン検討委員会、第2
　次臨教審設置を提言　　　　　　1996.5.30
奥田文相、経団連などに対し労働環境
　づくりに協力を求める　　　　　1996.5.30
文部省21世紀医学医療懇談会、医療分
　野への人材受け入れについて提言　1996.6.13
中教審、総合学習・いじめ問題などに
　ついての審議のまとめ公表　　　1996.6.18
文部省懇談会、高等教育の在り方につ
　いて提言　　　　　　　　　　　1996.7.4
文部省調査研究協力者会議、いじめ対
　策における最終報告を発表　　　1996.7.16
中教審、取り組むべき教育課題につい
　て第1次答申提出　　　　　　　 1996.7.19
文部省、高校専門学科の状況を発表　1996.7.26
学術審議会、研究者の養成について建
　議　　　　　　　　　　　　　　1996.7.29
大学審議会の高等教育将来構想部会、
　大学・短大臨時定員の恒常定員化を
　報告　　　　　　　　　　　　　1996.10.29
小杉文相、文部省審議会を原則公開す
　る考えを発表　　　　　　　　　1996.12.6
小杉文相、「従軍慰安婦」の記述削除を
　認めないと言明　　　　　　　　1996.12.11
文部省調査研究協力者会議、「兼業」規
　制緩和を提言　　　　　　　　　1996.12.12

| 政策 | 分野別索引 | 日本教育史事典 |

文部省、大学教員における兼業許可範
　囲の拡大を全国に通知　　　　1996.12.26
橋本首相、「6つの改革」を提唱　　1997.1.1
橋本首相、教育改革プログラム策定を
　指示　　　　　　　　　　　　　1997.1.7
小杉文相、教育改革プログラムを提示　1997.1.24
文部省調査協力者会議、特殊教育拡充
　重点の移行を提言　　　　　　　1997.1.24
文部省、通学区域の弾力的運用を通知　1997.1.27
大学審議会、臨時増募定員5割の恒常化
　方針を答申　　　　　　　　　　1997.1.29
自民党と日教組、8ヶ月ぶりに定期政策
　協議を再開　　　　　　　　　　1997.2.13
文部省21世紀医学医療懇談会、介護人
　材の育成を提言　　　　　　　　1997.2.21
文部省の調査研究協力者会議、司書教
　諭講習科目見直し案を提言　　　1997.2.25
規制緩和推進計画再改訂、閣議決定　1997.3.28
東京都青少年問題協議会、都条例に処
　罰規定の導入を答申　　　　　　1997.4.3
小杉文相、国立教員養成大学の定員削
　減を提示　　　　　　　　　　　1997.4.15
文部省、国立大学の民営化反対を表明　1997.5.21
文部省、科学技術庁との一本化に前向
　きな姿勢　　　　　　　　　　　1997.5.21
財政構造改革会議、教職員配置改善6か
　年計画の2年延長を決定　　　　1997.6.3
文部省調査協力者会議、育英事業に提
　言　　　　　　　　　　　　　　1997.6.6
生涯学習審議会に諮問　　　　　　1997.6.16
幼稚園教育の在り方に関する文部省調
　査協力者会議、総合的な学びに重点
　をおくよう提言　　　　　　　　1997.6.30
文部省、教育改革プログラム改訂版を
　作成　　　　　　　　　　　　　1997.8.5
文部省、今後の地方教育行政の在り方
　を諮問　　　　　　　　　　　　1997.9.30
自民党の教育改革推進会議、教育改革
　案をまとめ発表　　　　　　　　1997.10.14
改革構想と21世紀大学像について諮問
　　　　　　　　　　　　　　　　1997.10.31
文部省、空き教室手続きの大幅な簡素
　化を通知　　　　　　　　　　　1997.11.20
行政改革会議、最終報告を決定　　1997.12.3
大学審議会、通信制大学院の制度化・大
　学編入資格附与などについて答申　1997.12.18
文部省調査協力者会議、中高部活動の
　練習時間の短縮を提言　　　　　1997.12.25
文部省、校長の判断による所持品検査
　は差し支えないとの見解を示す　1998.2.3
町村文相、緊急アピール発表　　　1998.3.10
文部省厚生省、幼保施設・運営共同化
　に関する指針をまとめ　　　　　1998.3.10
生涯学習審議会社会教育分科審議会、
　中間報告発表　　　　　　　　　1998.3.23

文部省協力者会議、少年犯罪に対する
　緊急対策を公表　　　　　　　　1998.3.24
文部省協力者会議、教育行政と民間教
　育事業との連携で提言　　　　　1998.3.26
中教審、心の教育に関し提言　　　1998.3.27
中教審、地方教育行政制度改革に関す
　る基本方針公表　　　　　　　　1998.3.31
総合経済対策、教育関係4200億円を決
　定　　　　　　　　　　　　　　1998.4.24
国連の児童（子ども）の権利条約委員
　会、日本教育改善について勧告　1998.6.5
中教審、心の教育の在り方に関し答申　1998.6.30
生涯学習審議会、社会教育の在り方に
　関する答申提出　　　　　　　　1998.9.17
大阪府教委、府立高校生徒に対し生徒
　指導要録の全面開示を決定　　　1998.10.13
国民生活審議会多様な生活に関する研
　究会、小・中学校通学区制の見直し
　を提言　　　　　　　　　　　　1998.10.23
大学審議会、「21世紀の大学像と今後の
　改革方針」について答申　　　　1998.10.26
教育職員養成審議会、第2次答申　1998.10.29
文部省、「学校教育についての意識調
　査」結果を公表　　　　　　　　1998.11.13
文部省、「行動指針となる日常体験」調
　査を実施し実態を公表　　　　　1998.12.3
文部省と農林省、子供自然休暇村を具
　体化するための協議会設置　　　1998.12.17
文部省、小学校のインターネット接続
　計画2年前倒しを発表　　　　　1998.12.21
総務省、義務教育諸学校に関する行政
　監察結果をまとめる　　　　　　1998.12.22
小田原市個人情報審査会、指導要録所
　見欄の記述削除を認める答申を行う
　　　　　　　　　　　　　　　　1998.12.24
文部省、セクシュアル・ハラスメント
　防止のための指針を大学等に通知　1999.3.30
文部省、公立学校におけるセクハラ防
　止について通知　　　　　　　　1999.4.12
社会人を特別非常勤講師として雇用す
　る方針を決定　　　　　　　　　1999.6.1
生涯学習審議会、地域社会の環境充実
　方策について答申　　　　　　　1999.6.9
地域高齢者施設と学校施設との連携を
　深めるよう教委に通知　　　　　1999.6.10
学術審議会、学術研究の総合的推進に
　ついて提言　　　　　　　　　　1999.6.29
文部省調査協力者会議、公立学校施設
　整備の在り方について提言　　　1999.7.1
調査協力者会議、学習障害児指導のあ
　り方に関する報告書まとめる　　1999.7.2
文部省、大学入学定員計画を発表　1999.8.30
厚生省、学校法人や企業に保育所の設
　置を認める方針を決定　　　　　1999.9.10

- 304 -

文部省、国旗・国歌の取り扱い状況公表	1999.9.17
東京都品川区教委、公立小学校選択自由化を決定	1999.9.28
文部省、高校中退状況を発表	1999.12.15
21世紀日本の構想懇談会、15～20年後の日本のあるべき姿について提言	2000.1.18
文部省、「教育指針の国際比較」発表	2000.1.19
中曽根文相、国歌斉唱の不指導は懲戒対象となると発言	2000.3.7
教育改革国民会議を設置	2000.3.15
中曽根文相、日本文相として韓国初訪問	2000.3.18
教育改革国民会議、初会合	2000.3.27
G8教育相会合、議長サマリーを採択	2000.4.1
森首相、教育改革国民会議の中間報告を求める考えを表明	2000.4.7
中教審、「少子化と教育について」報告書提出	2000.4.17
文部省、ロースクール基本構想発表	2000.4.25
国立教育研究所グループ、学級崩壊に関する事例研究報告書をまとめ公表	2000.5.18
文部省協力者会議、学級編成基準改定の見送り等について報告書を公表	2000.5.19
保健体育審議会、中間報告を提出	2000.6.15
文部省、「幼児教育の充実に向けて」の中間報告を提出	2000.7.24
文部省、学校基本調査速報発表	2000.8.4
文部省、問題行動調査速報を発表	2000.8.11
教育改革国民会議、中間報告提出	2000.9.22
大阪府教委、府立高校における問題教員400人と発表	2000.11.6
文部省21世紀特殊教育の在り方に関する調査協力者会議、中間報告を発表	2000.11.6
文部省、国立教員養成大学就職状況を発表	2000.12.19
教育改革国民会議、最終報告をまとめ答申	2000.12.22
中教審、初等・中等における教養教育の在り方について提言	2000.12.25
中教審に奉仕活動のあり方など諮問	2001.4.11
大学構造改革	2001.6.11
不登校過去最多	2001.8.10
校内暴力過去最多	2001.8.24
学校の安全確保のための有識者会議設置	2001.11.4
教員養成系大学について報告書	2001.11.22
ゆとり教育と学力低下	2001(この年)
障害児の普通学校就学について通知	2002.5.27
中教審、奉仕活動に関する答申	2002.7.29
中教審、大学関係答申提出	2002.8.5
不登校者過去最高	2002.8.9
「人間力戦略ビジョン」発表	2002.8.30
COEプログラム採択結果を発表	2002.10.2
規制改革推進のための第2次答申	2002.12.12
学校の危機管理マニュアル発表	2002.12.19
指導力不足教員187人	2002.12.25
学力向上アクションプラン	2002(この年)
中教審、「大学設置基準等の改正について」答申	2003.1.23
国立高専55校を連合	2003.2.5
中教審、「新しい時代にふさわしい教育基本法と教育振興基本計画の在り方について」答申	2003.3.20
今後の特別支援教育の在り方に関する調査研究協力者会議、最終報告を提出	2003.3.28
中教審に「今後の初等中等教育改革の推進方策」を諮問	2003.5.15
「不登校への対応の在り方」通知	2003.5.16
「骨太の方針」第3弾閣議決定	2003.6.27
学校基本調査速報、発表	2003.8.8
指導力不足の教員、289人	2003.9.12
国立大学10組20大学を統合	2003.10.1
「青少年育成施策大綱」決定	2003.12.9
中教審、「今後の学校の管理運営の在り方について」中間報告	2003.12.16
「21世紀COEプログラム」113件を選定	2003(この年)
中教審、「構造改革特別区域における大学設置基準等の特例措置について」答申	2004.1.14
中教審、「食に関する指導体制の整備について」答申	2004.1.20
中教審、「大学設置基準等の改正について」答申	2004.2.6
中教審、認証評価機関について答申	2004.2.6
中教審、「薬学教育の改善・充実について」答申	2004.2.18
中教審、「今後の学校の管理運営の在り方」について答申	2004.3.4
指導力不足の公立学校教員は481人	2004.4.30
「児童生徒の問題行動対策重点プログラム(最終まとめ)」発表	2004.10.5
義務教育改革推進本部・義務教育特別委員会、設置	2004.12.17
中教審、幼児教育・高等教育について答申	2005.1.28
文科省、「義務教育改革に関する意識調査」結果発表	2005.6.18
中教審、大学院教育について答申	2005.9.5
中教審、「特別支援教育」について答申	2005.12.8
文科省、「教育改革のための重点行動計画」発表	2006.1.17
文科省、「学校評価ガイドライン」「大学院教育振興施策要綱」発表	2006.3.30
君が代斉唱巡り自殺の校長、公務災害認定	2006.8.17

文科省、「幼児教育振興アクションプログラム」発表	2006.10.4
「教育再生会議」の設置を決定	2006.10.10
教育改革タウンミーティングで「やらせ質問」発覚	2006.10.31
伊吹文科相、「文部科学大臣からのお願い」発表	2006.11.17
教育再生会議、いじめ問題で緊急提言発表	2006.11.29
中教審、青少年の育成について答申	2007.1.30
教育再生会議、「社会総がかりで教育再生を」(第2次報告)発表	2007.6.1
文科省、学校評価の在り方について報告	2007.8.27
文科省、いじめの調査を発表	2007.11.15
教育再生会議、「社会総がかりで教育再生を」(第3次報告)発表	2007.12.25
教育再生会議、最終報告	2008.1.31
文科省、学校評価ガイドラインを改定	2008.1.31
中教審、生涯学習の振興について答申	2008.2.19
「教育再生懇談会」の設置を発表	2008.2.25
文科省、幼稚園評価のガイドラインを策定	2008.3.25
中教審、教育振興計画について答申	2008.4.18
教育再生懇談会、英語教育や小中学生の携帯電話所持についての第1次報告を提出	2008.5.26
「教育振興基本計画」閣議決定	2008.7.1
文科省、専修学校の振興について報告	2008.11.14
「青少年育成施策大綱」改定	2008.12.12
中教審、高等専門学校について答申	2008.12.24
中教審、学士課程教育について答申	2008.12.24
文科省、学校への携帯電話持ち込み禁止を通知	2009.1.30
塩谷文科相、「新しい日本の教育 今こそ実行のとき!」「「心を育む」ための五つの提案」を発表	2009.2.3
教育再生懇談会、小中学生の携帯電話利用・大学改革・教育委員会改革についての第3次報告を提出	2009.2.9
小中学校の耐震化状況調査、7300棟が震度6強で倒壊危険性	2009.6.16
文科省、「教育安心社会の実現に関する懇談会報告」をまとめる	2009.7.3
文科省、「校訓を活かした学校づくりの在り方について」発表	2009.8.4
中教審、認証評価機関について答申	2009.8.26
文部科学省政策会議が初会合	2009.10.8
中教審、医学部の定員増員について答申	2009.10.27
教育再生懇談会廃止	2009.11.17
中教審、持続的な就業力育成について答申	2010.2.1
性同一性障害の生徒を認める動き	2010.2.22
中教審、認証評価機関について答申	2010.3.17
中教審、大学が公表すべき事項について答申	2010.5.28
中教審、学級定員減を提言	2010.7.12
日本の教育予算、OECD諸国中最下位	2010.9.7
文科省、全小中高生にいじめ調査を要請	2010.9.14
教員の精神疾患による休職増加	2010.12.24

【制度】

学校掛、「学舎制」を提出	1868.4.20
私塾開設が地方官の許可制に	1871.2.13
編輯寮、設置	1871.10.31
「小学教師教導場ヲ建立スルノ伺」提出	1872.5.28
小学委託金額を制定	1872.11月
小学校の休日を改正	1873.3.2
算術、和洋兼学に改正	1873.4.5
大学区を改定	1873.4.10
学校の命名法を改正	1873.4.12
文部省、官制を改正	1873.8.12
官立学校、日曜日を休日に	1874.3.20
小学校教員資格付与の規則を制定	1874.7.25
私立学校開設を地方官の許可制に	1874.9.23
「文部省及び直轄学校蔵版教科書中翻刻許可書目」改定	1874.10.4
学齢を制定	1875.1.8
小学扶助委託金を増額	1875.1.20
文部省蔵版書籍・教科書等全ての翻刻を許可	1875.6.19
小学扶助金の配布規定を改正	1876.2.15
公立学校開設認可・私学開業許可について地方に権限委譲	1878.9.10
学位授与権を東京大学に付与	1878.12.19
小学補助金を減額	1880.1.29
小学校教科書調査を開始	1880.5月
不適当な教科書の使用を禁止	1880.8.30
教育上弊害ある書籍の教科書不採用を指示	1880.12.18
文部卿福岡孝弟、教育の要旨を訓示	1881.12.17
教科書採択が認可制に	1883.7.31
法令違反の教科書を発行停止	1883.8.9
小学校教員改良	1883.8.18
公立小学校が学年制に	1885.12.12
高等師範学校、4月学年制に	1886.10月
小学校用歴史教科書編纂旨意書、公示	1887.4.29
小学校教員仮免許状	1887.8.4
最初の博士号を授与	1888.5.7
直轄学校の学生生徒体格検査の様式を制定	1888.12.28
小学校修身の教科書使用を必須化	1891.10.7
小学校教科書を生徒用・教師用の2種に	1892.9.19
高等女学校教科書、検定教科書に	1895.6.12

- 306 -

文部省、学校衛生顧問・学校衛生主事を設置	1896.5.8
貴族院、小学読本及び修身教科書の国費編纂を建議	1897.3.19
公立学校に学校医	1898.1.12
小学校修身教科書の国費編纂を建議	1899.3.6
修身教科書調査委員会、設置	1900.4月
教科書供給の監督強化を要請	1902.2.26
高等学校・大学予科の入試に総合試験制度を導入	1902.4.25
二部教授を実施研究	1904.1.26
2種以上の実業学校の学科を1校内に併置することを認可	1904.3.8
乙種実業学校における科目選択の自由を認可	1904.3.8
小学校国定教科書、使用開始	1904.4月
国定教科書編纂のため専任編修官を設置	1904.5.21
教科書需要額調査	1905.1月
義務教育延長案を可決	1906.12.19
総合試験制度を廃止	1908.3.12
教科用図書調査委員会、設置	1908.9.5
中学校体操教育調査	1909.10.19
第2期国定教科書使用開始	1910.4月
小学校理科教科書を国定化	1910.7.21
修身科廃止議論	1914.6.1
帝大以外に名誉教授を認める	1914.6.20
大学修業年限短縮	1914.7.2
大学予科入学者無試験検定の改正	1917.4.27
物理・化学の実験を重視	1918.2.5
第三期国定教科書	1918.4月
初の公立託児所	1919.7月
文部省図書局設置	1920.4.28
教科書調査会設置	1920.4.28
合科教育試行	1920.4月
学習院高等科を高等学校同等に	1921.4.28
学年始期統一	1921.4月
専門学校入学資格認可	1924.3.12
壮丁教育概況調査	1924.3月
メートル法採用	1928.4.1
朝鮮人学生に軍事教練	1928.9.21
小学校での入学準備教育禁止	1929.1.24
師範教育改善案決定	1929.5.28
社会教育局設置	1929.7.1
2年制実業学校を認可	1930.4.8
高等女学校教育改善案発表	1930.11.20
近視予防のための基準	1930.11.28
公民科設置	1931.1.10
「実業学校公民科教授要目」制定	1931.1.20
中学・高校教授要目制定	1931.2.7
「師範学校教授要目」制定	1931.3.11
「実業学校修身教授要目」制定	1931.4.23
学生思想問題調査委員会設置	1931.6.23
師範学校給費制度廃止	1931.8.28
学制改革案発表	1931.9月
高等女学校に公民科を設置	1932.2.19
夜間中学卒業者の待遇改善	1932.5.18
国民精神文化研究所設置	1932.8.23
学制改革案発表	1933.3.15
国定教科書大改訂	1933.4月
英語授業時間削減論	1934.3.14
思想局設置	1934.6.1
教育制度改革案まとまる	1934.8月
教護院の教科に関する規則	1934.10.22
教育制度改革案まとまる	1934.10月
中学入試に通達	1935.2.4
外国語授業削減	1935.4月
実業教育振興委員会設置	1935.6.10
「青年学校教授及訓練科目要旨」制定	1935.8.21
学校での宗教的情操教育に関して通達	1935.11.28
教育行政機構改革案発表	1936.4月
邦楽科を開設	1936.6月
「義務教育8年制実施計画要綱」決定	1936.7.4
義務教育8年制案閣議提出	1936.11.6
小学校国史教科書改訂	1936.11月
「君が代」教科書に登場	1937.1月
大学に国体講座新設	1937.4.9
教育改革同志会教育改革案発表	1937.6月
教育審議会、青年学校教育義務制実施について答申	1938.7.15
大学軍事教練必修化	1939.3.30
国民精神総動員文部省実行委員会設置	1939.7.5
中学入試に関して通達	1939.9.28
中学校入試の人物考査について定める	1940.2.26
壮丁教育思想調査開始	1940.4月
中等教育教科書指定制に	1940.9.12
成人教育講座などの実施要項発表	1940.9月
中等学校制服を制定	1940.11.27
文部省体育局新設	1941.1.8
文部省、計画室設置	1941.7.30
大学に現役将校を配属	1941.8.30
学生生徒に臨時徴兵検査実施	1941.10.20
外国語選択制	1942.7.8
期間短縮に寄る卒業式	1942.9月
大学等の修業年限短縮措置決定	1942.11.25
徴兵猶予制停止	1943.9.22
特別研究生制度設置	1943.9.29
学生生徒の徴兵猶予停止	1943.10.2
中等学校教科内容の戦時非常措置決定	1944.2.9
疎開学童対策協議会	1944.9.29
文部省、戦時教材の省略削除を通牒	1945.9.20
GHQ、3教科書の停止、教科書回収を司令	1945.12.31
大学入学者選抜要項を発表	1946.2.21
大学、高等専門学校の学生・生徒主事を廃止	1946.3.14
文部省、『新教育指針』第1分冊を配布	1946.5.15

文部省、男女共学について指示	1946.10.9
高等学校、専門学校入学者選抜試験要領発表	1947.1.18
文部省、新学制の実施方針発表	1947.2.5
文部省、『学習指導要領(試案)』を刊行	1947.3.20
新学制による小学校、中学校を発足	1947.4.1
日本教育制度刷新に関する極東委員会指令	1947.4.11
文部省、教科書検定制度を発表	1947.9.11
小中学校で社会科の授業開始	1947.9月
帝国大学を廃止し、国立総合大学とする	1947.10.1
文部省、視学制度を廃止し、指導主事設置	1947.11.11
新制大学審査のため大学設置委員会を設置	1948.1.15
大学、高専進学希望者に進学適性検査	1948.2.10
文部省、教員養成は大学で実施する旨発表	1948.3.29
教科用図書検定規則を制定	1948.4.30
第1回教育委員選挙を実施	1948.10.5
小学校学籍簿に5段階相対評価法採用を通達	1948.11.12
6・3制完全実施に関する決議案を可決	1949.4.28
教科用図書審議会など13審議会を設置	1949.7.5
教員志望学生生徒の特別奨学金貸与制度発表	1950.1.20
文部省、完全給食の実施を発表	1950.8.14
天野文相、修身科復活の必要を表明	1950.11.7
第2回教育委員選挙を実施	1950.11.10
教育課程審議会、道徳教育強化を答申	1951.1.4
文部省、道徳教育振興方策を発表	1951.2.8
学習指導要領改訂	1951.7.1
教委制度協議会、教委制度改革に関して答申	1951.10.31
天野文相、漢文を必修科目にしたいと発言	1952.2.19
漢文、倫理、芸能の教育強化	1952.4.4
中学以上の体育教材に竹刀競技採用許可	1952.4.10
第3回教育委員選挙を実施	1952.10.5
日教組、「文教政策基本大綱」を発表	1952.10.17
教育課程審議会に社会科の改善について諮問	1952.12.19
義務教育費の全額国庫負担方針決定	1953.1.13
中教審、6・3制の堅持などを答申	1953.7.25
教育課程審議会、社会科改訂を答申	1953.8.7
小学校の改訂社会科の内容について通達	1955.2.12
衆院特別委員会、教科書問題で証人喚問	1955.6.24
中教審、教科書制度の改善について答申	1955.12.5
自民党特別委員会、教委会制度改正要綱発表	1956.1.16
文部省、初の全国抽出学力調査を実施	1956.9.28
文部省、教科書調査官制度を創設	1956.10.10
理科教育審議会、理科教員養成について答申	1957.6.24
松永文相、道徳に関する独立教科設置の意向	1957.7.30
中教審、教員養成制度改善方策について答申	1958.7.28
小中学校学習指導要領を官報に告示	1958.10.1
文部省、教科用図書検定基準を告示	1958.12.12
文部省主催新教育課程講習会を実施	1959.7.21
文部省、教科書採択の公正確保について通達	1960.1.12
教育課程審議会、高校教育課程の改善を答申	1960.3.31
千葉大、東京外国語大に留学生課程設置	1960.4.1
文部省、高等学校学習指導要領官報告示	1960.10.15
小学校新学習指導要領による教育課程の実施	1961.4.1
全国中学生一斉学力調査要綱を通達	1961.4.27
全国一斉学力調査実施	1961.10.26
中学校の新学習指導要領による教育課程実施	1962.4.1
保谷町教委、中学全国一斉学力調査を不実施	1962.7.6
小・中学校全国一斉学力調査を実施	1962.7.11
地方公務員に対する共済制度を統一整備	1962.9.8
教育職員養成審議会、教員養成制度を建議	1962.11.12
第1回中学校教育課程研究集会を開催	1962.11.30
定時制高と技能教育施設の共通履修科目拡大	1963.3.6
高校の新学習指導要領による教育課程を実施	1963.4.1
能力開発研究所、初の能研テストを実施	1963.11.16
香川、愛媛の学テ実態調査を実施	1964.6.4
教育職員養成審議会、教育課程基準案中間発表	1964.7.30
文部省、全国学力調査を20％抽出に変更	1964.10.14
福岡県教委、文部省一斉学テ実施せずと決定	1965.6.16
都教委、「入試準備教育の是正について」通達	1965.11.19
都教委、学校群高校入試制度改善基本方針	1966.7.13
全国一斉学力調査の中止を発表	1966.11.22
文部省、建国記念日について通達	1967.1.13
文部省、小学校学習指導要領告示	1968.7.11

文部省、中学校学習指導要領を告示	1969.4.14
教科書検定訴訟の地裁判決について通知	1970.8.7
文部省、高等学校学習指導要領を告示	1970.10.15
国大協、共通一次試験の実施方針を報告	1970.11.20
小中新学習指導要領の「公害」部分改訂告示	1971.1.20
養護学校小中学部学習指導要領の改訂を告示	1971.3.13
小学校教育課程全面改訂	1971.4.1
大学入学者選抜方法の改善について報告	1971.12.9
児童手当制度発足	1972.1.1
教育課程審議会、養護学校高等部の改善答申	1972.3.15
新中学校教育課程実施	1972.4.1
教員養成審議会「教員養成の改善方針」建議	1972.7.3
立川市立二中の音楽教師、全生徒に評価3	1972.7.21
国大協、全国共通一次試験の基本構想を発表	1972.10.6
盲・聾・養護学校高等部学習指導要領を発表	1972.10.17
小中高校等の学習指導要領の一部改正など通達	1972.10.27
大阪府小中学校指導要録を3段階絶対評価に	1973.2.10
日教組委員長、学校5日制を表明	1973.4.15
市町村教委の任命権の行使について通達	1974.10.4
国立大学共通一次試験調査報告書を発表	1975.4.19
教育研究災害補償制度に関する最終報告	1975.8.15
文部省、小中高校に部長制等の導入方針	1975.10.15
国大協総会、共通一次試験の具体化方針決定	1975.11.13
高校教育の能力主義・多様化を提唱	1975.12.8
主任制度化のための「学校教育法施行規則」改正を決定	1975.12.25
「「学校教育法施行規則等の一部を改正する省令」の施行について」の指導通達	1976.1.13
全国革新市長会、主任制度反対	1976.1.17
主任制度施行	1976.3.1
文部省、主任制度化実施状況調査	1976.4.1
日教組「教育課程改革試案最終報告書」を発表	1976.5.17
高等専門学校教育課程調査会「高等専門学校教育課程の改善について」を発表	1976.7.7
文部省、都道府県教委に業者テストの取扱等について通達	1976.9.7
教育課程審議会「教育課程の基準の改善について」を発表	1976.10.6
永井文相、槇枝日教組委員長トップ会談	1976.11.6
国大協、共通一次試験の最終見解発表	1976.11.18
教育課程審議会「小学校, 中学校及び高等学校の教育課程の基準の改善について」を答申	1976.12.18
教科用図書検定調査審議会、「教科書検定制度の運用の改善について」を海部文相に建議	1977.1.26
文部省、高校以下の教員の週休2日制実施要領を各県教委に送付	1977.3.2
国立教育研究所「学校における評価の現状について」の調査結果発表	1977.3.9
文部省、小中学校新学習指導要領を告示	1977.7.23
文部省、「小学校及び中学校の学習指導要領等の施行について」を通達	1977.8.16
文部省、小中学校教育課程移行措置を告示、通達	1977.10.6
文部省「体力・運動能力調査」発表	1977.10.9
国大協教員養成制度特別委「大学における教員養成」報告書発表	1977.11.17
共通一次試験試行テスト実施	1977.12.24
文部省、学術修士新設	1978.2.27
「進学ローン」「進学積立郵便貯金」スタート	1978.6.7
文部省、「新高等学校学習指導要領」を発表	1978.6.22
立教大学法学部、社会人入学の実施発表	1978.7.3
中野の教育を良くする会、教委準公選条例制度の直接請求の署名簿提出	1978.8.4
文部省、高校の新学習指導要領を告示	1978.8.30
教育課程審議会「盲ろう養護学校の小中高等部の教育課程の基準の改善について」答申	1978.10.23
初の国公立大学共通一次試験実施	1979.1.13
「養護学校の義務制度」発足	1979.4.1
文部省、盲・ろう・養護学校の新学習指導要領告示	1979.7.2
文部省「第5次教職員定数改善計画案」発表	1979.8.22
教科用図書検定調査審議会「義務教育教科書の貸与制」について建議	1979.11.24
自民党機関紙で教科書批判キャンペーン	1980.1.22
40人学級実現化へ	1980.4.25
文部省「学力調査」実施決定	1980.8.22
自民党教科書小委員会発足	1980.10.22
中野区の教育委員投票締切	1981.2.25

中野区、区教育委員を任命	1981.3.3
教科書問題で第13期中教審発足	1981.11.24
第13期中教審、教科書・教育内容の各小委発足	1981.12.14
文部省、新学力調査を実施	1982.2.24
高等学校新学習指導要領実施	1982.4.1
中国『人民日報』、日本の教科書問題に関し批判	1982.6.30
中国『人民日報』と韓国各紙、日本の教科書問題に関し厳しく批判	1982.7.20
中国・韓国政府との教科書問題、一応の決着	1982.9.9
教科用図書検定調査審議会、「歴史教科書の記述に関する検定の在り方について」諮問	1982.9.14
文部省、新「学力調査」実施	1983.1.26
自民党「教員の養成・免許等に関する提言」発表	1983.5.26
中教審「教科書の在り方について」答申	1983.6.30
教養審「教員の養成及び免許制度について」答申	1983.11.22
文部省、中野区あてに教育委員準公選区民投票の不実施を勧告	1984.3.5
中野区議会、第2回公選実施を含む予算案を可決	1984.3.21
中野区、第2回教育委員準公選の投票実施	1985.2.25
政策構想フォーラム「学校教育行政の行革提言」発表	1985.5.9
臨教審「教育改革に関する第1次答申」を提出	1985.6.26
教課審に「幼・小・中・高の教育課程の基準の改善」諮問	1985.9.10
文部省、専修学校卒業生の大学入学資格付与で告示	1985.9.19
文部省、中学校新学力調査結果発表	1985.12.26
臨教審「審議経過の概要(その3)」発表	1986.1.22
教員の資質能力向上方策等について教育職員養成審議会に諮問	1986.5.23
中国外務省、復古調高校日本史教科書を非難	1986.6.4
教育課程審議会、中間まとめ発表	1986.10.20
国立教育研究所、国際数学教育調査中間報告	1987.1.9
複数受験期の国公立大学共通一次試験実施	1987.1.24
教員初任者洋上研修始まる	1987.7.21
教課審「審議のまとめ」発表	1987.11.27
教養審「教員の資質能力の向上方策について」答申	1987.12.18
教課審、幼稚園から高校までの教育課程の基準改善について答申	1987.12.24
国大協臨時総会	1988.2.18
単位制高校発足	1988.4.1
文部省、学習指導要領作成協力者会議から社会科解体反対メンバーを外す	1988.4.20
文部省「教科書検定制度改善の骨子」発表	1988.9.22
文部省、幼・小・中・高校の学習指導要領等の改訂案発表	1989.2.10
西岡文相、外国人記者団と会見	1989.3.9
文部省、幼・小・中・高校の学習指導要領等を告示	1989.3.15
初任者研修開始	1989.4.1
文部省、地区別教育課程講習会を開始	1989.6.1
文部省、盲ろう養護学校学習指導要領告示	1989.10.24
文部省、高校学習指導要領移行措置告示	1989.11.30
大学入試センター試験が始まる	1990.1.13
教科書採択の在り方に関する調査研究協力者会議、採択改善方策を報告	1990.3.6
新学習指導要領への移行措置が開始	1990.4.1
文部省、公立高校教育課程編成状況調査の結果を発表	1990.4.11
東京都教委、都立高校入試に単独選抜制を復活させる方針	1990.4.16
臨時行政改革推進審議会、国立大学の制度・運用の弾力化を求める	1990.4.18
海部首相、朝鮮半島の過去の歴史認識を学校教育に反映させると表明	1990.5.25
中教審学校制度小委、中等教育の「飛び級制度」に否定的見解	1990.6.6
文部省、留学生の専修学校への受入について定員の半数以下にとどめるよう通知	1990.7.4
中教審学校制度小委員会、審議経過報告書を提出	1990.12.18
大学入試センター試験	1991.1.12
大学審議会、大学・短大・高専制度の改革について答申	1991.2.8
文部省の調査研究協力者会議、「小中学校指導要録改訂の審議のまとめ」を提出	1991.3.13
高校の初任者研修実施にともない政令を改正	1991.3.19
高校の初任者研修実施、中1に新授業時数導入	1991.4.1
大学卒業者に附与する学位名称を「学士」とする	1991.4.2
文部省、「文部大臣が別に定める学修」を告示	1991.6.5
文部省、『環境教育指導資料』を作成・配布	1991.6.19
文部省、初の大検志願者アンケート実施	1991.7.22
学校5日制試行校の保護者を対象とした文部省調査の結果を公表	1991.8.6

公立大学二次試験で「分離分割方式」
　の定員が初めて半数を突破　　　　1991.8.13
日本PTA全国協議会、全国大会で「学
　校5日制」に前向きの見解　　　　　1991.8.22
文部省、全日制公立高校普通科の40人
　学級編成を認めると発表　　　　　1991.10.18
文部省の調査協力者会議、学校5日制の
　導入実施計画を発表　　　　　　　1991.12.19
文部省の調査協力者会議、学校5日制に
　対応した地域の受け入れ体制の拡充
　を公表　　　　　　　　　　　　　1991.12.20
大学入試センター試験　　　　　　　1992.1.11
大学入試センター試験で平均点低下　1992.2.1
「学校5日制」で第2土曜日休業へ　　1992.2.20
「学校5日制実施推進連絡会議」発足　1992.2.26
長崎県議会、「学校5日制」は時期尚早
　と意見書採択　　　　　　　　　　1992.3.18
文部省、学校5日制導入に伴う授業時間
　について、各府県教委に通知　　　1992.3.23
小学校学習指導要領と高校の初任者研
　修が実施　　　　　　　　　　　　1992.4.1
埼玉県教委、公立教員採用試験で一芸
　入試を実施と発表　　　　　　　　1992.4.24
文部省、公立学校教職員の週休2日制に
　ついて通知　　　　　　　　　　　1992.5.1
学区による単独選抜制度導入を発表　1992.5.15
文部省、学校5日制調査協力校642校を
　指定　　　　　　　　　　　　　　1992.5.19
文部省、学校5日制実施により学習塾に
　営業自粛の協力要請　　　　　　　1992.5.21
高校教育改革推進会議、総合学科の開
　設と単位制を全日制とすることを提
　言　　　　　　　　　　　　　　　1992.6.29
文部省、教科書の検定結果公表　　　1992.6.30
文部省、国公立大入試の「分離分割方
　式」増加を発表　　　　　　　　　1992.8.13
高校教育改革推進会議、入試の多様化
　を盛り込んだ改善策を発表　　　　1992.8.28
国公立学校で、月1回の学校5日制によ
　る土曜休業開始　　　　　　　　　1992.9.12
総務庁、文部省に対し「義務教育諸学
　校等に関する行政監察」を勧告　　1992.9.21
埼玉県教委、業者テストの偏差値を高
　校側に提供しないよう通告　　　　1992.10.13
国大協、国立大学二次試験を分離分割
　方式に統一実施と発表　　　　　　1992.11.12
鳩山文相、業者テストの横行に対し強
　く批判　　　　　　　　　　　　　1992.11.13
文部省、公立中学校の業者テストの緊
　急実態調査結果を発表　　　　　　1992.11.17
鳥取県教委、調査書に絶対評価の導入
　を表明　　　　　　　　　　　　　1992.12.5
文部省、第5次公立高校学級編成・教職
　員定数改善計画を発表　　　　　　1992.12.9

文部省、私立学校の学校5日制実施状況
　調査を発表　　　　　　　　　　　1993.1.8
大学入試センター試験　　　　　　　1993.1.16
文部省、中学校における業者テストの
　実施・利用状況を発表　　　　　　1993.1.26
文部省の高校教育改革推進会議、第3学
　科「総合学科」について提言　　　1993.2.12
文部省、業者テストの実施・利用中止
　を各都道府県教委・知事に通知　　1993.2.22
文部省、高校制度改革により「総合学
　科」を加える省令改正　　　　　　1993.3.10
中学校の新学習指導要領、全面実施　1993.4.1
文部省、高校の「総合学科」開設促進
　を指示　　　　　　　　　　　　　1993.5.31
東京都教委、都立高校の普通科・商業
　科に推薦入学制の導入を決定　　　1993.9.8
大学審議会、大学入試の推薦について
　答申　　　　　　　　　　　　　　1993.9.16
文部省、公立中学校の新学習指導要領
　実施後の課程編成状況を発表　　　1993.10.12
神奈川県教委の入試制度改革協議会、
　高校入試合否判定のアチーブメント
　テスト廃止を決定　　　　　　　　1993.11.10
文部省、総合学科設置校を確定し、連
　絡協議会開催　　　　　　　　　　1993.11.15
国大協、入試を分離分割方式に一本化
　すると決定　　　　　　　　　　　1993.11.18
大学入試センター試験　　　　　　　1994.1.15
全国364自治体で、新学習指導要領の見
　直しを採択　　　　　　　　　　　1994.1.18
中野区議会、「教育委員準公選制」廃止
　決定　　　　　　　　　　　　　　1994.1.31
文部省、「総合理科」の教師用指導資料
　を公表　　　　　　　　　　　　　1994.3.22
高校の新学習指導要領、実施　　　　1994.4.1
文部省、「推薦入試」について通知　　1994.6.8
大学審議会、大学教員採用の改善策を
　提言　　　　　　　　　　　　　　1994.6.28
日本物理学会、小学校低学年における
　「理科」の廃止を批判　　　　　　1994.8.22
文部省、学校図書館に教科書の常備を
　指示　　　　　　　　　　　　　　1994.9.29
東洋大工学部、全国で初めて「秋期入
　学制度」を導入し、入学式を行う　1994.10.1
文部省、学校5日制を月2回に拡大する
　と提言　　　　　　　　　　　　　1994.11.10
文部省、国公立校の「総合学科」開設
　数を発表　　　　　　　　　　　　1994.11.14
大学入試センター試験　　　　　　　1995.1.14
都中野区の住民参加制度について、区
　民推薦制を採用するよう提言　　　1995.2.1
与謝野文相、中教審再開の考えを表明　1995.2.21
山口女子大学教授会、男女共学化の方
　針決定　　　　　　　　　　　　　1995.3.22

自民党と日教組、第一回定期協議を行う 1995.3.24
文部省調査研究協力者会議、留学生受け入れの促進を提言 1995.3.28
「21世紀を展望したわが国の教育の在り方について」諮問 1995.4.26
大学審議会に高等教育将来構想専門委員会設置 1995.5.24
文部省、大学入試実施要項を発表 1995.6.14
大学審議会組織運営部会、大学教員の任期制導入方針について合意 1995.9.18
文部省、総合学科の開設校を発表 1995.12.11
大学入試センター試験 1996.1.13
中教審第1小委員会、中間報告をまとめる 1996.3.15
文部省協力者会議、教員採用における評価尺度の多様化を提言 1996.4.5
行革委員会、規制緩和を検討するための分科会を設置 1996.4.18
連合、教科書制度の撤廃・国体の廃止を提言 1996.4.18
文部省、国立大学第二次入試において別枠試験を制度化 1996.5.20
文部省調査研究協力者会議、教員の長期社会研修のあり方について中間まとめ 1996.5.30
文部省、教科書の検定結果と事例を発表 1996.6.27
文部省、教員などの給与改善に関する要望書提出 1996.7.4
自民党行革規制緩和委員会、教育分野の規制緩和策をまとめ公表 1996.7.4
早大・同志社大、交換留学生の実施を発表 1996.7.24
行革委員会、規制見直し対象項目を発表 1996.7.25
文部省、教育課程審議会を9年ぶりに再開 1996.8.27
行革委員会で、文部省や教育団体が、学校選択の弾力化などに反対意見 1996.10.3
文部省、フランスバカロレア試験合格者の日本の大学受験資格について通知 1996.10.11
大学審議会、選択的任期制導入を提言 1996.10.29
東京大学医学部教授会、入試に面接を全面導入 1996.11.20
行政改革推進委員会、分野別規制緩和方策報告書をまとめる 1996.12.5
地方分権推進委員会、地教委に対する指揮監督権や教育長の任命承認制の廃止を文部省に勧告 1996.12.20
就職協定協議会、就職協定廃止決定 1997.1.10
初の新教育過程による大学センター試験始まる 1997.1.18
日本数学会、飛び入学に反対表明 1997.2.18
大学入試センター、試験改善策発表 1997.4.3
滋賀県教育長、公立中学校中高一貫教育に懸念表明 1997.4.10
高知県教委、授業評価システム導入発表 1997.5.1
大学生のインターンシップ制導入決定 1997.5.9
中教審、飛び級や中高一貫校などについての審議の途中経過を公表 1997.5.30
国大協、国立大の独立行政法人化・民営化の反対意見書公表 1997.6.18
中教審、入試改革・中高一貫教育・飛び入学などを盛り込んだ第2次答申を行う 1997.6.26
文部省、高校教科書検定結果発表 1997.6.26
教養尺度、教員養成カリキュラム改革提言 1997.7.28
高等学校第2学年修了者の大学への進学を許容 1997.7.31
文部省、国公立大学入学者選抜概要発表 1997.8.19
文部省、小・中学校で実施した新学力テストの結果を発表 1997.9.29
町村文相、国立大の独立行政法人化に反対 1997.10.17
国大協常理事会、国立大の独立行政法人化に反対の決議 1997.10.21
文部省、国立大学教授の任命権を学長委任に決定 1997.10.23
町村文相、全小・中・高のインターネット接続を2003年までに完了と表明 1997.11.4
教育課程審議会、教育課程改定案を「中間まとめ」として発表 1997.11.17
北陸先端技術大学院大学、任期制適用を発表 1997.11.20
教養審カリキュラム等特別委員会、保健について法改正措置方針を決定 1997.11.27
行政改革委員会、規制緩和・撤廃を求める最終報告を決定 1997.12.4
大学入試センター試験 1998.1.17
中卒認定試験で4人合格 1998.2.12
日弁連、是正勧告書提出 1998.2.20
長野県小海教委、小人数学級編制実施を断念 1998.4.9
文部省、教育改革プログラム再改訂版発表 1998.4.28
町村文相、教科書検定基準に疑問を投げかける発言を行なう 1998.6.8
教課審、審議のまとめ公表 1998.6.22
教育職員養成審議会、中間報告公表 1998.6.23
東京都教委、職員会議を「学校長の補助機関」と明文化する 1998.7.9
理科教育及び産業教育審議会、専門高校の在り方に関する方針提出 1998.7.23

教育課程審議会、新しい小・中・高の教育課程編成の在り方について答申を提出	1998.7.29
有馬文相、国立大の独立行政法人化に対し反対を表明	1998.8.7
東北大・筑波大・九州大、AO入試導入決まる	1998.9.8
中教審、地方行政制度改革に関する答申提出	1998.9.21
「首都圏西部大学単位互換協定」締結	1998.9.28
茨城県総和町長、中学校を28人制とする方針を表明	1998.9.29
中央省庁等改革推進本部、独立行政法人化の検討対象に国立学校を申し入れ	1998.10.7
日教組委員長、30人学級編成実施の検討を明らかにする	1998.10.7
教科書検定調査審議会、検定基準の改善等について建議	1998.11.12
文部省教科書検定審議会、文書による検定意見伝達の切り替えを提言	1998.11.13
面接のみでの選考ができる高校入試実施へ	1998.11.17
文部省、小・中学校学習指導要領の改定内容を公表	1998.11.18
中央省庁等改革推進本部、独立行政法人化に国立大・文部省の研究所も検討対象とする方針決定	1998.11.20
文部省、幼稚園新教育要領、小・中学校学習指導要領を全面改定し公示	1998.12.14
文部省、私立中入試に英語を出題しないよう、各都道府県知事に指示	1998.12.14
文部省、「検定規則」を改正	1999.1.13
大学入試センター試験	1999.1.16
中央省庁等改革推進本部、改革法案の大綱決定	1999.1.26
文部省、高等学校学習指導要領公表	1999.3.1
文部省、大学推薦入試定員枠を緩和・撤廃する方針決定	1999.3.10
文部省、高等学校・特殊教育学校の新学習指導要領公示	1999.3.29
東京都教委教員人事考課に関する研究会、教員業績評価制度導入を提言	1999.3.30
国立大学管理運営に関する条文を整備	1999.5.28
中教審小委員会、大学類型化やセンター試験の在り方について議論	1999.5.31
文部省、学習指導要領移行措置を提示	1999.6.3
国大協が入試成績・調査書評定点開示を決定	1999.6.16
有馬文相、国立大学の独立行政法人化問題や設置形態の在り方についての検討を急ぐ考えを表明	1999.6.17
外国人学校などを対象に大検を認める方針決定	1999.7.8
文部省、懇談会を設置し国立大学独立行政法人化問題検討	1999.8.10
文部省、AO入試実施を発表	1999.8.19
中教審、高校の「適格主義者」の撤廃方針を固める	1999.9.6
文部省、国立大学の独立行政法人化容認の方針固める	1999.9.8
国大協、独立行政法人化への対応策について意見交換	1999.9.13
有馬文相、国立大学独立行政法人化に踏み切る方針表明	1999.9.20
中教審、高校と大学との接続に関する中間報告提出	1999.11.1
国立大学理学部長会議、国立大学独立行政法人化に反対声明	1999.11.10
教養審、教員採用・研修の改善方策をまとめ答申	1999.12.10
中教審、初中等教育と高等教育接続改善について答申	1999.12.16
東京都教委、教員人事考課制度導入を決定	1999.12.16
教育課程審議会に諮問	1999.12.17
大学入試センター試験	2000.1.15
文部省研究調査協力者会議、総合学科の今後の在り方に関して報告	2000.1.20
新学習指導要領の移行措置スタート	2000.4.1
大学審議会、大学入試センター試験改善方策について提言	2000.4.28
「大学院修学休業制度」創設	2000.4.28
生涯学習審議会、「新しい情報通信技術を活用した生涯学習の基本方策」について中間まとめ案を公表	2000.5.12
中曽根文相、国立大学等の「独立行政法人化」正式に表明	2000.5.26
文部省協力者会議、大検を年2回実施する方針を打ちだす	2000.8.7
東京大学評議会、65歳へ定年の引き上げを決定	2000.9.19
国大協、大学入試センター試験を原則5教科7課目以上の受験義務付けを決定	2000.11.15
教育課程審議会、学習評価の在り方について答申	2000.12.4
大学入試センター試験	2001.1.20
21世紀教育新生プラン発表	2001.1.25
「新しい歴史教科書をつくる会」教科書検定合格	2001.4.3
文科省、大学入試センター試験利用状況について発表	2001.4.10
指導法ガイドライン作成に着手	2001.4月
文科省、大学入試センター試験に前年度成績利用を認める	2001.4月
韓国、歴史教科書に修正要求	2001.5.8
中国、歴史教科書に修正要求	2001.5.16
歴史教科書自主訂正	2001.7.2

歴史教科書修正要求に回答	2001.7.9
東京都教委が「新しい歴史教科書をつくる会」の歴史教科書を採用	2001.8.7
国立大学法人化案中間報告	2001.9.27
飛び入学に関する規定	2001.11.27
「学びのすすめ」公表	2002.1.17
大学入試センター試験	2002.1.19
中教審、大学への社会人受入れ・教員免許制度・教養教育についての3答申を提出	2002.2.21
国立大学独立行政法人化で最終報告	2002.3.26
学校完全5日制開始	2002.4.1
高校教科書の検定結果公表	2002.4.9
教科書記述に対し提言	2002.7.31
義務教育費国庫負担金縮減へ	2002.10.30
社会・算数・数学で学力低下	2002.12.13
全国一斉学力テスト実施	2002(この年)
大学入試センター試験	2003.1.18
大学入学資格弾力化を議論	2003.3.6
新「高等学校学習指導要領」実施	2003.4.1
高等学校教科書検定結果を公表	2003.4.8
外国人留学生は10万9508人	2003.5.1
構造改革特区第二弾を認定	2003.5.23
大検免除制度の導入を表明	2003.8.4
国公立大学入試概要、発表	2003.8.26
中教審、栄養教諭制度の創設を提言	2003.9.10
「特色ある大学教育支援プログラム」開始	2003.9.18
大学入学資格を弾力化	2003.9.19
中教審、「初等中等教育における当面の教育課程及び指導の充実・改善方策について」答申	2003.10.7
「学校法人制度の改善方策について」最終報告	2003.10.10
構造改革特区、認定	2003.10.24
法科大学院などの新増設について答申	2003.11.20
構造改革特区、認定	2003.11.28
中教審、「新たな留学生政策の展開について」答申	2003.12.16
義務教育費国庫負担制度に総額裁量制を導入	2003.12.20
大学入試センター試験	2004.1.17
「高等学校教育課程実施状況調査」結果発表	2004.1.23
小学校教科書検定結果、発表	2004.3.30
国立大学法人、発足	2004.4.1
中教審、「大学入学資格検定の見直しについて」答申	2004.8.6
「義務教育の改革案」発表	2004.8.10
義務教育費国庫負担制度をめぐり議論	2004.8.19
中教審に「今後の教員養成・免許制度の在り方について」諮問	2004.10.20
五反野小学校、地域運営学校に指定	2004.11.9
自民党、義務教育費国庫負担制度について基本方針を提示	2004.11.16
PISAの結果を発表	2004.12.7
高校就学費用を生活保護の給付対象に	2004.12.15
大学入試センター試験	2005.1.15
中山文科相、「ゆとり教育」転換を示唆	2005.1.18
中山文科相、学習指導要領の見直しを要請	2005.2.15
文科省、学校選択制についての調査結果発表	2005.3.26
文科省、中学校教科書検定結果を公表	2005.4.5
韓国、日本の教科書の竹島の記述に「憂慮」表明	2005.4.5
小中学生、学力改善傾向	2005.4.22
中教審、義務教育費国庫負担金制度の維持について答申	2005.10.26
政府・与党、義務教育費の国庫負担率引き下げで合意	2005.11.30
大学入試センター試験、英語リスニングでトラブル多発	2006.1.21
中教審、小学校英語必修化について提言	2006.3.27
中教審、教員免許更新制について答申	2006.7.11
高校履修不足問題が発覚	2006.10.24
高校履修不足問題の救済策発表	2006.11.1
大学入試センター試験	2007.1.20
教育再生会議、「社会総がかりで教育再生を」(第1次報告)発表	2007.1.24
給食費、小中学校9万9000人、22億円滞納	2007.1.24
安倍首相、教育再生を明言	2007.1.26
文科省、体罰についての解釈見直し	2007.2.2
中教審、教員給与について答申	2007.3.29
大学に「准教授」「助教」誕生	2007.4.1
高校生、学力改善方向	2007.4.13
全国学力テスト実施	2007.4.24
不登校中学生過去最高	2007.8.9
大学・短大進学率5割超す	2007.8.9
文科省、全国学力テストの結果を公表	2007.10.24
中教審、学習指導要領について報告	2007.10.30
教科書検定で沖縄集団自決記述の復活申請	2007.11.1
大学設置審議会、教職大学院の設置を答申	2007.11.27
教科書に沖縄集団自決記述復活	2007.12.26
文科省、「学校の危機管理マニュアル」作成	2008.1.7
中教審、「ゆとり教育」の見直しについて答申	2008.1.17
大学入試センター試験	2008.1.19
中教審、「高大接続テスト」提言	2008.1.24
文科省、学習指導要領を告示	2008.3.28

文科省、全国体力テストの実施を発表	2008.4.1
全国学力テスト実施	2008.4.22
学習指導要領解説書に「竹島」記載	2008.7.14
私立大学、47%が定員割れ	2008.7.31
文科省、全国学力テストの結果を公表	2008.8.29
橋下大阪府知事、全国学力テストの結果を一部開示	2008.10.16
秋田県教委、全国学力テストの結果を開示	2008.10.22
鳥取県教委、全国学力テストの結果開示を決定	2008.11.14
教育再生懇談会、教科書等についての第2次報告を提出	2008.12.18
高校学習指導要領案を公表	2008.12.22
文科省、全国学力テストの実施要領を発表	2008.12.24
教科書検定の透明化などについて報告	2008.12.25
国際数学・理科教育動向調査の結果発表	2008.12月
大学入試センター試験	2009.1.17
文科省、全国体力テストの結果を公表	2009.1.21
高校学習指導要領を告示	2009.3.9
愛知県犬山市、全国学力テスト参加を決定	2009.3.23
全国学力テスト実施	2009.4.21
小学校で英語学習始まる	2009.4月
教員免許更新制度始まる	2009.4月
大学進学率が5割を超え、過去最高	2009.8.6
文科省、全国学力テストの結果を公表	2009.8.27
私立大学の経営悪化深刻	2009.8月
鳥取県教委、全国学力テストの学校別データ開示	2009.9.7
川端文科相、高校無償化を明言	2009.9.25
大阪府教委、全国学力テストの市町村別正答率開示	2009.11.17
文科省、全国体力テストの結果を公表	2009.12.17
文科省、全国学力テストの実施要領を発表	2009.12.28
大学入試センター試験	2010.1.16
中教審、法科大学院について答申	2010.2.1
小中学校に「読書科」設置	2010.2.2
文科省、法科大学院に改善要求	2010.2.5
都立高、日本史必修化	2010.2.25
国立大学の「順位」判明	2010.3.24
小学校教科書、25%増量	2010.3.30
市町村にも教員採用権	2010.4.15
全国学力テスト、抽出方式で実施	2010.4.20
日系ブラジル人の通学年齢を弾力化	2010.5.18
中教審、国連大学との単位互換について答申	2010.6.30
都立高教師に予備校が受験ノウハウ指導	2010.6月
科学オリンピックでメダル獲得	2010.7.27
文科省、全国学力テストの結果を公表	2010.7.30
奨学金滞納、回収進まず	2010.9.2
民間人校長、任用数横ばい	2010.10.27
教員免許失効恐れ2000人	2010.11.11
中教審、教員免許3段階案まとめる	2010.11.30
PISA結果公表、日本の学力改善傾向	2010.12.7
文科省、全国体力テストの結果公表	2010.12.16
海外からの留学生、過去最高に	2010.12月

【法令】

「府県施政順序」布告	1869.3.17
「出版条例」制定	1869.6.23
大学校の官制を改正	1869.9.25
「大教宣布の詔」発布	1870.2.3
「大学規則」「中小学規則」制定	1870.3月
「宣教使心得書」公布	1870.5.23
「海外留学生規則」制定	1871.2.11
「学制」の大綱を上申	1872.2.12
「学事奨励に関する被仰出書」布告	1872.9.4
「学制」発布	1872.9.5
「中学教則略」「小学教則」公布	1872.10.10
「学制」改正	1873.2.9
「学制二編」頒布	1873.3.18
「学制追加」頒布	1873.4.17
「学制二編追加」頒布	1873.4.28
「外国語学校教則」制定	1873.5.5
「外国法学校教則」など制定	1873.5.18
「学制」一部改正	1873.5.27
「上等小学教則」制定	1873.5.31
「小学教師心得」制定	1873.5月
「学区巡視事務章程」制定	1873.6.6
「小学教則」改正	1874.3.18
「官立師範学校卒業生派出規則」制定	1874.6.7
「海外留学生監督章程」制定	1874.6.13
「医制」制定	1874.8.18
「文部省職制及事務章程」制定	1875.11.25
「東京女子師範学校教則」改正	1877.5.31
「日本教育令」上奏	1878.5.14
小学校・中学校・専門学校の諸規程を廃止	1878.5.23
「貸費留学生条規」制定	1878.7月
「医師試験規則」制定	1879.2.24
「東京師範学校教則」改正	1879.2月
「教学聖旨」提示	1879.8月
「教育令」公布	1879.9.29
学務委員選挙規則の制定を指示	1880.1.6
「集会条例」公布	1880.4.5
「地方学務局処務規則」制定	1880.6.5
「教育令」改正、公布	1880.12.28
「就学督責規則起草心得」他、制定	1881.1.29
「小学校教員免許状授与方心得」制定	1881.1.31
「小学校教則綱領」制定	1881.5.4
「小学校教員心得」制定	1881.6.18
「学校教員品行検定規則」制定	1881.7.21

法令		
「中学校教則大綱」制定	1881.7.29
「師範学校教則大綱」制定	1881.8.19
「医学校通則」制定	1882.5.27
「薬学校通則」制定	1882.7.18
「農学校通則」制定	1883.4.11
「府県薦挙師範生徒募集規則」制定	1883.4.28
「学校教員品行検定規則」を学校長にも適用	1883.5.19
「府県立師範学校通則」制定	1883.7.6
「小学校教員免許状授与方心得」改正	1883.7.27
「東京女子師範学校教則」改正	1883.8月
「東京師範学校中学師範学科規則」改正	1883.9.5
「商業学校通則」制定	1884.1.11
「中学校通則」制定	1884.1.26
「中学校教則大綱」改正	1884.7.2
「中学校師範学校教員免許規程」制定	1884.8.13
「中学校教則大綱」改正	1884.11.22
「小学校教則綱領」改正	1884.11.29
「教育令」再改正、公布	1885.8.12
「中学校師範学校教員免許規則」改正	1885.12.7
「各省官制」公布	1886.2.27
「帝国大学令」公布	1886.3.2
「大学院規程」制定	1886.3.23
「師範学校令」「小学校令」「中学校令」「諸学校通則」公布	1886.4.10
「教科書用図書検定条例」制定	1886.5.10
「小学校ノ学科及其程度」他、制定	1886.5.25
「尋常師範学校ノ学科及其程度」他、制定	1886.5.26
「小学校教員免許規則」制定	1886.6.21
「高等中学校ノ学科及其程度」制定	1886.7.1
「私立法律学校特別監督条規」制定	1886.8.25
「教科用図書検定要旨」公布	1886.12.9
「公私立小学校教科用図書採定方法」他、制定	1887.3.25
「教科用図書検定規則」制定	1887.5.7
「学位令」公布	1887.5.21
「小学校ノ学科及其程度」改正	1888.1.12
「特別認可学校規則」制定	1888.5.5
「海軍兵学校官制」公布	1888.6.14
「高等中学校ノ学科及其程度」改正	1888.7.6
「海軍大学校官制」公布	1888.7.16
「尋常師範学校設備準則」制定	1888.8.21
「徴兵令」改正	1889.1.22
「大日本帝国憲法」発布	1889.2.11
「東京図書館官制」公布	1889.3.2
「小学簡易科要領」改正	1889.7.1
「尋常師範学校卒業生服務規則」改正	1889.10.25
「尋常師範学校女生徒ニ課スベキ学科及其程度」制定	1889.10.25
「文部省官制」改正	1890.6.21
「地方学事通則」公布	1890.10.3
「小学校令」公布	1890.10.7
「教育勅語」発布	1890.10.30
「小学校設備準則」制定	1891.4.8
「正教員准教員ノ別」制定	1891.5.8
「小学校祝日大祭日儀式規程」制定	1891.6.17
「市町村立小学校長及教員名称及待遇」制定	1891.6.30
「文部省直轄学校官制」改正	1891.7.27
文部省令「小学校教則大綱」公布	1891.11.17
「小学校長及教員職務及服務規則」制定	1891.11.17
「中学校令」改正	1891.12.14
「小学校修身教科用図書検定標準」公示	1891.12.17
「教科用図書検定規則」改正	1892.3.25
尋常師範学校制度を整備	1892.7.11
「文部省外国留学生規程」制定	1892.11.22
「文部省視学規程」制定	1893.1.31
「帝国大学令」改正	1893.8.11
「文部省直轄学校官制」改正	1893.8.25
「箝口訓令」	1893.10.28
「文部省官制」改正	1893.10.31
「特別認可学校規則」廃止	1893.11.4
「実業補習学校規程」制定	1893.11.22
「市町村立小学校教員任用令」制定	1893.12.21
「高等師範学校生徒募集規則」改正	1894.2.3
「尋常中学校ノ学科及其程度」改正	1894.3.1
「尋常師範学校・尋常中学校・高等女学校教員免許検定ニ関スル規則」制定	1894.3.5
「高等師範学校規程」制定	1894.4.6
「実業教育費国庫補助法」公布	1894.6.12
「工業教員養成規程」制定	1894.6.14
「尋常中学校実科規程」制定	1894.6.15
「高等学校令」公布	1894.6.25
「簡易農学校規程」「徒弟学校規程」制定	1894.7.25
「女子高等師範学校規程」制定	1894.10.2
「高等女学校規程」制定	1895.1.29
「徒弟学校規程」改正	1895.12.16
「国費ヲ以テ小学校修身教科用図書ヲ編纂スルノ建議」案可決	1896.2.4
「市町村立小学校教員年功加俸国庫補助法」公布	1896.3.24
「台湾総督府直轄諸学校官制」公布	1896.3.31
「尋常師範学校尋常中学校高等女学校教員免許規則」制定	1896.12.2
「学生生徒身体検査規程」制定	1897.3.15
「師範教育令」公布	1897.10.9
「文部省官制」改正	1897.10.9
「教科用図書検定規則」改正	1897.10.11
「女子高等師範学校規程」改正	1897.10.12
「箝口訓令」廃止	1897.10.13
「教育総監部条例」公布	1898.1.22
「学校医職務規程」「学校医ノ資格」制定	1898.2.26
「高等教育会議規則」改正	1898.6.18

- 316 -

「台湾公学校令」公布	1898.7.28
「学校伝染病予防及び消毒方法」制定	1898.9.28
「教科書検定調査標準」、制定	1898.10.7
「文部省官制」改正	1898.10.22
「学位令」改正	1898.12.10
「中学校令」改正	1899.2.7
「実業学校令」公布	1899.2.7
「高等女学校令」公布	1899.2.8
「中学校編成及設備規則」制定	1899.2.8
「高等女学校編成及設備規則」制定	1899.2.9
実業学校の規程を制定	1899.2.25
「実業学校教員養成規程」制定	1899.3.3
「教育基金特別会計法」公布	1899.3.22
「公立私立学校外国大学卒業生ノ教員免許ニ関スル規程」制定	1899.4.5
「地方官官制」改正	1899.6.15
「幼稚園保育及設備規程」制定	1899.6.28
「公立・私立学校認定ニ関スル規則」制定	1899.6.28
「私立学校令」公布	1899.8.3
「小学校教育費国庫補助法」公布	1899.10.20
「図書館令」公布	1899.11.11
「教育基金令」公布	1899.11.22
「未成年者喫煙禁止法」公布	1900.3.7
「感化法」公布	1900.3.10
「市町村立小学校教育費国庫補助法」公布	1900.3.16
「学生生徒身体検査規程」改正	1900.3.26
「教員免許令」「教員検定委員会官制」公布	1900.3.31
「文部省官制」改正	1900.3.31
「文部省分課規程」改正	1900.4.4
「帝室博物館官制」公布	1900.6.26
「小学校令」改正	1900.8.20
「小学校令施行規則」制定	1900.8.21
「小学校令施行規則」改正	1901.1.12
「中学校令施行規則」制定	1901.3.5
「高等女学校令施行規則」制定	1901.3.22
「水産学校規程」制定	1901.12.28
「実業補習学校規程」改正	1902.1.15
「中学校教授要目」制定	1902.2.6
「実業学校教員養成規程」制定	1902.4.1
「高等女学校教授要目」制定	1903.3.9
「専門学校令」公布	1903.3.27
「小学校令」改正	1903.4.13
「高等学校大学予科入学者選抜試験規程」制定	1903.4.21
「小学校教科用図書翻刻発行規則」制定	1903.4.29
「神宮皇学館官制」制定	1903.8.29
「女子高等師範学校規程」改正	1903.10.12
「小学校令施行規則」改正	1904.2.22
「蕃人子弟就学之公学校教育規程」公布	1905.2.25
「医師免許規則」改正	1905.3.8
「小学校教科用図書翻刻発行規程」改正	1905.4.7
「清国人ヲ入学セシムル公私立学校ニ関スル規程」制定	1905.11.2
「在外指定学校ニ関スル規程」制定	1905.11.8
「実業学校教員養成規程」改正	1906.8.22
「図書館ニ関スル規程」制定	1906.12.14
「台湾公学校令」公布	1907.2.26
「関東州小学校官制」「関東州公学校官制」制定	1907.3.20
「小学校令」改正	1907.3.21
「帝国大学特別会計法」公布	1907.3.25
「官立医学専門学校規程」制定	1907.4.10
「師範学校規程」制定	1907.4.17
「地方官官制」改正	1907.7.13
「高等女学校令」改正	1907.7.18
「高等女学校施行規則」改正	1908.5.13
「臨時仮名遣調査委員会官制」公布	1908.5.25
「小学校令施行規則」改正	1908.9.7
「文部省視学官及文部省視学委員職務規程」制定	1908.9.10
「戊申詔書」発布	1908.10.13
「戊申詔書」に基づき訓令	1908.10.23
「高等学校大学予科入学者選抜試験規程」制定	1909.4.21
「小学校教科用図書翻刻発行ニ関スル規程」改正	1909.10.2
「高等師範学校規程」「女子高等師範学校規程」改正	1909.12.20
「師範学校教授要目」制定	1910.5.31
「図書館令施行規則」制定	1910.6.30
「高等女学校令」改正	1910.10.26
「東京盲学校規程」「東京聾唖学校規程」制定	1910.11.15
「東北帝国大学官制」公布	1910.12.22
「師範学校教授要目」改正	1911.3.14
「九州帝国大学官制」公布	1911.3.31
「文部省官制」改正	1911.4.10
「文芸委員会官制」「通俗教育調査委員会官制」公布	1911.5.17
「高等女学校及び実科高等女学校教授要目」制定	1911.7.29
「高等中学校令」「高等中学校規程」制定	1911.7.31
「小学校令」「小学校令施行規則」改正	1911.7.31
「中学校教授要目」「中学校令施行規則」改正	1911.7.31
「朝鮮教育令」公布	1911.8.24
「通俗教育調査委員会通俗図書審査規程」など、制定	1911.10.10
「臨時教員養成所規程」改正	1912.3.9
「臨時教員養成所卒業者服務規則」制定	1912.3.18
「朝鮮公立小学校官制・高等女学官制」公布	1912.3.28

「学校体操教授要目」制定	1913.1.28	「東京外国語学校規程」改正	1919.9.4
「小学校令」改正	1913.2.20	「学位令」改正	1920.7.6
「高等中学校令」実施を延期	1913.3.14	「高等女学校令」改正	1920.7.6
「文部省官制」改正	1913.6.13	「学生生徒児童身体検査規程」制定	1920.7.27
「北海道庁官制」「地方官官制」改正	1913.6.13	「公立学校職員年功加俸国庫補助法」公布	1920.8.3
「蚕業講習所官制」改正	1913.6.13		
「国語調査委員会官制」「文芸委員会官制」を廃止	1913.6.13	「小学校令施行規則」改正	1920.8.20
		「公立学校職員令」改正	1920.8.27
「通俗教育調査委員会官制」廃止	1913.6.13	「文部省在外研究員規程」制定	1920.9.15
「小学校令」改正	1913.7.16	「実業補習学校教員養成所令」公布	1920.10.30
「小学校令施行規則」改正	1913.7.16	「朝鮮教育令」改正	1920.11.10
図書、映画に関する規程制定	1913.7.26	「実業学校令」改正	1920.12.16
「文官任用令」改正	1913.8.1	「工業学校規程」改正	1921.1.12
「師範学校規程」改正	1913.9.13	「職業学校規程」制定	1921.1.13
「女子高等師範学校規程」改正	1914.3.3	「農業学校規程」改正	1921.1.15
「実業教育費国庫補助法」改正	1914.3.23	「二種以上ノ実業学校ノ学科ヲ置ク学校ニ関スル規程」制定	1921.1.18
「地方学事通則」改正	1914.3.28		
「大学校令」案及び「学位令」改正案を諮問	1914.6月	「中学校令施行規則」改正	1921.2.8
		「教育評議会官制」公布	1921.7.29
「教育基金令」改正	1914.12.12	「台湾教育令」「朝鮮教育令」改正	1922.2.6
「公立学校職員分限令」公布	1915.1.27	「官立医科大学官制」公布	1922.3.13
「台湾公立学校官制」公布	1915.2.3	「少年法」公布	1922.4.17
「高等師範学校規程」改正	1915.2.23	「市町村義務教育費国庫負担法」改正	1923.3.28
「師範学校規程」改正	1915.3.20	「活動写真・フィルム・幻燈映画及蓄音機レコード認定規程」制定	1923.5.4
「高等女学校令施行規則」改正	1915.3.20		
「実業学校教員養成規程」改正	1915.3.31	「市町村義務教育費国庫負担法施行規程」改正	1923.6.20
「帝国学士院学術奨励特別会計法」廃止	1915.6.21		
		「盲学校及聾唖学校令」公布	1923.8.28
「東京女子高等師範学校附属高等女学校専攻科規則」改正	1915.9.3	「国民精神作興ニ関スル詔書」発布	1923.11.10
		「専門学校入学者検定規程」を改正	1924.10.11
「南洋群島小学校規則」制定	1915.12.27	「師範学校規程」改正	1925.4.1
「公立学校職員制」公布	1916.1.29	「陸軍現役将校学校配属令」公布	1925.4.13
「教員検定ニ関スル規程」改正	1916.3.29	「陸軍現役将校配属学校教練査閲規程」制定	1925.6.19
「臨時教育会議官制」公布	1917.9.21		
「市町村義務教育費国庫負担法」公布	1918.3.27	「地方社会教育職員令」公布	1925.12.14
「徴兵令」改正	1918.4.1	「図書認定規程」制定	1926.1.9
「青年団体ノ健全発達ニ資スヘキ要項」訓令	1918.5.3	「市町村義務教育費国庫負担法」改正	1926.3.30
		「青年訓練所令」公布	1926.4.20
「南洋群島島民学校規則」制定	1918.6.15	「幼稚園令」公布	1926.4.22
「大学令」「高等学校令」公布	1918.12.6	「北海道庁官制」「地方官官制」改正	1926.6.4
「台湾教育令」公布	1919.1.4	「工業労働者最低年齢法」施行	1926.7.1
「帝国大学令」改正	1919.2.7	「一年志願兵及一年現役兵服役特例」制定	1926.7.21
「中学校令」改正	1919.2.7		
「小学校令」改正	1919.2.7	「皇族就学令」制定	1926.10.21
「実業学校教員養成規程」改正	1919.2.12	「学校清潔方法」制定	1926.12.7
「小学校令施行規則」改正	1919.3.29	「師範学校・中学校・高等女学校教員無試験検定許可規程」制定	1927.1.27
「中学校令施行規則」改正	1919.3.29		
「高等学校規程」「大学規程」制定	1919.3.29	「市町村義務教育費国庫負担法」改正	1927.3.31
「高等学校高等科入学資格試験規程」制定	1919.3.29	「神宮皇学館規程」制定	1927.3月
		「中学校令施行規則」改正	1927.11.22
「高等学校教員規程」制定	1919.3.29	「専門学校令」改正	1928.1.20
「文部省官制」改正	1919.4.24	「学校教練及青年訓練修了者検定規程」	1928.2.24
「臨時教育委員会官制」公布	1919.5.23	「地方官官制」改正	1928.3.9
「学校伝染病予防規程」	1919.8.29	「学齢児童就学奨励規程」	1928.10.4

朝鮮で視学官・視察に関する規程	1928.10.26
「学校医、幼稚園医及青年訓練所医令」	
公布	1929.3.19
「国宝保存法」公布	1929.3.28
「官立工業大学・官立文理科大学官制」	
	1929.4.1
「体育運動審議会規程」制定	1929.11.27
「市町村義務教育費国庫負担法」改正	1930.5.17
「小学校教科用図書翻刻発行ニ関スル規	
程」改正	1930.5.17
「航海練習所官制」公布	1930.5.28
「高等学校高等科修身教授要目」制定	1930.6.5
「図書推薦規程」制定	1930.9.1
「臨時ローマ字調査会官制」公布	1930.11.25
「中学校令施行規則」改正	1931.1.10
「学校歯科医及幼稚園歯科医令」公布	1931.6.23
「学校医職務規程」「学校歯科医職務規	
程」制定	1932.2.1
「市町村立小学校長及教員名称及待遇」	
改正	1932.5.17
「師範学校・中学校・高等女学校職員検	
定規程」制定	1932.8.30
「市町村立尋常小学校臨時国庫補助法」	
公布	1932.9.6
「教科用図書検定規則」改定	1932.11.25
「体育運動審議会官制」公布	1932.12.24
「東京美術学校規則」制定	1933.2.6
「児童虐待防止法」公布	1933.4.1
「少年教護法」公布	1933.5.5
「高等学校高等科体操教授要目」制定	1933.5.8
「師範学校・中学校・高等女学校教科用	
図書定価標準ニ関スル規程」改定。	1933.5.10
「図書館令」改定	1933.7.1
「師範学校中学校高等女学校教員検定規	
程」改正	1933.10.14
「国民精神文化講習所規程」制定	1934.7.18
「国立少年教護院官制」公布	1934.9.29
「学校教職員表彰規程」制定	1934.11.30
「青年学校」案可決	1935.2.20
「青年学校令」公布	1935.4.1
「朝鮮実業学校令」制定	1935.4.1
美術に関する官制2種公布	1935.6.1
「在外青年学校令」制定	1935.6.11
「青年学校教練科等査閲令」公布	1935.8.10
帝国美術院に関する規則2種制定	1935.9.13
陸軍省令による検定規程	1935.11.30
「青年学校課程修得者検定規程」制定	1936.1.8
「学校体操教授要目」制定	1936.6.3
「師範学校規程」改定	1936.6.3
「海軍現役武官商船学校配属令」公布	1936.11月
「学校身体検査規程」制定	1937.1.27
「青年学校教授及訓練要目」制定	1937.5.29
「学校教練教授要目」制定	1937.5.31
「南洋拓殖練習生要項」告示	1937.6.5
「文部省美術展覧会規則」を制定	1937.9.11
「直轄学校官制」改正	1937.9.13
「工業学校実習指導員養成規程」制定	1937.10.14
「教学局教学官視察規程」制定	1937.11.20
「小学校令施行規則」改正	1938.1.29
「兵役法」改正	1938.2.25
「朝鮮教育令」改正	1938.3.4
「学校卒業者使用制限令」公布	1938.8.24
「青年学校職業科要目」制定	1938.12.9
「師範学校・中学校・高等女学校教員検	
定規則」改正	1938.12.10
「師範学校教授要目」改定	1939.2.9
「青年学校教育費国庫補助法」公布	1939.3.24
「学校技能者養成令」制定	1939.3.31
「学校職員身体検査規程」制定	1939.4.19
「青年学校令」改正	1939.4.26
「小学校武道指導要目」制定	1939.5.29
「南洋開拓訓練講習会要項」制定	1939.6.15
「海員養成所官制」公布	1939.7.10
「地方官官制」改正	1939.10.11
「日本語教科用図書調査会官制」公布	1939.12.11
「青年学校教育費国庫補助法施行規則」	
制定	1940.3.18
「義務教育費国庫負担法」公布	1940.3.29
文部省の機密取扱規程2種	1940.4.17
「神宮皇学館大学官制」公布	1940.4.24
「学校給食奨励規程」制定	1940.4.30
「興亜奉公日徹底方策ニ関スル規程」制	
定	1940.6.13
「教育勅語」50周年式典	1940.10.30
「高等諸学校教科書認可規程」制定	1940.11.26
「教員保養所令」公布	1940.12.14
「国民学校令」閣議決定	1940.12.24
小学校教員俸給の国庫負担について制	
定	1940.12.28
「教職員共済組合令」公布	1941.1.7
「国民学校令」公布	1941.3.1
「台湾教育令」改正	1941.3.26
「実業専門学校卒業程度検定規程」制定	1941.5.8
「教科用図書調査会官制」公布	1941.5.20
「国民学校教科用映画検定」規定	1941.5.26
「私立学校制度調査会規程」制定	1941.7.12
「陸軍現役将校学校配属令施行規則規	
程」改正	1941.9.5
「高等商船学校・商船学校官制」公布	1941.12.19
「中学校教授要目」改正	1942.3.5
「国民学校教職員用参考図書認定規程」	
制定	1942.8.14
「学制」頒布70周年式典	1942.10.30
「文部省官制」改定	1942.11.1
「中等学校令」改正	1943.1.21
「大学令」「高等学校令」「専門学校令」	
改正	1943.1.21

中学校・高等女学校・実業学校の規程制定	1943.3.2
「師範教育令」改正	1943.3.8
「青年学校教員養成所規程」改正	1943.3.31
「教科書用図書検定規則」制定	1943.4.1
「師範学校教科用図書翻刻発行規程」制定	1943.4.6
「公立学校職員官級等令」など改正	1943.8.2
「国民学校令等戦時特例」公布	1944.2.16
「師範教育令」改正	1944.2.17
「青年学校令施行規則」改正	1944.4.6
「学徒動員本部規程」制定	1944.4.17
「学校身体検査規程」制定	1944.5.17
「学徒勤労令」公布	1944.8.23
「現役青年学校職員俸給費国庫負担法」を制定	1945.2.16
「戦時教育令」を公布	1945.5.22
「戦時教育令」を廃止	1945.10.6
「学徒勤労令」を廃止	1945.10.11
「日本国憲法」公布	1946.11.3
「教育基本法」の要綱を決定	1946.11.29
「教育基本法」「学校教育法」公布	1947.3.31
「労働基準法」公布	1947.4.7
「日本国憲法」を施行	1947.5.3
文部省、「教育基本法制定の要旨について」訓令	1947.5.3
「学校教育法施行規則」制定	1947.5.23
「国家公務員法」を公布	1947.10.21
「児童福祉法」を公布	1947.12.12
「高等学校設置基準」を制定	1948.1.27
大学設置委員会、「大学設置基準」答申	1948.2.23
盲・聾学校の就学設置義務に関する政令公布	1948.4.7
「教育勅語」排除に関する決議を衆参院で可決	1948.6.19
「日本学術会議法」などを公布	1948.7.10
「教育委員会法」を公布	1948.7.15
改正「少年法」「少年院法」を公布	1948.7.15
「国民の祝日に関する法律」を公布	1948.7.20
「教育公務員特例法」を公布	1949.1.12
「学校施設の確保に関する政令」を公布	1949.2.1
文部省、「教科用図書検定基準」を定める	1949.2.9
「学校身体検査規程」を制定	1949.3.19
大学基準協会、「大学院基準」を決定	1949.4.12
「国立学校設置法」「文部省設置法」などを公布	1949.5.31
「社会教育法」を公布	1949.6.10
「教育基本法」第8条の解釈について通達	1949.6.11
「学校教育法施行規則」の一部改正	1949.9.22
「私立学校法」を公布	1949.12.15
盲・聾学校の就学義務に関する政令公布	1950.3.30
「生活保護法」改正により教育費扶助実施	1950.4.1
「図書館法」「中央青少年問題協議会令」公布	1950.4.30
「文化財保護法」を公布	1950.5.30
「地方公務員法」を公布	1950.12.13
「国公立大学管理法」案を提出	1951.3.7
「社会教育法」の一部改正	1951.3.12
児童の教科書無償給与に関する法律公布	1951.3.29
「児童憲章」制定	1951.5.5
「産業教育振興法」公布	1951.6.11
「教職員追放令」を改正	1951.6.22
「フルブライト法」に基づく日米教育交換計画	1951.8.28
「博物館法」公布	1951.12.1
「琉球教育法」公布	1952.2.28
「私立学校振興法」公布	1952.3.27
新入生への教科書の給与に関する法律公布	1952.3.31
文部省、「幼稚園基準」提示	1952.5.21
「中央教育審議会令」制定	1952.6.6
「義務教育費国庫負担法」を公布	1952.8.8
「教科用図書検定基準」告示	1952.10.30
「学位規則」	1953.4.1
「国立大学の評議会に関する暫定措置規則」公布	1953.4.22
「学校教育法等の一部改正法」を公布	1953.8.5
「学校図書館法」「理科教育振興法」を公布	1953.8.8
「大日本育英会法」を「日本育英会法」と改題	1953.8.13
「青年学級振興法」を公布	1953.8.14
「一般職の職員の給与に関する法律」を一部改正	1953.8.18
「公立学校施設費国庫負担法」を公布	1953.8.27
「学校教育法施行令」を公布	1953.10.31
教育2法案要綱を閣議で決定	1954.2.9
参院本会議、教育2法案を可決	1954.5.14
「へき地教育振興法」などを公布	1954.6.1
「教育職員免許法」を改正、「学校給食法」を公布	1954.6.3
世界教員組合連盟など「世界教員憲章」を採択	1954.8.10
教員産休中の学校教育確保に関する法律公布	1955.8.5
「日本学校給食会法」を公布	1955.8.8
「地方財政再建促進特別措置法」など公布	1955.12.21
「地方教育行政法」を国会提出	1956.3.8
「教科書法」案を国会に提出	1956.3.12
「日本学士院法」を公布	1956.3.24

教科用図書給与の国の補助に関する法
　　律公布　　　　　　　　　　　1956.3.30
参議院、「地方教育行政法」案を強行可
　　決　　　　　　　　　　　　　1956.6.2
「公立養護学校整備特別措置法」を公布
　　　　　　　　　　　　　　　 1956.6.14
高校における学校給食に関する法律公
　　布　　　　　　　　　　　　　1956.6.20
「地方教育行政法」を公布　　　　1956.6.30
文部省、「大学設置基準」制定　 1956.10.22
各種学校規程を制定　　　　　　 1956.12.5
文部省、「幼稚園設置基準」制定 1956.12.13
就学困難な児童への教科書給与に関す
　　る法律改正　　　　　　　　　1957.3.30
養護学校幼稚部高等部学校給食に関す
　　る法律　　　　　　　　　　　1957.5.20
「学校教育法施行規則」改正により教頭
　　を設置　　　　　　　　　　　1957.12.4
沖縄に「教育基本法」「学校教育法」な
　　どを公布　　　　　　　　　　1958.1.8
「学校保健法」を公布　　　　　 1958.4.10
「義務教育諸学校施設費国庫負担法」を
　　公布　　　　　　　　　　　　1958.4.25
「義務教育標準法」公布　　　　　1958.5.1
「市町村立学校職員給与負担法一部改正
　　法」公布　　　　　　　　　　1958.7.9
「学校教育法施行規則」一部改正 1958.8.28
「文部省設置法施行規則」を一部改正 1958.11.10
衆院、「専科大学設置に関する法」案を
　　可決　　　　　　　　　　　　1959.3.17
「社会教育法」を改正　　　　　　1959.4.30
国連、「児童の権利宣言」採択　 1959.11.20
「日本学校安全会法」を公布　　 1959.12.17
養護学校への就学奨励に関する法律改
　　正　　　　　　　　　　　　　1961.3.25
国立工業教員養成所の設置の臨時措置
　　法公布　　　　　　　　　　　1961.5.19
「スポーツ振興法」を公布　　　　1961.6.16
「学校教育法」を一部改正　　　　1961.6.17
「高等専門学校設置基準」公布　　1961.8.30
公立高校の設置などに関する法律公布 1961.11.6
「女子教員の産休補助教員確保等の法
　　律」公布　　　　　　　　　　1961.11.9
「児童扶養手当法」を公布　　　 1961.11.29
義務教育の教科書無償化に関する法律
　　公布　　　　　　　　　　　　1962.3.31
「学校法人紛争の調停等に関わる法律」
　　公布　　　　　　　　　　　　1962.4.4
「高等学校通信教育規程」を全面改正 1962.9.1
「国立大学運営管理法」案の国会提出取
　　りやめ　　　　　　　　　　　1963.1.25
「学校教育法施行規則」を一部改正 1963.8.23
義務教育の教科書を無償とする法律公
　　布　　　　　　　　　　　　 1963.12.21
「義務教育標準法」改正　　　　 1963.12.21

国立大学の学科目及び課程に関する省
　　令公布　　　　　　　　　　　1964.2.25
改訂「幼稚園教育要領」を告示　　1964.3.23
「国立教育会館法」を公布　　　　1964.6.1
「学校教育法」一部改正、短大を恒久制
　　度に　　　　　　　　　　　　1964.6.19
「大学設置基準」改善要綱を答申　1965.3.31
ILO、「教員の地位に関する勧告草」案
　　送付　　　　　　　　　　　　1965.4.15
歴史的風土の保存に関する特別措置法
　　公布　　　　　　　　　　　　1966.1.13
ILO勧告を発効　　　　　　　　　 1966.6.14
「国立演劇法」を公布　　　　　　1966.6.27
建国記念日を2月11日とする政令公布 1966.12.9
琉球立法院文教社会委員会、教公2法を
　　採決　　　　　　　　　　　　1967.1.25
「学校教育法施行令」の一部改正 1967.12.28
教育3法案を国会に提出　　　　　 1968.3.12
大学運営に関する臨時措置法案を了承 1969.5.23
大学法案に反対表明　　　　　　　1969.8.1
参院、大学運営に関する臨時措置法強
　　行採決　　　　　　　　　　　1969.8.3
「日本私学振興財団法」を公布　　1970.5.18
教職員の給与などに関する特別措置法
　　公布　　　　　　　　　　　　1971.5.28
「学校教育法施行規則」一部改正　1972.2.10
「大学設置基準」の改正省令を公布 1972.3.18
文部省、「学制」百年記念式典開催 1972.10.5
文部省、「教育職員免許法施行規則」改
　　正　　　　　　　　　　　　　1973.7.20
参院本会議、筑波大学法案を可決　1973.9.25
大学設置審議会、「大学設置基準」の改
　　善を答申　　　　　　　　　　1973.11.9
「教員人材確保法」を公布　　　　1974.2.25
「教員人材確保法」により教員の給与引
　　上げ勧告　　　　　　　　　　1974.3.18
「学校教育法」改正、教頭職が法制化 1974.6.1
「文部省設置法」一部改正　　　　1974.6.3
「大学運営臨時措置法」は8月17日以後
　　も有効　　　　　　　　　　　1974.7.26
「私立大学振興助成法」案などが可決 1975.7.3
「私立学校振興助成法」などを公布 1975.7.11
「教科用図書検定実施細則」の一部改正
　　を通達　　　　　　　　　　　1975.7.16
「専修学校設置基準」設定　　　　1976.1.6
「国立学校設置法」改正　　　　　1977.4.22
法制審議会「少年法改正について」答
　　申　　　　　　　　　　　　　1977.6.29
文部省、教科書新検定規則公布　　1977.9.22
主任手当支給と一本化の給与法成立 1977.12.21
「産休代替法」可決　　　　　　　1978.5.12
新構想大学の「国立学校設置法」改正 1978.6.13
中野区議会本会議、教育委員準公選制
　　条例を可決　　　　　　　　 1978.12.15

「中野区教育委員候補者選定に関する区民投票条例」公布	1979.5.25	文部省、「専修学校設置基準」改正を公布	1994.6.21
「国際人権規約」発効	1979.9.21	文部省、公立学校の月2回学校5日制実施のため「学校教育法施行規則」を改正	1994.11.24
「小学校新教育課程基準」実施	1980.4.1		
日本学術会議、「科学者憲章」採択	1980.4.24	文部省、「幼稚園設置基準」改定	1995.2.8
岐阜県議会、「教育基本法」改正要望を自民党多数で強行可決	1980.10.7	文部省、総合学科の教職員加配による施行令一部改正	1996.3.25
「放送大学学園法」可決成立	1981.6.4	文部省、「学校教育法施行規則」を改正	1997.3.24
公務員2法成立	1981.11.13		
「行財政改革関連特別法」成立	1981.11.27	「国立学校設置法」改正が成立	1997.3.28
「日本学校健康会法」成立	1982.6.15	自民党小委、介護体験を義務付ける法案をまとめる	1997.4.2
国公立大の外国人教員任用に関する法律成立	1982.8.21	介護体験義務づけ議員立法成立	1997.6.11
文部省、「教科用図書検定基準」改正官報告示	1982.11.24	「大学の教員等の任期に関する法律」公布	1997.6.13
「日本学術会議法」改正案成立	1983.11.28	文部省、教員志望者に対する「介護等体験特例法施行規則」公布通達	1997.11.26
「日本育英会法」改正法成立	1984.8.7		
「臨時教育審議会設置法」公布	1984.8.8	民主党、「中高一貫教育法」案を国会に提出	1998.4.28
「補助金等の整理及び合理化並びに臨時特例に関する法律」可決成立	1985.5.17	「スポーツ振興投票法」成立	1998.5.20
「日本体育・学校健康センター法」可決成立	1985.11.29	改正「教育職員免許法」成立	1998.6.4
		改正「学校教育法」が成立	1998.6.5
「学校教育法」「私立学校法」一部改正、大学審議会設置	1987.9.10	「中央省庁等改革基本法」成立	1998.6.9
「国立学校設置法」改正案可決成立	1988.5.18	「教育職員免許法」「教育職員免許法施行規則」を改定	1998.6.10
「教育公務員特例法」等改正案可決成立	1988.5.25	「学校教育法」を改め、中等教育学校を追加規定	1998.6.12
「教育職員免許法」改正案可決	1988.12.21	民主党、国会に「30人学級編制法」案提出	1999.3.30
文部省、新教科書検定規則・基準を公示	1989.4.4	「大学改革法」「国立教育会館解散法」成立	1999.5.21
文部省、「大学院設置基準」等改正	1989.9.1		
「生涯学習の振興のための施策の推進体制等の整備に関する法律」を公布	1990.6.29	「児童ポルノ処罰法」公布	1999.5.26
		政府自民党、「国旗国歌法」案国会に提出	1999.6.11
文部省、「学校教育法施行規則」を改定	1991.3.15	「地方分権の推進を図るための関係法律の整備等に関する法律」公布	1999.7.16
「学位授与機構」設置法案により「国立学校設置法」「学校教育法」改正	1991.3.26	「文部科学省設置法」公布	1999.7.16
		「国旗国歌法」案成立	1999.8.9
文部省、小中学校の新「標準教材基準」を発表	1991.3.26	「学校教育法施行規則」改正	1999.8.31
「学校教育法」の大学、高専関連規定の一部改定	1991.4.2	文部省、「大学設置基準」改正	1999.9.14
		文部省、「学校教育法施行規則」の改定	2000.1.21
文部省、「大学設置基準」を改定	1991.6.2		
「児童の権利に関する条約」の批准条件を国会に提出	1992.3.13	「国立学校設置法」の改定	2000.3.31
		改正「教育職員免許法」公布	2000.3.31
文部省、9月から「学校5日制」導入とする「学校教育法施行規則」を改定	1992.3.23	改正「教育公務員特例法」成立	2000.4.21
		「児童虐待防止法」公布	2000.5.24
文部省、通級指導制度化のため「学校教育法施行規則」を改正	1993.1.28	改正「少年法」成立	2000.11.28
		川崎市で「子ども権利条例」が成立	2000.12.21
文教部会・文教制度調査会、「教育基本法」の見直しを検討	1993.6.3	改正「義務教育標準法」告示	2001.3.31
「児童の権利に関する条約」成立	1994.3.29	教育改革関連法案成立	2001.6.29
「児童の権利に関する条約」を公布	1994.5.16	中教審に教育振興基本計画と「教育基本法」について諮問	2001.11.26
文部省、「児童の権利に関する条約」について通知	1994.5.20	中教審、「大学設置基準」について答申	2002.3.7
		「教育職員免許法」一部改正	2002.5.31

「教育公務員特例法」一部改正	2002.6.12
中教審、「教育基本法」全面改正を提言	2002.11.14
改正「学校教育法」成立	2002.11.22
「国立大学法人法」案の骨子まとまる	2003.1.29
「国立大学法人法」案、提出	2003.2.28
「義務教育費国庫負担法及び公立養護学校整備特別措置法の一部を改正する法律」公布	2003.3.31
改正「国立学校設置法」成立	2003.4.16
改正「構造改革特区法」成立	2003.5.30
「出会い系サイト規制法」成立	2003.6.6
改正「著作権法」、成立	2003.6.12
「国立大学法人法」及び関連5法、成立	2003.7.9
「次世代育成支援対策推進法」、成立	2003.7.9
「少子化対策基本法」成立	2003.7.23
「学校環境衛生の基準」改正	2004.2.10
「教育基本法」改正促進委員会、結成	2004.2.25
「義務教育費国庫負担法及び公立養護学校整備特別措置法を一部改正する法律」公布	2004.3.31
改正「児童虐待防止法」成立	2004.4.7
「学校教育法」改正	2004.5.21
改正「地方教育行政組織法」成立	2004.6.2
教育基本法改正協議会、中間報告	2004.6.16
与党が「教育基本法」改正案作成作業で合意	2004.9.21
「高卒認定試験規則」制定	2005.1.31
「食育基本法」成立	2005.6.10
「学校教育法」一部改正	2005.7.15
「文字・活字文化振興法」成立	2005.7.22
安倍官房長官、「教育基本法」改正へ意欲	2005.12.5
与党、「教育基本法」改正案を決定	2006.4.13
「教育基本法」改正案閣議決定	2006.4.28
「認定こども園法」成立	2006.6.9
「学校教育法」一部改正	2006.6.21
安倍首相、「教育基本法」早期改正に言及	2006.9.29
改正「教育基本法」成立	2006.12.15
中教審、教育関連3法改正について答申	2007.3.10
「児童虐待防止法」「児童福祉法」一部改正	2007.5.25
「少年法」「少年院法」一部改正	2007.5.25
教育関連3法「学校教育法」「地方教育行政法」「教育職員免許法」一部改正	2007.6.20
「義務教育標準法」一部改正	2008.3.31
「社会教育法」「図書館法」「博物館法」一部改正	2008.6.4
「学校保健法」一部改正	2008.6.11
中教審、「大学設置基準」について答申	2008.10.6
「児童福祉法」一部改正	2008.11.26
「子ども・若者育成支援推進法」成立	2009.7.1
「子ども手当法」成立	2010.3.26
「高校無償化法」成立	2010.3.31
「児童扶養手当法」一部改正	2010.5.26

【裁判】

都教組勤評闘争に無罪判決	1962.4.18
最高裁、東大ポポロ事件につき差戻し判決	1963.5.22
最高裁、義務教育の無償化についての判断	1964.2.26
一斉学テは「教育基本法」違反と判決	1964.3.16
一斉学テは権限逸脱と判決	1964.5.13
家永教授、教科書裁判第1次訴訟	1965.6.12
都教組勤評闘争につき有罪判決	1965.11.16
一斉学力テスト違憲判決	1966.5.25
岩手教組学テ阻止事件に有罪	1966.7.22
福岡刈田小・学テ事件で有罪判決	1967.4.28
家永教授、教科書裁判第2次訴訟	1967.6.23
勤評事件につき全員無罪判決	1967.7.26
京教組勤評事件に無罪判決	1968.2.22
和歌山勤評闘争事件に無罪判決	1968.3.29
学テ事件につき有罪判決	1968.6.26
京都旭丘中学校事件で学校側勝訴	1968.11.19
岩手教組の学テ闘争につき無罪	1969.2.19
最高裁、都教組勤評事件上告審で無罪判決	1969.4.2
福岡教育大附属小入学汚職で実刑	1970.4.8
最高裁、和歌山県教組の勤評反対闘争に無罪	1970.7.16
教科書裁判第2次訴訟で家永教授勝訴	1970.7.17
最高裁、佐賀福岡教組地公法違反事件で無罪	1971.3.23
「内申書裁判」起こる	1972.3.18
目黒高教論の地位保全仮処分認める	1972.3.31
最高裁、静岡超過勤務手当訴訟で支払を命令	1972.4.6
日の丸掲揚反対の元高教組員無罪	1972.4.28
勤務手当カット事件で教委側勝訴	1972.7.21
最高裁、東大ポポロ事件再上告棄却	1973.3.22
全農林警職法事件で官公労働者の争議禁止は合憲	1973.4.25
最高裁、愛知大学事件の上告棄却	1973.4.28
勤評闘争行政処分無効確認請求訴訟	1973.9.12
教科書裁判第1次訴訟で、教科書検定は合憲	1974.7.16
最高裁、昭和女子大学事件で退学処分は適法	1974.7.19
最高裁、京都旭丘中学事件の再上告審棄却	1974.12.10
教科書裁判第2次訴訟控訴審棄却	1975.12.20
最高裁、旭川学力テスト裁判で教組有罪判決	1976.5.21

最高裁、都教組勤評闘争の懲戒処分取
　消訴訟で上告棄却　　　　　1977.12.23
内申抜き処分無効確認訴訟で違法判決
　　　　　　　　　　　　　　1977.12.27
最高裁、勤評不提出校長の免職処分を
　有効と判決　　　　　　　　1978.11.14
最高裁、山口県学テ作文事件で教諭側
　の上告棄却　　　　　　　　1978.12.12
「内申書裁判」で原告勝訴判決　1979.3.28
北教組マンモス訴訟で処分取消判決　1979.5.10
私立高生超過学費返還請求訴訟で原告
　請求を棄却　　　　　　　　 1980.5.14
「摂津訴訟」の控訴審で控訴棄却 1980.7.28
水戸五中事件で無罪判決　　　　1981.4.1
最高裁、教科書裁判第2次訴訟で原告勝
　訴の2審破棄、高裁差戻し　　　1982.4.8
「内申書裁判」で原告敗訴　　　1982.5.19
4.11スト事件で教組委員長に無罪判決 1982.6.14
家永教授、教科書裁判第3次訴訟提訴　1984.1.19
「校長着任拒否闘争裁判」で県教組・高
　教組の控訴棄却　　　　　　　1985.9.27
丸刈り訴訟で、校則は違憲違法ではな
　いと判決　　　　　　　　　1985.11.13
日教組の「4.11全日スト」が違法と判
　決　　　　　　　　　　　　1985.11.20
最高裁、「内申抜き処分取消訴訟」で処
　分有効判断　　　　　　　　 1986.3.13
岐阜県立岐陽高校体罰事件で、教師有
　罪判決　　　　　　　　　　 1986.3.18
教科書裁判第1次訴訟で検定合憲合法と
　判決　　　　　　　　　　　 1986.3.19
最高裁、佐賀県教組処分取消請求の行
　政訴訟上告審の判決　　　　　1988.1.21
教科書裁判第3次訴訟、沖縄出張尋問　1988.2.9
「4.11スト」の1審有罪判決支持　1988.5.10
「内申書裁判」上告審で原告敗訴　1988.7.15
教科書裁判第2次訴訟差戻し審判決　1989.6.27
教科書裁判第3次訴訟で判決　　1989.10.3
伝習館高校訴訟、教諭側全面敗訴　1990.1.18
高校中退者数などの開示拒否は違法　1990.3.14
八鹿高校の同和教育裁判で被告有罪判
　決　　　　　　　　　　　　1990.11.30
高校中退生徒保護者が、救済を申し立
　て　　　　　　　　　　　　1990.12.17
福島県いわき市のいじめ訴訟で、市に
　賠償命令　　　　　　　　　1990.12.26
富士見中いじめ自殺事件で、暴行のみ
　認定　　　　　　　　　　　 1991.3.27
福岡県立高校中退者数開示問題で非開
　示処分取消を判決　　　　　　1991.4.10
米国国際大学日本校の学生、授業料返
　還訴訟　　　　　　　　　　 1991.4.26
バイクの校則違反による退学処分は違
　法と判決　　　　　　　　　 1991.5.27
豊中市立中学校の卒業生、卒業証書の
　日付の元号表記をめぐり、市に損害
　賠償請求　　　　　　　　　　1991.9.2
バイクの校則違反による退学処分の損
　害賠償訴訟で、原告側上告を棄却　1991.9.3
習志野市立第七中学校の体罰訴訟で、
　市に支払い判決　　　　　　　1992.2.21
筋ジストロフィー症を理由の不合格は
　違法と判決　　　　　　　　 1992.3.13
学校給食でのそばアレルギー死亡事件
　で、賠償金支払い判決　　　　1992.3.30
体育授業中に失明した事件で損害賠償
　命令　　　　　　　　　　　 1992.4.22
「君が代のテープ配布は財産処分ではな
　い」と判決　　　　　　　　 1992.11.4
大分県教組の人勧ストに対する処分は
　違憲で無効と判決　　　　　　1993.1.19
兵庫県立神戸高塚高校門圧死事件で、
　元教諭に有罪判決　　　　　　1993.2.10
最高裁、家永教科書裁判第1次訴訟で
「教科書検定制度は合憲」と判決　1993.3.16
体育の授業の事故で全身麻痺になった
　高校生の裁判で、賠償金支払い命令 1993.5.11
日本人高校生が射殺された事件で無罪
　判決　　　　　　　　　　　 1993.5.23
家永教科書裁判第3次訴訟で、検定意見
　3カ所を違法と判決　　　　　1993.10.20
障害者の学級決定権は校長にあると判
　決　　　　　　　　　　　　1993.10.26
指導要録全面開示の却下取消要求裁判
　で、原告側敗訴　　　　　　　1994.1.31
富士見中いじめ自殺事件で、損害賠償
　を命じる判決が確定　　　　　1994.5.20
高知学芸高校上海列車事故訴訟で、遺
　族側の賠償請求を棄却　　　 1994.10.17
卒業証書の元号表記をめぐる損害賠償
　訴訟で、原告の請求を却下　　1994.11.11
高槻市立中学校内申書訴訟で、「部分開
　示」を認める初判断　　　　 1994.12.20
エホバの証人訴訟で、退学処分は違法
　と判決　　　　　　　　　　1994.12.22
喫煙による退学処分の取り消し命令　1995.1.27
学校側にはいじめ防止措置を講ずる義
　務があるとして損害賠償命令　 1995.3.24
ラグビー合宿中の死亡事件で学校側に
　慰謝料等支払い命令　　　　　1995.4.19
愛知県西尾いじめ自殺事件で、少年
　の抗告を棄却　　　　　　　　1995.5.17
最高裁、校則は法的効果なしと判断　1996.2.22
日の丸掲揚問題で、原告の訴えを棄却 1996.2.22
最高裁、エホバの証人訴訟で、退学処
　分取り消しの判決　　　　　　 1996.3.8
体罰事件で慰謝料支払い命令　　1996.9.17
大阪府高槻市の内申書訴訟で控訴棄却 1996.9.27

富山市中学生の両親が、いじめにより市を提訴	1996.10.30
戸塚ヨットスクール事件で実刑判決	1997.3.12
大阪府豊中市のいじめ事件で損害賠償金の支払い命令	1997.4.23
福島県白河市の中1男子死亡事件で市側に損害賠償金の支払いを命令	1997.4.24
最高裁、教科書裁判第3次訴訟で検定意見違法の判決	1997.8.29
兵庫県県立高2年男子生徒、長髪による教室出入り拒否で救済申し立て	1997.11.10
横浜教科書訴訟で、2箇所の検定意見を違法と認める判決	1998.4.22
最高裁、君が代訴訟で住民側敗訴の判決	1999.1.29
東北大セクハラ訴訟、教授に対し賠償命令の判決	1999.5.24
全身マヒとなった高校生への損害賠償金支払いの判決	1999.9.2
O-157による食中毒女児童死亡事件で、市に賠償を命じる判決	1999.9.10
西宮市に対し市立小学校卒業生6人の内申書全面開示の判決	1999.11.25
竜野市男児自殺事件で教師の暴行と因果関係を認定	2000.1.31
東京で内申書の全面開示を判断	2000.5.31
「ゲルニカ訴訟」で、教諭側敗訴確定	2000.9.8
東京の調査書開示訴訟で不公開処分を取り消す判決	2001.9.12
横浜教科書訴訟、損害賠償請求棄却	2002.5.29
大学前納金返還訴訟で返還を命じる判決	2003.7.16
池田小児童殺傷事件で死刑判決	2003.8.28
大学入学金返還請求訴訟で授業料のみ返還を命じる	2003.10.23
最高裁、指導要録の部分開示を命令	2003.11.11
最高裁、県立高校長の出張記録公開を命令	2003.11.11
山形マット死事件民事訴訟、賠償金支払い命令	2004.5.28
桐生工業高校生徒会誌切り取り事件、上告審判決	2004.7.15
学納金返還訴訟で授業料返還を命じる判決	2004.9.10
君が代斉唱拒否の教師らの減給取り消し	2005.4.26
山形マット死事件民事訴訟、遺族側の勝訴確定	2005.9.6
横浜教科書訴訟、執筆者敗訴が確定	2005.12.1
連続幼女殺人事件で死刑判決	2006.1.11
教研集会会場訴訟、組合側の勝訴確定	2006.2.7
国旗・国歌訴訟、強制は違憲、教職員ら勝訴	2006.9.21
大学前納金返還訴訟、「AO入試」は認めず	2006.10.20
大学前納金返還訴訟、3月中辞退なら授業料返還との判決	2006.11.27
君が代ピアノ拒否訴訟、命令は合憲、教師側の上告を棄却	2007.2.27
宇治学習塾女児殺害事件で、元講師に懲役18年の判決	2007.3.6
小学校体罰訴訟、児童側が逆転敗訴	2009.4.28
日教組教研集会会場訴訟、ホテル側に賠償命令	2009.7.28
広島生徒強姦事件で懲役30年の判決	2009.9.14
鳥取県に全国学力テストの結果開示命令	2009.10.2

【設立】

学習院を復興	1868.4.4
慶応義塾と命名	1868.4.25
学習院、大学寮代と改称	1868.5.7
済美館、広運館と改称	1868.5月
医学校を創設	1868.8.14
昌平学校を創設	1868.8.17
舎密局を創設	1868.8.18
開成学校を創設	1868.10.27
皇学所・漢学所の創設を決定	1868.10.31
京都府、小学校設置を通達	1868.11.21
長崎府に医学校を創設	1868.11.30
静岡藩、小学校を創設	1868.12.24
沼津兵学校を創設	1869.1.20
上京第二十七番組小学校を創設	1869.6.30
大学校、設立	1869.8.15
皇学所・漢学所を廃止	1869.10.6
海軍操練所、創設	1869.10.22
攻玉塾と改称	1869.12月
大学校改称などを布達	1870.1.15
官立医学校を創設	1870.3.30
横須賀黌舎を復興	1870.4.29
東京府、小学校6校を創設	1870.7.6
大学本校を閉鎖	1870.8.8
東京府下に中学校を創設	1870.9.28
メアリー・キダー、英学塾を創設	1870.10.15
海軍兵学寮・陸軍兵学寮と改称	1870.12.25
京都府、中学校を創設	1871.1.5
洋語学所、設置	1871.3.22
大学南校・大学東校を改称	1871.9.5
熊本洋学校、創設	1871.10.14
義校、創設	1871.12.11
東京府下に小学校6校・洋学校1校を創設	1872.2.1
女学校を創設	1872.2月
博物館を創設	1872.4.17
開拓使仮学校、創設	1872.4.21
新英学校及び女紅場を創設	1872.5.20
師範学校、創設	1872.7.4
博物局書籍館、創設	1872.9.3
外国人教師による諸学校を廃止	1872.11.17

集書院、創設	1873.5.15
製薬学教場を設置	1873.7.25
大阪府・宮城県に師範学校を創設	1873.8.18
明六社、創設	1873.8月
東京外国語学校、創設	1873.8月
官立師範学校、創設	1874.2.19
東京女子師範学校、創設	1874.3.13
官立外国語学校、創設	1874.3.29
農事修学場、設置	1874.4月
外国語学校を英語学校と改称	1874.12.27
楽善会、創設	1875.5.22
石川県女子師範学校、創設	1875.5.22
札幌学校と改称	1875.6月
商法講習所、創設	1875.9月
学農社農学校、創設	1875.9月
栃木女学校、創設	1875.10.10
三菱商船学校、創設	1875.11.1
遠江国報徳社、創設	1875.11.12
同志社英学校、創設	1875.11.29
幼稚遊嬉場を設置	1875.12月
楽善会訓盲院、設立	1876.3.15
東京修身学社、創設	1876.4.7
産婆教授所、設置	1876.9.14
工部美術学校、創設	1876.11.6
東京女子師範学校附属幼稚園開園	1876.11.16
工部大学校と改称	1877.1.11
教育博物館と改称	1877.1.26
銀行学伝習所、創設	1877.1月
東京女子師範学校附属小学校、創設	1877.2.1
東京女学校他を廃止	1877.2.19
東京大学、創設	1877.4.12
学習院の称号を授与	1877.10.17
農学校と改称	1877.10.17
神戸商業講習所、創設	1878.1月
大阪・宮城・長崎の各官立師範学校を廃止	1878.2.6
三菱商業学校、創設	1878.3月
盲唖院、創設	1878.5.24
陸軍士官学校、開校	1878.6.10
体操伝習所、創設	1878.10.24
東京学士会院、創設	1879.1.15
函館商船学校、創設	1879.2月
大阪専門学校と改称	1879.4.4
庶民夜学校を創設	1879.7.9
音楽取調掛、設置	1879.10.7
東京基督教青年会、創設	1880.5月
東京図書館と改称	1880.7.1
大阪商業講習所、創設	1880.11月
東京職工学校、創設	1881.5.26
東京物理学校、創設	1881.9.10
東京商船学校と改称	1882.4.1
神宮皇学館、設置	1882.4.30
東京教育学会、創設	1882.5月
東京女子師範学校附属高等女学校、創設	1882.7.10
東京専門学校、創設	1882.10.21
真宗大学寮と改称	1882.12月
陸軍大学校、開校	1883.4.12
かなのくわい、創設	1883.7.1
大日本教育会、創設	1883.9.9
独逸学協会学校、創設	1883.10.22
訓盲唖院と改称	1884.5.26
東京法学校と改称	1884.12.12
音楽取調所と改称	1885.2.9
大学分校に改組	1885.7.13
英吉利法律学校、創設	1885.7月
華族女学校、創設	1885.9.5
東京感化院、創設	1885.10.7
古義真言宗大学林・新義真言宗大学林、創設	1886.2月
共立女子職業学校、創設	1886.3.22
高等師範学校に改組	1886.4.29
第一高等中学校・第三高等中学校と改称	1886.4.29
明治学院、創設	1886.6月
関西法律学校、創設	1886.11.4
官立山口高等中学校へ改組	1886.11.20
大日本婦人教育会へ改組	1887.1.15
第二高等中学校・第四高等中学校、設	1887.4.18
哲学館、創設	1887.9.16
東京音楽学校・東京美術学校など創設	1887.10.5
水産伝習所、創設	1888.11.29
帝国博物館他、創設	1889.5.16
日本法律学校、創設	1889.10.4
頌栄幼稚園、創設	1889.10.22
女子高等師範学校、創設	1890.3.25
国家教育社、創設	1890.5.30
国学院、創設	1890.11.22
私立学校連合会、創設	1891.7.29
日本教育調査会、創設	1891.8月
聖三一孤女学院、創設	1891.12.1
日本文庫協会、創設	1892.3.1
体操練習所、創設	1893.3.3
高等師範学校附属音楽学校へ改組	1893.6.29
中央教育会、創設	1894.1.23
東洋語学校、創設	1895.4.15
八王子織染学校へ改組	1895.4月
大阪工業学校、創設	1896.5.19
鹿児島高等中学校造士館、廃止	1896.9.3
熊本医学校、創設	1896.9.8
帝国教育会に改組	1896.12.20
キングスレー館、創設	1897.3.1
水産講習所に改組	1897.3.25
高等商業学校附属外国語学校、創設	1897.4.27
帝国図書館と改称	1897.4.27
帝室京都博物館、開館	1897.5.1

京都帝国大学、創設	1897.6.22	横浜高等海員養成所設立	1913.6月
滝乃川学園、創設	1897（この年）	蚕業講習所改称	1914.4.1
芸陽海員学校、創設	1898.5.10	京城と平壌に師範科設置	1914.4月
京都府図書館、開館	1898.6.20	家庭学校分校設立	1914.8.24
東京音楽学校・東京外国語学校、独立	1899.4.5	教育教授研究会設立	1914（この年）
学制改革同志会、設立	1899.11月	桐生高等染色学校設置	1915.12.28
家庭学校、創設	1899.11月	ブラジルに日本人学校開設	1915（この年）
第六高等学校、創設	1900.3.30	朝鮮に専門学校を開校	1916.4.1
女子英学塾、創設	1900.7.26	帝国教育会結成	1916.5.3
台湾協会学校、創設	1900.9.15	青年団中央部と改称	1916.11.3
医学専門学校、創設	1901.4.1	成城小学校開講	1917.4.4
第七高等学校造士館、創設	1901.4.1	北海道帝国大学設置	1918.4.1
私立女子美術学校、創設	1901.4.1	修身教育部設置	1918.4.12
日本女子大学校、開校式	1901.4.20	全国処女会中央部設置	1918.4.13
姫路師範学校、創設	1901.4月	女子学習院設立	1918.9.6
社会民主党、結党	1901.5.18	日本幼稚園協会設立	1918.10月
東亜同文書院、創設	1901.5.26	新人会結成	1918.12月
広島高等師範学校、創設	1902.3.28	民人同盟会結成	1919.2.21
盛岡高等農林学校ほか、創設	1902.3.28	活水女子専門学校認可	1919.3.14
臨時教員養成所、設置	1902.3.28	京都薬学専門学校認可	1919.3.27
早稲田大学と改称	1902.9.2	官立高等学校開講	1919.4.16
京都帝国大学第二医科大学、設置	1903.3.25	京都帝国大学、経済学部設置	1919.5.29
山口高等商業学校へ改組	1905.2.25	啓明会結成	1919.8.4
長崎高等商業学校・名古屋高等工業学校、創設	1905.3.29	青年文化同盟結成	1919.10.10
武術教員練習所、創設	1905.10月	大阪府立大学認可	1919.11.22
帝国図書館、開館	1906.3.20	保姆養成科設置	1919.12.17
熊本高等工業学校・仙台高等工業学校、創設	1906.4.1	初の私立大学認可	1920.2.5
第六臨時教員養成所、創設	1906.4.2	京都女子専門学校等設立認可	1920.3.31
帝国学士院を創設	1906.6.13	東京商科大学設置	1920.4.1
東京盲人教育会、創設	1907.2.2	大学設立認可	1920.4.15
東北帝国大学、創設	1907.6.22	日露協会学校設立	1920.9.24
私立明治専門学校、設立認可	1907.7.23	教育擁護同盟結成	1921.3.8
奈良女子高等師範学校他、創設	1908.4.1	自由学園設立	1921.4.15
東京市立日比谷図書館、開館	1908.11.16	社会教育と改称	1921.6.23
千葉県立園芸専門学校・京都市立絵画専門学校、設立認可	1909.3.25	日本青年館設立	1921.9.2
東京уни学院、創設	1909.4.7	日本労働学校開設	1921.9.16
旅順工科学堂、創設	1909.5.11	信濃自由大学開校	1921.11.1
富山県立薬学専門学校、創設	1909.7.17	高等学校設置	1921.11.9
私立九州医学専門学校、創設	1910.1.22	武蔵高等学校創立	1921.12.14
上田蚕糸専門学校他、創設	1910.3.28	医科大学2校改称	1922.3.31
九州帝国大学、創設	1910.12.22	満州医科大学設立	1922.4月
維新史料編纂会、設置	1911.5.10	龍谷大学、大谷大学認可	1922.5.20
南朝を吉野朝と改称	1911.6.12	熊本医科大学改称	1922.5.25
私立東京農科大学と改称	1911.11.16	立教大学、専修大学設立認可	1922.5.25
同志社大学と改称	1912.2.15	大阪労働学校開設	1922.6.1
日本初の女医養成機関、認可	1912.3.14	立命館大学、関西大学、東洋教会大学設立認可	1922.6.5
東京高等商業学校、専攻部設置	1912.3.25	福岡県立女子専門学校設立認可	1922.6.8
高千穂高等商業学校、認可	1912.5.9	全国学生連合会結成	1922.11.7
日本医学専門学校、認可	1912.7.11	医科大学3校設置	1923.3.31
少年文学研究会発足	1912（この年）	早稲田大学軍事研究団結成	1923.5.10
上智大学認可	1913.3.29	神戸労働学校設立	1923.8月
		姫路・広島高等学校設立	1923.12.11
		青少年審判所設置	1923（この年）

池袋児童の村設立	1924.4.10	日本少国民文化協会結成	1934.2月
全国小学校連合女教員会創立	1924.4.30	愛育会創立	1934.3.3
京城帝国大学設立	1924.5.2	拓殖学校設立決定	1934.4.20
日本体育連盟結成	1924.5.12	修練農場開設	1934.6.29
明星学園設立	1924.5.15	塾風教育を開始	1934.6月
立正大学認可	1924.5.17	帝国少年団協会創立	1934.6月
大日本連合青年団設立	1924.10.30	北日本国語教育連盟結成	1934.11月
全国学生軍事教練反対同盟結成	1924.11.12	青年学校発足	1935.10.1
女子学生連盟結成	1924.12.4	日本諸学振興委員会設置	1936.9.8
成蹊高等学校設立認可	1925.2.7	保育問題研究会設立	1936.10.20
駒沢大学設立認可	1925.3.30	東京農教育専門学校設置	1937.4.1
東亜高等予備校開設	1925.3月	教育科学研究会結成	1937.5.18
東京農業大学設立	1925.5.1	国民精神総動員中央連盟結成	1937.10.12
日本医科大学設立認可	1926.2.25	東京帝大セツルメント解散	1938.2.3
成城高等学校設立認可	1926.3.15	愛育研究所設立	1938.11月
浪速高等学校設立認可	1926.3.19	名古屋帝国大学設置	1939.3.31
大阪府立聾口話学校設立	1926.5月	高等工業学校新設	1939.5.23
青年訓練所開設	1926.7.1	藤原工業大学設立認可	1939.5.29
日本国民高等学校開校	1927.2.1	京都帝大人文科学研究所附属	1939.8.22
千代田女子専門学校認可	1927.2.19	大阪帝大産業科学研究所設置	1939.11.30
大日本女子青年団創立	1927.4.29	小学校教員共済組合設立	1940.10月
教育文芸家協会創立	1927.7月	大日本青少年団結成	1941.1.16
聖路加女子専門学校認可	1927.11.24	日本体育専門学校設立	1941.3.10
天理外語学校認可	1927.12.10	東京高等体育学校設置	1941.3.29
台北帝国大学設置	1928.3.17	国民学校発足	1941.4.1
大阪商科大学認可	1928.3.23	興亜錬成所設置	1941.5.1
東洋大学認可	1928.4.2	国民錬成所設置	1942.1.24
上智大学設立	1928.5.8	大日本婦人会発足	1942.2.2
大阪女子高等医学専門学校認可	1928.7.3	東亜経済研究所発足	1942.2.6
教科団体中央会設立	1928.12月	東京工業大学に教員養成所	1942.5.27
東京府立高等学校設立	1929.2.1	大政翼賛会傘下に	1942.6月
国士舘専門学校認可	1929.3.12	津田塾専門学校に改称	1943.1.30
長野県女子専門学校認可	1929.3.17	大阪理工科大学認可	1943.3.12
玉川学園創設	1929.4.8	理科・実業教員養成所増設	1943.3月
千葉高等園芸学校改称	1929.5.31	教学錬成所設置	1943.11.1
女子美術専門学校認可	1929.6.26	金沢高等師範学校設置	1944.3.20
北方教育社結成	1929.6月	学校を改称	1944.3.29
学生社会科学連合会解散	1929.11.7	東京産業大学・神戸経済大学改称	1944.9.27
東京高等獣医学校認可	1930.3.18	東京高師国民学校・中学校で英才学級	
全日本教員組合準備会結成宣言	1930.5.25	を発足	1945.1.6
師範教育改善促進連盟結成	1930.5月	大日本教化報国会結成	1945.1.25
新興教育研究所創立	1930.8.19	岡崎高師、広島女子高師を設置	1945.4.1
日本図書館協会設立	1930.11.4	京都学生連盟を結成	1945.11.20
専門学校設立	1930.11.26	全日本教員組合結成	1945.12.1
日本教育労働者組合結成	1930.11月	全日本教育者組合結成	1945.12.2
新教育協会創立	1930.12月	米国教育使節団に協力すべき教育家委	
大阪帝国大学設置	1931.4.30	員会発足	1946.2.7
東京帝大航空研究所開所	1931.5.11	児童文学者協会を結成	1946.3.17
関西学院大学設立認可	1932.3.8	民主主義教育研究会を結成	1946.4.19
神戸女子薬学専門学校認可	1932.3.31	全日本教員組合、全日本教育労働組合	
学校劇研究会結成	1932.4月	と改称	1946.5.3
日本学術振興会設立	1932.12.28	教員組合全国連盟を結成	1946.7.7
大学自由連盟創立	1933.7.1	大日本教育会を日本教育会に改称	1946.7.26
国民精神講習所開設	1933.7月	文部省に調査局を設置	1946.12.4

全日本教員組合協議会を結成	1946.12.22	北海道学芸大など5学芸大、教育大学に改称	1966.4.5
沖縄教育連合会を結成	1947.2.14	原理運動対策全国父母の会を結成	1967.9.16
全国大学教授連合を結成	1947.5.10	モスクワ日本人学校開校	1967.10.2
日本教職員組合を結成	1947.6.8	大阪市ားら思想調査特別委員会を設置	1967.12.1
文部省、公私立大学設立を認可	1948.3.25	朝鮮大学校を各種学校として認可	1968.4.17
新制高等学校が発足	1948.4.1	全国全共闘連合を結成	1969.9.5
国立国会図書館を開館	1948.6.5	反日教組の日本教職員連盟結成大会	1970.6.28
日教組を中心に、教育復興会議を結成	1948.6.17	日本教育法学会を設立	1970.8.27
全国PTA協議会結成総会を開催	1948.6.27	海外子女教育振興財団設立	1971.1.29
日本教育会を解散	1948.8.5	沖縄教職員会が解散総会	1971.9.29
全日本学生自治会総連合結成大会を開催	1948.9.18	原爆被爆教師の会全国連絡会議の結成大会	1971.10.17
コア・カリキュラム連盟を発足	1948.10.30	文部省、筑波新大学創設準備会を設置	1971.10.22
文部省、PTAの結成を促す	1948.12.1	反中教審の民主教育をすすめる国民連合結成	1971.11.6
大学法対策全国協議会を結成	1949.3.5	自治医科大学開学	1972.4.1
新制国立大学69校設置	1949.5.31	広島市平和教育研究所発足	1972.6.1
教育刷新委員会を教育刷新審議会と改称	1949.6.1	全国無認可保育所連絡協議会を結成	1974.6.1
歴史教育者協議会創立大会を開催	1949.7.14	日本教育会が結成大会	1975.6.16
朝鮮総連系在日朝鮮人学校93校を閉鎖	1949.10.19	大学入試センター発足	1977.5.2
全国学校図書館協議会設立	1950.2.27	国立婦人教育会館発足	1977.7.1
全国高校職員組合協議会を結成	1950.4.11	東京教育大学、閉学式	1978.3.15
日本戦没学生祈念会結成大会	1950.4.22	教育放送開発センター等が発足	1978.10.1
全日本中学校長会創立総会	1950.5.18	国際児童年子どもの人権を守る連絡会議の結成大会	1978.11.20
日本綴り方の会を結成	1950.7.1	放送大学開学	1983.4.1
国立大学協会設立	1950.7.13	教育問題研究会発足	1985.2.12
数学教育協議会設立をよびかけ	1951.12月	女性による民間教育審議会発足	1985.4.8
教育科学研究会を再建	1952.3.27	全日本教職員組合協議会結成	1989.11.17
日本子どもを守る会を結成	1952.5.17	全日本教職員組合協議会と日高教左派、「新全教」結成	1991.3.6
日本PTA全国協議会結成	1952.10.14	西尾幹二らが「新しい歴史教科書をつくる会」を結成	1996.12.2
保育問題研究会再発足	1953.2.18	国際こども図書館、開館	2000.5.5
全国同和教育研究協議会を結成	1953.5.6	3国立大、「大学連合」を発足	2000.7.28
教科書出版労組、教科書問題懇談会を結成	1955.4.11	文部省、ものづくり大学の開設を認可	2000.12.25
バンコク日本人学校開校	1956.1.22	文部科学省設立	2001.1.6
日本高等学校教職員組合を結成	1956.5.10	初の株式会社運営の中高一貫校が認可	2005.3.3
日教組、国民教育研究所を設立	1957.7.27	萩国際大学、民事再生法申請	2005.6.21
民間教育団体連絡協議会発足	1959.2.9	上海日本人学校に高校開校決定	2010.6月
国立中央青年の家を開所	1959.9.19	「さくらんぼ小」校名断念	2010.9.9
東洋大学、産学協同システムの工学部創設	1961.3.31		
高等専門学校が発足	1962.4.1	【活動】	
高校全員入学問題協議会結成大会開催	1962.4.24	昌平学校・医学校、東京府に移管	1868.9.17
大学教授らで大学の自治を守る会を結成	1962.6.19	開成学校、東京府に移管	1868.12.11
能力開発研究所を設立	1963.1.16	開成学校、開校	1869.2.27
日本教師会結成	1963.2.3	府県学校取調局を設置	1869.4.29
日本教育国民会議を結成	1963.2.17	大学校、学神祭を挙行	1869.9.7
日本放送協会学園高校が発足	1963.4.1	大学校の職掌区分を明確化	1869.12.14
教科書国家統制法案粉砕推進会議を結成	1963.5.13	舎密局・大阪学校、大学南校所管に	1870.5.3
教科書検定訴訟を支援する全国連絡会結成	1965.10.10	大学南校貢進生募集	1870.8.23
		博覧会を開催	1871.7.1

ミュルレルとホフマン、解剖学を開講	1871.8.30
慶応義塾、三田に移転	1871(この年)
明治天皇、東校に行幸	1872.4.20
開拓使仮学校、女学校を併置	1872.10.21
師範学校、附属小学校を設置	1873.1.15
師範学校、「下等小学教則」を制定	1873.2月
開成学校、学年などを制定	1873.9.10
製作学教場、設置	1874.2.23
第1回三田演説会	1874.6.27
東京師範学校、中学師範学科を設置	1875.8.13
東京女子師範学校、別科を設置	1876.4月
東京師範学校、校則・教則を改正	1877.7月
新潟県農事試験場、農事教場を設置	1877.8月
駒場農学校、開校式を挙行	1878.1.24
東京女子師範学校、保姆練習科を設置	1878.6.27
東京女子師範学校、体操術を施行	1878.11.1
東京女子師範学校、第1回卒業式を挙行	1879.3.13
東京大学、初の学位授与式を挙行	1879.7.10
東京外国語学校、朝鮮語学科を設置	1880.3.23
東京大学、学士研究科を設置	1880.8.7
音楽取調掛、伝習生の募集を開始	1880.9月
学生と生徒を区別	1881.8.2
東京大学医学部予科、予備門に合併	1882.6.15
東京大学文学部、古典講習科を設置	1882.9.18
東京大学予備門本黌に英語専修課を設置	1883.1月
東京大学文学部、支那古典講習科を設置	1883.2月
学習院、宮内省へ移管	1884.4.17
東京大学理学部、造船学科を設置	1884.5.17
東京大学予備門、学科課程と入学試験科目を改定	1884.6.7
東京大学予備門、独立	1885.8.14
東京女子師範学校、東京師範学校に合併	1885.8.27
府県立女子師範学校の師範学校への合併を布達	1885.10.1
東京大学、工芸学部を設置	1885.12.16
工部大学校、文部省に移管	1885.12.22
帝国大学文科大学教育学課程特約生教育学科、開講	1889.4.8
第三高等中学校、法学部を設置	1889.7.29
慶応義塾、大学部を開講	1890.1.27
東京農林学校、帝国大学に合併	1890.6.12
新潟静修学校、幼児保育所を創設	1890.6月
私立育英黌、農学科を設置	1891.3.6
全国教育連合会、開催	1891.4.26
帝国大学文科大学、史料編纂掛を設置	1895.4.1
東京市養育院、感化部を設置	1898.3.13
津田梅子・渡辺筆子、万国婦人教育大会へ出席	1898.6.24
東京商船学校、分校を廃止	1901.5.11
東京盲唖学校、教員練習科を設置	1903.3.10
専門学校・実業専門学校を認可	1903.4.1
明治天皇、東京帝国大学卒業式で訓示	1904.7.11
巡回文庫を実施	1904(この年)
学習院、大学部を廃止	1905.9.29
スウェーデン体操を採用	1905.11月
第四臨時教員養成所・第五臨時教員養成所、廃止	1906.3.31
華族女学校、学習院に合併	1906.4.11
第1回全国小学校教員会議	1906.5.5
京都帝国大学、文科大学を設置	1906.6.5
第1回全国聾唖教育大会	1906.10.13
全国教育者大会	1907.5.11
第1回全国盲唖教育大会	1907.5月
第1回文部省美術展覧会、開催	1907.10.25
第三臨時教員養成所、修業年限を延長	1908.3.12
第一臨時教員養成所・第二臨時教員養成所、廃止	1908.3.31
東京帝国大学法科大学、経済学科を設置	1908.7.2
東京帝国大学法科大学、商業学科を設置	1909.6.25
東京帝国大学農科大学、水産学科を設置	1910.4.21
東北帝国大学理科大学・九州帝国大学工科大学、創設	1911.1.1
専門学校を東北帝大に附属	1912.3.30
日本初の女子大生入学	1913.8.16
第1回全国小学校女教員大会	1917.10.20
全国教育会理事者会開催	1918.5.2
全国青年団連合大会開催	1918.5.5
自由画教育運動	1919.4.27
第1回思想問題研究会開催	1920.1.26
東京帝国大学女子聴講生認可	1920.2.17
第1回自由画展覧会開催	1920.4.27
啓明会メーデー参加	1920.5.2
全国盲唖教育大会	1920.11.29
八大教育主張講演会開催	1921.8.1
全国保育者大会開催	1921.11.25
臨時教員養成所設置	1922.4.10
第1回全国青年団大会開催	1922.5.25
臨時教員養成所設置	1923.4.5
第6回帝国連合教育会開催	1923.5.19
世界教育会議開催	1923.6.28
学生連合会第1回全国大会開催	1924.9.14
社会科学研究団体解散措置	1924.11.10
「教育の根本的改善策」発表	1925.10月
日本聾唖教育第1回総会	1925.10月
全国連合女子教育大会開催	1926.2.19
臨時教員養成所設置	1927.3.24
青年団体合体	1927.4月
全国連合教育会開催	1927.5.14
全国小学校女教員会開催	1927.5.22
実業補習学校教員養成所設置	1927.7.13
啓明会第2次宣言	1927.11.5

啓明会解散決議	1928.4月
思想問題調査委員会設置	1928.5.15
教育会館落成式	1928.11.3
教員の減俸反対決議	1929.11.8
臨時教員養成所廃止	1930.3.31
臨時教員養成所25校廃止	1931.3.26
減俸反対を声明	1931.5.23
東京高等師範学校60年記念式典	1931.10.30
臨時教員養成所5校を廃止	1932.3.30
水産学校長会、意見書を提出	1932.7.7
臨時教員養成所3校廃止	1933.3.9
師範学校の扱いを決議	1933.7.20
全国小学校教員精神作興大会	1934.4.3
大日本連合青年団第11回大会開催	1935.5.23
汎太平洋新教育会議開催	1935.8.23
思想講習会開催	1935.10.20
全国連合教育会解散	1935.11月
全国連合小学校女教員大会開催	1936.5月
第1回教育学会開催	1936.11.12
第7回世界教育会議開催	1937.8.2
工業技術員養成科設置	1937.8.26
臨時教員養成所廃止	1939.4.28
臨時医学専門部附置	1939.5.15
臨時教員養成所設置	1940.3.27
東亜教育大会開催	1940.7.8
臨時教員養成所設置	1941.3.6
臨時教員養成所設置	1942.2.12
東京帝大、第2工学部設置	1942.3.25
GHQ、教育使節団派遣を要請	1946.1.4
全日本教員組合、第一回全国協議会開催	1946.1.19
中央教育研究所、社会科教育全国集会を開催	1947.12.4
初の教科書展示会開催	1948.8.25
教育長等を対象とする教育指導者教習を開催	1948.10.4
日本学術会議第1回総会開催	1949.1.20
日教組、教育予算獲得人民大会を開催	1949.4.8
全学連、「国立大学設置法」等に対して闘争宣言	1949.5.3
日本学術会議、大学人事について声明	1949.10.6
同志社大、関大、関学大に大学院を設置	1950.3.14
旧制高等学校最後の卒業式	1950.3月
日本学術会議、戦争目的の研究拒否を表明	1950.4.28
日教組中央委員会、認定講習参加拒否を決定	1950.7.8
社会科教育全国協議会総会を開催	1950.11.27
日教組、中央委員会でスローガンを決定	1951.1.24
東京都教委、足立区に夜間中学開設認可	1951.6.30
日教組、「教師の倫理綱領」草案発表	1951.8.7
日教組、第1回教研集会を開催	1951.11.10
日本私学団体連、標準教科書計画に反対表明	1952.1.18
和歌山県教委、同和教育振興の為一斉休校	1952.4.19
日教組、「教師の倫理綱領」を決定	1952.6.18
関西経営者協、騒乱学生は就職保証せず	1952.7.22
全国国立大学学生部長会議を初めて開催	1952.9.3
日経連教育部会、新教育制度の再検討を要望	1952.10.16
日教組第2回教研集会開催	1953.1.25
基地の子どもを守る全国会議を開催	1953.3.7
12国立大学に新制大学院設置	1953.4.1
日教組、教育2法反対の振替授業闘争を実施	1954.3.14
全国教育系大学学生協議会、ゼミナール開催	1954.12.17
日経連、当面教育制度改善に関する要望	1954.12.23
日教組、第4次教研集会開催	1955.1.29
民主党政務調査会、教科書の民編国管を検討	1955.3.16
日本教育学会、教科書検定について声明	1955.6.18
良い教科書と子供の教科書を守る大会を開催	1955.6.21
高知県繁藤小学校、紀元節式典を挙行	1956.2.11
「新教育委員会法」反対中央国民大会を開催	1956.5.18
愛媛県教委、勤評による昇給昇格実施を決定	1956.11.1
日経連「技術教育に関する意見」を発表	1956.11.9
全国都道府県教委協議会、勤評試案決定	1957.12.20
日教組、臨時大会で勤評闘争強化決議	1957.12.22
日経連、「科学技術教育振興に関する意見」発表	1957.12.26
東京都教委、勤評実施を決定	1958.4.23
勤評反対・民主教育を守る国民大会を開催	1958.8.15
日教組、勤評阻止全国統一行動を実施	1958.9.15
日教組、第8次教研会を開催	1959.1.24
教育長協議会、組合専従制限等立法措置要求	1959.8.21
日本教育学会主催で国際教育学会を開催	1959.8.31
日教組、日高初の合同教研集会	1960.1.26
養護学校教員養成課程を設置	1960.3.3
経済同友会、産学協同について発表	1960.7.10
関西経済連合会、大学制度改善意見書提出	1960.11.14

日経連技術教育委員会、専科大学制度の要望	1960.12.8
日教組幹部、社会党に集団入党	1961.2.5
日経連等、技術教育振興策推進に関する要望	1961.8.25
高校全入全国大行動実施	1962.12.4
青森県教委、小学校教科書を全県1種制に	1964.4.3
東北大評議会、教育学部教員養成課程を分離	1964.12.15
日経連、後期中等教育に対する要望を発表	1965.2.5
日教組、「「期待される人間像」批判のために」発表	1965.3.6
日教組、ベトナム反戦平和アピール採択	1965.5.6
東大生に『大学の自治と学生の自治』を配布	1965.11.1
横浜国大学芸学部教授会、学部名変更の方針	1966.1.6
東大法学部教授会、専門課程3年制構想	1966.11.9
東京教育大学評議会、筑波移転を強行決定	1967.6.10
日教組、総学習・総抵抗運動展開を決定	1968.5.10
京都府教委、学習指導要領案に反対声明	1968.7.8
京都府教委、国歌、国旗への見解発表	1968.9.7
経済同友会「大学の基本問題」発表	1968.11.15
東大、東教大4学部の入試中止を決定	1968.12.29
日教組「大学問題に関する基本理解」発表	1969.2.24
経済同友会、「高次福祉社会のための高等教育」発表	1969.7.18
東教大評議会、筑波学園都市への移転決定	1969.7.24
日経連、教育の基本問題に対する提言を発表	1969.9.18
日教組、高校生の自主的民主的活動の見解発表	1969.11.1
日経連、産学関係に関する提言を発表	1969.12.15
日教組、労働時間と賃金に関する草案発表	1970.3.9
日教組、教育制度検討委員会第1回総会	1970.12.1
義務教育改善に関する意見調査結果を発表	1971.6.2
日教組教育制度検討委員会発表	1971.6.14
経済同友会、教育改革の促進を提起	1972.2.18
教育制度検討委員会、第3次報告書提出	1973.6.18
旭川医大・愛媛大医学部・山形大、医学部開学	1973.11.5
教育制度検討委員会、日教組に最終報告	1974.5.21
福岡県教委、任命権の行使を初適用	1975.2.5
学校給食の添加物Lリジンの安全性に疑問	1975.6.4
経済同友会、上場企業社員の学歴昇進を調査	1975.9.19
慶大、スライド方式による学費値上げを発表	1975.10.11
日教組「学力実態調査」の結果発表	1976.5.11
日本私立大学連盟「私立大学教育の充実と向上のために」を発表	1976.12.28
国立教育研究所「学習到達度と学習意識に関する調査」まとめ発表	1977.1.7
全国知事会「公立高校新増設計画に関する調査」の結果発表	1977.1.8
日教組結成30年式典挙行	1977.6.3
日教組、大学問題検討委発足	1977.9.8
日教組・国民教育研究所「学級規模と教育活動に関する調査」発表	1978.11.3
日教組「日本の大学」を発表	1979.6.30
関西経済同友会「教育改革への提言」発表	1979.10.16
経済同友会「多様化への挑戦」を発表	1979.10.24
日教組・国民教育研究所「子どもの生活環境調査」発表	1980.3.25
日教組「子どもの健康実態」調査結果発表	1980.5.4
ユネスコ初の「軍縮教育世界会議」開催	1980.6.9
日教組、長崎の教育行政の調査実施	1980.11.24
日教組・日高教、教研集会開催	1981.1.13
民社党書記長、中学校社会科教科書を偏向と批判	1981.2.4
教育8団体「教育・教科書の反動化に反対する国民集会」を開催	1981.3.10
教科書問題で2万人集会	1981.11.13
初の「平和・軍縮教育フォーラム」開催	1981.11.28
日教組、第2次教育制度検討委発足	1981.12.12
日高教「高校生の憲法意識調査」発表	1982.1.21
全国統一献立給食実施	1982.1.22
経済同友会「行政改革」発表	1982.1.22
日教組「自衛隊の高校介入実態調査」発表	1982.1.24
第57回日教組大会開催	1982.6.28
神戸大、日本初の「平和教育」講座開設	1982.10.22
WCOTP主催「軍縮教育国際シンポジウム」開催	1982.10.26
日経連「近年の校内暴力問題について」を発表	1983.7.6
日教組「現代日本の教育改革」を発表	1983.7.19
日教組第58回定期大会開催	1983.8.30

| 日本教育史事典 | 分野別索引 | 活動 |

日教組、国民教育研究所「学校規模と教育活動に関する調査報告書」発表 1984.1.27
日教組、教育改革国民協議会設置提唱 1984.2.22
全日本教職員連盟結成 1984.2.26
総評、教育改革推進本部設置 1984.4.6
関西経済連合会「教育改革」提言 1984.9.3
日教組、国際シンポジウム開催 1984.12.11
日教組、教育改革研究委員会設置 1985.2.9
日本経済調査協議会「21世紀に向けて教育を考える」発表 1985.3.25
日弁連、人権擁護大会開催 1985.10.18
国民教育研究所「教職活動に関する教職員の意識調査」結果発表 1986.3.11
OECD加盟国など「ハイレベル教育専門家会議」開催 1987.1.19
日教組第63回臨時大会開催 1987.3.13
日本数学教育学会、算数の意識調査の結果発表 1987.3.17
日教組第36次教育研究全国集会開催 1987.5.7
全日本中学校長会、中学生の国体参加を条件付きで賛成 1987.5.20
「子どもの人権宣言1987」発表 1987.5.26
日教組40周年式典 1987.6.8
日教組教育改革研究委員会、第3次報告案をまとめる 1987.6.12
日教組、機能停止 1987.8.1
日教組第64回定期大会開催 1988.2.1
国立教育研究所「国際理科教育調査」中間報告発表 1988.3.1
日教組第65回定期大会開催 1988.7.18
日教組第37次・日高教第34次教研集会開催 1988.10.9
国民教育研究所「校則についての調査」結果発表 1989.4.7
日教組「改訂学習指導要領批判と私たちの課程」発表 1989.5.26
日教組第38次・日高教第35次教研集会開催 1989.8.8
日教組、新・連合への加盟決定 1989.9.6
日教組臨時大会で反主流派の除名決定 1989.10.27
千葉県弁護士会、体罰問題で関係教師に勧告書を送付 1990.2.24
日教組、定期大会で「参加・提言・改革」の運動方針案を採択 1990.6.29
高体連の全国理事会、朝鮮高級学校の加盟認めず 1990.11.16
川崎市の市民オンブズマン、川崎市教委に対して体罰に関する勧告を提出 1990.12.20
社会経済国民会議、大学生・学長対象の意識調査報告書を公表 1991.1.29
高野連、朝鮮高級学校軟式野球部の加盟申請を認可 1991.3.2

大阪大学大学院、初の「飛び入学」合格者2名発表 1991.3.12
国大協、教育研究費に関する教官の意見調査を発表 1991.4.10
経済同友会、「就職協定」の廃止を提唱 1991.7.2
東京都教職員組合、都内公立小学生の6人に1人が私立中学校を受験と発表 1991.9.25
日高教、高校生の5割が自衛隊の海外派遣に反対と発表 1992.5.2
経団連、大学理工系の研究機能強化を発表 1992.5.6
日弁連、文部省に朝鮮高級学校の高体連拒否は人権侵害にあたると勧告 1992.10.28
千代田区立永田小PTA、文部省に学校存続を陳情 1992.11.11
高槻市個人情報保護審査会、内申書開示の要求を認める 1992.11.12
日教組の組合員、1万7000人減少 1992.12.29
経団連、高等教育改革推進のため、首相直属の諮問機関設置を提言 1993.7.20
高体連の理事会、朝鮮学校や専修学校の高校総体参加を認める 1993.11.19
経済同友会、大衆化時代の大学教育改革を提言 1994.4.3
日教組、21世紀ビジョン委員会を設立 1994.4.27
福岡市公立中学で、「丸刈り」拒否の1年男子を教室から隔離 1994.6.18
日教組と日本PTA全国協議会が初会談 1994.9.29
日教組の21世紀ビジョン委員会、文部省とパートナー関係になるよう提言 1994.10.18
経団連豊田会長、創造的な人材育成のための教育提言をまとめる意向 1995.1.3
日教組の21世紀ビジョン委員会、最終報告を提出 1995.4.12
経済同友会、教育改革提言を発表 1995.4.19
日教組、文部省との協力関係構築で合意し運動方針案を発表 1995.7.25
日教組、定期大会で文部省との対決路線から協調路線への転換を掲げた運動方針を可決 1995.9.3
経団連、教育改革提言を発表 1996.3.26
天理大、リストラ策を打ち出す 1996.5.7
経団連と与党3党の文教関連議員が会合を開く 1996.6.12
日教組、第82回定期大会を開催 1996.6.26
日経連、就職協定の廃止を正式に表明 1996.12.19
小田原市、職員採用試験の受験資格から学歴条項を外すことを決定 1997.5.7
連合、教育改革案まとめ公表 1997.10.22
日教組、定期大会開催 1998.5.28
社会経済生産性本部、教育改革中間報告発表 1998.7.22

- 333 -

| 人事 | 分野別索引 | 日本教育史事典 |

一橋大学、学長選考規則の学生・職員の参加に関する条項削除決定	1998.11.18
中教審、少子化と教育に関する委員会を設置	1998.12.11
広島県教委、県立高校校長に対し国旗・国歌の完全実施を職務命令	1999.2.23
2医療技術短期大学が廃止	1999.3.31
社会経済生産性本部が、教育改革報告書を発表	1999.7.23
経団連、グローバル化時代の人材育成の在り方について提言	2000.3.30
経済同友会、「若者が自立できる日本へ」提言	2003.4.8
藍野グループ、東北文化学園大学を経営支援	2004.6.21
中教審、義務教育特別部会を設置	2005.2.25
日本経団連、「少子化問題への総合的な対応を求める」提言を公表	2007.3.20
日本経団連、「教育と企業の連携推進に向けて」を公表	2007.5.27
経済同友会、「国民生活の向上と市場創造の実現に向けて」発表	2007.10.29
経済同友会、「十八歳までに社会人としての基礎を学ぶ」を発表	2009.2.2
日本経団連、「競争力人材の育成と確保に向けて」を公表	2009.4.14
日教組の教研集会に文科省政務三役が出席	2010.1.23

【人事】

山内豊信・秋月種樹、学校取調を兼勤	1868.12.15
大学南校、留学生を派遣	1870.9.22
フルベッキ、大学南校教頭に就任	1870.11月
開拓使、外国人を雇入	1871.4.17
大木喬任、文部卿に就任	1871.9.12
田中不二麿、欧米を視察	1871.12.4
津田梅子らがアメリカ留学	1871.12.23
学制取調掛を任命	1872.1.11
M.M.スコット、師範学校教師に就任	1872.9月
大木喬任、参議に転任	1873.4.19
モルレー来日	1873.6.30
木戸孝允、文部卿に就任	1874.1.25
木戸孝允、文部卿を辞任	1874.5.13
M.M.スコット、東京師範学校を満期解任	1874.8月
田中不二麿、文部大輔に	1874.9.27
開成学校第1回海外留学生	1875.7.18
田中不二麿、アメリカ視察	1876.3.22
開成学校第2回海外留学生	1876.6.25
クラーク、札幌学校教頭に	1876.7.31
田中不二麿、帰国	1877.1.8
西郷従道、文部卿に就任	1878.5.24
フェノロサ、来日	1878.8.10
西郷従道、陸軍卿に転任	1878.12.24
モルレー、満期解任	1878.12.28
寺島宗則、文部卿に就任	1879.9.10
工部大学校卒業生、イギリス留学	1879.11.19
河野敏鎌、文部卿に就任	1880.2.28
福岡孝弟、文部卿に就任	1881.4.7
大木喬任、文部卿に就任	1883.12.12
森有礼、初代文部大臣に就任	1885.12.22
山川浩、東京師範学校長に就任	1886.3.6
エミール・ハウスクネヒト、帝国大学文科大学教師に就任	1887.1.9
大山巌、臨時文部大臣に就任	1889.2.16
榎本武揚、文部大臣に就任	1889.3.22
芳川顕正、文部大臣に就任	1890.5.17
加藤弘之、帝国大学総長に就任	1890.5.19
大木喬任、文部大臣に就任	1891.6.1
河野敏鎌、文部大臣に就任	1892.8.8
井上毅、文部大臣に就任	1893.3.7
浜尾新、帝国大学総長に就任	1893.3.30
芳川顕正、臨時文部大臣に就任	1894.8.29
西園寺公望、文部大臣に就任	1894.10.3
蜂須賀茂韶、文部大臣に就任	1896.9.28
浜尾新、文部大臣に就任	1897.11.6
西園寺公望、文部大臣に就任	1898.1.12
外山正一、文部大臣に就任	1898.4.30
尾崎行雄、文部大臣に就任	1898.6.30
犬養毅、文部大臣に就任	1898.10.27
樺山資紀、文部大臣に就任	1898.11.8
松田正久、文部大臣に就任	1900.10.19
菊池大麓、文部大臣に就任	1901.6.2
文部大臣菊池大麓問責決議案を可決	1903.5.29
児玉源太郎、文部大臣に就任	1903.7.17
久保田譲、文部大臣に就任	1903.9.22
文部大臣久保田譲、辞表を提出	1905.12.8
桂太郎、文部大臣を兼任	1905.12.14
西園寺公望、文部大臣に就任	1906.1.7
牧野伸顕、文部大臣に就任	1906.3.27
乃木希典、学習院長に就任	1907.1.30
小松原英太郎、文部大臣に就任	1908.7.14
長谷場純孝、文部大臣に就任	1911.8.30
牧野伸顕、文部大臣兼任	1912.11.9
柴田家門、文部大臣就任	1912.12.21
奥田義人、文部大臣就任	1913.2.20
大岡育造、文部大臣就任	1914.3.6
一木喜徳郎、文部大臣就任	1914.4.16
高田早苗、文部大臣就任	1915.8.10
岡田良平、文部大臣就任	1916.10.9
中橋徳五郎、文部大臣就任	1918.9.29
鎌田栄吉、文部大臣就任	1922.6.12
犬養毅、文部大臣兼任	1923.9.2
岡野敬次郎、文部大臣就任	1923.9.6
江木千之、文部大臣就任	1924.1.7
岡田良平、文部大臣就任	1924.6.11
三上忠造、文部大臣就任	1927.4.20
水野錬太郎、文部大臣就任	1927.6.2

- 334 -

勝田主計、文部大臣就任	1928.5.27	坂田道太、文部大臣に就任	1968.11.30
小橋一太、文部大臣就任	1929.7.2	東京教育大学評議会、家永教授らに辞	
田中隆三、文部大臣就任	1929.11.29	職勧告	1970.9.7
鳩山一郎、文部大臣就任	1931.12.13	高見三郎、文部大臣に就任	1971.7.5
斎藤実首相が文部大臣を兼任	1934.3.3	稲葉修、文部大臣に就任	1972.7.7
松田源治、文部大臣就任	1934.7.8	奥野誠亮、文部大臣に就任	1972.12.22
川崎卓吉、文部大臣就任	1936.2.2	三原朝雄、文部大臣に就任	1974.11.11
潮恵之輔、文部大臣就任	1936.3.9	永井道雄、文部大臣に就任	1974.12.9
平生釟三郎、文部大臣就任	1936.3.25	海部俊樹、文部大臣就任	1976.12.24
林銑十郎首相が文部大臣兼任	1937.2.2	砂田重民、文部大臣就任	1977.11.28
安井英二、文部大臣就任	1937.6.4	世界教職員団体総連合で槇枝日教組委	
木戸幸一、文部大臣就任	1937.10.22	員長、会長に	1978.7.26
荒木貞夫、文部大臣就任	1938.5.26	内藤誉三郎、文部大臣就任	1978.12.7
留学生派遣中止	1938.9月	大平正芳首相、文相兼任	1979.11.9
河原田稼吉、文部大臣就任	1939.8.30	谷垣専一、文部大臣就任	1979.11.20
松浦鎮次郎、文部大臣就任	1940.1.16	田中龍夫、文部大臣就任	1980.7.17
橋田邦彦、文部大臣就任	1940.7.22	小川平二、文部大臣就任	1981.11.30
東条英機首相、文部大臣兼任	1943.4.20	瀬戸山三男、文部大臣就任	1982.11.27
岡部長景、文部大臣就任	1943.4.23	森喜朗、文部大臣就任	1983.12.27
二宮治重、文部大臣就任	1944.7.22	臨教審委員25名任命	1984.8.21
児玉秀夫、文部大臣に就任	1945.2.10	松永光、文部大臣就任	1984.11.1
太田耕造、文部大臣就任	1945.4.7	海部俊樹、文部大臣に就任	1985.12.28
松村謙三、文部大臣に就任	1945.8.17	藤尾正行、文部大臣就任	1986.7.22
前田多門、文部大臣に就任	1945.8.18	藤尾正行文相罷免	1986.9.8
東大経済学部教授会、追放教授の復職		塩川正十郎、文部大臣就任	1986.9.9
決定	1945.11.4	中島源太郎、文部大臣就任	1987.11.6
安倍能成、文部大臣に就任	1946.1.13	西岡武夫、文部大臣就任	1988.12.27
田中耕太郎、文部大臣に就任	1946.5.22	石橋一弥、文部大臣就任	1989.8.10
高橋誠一郎、文部大臣に就任	1947.1.31	保利耕輔、文部大臣就任	1990.2.28
片山哲首相、文部大臣を兼任	1947.5.24	井上裕、文部大臣に就任	1990.12.29
森戸辰男、文部大臣に就任	1947.6.1	文部省、教員処分状況を発表	1991.11.1
吉田茂首相、文部大臣を兼任	1948.10.15	鳩山邦夫、文部大臣に就任	1991.11.5
下条康麿、文部大臣に就任	1948.10.19	江崎玲於奈、筑波大学学長に選出	1992.2.6
高瀬荘太郎、文部大臣に就任	1949.2.16	森山真弓、女性初の文部大臣に就任	1992.12.12
天野貞祐、文部大臣に就任	1950.5.6	赤松良子、文部大臣に就任	1993.8.9
岡野清豪、文部大臣に就任	1952.8.12	与謝野馨、文部大臣に就任	1994.6.30
大達茂雄、文部大臣に就任	1953.5.21	島村宜伸、文部大臣に就任	1995.8.8
安藤正純、文部大臣に就任	1954.12.10	奥田幹生、文部大臣に就任	1996.1.11
松村謙三、文部大臣に就任	1955.3.19	小杉隆、文部大臣に就任	1996.11.7
清瀬一郎、文部大臣に就任	1955.11.22	奈良女子大学評議会、家政学部教授を	
灘尾弘吉、文部大臣に就任	1956.12.23	学長に選出	1997.1.29
愛媛県教委、勤評による人事発令	1957.3.30	町村信孝、文部大臣に就任	1997.9.11
松永東、文部大臣に就任	1957.7.10	有馬朗人、文部大臣に就任	1998.7.30
灘尾弘吉、文部大臣に就任	1958.6.12	中曽根弘文、文部大臣に就任	1999.10.5
橋本龍伍厚相、文部大臣を兼任	1958.12.31	大島理森、文部科学大臣に就任	2000.7.4
松田竹千代、文部大臣に就任	1959.6.18	町村信孝、文部大臣に就任	2000.12.5
荒木万寿夫、文部大臣に就任	1960.7.19	遠山敦子、文部科学大臣に就任	2001.4.26
灘尾弘吉、文部大臣に就任	1963.7.18	教員のわいせつ行為による懲戒が過去	
愛知揆一、文部大臣に就任	1964.7.18	最多	2001.12.26
中村梅吉、文部大臣に就任	1965.6.3	文科省、懲戒処分状況を公表	2003.6.10
有田喜一、文部大臣に就任	1966.8.1	河村健夫、文部科学大臣に就任	2003.9.22
劔木亨弘、文部大臣に就任	1966.12.3	中山成彬が文部科学大臣に就任	2004.9.27
灘尾弘吉、文部大臣に就任	1967.11.25	中教審義務教育特別部会に地方代表が	
東大評議会、大河内総長の辞任を承認	1968.11.1	初参加	2005.3.16

| 事件 | 分野別索引 | 日本教育史事典 |

小坂憲次、文部科学大臣に就任	2005.10.31
伊吹文明、文部科学大臣に就任	2006.9.26
渡海紀三朗、文部科学大臣に就任	2007.9.26
鈴木恒夫、文部科学大臣に就任	2008.8.2
塩谷立、文部科学大臣に就任	2008.9.24
中山国交相、日教組批判等で辞任	2008.9.28
教育再生懇談会に新メンバー	2009.3.11
川端達夫、文部科学大臣に就任	2009.9.16
高木義明、文部科学大臣に就任	2010.9.17

【事件】

森有礼暗殺事件	1889.2.11
内村鑑三不敬事件	1891.1.9
久米事件	1892.3.4
井上哲次郎、キリスト教を批判	1892.11.5
修身教科書検定秘密漏洩事件	1892.11月
共和演説事件	1898.8.21
哲学館事件	1902.12.13
教科書疑獄事件	1902.12.17
戸水事件	1905.8.25
申酉事件	1909.4月
南北朝正閏問題	1911.2.4
沢柳事件	1913.7.12
森戸事件	1919.1.10
義務教育費国庫負担請願運動	1919.12.20
臨時視学委員が国定教科書無視を批判	1924.9.5
京都学連事件	1925.12.1
社会問題研究会学生を検挙	1926.1.15
小作争議で児童が休校	1926.5.18
河上肇ら大学教授追放	1928.4.18
光州学生運動	1929.11.3
共産党シンパ事件	1930.5.20
学校整理反対運動	1931.10月
左傾思想事件多発	1931（この年）
長野県教員赤化事件	1933.2.4
滝川事件	1933.4.22
東京市教育会疑獄事件	1933.11.29
法政大学で学生運動	1933.11月
長崎大で学位売買	1933.12.12
疑獄事件相次ぐ	1934.2月
御真影盗難事件	1934.10.28
美濃部達吉、天皇機関説について弁明演説	1935.2.25
平賀粛学	1939.1.28
教育科学研究会役員検挙	1944.6.13
対馬丸事件	1944.8.22
沖縄守備隊ひめゆり部隊が多数犠牲に	1945.6.18
朝鮮人学校閉鎖反対デモで、非常事態宣言	1948.4.24
関東の大学・高校で学費値上げ反対のスト	1948.6.23
少年ヒロポン患者取締命令	1949.10.18
イールズ事件	1950.5.2
児童の人身売買激増	1951.8月

東大ポポロ事件	1952.2.20
早大事件	1952.5.9
山口日記事件	1953.6.3
京都旭丘中学事件	1954.3.20
佐賀県教組、3・3・4割休暇闘争	1957.2.14
日教組委員長、高知県仁淀村で暴行される	1958.12.15
伊勢湾台風	1959.9.19
安保闘争で東大女子学生死亡	1960.6.15
慶大生、学費値上げ反対で全学ストライキ	1965.1.28
高崎市立経済大生、委託学生入学に反対	1965.4.13
市立都留文科大生、市の運営方針に抗議デモ	1965.5.20
早大2学部、授業料値上げ反対などでスト	1966.1.18
日教組、人事院勧告完全実施を要求しスト	1966.10.21
中央大学、授業料値上げ撤回を要求しスト	1968.1.13
東大医学部生、登録医制度に反対しスト	1968.1.29
日大闘争	1968.4.15
米軍機、九州大学構内に墜落	1968.6.2
東大安田講堂占拠に対し機動隊を導入	1968.6.15
東京教育大生、移転に反対しスト	1968.6.26
東大紛争で、大学側、学生側と確認書に署名	1969.1.10
東大、機動隊を導入し安田講堂の学生排除	1969.1.18
都内354の高校でゲバ卒業式、50人検挙	1970.3.20
伝習館高校3教諭を偏向教育で懲戒免職	1970.6.6
教職員の思想調査に石川県教委職員が協力	1972.3.8
春闘初のゼネストで日教組半日スト	1973.4.27
茨城の小6女児3人が飛び降り自殺	1973.12.7
春闘ゼネスト、日教組初の全日スト	1974.4.11
八鹿高校で同和教育に関連して傷害事件	1974.11.21
日教組等、主任制度化に反対しスト	1975.12.10
日教組、ストライキ実施	1976.3.9
水戸五中事件	1976.5.12
慶応大学商学部入試問題漏洩事件判明	1977.5.24
警察庁、「少年の自殺」調査結果発表	1977.10.14
日教組、主任手当阻止でスト	1977.11.24
滋賀県で中学生殺傷事件	1978.2.12
警察庁、『少年の自殺白書』発表	1978.3.2
世田谷祖母殺害事件	1979.1.14
福岡教委、君が代をアレンジ演奏した教師を免職処分に	1979.5.8
警察庁、「少年の非行と自殺の概況」発表	1979.7.26
中学校校内暴力事件で警官多数出動	1980.10.31

- 336 -

事件	日付
金属バット事件	1980.11.29
教科書協会の役員会社、自民党に政治献金	1981.8.3
高校校長、校内暴力等を苦に自殺	1982.3.23
警察庁、「中学・高校卒業式当日の警戒状況」をまとめる	1982.3.29
横浜市で少年による浮浪者襲撃事件	1983.2.12
忠生中事件	1983.2.15
戸塚ヨットスクール事件	1983.6.13
大阪産業大学付属高校同級生殺害事件	1984.11.2
長野県教委、在日韓国人小学校教師採用内定取消	1984.12.26
教員採用内定取消の韓国人、人権侵害救済の申立	1985.1.17
七戸中暴行事件	1985.1.24
文部省、長野県の韓国籍教諭不採用問題について言及	1985.3.22
富士見中いじめ自殺事件	1986.2.1
高校の理数科入試で女子制限措置	1988.3.8
高校の海外修学旅行で列車事故	1988.3.24
中学校で問題生徒の顔写真の卒業アルバム除外が発覚	1988.3.29
日教組、29分スト実施	1988.5.24
目黒家族3人殺害事件	1988.7.8
リクルート事件	1988.11.2
リクルート事件で前文部次官逮捕	1989.3.28
文部省、リクルート事件で更迭	1989.4.14
鹿児島の小学校でうさぎ生き埋め事件	1989.7.7
連続幼女殺人事件で容疑者逮捕	1989.8.11
安登小学校生徒殺害事件	1990.3.26
埼玉県教委、「日の丸掲揚」をめぐり、教諭25人を戒告	1990.5.23
東京都教委、「日の丸」をめぐり、小学校教諭3人を懲戒処分	1990.6.29
兵庫県立神戸高塚高校校門圧死事件	1990.7.6
法政大学、替え玉受験による入学取り消しを発表	1990.7.29
埼玉医科大学が、入試操作	1990.9.8
O-157による集団下痢で幼稚園児死亡	1990.10.19
千葉大学医学部付属病院の高額医療機器納入贈収賄容疑で教授・業者逮捕	1991.2.14
高槻市個人情報保護審査会、内申書開示要求に対し市教委に申し入れ	1991.2.28
兵庫県教委、県立高校入試合否漏洩	1991.4.12
明治大学二部商学部の今春試験の替え玉受験で、合格取消	1991.4.29
風の子学園事件	1991.7.29
福岡県教委、国旗掲揚・君が代斉唱を妨害した小中学校教員14名を懲戒処分	1991.8.6
帝京中・高校の校長室に、理事長の指示で盗聴器が設置	1991.9.16
第一経済大、定員の12倍を入学	1991.11.6
慶応大教授、大学院入試問題漏洩疑惑で辞任	1991.11.13
歯科医師国家試験問題漏洩容疑で教授逮捕	1992.1.16
箕面市の個人情報保護審議会、市教委に指導要録の全面開示を要求	1992.3.26
大阪商大入試問題漏洩事件で教授逮捕	1992.4.16
日本人高校生、米ルイジアナ州留学中に不審者と疑われ射殺	1992.10.17
東京大学医学部助教授、贈収賄容疑で逮捕	1992.11.19
山形マット死事件	1993.1.13
大桐中学校同級生殺害事件	1993.4.20
学部再編に絡む贈収賄容疑で、文部省の係長と椙山女学園理事長を逮捕	1994.1.10
姫路学院女子短大の受験者、寄付金を断ったため不合格になる	1994.1.23
静岡県立静岡商業高校、推薦入試で男女差別	1994.1.28
大妻女子短大、朝鮮人学校からの編入者の受験拒否	1994.5.30
岡山県いじめ自殺事件	1994.5.30
愛知県西尾市でいじめ自殺事件	1994.11.27
地下鉄サリン事件	1995.3.20
滋賀県教委、君が代斉唱時において生徒・職員の退席を認めた校長を処分	1995.3.24
福岡県で高2女子生徒、男性教諭による体罰で死亡	1995.7.17
新潟県上越市立高田西小において児童が担任教師の授業を拒否していたことが判明	1995.12.5
旭川医科大学、入試合否漏洩	1996.4.19
O-157による集団食中毒発生	1996.6.1
O-157による集団食中毒発生	1996.7.15
信州短大、水増し入学による補助金の不正受給判明	1996.9.15
香川医科大推薦入試で履修科目不足生徒の合格が判明	1997.1.6
援助交際の女子高生ら摘発	1997.3.27
盛岡大学の新学部設置に際し、体協常務理事への工作費受渡しが判明	1997.5.12
神戸連続児童殺傷事件	1997.5.27
ポケモンショック	1997.12.16
栃木県教師殺害事件	1998.1.28
所沢高校で卒業生が卒業式をボイコット	1998.3.9
埼玉中学生同級生殺害事件	1998.3.9
所沢高校、入学式が分裂	1998.4.9
帝京安積高校教諭銃撃事件、脅迫容疑で元暴力団組長ら逮捕	1998.5.13
製薬会社からの収賄容疑で、元名古屋大学医学部教授逮捕	1998.8.28
文部省の主任教科書調査官、教科書が「戦争の贖罪のパンフレット」と発言	1998.11.24
大阪府で中3男子生徒、女子生徒をナイフで襲う	1998.12.7

| 事件 | 分野別索引 | | 日本教育史事典 |

高岡経済法科大学で、成績改竄により生徒を卒業させていたことが判明	1999.8.13
音羽お受験殺人事件	1999.11.25
京都日野小児童殺害事件	1999.12.21
妙寺中学校生徒殺人未遂事件	2000.1.11
新潟少女監禁事件	2000.1.28
大阪府教委、国旗を引き下ろした豊中市立小学校教員を停職処分	2000.2.29
西鉄バスジャック事件	2000.5.3
岡山金属バット母親殴殺事件	2000.6.21
大分一家6人殺傷事件	2000.8.14
歌舞伎町ビデオ店爆破事件	2000.12.4
えひめ丸沈没事故	2001.2.9
山形大学入試判定ミス	2001.5.18
山形大学、不合格者におわび金	2001.6.6
池田小児童殺傷事件	2001.6.8
富山大学で入試判定ミス	2001.6.15
金沢大学で入試判定ミス	2001.6.18
大学入試ミスで処分	2001.7.16
愛知県女児虐待死事件	2001.7.17
板橋誘拐事件	2001.10.15
虐待による死亡56人	2001.12.13
国立大入試ミスで賠償金	2001.12.27
茨城高校生殺人事件	2002.3.23
帝京大学、合格発表前から寄付金	2002.6.24
帝京学園学元理事長を脱税容疑で逮捕	2002.11.6
東京大学医学部、補助金を不正受給	2003.1.31
尾道市立高須小学校長が自殺	2003.3.9
文科省、池田小児童殺傷事件に関して謝罪	2003.6.5
スーパーフリー事件で5人を逮捕	2003.6.18
長崎市男児誘拐殺人事件	2003.7.2
沖縄中学生殺害事件	2003.7.5
東京大学副学長が補助金を不正処理	2003.8.5
九州産業大学学生ら、大麻栽培容疑で逮捕	2003.9.2
少年非行対策のための検討会、報告書案をまとめる	2003.9.12
河内長野市家族殺傷事件	2003.11.1
少年による凶悪犯罪を公開捜査	2003.12.11
宇治小不審者乱入事件	2003.12.18
「学校安全緊急アピール」発表	2004.1.20
医師の名義貸し、51大学1161人	2004.1.22
北海道大学、名義貸しで教授ら64人を処分	2004.2.18
島根県公立高校入試問題漏洩	2004.3.19
長崎県佐世保市女子児童殺害事件	2004.6.1
新宿区男児突き落とし事件	2004.6.22
東京慈恵会医科大学、不正にプールした私学補助金を返納	2004.7.6
城西国際大学、留学生227人が不法残留	2004.7.12
東北文化学園大学元理事長と元財務部長を逮捕	2004.9.3
日本医科大学教授が補助金を不正プール	2004.11.10
寝屋川市立中央小教職員殺傷事件	2005.2.14
山口県立光高校爆発事件	2005.6.10
中国、日本人学校の社会科副教材を没収	2005.6.28
慶大教授ら、科研費不正受給	2005.10.3
宇治学習塾女児殺害事件	2005.12.10
学校法人理事長、補助金不正受給で逮捕	2006.2.28
受験生の合否漏洩含む個人情報が流出	2006.4.4
早大教授、研究費不正受給	2006.6.23
ふじみ野市大井プール事故	2006.7.31
阪大教授、論文捏造	2006.9.22
子どものいじめ自殺事件相次ぐ	2006.10.1
高校履修不足問題で校長が自殺	2006.10.30
いじめ自殺予告手紙が届く	2006.11.6
いじめ問題で校長が自殺	2006.11.12
小学校教師が事故死の子どもの写真をホームページに無断掲載	2006.12.4
東大教授、論文捏造疑惑で懲戒解雇	2006.12.27
いじめ加担生徒、自殺	2007.2.1
学生・生徒の自殺過去最多	2007.6.7
給食に産地偽装牛肉	2007.7.26
給食に牛ミンチ偽装も	2007.8.3
滝川高校いじめ自殺事件で、同級生を恐喝未遂容疑で逮捕	2007.9.17
大学生大麻汚染	2007.11.8
大学入試センター試験の問題盗難	2007.12.14
高卒認定試験で合否ミス	2008.1.2
サイバー大学、本人確認忘る	2008.1.21
大分の教員汚職で小学校長ら逮捕	2008.6.14
学校の天窓から転落死	2008.6.18
愛知バスジャック事件	2008.7.16
大分教員採用汚職で、21人採用取り消し	2008.8.29
汚染米、給食使用	2008.9.12
大学生大麻汚染	2008.10.2
暴力行為件数過去最多	2008.11.21
中央大学教授刺殺事件	2009.1.14
高校生爆弾製造	2009.2.26
中高生大麻汚染	2009.3.4
桜井市同級生刺殺事件	2009.7.4
大牟田市小学生殺害未遂事件	2009.9.30
沖縄うるま市中学集団暴行殺人事件	2009.11.20
東大教授、科研費不正使用	2010.1.19
清心女子高同級生刺傷事件	2010.6.15
宝塚市放火事件	2010.7.9
大阪幼児放置死事件	2010.7.30
算数の授業に「殺人」を題材	2010.9.15
横川東小学校傷害事件	2010.10.20
インド人留学生の自殺、いじめが原因	2010.12.27

【出版】

『世界国尽』刊行	1869.8月
『泰西勧善訓蒙』刊行	1871 (この年)
『学問のすゝめ』刊行	1872.3月
『文部省日誌』創刊	1872 (この年)
『帳合之法』刊行	1873.6.6
『文部省第一年報』刊行	1875.1.4
『教育雑誌』と改題	1876.4.17
『彼日氏教授論』刊行	1876.12月
『那然氏小学教育論』刊行	1877.1月
『日本教育史略』刊行	1877.8月
『学芸志林』創刊	1877.8月
『文部省日誌』再刊	1878.2月
『塞児敦氏庶物指教』刊行	1878 (この年)
『幼稚園法二十遊嬉』刊行	1879.3月
『小学修身訓』刊行	1880.4月
『小学唱歌集』刊行	1881.11月
『教育学』刊行	1882.10.12
『幼学綱要』下賜	1882.11.27
『文部省教育雑誌』と改題	1882.12.14
『文部省日誌』廃刊	1883.2.15
『小学修身書』刊行	1883.6月
『大日本教育会雑誌』創刊	1883.11.30
『文部省教育雑誌』廃刊	1884.1.7
『改正教授術』刊行	1884.6月
『教育新論』刊行	1885.6月
『日本道徳論』刊行	1887.4月
『幼稚園唱歌集』刊行	1887.12月
『少年園』創刊	1888.11月
『公私学校比較論』刊行	1890.4.7
『日本教育史資料』刊行	1890.7.27
『日本教育史』刊行	1890.11月
『教育衍義』刊行	1891.9月
『社会教育論』刊行	1892.5月
『少年世界』創刊	1895.1月
『莱因氏教育学』刊行	1895.3月
『教育公報』創刊	1896.11.15
『教育実験界』創刊	1898.1.10
『日本之小学教師』創刊	1899.4月
『学校と社会』刊行	1901.7.12
『社会的教育学講義』刊行	1904.3.1
『教育研究』創刊	1904.4.1
『欧州教育史』刊行	1906 (この年)
『送仮名法』刊行	1907.3.20
『教師及び校長論』刊行	1908 (この年)
『実際の教育学』刊行	1909.2.20
『明治教育思想史』刊行	1909.11月
『日本教育文庫』刊行開始	1910 (この年)
『女子教育』刊行	1911.12月
『少女画報』創刊	1912 (この年)
『モンテッソリー教育法と其応用』刊行	1914.12月
『少年倶楽部』創刊	1914 (この年)
『時局に関する教育資料』刊行	1915.6.25
『児童の世紀』刊行	1916 (この年)
『世界童話集』刊行開始	1917.4月
『赤い鳥』創刊	1918.7月
『金の船』創刊	1919 (この年)
『文部時報』創刊	1920.5月
『自由教育真義』刊行	1922 (この年)
『岩波文庫』刊行開始	1927.7.10
『キンダーブック』創刊	1927 (この年)
『教育・国語教育』創刊	1931.4月
『岩波講座 教育科学』刊行開始	1931.10.15
『教育』創刊	1933 (この年)
『憲法撮要』発禁	1935.4.9
『教育学辞典』刊行開始	1936.5.30
『国体ノ本義』刊行	1937.5.31
『綴方教室』刊行	1937 (この年)
『臣民の道』刊行	1941.7.21
文部省、国民学校用国史教科書刊行	1946.9.5
『三年の学習』『四年の学習』創刊	1947.1月
文部省、小学教科書『こくご1』刊行	1947.2.20
『小学一年生』『小学二年生』復刊	1947.4月
文部省、『あたらしい憲法のはなし』刊行	1947.8.2
文部省、『土地と人間』を刊行	1947.8.25
文部省、『保育要領』刊行	1948.3.1
日教組、初の教育白書発表	1948.3.8
『カリキュラム』創刊	1949.1月
戦没学生遺稿集『きけわだつみのこえ』出版	1949.10.20
国語審議会『国語白書』を発表	1950.6.13
『岩波少年文庫』を刊行開始	1950.12.25
無着成恭編『山びこ学校』刊行	1951.3.5
教育科学研究会機関誌『教育』復刊	1951.11月
『岩波講座 教育』を刊行開始	1952.6.13
『二十四の瞳』刊行	1952 (この年)
文部省、初の教育白書『わが国教育の現状』刊行	1953.12.25
日本民主党『うれうべき教科書の問題』刊行	1955.8.13
『たのしい1年生』創刊	1956.9月
『たのしい科学』創刊	1957.10月
日教組編で『日本の学校白書』刊行	1958.2.28
少年向け週刊雑誌創刊	1959.3月
文部省、教育白書『我が国の教育水準』刊行	1959.10.31
文部省、『進みゆく社会の青少年教育』発表	1960.11.1
文部省、『わが国のへき地教育』発表	1961.11.1
少女向け週刊雑誌創刊	1961.12月
文部省、教育白書『日本の成長と教育』を刊行	1962.11.5
厚生省『児童福祉白書』発表	1963.5.4
小中学校教師用『道徳指導資料』第1集 刊行	1964.3.14
文部省、『わが国の高等教育』を発表	1964.8.21

文部省、教育白書『我が国の教育基準』を刊行	1964.11.6
文部省、『わが国の社会教育』を発表	1965.11.1
文部省、『青年の健康と体力』を発表	1966.11.8
文部省、『わが国の私立学校』発表	1968.4.9
文部省、教育白書『我が国の教育水準』を刊行	1970.11.10
日教組、教育黒書『中教審路線の教育実態』刊行	1972.1.15
長野県教育史刊行会『長野県教育史』刊行開始	1972.3.31
文部省『学制百年史』を刊行	1972.10.1
文部省、初の学術白書『わが国の学術』を発表	1975.8.30
文部省、教育白書『我が国の教育水準』刊行	1976.5.7
全国私立大学教授連合、『全国私大白書』発表	1976.6.18
『青少年白書』報告	1979.11.20
文部省、『体力・運動能力白書』発表	1980.10.9
『窓ぎわのトットちゃん』刊行	1981.3月
文部省、教育白書『我が国の教育水準』刊行	1981.5.22
『防衛白書』報告	1981.8.14
『積木くずし』刊行	1982.9月
日教組、健康白書『子どもの骨折増加原因を探る』発表	1982.10.4
日本を守る国民会議編『新編日本史』の検定合格	1986.7.7
文部省『国際理解と協力の進展』発表	1988.6.29
文部省、教育白書『我が国の文教施策』刊行	1988.12.6
文部省、教育白書『我が国の文教施策』刊行	1989.11.22
総務庁、『青少年白書』を発表	1990.1.12
文部省、教育白書『我が国の文教施策』刊行	1990.11.20
総務庁、『青少年白書』を発表	1991.1.11
文部省、教育白書『我が国の文教施策』刊行	1991.11.5
文部省、『問題行動白書』発表	1991.12.25
総務庁、『青少年白書』発表	1992.1.14
大学基準協会、『大学の自己点検・評価の手引』を発表	1992.5.19
文部省、教育白書『我が国の文教施策』刊行	1992.11.5
文部省、教育白書『我が国の文教施策』刊行	1993.11.5
文部省、教育白書『我が国の文教施策』刊行	1994.12.14
文部省、教育白書『我が国の文教施策』刊行	1996.2.16
文部省、教育白書『我が国の文教施策』刊行	1996.12.20
全国私立学校教授会連合、第6次『私大白書』を発表	1997.9.9
文部省、教育白書『我が国の文教施策』刊行	1997.12.5
文部省、教育白書『我が国の文教施策』刊行	1998.10.30
文部省、教育白書『我が国の文教施策』刊行	1999.12.7
文部省、教育白書『我が国の文教施策』刊行	2000.11.14
文科省、文部科学白書『21世紀の教育改革』刊行	2002.1.18
文科省、文部科学白書『新しい時代の学校 進む初等中等教育改革』刊行	2003.2.4
文科省、文部科学白書『創造的活力に富んだ知識基盤社会を支える高等教育 高等教育改革の新展開』刊行	2004.2.20
文科省、文部科学白書『「生きる力」を支える心と体』刊行	2005.3.11
文科省、文部科学白書『教育改革と地域・家庭の教育力の向上』刊行	2006.3.17
文科省、文部科学白書『教育再生への取組/文化芸術立国の実現』刊行	2007.3.23
文科省、文部科学白書『教育基本法改正を踏まえた教育改革の推進/「教育新時代」を拓く初等中等教育改革』刊行	2008.4.14
文科省、文部科学白書『教育政策の総合的推進/大学の国際化と地域貢献』刊行	2009.7.30
文科省、文部科学白書『我が国の教育水準と教育費』刊行	2010.6.30

【社会】

「明治」と改元	1868.10.23
ブライユ点字を紹介	1879(この年)
日本点字、完成	1890.11.1
第1回早慶戦開催	1903.11.21
オリンピック日本初参加	1912.7.6
「大正」と改元	1912.7.30
「1月1日の歌」改定	1913.2.4
第1回全国中等学校野球大会開催	1915.8.18
第3回極東選手権競技大会	1917.5.8
デューイ来日	1919.2.9
オリンピック日本初メダル	1920.8.14
常用漢字2000字決定	1922.4.8
児童劇第1回発表会	1922.11.25
常用漢字表発表	1923.5.9
成人教育講座開催	1923.10.30
パーカースト来日	1924.4.2
字体整理案・漢字整理案発表	1926.6.1
「昭和」と改元	1926.12.25
冬季オリンピック日本初参加	1928.2.11
国旗掲揚作法	1928.7.2
大学卒業者の就職難	1929.3月

常用漢字1858字決定	1931.5.27	青年医師連合、インターン制度に反対	1967.3.12
東北・北海道で冷害	1931.11月	小中学校の騒音・大気汚染被害状況を	
教員を巡る不況の影響	1931（この年）	発表	1967.5.3
欠食児童20万人	1932.7.27	ユニバーシアード東京大会が開幕	1967.8.27
室戸台風	1934.9.21	大学紛争が激化	1968（この年）
凶作で小学校閉鎖	1934.11.12	川端康成、ノーベル文学賞受賞	1968（この年）
徴兵忌避に関して警告	1934.12月	「国際教育年」スタート	1970.1.1
全国向け学校放送開始	1935.4.15	「大阪万博」開幕	1970.3.14
文化勲章制定	1937.2.11	立正中・高生に光化学スモッグ被害	1970.7.18
訓令式ローマ字制定	1937.9.21	札幌オリンピック開幕	1972.2.3
満蒙開拓青少年義勇軍募集	1938.1月	『中学生日記』放映開始	1972.4.9
体操場を一般に開放	1938.5.26	練馬区立石神井南中学で光化学スモッグ	1972.5.12
国語審議会、標準漢字を答申	1942.6.17	就学猶予・免除児童の実態調査発表	1973.8.4
『愛国百人一首』選定	1942.10.22	江崎玲於奈、ノーベル物理学賞受賞	
学徒出陣壮行会	1943.10.21		1973（この年）
学徒出陣始まる	1943.12.1	高校進学率が90％を超える	1974（この年）
学童の縁故疎開を促進	1943.12.10	佐藤栄作、ノーベル平和賞受賞	1974（この年）
『青い鳥』上演	1945.12.24	四谷大塚進学教室選抜試験に1万6千人	
『サザエさん』連載開始	1946.4.1	応募	1975.4.20
全国中等野球学校大会復活	1946.8月	「沖縄海洋博」開幕	1975.7.20
当用漢字表、現代かなづかいを告示	1946.11.16	天皇在位50周年記念日	1976.11.10
国語審議会、義務教育用漢字を答申	1947.9.29	第12期国語審議会「全漢字表試案」まとめ	1977.1.21
当用漢字別表の実施に関する訓令	1948.2.16	「国際児童年」スタート	1979.1.1
厚生省、『母子手帳』を配布開始	1948.5.12	中教審「地域社会と文化について」答申	1979.6.8
第1回「こどもの日」	1949.5.5	『金八先生』放映開始	1979.10.26
湯川秀樹、ノーベル物理学賞受賞	1949（この年）	日教組「日本のスポーツ・遊びの現状と改革提言」発表	1980.5.8
天野文相、学校での道徳教育の改善などを発言	1951.10.15	国語審議会「常用漢字表」答申	1981.3.23
第1回児童文学賞授与	1951.12.1	「常用漢字表」内閣告示	1981.10.1
日本学術会議、「破防法」案に懸念表明	1952.4.24	福井謙一、ノーベル化学賞受賞	1981（この年）
公取委、教科書売り込みの激化に警告	1952.6.7	ファミコン発売	1983.7.15
国語審議会、ローマ字のつづり方の単一化	1953.3.12	「科学万博」開幕	1985.3.17
第1回世界教員会議に日本代表参加	1953.7.20	利根川進、ノーベル生理学・医学賞受賞	1987（この年）
映画『二十四の瞳』封切	1954.9.14	「平成」と改元	1989.1.7
第1回母親大会開催	1955.6.7	昭和天皇大喪の礼	1989.2.24
日本学術会議『うれうべき教科書の問題』で警告	1955.10月	「国際識字年」スタート	1990.1.1
冬季オリンピック日本初メダル	1956.1.26	「花の万博」開幕	1990.4.1
NHK教育テレビ本放送開始	1959.1.10	総務庁、家計調査に基づく「子供に関する支出の動向」を発表	1991.4.23
送り仮名の付け方を内閣告示	1959.7.11	文部省、初の保健室利用調査を発表	1991.12.28
学童の交通整理に緑のおばさん登場	1959.11.19	総務庁、中学生の母親の日米間比較調査を発表	1992.1.2
アジア地域ユネスコ加盟18国文相会議開催	1962.4.2	文部省、学校保健統計を発表	1992.1.3
『鉄腕アトム』放映開始	1963.1.1	宮沢首相、朝鮮人従軍慰安婦問題を教科書で取り上げる考えを表明	1992.1.17
ユネスコ、第1回アジア教育計画会議を開催	1963.10.3	日本語教育が必要な外国人生徒5400人余に上る	1992.4.16
東京オリンピック開幕	1964.10.10	文部省、学校保健統計調査を発表	1993.1.4
こどもの国開園	1965.5.5	厚生省、子育て家庭支援のため「児童館」の整備を提言	1993.7.29
朝永振一郎、ノーベル物理学賞受賞	1965（この年）		
山形県民大学開講、農村での学習運動を提起	1966.2.19		

日本女性学会、大学でのセクハラ防止	
を求める声明文を発表	1994.6.20
大江健三郎、ノーベル文学賞受賞	1994（この年）
阪神淡路大震災	1995.1.17
警察庁と少年いじめ等問題研究会、い	
じめに関する調査結果公表	1995.1.19
警察庁、いじめ問題に積極的に対応す	
るよう指示	1995.5.23
村山首相、終戦記念日に談話を発表	1995.8.15
阪神大震災による疎開転校生なお1万人	
あまり	1996.1.12
奥田文相、いじめ問題で緊急アピール	
を発表	1996.1.30
文部省、阪神大震災による生徒・児童	
の心の健康に関する調査研究報告書	
を発表	1996.4.12
法務省、小学校のいじめ実態調査を発	
表	1996.5.26
文部省、中学・高校生の運動部活調査	
発表	1996.10.7
文部省、排水口の調査結果公表	1997.4.15
ダイオキシン調査で4分の1市町村での	
公立小・中学校焼却炉が中止	1997.10.30
長野オリンピック開幕	1998.2.7
千葉大の飛び入学3人合格	1999.2.1
白川英樹、ノーベル化学賞受賞	2000（この年）
15歳未満人口過去最低を更新	2001.5.4
野依良治、ノーベル化学賞受賞	2001（この年）
15歳未満人口過去最低更新	2002.5.4
中教審、子供の体力向上について答申	2002.9.30
小柴昌俊、ノーベル物理学賞受賞	2002（この年）
田中耕一、ノーベル化学賞受賞	2002（この年）
住民投票に中学生が参加	2003.5.11
文化審議会国語分科会、常用漢字の指	
導内容について報告	2003.11.5
文化審議会、常用漢字見直しを提言	2005.2.2
「愛・地球博」開幕	2005.3.25
文科省、「スポーツ振興基本計画」改定	
	2006.9.21
文化審議会、敬語についての指針を作	
成	2006.11.8
日本経団連、「子育てに優しい社会作り	
に向けて」提言を公表	2007.11.20
中教審、子どもの健康・安全について	
答申	2008.1.17
厚労省、内定取消は331人と発表	2008.11.28
小林誠・益川敏英、ノーベル物理学賞	
受賞	2008（この年）
南部陽一郎、ノーベル物理学賞受賞	
	2008（この年）
下村脩、ノーベル化学賞受賞	2008（この年）
厚労省、内定取消は2083人と発表	2009.4.30
教育再生懇談会、スポーツ振興などに	
ついての第4次報告を提出	2009.5.28
文科省、「今後の総合型地域スポーツク	
ラブ振興の在り方について」を発表	2009.8.19
教育費の学校以外活動費、大幅減	2010.1.27
「なくそう！ 子どもの貧困」全国ネット	
ワーク設立	2010.4.25
「子どもへの暴力防止フォーラム」開催	
	2010.10.30
幼保統合方針示す	2010.11.1
教育費、家庭の年収の37%	2010.11月
鈴木章・根岸英一、ノーベル化学賞受	
賞	2010（この年）

人名索引

【あ】

愛知 揆一
　愛知揆一、文部大臣に就任　　　　1964.7.18
青山 良道
　「中野区教育委員候補者選定に関する
　　区民投票条例」公布　　　　　　1979.5.25
赤井 米吉
　明星学園設立　　　　　　　　　　1924.5.15
赤沢 鐘美
　新潟静修学校、幼児保育所を創設　1890.6月
赤沢 仲子
　新潟静修学校、幼児保育所を創設　1890.6月
赤松 克麿
　新人会結成　　　　　　　　　　1918.12月
赤松 良子
　赤松良子、文部大臣に就任　　　　1993.8.9
　家永教科書裁判第3次訴訟で、検定意
　　見3ヵ所を違法と判決　　　　1993.10.20
　大妻女子短大、朝鮮人学校からの編
　　入者の受験拒否　　　　　　　1994.5.30
秋月 種樹
　山内豊信・秋月種樹、学校取調を兼
　　勤　　　　　　　　　　　　　1868.12.15
　知学事・判学事を設置　　　　　1869.1.25
朝原 宣治
　教育再生懇談会に新メンバー　　　2009.3.11
浅利 慶太
　「教育再生会議」の設置を決定　2006.10.10
阿南 功一
　江崎玲於奈、筑波大学学長に選出　1992.2.6
安部 磯雄
　社会民主党、結党　　　　　　　1901.5.18
阿部 重孝
　世界教育会議開催　　　　　　　1923.6.28
安倍 晋三
　安倍官房長官、「教育基本法」改正へ
　　意欲　　　　　　　　　　　　2005.12.5
　安倍首相、「教育基本法」早期改正に
　　言及　　　　　　　　　　　　2006.9.29
　子どものいじめ自殺事件相次ぐ　2006.10.1
　安倍首相、教育再生を明言　　　　2007.1.26
安倍 能成
　安倍能成、文部大臣に就任　　　　1946.1.13
　総理大臣の諮問機関教育刷新委員会
　　設置　　　　　　　　　　　　1946.8.10
天野 貞祐
　天野貞祐、文部大臣に就任　　　　1950.5.6
　天野文相、教職員のレッドパージ実
　　施を表明　　　　　　　　　　1950.9.1
　天野文相、学校の祝日行事に国旗掲
　　揚を勧める　　　　　　　　　1950.10.17
　天野文相、修身科復活の必要を表明　1950.11.7
　天野文相、衆議院で「静かな愛国心」
　　を説く　　　　　　　　　　　1951.2.7
　天野文相、学校での道徳教育の改善
　　などを発言　　　　　　　　　1951.10.15
　天野文相、「国民実践要領」の大綱発
　　表　　　　　　　　　　　　　1951.11.14
　天野文相、漢文を必修科目にしたい
　　と発言　　　　　　　　　　　1952.2.19
　岡野清豪、文部大臣に就任　　　　1952.8.12
荒木 貞夫
　荒木貞夫、文部大臣就任　　　　　1938.5.26
荒木 万寿夫
　荒木万寿夫、文部大臣に就任　　　1960.7.19
　荒木文相、日教組を非難し「教育基
　　本法」再検討発言　　　　　　1960.8.19
有倉 遼吉
　日本教育法学会を設立　　　　　　1970.8.27
有栖川宮 威仁
　かなのくわい、創設　　　　　　　1883.7.1
有田 喜一
　有田喜一、文部大臣に就任　　　　1966.8.1
有馬 朗人
　有馬朗人、文部大臣に就任　　　　1998.7.30
　有馬文相、国立大の独立行政法人化
　　に対し反対を表明　　　　　　1998.8.7
　教科書検定調査審議会、検定基準の
　　改善等について建議　　　　　1998.11.12
　文部省の主任教科書調査官、教科書
　　が「戦争の贖罪のパンフレット」
　　と発言　　　　　　　　　　　1998.11.24
　有馬文相、国立大学の独立行政法人
　　化問題や設置形態の在り方につい
　　ての検討を急ぐ考えを表明　　1999.6.17
　有馬文相、国立大学独立行政法人化
　　に踏み切る方針表明　　　　　1999.9.20
有馬 良橘
　国民精神総動員中央連盟結成　　　1937.10.12
安西 祐一郎
　「教育再生懇談会」の設置を発表　2008.2.25
安藤 正純
　安藤正純、文部大臣に就任　　　　1954.12.10

【い】

家永 三郎
　家永教授、教科書裁判第1次訴訟　　1965.6.12

家永教授、教科書裁判第2次訴訟　1967.6.23
教科書裁判第2次訴訟で家永教授勝訴
　　　　　　　　　　　　　　　1970.7.17
東京教育大学評議会、家永教授らに
　辞職勧告　　　　　　　　　　1970.9.7
教科書裁判第1次訴訟で、教科書検定
　は合憲　　　　　　　　　　　1974.7.16
教科書裁判第2次訴訟控訴審棄却　1975.12.20
最高裁、教科書裁判第2次訴訟で原告
　勝訴の2審破棄、高裁差戻し　　1982.4.8
家永教授、教科書裁判第3次訴訟提訴
　　　　　　　　　　　　　　　1984.1.19
教科書裁判第1次訴訟で検定合憲合法
　と判決　　　　　　　　　　　1986.3.19
教科書裁判第3次訴訟、沖縄出張尋問　1988.2.9
教科書裁判第2次訴訟差戻し審判決　1989.6.27
教科書裁判第3次訴訟で判決　　　1989.10.3
最高裁、家永教科書裁判第1次訴訟で
　「教科書検定制度は合憲」と判断　1993.3.16
家永教科書裁判第3次訴訟で、検定意
　見3カ所を違法と判決　　　　　1993.10.20
最高裁、教科書裁判第3次訴訟で検定
　意見違法の判決　　　　　　　1997.8.29
池田 克也
　リクルート事件　　　　　　　1988.11.2
池田 謙斎
　最初の博士号を授与　　　　　1888.5.7
池田 勇人
　池田・ロバートソン会談　　　1953.10.2
　池田首相、人づくり政策などを演説　1962.5.25
猪坂 直一
　信濃自由大学開校　　　　　　1921.11.1
伊沢 修二
　伊沢修二らが渡米　　　　　　1875.7.18
　音楽取調掛、設置　　　　　　1879.10.7
　『教育学』刊行　　　　　　　1882.10.12
　「紀元節歌」、学校唱歌に　　　1888.2.3
　国家教育社、創設　　　　　　1890.5.30
石井 筆子（小鹿島 筆子）
　大日本婦人教育会へ改組　　　1887.1.15
石井 筆子（渡辺 筆子）
　津田梅子・渡辺筆子、万国婦人教育
　　大会へ出席　　　　　　　　1898.6.24
石井 正弘
　中教審義務教育特別部会に地方代表
　　が初参加　　　　　　　　　2005.3.16
石井 亮一
　聖三一孤女学院、創設　　　　1891.12.1
　滝乃川学園、創設　　　　　　1897（この年）
石川 倉次
　日本点字、完成　　　　　　　1890.11.1
石川 忠雄
　臨時審「審議経過の概要（その2）」
　　公表　　　　　　　　　　　1985.4.24

石川 天涯
　『教育実験界』創刊　　　　　1898.1.10
石田 明
　原爆被爆教師の会全国連絡会議を結
　　成　　　　　　　　　　　　1971.10.17
石橋 一弥
　石橋一弥、文部大臣就任　　　1989.8.10
　自民党と日教組、第一回定期協議を
　　行う　　　　　　　　　　　1995.3.24
石橋 湛山
　灘尾弘吉、文部大臣に就任　　1956.12.23
石浜 知行
　河上肇ら大学教授追放　　　　1928.4.18
一木 喜徳郎
　一木喜徳郎、文部大臣就任　　1914.4.16
伊藤 圭介
　最初の博士号を授与　　　　　1888.5.7
伊藤 博文
　伊藤博文、「国是綱目」提出　　1869.2月
　「日本教育令」上奏　　　　　1878.5.14
　「教学聖旨」提示　　　　　　1879.8月
　森有礼、初代文部大臣に就任　1885.12.22
稲葉 修
　稲葉修、文部大臣に就任　　　1972.7.7
犬養 毅
　犬養毅、文部大臣に就任　　　1898.10.27
　犬養毅、文部大臣兼任　　　　1923.9.2
井上 円了
　哲学館、創設　　　　　　　　1887.9.16
井上 毅
　井上毅、文部大臣に就任　　　1893.3.7
　芳川顕正、臨時文部大臣に就任　1894.8.29
井上 哲次郎
　『教育衍義』刊行　　　　　　1891.9月
　井上哲次郎、キリスト教を批判　1892.11.5
　修身教科書調査委員会、設置　1900.4月
井上 裕
　井上裕、文部大臣に就任　　　1990.12.29
井上 操
　関西法律学校、創設　　　　　1886.11.4
伊吹 文明
　中教審、小学校英語必修化について
　　提言　　　　　　　　　　　2006.3.27
　伊吹文明、文部科学大臣に就任　2006.9.26
　いじめ自殺予告手紙が届く　　2006.11.6
　伊吹文科相、「文部科学大臣からのお
　　願い」発表　　　　　　　　2006.11.17
井村 裕夫
　町村文相、国立大の独立行政法人化
　　に反対　　　　　　　　　　1997.10.17
イールズ, W.C.
　イールズ、共産主義教授追放を講演　1949.7.19
　イールズ事件　　　　　　　　1950.5.2

岩倉 具視
田中不二麿、欧米を視察 1871.12.4
岩崎 弥太郎
三菱商船学校、創設 1875.11.1
三菱商業学校、創設 1878.3月
巖谷 小波
『少年世界』創刊 1895.1月

【う】

上田 悌子
津田梅子らがアメリカ留学 1871.12.23
上野 陽一
『学校と社会』刊行 1901.7.12
上原 専禄
日教組、国民教育研究所を設立 1957.7.27
宇垣 一成
「青年訓練所令」公布 1926.4.20
潮 恵之輔
潮恵之輔、文部大臣就任 1936.3.9
平生釟三郎、文部大臣就任 1936.3.25
内田 正雄
学制取調掛を任命 1872.1.11
「学制」の大綱を上申 1872.2.12
内村 鑑三
内村鑑三不敬事件 1891.1.9
梅根 悟
香川、愛媛の学テ実態調査を実施 1964.6.4
日教組、教育制度検討委員会第1回総会 1970.12.1
日教組、大学問題検討委発足 1977.9.8

【え】

江木 千之
督学局を廃止し、学監事務所を設置 1877.1.12
教則取調掛、設置 1880.3.9
「小学校教員心得」制定 1881.6.18
江木千之、文部大臣就任 1924.1.7
江木 衷
英吉利法律学校、創設 1885.7月
江崎 玲於奈
江崎玲於奈、ノーベル物理学賞受賞 1973(この年)
江崎玲於奈、筑波大学学長に選出 1992.2.6
エッケルト, フランツ
「君が代」作曲 1880.10.25

江藤 新平
文部省、設置 1871.9.2
榎本 武揚
榎本武揚、文部大臣に就任 1889.3.22
『徳育涵養ノ義ニ付建議』提出 1890.2.26

【お】

オア, M.T.
教育委員に政党支持者は望ましくないと発表 1948.9.9
大内 兵衛
東大経済学部教授会、追放教授の復職決定 1945.11.4
大江 健三郎
大江健三郎、ノーベル文学賞受賞 1994(この年)
大岡 育造
大岡育造、文部大臣就任 1914.3.6
大木 喬任
大木喬任、文部卿に就任 1871.9.12
「学制」の大綱を上申 1872.2.12
大木喬任、参議に転任 1873.4.19
大木喬任、文部卿に就任 1883.12.12
大木喬任、文部大臣に就任 1891.6.1
全国教育者大会 1907.5.11
大久保 利通
伊藤博文、「国是綱目」提出 1869.2月
大隈 重信
東京専門学校、創設 1882.10.21
大倉 喜七郎
第6回帝国連合教育会開催 1923.5.19
大河内 一男
東大安田講堂占拠に対し機動隊を導入 1968.6.15
東大評議会、大河内総長の辞任を承認 1968.11.1
大島 理森
大島理森、文部大臣に就任 2000.7.4
大瀬 甚太郎
『欧州教育史』刊行 1906(この年)
太田 耕造
太田耕造、文部大臣に就任 1945.4.7
大田 堯
日教組、第2次教育制度検討委発足 1981.12.12
大達 茂雄
大達茂雄、文部大臣に就任 1953.5.21
大鳥 圭介
工部美術学校、創設 1876.11.6

- 347 -

大浜 信泉
早大2学部、授業料値上げ反対などで
スト　1966.1.18
大平 正芳
大平正芳首相、文相兼任　1979.11.9
大森 義太郎
河上肇ら大学教授追放　1928.4.18
大山 郁夫
民人同盟会結成　1919.2.21
大山 巌
大山巌、臨時文部大臣に就任　1889.2.16
岡倉 天心（覚三）
図画取調掛、設置　1885.12.10
岡田 啓介
岡田首相内閣審議会に諮問　1935.11.5
岡田 三郎助
文化勲章制定　1937.2.11
岡田 良一郎
遠江国報徳社、創設　1875.11.12
岡田 良平
岡田良平、文部大臣就任　1916.10.9
岡田良平、文部大臣就任　1924.6.11
新教育主義への監督強化　1924.8.7
「青年訓練所令」公布　1926.4.20
岡野 清豪
岡野清豪、文部大臣に就任　1952.8.12
岡野 敬次郎
岡野敬次郎、文部大臣就任　1923.9.6
岡部 長景
岡部長景、文部大臣就任　1943.4.23
岡本 道雄
臨教審「審議経過の概要（その2）」
公表　1985.4.24
臨教審「教育改革に関する第3次答
申」提出　1987.4.1
岡本 義雄
第1回児童文学賞授与　1951.12.1
小川 利夫
日教組、第2次教育制度検討委発足　1981.12.12
小川 未明
少年文学研究会発足　1912（この年）
小川 平二
小川平二、文部大臣就任　1981.11.30
奥田 幹生
奥田幹生、文部大臣に就任　1996.1.11
奥田文相、いじめ問題で緊急アピー
ルを発表　1996.1.30
奥田文相、学校カウンセリング室の
整備方針を表明　1996.3.12
奥田文相、経団連などに対し労働環
境づくりに協力を求める　1996.5.30
学術審議会、研究者の養成について
建議　1996.7.29

奥田 義人
英吉利法律学校、創設　1885.7月
奥田義人、文部大臣就任　1913.2.20
沢柳事件　1913.7.12
大岡育造、文部大臣就任　1914.3.6
奥野 誠亮
奥野誠亮、文部大臣に就任　1972.12.22
小倉 久
関西法律学校、創設　1886.11.4
小崎 弘道
東京基督教青年会、創設　1880.5月
尾崎 行雄
尾崎行雄、文部大臣に就任　1898.6.30
教員学生の政治活動禁止の訓令など
を廃止　1898.8.11
共和演説事件　1898.8.21
犬養毅、文部大臣に就任　1898.10.27
長田 新
日本子どもを守る会を結成　1952.5.17
小野 梓
東京専門学校、創設　1882.10.21
小幡 篤次郎
第1回三田演説会　1874.6.27
小原 国芳
玉川学園創設　1929.4.8
小渕 恵三
教育改革国民会議、初会合　2000.3.27

【か】

海後 宗臣
中央教育研究所、社会科教育全国集
会を開催　1947.12.4
海部 俊樹
海部俊樹、文部大臣就任　1976.12.24
教科用図書検定調査審議会、「教科書
検定制度の運用の改善について」
を海部文相に建議　1977.1.26
海部俊樹、文部大臣就任　1985.12.28
海部首相、朝鮮半島の過去の歴史認
識を学校教育に反映させると表明　1990.5.25
賀川 豊彦
大阪労働学校開設　1922.6.1
陰山 英男
「教育再生会議」の設置を決定　2006.10.10
カステール，ファン
『彼日氏教授論』刊行　1876.12月
片山 潜
キングスレー館、創設　1897.3.1
社会民主党、結党　1901.5.18

片山 哲
　片山哲首相、文部大臣を兼任　　　1947.5.24
香月 秀雄
　放送大学開学　　　　　　　　　　1983.4.1
勝田 守一
　教育科学研究会を再建　　　　　　1952.3.27
カッペレッティ, G.
　工部美術学校、創設　　　　　　　1876.11.6
桂 太郎
　菊池大麓、文部大臣に就任　　　　1901.6.2
　桂太郎、文部大臣を兼任　　　　1905.12.14
　南北朝正閏問題　　　　　　　　　1911.2.4
加藤 完治
　日本国民高等学校開校　　　　　　1927.2.1
加藤 弘之
　沼津兵学校を創設　　　　　　　　1869.1.20
　明六社、創設　　　　　　　　　　1873.8月
　東京学士会院、創設　　　　　　　1879.1.15
　「東京大学職制」改正　　　　　　1881.6.15
　最初の博士号を授与　　　　　　　1888.5.7
　加藤弘之、帝国大学総長に就任　　1890.5.19
　修身教科書調査委員会、設置　　　1900.4月
加藤 陸奥雄
　大学入試センター発足　　　　　　1977.5.2
樺山 資紀
　樺山資紀、文部大臣に就任　　　　1898.11.8
鎌田 栄吉
　鎌田栄吉、文部大臣就任　　　　　1922.6.12
神谷 尚
　埼玉県庄和町、学校給食廃止の方針
　　を表明　　　　　　　　　　　　1992.6.18
神谷 由道
　小学校用歴史教科書編纂旨意書、公
　　示　　　　　　　　　　　　　　1887.4.29
亀井 郁夫
　「教育基本法」改正促進委員会、結成
　　　　　　　　　　　　　　　　　2004.2.25
河合 栄治郎
　学生思想問題調査委員会設置　　　1931.6.23
　平賀粛学　　　　　　　　　　　　1939.1.28
河上 肇
　河上肇ら大学教授追放　　　　　　1928.4.18
川上 祐司
　日教組、第82回定期大会を開催　　1996.6.26
　日教組委員長、30人学級編成実施の
　　検討を明らかにする　　　　　　1998.10.7
川崎 卓吉
　川崎卓吉、文部大臣就任　　　　　1936.2.2
河津 祐之
　学制取調掛を任命　　　　　　　　1872.1.11
川端 達夫
　川端達夫、文部科学大臣に就任　　2009.9.16
　川端文科相、高校無償化を明言　　2009.9.25

川端 康成
　川端康成、ノーベル文学賞受賞
　　　　　　　　　　　　　　　1968（この年）
河村 健夫
　河村健夫、文部科学大臣に就任　　2003.9.22
　「義務教育の改革案」発表　　　　2004.8.10
　義務教育費国庫負担制度をめぐり議
　　論　　　　　　　　　　　　　　2004.8.19
河原田 稼吉
　河原田稼吉、文部大臣就任　　　　1939.8.30
神田 孝平
　東京学士会院、創設　　　　　　　1879.1.15
樺 美智子
　安保闘争で東大女子学生死亡　　　1960.6.15

【き】

菊池 大麓
　最初の博士号を授与　　　　　　　1888.5.7
　菊池大麓、文部大臣に就任　　　　1901.6.2
　文部大臣菊池大麓問責決議案を可決　1903.5.29
　児玉源太郎、文部大臣に就任　　　1903.7.17
　「臨時仮名遣調査委員会官制」公布　1908.5.25
岸田 吟香
　楽善会、創設　　　　　　　　　　1875.5.22
喜田 貞吉
　南北朝正閏問題　　　　　　　　　1911.2.4
キダー, メアリー
　メアリー・キダー、英学塾を創設　1870.10.15
木戸 幸一
　木戸幸一、文部大臣就任　　　　　1937.10.22
　荒木貞夫、文部大臣就任　　　　　1938.5.26
木戸 孝允
　木戸孝允、文部卿に就任　　　　　1874.1.25
　木戸孝允、文部卿を辞任　　　　　1874.5.13
城戸 幡太郎
　『教育』創刊　　　　　　　　　1933（この年）
　保育問題研究会設立　　　　　　　1936.10.20
　教育科学研究会結成　　　　　　　1937.5.18
木下 惠介
　映画『二十四の瞳』封切　　　　　1954.9.14
木下 竹次
　合科教育試行　　　　　　　　　　1920.4月
木下 広次
　京都帝国大学、創設　　　　　　　1897.6.22
木村 栄
　文化勲章制定　　　　　　　　　　1937.2.11
清瀬 一郎
　清瀬一郎、文部大臣に就任　　　　1955.11.22

【く】

九鬼 隆一
　学事巡視報告書を提出　　　　　1877.8月
日下部 三之介
　中央教会会、創設　　　　　　　1894.1.23
久保田 譲
　久保田譲、文部大臣に就任　　　1903.9.22
　戸水事件　　　　　　　　　　　1905.8.25
　文部大臣久保田譲、辞表を提出　1905.12.8
　桂太郎、文部大臣を兼任　　　　1905.12.14
久米 邦武
　久米事件　　　　　　　　　　　1892.3.4
クラーク，W.S.
　クラーク、札幌学校教頭に　　　1876.7.31
久留 正道
　帝国図書館、開館　　　　　　　1906.3.20
黒川 真道
　『日本教育文庫』刊行開始　　　1910（この年）
黒田 ちか
　日本初の女子大生入学　　　　　1913.8.16
黒柳 徹子
　『窓ぎわのトットちゃん』刊行　1981.3月
桑原 武夫
　文明問題懇談会、初会合　　　　1975.3.14

【け】

ケイ，エレン
　『児童の世紀』刊行　　　　　　1916（この年）
ケプロン，ホーレス
　開拓使、外国人を雇入　　　　　1871.4.17
　開拓使仮学校、創設　　　　　　1872.4.21
劔木 亨弘
　劔木亨弘、文部大臣に就任　　　1966.12.3

【こ】

小泉 純一郎
　構造改革特区第二弾を認定　　　2003.5.23
小泉 信吉
　『那然氏小学教育論』刊行　　　1877.1月
神津 専三郎
　伊沢修二らが渡米　　　　　　　1875.7.18

幸田 露伴
　文化勲章制定　　　　　　　　　1937.2.11
幸徳 秋水
　社会民主党、結党　　　　　　　1901.5.18
河野 清丸
　『モンテッソリー教育法と其応用』刊
　行　　　　　　　　　　　　　　1914.12月
河野 敏鎌
　河野敏鎌、文部卿に就任　　　　1880.2.28
　福岡孝弟、文部卿に就任　　　　1881.4.7
　河野敏鎌、文部大臣に就任　　　1892.8.8
　井上毅、文部大臣に就任　　　　1893.3.7
小坂 憲次
　小坂憲次、文部科学大臣に就任　2005.10.31
　大学入試センター試験、英語リスニ
　ングでトラブル多発　　　　　　2006.1.21
小柴 昌俊
　小柴昌俊、ノーベル物理学賞受賞
　　　　　　　　　　　　　　　2002（この年）
　義務教育費国庫負担制度をめぐり議
　論　　　　　　　　　　　　　　2004.8.19
児島 惟謙
　関西法律学校、創設　　　　　　1886.11.4
小杉 隆
　小杉隆、文部大臣に就任　　　　1996.11.7
　小杉文相、文部省審議会を原則公開
　する考えを発表　　　　　　　　1996.12.6
　小杉文相、「従軍慰安婦」の記述削除
　を認めないと言明　　　　　　　1996.12.11
　小杉文相、教育改革プログラムを提
　示　　　　　　　　　　　　　　1997.1.24
　小杉文相、国立教員養成大学の定員
　削減を提示　　　　　　　　　　1997.4.15
五代 友厚
　大阪商業講習所、創設　　　　　1880.11月
児玉 源太郎
　児玉源太郎、文部大臣に就任　　1903.7.17
児玉 秀夫
　児玉秀夫、文部大臣に就任　　　1945.2.10
後藤 環爾
　東京盲人教育会、創設　　　　　1907.2.2
小橋 一太
　小橋一太、文部大臣就任　　　　1929.7.2
小林 重太郎
　函館商船学校、創設　　　　　　1879.2月
小林 武
　日教組委員長、高知県仁淀村で暴行
　される　　　　　　　　　　　　1958.12.15
小林 誠
　小林誠・益川敏英、ノーベル物理学
　賞受賞　　　　　　　　　　　2008（この年）
　教育再生懇談会に新メンバー　　2009.3.11

小松原 英太郎
　小松原英太郎、文部大臣に就任　1908.7.14
小村 寿太郎
　開成学校第1回海外留学生　1875.7.18
近藤 真琴
　攻玉塾と改称　1869.12月
　全国教育者大会　1907.5.11

【さ】

西園寺 公望
　西園寺公望、文部大臣に就任　1894.10.3
　蜂須賀茂韶、文部大臣に就任　1896.9.28
　西園寺公望、文部大臣に就任　1898.1.12
　外山正一、文部大臣に就任　1898.4.30
　西園寺公望、文部大臣に就任　1906.1.7
西郷 従道
　西郷従道、文部卿に就任　1878.5.24
　西郷従道、陸軍卿に転任　1878.12.24
斎藤 実
　斎藤実首相が文部大臣を兼任　1934.3.3
坂田 道太
　坂田道太、文部大臣に就任　1968.11.30
　沖縄の本土復帰時には教育委員を任
　　命制に　1970.9.17
坂谷 素
　東京修身学社、創設　1876.4.7
坂元 弘直
　文部省、不登校児童の民間施設通学
　　を出席とする見解を発表　1992.2.27
向坂 逸郎
　河上肇ら大学教授追放　1928.4.18
桜井 錠二
　開成学校第2回海外留学生　1876.6.25
桜内 義雄
　中国・韓国政府との教科書問題、一
　　応の決着　1982.9.9
佐佐木 信綱
　文化勲章制定　1937.2.11
佐々 弘雄
　河上肇ら大学教授追放　1928.4.18
佐藤 栄作
　佐藤栄作、ノーベル平和賞受賞
　　　　　　　　　　　　　1974（この年）
佐藤 誠実
　『日本教育史』刊行　1890.11月
佐野 友三郎
　巡回文庫を実施　1904（この年）
沢柳 政太郎
　『公私学校比較論』刊行　1890.4.7

　修身教科書調査委員会、設置　1900.4月
　『教師及び校長論』刊行　1908（この年）
　『実際的教育学』刊行　1909.2.20
　「東北帝国大学官制」公布　1910.12.22
　沢柳事件　1913.7.12
　修身科廃止論議　1914.6.1
　教育教授研究会設立　1914（この年）
　帝国教育会結成　1916.5.3
　成城小学校開講　1917.4.4
　全国教育会理事者会開催　1918.5.2
　教育擁護同盟結成　1921.3.8

【し】

シェルドン, E.A.
　『塞児敦氏庶物指教』刊行　1878（この年）
ジェーンズ, リロイ・ランシング
　熊本洋学校、創設　1871.10.14
塩川 正十郎
　塩川正十郎、文部大臣就任　1986.9.9
塩谷 立
　義務教育改革推進本部・義務教育特
　　別委員会、設置　2004.12.17
　塩谷立、文部科学大臣に就任　2008.9.24
　厚労省、内定取消は331人と発表　2008.11.28
　塩谷文科相、「新しい日本の教育 今
　　こそ実行のとき！」「「心を育む」
　　ための五つの提案」を発表　2009.2.3
　文科省、「校訓を活かした学校づくり
　　の在り方について」発表　2009.8.4
志垣 寛
　池袋児童の村設立　1924.4.10
柴田 家門
　柴田家門、文部大臣就任　1912.12.21
嶋崎 譲
　「日の丸」を国旗として認め、「君が
　　代」に代わる新国歌の制定を提言
　　　　　　　　　　　　　1991.11.24
島村 宜伸
　島村宜伸、文部大臣に就任　1995.8.8
　日教組、定期大会で文部省との対決
　　路線から協調路線への転換を掲げ
　　た運動方針を可決　1995.9.3
下条 康麿
　下条康麿、文部大臣に就任　1948.10.19
下田 歌子
　華族女学校、創設　1885.9.5
下中 弥三郎
　啓明会結成　1919.8.4
　教育擁護同盟結成　1921.3.8

― 351 ―

池袋児童の村設立　　　　　　1924.4.10
下村 脩
　　下村脩、ノーベル化学賞受賞　2008(この年)
勝田 主計
　　勝田主計、文部大臣就任　　　1928.5.27
昭和天皇
　　乃木希典、学習院長に就任　　1907.1.30
　　全国青年団明治神宮代表者大会開催
　　　　　　　　　　　　　　　　1920.11.21
　　東京高等師範学校60年記念式典　1931.10.30
　　日本学術振興会設立　　　　　1932.12.28
　　全国小学校教員精神作興大会　　1934.4.3
　　「青少年学徒ニ賜リタル勅語」下賜　1939.5.22
　　天皇在位50周年記念日　　　　1976.11.10
　　「平成」と改元　　　　　　　　1989.1.7
　　昭和天皇大喪の礼　　　　　　1989.2.24
ジョホノット, J.
　　『教育新論』刊行　　　　　　　1885.6月
白井 毅
　　『改正教授術』刊行　　　　　　1884.6月
白川 英樹
　　白川英樹、ノーベル化学賞受賞
　　　　　　　　　　　　　　　2000(この年)

【す】

菅谷 憲一郎
　　茨城県総和町長、中学校を28人制と
　　する方針を表明　　　　　　　1998.9.29
杉 亨二
　　東京修身学社、創設　　　　　1876.4.7
杉浦 重剛
　　開成学校第2回海外留学生　　　1876.6.25
杉本 良吉
　　教科書裁判第2次訴訟で家永教授勝訴
　　　　　　　　　　　　　　　　1970.7.17
スコット, M.M.
　　M.M.スコット、師範学校教師に就任　1872.9月
　　M.M.スコット、東京師範学校を満期
　　解任　　　　　　　　　　　　1874.8月
鈴木 章
　　鈴木章・根岸英一、ノーベル化学賞
　　受賞　　　　　　　　　　　2010(この年)
鈴木 恒夫
　　鈴木恒夫、文部科学大臣に就任　2008.8.2
鈴木 三重吉
　　『世界童話集』刊行開始　　　　1917.4月
　　『赤い鳥』創刊　　　　　　　　1918.7月
砂田 重民
　　砂田重民、文部大臣就任　　　1977.11.28

【せ】

関 信三
　　東京女子師範学校附属幼稚園開園　1876.11.16
　　関信三、「幼稚園創立之法」を文部卿
　　に提出　　　　　　　　　　　1878.11.11
　　『幼稚園法二十遊嬉』刊行　　　1879.3月
瀬戸山 三男
　　瀬戸山三男、文部大臣就任　　1982.11.27

【た】

大正天皇
　　大正天皇、教育に関する沙汰を下賜
　　　　　　　　　　　　　　　　1915.12.10
　　「昭和」と改元　　　　　　　　1926.12.25
高井 美穂
　　日教組の教研集会に文科省政務三役
　　が出席　　　　　　　　　　　2010.1.23
高石 邦男
　　リクルート事件　　　　　　　1988.11.2
　　リクルート事件で前文部次官逮捕　1989.3.28
高岡 元真
　　熊本医学校、創設　　　　　　1896.9.8
高木 義明
　　高木義明、文部科学大臣に就任　2010.9.17
高崎 正風
　　「紀元節歌」、学校唱歌に　　　1888.2.3
　　国学院、創設　　　　　　　　1890.11.22
高嶋 伸欣
　　横浜教科書訴訟で、2箇所の検定意見
　　を違法と認める判決　　　　　1998.4.22
　　横浜教科書訴訟、損害賠償請求棄却　2002.5.29
　　横浜教科書訴訟、執筆者敗訴が確定　2005.12.1
高瀬 真卿
　　東京感化院、創設　　　　　　1885.10.7
高瀬 荘太郎
　　高瀬荘太郎、文部大臣に就任　1949.2.16
　　天野貞祐、文部大臣に就任　　1950.5.6
高田 早苗
　　高田早苗、文部大臣就任　　　1915.8.10
　　大正天皇、教育に関する沙汰を下賜
　　　　　　　　　　　　　　　　1915.12.10
高橋 是清
　　督学局を廃止し、学監事務所を設置　1877.1.12
高橋 誠一郎
　　高橋誠一郎、文部大臣に就任　1947.1.31

高橋文相、全教協と団体協約調印 1947.3.8
高橋 正風
　かなのくわい、創設 1883.7.1
高見 三郎
　高見三郎、文部大臣に就任 1971.7.5
高嶺 秀夫
　伊沢修二らが渡米 1875.7.18
　『教育新論』刊行 1885.6月
　山川浩、東京師範学校長に就任 1886.3.6
　修身教科書調査委員会、設置 1900.4月
高峰 秀子
　映画『二十四の瞳』封切 1954.9.14
高村 象平
　第11期中教審発足 1977.6.15
滝川 幸辰
　滝川事件 1933.4.22
竹内 栖鳳
　文化勲章制定 1937.2.11
武田 鉄矢
　『金八先生』放映開始 1979.10.26
田沢 義鋪
　第6回帝国連合教育会開催 1923.5.19
辰野 千寿
　第13期中教審、教科書・教育内容の
　　各小委発足 1981.12.14
田中 一郎
　日教組第58回定期大会開催 1983.8.30
田中 稲城
　日本文庫協会、創設 1892.3.1
田中 義一
　経済審議会、教育改革案を建議 1928.12.21
田中 耕一
　田中耕一、ノーベル化学賞受賞 2002(この年)
田中 耕太郎
　田中耕太郎、文部大臣に就任 1946.5.22
　田中文相、学生の政治活動禁止 1946.9.6
田中 晋
　私立女子美術学校、創設 1901.4.1
田中 卓
　日本教師会結成 1963.2.3
田中 龍夫
　田中龍夫、文部大臣就任 1980.7.17
田中 不二麿
　田中不二麿、欧米を視察 1871.12.4
　大木喬任、参議に転任 1873.4.19
　木戸孝允、文部卿を辞任 1874.5.13
　田中不二麿、文部大輔に 1874.9.27
　田中不二麿、アメリカ視察 1876.3.22
　田中不二麿、帰国 1877.1.8
　「米国独立百年記念大博覧会教育報
　　告」提出 1877.1月
　「学監考案日本教育法」提出 1877.6月

西郷従道、陸軍卿に転任 1878.12.24
田中 隆三
　田中隆三、文部大臣就任 1929.11.29
棚橋 泰文
　「食育基本法」成立 2005.6.10
谷垣 専一
　谷垣専一、文部大臣就任 1979.11.20
谷口 鉄太郎
　私立女子美術学校、創設 1901.4.1
谷本 富
　『女子教育』刊行 1911.12月
　沢柳事件 1913.7.12
玉松 操
　学校掛を設置 1868.3.15
俵 萠子
　中野区、区教育委員を任命 1981.3.3
丹下 むめ
　日本初の女子大生入学 1913.8.16

【ち】

千葉 春雄
　『教育・国語教育』創刊 1931.4月
張 富士夫
　「教育再生会議」の設置を決定 2006.10.10
陳 天華
　「清国人ヲ入学セシムル公私立学校ニ
　　関スル規程」制定 1905.11.2

【つ】

塚本 三郎
　民社党書記長、中学校社会科教科書
　　を偏向と批判 1981.2.4
辻 新次
　大日本教育会、創設 1883.9.9
　修身教科書検定秘密漏洩事件 1892.11月
津田 梅子
　津田梅子らがアメリカ留学 1871.12.23
　津田梅子・渡辺筆子、万国婦人教育
　　大会へ出席 1898.6.24
　女子英学塾、創設 1900.7.26
津田 仙
　楽善会、創設 1875.5.22
　学農社農学校、創設 1875.9月
津田 真道
　東京学士会院、創設 1879.1.15

壺井 栄
　第1回児童文学賞授与　　　　　　1951.12.1
　『二十四の瞳』刊行　　　　　1952（この年）
坪内 逍遙
　児童劇第1回発表会　　　　　　1922.11.25
都留 重人
　教育問題研究会発足　　　　　　1985.2.12

【て】

手塚 治虫
　『鉄腕アトム』放映開始　　　　　1963.1.1
手塚 岸衛
　合科教育試行　　　　　　　　　1920.4月
　『自由教育真義』刊行　　　　1922（この年）
デューイ，ジョン
　『学校と社会』刊行　　　　　　　1901.7.12
　デューイ来日　　　　　　　　　　1919.2.9
寺内 正毅
　「教育総監部条例」公布　　　　　1898.1.22
寺島 宗則
　寺島宗則、文部卿に就任　　　　　1879.9.10
　河野敏鎌、文部卿に就任　　　　　1880.2.28
寺田 典城
　秋田県教委、全国学力テストの結果
　　を開示　　　　　　　　　　　2008.10.22

【と】

ドーア，ロナルド
　OECD派遣教育調査団来日　　　　1970.1.11
東条 英機
　東条英機首相、文部大臣兼任　　　1943.4.20
遠山 敦子
　遠山敦子、文部科学大臣に就任　　2001.4.26
　「学びのすすめ」公表　　　　　　2002.1.17
　「人間力戦略ビジョン」発表　　　2002.8.30
　文科省、池田小児童殺傷事件に関し
　　て謝罪　　　　　　　　　　　　2003.6.5
遠山 啓
　数学教育協議会設立をよびかけ　　1951.12月
遠山 茂樹
　教科書検定訴訟を支援する全国連絡
　　会結成　　　　　　　　　　　1965.10.10
渡海 紀三朗
　渡海紀三朗、文部科学大臣に就任　2007.9.26
　大学設置審議会、教職大学院の設置
　　を答申　　　　　　　　　　　2007.11.27

教科書に沖縄集団自決記述復活　2007.12.26
利根川 進
　利根川進、ノーベル生理学・医学賞
　　受賞　　　　　　　　　　　1987（この年）
戸水 寬人
　戸水事件　　　　　　　　　　　　1905.8.25
留岡 幸助
　家庭学校、創設　　　　　　　　1899.11月
朝永 振一郎
　朝永振一郎、ノーベル物理学賞受賞
　　　　　　　　　　　　　　　1965（この年）
外山 正一
　沼津兵学校を創設　　　　　　　　1869.1.20
　最初の博士号を授与　　　　　　　1888.5.7
　外山正一、文部大臣に就任　　　　1898.4.30
豊田 章一郎
　経団連豊田会長、創造的な人材育成
　　のための教育提言をまとめる意向　1995.1.3
豊田 正子
　『綴方教室』刊行　　　　　　1937（この年）
鳥居 忱
　音楽取調掛、伝習生の募集を開始　1880.9月

【な】

内藤 誉三郎
　内藤誉三郎、文部大臣就任　　　　1978.12.7
那珂 通世
　共立女子職業学校、創設　　　　　1886.3.22
永井 繁子
　津田梅子らがアメリカ留学　　　1871.12.23
永井 道雄
　永井道雄、文部大臣に就任　　　　1974.12.9
　永井文相、槇枝日教組委員長トップ
　　会談　　　　　　　　　　　　　1976.11.6
長岡 半太郎
　文化勲章制定　　　　　　　　　　1937.2.11
中島 源太郎
　中島源太郎、文部大臣就任　　　　1987.11.6
中島 徳蔵
　哲学館事件　　　　　　　　　　　1902.12.13
中曽根 弘文
　中曽根弘文、文部大臣に就任　　　1999.10.5
　中曽根文相、国歌斉唱の不指導は懲
　　罰対象となると発言　　　　　　2000.3.7
　中曽根文相、日本文相として韓国初
　　訪問　　　　　　　　　　　　　2000.3.18
　中曽根文相、国立大学等の「独立行
　　政法人化」正式に表明　　　　　2000.5.26

中曽根 康弘
　中曽根首相「7つの構想」発表　　1983.12.10
　教育臨調設置決定　　　　　　　　1984.2.1
　臨教審解散式　　　　　　　　　　1987.8.20
永田 健助
　『塞児敦氏庶物指教』刊行　　　1878（この年）
中橋 徳五郎
　中橋徳五郎、文部大臣就任　　　　1918.9.29
中村 梅吉
　中村梅吉、文部大臣に就任　　　　1965.6.3
中村 恭平
　東京物理学校、創設　　　　　　　1881.9.10
中村 正直
　東京女子師範学校、創設　　　　　1874.3.13
　楽善会、創設　　　　　　　　　　1875.5.22
　東京学士院、創設　　　　　　　　1879.1.15
　最初の博士号を授与　　　　　　　1888.5.7
　女子高等師範学校、創設　　　　　1890.3.25
　全国教育者大会　　　　　　　　　1907.5.11
中山 忠能
　宣教使、神祇官所属に　　　　　　1869.11.12
中山 成彬
　中山成彬が文部科学大臣に就任　　2004.9.27
　中山文科相、「ゆとり教育」転換を示
　　唆　　　　　　　　　　　　　　2005.1.18
　中山文科相、学習指導要領の見直し
　　を要請　　　　　　　　　　　　2005.2.15
　中山国交相、日教組批判等で辞任　2008.9.28
長与 専斎
　長崎府に医学校を創設　　　　　　1868.11.30
灘尾 弘吉
　灘尾弘吉、文部大臣に就任　　　　1956.12.23
　灘尾弘吉、文部大臣に就任　　　　1958.6.12
　橋本龍伍厚相、文部大臣を兼任　　1958.12.31
　灘尾弘吉、文部大臣に就任　　　　1963.7.18
　灘尾弘吉、文部大臣に就任　　　　1967.11.25
　朝鮮大学校を各種学校として認可　1968.4.17
成田 忠久
　北方教育社結成　　　　　　　　　1929.6月
成瀬 仁蔵
　日本女子大学校、開校式　　　　　1901.4.20
南原 繁
　米国教育使節団に協力すべき教育家
　　委員会発足　　　　　　　　　　1946.2.7
　総理大臣の諮問機関教育刷新委員会
　　設置　　　　　　　　　　　　　1946.8.10
南部 陽一郎
　南部陽一郎、ノーベル物理学賞受賞
　　　　　　　　　　　　　　　2008（この年）

【に】

新島 襄
　同志社英学校、創設　　　　　　　1875.11.29
　全国教育者大会　　　　　　　　　1907.5.11
西 周
　沼津兵学校を創設　　　　　　　　1869.1.20
　明六社、創設　　　　　　　　　　1873.8月
　東京学士会院、創設　　　　　　　1879.1.15
　独逸学協会学校、創設　　　　　　1883.10.22
西尾 幹二
　西尾幹二らが「新しい歴史教科書を
　　つくる会」を結成　　　　　　　1996.12.2
西岡 武夫
　西岡武夫、文部大臣就任　　　　　1988.12.27
　文部省、幼・小・中・高校の学習指導
　　要領等の改訂案発表　　　　　　1989.2.10
　西岡文相、外国人記者団と会見　　1989.3.9
　「教育基本法」改正促進委員会、結成
　　　　　　　　　　　　　　　　　2004.2.25
西村 茂樹
　明六社、創設　　　　　　　　　　1873.8月
　東京修身学社、創設　　　　　　　1876.4.7
　学事巡視報告書を提出　　　　　　1877.8月
　教則取調掛、設置　　　　　　　　1880.3.9
　『小学修身訓』刊行　　　　　　　1880.4月
　『日本道徳論』刊行　　　　　　　1887.4月
二宮 治重
　二宮治重、文部大臣就任　　　　　1944.7.22
丹羽 雅子
　奈良女子大学評議会、家政学部教授
　　を学長に選出　　　　　　　　　1997.1.29

【ね】

根岸 英一
　鈴木章・根岸英一、ノーベル化学賞
　　受賞　　　　　　　　　　　2010（この年）
根本 次郎
　中教審、心の教育の在り方に関し答
　　申　　　　　　　　　　　　　　1998.6.30
根本 正
　衆議院に学制改革案を提出　　　　1910.3.15

【の】

盧 泰愚
　海部首相、朝鮮半島の過去の歴史認
　　識を学校教育に反映させると表明　1990.5.25
乃木 希典
　乃木希典、学習院長に就任　1907.1.30
野口 援太郎
　姫路師範学校、創設　1901.4月
　教育擁護同盟結成　1921.3.8
　池袋児童の村設立　1924.4.10
　新教育協会創立　1930.12月
野崎 弘
　文部省初中局長、PKO協力法案の学
　　校での正確な取扱いを要請　1992.9.16
能勢 栄
　『菜因氏教育学』刊行　1895.3月
野村 素介
　督学局を廃止し、学監事務所を設置　1877.1.12
野依 良治
　野依良治、ノーベル化学賞受賞
　　　　　　　　　　　　2001（この年）
　義務教育費国庫負担制度をめぐり議
　　論　2004.8.19
　「教育再生会議」の設置を決定　2006.10.10
ノルゼント，C．
　『那然氏小学教育論』刊行　1877.1月

【は】

ハウ，アニー・L．
　頌栄幼稚園、創設　1889.10.22
ハウスクネヒト，エミール
　エミール・ハウスクネヒト、帝国大
　　学文科大学教師に就任　1887.1.9
　帝国大学文科大学教育学課程特約生
　　教育学科、開講　1889.4.8
パーカースト，ヘレン
　パーカースト来日　1924.4.2
橋田 邦彦
　橋田邦彦、文部大臣就任　1940.7.22
　東条英機首相、文部大臣兼任　1943.4.20
橋下 徹
　橋下大阪府知事、全国学力テストの
　　結果を一部開示　2008.10.16
　市町村にも教員採用権　2010.4.15

橋本 龍太郎
　橋本首相、「6つの改革」を提唱　1997.1.1
　橋本首相、教育改革プログラム策定
　　を指示　1997.1.7
　小杉文相、教育改革プログラムを提
　　示　1997.1.24
橋本 龍伍
　橋本龍伍厚相、文部大臣を兼任　1958.12.31
蓮見 重彦
　町村文相、国立大の独立行政法人化
　　に反対　1997.10.17
長谷 干城
　華族女学校、創設　1885.9.5
長谷川 町子
　『サザエさん』連載開始　1946.4.1
長谷場 純孝
　長谷場純孝、文部大臣に就任　1911.8.30
蜂須賀 茂韶
　蜂須賀茂韶、文部大臣に就任　1896.9.28
　浜尾新、文部大臣に就任　1897.11.6
鳩山 一郎
　鳩山一郎、文部大臣就任　1931.12.13
　教員の思想問題について訓示　1932.9月
　滝川事件　1933.4.22
　斎藤実首相が文部大臣を兼任　1934.3.3
鳩山 和夫
　開成学校第1回海外留学生　1875.7.18
　衆議院に学制改革案を提出　1910.3.15
鳩山 邦夫
　鳩山邦夫、文部大臣に就任　1991.11.5
　川崎市個人情報保護審査会、卒業生
　　に限り指導要録開示を答申　1992.10.9
　埼玉県教委、業者テストの偏差値を
　　高校側に提供しないよう通告　1992.10.13
　鳩山文相、業者テストの横行に対し
　　強く批判　1992.11.13
羽仁 もと子
　自由学園設立　1921.4.15
浜尾 新
　浜尾新、帝国大学総長に就任　1893.3.30
　浜尾新、文部大臣に就任　1897.11.6
林 銑十郎
　林銑十郎首相が文部大臣兼任　1937.2.2
林 広守
　「君が代」作曲　1880.10.25
原 敬
　衆議院に学制改革案を提出　1910.3.15
　宗教家懇親会開催　1912.2.25
　原首相が市町村教育費について言明　1921.2.5
原田 実
　『児童の世紀』刊行　1916（この年）
パリー
　開成学校、開校　1869.2.27

【ひ】

土方 成美
　平賀粛学　　　　　　　　　　　　1939.1.28
平生 釟三郎
　平生釟三郎、文部大臣就任　　　　1936.3.25
　義務教育8年制案閣議提出　　　　1936.11.6
平賀 譲
　平賀粛学　　　　　　　　　　　　1939.1.28
平田 鉄胤
　学校掛を設置　　　　　　　　　　1868.3.15
平田 東助
　「臨時教育会議官制」公布　　　　1917.9.21
平野 義太郎
　共産党シンパ事件　　　　　　　　1930.5.20

【ふ】

フィンケルホー, デービッド
　「子どもへの暴力防止フォーラム」開
　　催　　　　　　　　　　　　　2010.10.30
フェノロサ, アーネスト・フランシスコ
　フェノロサ、来日　　　　　　　　1878.8.10
　図画取調掛、設置　　　　　　　1885.12.10
フォール, エドガール
　OECD派遣教育調査団来日　　　　1970.1.11
フォールズ, ヘンリー
　楽善会、創設　　　　　　　　　　1875.5.22
フォンタネージ, A.
　工部美術学校、創設　　　　　　　1876.11.6
福井 謙一
　福井謙一、ノーベル化学賞受賞
　　　　　　　　　　　　　1981 (この年)
福岡 孝弟
　福岡孝弟、文部卿に就任　　　　　1881.4.7
　文部卿福岡孝弟、教育の要旨を訓示
　　　　　　　　　　　　　　　　1881.12.17
福沢 諭吉
　慶応義塾と命名　　　　　　　　　1868.4.25
　『世界国尽』刊行　　　　　　　　1869.8月
　『学問のすゝめ』刊行　　　　　　1872.3月
　『帳合之法』刊行　　　　　　　　1873.6.6
　明六社、創設　　　　　　　　　　1873.8月
　第1回三田演説会　　　　　　　　1874.6.27
　東京学士院、創設　　　　　　　　1879.1.15
　全国教育者大会　　　　　　　　　1907.5.11

福田 忠義
　日教組第64回定期大会開催　　　　1988.2.1
福田 一
　法制審議会「少年法改正について」
　　答申　　　　　　　　　　　　1977.6.29
福留 幸助
　家庭学校分校設立　　　　　　　　1914.8.24
藤尾 正行
　藤尾正行、文部大臣就任　　　　　1986.7.22
　藤尾正行文相罷免　　　　　　　　1986.9.8
　塩川正十郎、文部大臣就任　　　　1986.9.9
藤岡 信勝
　西尾幹二らが「新しい歴史教科書を
　　つくる会」を結成　　　　　　1996.12.2
藤沢 元造
　南北朝正閏問題　　　　　　　　　1911.2.4
藤島 武二
　文化勲章制定　　　　　　　　　　1937.2.11
藤田 文蔵
　私立女子美術学校、創設　　　　　1901.4.1
藤波 孝生
　リクルート事件　　　　　　　　　1988.11.2
藤原 喜代蔵
　『明治教育思想史』刊行　　　　　1909.11月
ブッシュ, ジョージ・W.
　えひめ丸沈没事故　　　　　　　　2001.2.9
プッセ, F.
　開成学校、開校　　　　　　　　　1869.2.27
ブラウン, S.R.
　明治学院、創設　　　　　　　　　1886.6月
古市 公威
　開成学校第1回海外留学生　　　　1875.7.18
　最初の博士号を授与　　　　　　　1888.5.7
古河 太四郎
　盲唖院、創設　　　　　　　　　　1878.5.24
古川 正雄
　楽善会、創設　　　　　　　　　　1875.5.22
古田 重二良
　日大闘争　　　　　　　　　　　　1968.4.15
フルベッキ, G.F.
　フルベッキ、大学南校教頭に就任　1870.11月
フレーベル, F.
　『幼稚園法二十遊嬉』刊行　　　　1879.3月

【へ】

ページ, D.P.
　『彼日氏教授論』刊行　　　　　　1876.12月
ヘボン, J.C.
　明治学院、創設　　　　　　　　　1886.6月

【ほ】

ホイットニー, ウィリアム・コグスウェル
　商法講習所、創設　　　　　　　1875.9月
保坂 展人
　「内申書裁判」起こる　　　　　　1972.3.18
　「内申書裁判」で原告勝訴判決　　1979.3.28
　「内申書裁判」で原告敗訴　　　　1982.5.19
　「内申書裁判」上告審で原告敗訴　1988.7.15
穂積 重遠
　学生思想問題調査委員会設置　　　1931.6.23
穂積 隆信
　『積木くずし』刊行　　　　　　　1982.9月
穂積 陳重
　開成学校第2回海外留学生　　　　1876.6.25
　英吉利法律学校、創設　　　　　　1885.7月
細川 護熙
　赤松良子、文部大臣に就任　　　　1993.8.9
堀田 正忠
　関西法律学校、創設　　　　　　　1886.11.4
ホフマン, テオドール
　ミュルレルとホフマン、解剖学を開
　　講　　　　　　　　　　　　　　1871.8.30
保利 耕輔
　保利耕輔、文部大臣に就任　　　　1990.2.28
　「生涯学習の振興のための施策の推
　　進体制等の整備に関する法律」を公
　　布　　　　　　　　　　　　　　1990.6.29
ボルシャルト
　楽善会、創設　　　　　　　　　　1875.5.22
本多 光太郎
　文化勲章制定　　　　　　　　　　1937.2.11
ボンヌ, L.C.
　『泰西勧善訓蒙』刊行　　　1871(この年)
本間 喜一
　東亜同文書院、創設　　　　　　　1901.5.26

【ま】

前田 多門
　前田多門、文部大臣に就任　　　　1945.8.18
真壁 仁
　山形県民大学開講、農村での学習運
　　動を提起　　　　　　　　　　　1966.2.19
槇枝 元文
　日教組委員長、学校5日制を表明　1973.4.15
　永井文相、槇枝日教組委員長トップ
　　会談　　　　　　　　　　　　　1976.11.6
　世界教職員団体総連合で槇枝日教組
　　委員長、会長に　　　　　　　　1978.7.26
　日教組「現代日本の教育改革」を発
　　表　　　　　　　　　　　　　　1983.7.19
　日教組の「4.11全日スト」が違法と
　　判決　　　　　　　　　　　　　1985.11.20
牧田 らく
　日本初の女子大生入学　　　　　　1913.8.16
牧野 伸顕
　牧野伸顕、文部大臣に就任　　　　1906.3.27
　学生の思想風紀について訓令　　　1906.6.9
　牧野伸顕、文部大臣兼任　　　　　1912.11.9
益川 敏英
　小林誠・益川敏英、ノーベル物理学
　　賞受賞　　　　　　　　　2008(この年)
増島 六一郎
　英吉利法律学校、創設　　　　　　1885.7月
増田 昌三
　中教審義務教育特別部会に地方代表
　　が初参加　　　　　　　　　　　2005.3.16
町村 信孝
　町村信孝、文部大臣に就任　　　　1997.9.11
　町村文相、国立大の独立行政法人化
　　に反対　　　　　　　　　　　　1997.10.17
　町村文相、全小・中・高のインター
　　ネット接続を2003年までに完了と
　　表明　　　　　　　　　　　　　1997.11.4
　文部省、校長の判断による所持品検
　　査は差し支えないとの見解を示す　1998.2.3
　町村文相、緊急アピール発表　　　1998.3.10
　町村文相、教科書検定基準に疑問を
　　投げかける発言を行なう　　　　1998.6.8
　町村信孝、文部大臣に就任　　　　2000.12.5
　文部科学省設立　　　　　　　　　2001.1.6
松浦 鎮次郎
　松浦鎮次郎、文部大臣就任　　　　1940.1.16
松下 正寿
　日本教育国民会議を結成　　　　　1963.2.17
松田 源治
　松田源治、文部大臣就任　　　　　1934.7.8
　川崎卓吉、文部大臣就任　　　　　1936.2.2
松田 竹千代
　松田竹千代、文部大臣に就任　　　1959.6.18
松田 正久
　松田正久、文部大臣に就任　　　　1900.10.19
　衆議院に学制改革案を提出　　　　1910.3.15
松平 慶永
　大学校の官制を改正　　　　　　　1869.9.25
松谷 みよ子
　第1回児童文学賞授与　　　　　　1951.12.1

松永 東
　松永東、文部大臣に就任　　　　　　　1957.7.10
　松永文相、道徳に関する独立教科設
　　置の意向　　　　　　　　　　　　1957.7.30
松永 光
　松永光、文部大臣就任　　　　　　　1984.11.1
松野 クララ
　東京女子師範学校附属幼稚園開園　　1876.11.16
松村 謙三
　松村謙三、文部大臣に就任　　　　　　1945.8.17
　松村謙三、文部大臣に就任　　　　　　1955.3.19
馬屋原 彰
　「国費ヲ以テ小学校修身教科用図書を
　　編纂スルノ建議」案可決　　　　　　1896.2.4
マンスフェルト, C.
　長崎府に医学校を創設　　　　　　　1868.11.30

【み】

三浦 和夫
　開成学校第1回海外留学生　　　　　　1875.7.18
三浦 朱門
　文部省、教育課程審議会を9年ぶりに
　　再開　　　　　　　　　　　　　　1996.8.27
三上 参次
　南北朝正閏問題　　　　　　　　　　1911.2.4
　英語授業時間削減論　　　　　　　　1934.3.14
三上 忠造
　三上忠造、文部大臣就任　　　　　　1927.4.20
三木 清
　共産党シンパ事件　　　　　　　　　1930.5.20
三島 通良
　文部省、学校衛生顧問・学校衛生主
　　事を設置　　　　　　　　　　　　1896.5.8
水野 錬太郎
　水野錬太郎、文部大臣に就任　　　　　1927.6.2
御手洗 康
　大検免除制度の導入を表明　　　　　　2003.8.4
箕作 秋坪
　東京学士会院、創設　　　　　　　　1879.1.15
箕作 麟祥
　学校取調御用掛を設置　　　　　　　1868.12.10
　『泰西勧善訓蒙』刊行　　　　　　1871(この年)
　学制取調掛を任命　　　　　　　　　1872.1.11
　「学制」の大綱を上申　　　　　　　　1872.2.12
　不適当な教科書の使用を禁止　　　　　1880.8.30
　最初の博士号を授与　　　　　　　　1888.5.7
三塚 博
　自民党教科書小委員会発足　　　　　1980.10.22

美濃部 達吉
　美濃部達吉、天皇機関説について弁
　　明演説　　　　　　　　　　　　　1935.2.25
　『憲法撮要』発禁　　　　　　　　　1935.4.9
美濃部 亮吉
　朝鮮大学校を各種学校として認可　　　1968.4.17
三原 朝雄
　三原朝雄、文部大臣に就任　　　　　1974.11.11
宮川 鉄次郎
　女子教員の結婚制限論　　　　　　　1906.9月
宮川 保全
　共立女子職業学校、創設　　　　　　1886.3.22
宮崎 龍介
　新人会結成　　　　　　　　　　　　1918.12月
宮沢 喜一
　宮沢首相、朝鮮人従軍慰安婦問題を
　　教科書で取り上げる考えを表明　　　1992.1.17
宮原 誠一
　教育科学研究会を再建　　　　　　　1952.3.27
　教科書検定訴訟を支援する全国連絡
　　会結成　　　　　　　　　　　　1965.10.10
ミュルレル, レオポルト
　ミュルレルとホフマン、解剖学を開
　　講　　　　　　　　　　　　　　　1871.8.30

【む】

無着 成恭
　無着成恭編『山びこ学校』刊行　　　　1951.3.5
宗像 誠也
　教育科学研究会を再建　　　　　　　1952.3.27
　香川、愛媛の学テ実態調査を実施　　　1964.6.4
村上 泰亮
　政策構想フォーラム「学校教育行政
　　の行革提言」発表　　　　　　　　1985.5.9
村山 富市
　与謝野馨、文部大臣に就任　　　　　1994.6.30
　村山首相、終戦記念日に談話を発表　　1995.8.15

【め】

明治天皇
　明治天皇、東校に行幸　　　　　　　1872.4.20
　学習院の称号を授与　　　　　　　　1877.10.17
　「教学聖旨」提示　　　　　　　　　1879.8月
　『幼学綱要』下賜　　　　　　　　　1882.11.27
　芳川顕正、文部大臣に就任　　　　　1890.5.17

明治天皇、東京帝国大学卒業式で訓
　示 1904.7.11
乃木希典、学習院長に就任 1907.1.30
「大正」と改元 1912.7.30
目賀田 種太郎
　大学南校、留学生を派遣 1870.9.22
　ブライユ点字を紹介 1879(この年)
メーソン, ルーサー・ホワイティング
　音楽取調掛、設置 1879.10.7
メッケル, クレメンス・ウィルヘルム・ヤコブ
　陸軍大学校、開校 1883.4.12

【も】

元田 永孚
　「教学聖旨」提示 1879.8月
　『幼学綱要』下賜 1882.11.27
森 有礼
　明六社、創設 1873.8月
　商法講習所、創設 1875.9月
　森有礼、文部省御用掛に就任 1884.5.7
　森有礼、初代文部大臣に就任 1885.12.22
　森有礼暗殺事件 1889.2.11
　大山巌、臨時文部大臣に就任 1889.2.16
　全国教育者大会 1907.5.11
森 喜朗
　森喜朗、文部大臣就任 1983.12.27
　リクルート事件 1988.11.2
　与謝野文相、森自民党幹事長、日教
　　組横山委員長が会談 1994.12.19
　森首相、教育改革国民会議の中間報
　　告を求める考えを表明 2000.4.7
　えひめ丸沈没事故 2001.2.9
　「教育基本法」改正促進委員会、結成
　 2004.2.25
森久保 仙太郎
　中野区、区教育委員を任命 1981.3.3
森戸 辰男
　森戸事件 1919.1.10
　森戸辰男、文部大臣に就任 1947.6.1
　能力開発研究所を設立 1963.1.16
　日本教育会が結成大会 1975.6.16
森山 真弓
　森山真弓、女性初の文部大臣に就任
　 1992.12.12
モルレー, ダビッド
　モルレー来日 1873.6.30
　督務詰所を設置 1874.1.15
　学監を設置 1874.10.4
　督学局を廃止し、学監事務所を設置 1877.1.12
　「学監考案日本教育法」提出 1877.6月
　『日本教育史略』刊行 1877.8月
　モルレー、満期解任 1878.12.28
諸葛 信澄
　師範学校、創設 1872.7.4

【や】

矢島 忠孝
　中野区、区教育委員を任命 1981.3.3
安井 英二
　安井英二、文部大臣就任 1937.6.4
　木戸幸一、文部大臣就任 1937.10.22
矢内原 忠雄
　東大経済学部教授会、追放教授の復
　　職決定 1945.11.4
　東大学長ら「文教政策の傾向に関す
　　る声明」発表 1956.3.19
柳沢 政正
　世界教育会議開催 1923.6.28
矢野 玄道
　学校掛を設置 1868.3.15
山内 豊信
　山内豊信・秋月種樹、学校取調を兼
　　勤 1868.12.15
　知学事・判学事を設置 1869.1.25
山尾 庸三
　工部寮、設置 1871.9.28
　山尾庸三、盲唖学校創設を建白 1871.10月
山県 悌三郎
　『少年園』創刊 1888.11月
山川 健次郎
　最初の博士号を授与 1888.5.7
　戸水事件 1905.8.25
　「九州帝国大学官制」公布 1911.3.31
山川 捨松
　津田梅子らがアメリカ留学 1871.12.23
山川 浩
　山川浩、東京師範学校長に就任 1886.3.6
山吉 盛義
　東洋語学校、創設 1895.4.15
山越 修蔵
　信濃自由大学開校 1921.11.1
山下 徳治
　新興教育研究所創立 1930.8.19
山田 顕義
　日本法律学校、創設 1889.10.4
山田 盛太郎
　共産党シンパ事件 1930.5.20

東大経済学部教授会、追放教授の復
　　職決定　　　　　　　　　　　　1945.11.4
山名 次郎
　『社会教育論』刊行　　　　　　　1892.5月
山本 鼎
　自由画教育運動　　　　　　　　　1919.4.27
　第1回自由画展覧会開催　　　　　1920.4.27
山本 文男
　中教審義務教育特別部会に地方代表
　　が初参加　　　　　　　　　　　2005.3.16

【ゆ】

湯川 秀樹
　湯川秀樹、ノーベル物理学賞受賞
　　　　　　　　　　　　　　1949（この年）

【よ】

横井 玉子
　私立女子美術学校、創設　　　　　1901.4.1
横山 英一
　与謝野文相と日教組横山委員長が初
　　会談　　　　　　　　　　　　1994.12.16
　与謝野文相、森自民党幹事長、日教
　　組横山委員長が会談　　　　　　1994.12.19
　自民党と日教組、第一回定期協議を
　　行う　　　　　　　　　　　　　1995.3.24
横山 大観
　文化勲章制定　　　　　　　　　　1937.2.11
与謝野 馨
　与謝野馨、文部大臣に就任　　　　1994.6.30
　与謝野文相と日教組横山委員長が初
　　会談　　　　　　　　　　　　1994.12.16
　与謝野文相、森自民党幹事長、日教
　　組横山委員長が会談　　　　　　1994.12.19
　与謝野文相、中教審再開の考えを表
　　明　　　　　　　　　　　　　　1995.2.21
義家 弘介
　「教育再生会議」の設置を決定　　2006.10.10
芳川 顕正
　芳川顕正、文部大臣に就任　　　　1890.5.17
　大木喬任、文部大臣に就任　　　　1891.6.1
　芳川顕正、臨時文部大臣に就任　　1894.8.29
　西園寺公望、文部大臣に就任　　　1894.10.3
吉川 勉
　滋賀県教育長、公立中学校中高一貫
　　教育に懸念表明　　　　　　　　1997.4.10

吉田 熊次
　『社会的教育学講義』刊行　　　　1904.3.1
吉田 茂
　吉田茂首相、文部大臣を兼任　　　1948.10.15
吉田 一士
　関西法律学校、創設　　　　　　　1886.11.4
吉原 重俊
　かなのくわい、創設　　　　　　　1883.7.1
吉益 亮子
　津田梅子らがアメリカ留学　　　　1871.12.23
吉本 二郎
　第13期中教審、教科書・教育内容の
　　各小委発足　　　　　　　　　　1981.12.14

【ら】

ライシャワー, エドウィン・O.
　OECD派遣教育調査団来日　　　　1970.1.11
ライン, ウィルヘルム
　『莱因氏教育学』刊行　　　　　　1895.3月
ラグーザ, V.
　工部美術学校、創設　　　　　　　1876.11.6

【り】

リーランド, ジョージ・アダムス
　体操伝習所、創設　　　　　　　　1878.10.24
　東京女子師範学校、体操術を施行　1878.11.1

【ろ】

蝋山 政道
　学生思想問題調査委員会設置　　　1931.6.23

【わ】

若林 虎三郎
　『改正教授術』刊行　　　　　　　1884.6月
渡辺 洪基
　「帝国大学令」公布　　　　　　　1886.3.2
渡部 董之介
　「臨時仮名遣調査委員会官制」公布　1908.5.25

― 361 ―

渡辺 良雄
　江崎玲於奈、筑波大学学長に選出　　1992.2.6

事項名索引

【あ】

愛育会
　愛育会創立　　　　　　　　　　1934.3.3
愛育研究所
　愛育研究所設立　　　　　　　　1938.11月
IFEL → 教育指導者講習を見よ
ILO → 国際労働機関も見よ
ILO勧告
　ILO勧告を発効　　　　　　　　1966.6.14
　特別政府間会議でILO勧告を採択　1966.10.4
愛国心
　「尋常中学校ノ学科及其程度」改正　1894.3.1
　天野文相、衆議院で「静かな愛国心」
　　を説く　　　　　　　　　　　1951.2.7
　池田・ロバートソン会談　　　　1953.10.2
　防衛庁、文部省に学校教育に関する
　　要望　　　　　　　　　　　　1962.4.26
　中教審、「期待される人間像」答申　1966.10.31
　『防衛白書』報告　　　　　　　　1981.8.14
　中教審、「教育基本法」全面改正を提
　　言　　　　　　　　　　　　　2002.11.14
　与党が「教育基本法」改正案作成作
　　業で合意　　　　　　　　　　2004.9.21
　与党、「教育基本法」改正案を決定　2006.4.13
　改正「教育基本法」成立　　　　2006.12.15
　教育関連3法「学校教育法」「地方教
　　育行政法」「教育職員免許法」一部
　　改正　　　　　　　　　　　　2007.6.20
　文科省、学習指導要領を告示　　2008.3.28
『愛国百人一首』
　『愛国百人一首』選定　　　　　1942.10.22
愛・地球博 → 2005年日本国際博覧会を見よ
愛知県女児虐待死事件
　愛知県女児虐待死事件　　　　　2001.7.17
愛知県西尾市立東部中学校
　愛知県西尾市いじめ自殺事件で、少
　　年の抗告を棄却　　　　　　　1995.5.17
愛知大学
　最高裁、愛知大学事件の上告棄却　1973.4.28
愛知バスジャック事件
　愛知バスジャック事件　　　　　2008.7.16
藍野グループ
　藍野グループ、東北文化学園大学を
　　経営支援　　　　　　　　　　2004.6.21
『青い鳥』
　『青い鳥』上演　　　　　　　　1945.12.24
青森県教育委員会
　青森県教委、小学校教科書を全県1種
　　制に　　　　　　　　　　　　1964.4.3

教育改革タウンミーティングで「や
　らせ質問」発覚　　　　　　　　2006.10.31
『赤い鳥』
　『赤い鳥』創刊　　　　　　　　1918.7月
空き教室
　文部省、小中学校の「空き教室」活
　　用指針を通知　　　　　　　　1993.4.9
秋田県教育委員会
　秋田県教委、全国学力テストの結果
　　を開示　　　　　　　　　　　2008.10.22
秋田鉱山専門学校
　上田蚕糸専門学校他、創設　　　1910.3.28
浅井学園
　学校法人理事長、補助金不正受給で
　　逮捕　　　　　　　　　　　　2006.2.28
旭川医科大学
　旭川医科大・愛媛大医学部・山形大、
　　医学部開学　　　　　　　　　1973.11.5
　旭川医科大学、入試合否漏洩　　1996.4.19
旭川学力テスト裁判
　最高裁、旭川学力テスト裁判で教組
　　有罪判決　　　　　　　　　　1976.5.21
朝日塾中学高等学校
　初の株式会社運営の中高一貫校が認
　　可　　　　　　　　　　　　　2005.3.3
アジア教育計画会議
　ユネスコ、第1回アジア教育計画会議
　　を開催　　　　　　　　　　　1963.10.3
『あたらしい憲法のはなし』
　文部省、『あたらしい憲法のはなし』
　　刊行　　　　　　　　　　　　1947.8.2
『新しい時代の学校 進む初等中等教育改革』
　文科省、文部科学白書『新しい時代の
　　学校 進む初等中等教育改革』刊行　2003.2.4
新しい歴史教科書をつくる会
　西尾幹二らが「新しい歴史教科書を
　　つくる会」を結成　　　　　　1996.12.2
　「新しい歴史教科書をつくる会」教科
　　書検定合格　　　　　　　　　2001.4.3
　中国、歴史教科書に修正要求　　2001.5.16
　歴史教科書自主訂正　　　　　　2001.7.2
　東京都教委が「新しい歴史教科書を
　　つくる会」の歴史教科書を採用　2001.8.7
アチーブメントテスト
　神奈川県教委の入試制度改革協議会、
　　高校入試合否判定のアチーブメン
　　トテスト廃止を決定　　　　　1993.11.10
安登小学校生徒殺害事件
　安登小学校生徒殺害事件　　　　1990.3.26
アビトゥア
　文部省、「アビトゥア」取得者に対し
　　大学入学資格を与えると通知　1995.10.3

— 365 —

あまか　　　　　　　　　　　　　事項名索引　　　　　　　　　　日本教育史事典

尼崎市立高等学校
　筋ジストロフィー症を理由の不合格
　　は違法と判決　　　　　　　　1992.3.13
アルバイト
　労働省「中・高校生のアルバイト実
　　態調査」を発表　　　　　　　1978.7.11
安保闘争
　安保闘争で東大女子学生死亡　　1960.6.15

【い】

医学校
　医学校を創設　　　　　　　　　1868.8.14
　昌平学校・医学校、東京府に移管　1868.9.17
　長崎府に医学校を創設　　　　　1868.11.30
　大学校改称などを布達　　　　　1870.1.15
　官立医学校を創設　　　　　　　1870.3.30
　府県立医学校費用の地方税による支
　　弁を禁止　　　　　　　　　　1887.10.1
医学校通則
　「医学校通則」制定　　　　　　　1882.5.27
英吉利法律学校
　英吉利法律学校、創設　　　　　1885.7月
育英事業
　文部省調査協力者会議、育英事業に
　　提言　　　　　　　　　　　　1997.6.6
育英奨学事業
　中教審、育英奨学事業振興方策につ
　　いて答申　　　　　　　　　　1959.3.2
池田小児童殺傷事件
　池田小児童殺傷事件　　　　　　2001.6.8
　文科省、池田小児童殺傷事件に関し
　　て謝罪　　　　　　　　　　　2003.6.5
　池田小児童殺傷事件で死刑判決　2003.8.28
池田・ロバートソン会談
　池田・ロバートソン会談　　　　1953.10.2
池袋児童の村
　池袋児童の村設立　　　　　　　1924.4.10
石川県議会
　教職員の思想調査に石川県教委職員
　　が協力　　　　　　　　　　　1972.3.8
石川県教育委員会
　教職員の思想調査に石川県教委職員
　　が協力　　　　　　　　　　　1972.3.8
石川県教職員思想調査
　教職員の思想調査に石川県教委職員
　　が協力　　　　　　　　　　　1972.3.8
石川県女子師範学校
　石川県女子師範学校、創設　　　1875.5.22
医師試験規則
　「医師試験規則」制定　　　　　　1879.2.24

医師の名義貸し
　医師の名義貸し、51大学1161人　2004.1.22
　北海道大学、名義貸しで教授ら64人
　　を処分　　　　　　　　　　　2004.2.18
いじめ
　法務省、いじめ問題解決に向けた通
　　達　　　　　　　　　　　　　1985.3.12
　富士見中いじめ自殺事件　　　　1986.2.1
　文部省「いじめの実態等に関する調
　　査」結果発表　　　　　　　　1986.2.21
　福島県いわき市のいじめ訴訟で、市
　　に賠償命令　　　　　　　　　1990.12.26
　富士見中いじめ自殺事件で、暴行の
　　み認定　　　　　　　　　　　1991.3.27
　富士見中いじめ自殺事件で、損害賠
　　償を命じる判決が確定　　　　1994.5.20
　岡山県いじめ自殺事件　　　　　1994.5.30
　愛知県西尾市でいじめ自殺事件　1994.11.27
　文部省のいじめ対策緊急会議で、緊
　　急アピールを発表　　　　　　1994.12.9
　警察庁と少年いじめ等問題研究会、
　　いじめに関する調査結果公表　1995.1.19
　文部省、いじめ総点検結果発表　1995.3.13
　文部省のいじめ対策緊急会議、いじ
　　め対応策について提言　　　　1995.3.13
　学校側にはいじめ防止措置を講ずる
　　義務があるとして損害賠償命令　1995.3.24
　愛知県西尾市いじめ自殺事件で、少
　　年の抗告を棄却　　　　　　　1995.5.17
　警察庁、いじめ問題に積極的に対応
　　するよう指示　　　　　　　　1995.5.23
　文部省、教育長会議を開催、「いじめ
　　根絶のための指導方針」を提示　1995.12.15
　奥田文相、いじめ問題で緊急アピー
　　ルを発表　　　　　　　　　　1996.1.30
　法務省、小学校のいじめ実態調査を
　　発表　　　　　　　　　　　　1996.5.26
　中教審、総合学習・いじめ問題など
　　についての審議のまとめ公表　1996.6.18
　文部省調査研究協力者会議、いじめ
　　対策における最終報告を発表　1996.7.16
　富山市中学生の両親が、いじめによ
　　り市を提訴　　　　　　　　　1996.10.30
　大阪府豊中市のいじめ事件で損害賠
　　償金の支払い命令　　　　　　1997.4.23
　子どものいじめ自殺事件相次ぐ　2006.10.1
　いじめ自殺予告手紙が届く　　　2006.11.6
　いじめ問題で校長が自殺　　　　2006.11.12
　伊吹文科相、「文部科学大臣からのお
　　願い」発表　　　　　　　　　2006.11.17
　教育再生会議、いじめ問題で緊急提
　　言発表　　　　　　　　　　　2006.11.29
　教育再生会議、「社会総がかりで教育
　　再生を」(第1次報告)発表　　　2007.1.24
　いじめ加担生徒、自殺　　　　　2007.2.1

滝川高校いじめ自殺事件で、同級生
　を恐喝未遂容疑で逮捕　　　2007.9.17
　文科省、いじめの調査を発表　2007.11.15
　文科省、全小中高生にいじめ調査を
　　要請　　　　　　　　　　2010.9.14
　インド人留学生の自殺、いじめが原
　　因　　　　　　　　　　　2010.12.27
いじめ根絶のための指導方針
　文部省、教育長会議を開催、「いじめ
　　根絶のための指導方針」を提示　1995.12.15
いじめ対策緊急会議
　文部省のいじめ対策緊急会議で、緊
　　急アピールを発表　　　　　1994.12.9
　文部省のいじめ対策緊急会議、いじ
　　め対応策について提言　　　1995.3.13
いじめの実態等に関する調査
　文部省「いじめの実態等に関する調
　　査」結果発表　　　　　　　1986.2.21
医師免許規則
　「医師免許規則」改正　　　　　1905.3.8
維新史料編纂会
　維新史料編纂会、設置　　　　1911.5.10
医制
　「医制」制定　　　　　　　　1874.8.18
伊勢湾台風
　伊勢湾台風　　　　　　　　　1959.9.19
委託学生入学
　高崎市立経済大生、委託学生入学に
　　反対　　　　　　　　　　　1965.4.13
板橋誘拐事件
　板橋誘拐事件　　　　　　　2001.10.15
1月1日の歌
　「1月1日の歌」改定　　　　　1913.2.4
一年志願兵及一年現役兵服役特例
　「一年志願兵及一年現役兵服役特例」
　　制定　　　　　　　　　　　1926.7.21
一般職の職員の給与に関する法律
　「一般職の職員の給与に関する法律」
　　を一部改正　　　　　　　　1953.8.18
　主任手当支給と一本化の給与法成立
　　　　　　　　　　　　　　1977.12.21
**一般ノ教育ヲシテ宗教外ニ特立セシムル
ノ件**
　「一般ノ教育ヲシテ宗教外ニ特立セシ
　　ムルノ件」公布　　　　　　1899.8.3
犬山市教育委員会
　愛知県犬山市、全国学力テスト参加
　　を決定　　　　　　　　　　2009.3.23
茨城県立佐竹高等学校
　高校履修不足問題で校長が自殺　2006.10.30
茨城高校生殺人事件
　茨城高校生殺人事件　　　　　2002.3.23

「いま教科書は」
　自民党機関紙で教科書批判キャン
　　ペーン　　　　　　　　　　1980.1.22
医療技術短期大学
　2医療技術短期大学が廃止　　　1999.3.31
イールズ事件
　イールズ事件　　　　　　　　1950.5.2
いわき市立小川中学校
　福島県いわき市のいじめ訴訟で、市
　　に賠償命令　　　　　　　　1990.12.26
岩国市教育委員会
　山口日記事件　　　　　　　　1953.6.3
岩倉使節団
　田中不二麿、欧米を視察　　　1871.12.4
　津田梅子らがアメリカ留学　　1871.12.23
岩手教組学テ阻止事件
　岩手教組学テ阻止事件に有罪　1966.7.22
　岩手教組の学テ闘争につき無罪　1969.2.19
岩手県教職員組合
　岩手教組学テ阻止事件に有罪　1966.7.22
　岩手教組の学テ闘争につき無罪　1969.2.19
　4.11スト事件で教組委員長に無罪判
　　決　　　　　　　　　　　　1982.6.14
岩手大学
　北海道学芸大など5学芸大、教育大学
　　に改称　　　　　　　　　　1966.4.5
『岩波講座 教育』
　『岩波講座 教育』を刊行開始　1952.6.13
『岩波講座 教育科学』
　『岩波講座 教育科学』刊行開始　1931.10.15
『岩波少年文庫』
　『岩波少年文庫』を刊行開始　1950.12.25
岩波書店
　『岩波文庫』刊行開始　　　　1927.7.10
　『岩波講座 教育科学』刊行開始　1931.10.15
　『教育学辞典』刊行開始　　　1936.5.30
　『岩波少年文庫』を刊行開始　1950.12.25
　『岩波講座 教育』を刊行開始　1952.6.13
『岩波文庫』
　『岩波文庫』刊行開始　　　　1927.7.10
インターネット
　町村文相、全小・中・高のインター
　　ネット接続を2003年までに完了と
　　表明　　　　　　　　　　　1997.11.4
　文部省、小学校のインターネット接
　　続計画2年前倒しを発表　　　1998.12.21
インターンシップ制度
　大学生のインターンシップ制導入決
　　定　　　　　　　　　　　　1997.5.9
　理科教育及び産業教育審議会、専門
　　高校の在り方に関する方針提出　1998.7.23

インターン制度
　青年医師連合、インターン制度に反
　　対　　　　　　　　　　　　　　1967.3.12

【う】

上田蚕糸専門学校
　上田蚕糸専門学校他、創設　　　　1910.3.28
うさぎ生き埋め事件
　鹿児島の小学校でうさぎ生き埋め事
　　件　　　　　　　　　　　　　　1989.7.7
宇治学習塾女児殺害事件
　宇治学習塾女児殺害事件　　　　　2005.12.10
　宇治学習塾女児殺害事件で、元講師
　　に懲役18年の判決　　　　　　　2007.3.6
宇治小不審者乱入事件
　宇治小不審者乱入事件　　　　　　2003.12.18
宇治市立宇治小学校
　宇治小不審者乱入事件　　　　　　2003.12.18
内村鑑三不敬事件
　内村鑑三不敬事件　　　　　　　　1891.1.9
宇都宮市立横川東小学校
　横川東小学校傷害事件　　　　　　2010.10.20
浦和高等学校
　高等学校設置　　　　　　　　　　1921.11.9
『うれうべき教科書の問題』
　日本民主党『うれうべき教科書の問
　　題』刊行　　　　　　　　　　　1955.8.13
　日本学術会議『うれうべき教科書の
　　問題』で警告　　　　　　　　　1955.10月
運動医事
　運動医事相談部設置　　　　　　　1933.11月
運動会事故
　全身マヒとなった高校生への損害賠
　　償金支払いの判決　　　　　　　1999.9.2
運動競技
　保健体育審議会「児童生徒の運動競
　　技の在り方について」を答申　　1979.3.26
運動部
　文部省、中学・高校生の運動部活調
　　査発表　　　　　　　　　　　　1996.10.7
　文部省調査協力者会議、中高部活動
　　の練習時間の短縮を提言　　　　1997.12.25
　保健体育審議会、中間報告を提出　2000.6.15

【え】

AO入試
　東北大・筑波大・九州大、AO入試導
　　入決まる　　　　　　　　　　　1998.9.8
　文部省、AO入試実施を発表　　　　1999.8.19
　大学前納金返還訴訟、「AO入試」は
　　認めず　　　　　　　　　　　　2006.10.20
英学塾
　メアリー・キダー、英学塾を創設　1870.10.15
英語
　英語授業時間削減論　　　　　　　1934.3.14
　文部省、大阪の市立小学校2校を英語
　　教育の研究開発校に指定　　　　1992.5.22
　中教審第2小委員会、「審議のまとめ」
　　案の骨子発表　　　　　　　　　1996.5.17
　文部省、私立中入試に英語を出題し
　　ないよう、各都道府県知事に指示 1998.12.14
　中教審、小学校英語必修化について
　　提言　　　　　　　　　　　　　2006.3.27
　中教審、学習指導要領について報告 2007.10.30
　教育再生懇談会、英語教育や小中学
　　生の携帯電話所持についての第1次
　　報告を提出　　　　　　　　　　2008.5.26
　小学校で英語学習始まる　　　　　2009.4月
英語学校
　外国語学校を英語学校と改称　　　1874.12.27
英才学級
　東京高師国民学校・中学校で英才学
　　級を発足　　　　　　　　　　　1945.1.6
エイズ教育
　文部省、教師用エイズ手引きの全面
　　改訂版を公表　　　　　　　　　1992.12.9
栄養教諭
　中教審、栄養教諭制度の創設を提言 2003.9.10
　中教審、「食に関する指導体制の整備
　　について」答申　　　　　　　　2004.1.20
　「学校教育法」改正　　　　　　　　2004.5.21
　「学校保健法」一部改正　　　　　　2008.6.11
NHK学園 → 日本放送協会学園高等学校を
　見よ
NHK教育テレビ
　NHK教育テレビ本放送開始　　　　1959.1.10
えひめ丸沈没事故
　えひめ丸沈没事故　　　　　　　　2001.2.9
愛媛県教育委員会
　愛媛県教委、勤評による昇給昇格実
　　施を決定　　　　　　　　　　　1956.11.1

| 愛媛県教委、勤評による人事発令 | 1957.3.30 |

愛媛県立宇和島水産高等学校
| えひめ丸沈没事故 | 2001.2.9 |

愛媛県立新居浜西高等学校
| 高校履修不足問題で校長が自殺 | 2006.10.30 |

愛媛大学
| 旭川医大・愛媛大医学部・山形大、医学部開学 | 1973.11.5 |

エホバの証人
| エホバの証人訴訟で、退学処分は違法と判決 | 1994.12.22 |
| 最高裁、エホバの証人訴訟で、退学処分取り消しの判決 | 1996.3.8 |

LD → 学習障害を見よ

援助交際
援助交際の女子高生ら摘発	1997.3.27
東京都青少年問題協議会、都条例に処罰規定の導入を答申	1997.4.3
「出会い系サイト規制法」成立	2003.6.6

【お】

OECD → 経済協力開発機構も見よ

OECD派遣教育調査団
| OECD派遣教育調査団来日 | 1970.1.11 |

O-157
O-157による集団下痢で幼稚園児死亡	1990.10.19
O-157による集団食中毒発生	1996.6.1
O-157による集団食中毒発生	1996.7.15
O-157による食中毒女子児童死亡事件で、市に賠償を命じる判決	1999.9.10

『欧州教育史』
| 『欧州教育史』刊行 | 1906(この年) |

追手門学院大学
| インド人留学生の自殺、いじめが原因 | 2010.12.27 |

オウム真理教
地下鉄サリン事件	1995.3.20
文部省、静岡県教委に対しオウム教団の不就学児の対応を指示	1995.3.28
山梨県上九一色村、オウム教信徒の手続きを受理しない方針を通知	1995.4.11
東京大学医学部教授会、入試に面接を全面導入	1996.11.20

大分一家6人殺傷事件
| 大分一家6人殺傷事件 | 2000.8.14 |

大分教員採用汚職
| 大分の教員採用汚職で小学校長ら逮捕 | 2008.6.14 |
| 大分教員採用汚職で、21人採用取り消し | 2008.8.29 |

大分県教育委員会
| 大分県教組の人勧ストに対する処分は違憲で無効と判決 | 1993.1.19 |
| 大分教員採用汚職で、21人採用取り消し | 2008.8.29 |

大分県教職員組合
| 大分県教組の人勧ストに対する処分は違憲で無効と判決 | 1993.1.19 |

大分高等学校教職員組合
| 大分県教組の人勧ストに対する処分は違憲で無効と判決 | 1993.1.19 |

大蔵省
| 大蔵省「歳出百科」発表 | 1980.7.7 |

大阪外国語学校
| 臨時教員養成所設置 | 1923.4.5 |

大阪教育大学附属池田小学校
池田小児童殺傷事件	2001.6.8
文科省、池田小児童殺傷事件に関して謝罪	2003.6.5
池田小児童殺傷事件で死刑判決	2003.8.28

大阪工業学校
| 大阪工業学校、創設 | 1896.5.19 |

大阪高等学校
| 高等学校設置 | 1921.11.9 |

大阪産業大学付属高等学校
| 大阪産業大学付属高校同級生殺害事件 | 1984.11.2 |

大阪市教育委員会
| 大阪府小中学校指導要録を3段階絶対評価に | 1973.2.10 |
| 大阪府教委と大阪市教委、在日外国人の常勤講師採用を発表 | 1992.6.10 |

大阪商科大学
| 大阪商科大学認可 | 1928.3.23 |

大阪商業講習所
| 大阪商業講習所、創設 | 1880.11月 |

大阪商業大学
| 大阪商大入試問題漏洩事件で教授逮捕 | 1992.4.16 |

大阪女子高等医学専門学校
| 大阪女子高等医学専門学校認可 | 1928.7.3 |

大阪市立味原小学校
| 文部省、大阪の市立小学校2校を英語教育の研究開発校に指定 | 1992.5.22 |

大阪市立高津中学校
| 文部省、大阪の市立小学校2校を英語教育の研究開発校に指定 | 1992.5.22 |

大阪市立真田山小学校
| 文部省、大阪の市立小学校2校を英語教育の研究開発校に指定 | 1992.5.22 |

大阪市立十三中学校
　学校側にはいじめ防止措置を講ずる
　　義務があるとして損害賠償命令　1995.3.24
大阪市立城東中学校
　大阪府で中3男子生徒、女子生徒をナ
　　イフで襲う　　　　　　　　　1998.12.7
大阪市立大桐中学校
　大桐中学校同級生殺害事件　　　1993.4.20
大阪専門学校
　大阪専門学校と改称　　　　　　　1879.4.4
大阪大学
　大阪大学大学院、初の「飛び入学」
　　合格者2名発表　　　　　　　　1991.3.12
　阪大教授、論文捏造　　　　　　2006.9.22
大阪帝国大学
　大阪帝国大学設置　　　　　　　1931.4.30
　大阪帝大産業科学研究所設置　 1939.11.30
　臨時教員養成所設置　　　　　　　1942.2.12
大阪万博 → 日本万国博覧会を見よ
大阪府医学校病院
　官立医学校を創設　　　　　　　1870.3.30
大阪府堺小学校
　O-157による集団食中毒発生　　1996.7.15
大阪府教育委員会
　大阪府小中学校指導要録を3段階絶対
　　評価に　　　　　　　　　　　1973.2.10
　大阪府教委と大阪市教委、在日外国
　　人の常勤講師採用を発表　　　1992.6.10
　大阪府教委、府立高校生徒に対し生
　　徒指導要録の全面開示を決定　1998.10.13
　大阪府教委、国旗を引き下ろした豊
　　中市立小学校教員を停職処分　 2000.2.29
　大阪府教委、府立高校における問題
　　教員は400人と発表　　　　　 2000.11.6
　大阪府教委、全国学力テストの市町
　　村別正答率開示　　　　　　　2009.11.17
大阪府立大学
　大阪府立大学認可　　　　　　　1919.11.22
大阪府立聾口話学校
　大阪府立聾口話学校設立　　　　 1926.5月
大阪洋学校
　舎密局・大阪洋学校、大学南校所管
　　に　　　　　　　　　　　　　　1870.5.3
大阪幼児放置死事件
　大阪幼児放置死事件　　　　　　2010.7.30
大阪理工科大学
　大阪理工科大学認可　　　　　　1943.3.12
大阪労働学校
　大阪労働学校開設　　　　　　　　1922.6.1
大谷大学
　龍谷大学、大谷大学認可　　　　1922.5.20

大妻女子短期大学
　大妻女子短大、朝鮮人学校からの編
　　入者の受験拒否　　　　　　　1994.5.30
大牟田市小学生殺害未遂事件
　大牟田市小学生殺害未遂事件　　2009.9.30
岡崎高等師範学校
　岡崎高師、広島女子高師を設置　　1945.4.1
岡山医科大学
　医科大学2校改称　　　　　　　 1922.3.31
岡山金属バット母親殴殺事件
　岡山金属バット母親殴殺事件　　2000.6.21
岡山県いじめ自殺事件
　岡山県いじめ自殺事件　　　　　1994.5.30
岡山県総社市立総社中学校
　岡山県いじめ自殺事件　　　　　1994.5.30
沖縄うるま市中学集団暴行殺人事件
　沖縄うるま市中学集団殺人事件
　　　　　　　　　　　　　　　 2009.11.20
沖縄教育連合会
　沖縄教育連合会を結成　　　　　 1947.2.14
沖縄教職員会
　沖縄教職員会が解散総会　　　　 1971.9.29
沖縄国際海洋博覧会
　「沖縄海洋博」開幕　　　　　　　1975.7.20
沖縄集団自決
　教科書検定で沖縄集団自決記述の復
　　活申請　　　　　　　　　　　 2007.11.1
　教科書に沖縄集団自決記述復活　2007.12.26
沖縄中学生殺害事件
　沖縄中学生殺害事件　　　　　　　2003.7.5
送り仮名
　送り仮名の付け方を内閣告示　　 1959.7.11
『送仮名法』
　『送仮名法』刊行　　　　　　　 1907.3.20
「教え子を再び戦場に送るな」
　日教組、中央委員会でスローガンを
　　決定　　　　　　　　　　　　 1951.1.24
お受験
　音羽お受験殺人事件　　　　　　1999.11.25
汚染米
　汚染米、給食使用　　　　　　　 2008.9.12
小樽高等商業学校
　上田蚕糸専門学校他、創設　　　 1910.3.28
小田原市
　小田原市、職員採用試験の受験資格
　　から学歴条項を外すことを決定　1997.5.9
小田原市個人情報審査会
　小田原市個人情報審査会、指導要録
　　所見欄の記述削除を認める答申を
　　行う　　　　　　　　　　　　1998.12.24
音羽お受験殺人事件
　音羽お受験殺人事件　　　　　　1999.11.25

尾道市立高須小学校
　尾道市立高須小学校長が自殺　　　2003.3.9
オリンピック
　オリンピック日本初参加　　　　　1912.7.6
　オリンピック日本初メダル　　　　1920.8.14
　冬季オリンピック日本初参加　　　1928.2.11
　冬季オリンピック日本初メダル　　1956.1.26
　東京オリンピック開幕　　　　　　1964.10.10
　札幌オリンピック開幕　　　　　　1972.2.3
　長野オリンピック開幕　　　　　　1998.2.7
尾鷲市立尾鷲中学校
　中学校校内暴力事件で警官多数出動
　　　　　　　　　　　　　　　　　1980.10.31
音楽取調所
　音楽取調所と改称　　　　　　　　1885.2.9
音楽取調掛
　音楽取調掛、設置　　　　　　　　1879.10.7
　音楽取調掛、伝習生の募集を開始　1880.9月
　文部省、局課を改置　　　　　　　1881.10.24
　『小学唱歌集』刊行　　　　　　　1881.11月
　『幼稚園唱歌集』刊行　　　　　　1887.12月

【か】

海員掖済会
　横浜高等海員養成所設立　　　　　1913.6月
海員養成所官制
　「海員養成所官制」公布　　　　　1939.7.10
海外子女教育
　ブラジルに日本人学校開設　　1915（この年）
　バンコク日本人学校開校　　　　　1956.1.22
　モスクワ日本人学校開校　　　　　1967.10.2
　海外子女教育振興財団設立　　　　1971.1.29
　「学校教育法施行規則」一部改正　1972.2.10
　上海日本人学校に高校開設決定　　2010.6月
海外子女教育振興財団
　海外子女教育振興財団設立　　　　1971.1.29
海外留学生監督章程
　「海外留学生監督章程」制定　　　1874.6.13
海外留学生規則
　「海外留学生規則」制定　　　　　1871.2.11
海軍現役武官商船学校配属令
　「海軍現役武官商船学校配属令」公布
　　　　　　　　　　　　　　　　　1936.11月
海軍操練所
　海軍操練所、創設　　　　　　　　1869.10.22
海軍大学校官制
　「海軍大学校官制」公布　　　　　1888.7.16
海軍兵寮
　海軍兵寮・陸軍兵寮と改称　　　　1870.12.25

海軍兵学校官制
　「海軍兵学校官制」公布　　　　　1888.6.14
外国教師ニテ教授スル医学教則
　小学校・中学校・専門学校の諸規程
　を廃止　　　　　　　　　　　　　1878.5.23
外国教師ニテ教授スル中学教則
　小学校・中学校・専門学校の諸規程
　を廃止　　　　　　　　　　　　　1878.5.23
外国語
　外国語授業削減　　　　　　　　　1935.4月
　外国語選択制　　　　　　　　　　1942.7.8
　文部省の調査研究協力者会議、外国
　　語教育の改善を提言　　　　　　1993.7.30
　構造改革特区第二弾を認定　　　　2003.5.23
外国工芸学校教則
　小学校・中学校・専門学校の諸規程
　を廃止　　　　　　　　　　　　　1878.5.23
外国鉱山学校教則
　小学校・中学校・専門学校の諸規程
　を廃止　　　　　　　　　　　　　1878.5.23
外国語学校
　官立外国語学校、創設　　　　　　1874.3.29
　外国語学校を英語学校と改称　　　1874.12.27
外国語学校教則
　「外国語学校教則」制定　　　　　1873.5.5
　小学校・中学校・専門学校の諸規程
　を廃止　　　　　　　　　　　　　1878.5.23
外国諸芸学校教則
　小学校・中学校・専門学校の諸規程
　を廃止　　　　　　　　　　　　　1878.5.23
外国人学校
　外国人学校などを対象に大検を認め
　　る方針決定　　　　　　　　　　1999.7.8
外国人学校法
　教育3法案を国会に提出　　　　　1968.3.12
外国人教員任用
　国公立大の外国人教員任用に関する
　　法律成立　　　　　　　　　　　1982.8.21
　文部省、公立校教員に外国人を採用
　　しないよう通知　　　　　　　　1982.10.2
外国人教師学校
　外国人教師による諸学校を廃止　　1872.11.17
外国人児童・生徒
　日本語教育が必要な外国人生徒5400
　　人余に上る　　　　　　　　　　1992.4.16
外国人入学許可
　外国人の入学を許可　　　　　　　1874.3.18
外国法学校教則
　「外国法学校教則」など制定　　　1873.5.18
　小学校・中学校・専門学校の諸規程
　を廃止　　　　　　　　　　　　　1878.5.23

外国理学校教則
小学校・中学校・専門学校の諸規程
を廃止 1878.5.23
介護体験
自民党小委、介護体験を義務付ける
法案をまとめる 1997.4.2
介護体験義務づけ議員立法成立 1997.6.11
文部省、教員志望者に対する「介護等
体験特例法施行規則」公布通達 1997.11.26
介護等体験特例法施行規則
文部省、教員志望者に対する「介護等
体験特例法施行規則」公布通達 1997.11.26
買春
東京都青少年問題協議会、都条例に
処罰規定の導入を答申 1997.4.3
「児童ポルノ処罰法」公布 1999.5.26
「出会い系サイト規制法」成立 2003.6.6
開成学校
開成学校を創設 1868.10.27
開成学校、東京府に移管 1868.12.11
開成学校、開校 1869.2.27
大学校改称などを布達 1870.1.15
開成学校、学年などを制定 1873.9.10
製作学教場、設置 1874.2.23
開成学校第1回海外留学生 1875.7.18
開成学校第2回海外留学生 1876.6.25
『改正教授術』
『改正教授術』刊行 1884.6月
開拓使
開拓使、外国人を雇入 1871.4.17
津田梅子らがアメリカ留学 1871.12.23
開拓使仮学校
開拓使仮学校、創設 1872.4.21
開拓使仮学校、女学校を併置 1872.10.21
『貝になった子供』
第1回児童文学賞授与 1951.12.1
海洋博 → 沖縄国際海洋博覧会を見よ
替え玉受験
法政大学、替え玉受験による入学取
り消しを発表 1990.7.29
明治大学二部商学部の今春試験の替
え玉受験で、合格取消 1991.4.29
科学オリンピック
科学オリンピックでメダル獲得 2010.7.27
科学官
文部省科学官設置 1942.3.24
科学技術
米国学術顧問団が科学技術の再編成
のため来日 1947.7.19
科学技術会議
科学技術会議を設置 1959.2.20

科学技術教育
中教審、科学技術教育の振興方策答
申 1957.11.11
文部省、科学技術教育振興方策を発
表 1957.11.29
日経連、「科学技術教育振興に関する
意見」発表 1957.12.26
科学技術系学生
科学技術系学生8000人増計画 1957.4.1
科学技術者動員計画設立要綱
「科学技術者動員計画設立要綱」決定
1944.7.10
科学技術者養成
科学技術庁、科学技術者養成につい
て勧告 1961.3.11
科学技術振興方策
科学技術会議、科学技術振興方策を
答申 1960.10.4
科学技術庁
科学技術庁、科学技術者養成につい
て勧告 1961.3.11
文部省、科学技術庁との一本化に前
向きな姿勢 1997.5.21
「文部科学省設置法」公布 1999.7.16
文部科学省設立 2001.1.6
科学者憲章
日本学術会議、「科学者憲章」採択 1980.4.24
科学振興調査会
科学振興調査会設置 1938.8.15
科学万博 → 国際科学技術博覧会を見よ
香川医科大学
香川医科大推薦入試で履修科目不足
生徒の合格が判明 1997.1.6
『柿の木のある家』
第1回児童文学賞授与 1951.12.1
学位規則
「学位規則」を公布 1953.4.1
文部省、「大学院設置基準」等改正 1989.9.1
学位授与機構
「学位授与機構」設置法案により「国
立学校設置法」「学校教育法」改正
1991.3.26
「国立学校設置法」の改定 2000.3.31
学位授与権
学位授与権を東京大学に付与 1878.12.19
学位売買問題
長崎大で学位売買 1933.12.12
学位令
「学位令」公布 1887.5.21
「学位令」改正 1898.12.10
「大学校令」案及び「学位令」改正案
を諮問 1914.6月
「学位令」改正 1920.7.6

学業問題
警察庁、「少年の自殺」調査結果発表　　1977.10.14
『学芸志林』
『学芸志林』創刊　　1877.8月
学士
大学卒業者に附与する学位名称を「学士」とする　　1991.4.2
学士課程教育
中教審、学士課程教育について答申　　2008.12.24
学事諮問会
学事諮問会を開催　　1882.11.21
学事巡視報告書
学事巡視報告書を提出　　1877.8月
学事奨励に関する被仰出書
「学事奨励に関する被仰出書」布告　　1872.9.4
学舎制
学校掛、「学舎制」を提出　　1868.4.20
学習院、大学寮代と改称　　1868.5.7
学修
文部省、「文部大臣が別に定める学修」を告示　　1991.6.5
学習院
学習院を復興　　1868.4.4
学習院、大学寮代と改称　　1868.5.7
学習院の称号を授与　　1877.10.17
学習院、宮内省へ移管　　1884.4.17
学習院、大学部を廃止　　1905.9.29
華族女学校、学習院に合併　　1906.4.11
乃木希典、学習院長に就任　　1907.1.30
学習院高等科を高等学校同等に　　1921.4.28
学習研究社
『三年の学習』『四年の学習』創刊　　1947.1月
『たのしい科学』創刊　　1957.10月
学習指導要領
文部省、『学習指導要領(試案)』を刊行　　1947.3.20
学習指導要領改訂　　1951.7.1
「学校教育法施行規則」一部改正　　1958.8.28
小中学校学習指導要領を官報に告示　　1958.10.1
文部省、高等学校学習指導要領官報告示　　1960.10.15
小学校新学習指導要領による教育課程の実施　　1961.4.1
中学校の新学習指導要領による教育課程実施　　1962.4.1
高校の新学習指導要領による教育課程を実施　　1963.4.1
京都府教委、学習指導要領案に反対声明　　1968.7.8
文部省、小学校学習指導要領告示　　1968.7.11
文部省、中学校学習指導要領を告示　　1969.4.14
文部省、高等学校学習指導要領を告示　　1970.10.15
小中新学習指導要領の「公害」部分改訂告示　　1971.1.20
養護学校小中学部学習指導要領の改訂を告示　　1971.3.13
盲・聾・養護学校高等部学習指導要領を発表　　1972.10.17
小中高校等の学習指導要領の一部改正など通達　　1972.10.27
文部省、小中学校新学習指導要領を告示　　1977.7.23
文部省、「小学校及び中学校の学習指導要領等の施行について」を通達　　1977.8.16
文部省、「新高等学校学習指導要領」を発表　　1978.6.22
文部省、高校の新学習指導要領を告示　　1978.8.30
文部省、盲・ろう・養護学校の新学習指導要領告示　　1979.7.2
高等学校新学習指導要領実施　　1982.4.1
文部省、学習指導要領作成協力者会議から社会科解体反対メンバーを外す　　1988.4.20
文部省、幼・小・中・高校の学習指導要領等の改訂案発表　　1989.2.10
西岡文相、外国人記者団と会見　　1989.3.9
文部省、幼・小・中・高校の学習指導要領等を告示　　1989.3.15
日教組「改訂学習指導要領批判と私たちの課程」発表　　1989.5.26
文部省、盲ろう養護学校学習指導要領告示　　1989.10.24
文部省、高校学習指導要領移行措置告示　　1989.11.30
新学習指導要領への移行措置が開始　　1990.4.1
小学校学習指導要領と高校の初任者研修が実施　　1992.4.1
中学校の新学習指導要領、全面実施　　1993.4.1
文部省、公立中学校の新学習指導要領実施後の課程編成状況を発表　　1993.10.12
全国364自治体で、新学習指導要領の見直しを採択　　1994.1.18
高校の新学習指導要領、実施　　1994.4.1
文部省、教育課程審議会を9年ぶりに再開　　1996.8.27
文部省、小・中学校学習指導要領の改定内容を公表　　1998.11.18
文部省、幼稚園新教育要領、小・中学校学習指導要領を全面改定し告示　　1998.12.14
文部省、高等学校学習指導要領公表　　1999.3.1
文部省、高等学校・特殊教育学校の新学習指導要領公示　　1999.3.29

文部省、学習指導要領移行措置を提示 1999.6.3
新学習指導要領の移行措置スタート 2000.4.1
新「高等学校学習指導要領」実施 2003.4.1
中山文科相、学習指導要領の見直しを要請 2005.2.15
中教審、学習指導要領について報告 2007.10.30
文科省、学習指導要領を告示 2008.3.28
学習指導要領解説書に「竹島」記載 2008.7.14
高校学習指導要領案を公表 2008.12.22
高校学習指導要領を告示 2009.3.9

学習指導要領作成協力者会議
文部省、学習指導要領作成協力者会議から社会科解体反対メンバーを外す 1988.4.20

学習塾
四谷大塚進学教室選抜試験に1万6千人応募 1975.4.20
文部省、初の学習塾調査の発表 1977.3.11
総務庁、「青少年白書」発表 1992.1.14
文部省、学校5日制実施により学習塾に営業自粛の協力要請 1992.5.21
生涯学習審議会に諮問 1997.6.16
生涯学習審議会、地域社会の環境充実方策について答申 1999.6.9
板橋誘拐事件 2001.10.15
宇治学習塾女児殺害事件 2005.12.10
宇治学習塾女児殺害事件で、元講師に懲役18年の判決 2007.3.6

学習障害
文部省の調査研究協力者会議、「通級」の実施方策について中間報告 1991.7.17
文部省調査協力者会議、「学習障害」の定義について提言 1995.3.27
調査協力者会議、学習障害児指導のあり方に関する報告書まとめる 1999.7.2

学習到達度と学習意識に関する調査
国立教育研究所「学習到達度と学習意識に関する調査」まとめ発表 1977.1.7

学習評価
小学校学籍簿に5段階相対評価法採用を通達 1948.11.12
立川市立二中の音楽教師、全生徒に評価3 1972.7.21
大阪府小中学校指導要録を3段階絶対評価に 1973.2.10
国立教育研究所「学校における評価の現状について」の調査結果発表 1977.3.9
文部省の調査研究協力者会議、「小中学校指導要録改訂の審議のまとめ」を提出 1991.3.13
鳥取県教委、調査書に絶対評価の導入を発表 1992.12.5

教育課程審議会に諮問 1999.12.17
教育課程審議会、学習評価の在り方について答申 2000.12.4

各種学校規程
各種学校規程を制定 1956.12.5

学術研究
文部省、教育白書『我が国の文教施策』刊行 1991.11.5
文部省、教育白書『我が国の文教施策』刊行 1997.12.5
学術審議会、学術研究の総合的推進について提言 1999.6.29

学術国際交流
学術審議会、学術国際交流推進を提言 1994.7.21

学術修士
文部省、学術修士新設 1978.2.27

学術審議会
学術審議会、学術振興に関する基本施策答申 1973.10.31
学術審議会、学術国際交流推進を提言 1994.7.21
学術審議会、若手研究者の養成・確保の方策について提言 1995.7.20
学術審議会、研究者の養成について建議 1996.7.29
学術審議会、学術研究の総合的推進について提言 1999.6.29

学術振興
学術審議会、学術振興に関する基本施策答申 1973.10.31

学術白書
文部省、初の学術白書『わが国の学術』を発表 1975.8.30

各省官制
「各省官制」公布 1886.2.27

学神祭
大学校、学神祭を挙行 1869.9.7

学制
「学制」の大綱を上申 1872.2.12
「学制」発布 1872.9.5
「学制」改正 1873.2.9
「学制」一部改正 1873.5.27
「教育令」公布 1879.9.29
「学制」頒布50年式典開催 1922.10.30
「学制」頒布70周年式典 1942.10.30
文部省『学制百年史』を刊行 1972.10.1
文部省、「学制」百年記念式典開催 1972.10.5

学生運動
法政大学で学生運動 1933.11月
「教育の問題としての学生運動」を発表 1952.8.4
国大協「最近の学生運動に関する意見」発表 1968.2.9

学制改革
文部大臣、高等教育会議に学制改革案を諮問	1902.11.26
衆議院に学制改革案を提出	1910.3.15
文部省、学制改革案を高等教育会議に諮問	1910.4.25
学制改革案発表	1931.9月
学制改革案発表	1933.3.15

学制改革同志会
学制改革同志会、設立	1899.11月

学生思想問題調査委員会
学生思想問題調査委員会設置	1931.6.23
学生思想問題調査委員会答申	1932.5.2

学生社会科学連合会
京都学連事件	1925.12.1
学生社会科学連合会解散	1929.11.7

学生主事
大学、高等専門学校の学生・生徒主事を廃止	1946.3.14

学制取調掛
学制取調掛を任命	1872.1.11

学生生徒児童身体検査規程
「学生生徒児童身体検査規程」制定	1920.7.27

学生生徒身体検査規程
「学生生徒身体検査規程」制定	1897.3.15
「学生生徒身体検査規程」改正	1900.3.26

学制追加
「学制追加」頒布	1873.4.17

学制二編
「学制二編」頒布	1873.3.18

学制二編追加
「学制二編追加」頒布	1873.4.28

学生の教育研究災害補償制度に関する調査研究会
教育研究災害補償制度に関する最終報告	1975.8.15

学生の思想風紀
学生の思想風紀について訓令	1906.6.9

学生の政治運動について
「学生の政治運動について」文部次官通達	1948.10.8

『学制百年史』
文部省『学制百年史』を刊行	1972.10.1

学制問題
自民党、5小委員会発足	1980.12.4

学生連合会
学生連合会第1回全国大会開催	1924.9.14

各大学区合併督学局
各大学区合併督学局、設置	1873.7.3

学長選考
一橋大学、学長選考規則の学生・職員の参加に関する条項削除決定	1998.11.18

学テ → 全国一斉学力調査を見よ

学童集団疎開強化要綱
「学童集団疎開強化要綱」を決定	1945.3.15

学童疎開
学童の縁故疎開を促進	1943.12.10
児童の集団疎開決定	1944.6.30
対馬丸事件	1944.8.22
疎開学童対策協議会	1944.9.29
「学童集団疎開強化要綱」を決定	1945.3.15

学徒勤労動員
勤労動員始まる	1938.6.9
「学徒動員令」出される	1942.1.9
「緊急学徒勤労動員方策要綱」決定	1943.1.18
「教育ニ関スル戦時非常措置方策」決定	1943.10.12
学徒の勤労に関して通達	1943.12.17
「決戦非常措置要綱ニ基ク学徒動員実施要綱」決定	1944.3.7
「学徒動員本部規程」制定	1944.4.17
食料増産隊に学徒を動員	1944.6.15
学徒動員拡大を決定	1944.7.11
学徒勤労動員強化を通達	1944.7.19
動員学徒の成績について通達	1944.8.2
児童の勤労動員について通達	1944.8.14
夜間学校学徒動員について通達	1944.11.8
卒業者の勤労動員継続を決定	1944.12.1
文部省に学徒動員局を設置	1945.7.11
「学徒動員解除」を通達	1945.8.16

学徒勤労令
「学徒勤労令」公布	1944.8.23
「学徒勤労令」を廃止	1945.10.11

学徒軍事教練強化要綱
「学徒軍事教練強化要綱」決定	1944.2.4

学徒出陣
学徒出陣壮行会	1943.10.21
学徒出陣始まる	1943.12.1

学徒戦時動員体制確立要綱
「学徒戦時動員体制確立要綱」決定	1943.6.25

学徒動員解除
「学徒動員解除」を通達	1945.8.16

学徒動員局
文部省に学徒動員局を設置	1945.7.11

学徒動員本部規程
「学徒動員本部規程」制定	1944.4.17

学徒動員命令
「学徒動員命令」出される	1942.1.9

学内集団行動及び示威運動
学内集団行動及び示威運動について通達	1950.7.25

学年始期統一
学年始期統一	1921.4月

学年制
公立小学校が学年制に	1885.12.12

学農社農学校
- 学農社農学校、創設　　　　　1875.9月

学費値上げ
- 関東の大学・高校で学費値上げ反対のスト　　　　　　　　　　1948.6.23
- 慶大生、学費値上げ反対で全学ストライキ　　　　　　　　　　1965.1.28
- 慶大、スライド方式による学費値上げを発表　　　　　　　　1975.10.11

学費返還請求訴訟
- 私立高生超過学費返還請求訴訟で原告請求を棄却　　　　　　1980.5.14

学務委員
- 郡視学・学務委員を設置　　　　1890.10.7

学務委員選挙規則
- 学務委員選挙規則の制定を指示　　1880.1.6

学務委員薦挙規則起草心得
- 「就学督責規則起草心得」他、制定　1881.1.29

学問の自由
- 参院文部委、学問の自由等に関する意見書　　　　　　　　　　1952.4.3

『学問のすゝめ』
- 『学問のすゝめ』刊行　　　　　1872.3月

学力改善
- 小中学生、学力改善傾向　　　　2005.4.22
- 高校生、学力改善方向　　　　　2007.4.13

学力向上
- 「学びのすすめ」公表　　　　　2002.1.17

学力向上アクションプラン
- 学力向上アクションプラン　　2002（この年）

学力実態調査
- 日教組「学力実態調査」の結果発表　1976.5.11

学力調査
- 文部省「学力調査」実施決定　　1980.8.22
- 文部省、新学力調査を実施　　　1982.2.24
- 文部省、新「学力調査」実施　　1983.1.26
- 文部省、中学校新学力調査結果発表　　　　　　　　　　　　1985.12.26

学力低下
- 社会・算数・数学で学力低下　　2002.12.13

学齢
- 学齢を制定　　　　　　　　　　1875.1.8

学齢児童就学奨励規程
- 「学齢児童就学奨励規程」　　　1928.10.4

学歴昇進
- 経済同友会、上場企業社員の学歴昇進を調査　　　　　　　　1975.9.19

鹿児島高等中学校造士館
- 鹿児島高等中学校造士館、廃止　　1896.9.3

鹿児島高等農林学校
- 奈良女子高等師範学校他、創設　　1908.4.1

風の子学園
- 風の子学園事件　　　　　　　　1991.7.29

華族女学校
- 華族女学校、創設　　　　　　　1885.9.5
- 華族女学校、学習院に合併　　　1906.4.11

学監
- 学監を設置　　　　　　　　　　1874.10.4

学監考案日本教育法
- 「学監考案日本教育法」提出　　1877.6月

学監事務所
- 督学局を廃止し、学監事務所を設置　1877.1.12

学級数
- 小学校児童数及び学級数について訓令　　　　　　　　　　　1897.7.21

学級規模と教育活動に関する調査
- 日教組・国民教育研究所「学級規模と教育活動に関する調査」発表　1978.11.3

学級定員減
- 中教審、学級定員減を提言　　　2010.7.12

学級編成
- 文部省、第5次公立高校学級編成・教職員定数改善計画を発表　1992.12.9
- 文部省協力者会議、学級編成基準改定の見送り等について報告書を公表　　　　　　　　　　　　2000.5.19

学級崩壊
- 国立教育研究所グループ、学級崩壊に関する事例研究報告書をまとめ公表　　　　　　　　　　2000.5.18

学区
- 中小学区の地画を制定　　　　　1873.1.17
- 文部省、通学区域の弾力的運用を通知　　　　　　　　　　　1997.1.27
- 国民生活審議会多様な生活に関する研究会、小・中学校通学区制の見直しを提言　　　　　　　　1998.10.23

学区巡視事務章程
- 「学区巡視事務章程」制定　　　1873.6.6

学校安全
- 「学校安全緊急アピール」発表　　2004.1.20

学校医
- 公立学校に学校医　　　　　　　1898.1.12
- 「学校医職務規程」「学校医ノ資格」制定　　　　　　　　　　1898.2.26

学校医職務規程
- 「学校医職務規程」「学校医ノ資格」制定　　　　　　　　　　1898.2.26
- 「学校医職務規程」「学校歯科医職務規程」制定　　　　　　　1932.2.1

学校5日制
- 日教組委員長、学校5日制を表明　1973.4.15
- 文部省、高校以下の教員の週休2日制実施要領を各県教委に送付　1977.3.2
- 総理府「学校教育と週休2日制に関する世論調査」発表　　　1986.11.24

学校5日制試行校の保護者を対象とした文部省調査の結果を公表	1991.8.6
日本PTA全国協議会、全国大会で「学校5日制」に前向きの見解	1991.8.22
文部省の調査協力者会議、学校5日制の導入実施計画を発表	1991.12.19
文部省の調査協力者会議、学校5日制に対応した地域の受け入れ体制の拡充を公表	1991.12.20
「学校5日制」で第2土曜日休業へ	1992.2.20
「学校5日制実施推進連絡会議」発足	1992.2.26
長崎県議会、「学校5日制」は時期尚早と意見書採択	1992.3.18
文部省、学校5日制導入に伴う授業時間について、各府県教委に通知	1992.3.23
文部省、9月から「学校5日制」導入とする「学校教育法施行規則」を改定	1992.3.23
文部省、公立学校教職員の週休2日制について通知	1992.5.1
文部省、学校5日制調査協力校642校を指定	1992.5.19
文部省、学校5日制実施により学習塾に営業自粛の協力要請	1992.5.21
国公立学校で、月1回の学校5日制による土曜休業開始	1992.9.12
文部省、私立学校の学校5日制実施状況調査を発表	1993.1.8
文部省、学校5日制を月2回に拡大すると提言	1994.11.10
文部省、公立学校の月2回学校5日制実施のため「学校教育法施行規則」を改定	1994.11.24
「21世紀を展望したわが国の教育の在り方について」諮問	1995.4.26
中教審第1小委員会、中間報告をまとめる	1996.3.15
小杉文相、教育改革プログラムを提示	1997.1.24
学校完全5日制開始	2002.4.1

学校5日制実施状況調査
文部省、私立学校の学校5日制実施状況調査を発表	1993.1.8

学校5日制実施推進連絡会議
「学校5日制実施推進連絡会議」発足	1992.2.26

学校医ノ資格
「学校医職務規程」「学校医ノ資格」制定	1898.2.26

学校医、幼稚園医及青年訓練所医令
「学校医、幼稚園医及青年訓練所医令」公布	1929.3.19

学校衛生官
学校衛生官、設置	1916.6.15

学校衛生顧問
文部省、学校衛生顧問・学校衛生主事を設置	1896.5.8

学校衛生主事
文部省、学校衛生顧問・学校衛生主事を設置	1896.5.8

学校掛
学校掛を設置	1868.3.15
学校掛、「学舎制」を提出	1868.4.20

学校外学習活動
文部省「児童生徒の学校外学習活動に関する実態調査」速報発表	1986.4.8

学校開設
神官・僧侶の学校創設を許可	1873.3.13
私立学校開設を地方官の許可制に	1874.9.23
公立学校開設認可・私学開業許可について地方に権限委譲	1878.9.10

学校カウンセリング
奥田文相、学校カウンセリング室の整備方針を表明	1996.3.12

学校活性化
世界を考える京都座会「学校活性化のための7つの提言」発表	1984.3.13

学校環境衛生の基準
「学校環境衛生の基準」改正	2004.2.10

学校環境・学校特性に関する調査
文部省、学校環境・特性の調査中間報告	1970.6.13

学校看護婦
学校看護婦の設置を奨励	1929.10.29

学校技能者養成令
「学校技能者養成令」制定	1939.3.31

学校規模と教育活動に関する調査報告書
日教組、国民教育研究所「学校規模と教育活動に関する調査報告書」発表	1984.1.27

学校基本調査
文部省、学校基本調査速報発表	2000.8.4
不登校過去最多	2001.8.10
不登校者過去最高	2002.8.9
学校基本調査速報、発表	2003.8.8
不登校中学生過去最高	2007.8.9
大学・短大進学率5割超す	2007.8.9
大学進学率が5割を超え、過去最高	2009.8.6

学校給食奨励規程
「学校給食奨励規程」制定	1940.4.30

学校給食法
「教育職員免許法」を改正、「学校給食法」を公布	1954.6.3
教科用図書給与の国の補助に関する法律公布	1956.3.30
就学困難な児童への教科書給与に関する法律改正	1957.3.30

学校教育行政の行革提言
　政策構想フォーラム「学校教育行政
　　の行革提言」発表　　　　　　1985.5.9
学校教育と週休2日制に関する世論調査
　総理府「学校教育と週休2日制に関す
　　る世論調査」発表　　　　　1986.11.24
学校教育についての意識調査
　文部省、「学校教育についての意識調
　　査」結果を公表　　　　　　1998.11.13
学校教育の基本施策
　中教審、学校教育の基本施策を最終
　　答申　　　　　　　　　　　　1971.6.11
学校教育法
　「教育基本法」「学校教育法」公布　1947.3.31
　「学校教育法等の一部改正法」を公布　1953.8.5
　沖縄に「教育基本法」「学校教育法」
　　などを公布　　　　　　　　　1958.1.8
　「学校教育法」を一部改正　　　1961.6.17
　「学校教育法」一部改正、短大を恒久
　　制度に　　　　　　　　　　　1964.6.19
　教育3法案を国会に提出　　　　1968.3.12
　「学校教育法」改正、教頭職が法制化　1974.6.1
　「私立大学振興助成法」案などが可決　1975.7.3
　「学校教育法」「私立学校法」一部改
　　正、大学審議会設置　　　　　1987.9.10
　「学位授与機構」設置法案により「国
　　立学校設置法」「学校教育法」改正
　　　　　　　　　　　　　　　　1991.3.26
　「学校教育法」の大学、高専関連規定
　　の一部改定　　　　　　　　　1991.4.2
　改正「学校教育法」が成立　　　1998.6.5
　「学校教育法」を改め、中等教育学校
　　を追加規定　　　　　　　　　1998.6.12
　教育改革関連法案成立　　　　　2001.6.29
　改正「学校教育法」成立　　　　2002.11.22
　「学校教育法」改正　　　　　　2004.5.21
　「学校教育法」一部改正　　　　2005.7.15
　「学校教育法」一部改正　　　　2006.6.21
　中教審、教育関連3法改正について答
　　申　　　　　　　　　　　　　2007.3.10
　教育関連3法「学校教育法」「地方教
　　育行政法」「教育職員免許法」一部
　　改正　　　　　　　　　　　　2007.6.20
学校教育法施行規則
　「学校教育法施行規則」制定　　1947.5.23
　「学校教育法施行規則」の一部改正　1949.9.22
　「学校教育法施行規則」改正により教
　　頭を設置　　　　　　　　　　1957.12.4
　「学校教育法施行規則」一部改正　1958.8.28
　「学校教育法施行規則」を一部改正　1963.8.23
　「学校教育法施行規則」一部改正　1972.2.10
　主任制度化のための「学校教育法施
　　行規則」改正を決定　　　　　1975.12.25
　「専修学校設置基準」設定　　　1976.1.6

「「学校教育法施行規則等の一部を改
　　正する省令」の施行について」の
　　指導通達　　　　　　　　　　1976.1.13
　文部省、「大学院設置基準」等改正　1989.9.1
　文部省、「学校教育法施行規則」を改
　　定　　　　　　　　　　　　　1991.3.15
　文部省、9月から「学校5日制」導入
　　とする「学校教育法施行規則」を
　　改定　　　　　　　　　　　　1992.3.23
　文部省、通級指導制度化のため「学
　　校教育法施行規則」を改正　　1993.1.28
　文部省、公立学校の月2回学校5日制
　　実施のため「学校教育法施行規則」
　　を改定　　　　　　　　　　　1994.11.24
　文部省、『学校教育法施行規則』を改
　　正　　　　　　　　　　　　　1997.3.24
　「学校教育法施行規則」改正　　1999.8.31
　文部省、『学校教育法施行規則』の改
　　定　　　　　　　　　　　　　2000.1.21
学校教育法施行令
　「学校教育法施行令」を公布　　1953.10.31
　「学校教育法施行令」の一部改正　1967.12.28
学校教員品行検定規則
　「学校教員品行検定規則」制定　1881.7.21
　「学校教員品行検定規則」を学校長に
　　も適用　　　　　　　　　　　1883.5.19
学校行事
　学校行事の監督方法について訓令　1909.1.9
学校教職員表彰規程
　「学校教職員表彰規程」制定　　1934.11.30
学校教練及青年訓練修了者検定規程
　「学校教練及青年訓練修了者検定規
　　程」　　　　　　　　　　　　1928.2.24
学校教練教授要目
　「学校教練教授要目」制定　　　1937.5.31
学校教練検定規程
　陸軍省令による検定規程　　　　1935.11.30
学校教練ニ関スル件
　「学校教練ニ関スル件」公布　　1941.11.27
学校近接地での営業・建築の禁止
　学校近接地での教育上弊害がある営
　　業・建築を禁じる　　　　　　1900.12.28
学校組合
　町村学校組合設立について制定　1893.5.18
学校群
　都教委、学校群高校入試制度改善基
　　本方針　　　　　　　　　　　1966.7.13
学校劇研究会
　学校劇研究会結成　　　　　　　1932.4月
学校建築
　学校建築の保全に関する訓令　　1934.12.18
　文部省、教育施設局を新設　　　1947.6.17

- 378 -

かつこ

小中学校の建物維持修繕費の住民転
　嫁禁止 1960.4.30
学校工場化
　学校工場化について通達 1944.4.28
学校歯科医及幼稚園歯科医令
　「学校歯科医及幼稚園歯科医令」公布
 1931.6.23
学校歯科医職務規程
　「学校医務規程」「学校歯科医職務
　　規程」制定 1932.2.1
学校施設
　「尋常師範学校設備準則」制定 1888.8.21
　学校施設について訓令 1909.9.4
　「学校施設の確保に関する政令」を公
　　布 1949.2.1
　「公立学校施設費国庫負担法」を公布
 1953.8.27
　「義務教育諸学校施設費国庫負担法」
　　を公布 1958.4.25
　文部省「学校施設の文化的環境作り
　　に関する調査研究会議」が報告公
　　表 1982.7.8
　文部省の調査研究協力者会議、「学校
　　施設の複合化」促進を提言 1991.2.22
　文部省、「学校施設設計指針」の全面
　　見直しを提言 1992.3.11
　地域高齢者施設と学校施設との連携
　　を深めるよう教委に通知 1999.6.10
　文部省調査協力者会議、公立学校施
　　設整備の在り方について提言 1999.7.1
　小中学校の耐震化状況調査、7300棟
　　が震度6強で倒壊危険性 2009.6.16
学校施設の確保に関する政令
　「学校施設の確保に関する政令」を公
　　布 1949.2.1
学校施設の文化的環境作りに関する調査研
　究会議
　文部省「学校施設の文化的環境作り
　　に関する調査研究会議」が報告公
　　表 1982.7.8
学校取調
　山内豊信・秋月種樹、学校取調を兼
　　勤 1868.12.15
学校取調御用掛
　学校取調御用掛を設置 1868.12.10
学校職員
　府県立町村立学校職員名称ならびに
　　準官等を規定 1881.6.15
　「公立学校職員分限令」公布 1915.1.27
　「公立学校職員制」公布 1916.1.29
　「公立学校職員年功加俸国庫補助法」
　　公布 1920.8.3
　「公立学校職員令」改正 1920.8.27

「師範学校・中学校・高等女学校職員
　検定規程」制定 1932.8.30
「学校職員身体検査規程」制定 1939.4.19
「公立学校職員官級等令」など改正 1943.8.2
「現役青年学校職員俸給費国庫負担
　法」を制定 1945.2.16
「市町村立学校職員給与負担法一部改
　正法」公布 1958.7.9
公立学校職員の管理職員の範囲につ
　いて通達 1966.7.9
学校職員身体検査規程
　「学校職員身体検査規程」制定 1939.4.19
学校身体検査規程
　「学校身体検査規程」制定 1937.1.27
　「学校身体検査規程」制定 1944.5.17
　「学校身体検査規程」を制定 1949.3.19
学校清潔方法
　「学校清潔方法」訓令 1897.1.11
　「学校清潔方法」制定 1926.12.7
学校整理反対運動
　学校整理反対運動 1931.10月
学校設備
　文部省、普通教室用机と椅子の特号
　　を新設 1991.6.5
学校選択
　行革委員会で、文部省や教育団体が、
　　学校選択の弾力化などに反対意見 1996.10.3
　東京都品川区教委、公立小学校選択
　　自由化を決定 1999.9.28
　文科省、学校選択制についての調査
　　結果発表 2005.3.26
学校騒動
　文部省、学校騒動について訓令 1902.7.9
学校卒業者使用制限令
　「学校卒業者使用制限令」公布 1938.8.24
学校体操教授要目
　「学校体操教授要目」制定 1913.1.28
　「学校体操教授要目」制定 1936.6.3
学校長ノ会合ニ関スル件
　校長の会合出席を制限 1940.7.19
学校伝染病予防及び消毒方法
　「学校伝染病予防及び消毒方法」制定
 1898.9.28
学校伝染病予防規程
　「学校伝染病予防規程」 1919.8.29
学校統合
　中教審、公立小中学校統合方策につ
　　いて答申 1956.11.5
　文部省、公立小中学校の統合につい
　　て通達 1973.10.2
『学校と社会』
　『学校と社会』刊行 1901.7.12

- 379 -

学校図書館
　文部省、学校図書館整備5カ年計画を
　　実行　　　　　　　　　　　　　1993.3.29
　文部省、学校図書館に教科書の常備
　　を指示　　　　　　　　　　　　1994.9.29
　文部省、子どもの読書離れ対策とし
　　て学校図書館の充実を提言　　　1994.11.1
学校図書館法
　「学校図書館法」「理科教育振興法」
　　を公布　　　　　　　　　　　　1953.8.8
学校における評価の現状について
　国立教育研究所「学校における評価
　　の現状について」の調査結果発表　1977.3.9
学校の安全確保
　学校の安全確保のための有識者会議
　　設置　　　　　　　　　　　　　2001.11.4
学校の監督取締
　公私立学校の監督取締について通達　1882.4.17
学校の管理運営
　中教審、「今後の学校の管理運営の在
　　り方について」中間報告　　　　2003.12.16
　中教審、「今後の学校の管理運営の
　　り方」について答申　　　　　　2004.3.4
学校評価
　文科省、「学校評価ガイドライン」
　　「大学院教育振興施策要綱」発表　2006.3.30
　文科省、学校評価の在り方について
　　報告　　　　　　　　　　　　　2007.8.27
　文科省、学校評価ガイドラインを改
　　定　　　　　　　　　　　　　　2008.1.31
　文科省、幼稚園評価のガイドライン
　　を策定　　　　　　　　　　　　2008.3.25
学校不適応対策調査研究協力者会議
　文部省の学校不適応対策調査研究協
　　力者会議、登校拒否問題に関する
　　中間まとめ提出　　　　　　　　1990.12.6
学校防空指針
　「学校防空指針」を告示　　　　　　1943.3.1
学校報国団
　学校報国団編成を訓令　　　　　　1941.8.8
学校法人制度
　「学校法人制度の改善方策について」
　　最終報告　　　　　　　　　　　2003.10.10
学校法人紛争の調停等に関わる法律
　「学校法人紛争の調停等に関わる法
　　律」公布　　　　　　　　　　　1962.4.4
学校放送
　全国向け学校放送開始　　　　　　1935.4.15
学校保健統計
　文部省、学校保健統計を発表　　　1992.1.3
　文部省、学校保健統計調査を発表　1993.1.4
学校保健法
　「学校保健法」を公布　　　　　　　1958.4.10
　「学校保健法」一部改正　　　　　　2008.6.11
学校名称統一
　学校の名称を統一　　　　　　　　1874.8.29
学校命名法
　学校の命名法を改正　　　　　　　1873.4.12
活字文化議員連盟
　「文字・活字文化振興法」成立　　　2005.7.22
活水女子専門学校
　活水女子専門学校認可　　　　　　1919.3.14
活動写真・フィルム・幻燈映画及蓄音機レコード認定規程
　「活動写真・フィルム・幻燈映画及蓄
　　音機レコード認定規程」制定　　1923.5.4
かつらぎ町立妙寺中学校
　妙寺中学校生徒殺人未遂事件　　　2000.1.11
家庭学校
　家庭学校、創設　　　　　　　　　1899.11月
　家庭学校分校設立　　　　　　　　1914.8.24
家庭基盤の充実に対する対策要綱
　自民党、家庭基盤の充実に対する対
　　策要綱作成　　　　　　　　　　1979.6.12
家庭教育
　「家庭教育ノ振興ニ関スル件」訓令　1930.12.23
　「戦時家庭教育指導要綱」発表　　　1941.5.27
　「戦時家庭教育指導要綱」制定　　　1942.5.7
　文科省、文部科学白書『教育改革と
　　地域・家庭の教育力の向上』刊行　2006.3.17
家庭教育ノ振興ニ関スル件
　「家庭教育ノ振興ニ関スル件」訓令　1930.12.23
家庭内暴力
　家庭内暴力に関する研究調査会、調
　　査結果発表　　　　　　　　　　1980.9.16
　総理府「家庭内暴力に関する調査研
　　究」発表　　　　　　　　　　　1980.10.11
家庭内暴力に関する研究調査会
　家庭内暴力に関する研究調査会、調
　　査結果発表　　　　　　　　　　1980.9.16
下等小学教則
　師範学校、「下等小学教則」を制定　1873.2月
神奈川県教育委員会
　神奈川県教委、独自の勤評を決定　1958.12.9
　学校給食の添加物Lリジンの安全性に
　　疑問　　　　　　　　　　　　　1975.6.4
　神奈川県教委の入試制度改革協議会、
　　高校入試合否判定のアチーブメン
　　トテスト廃止を決定　　　　　　1993.11.10
神奈川県大和市
　神奈川県大和市、市立小中学校の職
　　員会議録を公開　　　　　　　　1993.3.5
神奈川県大和市公文書公開審査会
　日の丸・君が代職員会議録、個人名
　　を伏せて公開を命じる　　　　　1992.12.24

かんせ

金沢医科大学
　医科大学3校設置　　　　　　　　1923.3.31
金沢高等師範学校
　金沢高等師範学校設置　　　　　　1944.3.20
金沢大学
　金沢大学で入試判定ミス　　　　　2001.6.18
　大学入試ミスで処分　　　　　　　2001.7.16
かなづかい
　「小学校令施行規則」制定　　　　1900.8.21
　「臨時仮名遣調査委員会官制」公布　1908.5.25
　「小学校令施行規則」改正　　　　1908.9.7
　常用漢字1858字決定　　　　　　　1931.5.27
　国語審議会、標準漢字を答申　　　1942.6.17
　当用漢字表、現代かなづかいを告示
　　　　　　　　　　　　　　　　　1946.11.16
　日本教育制度刷新に関する極東委員
　　会指令　　　　　　　　　　　　1947.4.11
かなのくわい
　かなのくわい、創設　　　　　　　1883.7.1
歌舞伎町ビデオ店爆破事件
　歌舞伎町ビデオ店爆破事件　　　　2000.12.4
株式会社立学校
　改正「構造改革特区法」成立　　　2003.5.30
　構造改革特区、認定　　　　　　　2003.10.24
　初の株式会社運営の中高一貫校が認
　　可　　　　　　　　　　　　　　2005.3.3
鎌形学園
　バイクの校則違反による退学処分の
　　損害賠償訴訟で、原告側上告を棄
　　却　　　　　　　　　　　　　　1991.9.3
髪型
　丸刈り訴訟で、校則は違憲違法では
　　ないと判決　　　　　　　　　　1985.11.13
　福岡市公立中学で、「丸刈り」拒否の
　　1年男子を教室から隔離　　　　　1994.6.18
　最高裁、校則は法的効果なしと判断　1996.2.22
　兵庫県県立高2年男子生徒、長髪によ
　　る教室出入り拒否で救済申し立て
　　　　　　　　　　　　　　　　　1997.11.10
科目等履修生
　文部省の調査研究協力者会議、「教育
　　上の例外措置」について提言　　1993.9.22
『カリキュラム』
　『カリキュラム』創刊　　　　　　1949.1月
川口プラン
　中央教育研究所、社会科教育全国集
　　会を開催　　　　　　　　　　　1947.12.4
川崎市教育委員会
　川崎市の市民オンブズマン、川崎市
　　教委に対して体罰に関する勧告を
　　提出　　　　　　　　　　　　　1990.12.20
　川崎市教委、指導要録について在校
　　生にも全面開示すると発表　　　1993.2.6
　川崎市で中学校卒業生に内申書開示　1995.5.20

川崎市個人情報保護審査会
　川崎市個人情報保護審査会、卒業生
　　に限り指導要録開示を答申　　　1992.10.9
川崎市市民オンブズマン
　川崎市の市民オンブズマン、川崎市
　　教委に対して体罰に関する勧告を
　　提出　　　　　　　　　　　　　1990.12.20
河内長野市家族殺傷事件
　河内長野市家族殺傷事件　　　　　2003.11.1
簡易農学校規程
　「簡易農学校規程」「徒弟学校規程」
　　制定　　　　　　　　　　　　　1894.7.25
漢学所
　皇学所・漢学所の創設を決定　　　1868.10.31
　皇学所・漢学所を廃止　　　　　　1869.10.6
感化法
　「感化法」公布　　　　　　　　　1900.3.10
『環境教育指導資料』
　文部省、『環境教育指導資料』を作
　　成・配布　　　　　　　　　　　1991.6.19
箝口訓令
　「箝口訓令」　　　　　　　　　　1893.10.28
　「箝口訓令」廃止　　　　　　　　1897.10.13
漢語学所
　洋語学所、設置　　　　　　　　　1871.3.22
看護系大学設立支援
　公立看護系大学・短大の設立に財政
　　支援決定　　　　　　　　　　　1992.1.18
関西経営者協議会
　関西経営者協、騒乱学生は就職保証
　　せず　　　　　　　　　　　　　1952.7.22
関西経済同友会
　関西経済同友会「教育改革への提言」
　　発表　　　　　　　　　　　　　1979.10.16
関西経済連合会
　関西経済連合会、大学制度改善意見
　　書提出　　　　　　　　　　　　1960.11.14
　関西経済連合会「教育改革」提言　1984.9.3
関西大学
　立命館大学、関西大学、東洋教会大
　　学設立認可　　　　　　　　　　1922.6.5
　同志社大、関大、関学大に大学院を
　　設置　　　　　　　　　　　　　1950.3.14
関西法律学校
　関西法律学校、創設　　　　　　　1886.11.4
漢字
　「小学校令施行規則」制定　　　　1900.8.21
　「小学校令施行規則」改正　　　　1908.9.7
　字体整理案・漢字整理案発表　　　1926.6.1
　国語審議会、標準漢字を答申　　　1942.6.17
関西学院大学
　関西学院大学設立認可　　　　　　1932.3.8

同志社大、関大、関学大に大学院を
　　設置　　　　　　　　　　　1950.3.14
関東学院大学
　　大学生大麻汚染　　　　　　2007.11.8
関東州公学校官制
　　「関東州小学校官制」「関東州公学校
　　　官制」制定　　　　　　　1907.3.20
関東州小学校官制
　　「関東州小学校官制」「関東州公学校
　　　官制」制定　　　　　　　1907.3.20
関東大震災
　　関東大震災による教育上の臨時措置　1923.9.9
　　「国民精神作興ニ関スル詔書」発布　1923.11.10
官費支給
　　学生への官費支給を停止　　　1872.9.17
漢文
　　天野文相、漢文を必修科目にしたい
　　　と発言　　　　　　　　　1952.2.19
管理職手当
　　教頭にも管理職手当を支給　　1960.4.1
官立医学専門学校規程
　　「官立医学専門学校規程」制定　1907.4.10
官立医科大学官制
　　「官立医科大学官制」公布　　1922.3.13
官立工業大学・官立文理科大学官制
　　「官立工業大学・官立文理科大学官
　　　制」公布　　　　　　　　1929.4.1
官立師範学校卒業生派出規則
　　「官立師範学校卒業生派出規則」制定　1874.6.7
官立小学師範学校生徒入学心得
　　「官立小学師範学校生徒入学心得」制
　　　定　　　　　　　　　　　1875.3.24
官立女子師範学校生徒入学心得書
　　「官立女子師範学校生徒入学心得書」
　　　制定　　　　　　　　　　1875.8.13

【き】

議員法
　　「大日本帝国憲法」発布　　　1889.2.11
危機管理マニュアル
　　学校の危機管理マニュアル発表　2002.12.19
　　文科省、「学校の危機管理マニュア
　　　ル」作成　　　　　　　　2008.1.7
『きけわだつみのこえ』
　　戦没学生遺稿集『きけわだつみのこ
　　　え』出版　　　　　　　　1949.10.20
紀元節
　　高知県繁藤小学校、紀元節式典を挙
　　　行　　　　　　　　　　　1956.2.11

自民党総務会、紀元節復活方針を決
　　定　　　　　　　　　　　　1957.2.4
紀元節歌
　　「紀元節歌」、学校唱歌に　　1888.2.3
義校
　　義校、創設　　　　　　　　1871.12.11
技術教育
　　日経連「技術教育に関する意見」を
　　　発表　　　　　　　　　　1956.11.9
　　日経連等、技術教育振興策推進に関
　　　する要望　　　　　　　　1961.8.25
規制改革
　　規制改革推進のための第2次答申　2002.12.12
規制緩和
　　行革委員会、規制緩和を検討するた
　　　めの分科会を設置　　　　1996.4.18
　　自民党行革規制緩和委員会、教育分
　　　野の規制緩和策をまとめ公表　1996.7.4
　　行革委員会、規制見直し対象項目を
　　　発表　　　　　　　　　　1996.7.25
　　行政改革推進委員会、分野別規制緩
　　　和方策報告書をまとめる　　1996.12.5
　　行政改革委員会、規制緩和・撤廃を
　　　求める最終報告を決定　　　1997.12.4
　　生涯学習審議会社会教育分科審議会、
　　　中間報告発表　　　　　　1998.3.23
　　経済同友会、「国民生活の向上と市場
　　　創造の実現に向けて」発表　2007.10.29
規制緩和推進計画
　　「規制緩和推進計画」を閣議決定　1995.3.31
　　規制緩和推進計画再改訂、閣議決定　1997.3.28
貴族院令
　　「大日本帝国憲法」発布　　　1889.2.11
期待される人間像
　　中教審「期待される人間像」中間草
　　　案発表　　　　　　　　　1965.1.11
　　日教組、「「期待される人間像」批判
　　　のために」発表　　　　　1965.3.6
　　中教審、「期待される人間像」答申　1966.10.31
北九州市立皿倉小学校
　　いじめ問題で校長が自殺　　　2006.11.12
北日本国語教育連盟
　　北日本国語教育連盟結成　　　1934.11月
基地撤去運動
　　米軍機、九州大学構内に墜落　1968.6.2
基地の子どもを守る全国会議
　　基地の子どもを守る全国会議を開催　1953.3.7
喫煙
　　「未成年者喫煙禁止法」公布　　1900.3.7
　　学校生徒の喫煙を禁止　　　　1900.3.27
　　喫煙取締を訓令　　　　　　1910.7.30
　　風の子学園事件　　　　　　1991.7.29
　　喫煙による退学処分の取り消し命令　1995.1.27

- 382 -

機動隊
東大安田講堂占拠に対し機動隊を導入　1968.6.15
東大、機動隊を導入し安田講堂の学生排除　1969.1.18

技能教育施設
定時制高と技能教育施設の共通履修科目拡大　1963.3.6

寄付金
姫路学院女子短大の受験者、寄付金を断ったため不合格になる　1994.1.23
帝京大学、合格発表前から寄付金　2002.6.24
帝京学園学元理事長を脱税容疑で逮捕　2002.11.6

岐阜県議会
岐阜県議会、「教育基本法」改正要望を自民党多数で強行可決　1980.10.7

岐阜県立岐陽高等学校
岐阜県立岐陽高校体罰事件で、教師有罪判決　1986.3.18

君が代 ⇔ 国歌をも見よ
「君が代」作曲　1880.10.25
「君が代」教科書に登場　1937.1月
福岡県教委、君が代をアレンジ演奏した教師を免職処分に　1979.5.8
文部省、入学式における「日の丸・君が代」の実施状況調査結果を公表　1990.7.16
福岡県教委、国旗掲揚・君が代斉唱を妨害した小中学校教員14名を懲戒処分　1991.8.6
「日の丸」を国旗として認め、「君が代」に代わる新国歌の制定を提言　1991.11.24
「君が代のテープ配布は財産処分ではない」と判決　1992.11.4
日の丸・君が代職員会議録、個人名を伏せて公開を命じる　1992.12.24
神奈川県大和市、市立小中学校の職員会議録を公開　1993.3.5
新潟市教委、日の丸・君が代の職員会議録の公開要求に非公開決定　1993.4.6
滋賀県教委、君が代斉唱時において生徒・職員の退席を認めた校長を処分　1995.3.24
最高裁、君が代訴訟で住民側敗訴の判決　1999.1.29
君が代斉唱拒否の教師らの減給取り消し　2005.4.26
君が代斉唱巡り自殺の校長、公務災害認定　2006.8.17
君が代ピアノ拒否訴訟、命令は合憲、教師側の上告を棄却　2007.2.27

義務教育延長
義務教育延長案を可決　1906.12.19

義務教育年限について諮問　1924.5.3
「教育の根本的改善策」発表　1925.10月

義務教育改革推進本部
義務教育改革推進本部・義務教育特別委員会、設置　2004.12.17

義務教育改革に関する意識調査
文科省、「義務教育改革に関する意識調査」結果発表　2005.6.18

義務教育改善に関する意見調査
義務教育改善に関する意見調査結果を発表　1971.6.2

義務教育教科書の貸与制
教科用図書検定調査審議会「義務教育教科書の貸与制」について建議　1979.11.24

義務教育緊急措置
教育刷新委員会、義務教育の緊急措置建議　1947.6.16

義務教育諸学校施設費国庫負担法
「義務教育諸学校施設費国庫負担法」を公布　1958.4.25

義務教育諸学校等に関する行政監察
総務庁、文部省に対し「義務教育諸学校等に関する行政監察」を勧告　1992.9.21

義務教育諸学校等の女子教育職員及び医療施設、社会福祉施設等の看護婦、保母等の育児休業に関する法律
「私立学校振興助成法」などを公布　1975.7.11

義務教育諸学校における教育の政治的中立の確保に関する臨時措置法
教育2法案要綱を閣議で決定　1954.2.9
日教組、教育2法反対の振替授業闘争を実施　1954.3.14
参院本会議、教育2法案を可決　1954.5.14

義務教育諸学校の教科書無償化に関する法律
義務教育の教科書無償化に関する法律公布　1962.3.31

義務教育諸学校の教科書無償措置に関する法律
義務教育の教科書を無償とする法律公布　1963.12.21

義務教育特別委員会
義務教育改革推進本部・義務教育特別委員会、設置　2004.12.17

義務教育の改革案
「義務教育の改革案」発表　2004.8.10

義務教育8年制
「義務教育8年制実施計画要綱」決定　1936.7.4
義務教育8年制案閣議提出　1936.11.6

義務教育費国庫負担
「市町村義務教育費国庫負担法」公布　1918.3.27

- 383 -

義務教育費国庫負担請願運動　1919.12.20
「市町村義務教育費国庫負担法」改正
　　　　　　　　　　　　　　　1923.3.28
「市町村義務教育費国庫負担法施行規
　程」改正　　　　　　　　　　1923.6.20
「市町村義務教育費国庫負担法」改正
　　　　　　　　　　　　　　　1926.3.30
「市町村義務教育費国庫負担法」改正
　　　　　　　　　　　　　　　1927.3.31
「市町村義務教育費国庫負担法」改正
　　　　　　　　　　　　　　　1930.5.17
「義務教育費国庫負担法」公布　1940.3.29
「義務教育費国庫負担法」を公布　1952.8.8
義務教育費の全額国庫負担方針決定　1953.1.13
義務教育費国庫負担金縮減へ　2002.10.30
「義務教育費国庫負担法及び公立養護
　学校整備特別措置法の一部を改正
　する法律」公布　　　　　　　2003.3.31
「骨太の方針」第3弾閣議決定　2003.6.27
義務教育費国庫負担制度に総額裁量
　制を導入　　　　　　　　　　2003.12.20
「義務教育費国庫負担法及び公立養護
　学校整備特別措置法を一部改正す
　る法律」公布　　　　　　　　2004.3.31
義務教育費国庫負担制度をめぐり議
　論　　　　　　　　　　　　　2004.8.19
自民党、義務教育費国庫負担制度に
　ついて基本方針を提示　　　　2004.11.16
中教審、義務教育特別部会を設置　2005.2.25
中教審、義務教育費国庫負担金制度
　の維持について答申　　　　　2005.10.26
政府・与党、義務教育費の国庫負担
　率引き下げで合意　　　　　　2005.11.30
義務教育費国庫負担法
「義務教育費国庫負担法」公布　1940.3.29
「義務教育費国庫負担法」を公布　1952.8.8
「義務教育費国庫負担法及び公立養護
　学校整備特別措置法の一部を改正
　する法律」公布　　　　　　　2003.3.31
「義務教育費国庫負担法及び公立養護
　学校整備特別措置法を一部改正す
　る法律」公布　　　　　　　　2004.3.31
義務教育標準法
「義務教育標準法」公布　　　　1958.5.1
「義務教育標準法」改正　　　　1963.12.21
改正「義務教育標準法」告示　　2001.3.31
「義務教育標準法」一部改正　　2008.3.31
義務教育無償化
最高裁、義務教育の無償化について
　の判断　　　　　　　　　　　1964.2.26
虐待
「児童虐待防止法」公布　　　　1933.4.1
「児童虐待防止法」公布　　　　2000.5.24
虐待による死亡56人　　　　　2001.12.13
改正「児童虐待防止法」成立　　2004.4.7

「児童虐待防止法」「児童福祉法」一
　部改正　　　　　　　　　　　2007.5.25
大阪幼児放置死事件　　　　　　2010.7.30
「子どもへの暴力防止フォーラム」開
　催　　　　　　　　　　　　　2010.10.30
休暇闘争
佐賀県教組、3・3・4割休暇闘争　1957.2.14
東京都教委、勤評実施を決定　　1958.4.23
最高裁、都教組勤評闘争の懲戒処分
　取消訴訟で上告棄却　　　　　1977.12.23
最高裁、佐賀県教組処分取消請求の
　行政訴訟上告審の判決　　　　1988.1.21
休校
小作争議で児童が休校　　　　　1926.5.18
休日
小学校の休日を改正　　　　　　1873.3.2
官立学校、日曜日を休日に　　　1874.3.20
昭和天皇大喪の礼　　　　　　　1989.2.24
九州医学専門学校
私立九州医学専門学校、創設　　1910.1.22
九州産業大学
九州産業大学学生ら、大麻栽培容疑
　で逮捕　　　　　　　　　　　2003.9.2
九州大学
九州大学で、「赤色教授」に辞職勧告
　　　　　　　　　　　　　　　1949.9.24
米軍機、九州大学構内に墜落　　1968.6.2
東北大・筑波大・九州大、AO入試導
　入決まる　　　　　　　　　　1998.9.8
九州帝国大学
九州帝国大学、創設　　　　　　1910.12.22
臨時教員養成所設置　　　　　　1923.4.5
臨時教員養成所設置　　　　　　1942.2.12
九州帝国大学官制
「九州帝国大学官制」公布　　　1911.3.31
九州帝国大学工科大学
東北帝国大学理科大学・九州帝国大
　学工科大学、創設　　　　　　1911.1.1
給食
欠食児童問題に訓令　　　　　　1932.9.7
「学校給食奨励規程」制定　　　1940.4.30
文部省、完全給食の実施を発表　1950.8.14
「教育職員免許法」を改正、「学校給
　食法」を公布　　　　　　　　1954.6.3
「日本学校給食会法」を公布　　1955.8.8
高校における学校給食に関する法律
　公布　　　　　　　　　　　　1956.6.20
養護学校幼稚部高等部学校給食に関
　する法律　　　　　　　　　　1957.5.20
学校給食の添加物Lリジンの安全性に
　疑問　　　　　　　　　　　　1975.6.4
全国統一献立給食実施　　　　　1982.1.22
学校給食でのそばアレルギー死亡事
　件で、賠償金支払い判決　　　1992.3.30

埼玉県庄和町、学校給食廃止の方針
　を表明　　　　　　　　　　1992.6.18
給食に産地偽装牛肉　　　　　2007.7.26
給食に牛ミンチ偽装も　　　　2007.8.3
「学校保健法」一部改正　　　2008.6.11
汚染米、給食使用　　　　　　2008.9.12
給食費滞納
給食費、小中学校9万9000人、22億円
　滞納　　　　　　　　　　　2007.1.24
牛肉偽装
給食に産地偽装牛肉　　　　　2007.7.26
給食に牛ミンチ偽装も　　　　2007.8.3
『教育』
『教育』創刊　　　　　1933（この年）
教育科学研究会機関誌『教育』復刊 1951.11月
教育安心社会の実現に関する懇談会
文科省、「教育安心社会の実現に関す
　る懇談会報告」をまとめる　 2009.7.3
教育委員
教育委員に政党支持者は望ましくな
　いと発表　　　　　　　　　 1948.9.9
沖縄の本土復帰時には教育委員を任
　命制に　　　　　　　　　　1970.9.17
教育委員会
文部省「教育委員会の活性化につい
　て」報告　　　　　　　　　1987.12.4
地域高齢者施設と学校施設との連携
　を深めるよう教委に通知　　 1999.6.10
教育再生懇談会、小中学生の携帯電
　話利用・大学改革・教育委員会改
　革についての第3次報告を提出　2009.2.9
教育委員会制度
教委制度協議会、教委制度改革に関
　して答申　　　　　　　　　1951.10.31
自民党特別委員会、教委会制度改正
　要綱発表　　　　　　　　　1956.1.16
教育委員会制度協議会
教委制度協議会、教委制度改革に関
　して答申　　　　　　　　　1951.10.31
教育委員会担当者研究協議会
文部省、高校の「総合学科」開設促
　進を指示　　　　　　　　　1993.5.31
教育委員会の活性化に関する調査
文部省、教育委員会の活性化に関す
　る調査を発表　　　　　　　1991.12.13
教育委員会の活性化に関する調査研究協力者会議
文部省「教育委員会の活性化につい
　て」報告　　　　　　　　　1987.12.4
教育委員会法
「教育委員会法」を公布　　　1948.7.15
沖縄に「教育基本法」「学校教育法」
　などを公布　　　　　　　　 1958.1.8

教育委員準公選制
中野の教育を良くする会、教委準公
　選条例制度の直接請求の署名簿提
　出　　　　　　　　　　　　 1978.8.4
中野区議会本会議、教育委員準公選
　制条例を可決　　　　　　 1978.12.15
「中野区教育委員候補者選定に関する
　区民投票条例」公布　　　　 1979.5.25
中野区の教育委員投票締切　　 1981.2.25
中野区、区教育委員を任命　　　1981.3.3
文部省、中野区あてに教育委員準公
　選区民投票の不実施を勧告　　 1984.3.5
中野区議会、第2回公選実施を含む予
　算案を可決　　　　　　　　 1984.3.21
中野区、第2回教育委員準公選の投票
　実施　　　　　　　　　　　 1985.2.25
中野区議会、「教育委員準公選制」廃
　止決定　　　　　　　　　　 1994.1.31
都中野区の住民参加制度について、
　区民推薦制を採用するよう提言　1995.2.1
教育委員選挙
第1回教育委員選挙を実施　　 1948.10.5
第2回教育委員選挙を実施　　1950.11.10
第3回教育委員選挙を実施　　 1952.10.5
『教育衍義』
『教育衍義』刊行　　　　　　　1891.9月
教育改革
経済審議会、教育改革案を建議　1928.12.21
教育改革同志会教育改革案発表　1937.6月
経済同友会、教育改革の促進を提起　1972.2.18
教育制度検討委員会、第3次報告書提
　出　　　　　　　　　　　　 1973.6.18
教育制度検討委員会、日教組に最終
　報告　　　　　　　　　　　 1974.5.21
関西経済同友会「教育改革への提言」
　発表　　　　　　　　　　　 1979.10.16
日教組「現代日本の教育改革」を発
　表　　　　　　　　　　　　 1983.7.19
中曽根首相「7つの構想」発表　1983.12.10
文化と教育に関する懇談会最終報告　1984.3.22
関西経済連合会「教育改革」提言　1984.9.3
臨教審「教育改革に関する第1次答
　申」を提出　　　　　　　　 1985.6.26
臨教審「教育改革に関する第2次答
　申」発表　　　　　　　　　 1986.4.23
文部省「臨教審『教育改革に関する
　第2次答申』について」を通知　1986.6.13
臨教審「教育改革に関する第3次答
　申」提出　　　　　　　　　　1987.4.1
女性による民間教育審議会、教育改
　革提言発表　　　　　　　　 1987.6.13
臨教審「教育改革に関する第4次答
　申」提出　　　　　　　　　　1987.8.7
文部省「教育改革の推進」発表　1988.1.5

― 385 ―

経済同友会、教育改革提言を発表　1995.4.19
経団連、教育改革提言を発表　　　1996.3.26
経団連と与党3党の文教関連議員が会
　合を開く　　　　　　　　　　　1996.6.12
橋本首相、「6つの改革」を提唱　　1997.1.1
自民党の教育改革推進会議、教育改
　革案をまとめ発表　　　　　　　1997.10.14
連合、教育改革案まとめ公表　　　1997.10.22
社会経済生産性本部、教育改革中間
　報告発表　　　　　　　　　　　1998.7.22
社会経済生産性本部が、教育改革報
　告書を発表　　　　　　　　　　1999.7.23
文部省、教育白書『我が国の文教施
　策』刊行　　　　　　　　　　　1999.12.7
文科省、文部科学白書『21世紀の教
　育改革』刊行　　　　　　　　　2002.1.18
文科省、「教育改革のための重点行動
　計画」発表　　　　　　　　　　2006.1.17
文科省、文部科学白書『教育改革と
　地域・家庭の教育力の向上』刊行　2006.3.17
文科省、文部科学白書『教育基本法
　改正を踏まえた教育改革の推進/
　「教育新時代」を拓く初等中等教育
　改革』刊行　　　　　　　　　　2008.4.14
教育改革を考える国際シンポジウム
　日教組、国際シンポジウム開催　　1984.12.11
教育改革研究委員会
　日教組、教育改革研究委員会設置　1985.2.9
教育改革国民会議
　教育改革国民会議を設置　　　　　2000.3.15
　教育改革国民会議、初会合　　　　2000.3.27
　森首相、教育改革国民会議の中間報
　　告を求める考えを表明　　　　　2000.4.7
　教育改革国民会議、中間報告提出　2000.9.22
　教育改革国民会議、最終報告をまと
　　め答申　　　　　　　　　　　2000.12.22
教育改革国民協議会
　日教組、教育改革国民協議会設置提
　　唱　　　　　　　　　　　　　1984.2.22
教育改革推進会議
　自民党の教育改革推進会議、教育改
　　革案をまとめ発表　　　　　　1997.10.14
教育改革推進本部
　総評、教育改革推進本部設置　　　1984.4.6
教育改革同志会
　教育改革同志会教育改革案発表　　1937.6月
『教育改革と地域・家庭の教育力の向上』
　文科省、文部科学白書『教育改革と
　　地域・家庭の教育力の向上』刊行　2006.3.17
教育改革のための重点行動計画
　文科省、「教育改革のための重点行動
　　計画」発表　　　　　　　　　　2006.1.17

教育改革プログラム
　橋本首相、教育改革プログラム策定
　　を指示　　　　　　　　　　　1997.1.7
　小杉文相、教育改革プログラムを提
　　示　　　　　　　　　　　　　1997.1.24
　文部省、教育改革プログラム改訂版
　　を作成　　　　　　　　　　　1997.8.5
　文部省、教育改革プログラム再改訂
　　版発表　　　　　　　　　　　1998.4.28
教育会疑獄事件
　疑獄事件相次ぐ　　　　　　　　　1934.2月
　東京府、視学制度を強化　　　　　1934.4月
教育会館
　教育会館落成式　　　　　　　　　1928.11.3
教育科学研究会
　教育科学研究会結成　　　　　　　1937.5.18
　教育科学研究会役員検挙　　　　　1944.6.13
　教育科学研究会機関誌『教育』復刊　1951.11月
　教育科学研究会を再建　　　　　　1952.3.27
『教育学』
　『教育学』刊行　　　　　　　　　1882.10.12
教育学会
　第1回教育学会開催　　　　　　　1936.11.12
『教育学辞典』
　『教育学辞典』刊行開始　　　　　1936.5.30
教育・学術・文化の国際交流
　中教審「教育・学術・文化の国際交
　　流」答申　　　　　　　　　　1974.5.27
教育課程
　漢文、倫理、芸能の教育強化　　　1952.4.4
　文部省主催新教育課程講習会を実施　1959.7.21
　教育課程審議会、高校教育課程の改
　　善を答申　　　　　　　　　　1960.3.31
　小学校新学習指導要領による教育課
　　程の実施　　　　　　　　　　1961.4.1
　中学校の新学習指導要領による教育
　　課程実施　　　　　　　　　　1962.4.1
　第1回中学校教育課程研究集会を開催
　　　　　　　　　　　　　　　　1962.11.30
　高校の新学習指導要領による教育課
　　程を実施　　　　　　　　　　1963.4.1
　教育職員養成審議会、教育課程基準
　　案中間発表　　　　　　　　　1964.7.30
　小学校教育課程全面改訂　　　　　1971.4.1
　教育課程審議会、養護学校高等部の
　　改善答申　　　　　　　　　　1972.3.15
　新中学校教育課程実施　　　　　　1972.4.1
　日教組「教育課程改革試案最終報告
　　書」を発表　　　　　　　　　1976.5.17
　高等専門学校教育課程調査会「高等
　　専門学校教育課程の改善について」
　　を発表　　　　　　　　　　　1976.7.7
　教育課程審議会「教育課程の基準の
　　改善について」を発表　　　　　1976.10.6

教育課程審議会「小学校,中学校及び
　　高等学校の教育課程の基準の改善
　　について」を答申　　　　　1976.12.18
　文部省、小中学校教育課程移行措置
　　を告示、通達　　　　　　　1977.10.6
　「小学校新教育課程基準」実施　1980.4.1
　教課審に「幼・小・中・高の教育課程
　　の基準の改善」諮問　　　　 1985.9.10
　教課審、幼稚園から高校までの教育
　　課程の基準改善について答申　1987.12.24
　文部省、地区別教育課程講習会を開
　　始　　　　　　　　　　　　1989.6.1
　文部省、公立高校教育課程編成状況
　　調査の結果を発表　　　　　1990.4.11
　教育課程審議会、新しい小・中・高
　　の教育課程編成の在り方について
　　答申を提出　　　　　　　　1998.7.29
　中教審、「初等中等教育における当面
　　の教育課程及び指導の充実・改善
　　方策について」答申　　　　2003.10.7
　「高等学校教育課程実施状況調査」結
　　果発表　　　　　　　　　　2004.1.23
教育課程研究センター
　文部科学省設立　　　　　　　2001.1.6
教育課程講習会
　文部省、地区別教育課程講習会を開
　　始　　　　　　　　　　　　1989.6.1
教育課程実施状況調査
　文部省、小・中学校で実施した新学
　　力テストの結果を発表　　　1997.9.29
　社会・算数・数学で学力低下　2002.12.13
　全国一斉学力テスト実施　　2002(この年)
　「高等学校教育課程実施状況調査」結
　　果発表　　　　　　　　　　2004.1.23
　小中学生、学力改善傾向　　　2005.4.22
　高校生、学力改善方向　　　　2007.4.13
教育課程審議会
　教育課程審議会、道徳教育強化を答
　　申　　　　　　　　　　　　1951.1.4
　教育課程審議会に社会科の改善につ
　　いて諮問　　　　　　　　　1952.12.19
　教育課程審議会、社会科改訂を答申　1953.8.7
　教育課程審議会、高校教育課程の改
　　善を答申　　　　　　　　　1960.3.31
　教育課程審議会、養護学校高等部の
　　改善答申　　　　　　　　　1972.3.15
　教育課程審議会「教育課程の基準の
　　改善について」を発表　　　1976.10.6
　教育課程審議会「小学校,中学校及び
　　高等学校の教育課程の基準の改善
　　について」を答申　　　　　1976.12.18
　教育課程審議会「盲ろう養護学校の
　　小中高等部の教育課程の基準の改
　　善について」答申　　　　　1978.10.23
　教課審に「幼・小・中・高の教育課程
　　の基準の改善」諮問　　　　 1985.9.10
　教育課程審議会、中間まとめ発表　1986.10.20
　教課審「審議のまとめ」発表　1987.11.27
　教課審、幼稚園から高校までの教育
　　課程の基準改善について答申　1987.12.24
　文部省、教育課程審議会を9年ぶりに
　　再開　　　　　　　　　　　1996.8.27
　教育課程審議会、教育課程改定案を
　　「中間まとめ」として発表　　1997.11.17
　教課審、審議のまとめ公表　　1998.6.22
　教育課程審議会、新しい小・中・高
　　の教育課程編成の在り方について
　　答申を提出　　　　　　　　1998.7.29
　教育課程審議会に諮問　　　　1999.12.17
　教育課程審議会、学習評価の在り方
　　について答申　　　　　　　2000.12.4
教育課程の基準
　教課審に「幼・小・中・高の教育課程
　　の基準の改善」諮問　　　　 1985.9.10
教育議会
　第一大学区で教育議会を開催　1876.1.10
教育基金特別会計法
　「教育基金特別会計法」公布　 1899.3.22
教育基金令
　「教育基金令」公布　　　　　1899.11.22
　「教育基金令」改正　　　　　1914.12.12
教育基本法
　「教育基本法」の要綱を決定　 1946.11.29
　教育刷新委員会、第1回建議　 1946.12.27
　「教育基本法」「学校教育法」公布　1947.3.31
　文部省、「教育基本法制定の要旨につ
　　いて」訓令　　　　　　　　1947.5.3
　「教育基本法」第8条の解釈について
　　通達　　　　　　　　　　　1949.6.11
　沖縄に「教育基本法」「学校教育法」
　　などを公布　　　　　　　　1958.1.8
　荒木文相、日教組を非難し「教育基
　　本法」再検討発言　　　　　1960.8.19
　一斉学テは「教育基本法」違反と判
　　決　　　　　　　　　　　　1964.3.16
　岐阜県議会、「教育基本法」改正要望
　　を自民党多数で強行可決　　1980.10.7
　文部部会・文教制度調査会、「教育基
　　本法」の見直しを検討　　　1993.6.3
　中教審に教育振興基本計画と「教育
　　基本法」について諮問　　　2001.11.26
　中教審、「教育基本法」全面改正を提
　　言　　　　　　　　　　　　2002.11.14
　中教審、「新しい時代にふさわしい教
　　育基本法と教育振興基本計画の在
　　り方について」答申　　　　2003.3.20
　「教育基本法」改正促進委員会、結成
　　　　　　　　　　　　　　　2004.2.25

教育基本法改正協議会、中間報告　2004.6.16
与党が「教育基本法」改正案作成作
　業で合意　2004.9.21
安倍官房長官、「教育基本法」改正へ
　意欲　2005.12.5
与党、「教育基本法」改正案を決定　2006.4.13
「教育基本法」改正案閣議決定　2006.4.28
安倍首相、「教育基本法」早期改正に
　言及　2006.9.29
教育改革タウンミーティングで「や
　らせ質問」発覚　2006.10.31
改正「教育基本法」成立　2006.12.15
『教育基本法改正を踏まえた教育改革の推進
「教育新時代」を拓く初等中等教育改革』
　文科省、文部科学白書『教育基本法
　改正を踏まえた教育改革の推進/
　「教育新時代」を拓く初等中等教育
　改革』刊行　2008.4.14
教育基本法改正協議会
　教育基本法改正協議会、中間報告　2004.6.16
「教育基本法」改正促進委員会
　「教育基本法」改正促進委員会、結成
　　2004.2.25
教育・教科書の反動化に反対する国民集会
　教育8団体「教育・教科書の反動化に
　反対する国民集会」を開催　1981.3.10
教育行財政
　「教育行政及財政ニ関スル件」答申　1941.10.13
教育教授研究会
　教育教授研究会設立　1914（この年）
教育行政機構改革
　教育行政機構改革案発表　1936.4月
教育行政民主化
　教育刷新委員会、教育行政民主化を
　建議　1947.12.27
『教育研究』
　『教育研究』創刊　1904.4.1
教育研究災害補償制度
　教育研究災害補償制度に関する最終
　報告　1975.8.15
教育研究費
　国大協、教育研究費に関する教官の
　意見調査を発表　1991.4.10
教育研修所
　「私立学校ニ於ケル宗教教育ニ関スル
　件」訓令　1945.10.15
『教育公報』
　『教育公報』創刊　1896.11.15
教育公務員特例法
　「教育公務員特例法」を公布　1949.1.12
　教育2法要綱を閣議で決定　1954.2.9
　日教組、教育2法反対の振替授業闘争
　を実施　1954.3.14

参院本会議、教育2法案を可決　1954.5.14
琉球立法院文教社会委員会、教公2法
　を採決　1967.1.25
教育3法案を国会に提出　1968.3.12
「教育公務員特例法」等改正案可決成
　立　1988.5.25
改正「教育公務員特例法」成立　2000.4.21
「教育公務員特例法」一部改正　2002.6.12
『教育・国語教育』
　『教育・国語教育』創刊　1931.4月
教育国際化白書
　文部省『国際理解と協力の進展』発
　表　1988.6.29
教育黒書
　日教組、教育黒書『中教審路線の教
　育実態』刊行　1972.1.15
教育再生会議
　「教育再生会議」の設置を決定　2006.10.10
　教育再生会議、いじめ問題で緊急提
　言発表　2006.11.29
　教育再生会議、「社会総がかりで教育
　再生を」（第1次報告）発表　2007.1.24
　教育再生会議、「社会総がかりで教育
　再生を」（第2次報告）発表　2007.6.1
　教育再生会議、「社会総がかりで教育
　再生を」（第3次報告）発表　2007.12.25
　教育再生会議、最終報告　2008.1.31
教育再生懇談会
　「教育再生懇談会」の設置を発表　2008.2.25
　教育再生懇談会、英語教育や小中学
　生の携帯電話所持についての第1次
　報告を提出　2008.5.26
　教育再生懇談会、教科書等について
　の第2次報告を提出　2008.12.18
　教育再生懇談会、小中学生の携帯電
　話利用・大学改革・教育委員会改
　革についての第3次報告を提出　2009.2.9
　教育再生懇談会に新メンバー　2009.3.11
　教育再生懇談会、スポーツ振興など
　についての第4次報告を提出　2009.5.28
　教育再生懇談会廃止　2009.11.17
『教育再生への取組　文化芸術立国の実現』
　文科省、文部科学白書『教育再生への
　取組/文化芸術立国の実現』刊行　2007.3.23
『教育雑誌』
　『教育雑誌』と改題　1876.4.17
教育刷新委員会
　総理大臣の諮問機関教育刷新委員会
　設置　1946.8.10
　「教育基本法」の要綱を決定　1946.11.29
　教育刷新委員会、第1回建議　1946.12.27
　教育刷新委員会、義務教育の緊急措
　置建議　1947.6.16

教育刷新委員会、教育行政民主化を
　建議　　　　　　　　　　1947.12.27
教育刷新委員会を教育刷新審議会と
　改称　　　　　　　　　　　1949.6.1
教育刷新審議会
　教育刷新委員会を教育刷新審議会と
　　改称　　　　　　　　　　1949.6.1
　教育刷新審議会、中央教育審議会を
　　設置　　　　　　　　　　1951.11.12
教育指針の国際比較
　文部省、「教育指針の国際比較」発表
　　　　　　　　　　　　　　2000.1.19
教育施設
　「教育ノ効果ヲ完カラシムベキ一般施
　　設ニ関スル建議」可決　　　1919.1.17
教育施設局
　文部省、教育施設局を新設　　1947.6.17
『教育実験界』
　『教育実験界』創刊　　　　　1898.1.10
教育実習
　教育職員養成審議会「教育実習の改
　　善充実について」を提出　　1978.9.9
教育指導者教習
　教育長等を対象とする教育指導者教
　　習を開催　　　　　　　　　1948.10.4
教育職員 → 教職員, 教員も見よ
教育職員免許法
　全学連、「国立大学設置法」等に対し
　　て闘争宣言　　　　　　　　1949.5.3
　「国立学校設置法」「文部省設置法」
　　などを公布　　　　　　　　1949.5.31
　「教育職員免許法」を改正、「学校給
　　食法」を公布　　　　　　　1954.6.3
　「教育職員免許法」改正案可決　1988.12.21
　改正「教育職員免許法」成立　　1998.6.4
　「教育職員免許法」「教育職員免許法
　　施行規則」を改定　　　　　1998.6.10
　改正「教育職員免許法」公布　　2000.3.31
　「教育職員免許法」一部改正　　2002.5.31
　中教審、教育関連3法改正について答
　　申　　　　　　　　　　　　2007.3.10
　教育関連3法「学校教育法」「地方教
　　育行政法」「教育職員免許法」一部
　　改正　　　　　　　　　　　2007.6.20
教育職員免許法施行規則
　文部省、「教育職員免許法施行規則」
　　改正　　　　　　　　　　　1973.7.20
　「教育職員免許法」「教育職員免許法
　　施行規則」を改定　　　　　1998.6.10
教育職員養成審議会
　教育職員養成審議会、教員養成制度
　　を建議　　　　　　　　　　1962.11.12
　教育職員養成審議会、教育課程基準
　　案中間発表　　　　　　　　1964.7.30

教員養成審議会「教員養成の改善方
　針」建議　　　　　　　　　　1972.7.3
教育職員養成審議会「教育実習の改
　善充実について」を提出　　　1978.9.9
教養審「教員の養成及び免許制度に
　ついて」答申　　　　　　　　1983.11.22
教員の資質能力向上方策等について
　教育職員養成審議会に諮問　　1986.5.23
教養審「教員の資質能力の向上方策
　について」答申　　　　　　　1987.12.18
教養審、教員養成カリキュラム改革
　提言　　　　　　　　　　　　1997.7.28
教養審カリキュラム等特別委員会、
　保健について法改正措置方針を決
　定　　　　　　　　　　　　　1997.11.27
教育職員養成審議会、中間報告公表　1998.6.23
教育職員養成審議会、第2次答申　1998.10.29
教養審、教員採用・研修の改善方策
　をまとめ答申　　　　　　　　1999.12.10
教育審議会
　教育審議会設置　　　　　　　1937.12.10
　教育審議会、青年学校教育義務制実
　　施について答申　　　　　　1938.7.15
　教育審議会、国民学校・師範学校・
　　幼稚園について答申　　　　1938.12.8
　「教育行政及財政ニ関スル件」答申　1941.10.13
　教育審議会廃止　　　　　　　1942.5.9
教育振興基本計画
　中教審に教育振興基本計画と「教育
　　基本法」について諮問　　　2001.11.26
　中教審、「新しい時代にふさわしい教
　　育基本法と教育振興基本計画の在
　　り方について」答申　　　　2003.3.20
　「教育振興基本計画」閣議決定　2008.7.1
教育振興計画
　中教審、教育振興計画について答申　2008.4.18
『教育新論』
　『教育新論』刊行　　　　　　1885.6月
『教育政策の総合的推進 大学の国際化と地域貢献』
　文科省、文部科学白書『教育政策の
　　総合的推進/大学の国際化と地域貢
　　献』刊行　　　　　　　　　2009.7.30
教育制度
　教育制度改革案まとまる　　　1934.8月
　教育制度改革案まとまる　　　1934.10月
　政令改正諮問委、教育制度改革に関
　　する答申　　　　　　　　　1951.11.16
　日経連、当面教育制度改善に関する
　　要望　　　　　　　　　　　1954.12.23
　日教組教育制度検討委員会発表　1971.6.14
　第14期中教審開催　　　　　　1989.4.24
　文教部会・文教制度調査会、教育制
　　度改革を決定　　　　　　　1993.3.9

教育制度検討委員会
日教組、教育制度検討委員会第1回総
会 1970.12.1
教育制度検討委員会、第3次報告書提
出 1973.6.18
教育制度検討委員会、日教組に最終
報告 1974.5.21
教育総監部条例
「教育総監部条例」公布 1898.1.22
教育長会議
文部省、教育長会議を開催、「いじめ
根絶のための指導方針」を提示 1995.12.15
教育長協議会
教育長協議会、組合専従制限等立法
措置要求 1959.8.21
教育調査会
教育調査会設置 1913.6.13
「大学校令」案及び「学位令」改正案
を諮問 1914.6月
教育調査団
戦後初の教育調査団渡米 1950.1.29
教育勅語
「教育勅語」発布 1890.10.30
内村鑑三不敬事件 1891.1.9
「教育勅語」50周年式典 1940.10.30
「教育勅語」奉読の廃止を通達 1946.10.8
「教育勅語」排除に関する決議を衆参
院で可決 1948.6.19
教育投資論
文部省、教育白書『日本の成長と教
育』を刊行 1962.11.5
教育と企業の連携
日本経団連、「教育と企業の連携推進
に向けて」を公表 2007.5.27
教育内容の自由化
文部省大学審議会短大専門委員会、
「教育内容の自由化」を報告 1990.10.31
教育ニ関スル戦時非常措置方策
「教育ニ関スル戦時非常措置方策」決
定 1943.10.12
「教育に関する戦時非常措置方策」通
達 1943.12.20
教育の機会均等
文部省、初の教育白書『わが国教育
の現状』刊行 1953.12.25
教育ノ効果ヲ完カラシムベキ一般施設ニ関スル建議
「教育ノ効果ヲ完カラシムベキ一般施
設ニ関スル建議」可決 1919.1.17
教育の中立性
教育の中立性維持に関し次官通達 1953.7.8
中教審、教育の中立性維持について
答申 1954.1.8

教育の民主化
GHQ、「米国教育使節団報告書」を
発表 1946.4.7
教育白書
文部省、初の教育白書『わが国教育
の現状』刊行 1953.12.25
文部省、教育白書『我が国の教育水
準』刊行 1959.10.31
文部省、教育白書『日本の成長と教
育』を刊行 1962.11.5
文部省、教育白書『我が国の教育基
準』を刊行 1964.11.6
文部省、教育白書『我が国の教育水
準』を刊行 1970.11.10
文部省、教育白書『我が国の教育水
準』刊行 1976.5.7
文部省、教育白書『我が国の教育水
準』刊行 1981.5.22
文部省、教育白書『我が国の文教施
策』刊行 1988.12.6
文部省、教育白書『我が国の文教施
策』刊行 1989.11.22
文部省、教育白書『我が国の文教施
策』刊行 1990.11.20
文部省、教育白書『我が国の文教施
策』刊行 1991.11.5
文部省、教育白書『我が国の文教施
策』刊行 1992.11.5
文部省、教育白書『我が国の文教施
策』刊行 1993.11.5
文部省、教育白書『我が国の文教施
策』刊行 1994.12.14
文部省、教育白書『我が国の文教施
策』刊行 1996.2.16
文部省、教育白書『我が国の文教施
策』刊行 1996.12.20
文部省、教育白書『我が国の文教施
策』刊行 1997.12.5
文部省、教育白書『我が国の文教施
策』刊行 1998.10.30
文部省、教育白書『我が国の文教施
策』刊行 1999.12.7
文部省、教育白書『我が国の文教施
策』刊行 2000.11.14
教育白書（日教組）
日教組、初の教育白書発表 1948.3.8
教育博物館
教育博物館と改称 1877.1.26
教育費
小学校教育費の国庫補助を可決 1893.2.22
「実業教育費国庫補助法」公布 1894.6.12
清国賠償金を普通教育費に充当 1896.1.8
「小学校教育費国庫補助法」公布 1899.10.20

「市町村立小学校教育費国庫補助法」
　公布　　　　　　　　　　　1900.3.16
市町村立小学校教育費を府県費で補
　助　　　　　　　　　　　　1907.5.27
「実業教育費国庫補助法」改正　1914.3.23
原首相が市町村教育費について言明
　　　　　　　　　　　　　　1921.2.5
臨時教育行政調査会設置　　　1921.7.23
「小学校教育費整理節約ニ関スル注
　意」　　　　　　　　　　　1922.12.28
「青年学校教育費国庫補助法」公布 1939.3.24
「青年学校教育費国庫補助法施行規
　則」制定　　　　　　　　　1940.3.18
日教組、教育予算獲得人民大会を開
　催　　　　　　　　　　　　1949.4.8
「生活保護法」改正により教育費扶助
　実施　　　　　　　　　　　1950.4.1
義務教育費の全額国庫負担方針決定 1953.1.13
臨時行政調査会「行財政改革に関す
　る第1次答申」発表　　　　　1981.7.10
政府・与党、義務教育費の国庫負担
　率引き下げで合意　　　　　2005.11.30
文科省、文部科学白書『我が国の教
　育水準と教育費』刊行　　　2010.6.30
日本の教育予算、OECD諸国中最下
　位　　　　　　　　　　　　2010.9.7
教育費(家庭)
「生活保護法」改正により教育費扶助
　実施　　　　　　　　　　　1950.4.1
総務庁、家計調査に基づく「子供に
　関する支出の動向」を発表　1991.4.23
塩谷文科相、「新しい日本の教育 今
　こそ実行のとき！」「心を育む」
　ための五つの提案」を発表　2009.2.3
文科省、「教育安心社会の実現に関す
　る懇談会報告」をまとめる　2009.7.3
教育費の学校以外活動費、大幅減 2010.1.27
教育費、家庭の年収の37%　　2010.11月
教育評議会官制
「教育評議会官制」公布　　　　1921.7.29
教育複合産別組織
日教組の21世紀ビジョン委員会、最
　終報告を提出　　　　　　　1995.4.12
教育復興会議
日教組を中心に、教育復興会議を結
　成　　　　　　　　　　　　1948.6.17
教育文芸家協会
教育文芸家協会創立　　　　　　1927.7月
教育放送開発センター
教育放送開発センター等が発足 1978.10.1
教育問題研究会
教育問題研究会発足　　　　　1985.2.12
教育擁護運動大会
教員の減俸反対決議　　　　　　1929.11.8

教育擁護同盟
教育擁護同盟結成　　　　　　　1921.3.8
教育予算獲得人民大会
日教組、教育予算獲得人民大会を開
　催　　　　　　　　　　　　1949.4.8
教育臨調
日教組、第2次教育制度検討委発足 1981.12.12
教育臨調設置決定　　　　　　　1984.2.1
教育令
「日本教育令」上奏　　　　　　1878.5.14
「教育令」公布　　　　　　　　1879.9.29
「教育令」改正、公布　　　　　1880.12.28
「教育令」再改正、公布　　　　1885.8.12
教員 ⇔ 教育職員,教職員をも見よ
小学校教員の待遇を改善　　　　1911.3.31
思想講習会開催　　　　　　　1935.10.20
植民地・占領地へ教師派遣　　　1941.4.4
教師の大量派遣決定　　　　　　1942.2月
佐賀県教組、3・3・4割休暇闘争 1957.2.14
ILO、「教員の地位に関する勧告草」
　案送付　　　　　　　　　　1965.4.15
ILO勧告を発効　　　　　　　　1966.6.14
中教審「教員の資質能力の向上につ
　いて」を答申　　　　　　　1978.6.16
自民党、5小委員会発足　　　　1980.12.4
自民党「教員の資質向上に関する提
　言」発表　　　　　　　　　1981.11.17
日本経済調査協議会「21世紀に向け
　て教育を考える」発表　　　1985.3.25
教員の資質能力向上方策等について
　教育職員養成審議会に諮問　1986.5.23
教養審「教員の資質能力の向上方策
　について」答申　　　　　　1987.12.18
文部省、教員処分状況を発表　1991.11.1
文部省の調査研究協力者会議、問題
　教員の対応策を提言　　　　1993.6.29
東京大学評議会、65歳へ定年の引き
　上げを決定　　　　　　　　2000.9.19
教員の精神疾患による休職増加 2010.12.24
**教員及び教育関係官ノ調査、除外、認可ニ
関スル件**
GHQ、軍国主義的教員の排除を司令
　　　　　　　　　　　　　　1945.10.30
教員給与
教員の減俸反対決議　　　　　　1929.11.8
減俸反対を声明　　　　　　　　1931.5.23
教員の減俸実施　　　　　　　　1931.5.27
小学校教員減俸　　　　　　　　1931.6.17
日教組、労働時間と賃金に関する草
　案発表　　　　　　　　　　1970.3.9
教職員の給与などに関する特別措置
　法公布　　　　　　　　　　1971.5.28
文部省、教員などの給与改善に関す
　る要望書提出　　　　　　　1996.7.4

中教審、教員給与について答申 2007.3.29
教員業績評価制度
　東京都教委員人事課に関する研究会、教員業績評価制度導入を提言 1999.3.30
教員組合全国連盟
　教員組合全国連盟を結成 1946.7.7
教員研修
　文部省、「教員の採用・研修について」を提示 1982.5.31
　東京都教委、都立高校教員の「週1研修」の段階的廃止を通達 1992.12.9
　文部省調査研究協力者会議、教員の長期社会研修のあり方について中間まとめ 1996.5.30
　教育職員養成審議会、第2次答申 1998.10.29
　教養審、教員採用・研修の改善方策をまとめ答申 1999.12.10
教員検定委員会官制
　「教員免許令」「教員検定委員会官制」公布 1900.3.31
教員検定ニ関スル規程
　「教員検定ニ関スル規程」改正 1916.3.29
教員採用
　小学校教員資格付与の規則を制定 1874.7.25
　高等女学校教員の資格について制定 1899.3.31
　無資格教員の採用制限を強化 1908.1.7
　文部省、「教員の採用・研修について」を提示 1982.5.31
　埼玉県教委、公立教員採用試験で一芸入試を実施と発表 1992.4.24
　文部省協力者会議、教員採用における評価尺度の多様化を提言 1996.4.5
　教養審、教員採用・研修の改善方策をまとめ答申 1999.12.10
　大分教員採用汚職で、21人採用取り消し 2008.8.29
　市町村にも教員採用権 2010.4.15
教員人材確保法
　「教員人材確保法」を公布 1974.2.25
　「教員人材確保法」により教員の給与引上げ勧告 1974.3.18
教員人事考課制度
　東京都教委、教員人事考課制度導入を決定 1999.12.16
教員人事考課に関する研究会
　東京都教委員人事課に関する研究会、教員業績評価制度導入を提言 1999.3.30
教員任期制
　北陸先端技術大学院大学、任期制適用を発表 1997.11.20
教員の心の健康等に関する調査研究協力者会議
　文部省、「教員の採用・研修について」を提示 1982.5.31
　文部省「教員の心の健康等に関する調査研究協力者会議」が発足 1992.1.24
教員保養所令
　「教員保養所令」公布 1940.12.14
教員免許
　「小学校教員免許状授与方心得」制定 1881.1.31
　「小学校教員免許状授与方心得」改正 1883.7.27
　「中学校師範学校教員免許規程」制定 1884.8.13
　「中学校師範学校教員免許規程」改正 1885.12.7
　「小学校教員免許規則」制定 1886.6.21
　小学校教員仮免許状 1887.8.4
　「尋常師範学校・尋常中学校・高等女学校教員免許検定ニ関スル規則」制定 1894.3.5
　「尋常師範学校尋常中学校高等女学校教員免許規則」制定 1896.12.2
　「公立私立学校外国大学校卒業生ノ教員免許ニ関スル規則」制定 1899.4.5
　「教員免許令」「教員検定委員会官制」公布 1900.3.31
　「小学校令」改正 1913.7.16
　教員養成審議会「教員養成の改善方針」建議 1972.7.3
　自民党「教員の養成・免許等に関する提言」発表 1983.5.26
　教養審「教員の養成及び免許制度について」答申 1983.11.22
　教員の資質能力向上方策等について教育職員養成審議会に諮問 1986.5.23
　教養審「教員の資質能力の向上方策について」答申 1987.12.18
　自民党小委、介護体験を義務付ける法案をまとめる 1997.4.2
　介護体験義務づけ議員立法成立 1997.6.11
　中教審、地方行政制度改革に関する答申提出 1998.9.21
　「大学院修学休業制度」創設 2000.4.28
　中教審に奉仕活動のあり方など諮問 2001.4.11
　中教審、大学への社会人受入れ・教員免許制度・教養教育についての3答申を提出 2002.2.21
　中教審、教員免許3段階案まとめる 2010.11.30
教員免許更新制
　中教審に「今後の教員養成・免許制度の在り方について」諮問 2004.10.20
　中教審、教員免許更新制について答申 2006.7.11

教育再生会議、「社会総がかりで教育再生を」(第1次報告)発表	2007.1.24
安倍首相、教育再生を明言	2007.1.26
教育関連3法「学校教育法」「地方教育行政法」「教育職員免許法」一部改正	2007.6.20
教員免許更新制度始まる	2009.4月
教員免許失効恐れ2000人	2010.11.11

教員免許令
「教員免許令」「教員検定委員会官制」公布	1900.3.31

教員養成
「小学教師教導場ヲ建立スルノ伺」提出	1872.5.28
文部省、教員養成は大学で実施する旨発表	1948.3.29
理科教育審議会、理科教員養成について答申	1957.6.24
中教審、教員養成制度改善方策について答申	1958.7.28
養護学校教員養成課程を設置	1960.3.3
教育職員養成審議会、教員養成制度を建議	1962.11.12
東北大評議会、教育学部教員養成課程を分離	1964.12.15
教員養成審議会「教員養成の改善方針」建議	1972.7.3
新構想の教員養成大学に関する調査会報告	1974.5.20
国大協教員養成制度特別委「大学における教員養成」報告書発表	1977.11.17
自民党「教員の養成・免許等に関する提言」発表	1983.5.26
教養審「教員の養成及び免許制度について」答申	1983.11.22
小杉文相、国立教員養成大学の定員削減を提示	1997.4.15
教養審、教員養成カリキュラム改革提言	1997.7.28
教育職員養成審議会、中間報告公表	1998.6.23
文部省、大学入学定員計画を発表	1999.8.30
文部省、国立教員養成大学就職状況を発表	2000.12.19
教員養成系大学について報告書	2001.11.22
中教審に「今後の教員養成・免許制度の在り方について」諮問	2004.10.20
中教審、教員免許更新制について答申	2006.7.11

教員養成所
東京工業大学に教員養成所	1942.5.27

教員養成評価機構
中教審、認証評価機関について答申	2010.3.17

行革委員会
行革委員会、規制緩和を検討するための分科会を設置	1996.4.18

行革規制緩和委員会
自民党行革規制緩和委員会、教育分野の規制緩和策をまとめ公表	1996.7.4

教学局
文部省教学局設置	1937.7.21

教学局教学官視察規程
「教学局教学官視察規程」制定	1937.11.20

教学刷新評議会
教学刷新評議会設置	1935.11.18
教学刷新評議会、国体明徴推進教育について答申	1935.11月
教学刷新評議会答申	1936.10.29

行革審 → 臨時行政改革推進審議会を見よ

教学聖旨
「教学聖旨」提示	1879.8月

教学錬成所
教学錬成所設置	1943.11.1

教科書
編輯寮、設置	1871.10.31
「文部省及び直轄学校蔵版教科書中翻刻許可書目」改定	1874.10.4
文部省蔵版書籍・教科書等全ての翻刻を許可	1875.6.19
小学校教科書調査を開始	1880.5月
不適当な教科書の使用を禁止	1880.8.30
教育上弊害ある書籍の教科書不採用を指示	1880.12.18
教科書採択が認可制に	1883.7.31
法令違反の教科書を発行停止	1883.8.9
「教科用図書検定条例」制定	1886.5.10
「教科用図書検定要旨」制定	1886.12.9
「公私立小学校教科用図書採定方法」他、制定	1887.3.25
小学校用歴史教科書編纂旨意書、公示	1887.4.29
「教科用図書検定規則」制定	1887.5.7
小学校修身科の教科書使用を必須化	1891.10.7
「小学校修身教科用図書検定標準」公示	1891.12.17
「教科用図書検定規則」改正	1892.3.25
小学校教科書を生徒用・教師用の2種に	1892.9.19
高等女学校教科書、検定教科書に	1895.6.12
「国費ヲ以テ小学校修身教科用図書を編纂スルノ建議」案可決	1896.2.4
貴族院、小学読本及び修身教科書の国費編纂を建議	1897.3.19
「教科用図書検定規則」改正	1897.10.11
小学校修身教科書の国費編纂を建議	1899.3.6
修身教科書調査委員会、設置	1900.4月
教科書供給の監督強化を要請	1902.2.26

教科書疑獄事件	1902.12.17
「小学校教科用図書翻刻発行規則」制定	1903.4.29
教科書需要額調査	1905.1月
「小学校教科用図書翻刻発行規程」改正	1905.4.7
教科用図書調査委員会、設置	1908.9.5
「小学校教科用図書翻刻発行ニ関スル規程」改正	1909.10.2
小学校理科教科書を国定化	1910.7.21
教科書調査会設置	1920.4.28
「小学校教科用図書翻刻発行ニ関スル規程」改正	1930.5.17
「教科用図書検定規則」改定	1932.11.25
「師範学校・中学校・高等女学校教科用図書定価標準ニ関スル規程」改定。	1933.5.10
小学校国史教科書改訂	1936.11月
「君が代」教科書に登場	1937.1月
「日本語教科用図書調査会官制」公布	1939.12.11
中等教育教科書指定制に	1940.9.12
「高等諸学校教科書認可規程」制定	1940.11.26
「教科用図書調査会官制」公布	1941.5.20
「教科用図書検定規則」制定	1943.4.1
「師範学校教科用図書翻刻発行規程」制定	1943.4.6
文部省、戦時教材の省略削除を通牒	1945.9.20
GHQ、3教科書の停止、教科書回収を司令	1945.12.31
文部省、国民学校用史教科書刊行	1946.9.5
文部省、小学教科書『こくご1』刊行	1947.2.20
教科用図書検定規則を制定	1948.4.30
初の教科書展示会開催	1948.8.25
文部省、「教科用図書検定基準」を定める	1949.2.9
教科用図書審議会など13審議会を設置	1949.7.5
日本私学団体連、標準教科書計画に反対表明	1952.1.18
新入生への教科書の給与に関する法律公布	1952.3.31
公取委、教科書売り込みの激化に警告	1952.6.7
「教科用図書検定基準」告示	1952.10.30
民主党政務調査会、教科書の民編国管を検討	1955.3.16
教科書出版労組、教科書問題懇談会を結成	1955.4.11
良い教科書と子供の教科書を守る大会を開催	1955.6.21
衆院特別委員会、教科書問題で証人喚問	1955.6.24
日本民主党『うれうべき教科書の問題』刊行	1955.8.13
日本学術会議『うれうべき教科書の問題』で警告	1955.10月
中教審、教科書制度の改善について答申	1955.12.5
「教科書法」案を国会に提出	1956.3.12
教科用図書給与の国の補助に関する法律公布	1956.3.30
文部省、教科書調査官制度を創設	1956.10.10
就学困難な児童への教科書給与に関する法律改正	1957.3.30
文部省、教科用図書検定基準を告示	1958.12.12
文部省、教科書採択の公正確保について通達	1960.1.12
教科書国家統制法案粉砕推進会議を結成	1963.5.13
青森県教委、小学校教科書を全県1種制に	1964.4.3
家永教授、教科書裁判第1次訴訟	1965.6.12
家永教授、教科書裁判第2次訴訟	1967.6.23
教科書裁判第2次訴訟で家永教授勝訴	1970.7.17
教科書裁判第1次訴訟で、教科書検定は合憲	1974.7.16
「教科用図書検定実施細則」の一部改正を通達	1975.7.16
教科書裁判第2次訴訟控訴審棄却	1975.12.20
教科用図書検定調査審議会、「教科書検定制度の運用の改善について」を海部文相に建議	1977.1.26
教科用図書検定調査審議会「義務教育教科書の貸与制」について建議	1979.11.24
自民党機関紙で教科書批判キャンペーン	1980.1.22
自民党教科書小委員会発足	1980.10.22
自民党、5小委員会発足	1980.12.4
民社党書記長、中学校社会科教科書を偏向と批判	1981.2.4
教育8団体「教育・教科書の反動化に反対する国民集会」を開催	1981.3.10
教科書協会の役員会社、自民党に政治献金	1981.8.3
教科書問題で2万人集会	1981.11.13
教科書問題で第13期中教審発足	1981.11.24
第13期中教審、教科書・教育内容の各小委発足	1981.12.14
最高裁、教科書裁判第2次訴訟で原告勝訴の2審破棄、高裁差戻し	1982.4.8
中国『人民日報』、日本の教科書問題に関し批判	1982.6.30
中国『人民日報』と韓国各紙、日本の教科書問題に関し厳しく批判	1982.7.20

中国・韓国政府との教科書問題、一
　応の決着　　　　　　　　　1982.9.9
教科用図書検定調査審議会、「歴史教
　科書の記述に関する検定の在り方
　について」諮問　　　　　　1982.9.14
文部省、「教科用図書検定基準」改正
　官報告示　　　　　　　　　1982.11.24
中教審「教科書の在り方について」
　答申　　　　　　　　　　　1983.6.30
家永教授、教科書裁判第3次訴訟提訴
　　　　　　　　　　　　　　1984.1.19
教科書裁判第1次訴訟で検定合憲合法
　と判決　　　　　　　　　　1986.3.19
中国外務省、復古調高校日本史教科
　書を非難　　　　　　　　　1986.6.4
教科書裁判第3次訴訟、沖縄出張尋問 1988.2.9
教科書裁判第2次訴訟差戻し審判決　1989.6.27
教科書裁判第3次訴訟で判決　　　1989.10.3
教科書採択の在り方に関する調査研
　究協力者会議、採択改善方策を報
　告　　　　　　　　　　　　1990.3.6
宮沢首相、朝鮮人従軍慰安婦問題を
　教科書で取り上げる考えを表明　1992.1.17
文部省、教科書の検定結果公表　　1992.6.30
最高裁、家永教科書裁判第1次訴訟で
　「教科書検定制度は合憲」と判断　1993.3.16
家永教科書裁判第3次訴訟で、検定意
　見3カ所を違法と判決　　　　1993.10.20
文部省、学校図書館に教科書の常備
　を指示　　　　　　　　　　1994.9.29
連合、教科書制度の撤廃・国体の廃
　止を提言　　　　　　　　　1996.4.18
文部省、教科書の検定結果と事例を
　発表　　　　　　　　　　　1996.6.27
西尾幹二らが「新しい歴史教科書を
　つくる会」を結成　　　　　1996.12.2
最高裁、教科書裁判第3次訴訟で検定
　意見違法の判決　　　　　　1997.8.29
横浜教科書訴訟で、2箇所の検定意見
　を違法と認める判決　　　　1998.4.22
文部省の主任教科書調査官、教科書
　が「戦争の贖罪のパンフレット」
　と発言　　　　　　　　　　1998.11.24
「新しい歴史教科書をつくる会」教科
　書検定合格　　　　　　　　2001.4.3
韓国、歴史教科書に修正要求　　　2001.5.8
中国、歴史教科書に修正要求　　　2001.5.16
歴史教科書自主訂正　　　　　　　2001.7.2
歴史教科書修正要求に回答　　　　2001.7.9
東京都教委が「新しい歴史教科書を
　つくる会」の歴史教科書を採用　2001.8.7
高校教科書の検定結果公表　　　　2002.4.9
横浜教科書訴訟、損害賠償請求棄却 2002.5.29
教科書記述に対し提言　　　　　　2002.7.31

韓国、日本の教科書の竹島の記述に
　「憂慮」表明　　　　　　　2005.4.5
横浜教科書訴訟、執筆者敗訴が確定 2005.12.1
教科書に沖縄集団自決記述復活　　2007.12.26
教育再生懇談会、教科書等について
　の第2次報告を提出　　　　　2008.12.18
小学校教科書、25％増量　　　　　2010.3.30
教科書疑獄事件
　教科書疑獄事件　　　　　　　　1902.12.17
　文部大臣菊池大麓問責決議案を可決 1903.5.29
教科書協会
　教科書協会の役員会社、自民党に政
　　治献金　　　　　　　　　　1981.8.3
教科書検定
　文部卿福岡孝弟、教育の要旨を訓示
　　　　　　　　　　　　　　　1881.12.17
　「教科用図書検定要旨」制定　　　1886.12.9
　「教科用図書検定規則」制定　　　1887.5.7
　「小学校修身教科用図書検定標準」公
　　示　　　　　　　　　　　　1891.12.17
　「教科用図書検定規則」改正　　　1892.3.25
　修身教科書検定秘密漏洩事件　　1892.11月
　「教科用図書検定規則」改正　　　1897.10.11
　「教科書検定調査標準」、制定　　 1898.10.7
　「教科用図書検定規則」改正　　　1932.11.25
　文部省、教科書検定制度を発表　　1947.9.11
　教科用図書検定規則を制定　　　　1948.4.30
　文部省、「教科用図書検定基準」を定
　　める　　　　　　　　　　　1949.2.9
　「教科用図書検定基準」告示　　　1952.10.30
　日本教育学会、教科書検定について
　　声明　　　　　　　　　　　1955.6.18
　文部省、教科用図書検定基準を告示
　　　　　　　　　　　　　　　1958.12.12
　家永教授、教科書裁判第1次訴訟　 1965.6.12
　教科書検定訴訟を支援する全国連絡
　　会結成　　　　　　　　　　1965.10.10
　家永教授、教科書裁判第2次訴訟　 1967.6.23
　教科書裁判第2次訴訟で家永教授勝訴
　　　　　　　　　　　　　　　1970.7.17
　教科書検定訴訟の地裁判決について
　　通知　　　　　　　　　　　1970.8.7
　教科書裁判第1次訴訟で、教科書検定
　　は合憲　　　　　　　　　　1974.7.16
　「教科用図書検定実施細則」の一部改
　　正を通達　　　　　　　　　1975.7.16
　教科書裁判第2次訴訟控訴審棄却　 1975.12.20
　教科用図書検定調査審議会、「教科書
　　検定制度の運用の改善について」
　　を海部文相に建議　　　　　1977.1.26
　文部省、教科書新検定規則公布　　1977.9.22
　最高裁、教科書裁判第2次訴訟で原告
　　勝訴の2審破棄、高裁差戻し　 1982.4.8

教科用図書検定調査審議会、「歴史教
　科書の記述に関する検定の在り方
　について」諮問　　　　　1982.9.14
文部省、「教科用図書検定基準」改正
　官報告示　　　　　　　　1982.11.24
家永教授、教科書裁判第3次訴訟提訴
　　　　　　　　　　　　　1984.1.19
教科書裁判第1次訴訟で検定合憲合法
　と判決　　　　　　　　　1986.3.19
日本を守る国民会議編『新編日本史』
　の検定合格　　　　　　　1986.7.7
教科書裁判第3次訴訟、沖縄出張尋問　1988.2.9
文部省「教科書検定制度改善の骨子」
　発表　　　　　　　　　　1988.9.22
文部省、新教科書検定規則・基準を
　公示　　　　　　　　　　1989.4.4
教科書裁判第2次訴訟差戻し審判決　1989.6.27
教科書裁判第3次訴訟で判決　1989.10.3
文部省、教科書の検定結果公表　1992.6.30
最高裁、家永教科書裁判第1次訴訟で
　「教科書検定制度は合憲」と判断　1993.3.16
家永教科書裁判第3次訴訟で、検定意
　見3カ所を違法と判決　　　1993.10.20
文部省、教科書の検定結果と事例を
　発表　　　　　　　　　　1996.6.27
文部省、高校教科書検定結果発表　1997.6.26
最高裁、教科書裁判第3次訴訟で検定
　意見違法の判決　　　　　1997.8.29
横浜教科書訴訟で、2箇所の検定意見
　を違法と認める判決　　　1998.4.22
町村文相、教科書検定基準に疑問を
　投げかける発言を行なう　1998.6.8
教科書検定調査審議会、検定基準の
　改善等について建議　　　1998.11.12
文部省教科書検定審議会、文書によ
　る検定意見伝達の切り替えを提言
　　　　　　　　　　　　　1998.11.13
文部省、「検定規則」を改正　1999.1.13
「新しい歴史教科書をつくる会」教科
　書検定合格　　　　　　　2001.4.3
高校教科書の検定結果公表　2002.4.9
横浜教科書訴訟、損害賠償請求棄却　2002.5.29
高等学校教科書検定結果を公表　2003.4.8
小学校教科書検定結果、発表　2004.3.30
文科省、中学校教科書検定結果を公
　表　　　　　　　　　　　2005.4.5
横浜教科書訴訟、執筆者敗訴が確定　2005.12.1
教科書検定で沖縄集団自決記述の復
　活申請　　　　　　　　　2007.11.1
教科書検定の透明化などについて報
　告　　　　　　　　　　　2008.12.25
小学校教科書、25％増量　　2010.3.30

教科書検定審議会
　文部省教科書検定審議会、文書によ
　る検定意見伝達の切り替えを提言
　　　　　　　　　　　　　1998.11.13
教科書検定訴訟を支援する全国連絡会
　教科書検定訴訟を支援する全国連絡
　会結成　　　　　　　　　1965.10.10
教科書検定調査審議会
　教科書検定調査審議会、検定基準の
　改善等について建議　　　1998.11.12
教科書検定調査標準
　「教科書検定調査標準」、制定　1898.10.7
教科書国家統制法案粉砕推進会議
　教科書国家統制法案粉砕推進会議を
　結成　　　　　　　　　　1963.5.13
教科書採択の在り方に関する調査研究協力者会議
　教科書採択の在り方に関する調査研
　究協力者会議、採択改善方策を報
　告　　　　　　　　　　　1990.3.6
教科書裁判第1次訴訟
　家永教授、教科書裁判第1次訴訟　1965.6.12
　教科書検定訴訟を支援する全国連絡
　会結成　　　　　　　　　1965.10.10
　教科書裁判第1次訴訟で、教科書検定
　は合憲　　　　　　　　　1974.7.16
　教科書裁判第1次訴訟で検定合憲合法
　と判決　　　　　　　　　1986.3.19
　最高裁、家永教科書裁判第1次訴訟で
　「教科書検定制度は合憲」と判断　1993.3.16
教科書裁判第2次訴訟
　家永教授、教科書裁判第2次訴訟　1967.6.23
　教科書裁判第2次訴訟で家永教授勝訴
　　　　　　　　　　　　　1970.7.17
　教科書裁判第2次訴訟控訴審棄却　1975.12.20
　最高裁、教科書裁判第2次訴訟で原告
　勝訴の2審破棄、高裁差戻し　1982.4.8
　教科書裁判第2次訴訟差戻し審判決　1989.6.27
教科書裁判第3次訴訟
　家永教授、教科書裁判第3次訴訟提訴
　　　　　　　　　　　　　1984.1.19
　教科書裁判第3次訴訟、沖縄出張尋問　1988.2.9
　教科書裁判第3次訴訟で判決　1989.10.3
　家永教科書裁判第3次訴訟で、検定意
　見3カ所を違法と判決　　　1993.10.20
　最高裁、教科書裁判第3次訴訟で検定
　意見違法の判決　　　　　1997.8.29
教科書出版労組
　教科書出版労組、教科書問題懇談会
　を結成　　　　　　　　　1955.4.11
教科書調査会
　教科書調査会設置　　　　1920.4.28

「教科書に真実と自由を」連絡会
西尾幹二らが「新しい歴史教科書をつくる会」を結成 1996.12.2
教科書発行に関する臨時措置法
「日本学術会議法」などを公布 1948.7.10
教科書法
「教科書法」案を国会に提出 1956.3.12
教科書無償化
児童の教科書無償給与に関する法律公布 1951.3.29
義務教育の教科書無償化に関する法律公布 1962.3.31
義務教育の教科書を無償とする法律公布 1963.12.21
教科書問題懇談会
教科書出版労組、教科書問題懇談会を結成 1955.4.11
教科書図書検定規則
「教科書用図書検定規則」制定 1943.4.1
教科書用図書検定条例
「教科用図書検定条例」制定 1886.5.10
教課審 → 教育課程審議会を見よ
教科団体中央会
教科団体中央会設立 1928.12月
教化動員ニ関スル件
「教化動員ニ関スル件」訓令 1929.9.10
教科用図書 → 教科書も見よ
教科用図書検定基準
文部省、「教科用図書検定基準」を定める 1949.2.9
「教科用図書検定基準」告示 1952.10.30
文部省、教科用図書検定基準を告示 1958.12.12
文部省、教科書新検定規則公布 1977.9.22
文部省、「教科用図書検定基準」改正官報告示 1982.11.24
文部省、新教科書検定規則・基準を公示 1989.4.4
教科用図書検定規則
「教科用図書検定規則」制定 1887.5.7
「教科用図書検定規則」改正 1892.3.25
「教科用図書検定規則」改正 1897.10.11
「教科用図書検定規則」改正 1932.11.25
教科用図書検定規則を制定 1948.4.30
文部省、教科書新検定規則公布 1977.9.22
文部省、新教科書検定規則・基準を公示 1989.4.4
教科用図書検定実施細則
「教科用図書検定実施細則」の一部改正を通達 1975.7.16
文部省、教科書新検定規則公布 1977.9.22

教科用図書検定調査審議会
教科用図書検定調査審議会、「教科書検定制度の運用の改善について」を海部文相に建議 1977.1.26
教科用図書検定調査審議会「義務教育教科書の貸与制」について建議 1979.11.24
教科用図書検定調査審議会、「歴史教科書の記述に関する検定の在り方について」諮問 1982.9.14
教科書に沖縄集団自決記述復活 2007.12.26
教科用図書検定要旨
「教科用図書検定要旨」制定 1886.12.9
教科用図書審議会
教科用図書審議会など13審議会を設置 1949.7.5
教科用図書調査委員会
教科用図書調査委員会、設置 1908.9.5
教科用図書調査会官制
「教科用図書調査会官制」公布 1941.5.20
京教組 → 京都教職員組合も見よ
京教組勤評事件
京教組勤評事件に無罪判決 1968.2.22
教研集会
日教組、第1回教研集会を開催 1951.11.10
日教組第2回教研集会開催 1953.1.25
日教組、第4次教研集会開催 1955.1.29
日教組、第8次教研集会を開催 1959.1.24
日教組、日高初の合同教研集会 1960.1.26
日教組・日高教、教研集会開催 1981.1.13
日教組第36次教育研究全国集会開催 1987.5.7
日教組第37次・日高教第34次教研集会開催 1988.10.9
日教組第38次・日高教第35次教研集会開催 1989.8.8
教研集会会場訴訟、組合側の勝訴確定 2006.2.7
日教組教研集会会場訴訟、ホテル側に賠償命令 2009.7.28
日教組の教研集会に文科省政務三役が出席 2010.1.23
教護院
教護院の教科に関する規則 1934.10.22
教材
義務教育学校における教材基準を通達 1967.8.31
中国、日本人学校の社会科副教材を没収 2005.6.28
行財政改革
臨時行政調査会「行財政改革に関する第1次答申」発表 1981.7.10
行財政改革関連特別法
「行財政改革関連特別法」成立 1981.11.27

凶作
凶作で小学校閉鎖　　　　　　　1934.11.12
共産党シンパ事件
共産党シンパ事件　　　　　　　1930.5.20
『教師及び校長論』
『教師及び校長論』刊行　　　1908（この年）
教師の倫理綱領
日教組、「教師の倫理綱領」草案発表　1951.8.7
日教組、「教師の倫理綱領」を決定　1952.6.18
業者テスト
文部省、都道府県教委に業者テスト
　の取扱等について通達　　　　　1976.9.7
埼玉県教委、業者テストの偏差値を
　高校側に提供しないよう通告　1992.10.13
鳩山文相、業者テストの横行に対し
　強く批判　　　　　　　　　　1992.11.13
文部省、公立中学校の業者テストの
　緊急実態調査結果を発表　　　1992.11.17
文部省、中学校における業者テスト
　の実施・利用状況を発表　　　1993.1.26
文部省、業者テストの実施・利用中
　止を各都道府県教委・知事に通知　1993.2.22
教授任命権
文部省、国立大学教授の任命権を学
　長委任に決定　　　　　　　　1997.10.23
教授要目
国体明徴で教授要目改訂　　　　1937.3.27
教職員 → 教育職員, 教員も見よ
教職員共済組合令
「教職員共済組合令」公布　　　　1941.1.7
教職員追放令
「教職員追放令」を改正　　　　　1951.6.22
教職員定数
文部省「第5次教職員定数改善計画
　案」発表　　　　　　　　　　1979.8.22
文部省、第5次公立高校学級編成・教
　職員定数改善計画を発表　　　1992.12.9
文部省の調査研究協力者会議、教職
　員の定数加配の目安を発表　　1993.1.14
教職員適格審査規程
教職追放の大綱、教職員適格審査規
　程制定　　　　　　　　　　　1946.5.7
教職員配置
文部省の調査協力者会議、公立学校
　教職員配置の在り方を提言　　1992.7.28
文部省、公立学校の「教職員配置改
　善6カ年計画」を発表　　　　1992.8.21
財政構造改革会議、教職員配置改善6
　か年計画の2年延長を決定　　1997.6.3
教職活動に関する教職員の意識調査
国民教育研究所「教職活動に関する
　教職員の意識調査」結果発表　1986.3.11

教職大学院
大学設置審議会、教職大学院の設置
　を答申　　　　　　　　　　　2007.11.27
教職追放
東大経済学部教授会、追放教授の復
　職決定　　　　　　　　　　　1945.11.4
GHQ、追放教員11万人を発表　　1947.8.22
イールズ、共産主義教授追放を講演　1949.7.19
九州大学で、「赤色教授」に辞職勧告
　　　　　　　　　　　　　　　1949.9.24
東京都教育庁、「赤い教員」246人に
　退職勧告　　　　　　　　　　1950.2.13
天野文相、教職員のレッドパージ実
　施を表明　　　　　　　　　　1950.9.1
教職追放の大綱
教職追放の大綱、教職員適格審査規
　程制定　　　　　　　　　　　1946.5.7
京進宇治神明校
宇治学習塾女児殺害事件　　　　2005.12.10
宇治学習塾女児殺害事件で、元講師
　に懲役18年の判決　　　　　　2007.3.6
行政改革
経済同友会「行政改革」発表　　　1982.1.22
行政改革委員会
行革委員会、規制見直し対象項目を
　発表　　　　　　　　　　　　1996.7.25
行革委員会で、文部省や教育団体が、
　学校選択の弾力化などに反対意見　1996.10.3
行政改革委員会、規制緩和・撤廃を
　求める最終報告を決定　　　　1997.12.4
行政改革会議
行政改革会議、最終報告を決定　　1997.12.3
行政改革推進委員会
行政改革推進委員会、分野別規制緩
　和方策報告書をまとめる　　　1996.12.5
行政監察
総務省、義務教育諸学校に関する行
　政監察結果をまとめる　　　　1998.12.22
行政管理庁
行政管理庁、幼保行政の問題点を指
　摘　　　　　　　　　　　　　1975.11.25
教則取調掛
教則取調掛、設置　　　　　　　1880.3.9
共通一次試験
国大協、共通一次試験の実施方針を
　報告　　　　　　　　　　　　1970.11.20
国大協、全国共通一次試験の基本構
　想を発表　　　　　　　　　　1972.10.6
国立大学共通一次試験調査報告書を
　発表　　　　　　　　　　　　1975.4.19
国大協総会、共通一次試験の具体化
　方針決定　　　　　　　　　　1975.11.13
国大協、共通一次試験の最終見解発
　表　　　　　　　　　　　　　1976.11.18

共通一次試験試行テスト実施　1977.12.24
初の国公立大学共通一次試験実施　1979.1.13
複数受験期の国公立大学共通一次試験実施　1987.1.24
大学入試センター試験が始まる　1990.1.13
京都旭丘中学事件
京都旭丘中学事件　1954.3.20
京都旭丘中学校事件で学校側勝訴　1968.11.19
最高裁、京都旭丘中学事件の再上告審棄却　1974.12.10
教頭
「学校教育法施行規則」改正により教頭を設置　1957.12.4
教頭にも管理職手当を支給　1960.4.1
「学校教育法」改正、教頭職が法制化　1974.6.1
教導職
教導職を設置　1872.5.31
教導職の学校教師兼勤を禁止　1873.8.28
京都学芸大学
養護学校教員養成課程を設置　1960.3.3
京都学生連盟
京都学生連盟を結成　1945.11.20
京都学連事件
京都学連事件　1925.12.1
社会問題研究会学生を検挙　1926.1.15
郷土教育講習会
郷土教育講習会開催　1933.8月
京都教職員組合
京教組勤評事件に無罪判決　1968.2.22
京都高等工芸学校
盛岡高等農林学校ほか、創設　1902.3.28
京都高等蚕業学校
蚕業講習所改称　1914.4.1
京都市教育委員会
「君が代のテープ配布は財産処分ではない」と判決　1992.11.4
京都女子学園
大学前納金返還訴訟で返還を命じる判決　2003.7.16
京都女子専門学校
京都女子専門学校等設立認可　1920.3.31
京都市立旭丘中学校
京都旭丘中学事件　1954.3.20
京都旭丘中学校事件で学校側勝訴　1968.11.19
最高裁、京都旭丘中学事件の再上告審棄却　1974.12.10
京都市立絵画専門学校
千葉県立園芸専門学校・京都市立絵画専門学校、設立認可　1909.3.25
京都市立日野小学校
京都日野小児童殺害事件　1999.12.21
京都帝国大学
京都帝国大学、創設　1897.6.22
京都帝国大学、文科大学を設置　1906.6.5
臨時教員養成所設置　1923.4.5
京都帝大人文科学研究所附置　1939.8.22
京都帝国大学第二医科大学
京都帝国大学第二医科大学、設置　1903.3.25
京都日野小児童殺害事件
京都日野小児童殺害事件　1999.12.21
京都府
京都府、小学校設置を通達　1868.11.21
京都府、中学校を創設　1871.1.5
集書院、創設　1873.5.15
京都府教育委員会
京都府教委、学習指導要領案に反対声明　1968.7.8
京都府教委、国歌、国旗への見解発表　1968.9.7
京都府教委、勤評闘争に関する行政処分取消　1969.10.23
京都府図書館
京都府図書館、開館　1898.6.20
京都薬学専門学校
京都薬学専門学校認可　1919.3.27
教養教育
中教審、初等・中等における教養教育の在り方について提言　2000.12.25
教養審 → 教育職員養成審議会を見よ
共立女子職業学校
共立女子職業学校、創設　1886.3.22
共立女子薬学専門学校
専門学校設立　1930.11.26
共和演説事件
共和演説事件　1898.8.21
極東選手権競技大会
第3回極東選手権競技大会　1917.5.8
キリスト教
井上哲次郎、キリスト教を批判　1892.11.5
桐生高等染色学校
桐生高等染色学校設置　1915.12.28
近畿大学付属女子高等学校
福岡県で高2女子生徒、男性教諭による体罰で死亡　1995.7.17
近畿大学付属豊岡高等学校
喫煙による退学処分の取り消し命令　1995.1.27
緊急アピール
文部省のいじめ対策緊急会議で、緊急アピールを発表　1994.12.9
奥田文相、いじめ問題で緊急アピールを発表　1996.1.30
町村文相、緊急アピール発表　1998.3.10
「学校安全緊急アピール」発表　2004.1.20
伊吹文科相、「文部科学大臣からのお願い」発表　2006.11.17

きんき　　　　　　　　　　　　事項名索引　　　　　　　　　　　日本教育史事典

緊急学徒勤労動員方策要綱
　「緊急学徒勤労動員方策要綱」決定　1943.1.18
緊急食料増産農業学校隊北海道派遣
　食料増産隊北海道派遣通達　　　　1944.2.8
キングスレー館
　キングスレー館、創設　　　　　　1897.3.1
銀行学伝習所
　銀行学伝習所、創設　　　　　　　1877.1月
筋ジストロフィー症
　筋ジストロフィー症を理由の不合格
　　は違法と判決　　　　　　　　　1992.3.13
近視予防
　近視予防のための基準　　　　　　1930.11.28
金属バット事件
　金属バット事件　　　　　　　　　1980.11.29
『キンダーブック』
　『キンダーブック』創刊　　　　　1927（この年）
『金の船』
　『金の船』創刊　　　　　　　　　1919（この年）
金の船社
　『金の船』創刊　　　　　　　　　1919（この年）
『金八先生』
　『金八先生』放映開始　　　　　　1979.10.26
勤評
　愛媛県教委、勤評による昇給昇格実
　　施を決定　　　　　　　　　　　1956.11.1
　愛媛県教委、勤評による人事発令　1957.3.30
　全国都道府県教委協議会、勤評試案
　　決定　　　　　　　　　　　　　1957.12.20
　日教組、臨時大会で勤評闘争強化決
　　議　　　　　　　　　　　　　　1957.12.22
　東京都教委、勤評実施を決定　　　1958.4.23
　勤評反対・民主教育を守る国民大会
　　を開催　　　　　　　　　　　　1958.8.15
　日教組、勤評阻止全国統一行動を実
　　施　　　　　　　　　　　　　　1958.9.15
　神奈川県教委、独自の勤評を決定　1958.12.9
　都教組勤評闘争に無罪判決　　　　1962.4.18
　都教組勤評闘争につき有罪判決　　1965.11.16
　勤評事件につき全員無罪判決　　　1967.7.26
　京教組勤評事件に無罪判決　　　　1968.2.22
　和歌山勤評闘争事件に無罪判決　　1968.3.29
　最高裁、都教組勤評事件上告審で無
　　罪判決　　　　　　　　　　　　1969.4.2
　京都府教委、勤評闘争に関する行政
　　処分取消　　　　　　　　　　　1969.10.23
　最高裁、和歌山県教組の勤評反対闘
　　争に無罪　　　　　　　　　　　1970.7.16
　勤評闘争行政処分無効確認請求訴訟　1973.9.12
　最高裁、都教組勤評闘争の懲戒処分
　　取消訴訟で上告棄却　　　　　　1977.12.23
　最高裁、勤評不提出校長の免職処分
　　を有効と判決　　　　　　　　　1978.11.14

勤評阻止全国統一行動
　日教組、勤評阻止全国統一行動を実
　　施　　　　　　　　　　　　　　1958.9.15
勤評反対・民主教育を守る国民大会
　勤評反対・民主教育を守る国民大会
　　を開催　　　　　　　　　　　　1958.8.15
勤務手当
　最高裁、静岡超過勤務手当訴訟で支
　　払を命令　　　　　　　　　　　1972.4.6
　勤務手当カット事件で教委側勝訴　1972.7.21
勤務手当カット事件
　勤務手当カット事件で教委側勝訴　1972.7.21
勤務評定　→　勤評を見よ
勤労青少年教育
　中教審、勤労青少年教育の振興方策
　　答申　　　　　　　　　　　　　1958.4.28

【く】

宮内省
　学習院、宮内省へ移管　　　　　　1884.4.17
『くにのあゆみ』
　文部省、国民学校用国史教科書刊行　1946.9.5
熊本医学校
　熊本医学校、創設　　　　　　　　1896.9.8
熊本高等工業学校
　熊本高等工業学校・仙台高等工業学
　　校、創設　　　　　　　　　　　1906.4.1
熊本大学
　養護学校教員養成課程を設置　　　1960.3.3
熊本洋学校
　熊本洋学校、創設　　　　　　　　1871.10.14
組合専従制限
　教育長協議会、組合専従制限等立法
　　措置要求　　　　　　　　　　　1959.8.21
久米事件
　久米事件　　　　　　　　　　　　1892.3.4
呉市
　教研集会会場訴訟、組合側の勝訴確
　　定　　　　　　　　　　　　　　2006.2.7
訓育
　生徒の訓育上の心得及び処分につい
　　て訓令　　　　　　　　　　　　1894.1.12
郡視学
　郡視学・学務委員を設置　　　　　1890.10.7
軍事教練
　「学校体操教授要目」制定　　　　1913.1.28
　「小学校令施行規則」改正　　　　1913.7.16
　全国学生軍事教練反対同盟結成　　1924.11.12
　学校での軍事教練実施を可決　　　1925.1.10

「陸軍現役将校配属学校教練査閲規程」制定　1925.6.19
「学校教練及青年訓練修了者検定規程」　1928.2.24
朝鮮人学生に軍事教練　1928.9.21
「青年学校教練科等査閲令」公布　1935.8.10
陸軍省令による検定規程　1935.11.30
「学校教練教授要目」制定　1937.5.31
「兵役法」改正　1938.2.25
「青年学校普通学科及教練科目」制定　1938.8.6
大学軍事教練必修化　1939.3.30
大学に現役将校を配属　1941.8.30
「学校教練ニ関スル件」公布　1941.11.27
「学徒軍事教練強化要綱」決定　1944.2.4

軍事研究団
早稲田大学軍事研究団結成　1923.5.10

軍縮教育
初の「平和・軍縮教育フォーラム」開催　1981.11.28

軍縮教育国際シンポジウム
WCOTP主催「軍縮教育国際シンポジウム」開催　1982.10.26

軍縮教育世界会議
ユネスコ初の「軍縮教育世界会議」開催　1980.6.9

群馬県立桐生工業高等学校
桐生工業高校生徒会誌切り取り事件、上告審判決　2004.7.15

訓盲唖院
訓盲唖院と改称　1884.5.26

訓盲唖院掛
訓盲唖院掛を設置　1885.12.4

訓話方
訓話方について定める　1940.9.11

【け】

慶応義塾
慶応義塾と命名　1868.4.25
慶応義塾、三田に移転　1871（この年）
慶応義塾、大学部を開講　1890.1.27

慶応義塾大学
第1回早慶戦開催　1903.11.21
初の私立大学認可　1920.2.5
慶大生、学費値上げ反対で全学ストライキ　1965.1.28
慶大、スライド方式による学費値上げを発表　1975.10.11
慶応大学商学部入試問題漏洩事件判明　1977.5.24
慶応大教授、大学院入試問題漏洩疑惑で辞任　1991.11.13
慶大教授ら、科研費不正受給　2005.10.3
大学生大麻汚染　2008.10.2

計画室
文部省、計画室設置　1941.7.30

敬語
文化審議会、敬語についての指針を作成　2006.11.8

経済協力開発機構
OECD派遣教育調査団来日　1970.1.11
OECD加盟国など「ハイレベル教育専門家会議」開催　1987.1.19
PISAの結果を発表　2004.12.7
文科省、全国学力テストの結果を公表　2007.10.24
日本の教育予算、OECD諸国中最下位　2010.9.7
PISA結果公表、日本の学力改善傾向　2010.12.7

経済審議会
経済審議会、教育改革案を建議　1928.12.21
経済審議会、人的能力開発の課題と対策答申　1963.1.14

経済専門学校
学校を改称　1944.3.29

経済団体連合会
日経連等、技術教育振興策推進に関する要望　1961.8.25
経団連、大学理工系の研究機能強化を発表　1992.5.6
経団連、高等教育改革推進のため、首相直属の諸問機関設置を提言　1993.7.20
経団連、教育改革提言を発表　1996.3.26
奥田文相、経団連などに対し労働環境づくりに協力を求める　1996.5.30
経団連と与党3党の文教関連議員が会合を開く　1996.6.12
経団連、グローバル化時代の人材育成の在り方について提言　2000.3.30

経済同友会
経済同友会、産学協同について発表　1960.7.10
経済同友会「大学の基本問題」発表　1968.11.15
経済同友会、「高次福祉社会のための高等教育」発表　1969.7.18
経済同友会、教育改革の促進を提起　1972.2.18
経済同友会、上場企業社員の学歴昇進を調査　1975.9.19
経済同友会「多様化への挑戦」を発表　1979.10.24
経済同友会「行政改革」発表　1982.1.22
経済同友会、「就職協定」の廃止を提唱　1991.7.2

けいさ

経済同友会、大衆化時代の大学教育
　改革を提言　　　　　　　　　1994.4.3
経済同友会、教育改革提言を発表　1995.4.19
経済同友会、「若者が自立できる日本
　へ」提言　　　　　　　　　　2003.4.8
経済同友会、「国民生活の向上と市場
　創造の実現に向けて」発表　　2007.10.29
経済同友会、「十八歳までに社会人と
　しての基礎を学ぶ」を発表　　2009.2.2

警察庁
警察庁、「少年の自殺」調査結果発表
　　　　　　　　　　　　　　　1977.10.14
警察庁、『少年の自殺白書』発表　1978.3.2
警察庁、「少年の非行と自殺の概況」
　発表　　　　　　　　　　　　1979.7.26
警察庁、「中学・高校卒業式当日の警
　戒状況」をまとめる　　　　　1982.3.29
警察庁と少年いじめ等問題研究会、
　いじめに関する調査結果公表　1995.1.19
警察庁、いじめ問題に積極的に対応
　するよう指示　　　　　　　　1995.5.23
虐待による死亡56人　　　　　　2001.12.13
少年による凶悪犯罪を公開捜査　2003.12.11
学生・生徒の自殺過去最多　　　2007.6.7

京城医学専門学校
朝鮮に専門学校を開校　　　　　1916.4.1

京城高等普通学校
京城と平壌に師範科設置　　　　1914.4月

京城女子高等普通学校
京城と平壌に師範科設置　　　　1914.4月

京城専修学校
朝鮮に専門学校を開校　　　　　1916.4.1

京城帝国大学
京城帝国大学設立　　　　　　　1924.5.2

携帯電話
教育再生懇談会、英語教育や小中学
　生の携帯電話所持についての第1次
　報告を提出　　　　　　　　　2008.5.26
教育再生懇談会、教科書等について
　の第2次報告を提出　　　　　2008.12.18
文科省、学校への携帯電話持ち込み
　禁止を通知　　　　　　　　　2009.1.30
教育再生懇談会、小中学生の携帯電
　話利用・大学改革・教育委員会改
　革についての第3次報告を提出　2009.2.9

経団連 → 経済団体連合会を見よ

啓発的学習状況調査
文部省、公立中学校94%で体験学習
　に取り組んでいると発表　　　1993.10.30

啓明会
啓明会結成　　　　　　　　　　1919.8.4
啓明会メーデー参加　　　　　　1920.5.2
啓明会第2次宣言　　　　　　　1927.11.5
啓明会解散決議　　　　　　　　1928.4月

芸陽海員学校
芸陽海員学校、創設　　　　　　1898.5.10

敬礼方
敬礼方制定　　　　　　　　　　1937.6.3

劇団東童
『青い鳥』上演　　　　　　　　1945.12.24

結婚制限論
女子教員の結婚制限論　　　　　1906.9月

欠食
東北・北海道で冷害　　　　　　1931.11月
欠食児童20万人　　　　　　　　1932.7.27
欠食児童問題に訓令　　　　　　1932.9.7
「児童虐待防止法」公布　　　　1933.4.1

決戦教育措置要綱
「決戦教育措置要綱」を閣議決定　1945.3.18

決戦非常措置要綱ニ基ク学徒動員実施要綱
「決戦非常措置要綱ニ基ク学徒動員実
　施要綱」決定　　　　　　　　1944.3.7

決戦非常措置要綱ニ基ク中等学校教育ニ関スル措置要綱
中学校教育内容についての戦時非常
　措置　　　　　　　　　　　　1944.3.24

ゲルニカ訴訟
「ゲルニカ訴訟」で、教諭側敗訴確定　2000.9.8

現役小学校教員俸給費国庫負担法施行規程
小学校教員俸給の国庫負担について
　制定　　　　　　　　　　　　1940.12.28

現役青年学校職員俸給費国庫負担法
「現役青年学校職員俸給費国庫負担
　法」を制定　　　　　　　　　1945.2.16

研究者養成
学術審議会、若手研究者の養成・確
　保の方策について提言　　　　1995.7.20
学術審議会、研究者の養成について
　建議　　　　　　　　　　　　1996.7.29

兼業規制緩和
文部省調査研究協力者会議、「兼業」
　規制緩和を提言　　　　　　　1996.12.12
文部省、大学教員における兼業許可
　範囲の拡大を全国に通知　　　1996.12.26

健康
文部省、教育白書『我が国の文教施
　策』刊行　　　　　　　　　　1992.11.5
文部省、教育白書『我が国の文教施
　策』刊行　　　　　　　　　　1998.10.30

健康診断
文部省、学校健康診断の見直しを実
　施　　　　　　　　　　　　　1994.12.8

健康白書
日教組、健康白書『子どもの骨折増
　加原医を探る』発表　　　　　1982.10.4

元号表記
　豊中市立中学校の卒業生、卒業証書
　　の日付の元号表記をめぐり、市に
　　損害賠償請求　　　　　　　1991.9.2
　卒業証書の元号表記をめぐる損害賠
　　償訴訟で、原告の請求を却下　1994.11.11
建国記念日
　建国記念日を2月11日とする政令公布
　　　　　　　　　　　　　　1966.12.9
　文部省、建国記念日について通達　1967.1.13
現代の青少年
　総理府「現代の青少年」発表　1981.8.23
剣道
　中学以上の体育教材に竹刀競技採用
　　許可　　　　　　　　　　1952.4.10
幻燈映画及活動写真「フイルム」認定規程
　図書、映画に関する規程制定　1913.7.26
原爆被爆教師の会全国連絡会議
　原爆被爆教師の会全国連絡会議を結
　　成　　　　　　　　　　　1971.10.17
憲法講習会
　憲法講習会開催　　　　　　1935.7.18
『憲法撮要』
　『憲法撮要』発禁　　　　　　1935.4.9
原理運動対策全国父母の会
　原理運動対策全国父母の会を結成　1967.9.16

【こ】

コア・カリキュラム連盟
　コア・カリキュラム連盟を発足　1948.10.30
　『カリキュラム』創刊　　　　1949.1月
興亜奉公日設定ニ関スル件
　「興亜奉公日設定ニ関スル件」制定　1939.8.22
興亜奉公日徹底方策ニ関スル規程
　「興亜奉公日徹底方策ニ関スル規程」
　　制定　　　　　　　　　　1940.6.13
興亜錬成所
　興亜錬成所設置　　　　　　1941.5.1
広運館
　済美館、広運館と改称　　　1868.5月
公害
　小中学校の騒音・大気汚染被害状況
　　を発表　　　　　　　　　1967.5.3
　小中新学習指導要領の「公害」部分
　　改訂告示　　　　　　　　1971.1.20
航海練習所官制
　「航海練習所官制」公布　　　1930.5.28
光化学スモッグ
　立正中・高生に光化学スモッグ被害　1970.7.18
　練馬区立石神井南中学で光化学ス
　　モッグ　　　　　　　　　1972.5.12
合科教育
　合科教育試行　　　　　　　1920.4月
皇学所
　皇学所・漢学所の創設を決定　1868.10.31
　皇学所・漢学所を廃止　　　1869.10.6
後期中等教育
　日経連、後期中等教育に対する要望
　　を発表　　　　　　　　　1965.2.5
　中教審、後期中等教育の拡充整備最
　　終答申　　　　　　　　　1966.10.31
抗議デモ
　市立都留文科大生、市の運営方針に
　　抗議デモ　　　　　　　　1965.5.20
工業学校規程
　実業学校の規程を制定　　　1899.2.25
　「工業学校規程」改正　　　　1921.1.12
工業学校実習指導員養成規程
　「工業学校実習指導員養成規程」制定
　　　　　　　　　　　　　　1937.10.14
工業技術員養成科
　工業技術員養成科設置　　　1937.8.26
工業教員養成規程
　「工業教員養成規程」制定　　1894.6.14
工業高校
　東京都産業教育委員会「工業高校の
　　あり方について」答申　　　1978.5.10
工業専門学校
　学校を改称　　　　　　　　1944.3.29
工業労働者最低年齢法
　「工業労働者最低年齢法」施行　1926.7.1
攻玉塾
　攻玉塾と改称　　　　　　　1869.12月
高校　→　高等学校も見よ
高校教育
　中教審、高校教育改革に関する試案
　　発表　　　　　　　　　　1970.1.12
　高校制度の能力主義・多様化を提唱　1975.12.8
　都道府県教育長協議会「高校教育の
　　諸問題と改善の方向」最終報告ま
　　とめる　　　　　　　　　1977.7.8
　日教組、第2次教育制度検討委発足　1981.12.12
　中教審、高校教育改革と受験競争緩
　　和を答申　　　　　　　　1991.4.19
　文部省、高校制度改革により「総合
　　学科」を加える省令改正　　1993.3.10
　文部省、高校専門学科の状況を発表　1996.7.26
　中教審、高校と大学との接続に関す
　　る中間報告提出　　　　　1999.11.1

高校教育改革推進会議
- 高校教育改革推進会議、総合学科の開設と単位制を全日制とすることを提言　1992.6.29
- 高校教育改革推進会議、入試の多様化を盛込んだ改善策を発表　1992.8.28
- 文部省、中学校における業者テストの実施・利用状況を発表　1993.1.26
- 文部省の高校教育改革推進会議、第3学科「総合学科」について提言　1993.2.12

高校生
- 高校生に対する指導体制の確立について通達　1960.6.21
- 文部省、高校における政治的教養等を通知　1969.10.31
- 日教組、高校生の自主的民主的活動の見解発表　1969.11.1
- 日高教「高校生の憲法意識調査」発表　1982.1.21

高校生徒会連合
- 文部省、高校生徒会の連合組織について通達　1960.12.24

高校全員入学問題
- 高校全入全国大行動実施　1962.12.4
- 「学校教育法施行規則」を一部改正　1963.8.23

高校全員入学問題協議会
- 高校全員入学問題協議会結成大会開催　1962.4.24

高校中退
- 文部省「公・私立における中途退学者数等の状況」公表　1984.1.16
- 文部省「高校中退者数等の状況」発表　1985.4.2
- 文部省「高校中退者の進路状況調査」発表　1987.6.22
- 高校中退者数などの開示拒否は違法　1990.3.14
- 高校中退生徒保護者が、救済を申し立て　1990.12.17
- 福岡県立高校中退者数開示問題で非開示処分取消を判決　1991.4.10
- 公私立高校中退者の数が過去最多　1992.1.14
- 文部省、登校拒否・高校中退の緊急対策を発表　1992.8.25
- 文部省の調査研究協力者会議、高校中退の対応策を発表　1992.12.11
- 文部省、高校中退問題の対応について通知　1993.4.23
- 文部省、高校中退状況を発表　1999.12.15

高校入学・就学問題
- 「学校教育法施行規則」一部改正　1972.2.10
- 文部省の調査研究協力者会議、保護者の転勤に伴う高校転入学の円滑化を提言　1991.7.12
- 面接のみでの選考ができる高校入試実施へ　1998.11.17
- 高校就学費用を生活保護の給付対象に　2004.12.15

高校無償化
- 川端文科相、高校無償化を明言　2009.9.25
- 文部科学省政策会議が初会合　2009.10.8

高校無償化法
- 「高校無償化法」成立　2010.3.31

皇国の道
- 室戸台風　1934.9.21

『公私学校比較論』
- 『公私学校比較論』刊行　1890.4.7

皇室典範
- 「大日本帝国憲法」発布　1889.2.11

光州学生運動
- 光州学生運動　1929.11.3

公私立小学校教科用図書採定方法
- 「公私立小学校教科用図書採定方法」他、制定　1887.3.25

公・私立における中途退学者数等の状況
- 文部省「公・私立における中途退学者数等の状況」公表　1984.1.16

貢進生
- 大学南校貢進生募集　1870.8.23

厚生省
- 厚生省、『母子手帳』を配布開始　1948.5.12
- 厚生省『児童福祉白書』発表　1963.5.4
- 厚生省、子育て家庭支援のため「児童館」の整備を提言　1993.7.29
- 文部省厚生省、幼保施設・運営共同化に関する指針を通知　1998.3.10
- 厚生省、学校法人や企業に保育所の設置を認める方針を決定　1999.9.10

公正取引委員会
- 公取委、教科書売り込みの激化に警告　1952.6.7

厚生労働省
- 厚労省、内定取消は331人と発表　2008.11.28
- 厚労省、内定取消は2083人と発表　2009.4.30

構造改革特別区域
- 構造改革特区第二弾を認定　2003.5.23
- 改正「構造改革特区法」成立　2003.5.30
- 構造改革特区、認定　2003.10.24
- 構造改革特区、認定　2003.11.28
- 中教審、「構造改革特別区域における大学設置基準等の特例措置について」答申　2004.1.14
- 初の株式会社運営の中高一貫校が認可　2005.3.3

構造改革特区法
- 改正「構造改革特区法」成立　2003.5.30

校則
- 東京師範学校、校則・教則を改正　1877.7月
- 丸刈り訴訟で、校則は違憲違法ではないと判決　1985.11.13
- 文部省、校則見直し指導を要請　1988.5.19
- 国民教育研究所「校則についての調査」結果発表　1989.4.7
- 全国の中学校・高校の73，8％で、校則見直し　1991.4.11
- バイクの校則違反による退学処分は違法と判決　1991.5.27
- バイクの校則違反による退学処分の損害賠償訴訟で、原告側上告を棄却　1991.9.3
- 最高裁、校則は法的効果なしと判断　1996.2.22

皇族就学令
- 「皇族就学令」制定　1926.10.21

校則についての調査
- 国民教育研究所「校則についての調査」結果発表　1989.4.7

高卒認定試験規則
- 「高卒認定試験規則」制定　2005.1.31

高大接続テスト
- 中教審、「高大接続テスト」提言　2008.1.24

高体連 → 全国高校体育連盟を見よ

講談社
- 『たのしい1年生』創刊　1956.9月
- 少年向け週刊雑誌創刊　1959.3月
- 少女向け週刊雑誌創刊　1961.12月

高知学芸高等学校
- 高校の海外修学旅行で列車事故　1988.3.24
- 高知学芸高校上海列車事故訴訟で、遺族側の賠償請求を棄却　1994.10.17

高知県教育委員会
- 高知県教委、授業評価システム導入発表　1997.5.1

高知県繁藤小学校
- 高知県繁藤小学校、紀元節式典を挙行　1956.2.11

校地無償提供
- 府県に中小学校校地の無償提供を指示　1874.9.30

校長管理職手当
- 「市町村立学校職員給与負担法一部改正法」公布　1958.7.9

校長着任拒否闘争
- 「校長着任拒否闘争裁判」で県教組・高教組の控訴棄却　1985.9.27

高等学校 → 高校も見よ

高等学校規程
- 「高等学校規程」「大学規程」制定　1919.3.29

高等学校規程臨時措置
- 「高等学校規程臨時措置」制定　1942.3.30

高等学校教員規程
- 「高等学校教員規程」制定　1919.3.29

高等学校教授修練要綱
- 「高等学校教授修練要綱」制定　1943.4月

高等学校教授要目
- 中学・高校教授要目制定　1931.2.7

高等学校高等科教授要綱
- 「高等学校高等科教授要綱」制定　1943.3.31

高等学校高等科修身教授要目
- 「高等学校高等科修身教授要目」制定　1930.6.5

高等学校高等科体操教授要目
- 「高等学校高等科体操教授要目」制定　1933.5.8

高等学校高等科入学資格試験規程
- 「高等学校高等科入学資格試験規程」制定　1919.3.29

高等学校生徒急増対策
- 文部省、高等学校生徒急増対策を決定　1962.1.26

高等学校設置基準
- 「高等学校設置基準」を制定　1948.1.27

高等学校卒業程度認定試験
- 中教審、「大学入学資格検定の見直しについて」答申　2004.8.6
- 「高卒認定試験規則」制定　2005.1.31
- 高卒認定試験で合否ミス　2008.1.2

高等学校大学予科入学者選抜試験規程
- 「高等学校大学予科入学者選抜試験規程」制定　1903.4.21
- 「高等学校大学予科入学者選抜試験規程」制定　1909.4.21
- 大学予科入学者無試験検定の改正　1917.4.27

高等学校大学予科入学者無試験検定規程
- 大学予科入学者無試験検定の改正　1917.4.27

高等学校長会議
- 社会科学研究団体解散措置　1924.11.10

高等学校通信教育規程
- 「高等学校通信教育規程」を全面改正　1962.9.1

高等学校令
- 「高等学校令」公布　1894.6.25
- 「大学令」「高等学校令」公布　1918.12.6
- 「大学令」「高等学校令」「専門学校令」改正　1943.1.21

高等教育
- 文部省、『わが国の高等教育』を発表　1964.8.21
- 経済同友会、「高次福祉社会のための高等教育」発表　1969.7.18
- 自民党、5小委員会発足　1980.12.4
- 大学設置審議会、高等教育の計画的整備について報告　1984.6.6
- 文部省、教育白書『我が国の文教施策』刊行　1990.11.20

大学審議会、「高等教育の計画的整備」「大学設置基準等改正要綱」「大学院の整備充実」を答申 1991.5.17
経団連、高等教育改革推進のため、首相直属の諮問機関設置を提言 1993.7.20
文部省、教育白書『我が国の文教施策』刊行 1996.2.16
文部省懇談会、高等教育の在り方について提言 1996.7.4
中教審、初中等教育と高等教育接続改善について答申 1999.12.16
文科省、文部科学白書『創造的活力に富んだ知識基盤社会を支える高等教育 高等教育改革の新展開』刊行 2004.2.20
中教審、幼児教育・高等教育について答申 2005.1.28

高等教育会議
高等教育会議、設置 1896.12.18
文部大臣、高等教育会議に学制改革案を諮問 1902.11.26
文部省、学制改革案を高等教育会議に諮問 1910.4.25

高等教育会議規則
「高等教育会議規則」改正 1898.6.18

高等教育機関
高等教育機関に関する文部省案 1918.12.26

高等教育懇談会
高等教育懇談会を発足 1972.6.26
高等教育拡充整備計画に関する基本構想 1973.3.1

高等教育将来構想専門委員会
大学審議会に高等教育将来構想専門委員会設置 1995.5.24

高等教育将来構想部会
大学審議会の高等教育将来構想部会、大学・短大臨時定員の恒常定員化を報告 1996.10.29

行動指針となる日常体験
文部省、「行動指針となる日常体験」調査を実施し実態を公表 1998.12.3

高等師範学校
高等師範学校に改組 1886.4.29
高等師範学校、4月学年制に 1886.10月

高等師範学校規程
「高等師範学校規程」制定 1894.4.6
「高等師範学校規程」「女子高等師範学校規程」改正 1909.12.20
「高等師範学校規程」改正 1915.2.23

高等師範学校生徒募集規則
「高等師範学校生徒募集規則」改正 1894.2.3

高等師範学校附属音楽学校
高等師範学校附属音楽学校へ改組 1893.6.29

高等商業学校
高等商業教育を開始 1884.3.26
東京音楽学校・東京美術学校など創設 1887.10.5

高等商業学校附属外国語学校
高等商業学校附属外国語学校、創設 1897.4.27

高等商業教育
高等商業教育を開始 1884.3.26

高等商船学校・商船学校官制
「高等商船学校・商船学校官制」公布 1941.12.19

高等女学校及び実科高等女学校教授要目
「高等女学校及び実科高等女学校教授要目」制定 1911.7.29

高等女学校規程
「高等女学校規程」制定 1895.1.29
中学校・高等女学校・実業学校の規程制定 1943.3.2

高等女学校教育
高等女学校教育改善案発表 1930.11.20

高等女学校教科教授及修練指導要目
中学・高等女学校指導要目制定 1943.3.25

高等諸学校教科書認可規程
「高等諸学校教科書認可規程」制定 1940.11.26

高等女学校教授要目
「高等女学校教授要目」制定 1903.3.9

高等女学校施行規則
「高等女学校施行規則」改正 1908.5.13

高等女学校編成及設備規則
「高等女学校編成及設備規則」制定 1899.2.9

高等女学校令
「高等女学校令」公布 1899.2.8
「高等女学校令」改正 1907.7.18
「高等女学校令」改正 1910.10.26
「高等女学校令」改正 1920.7.6

高等女学校令施行規則
「高等女学校令施行規則」制定 1901.3.22
「高等女学校令施行規則」改正 1915.3.20

高等専門学校
「学校教育法」を一部改正 1961.6.17
高等専門学校が発足 1962.4.1
国立高専55校を連合 2003.2.5
中教審、高等専門学校について答申 2008.12.24

高等専門学校教育課程
高等専門学校教育課程調査会「高等専門学校教育課程の改善について」を発表 1976.7.7

高等専門学校教育課程調査会
高等専門学校教育課程調査会「高等専門学校教育課程の改善について」を発表 1976.7.7

高等専門学校設置基準
「高等専門学校設置基準」公布　1961.8.30
高等中学校規程
「高等中学校令」「高等中学校規程」
　制定　1911.7.31
高等中学校ノ学科及其程度
「高等中学校ノ学科及程度」制定　1886.7.1
「高等中学校ノ学科及程度」改正　1888.7.6
高等中学校令
「高等中学校令」「高等中学校規程」
　制定　1911.7.31
「高等中学校令」実施を延期　1913.3.14
高等普通教育
男子高等普通教育に関して諮問　1917.12.7
臨時教育会議、高等普通教育につい
　ての第1回答申　1918.1.11
校内暴力
中学校校内暴力事件で警官多数出動
　　　　　　　　　　　　　1980.10.31
高校校長、校内暴力等を苦に自殺　1982.3.23
文部省「出席停止の状況調査」「校
　内暴力の発生状況と発生校に関す
　る調査」発表　1983.6.2
日経連「近年の校内暴力問題につい
　て」を発表　1983.7.6
文部省、問題行動調査速報を発表　2000.8.11
校内暴力過去最多　2001.8.24
高認　→ 高等学校卒業程度認定試験を見よ
工部大学校
工部大学校と改称　1877.1.11
工部大学校卒業生、イギリス留学　1879.11.19
工部大学校、文部省に移管　1885.12.22
工部美術学校
工部美術学校、創設　1876.11.6
工部寮
工部寮、設置　1871.9.28
神戸経済大学
東京産業大学・神戸経済大学改称　1944.9.27
神戸高等商業学校
盛岡高等農林学校ほか、創設　1902.3.28
神戸商業講習所
神戸商業講習所、創設　1878.1月
神戸女子薬学専門学校
神戸女子薬学専門学校認可　1932.3.31
神戸市立工業高等専門学校
エホバの証人訴訟で、退学処分は違
　法と判決　1994.12.22
最高裁、エホバの証人訴訟で、退学
　処分取り消しの判決　1996.3.8
神戸大学
神戸大、日本初の「平和教育」講座
　開設　1982.10.22

神戸連続児童殺傷事件
神戸連続児童殺傷事件　1997.5.27
神戸労働学校
神戸労働学校設立　1923.8月
公民科
公民科設置　1931.1.10
高等女学校に公民科を設置　1932.2.19
公民館設置運営の要綱
文部省、「公民館設置運営の要綱」を
　通達　1946.7.5
公民教育講習会
公民教育講習会開催　1937.7月
公民教育刷新委員会
文部省、公民教育刷新委員会を設置　1945.11.1
公民教育調査委員会
公民教育調査委員会設置　1922.12.13
校門圧死事件
兵庫県立神戸高塚高校校門圧死事件　1990.7.6
兵庫県立神戸高塚高校校門圧死事件
　で、元教諭に有罪判決　1993.2.10
高野連　→ 日本高等学校野球連盟を見よ
公立学校施設費国庫負担法
「公立学校施設費国庫負担法」を公布
　　　　　　　　　　　　　1953.8.27
公立学校職員官級等令
「公立学校職員官級等令」など改正　1943.8.2
公立学校職員制
「公立学校職員制」公布　1916.1.29
公立学校職員年功加俸国庫補助法
「公立学校職員年功加俸国庫補助法」
　公布　1920.8.3
公立学校職員分限令
「公立学校職員分限令」公布　1915.1.27
公立学校職員令
「公立学校職員令」改正　1920.8.27
公立高校教育課程編成状況調査
文部省、公立高校教育課程編成状況
　調査の結果を発表　1990.4.11
公立高校新増設に関する調査
公立高校新増設に関する調査を公表　1975.7.23
全国知事会「公立高校新増設計画に
　関する調査」の結果発表　1977.1.8
全国知事会「公立高校新増設計画に
　関する調査結果」公表　1978.7.18
公立高等学校の設置、適正配置及び教職員定数の標準等に関する法律
公立高校の設置などに関する法律公
　布　1961.11.6
公立高等学校の設置、適正配置及び教職員定数の標準等に関する法律施行令
文部省、総合学科の教職員加配によ
　る施行令一部改正　1996.3.25
公立小・中学校における道徳教育の実施状

況に関する調査
　文部省「公立小・中学校における道
　徳教育の実施状況に関する調査」
　発表　1983.8.5
公立私立学校外国大学校卒業生ノ教員免許
ニ関スル規程
　「公立私立学校外国大学校卒業生ノ教
　員免許ニ関スル規程」制定　1899.4.5
公立・私立学校認定ニ関スル規則
　「公立・私立学校認定ニ関スル規則」
　制定　1899.6.28
公立養護学校整備特別措置法
　「公立養護学校整備特別措置法」を公
　布　1956.6.14
　「義務教育費国庫負担法及び公立養護
　学校整備特別措置法の一部を改正
　する法律」公布　2003.3.31
　「義務教育費国庫負担法及び公立養護
　学校整備特別措置法を一部改正す
　る法律」公布　2004.3.31
口話法
　日本聾唖教育第1回総会　1925.10月
　大阪府立聾口話学校設立　1926.5月
古義真言宗大学林
　古義真言宗大学林・新義真言宗大学
　林、創設　1886.2月
国学院
　国学院、創設　1890.11.22
国学院大学
　大学設立認可　1920.4.15
国語審議会
　国語審議会設立　1934.12.22
　国語審議会、標準漢字を答申　1942.6.17
　文部省、国語審議会を設置　1946.9.11
　国語審議会、義務教育用漢字を答申　1947.9.29
　国語審議会『国語白書』を発表　1950.6.13
　国語審議会、ローマ字のつづり方の
　　単一化　1953.3.12
　第12期国語審議会「全漢字表試案」
　　まとめ　1977.1.21
　国語審議会「常用漢字表」答申　1981.3.23
国語調査委員会
　『送仮名法』刊行　1907.3.20
国語調査員会官制
　「国語調査員会官制」「文芸委員会官
　制」を廃止　1913.6.13
国語白書
　国語審議会『国語白書』を発表　1950.6.13
『こくご1』
　文部省、小学教科書『こくご1』刊
　　行　1947.2.20
国際科学技術博覧会
　「科学万博」開幕　1985.3.17

国際学習到達度調査
　PISAの結果を発表　2004.12.7
　文科省、全国学力テストの結果を公
　表　2007.10.24
　PISA結果公表、日本の学力改善傾向　2010.12.7
国際教育学会
　日本教育学会主催で国際教育学会を
　開催　1959.8.31
国際教育到達度学会
　国際数学・理科教育動向調査の結果
　発表　2008.12月
国際教育年
　「国際教育年」スタート　1970.1.1
国際教員団体
　世界教員組合連盟など「世界教員憲
　章」を採択　1954.8.10
国際交流
　中教審「教育・学術・文化の国際交
　流」答申　1974.5.27
国際こども図書館
　国際こども図書館、開館　2000.5.5
国際識字年
　「国際識字年」スタート　1990.1.1
国際児童年
　「国際児童年」スタート　1979.1.1
　総理府「国際児童年記念調査報告」
　発表　1980.3.16
国際児童年子どもの人権を守る連絡会議
　国際児童年子どもの人権を守る連絡
　会議の結成大会　1978.11.20
国際人権規約
　「国際人権規約」発効　1979.9.21
国際数学教育調査
　国立教育研究所、国際数学教育調査
　中間報告　1987.1.9
国際数学・理科教育動向調査
　国際数学・理科教育動向調査の結果
　発表　2008.12月
国際中等教員教員連合
　世界教員組合連盟など「世界教員憲
　章」を採択　1954.8.10
国際花と緑の博覧会
　「花の万博」開幕　1990.4.1
『国際理解と協力の進展』
　文部省『国際理解と協力の進展』発
　表　1988.6.29
国際理科教育調査
　国立教育研究所「国際理科教育調査」
　中間報告発表　1988.3.1
国際連合
　国連、「児童の権利宣言」採択　1959.11.20
　「国際教育年」スタート　1970.1.1

「国際児童年」スタート	1979.1.1
「国際識字年」スタート	1990.1.1
「児童の権利に関する条約」の批准条件を国会に提出	1992.3.13
「児童の権利に関する条約」成立	1994.3.29
「児童の権利に関する条約」を公布	1994.5.16
国連の児童(子ども)の権利条約委員会、日本教育改善について勧告	1998.6.5

国際連合大学

中教審、国連大学との単位互換について答申	2010.6.30

国際労働機関

ILO、「教員の地位に関する勧告」草案送付	1965.4.15
ILO勧告を発効	1966.6.14
特別政府間会議でILO勧告を採択	1966.10.4

国士舘専門学校

国士舘専門学校認可	1929.3.12

国是綱目

伊藤博文、「国是綱目」提出	1869.2月

国体 → 国民体育大会を見よ

国大協 → 国立大学協会を見よ

国体講座

大学に国体講座新設	1937.4.9

『国体ノ本義』

『国体ノ本義』刊行	1937.5.31

国体明徴

「教化動員ニ関スル件」訓令	1929.9.10
国体明徴決議	1935.3.23
天皇機関説を受け訓令	1935.4.10
憲法講習会開催	1935.7.18
教学刷新評議会、国体明徴推進教育について答申	1935.11月
全国連合小学校女教員大会開催	1936.5月
小学校国史教科書改訂	1936.11月
国体明徴で教授要目改訂	1937.3.27

国定教科書

「小学校令」改正	1903.4.13
小学校国定教科書、使用開始	1904.4月
国定教科書編纂のため専任編修官を設置	1904.5.21
第2期国定教科書使用開始	1910.4月
小学校理科教科書を国定化	1910.7.21
第三期国定教科書	1918.4月
臨時視学委員が国定教科書無視を批判	1924.9.5
国定教科書大改訂	1933.4月

国費ヲ以テ小学校修身教科用図書を編纂スルノ建議

「国費ヲ以テ小学校修身教科用図書を編纂スルノ建議」案可決	1896.2.4

国宝保存法

「国宝保存法」公布	1929.3.28

国民学校

教育審議会、国民学校・師範学校・幼稚園について答申	1938.12.8
国民学校発足	1941.4.1

国民学校教員講習会実施要綱

「国民学校教員講習会実施要綱」制定	1940.6.4

国民学校教科用映画検定

「国民学校教科用映画検定」規定	1941.5.26

国民学校教職員用参考図書認定規程

「国民学校教職員用参考図書認定規程」制定	1942.8.14

国民学校・青年学校及中等学校ノ教員ノ検定及資格ニ関スル臨時特例

教員の選定及資格に関する戦時特例制定	1944.2.17

国民学校体練科教授要項

「国民学校体練科教授要項」制定	1942.9.29

国民学校令

「国民学校令」閣議決定	1940.12.24
「国民学校令」公布	1941.3.1
「国民学校令等戦時特例」公布	1944.2.16
「教育基本法」「学校教育法」公布	1947.3.31

国民教育学会

『日本之小学教師』創刊	1899.4月

国民教育研究所

日教組、国民教育研究所を設立	1957.7.27
日教組・国民教育研究所「学級規模と教育活動に関する調査」発表	1978.11.3
日教組・国民教育研究所「子どもの生活環境調査」発表	1980.3.25
日教組・国民教育研究所「学校規模と教育活動に関する調査報告書」発表	1984.1.27
国民教育研究所「教職活動に関する教職員の意識調査」結果発表	1986.3.11
国民教育研究所「校則についての調査」結果発表	1989.4.7

国民実践要領

天野文相、「国民実践要領」の大綱発表	1951.11.14

国民生活審議会

国民生活審議会多様な生活に関する研究会、小・中学校通学区制の見直しを提言	1998.10.23

国民精神講習所

国民精神講習所開設	1933.7月

国民精神作興

社会教化委員会設置を指導	1930.4.2

国民精神作興ニ関スル詔書

「国民精神作興ニ関スル詔書」発布	1923.11.10

国民精神総動員実施要綱

「国民精神総動員実施要綱」閣議決定	
	1937.8.24

国民精神総動員実践機関設置ニ関スル件
「国民精神総動員実践機関設置ニ関スル件」制定　　1939.11.1
国民精神総動員中央連盟
国民精神総動員中央連盟結成　　1937.10.12
国民精神総動員文部省実行委員会
国民精神総動員文部省実行委員会設置　　1939.7.5
国民精神文化研究所
国民精神文化研究所設置　　1932.8.23
国民精神文化講習会
国民精神文化講習会について制定　　1937.5.1
国民精神文化講習所規程
「国民精神文化講習所規程」制定　　1934.7.18
国民精神文化長期講習会並国民精神短期講習会実施要綱
国民精神文化講習会について制定　　1937.5.1
国民体育大会
全日本中学校長会、中学生の国体参加を条件付きで賛成　　1987.5.20
連合、教科書制度の撤廃・国体の廃止を提言　　1996.4.18
国民の祝日に関する法律
「国民の祝日に関する法律」を公布　　1948.7.20
国民錬成所
国民錬成所設置　　1942.1.24
国立演劇法
「国立演劇法」を公布　　1966.6.27
国立及び公立の学校の事務職員の休職の特例に関する法律
養護学校幼稚部高等部学校給食に関する法律　　1957.5.20
国立および公立の義務教育諸学校等の教育職員の給与等に関する特別措置法
教職員の給与などに関する特別措置法公布　　1971.5.28
国立学校設置法
「国立学校設置法」「文部省設置法」などを公布　　1949.5.31
「国立学校設置法」改正　　1977.4.22
新構想大学の「国立学校設置法」改正　　1978.6.13
「国立学校設置法」改正案可決成立　　1988.5.18
「学位授与機構」設置法案により「国立学校設置法」「学校教育法」改正　　1991.3.26
「国立学校設置法」改正が成立　　1997.3.28
「国立学校設置法」の改定　　2000.3.31
改正「国立学校設置法」成立　　2003.4.16
国立教育会館解散法
「大学改革法」「国立教育会館解散法」成立　　1999.5.21

国立教育会館法
「国立教育会館法」を公布　　1964.6.1
国立教育研究所
国立教育研究所「学習到達度と学習意識に関する調査」まとめ発表　　1977.1.7
国立教育研究所「学校における評価の現状について」の調査結果発表　　1977.3.9
国立教育研究所、国際数学教育調査中間報告　　1987.1.9
国立教育研究所「国際理科教育調査」中間報告発表　　1988.3.1
国立教育研究所グループ
国立教育研究所グループ、学級崩壊に関する事例研究報告書をまとめ公表　　2000.5.18
国立教育政策研究所
文部科学省設立　　2001.1.6
国立工業教員養成所の設置等に関する臨時措置法
国立工業教員養成所の設置の臨時措置法公布　　1961.5.19
国立国会図書館
国立国会図書館を開館　　1948.6.5
国立少年教護院官制
「国立少年教護院官制」公布　　1934.9.29
国立大学
臨時行政改革推進審議会、国立大学の制度・運用の弾力化を求める　　1990.4.18
国立大学運営管理法
「国立大学運営管理法」案の国会提出取りやめ　　1963.1.25
国立大学管理運営
国立大学管理運営に関する条文を整備　　1999.5.28
国立大学協会
国立大学協会設立　　1950.7.13
国大協、大学の管理運営中間報告　　1962.9.15
国大協「最近の学生運動に関する意見」発表　　1968.2.9
国大協、共通一次試験の実施方針を報告　　1970.11.20
国大協、全国共通一次試験の基本構想を発表　　1972.10.6
国立大学共通一次試験調査報告書を発表　　1975.4.19
国大協総会、共通一次試験の具体化方針決定　　1975.11.13
国大協、共通一次試験の最終見解発表　　1976.11.18
国大協教員養成制度特別委「大学における教員養成」報告書発表　　1977.11.17
共通一次試験試行テスト実施　　1977.12.24
国大協臨時総会　　1988.2.18

国大協、教育研究費に関する教官の
　意見調査を発表　　　　　　1991.4.10
国大協、国立大学二次試験を分離分
　割方式に統一実施と発表　　1992.11.12
国大協、入試を分離分割方式に一本
　化すると決定　　　　　　　1993.11.18
国大協、国立大の独立行政法人化・
　民営化の反対意見書公表　　1997.6.18
国大協常務理事会、国立大の独立行
　政法人化に反対の決議　　　1997.10.21
国大協が入試成績・調査書評定点開
　示を決定　　　　　　　　　1999.6.16
国大協、独立行政法人化への対応策
　について意見交換　　　　　1999.9.13
国大協、大学入試センター試験を原
　則5教科7課目以上の受験義務付け
　を決定　　　　　　　　　　2000.11.15
国立大学設置法
　全学連、「国立大学設置法」等に対し
　て闘争宣言　　　　　　　　1949.5.3
国立大学の学科目及び課程、講座及び学科目に関する省令
　国立大学の学科目及び課程に関する
　省令公布　　　　　　　　　1964.2.25
国立大学の評議会に関する暫定措置規則
　「国立大学の評議会に関する暫定措置
　規則」公布　　　　　　　　1953.4.22
国立大学法人法
　「国立大学法人法」案の骨子まとまる
　　　　　　　　　　　　　　2003.1.29
　「国立大学法人法」案、提出　2003.2.28
　「国立大学法人法」及び関連5法、成
　立　　　　　　　　　　　　2003.7.9
国立大学理学部長会議
　国立大学理学部長会議、国立大学独
　立行政法人化に反対声明　　1999.11.10
国立婦人教育会館
　国立婦人教育会館発足　　　1977.7.1
国立又は公立大学における外国人教員の任用等に関する特別措置法
　国公立大の外国人教員任用に関する
　法律成立　　　　　　　　　1982.8.21
「心を育む」
　塩谷文科相、「新しい日本の教育 今
　こそ実行のとき！」「「心を育む」
　ための五つの提案」を発表　2009.2.3
　文科省、「校訓を活かした学校づくり
　の在り方について」発表　　2009.8.4
心の教育
　小川平二、文部大臣就任　　1981.11.30
　中教審、心の教育に関し提言　1998.3.27
　総合経済対策、教育関係4200億円を
　決定　　　　　　　　　　　1998.4.24

文部省、教育改革プログラム再改訂
　版発表　　　　　　　　　　1998.4.28
中教審、心の教育の在り方に関し答
　申　　　　　　　　　　　　1998.6.30
小作争議
　小作争議で児童が休校　　　1926.5.18
古社寺保存会
　古社寺保存会を移管　　　　1913.6.13
御真影
　御真影を下賜　　　　　　　1914.5.27
　御真影を下賜　　　　　　　1928.10.2
御真影盗難事件
　御真影盗難事件　　　　　　1934.10.28
個性化教育
　経済同友会「多様化への挑戦」を発
　表　　　　　　　　　　　　1979.10.24
個性主義
　臨教審第1部会「個性主義」を打ち出
　す　　　　　　　　　　　　1985.2.11
子育て
　総務庁、中学生の母親の日米間比較
　調査を発表　　　　　　　　1992.1.2
　厚生省、子育て家庭支援のため「児
　童館」の整備を提言　　　　1993.7.29
　中教審、「少子化と教育について」報
　告書提出　　　　　　　　　2000.4.17
　「次世代育成支援対策推進法」、成立　2003.7.9
　日本経団連、「子育てに優しい社会作
　りに向けて」提言を公表　　2007.11.20
　文科省、幼稚園評価のガイドライン
　を策定　　　　　　　　　　2008.3.25
　「児童福祉法」一部改正　　　2008.11.26
国歌 ⇔ 君が代をも見よ
　京都府教委、国歌、国旗への見解発
　表　　　　　　　　　　　　1968.9.7
　文部省、「国歌」「国旗」の実施状況
　について調査を開始　　　　1990.4.17
　「日の丸」を国旗として認め、「君が
　代」に代わる新国歌の制定を提言
　　　　　　　　　　　　　　1991.11.24
　広島県教委、県立高校校長に対し国
　旗・国歌の完全実施を職務命令　1999.2.23
　政府自民党、「国旗国歌法」案国会に
　提出　　　　　　　　　　　1999.6.11
　「国旗国歌法」案成立　　　　1999.8.9
　文部省、国旗・国歌の取り扱い状況
　公表　　　　　　　　　　　1999.9.17
　中曽根文相、国歌斉唱の不指導は懲
　罰対象となると発言　　　　2000.3.7
　国旗・国歌訴訟、強制は違憲、教職
　員ら勝訴　　　　　　　　　2006.9.21
国家教育社
　国家教育社、創設　　　　　1890.5.30

国家公務員法
　「国家公務員法」を公布　　　　　1947.10.21
国家神道、神社神道ニ対スル政府ノ保証、支援、保全、監督並ニ弘布ノ廃止ニ関スル件
　GHQ、学校教育から神道教育排除を
　　指令　　　　　　　　　　　　　1945.12.15
国旗 ⇔ 日の丸をも見よ
　国旗掲揚作法　　　　　　　　　　1928.7.2
　天野文相、学校の祝日行事に国旗掲
　　揚を勧める　　　　　　　　　　1950.10.17
　京都府教委、国歌、国旗への見解発
　　表　　　　　　　　　　　　　　1968.9.7
　文部省、「国歌」「国旗」の実施状況
　　について調査を開始　　　　　　1990.4.17
　福岡県教委、国旗掲揚・君が代斉唱
　　を妨害した小中学校教員14名を懲
　　戒処分　　　　　　　　　　　　1991.8.6
　「日の丸」を国旗として認め、「君が
　　代」に代わる新国歌の制定を提言
　　　　　　　　　　　　　　　　　1991.11.24
　広島県教委、県立高校校長に対し国
　　旗・国歌の完全実施を職務命令　1999.2.23
　政府自民党、「国旗国歌法」案国会に
　　提出　　　　　　　　　　　　　1999.6.11
　「国旗国歌法」案成立　　　　　　1999.8.9
　文部省、国旗・国歌の取り扱い状況
　　公表　　　　　　　　　　　　　1999.9.17
　大阪府教委、国旗を引き下ろした豊
　　中市立小学校教員を停職処分　　2000.2.29
　国旗・国歌訴訟、強制は違憲、教職
　　員ら勝訴　　　　　　　　　　　2006.9.21
国旗国歌法
　政府自民党、「国旗国歌法」案国会に
　　提出　　　　　　　　　　　　　1999.6.11
　「国旗国歌法」案成立　　　　　　1999.8.9
国教育会
　全国教育者大会　　　　　　　　　1907.5.11
国公立大学管理法
　「国公立大学管理法」案を提出　　1951.3.7
骨折
　日教組、健康白書『子どもの骨折増
　　加原因を探る』発表　　　　　　1982.10.4
古都における歴史的風土の保存に関する特別措置法
　歴史的風土の保存に関する特別措置
　　法公布　　　　　　　　　　　　1966.1.13
子どもを守る会
　良い教科書と子供の教科書を守る大
　　会を開催　　　　　　　　　　　1955.6.21
子ども権利条例
　川崎市で「子ども権利条例」が成立
　　　　　　　　　　　　　　　　　2000.12.21

子供自然休暇村
　文部省と農林省、子供自然休暇村を
　　具体化するための協議会設置　　1998.12.17
子供人権オンブズマン制度
　法務省、「子供人権オンブズマン制
　　度」を通知　　　　　　　　　　1994.7.1
子ども人口
　総理府統計局、15歳未満の子ども人
　　口を発表　　　　　　　　　　　1984.5.4
　15歳未満人口過去最低を更新　　　2001.5.4
　15歳未満人口過去最低更新　　　　2002.5.4
こども園
　幼保統合方針示す　　　　　　　　2010.11.1
子ども手当法
　「子ども手当法」成立　　　　　　2010.3.26
こどもの国
　こどもの国開園　　　　　　　　　1965.5.5
子どもの健康・安全
　中教審、子どもの健康・安全につい
　　て答申　　　　　　　　　　　　2008.1.17
子どもの健康実態
　日教組「子どもの健康実態」調査結
　　果発表　　　　　　　　　　　　1980.5.4
『子どもの骨折増加原因を探る』
　日教組、健康白書『子どもの骨折増
　　加原因を探る』発表　　　　　　1982.10.4
子どもの人権宣言
　「子どもの人権宣言1987」発表　　1987.5.26
子どもの人権保障
　日教組第65回定期大会開催　　　　1988.7.18
子どもの人権保障をすすめる各界連絡協議会
　「子どもの人権宣言1987」発表　　1987.5.26
子どもの生活環境調査
　日教組・国民教育研究所「子どもの
　　生活環境調査」発表　　　　　　1980.3.25
こどもの日
　第1回「こどもの日」　　　　　　1949.5.5
子どもへの暴力防止フォーラム
　「子どもへの暴力防止フォーラム」開
　　催　　　　　　　　　　　　　　2010.10.30
子ども・若者育成支援推進法
　「子ども・若者育成支援推進法」成立 2009.7.1
五反野小学校
　五反野小学校、地域運営学校に指定 2004.11.9
駒沢大学
　駒沢大学設立認可　　　　　　　　1925.3.30
駒場農学校
　駒場農学校、開校式を挙行　　　　1878.1.24
今後の特別支援教育の在り方に関する調査

― 412 ―

研究協力者会議
　今後の特別支援教育の在り方に関する調査研究協力者会議、最終報告を提出　2003.3.28

【さ】

在外指定学校ニ関スル規程
　「在外指定学校ニ関スル規程」制定　1905.11.8
在外青年学校令
　「在外青年学校令」制定　1935.6.11
『塞児敦氏庶物指教』
　『塞児敦氏庶物指教』刊行　1878（この年）
財政構造改革会議
　財政構造改革会議、教職員配置改善6か年計画の2年延長を決定　1997.6.3
埼玉医科大学
　埼玉医科大学が、入試操作　1990.9.8
埼玉県教育委員会
　埼玉県教委、「日の丸掲揚」をめぐり、教諭25人を戒告　1990.5.23
　埼玉県教委、公立教員採用試験で一芸入試を実施と発表　1992.4.24
　埼玉県教委、業者テストの偏差値を高校側に提供しないよう通達　1992.10.13
埼玉県教職員組合
　「4.11スト」の1審有罪判決支持　1988.5.10
埼玉県庄和町
　埼玉県庄和町、学校給食廃止の方針を表明　1992.6.18
埼玉県立所沢高等学校
　所沢高校で卒業生が卒業式をボイコット　1998.3.9
　所沢高校、入学式が分裂　1998.4.9
埼玉中学生同級生殺害事件
　埼玉中学生同級生殺害事件　1998.3.9
在日外国人採用問題
　長野県教委、在日韓国人小学校教師採用内定取消　1984.12.26
　教員採用内定取消の韓国人、人権侵害救済の申立　1985.1.17
　文部省、長野県の韓国籍教諭不採用問題について言及　1985.3.22
　文部省、在日外国人の常勤講師としての採用認可　1991.3.22
　大阪府教委と大阪市教委、在日外国人の常勤講師採用を発表　1992.6.10
サイバー大学
　サイバー大学、本人確認怠る　2008.1.21
済美館
　済美館、広運館と改称　1868.5月

裁縫
　小学校教科目に裁縫を加えるよう訓令　1893.7.22
佐賀県教職員組合
　佐賀県教組、3・3・4割休暇闘争　1957.2.14
　最高裁、佐賀福岡教組地公法違反事件で無罪　1971.3.23
　最高裁、佐賀県教組処分取消請求の行政訴訟上告審の判決　1988.1.21
佐賀高等学校
　臨時教員養成所設置　1927.3.24
佐賀・福岡教組地方公務員法違反事件
　最高裁、佐賀福岡教組地公法違反事件で無罪　1971.3.23
盛り場と青少年について
　東京都青少年問題協議会「盛り場と青少年について」意見書公表　1978.2.7
桜井市同級生刺殺事件
　桜井市同級生刺殺事件　2009.7.4
さくらんぼ小学校
　「さくらんぼ小」校名断念　2010.9.9
左傾思想事件
　左傾思想事件多発　1931（この年）
『サザエさん』
　『サザエさん』連載開始　1946.4.1
サッカーくじ法 → スポーツ振興投票法を見よ
札幌学校
　札幌学校と改称　1875.6月
　クラーク、札幌学校教頭に　1876.7.31
札幌市教育委員会
　学校給食でのそばアレルギー死亡事件で、賠償金支払い判決　1992.3.30
札幌市立小学校
　学校給食でのそばアレルギー死亡事件で、賠償金支払い判決　1992.3.30
沢柳事件
　沢柳事件　1913.7.12
3.15事件
　河上肇ら大学教授追放　1928.4.18
産学関係
　日経連、産学関係に関する提言を発表　1969.12.15
産学協同
　経済同友会、産学協同について発表　1960.7.10
　東洋大学、産学協同システムの工学部創設　1961.3.31
産学の連携協力の在り方に関する調査研究協力者会議
　文部省調査研究協力者会議、「兼業」規制緩和を提言　1996.12.12
参議院文部委員会
　参院文部委、学問の自由等に関する意見書　1952.4.3

産休
　女教員の産休に関する訓令　　　1922.9.18
　教員産休中の学校教育確保に関する
　　法律公布　　　　　　　　　　　1955.8.5
　「女子教員の産休補助教員確保等の法
　　律」公布　　　　　　　　　　　1961.11.9
産休代替法
　「産休代替法」可決　　　　　　　1978.5.12
産業科学研究所
　大阪帝大産業科学研究所設置　　1939.11.30
産業教育
　中教審、高校の産業教育を建議　1957.10.22
産業教育振興法
　「産業教育振興法」公布　　　　　1951.6.11
蚕業講習所官制
　「蚕業講習所官制」改正　　　　　1913.6.13
30人学級
　日教組委員長、30人学級編成実施の
　　検討を明らかにする　　　　　　1998.10.7
　民主党、国会に「30人学級編制法」
　　案提出　　　　　　　　　　　　1999.3.30
算術
　算術、和洋兼学に改正　　　　　　1873.4.5
算数の意識調査
　日本数学教育学会、算数の意識調査
　　の結果発表　　　　　　　　　　1987.3.17
『三年の学習』
　『三年の学習』『四年の学習』創刊　1947.1月
産婆教授所
　産婆教授所、設置　　　　　　　　1876.9.14

【し】

CIE → 民間情報教育局を見よ
JR
　JR各社、在日外国人学校や専修学校
　　にも通学定期割引を決定　　　　1994.2.21
自衛隊
　日高教、高校生の5割が自衛隊の海外
　　派遣に反対と発表　　　　　　　1992.5.2
自衛隊の高校介入実態調査
　日教組「自衛隊の高校介入実態調査」
　　発表　　　　　　　　　　　　　1982.1.24
GHQ → 連合国総司令部を見よ
G8教育相会合
　G8教育相会合、議長サマリーを採択　2000.4.1
COEプログラム
　「21世紀COEプログラム」113件を選
　　定　　　　　　　　　　　2003（この年）

歯科医師国家試験
　歯科医師国家試験問題漏洩容疑で教
　　授逮捕　　　　　　　　　　　　1992.1.16
視学
　「地方官官制」改正　　　　　　　1899.6.15
資格
　生涯学習審議会、資格の評価基準の
　　転換等を提言　　　　　　　　　1992.7.29
視学委員
　「文部省視学官及文部省視学委員職務
　　規程」制定　　　　　　　　　　1908.9.10
　青年学校視学委員設置　　　　　　1936.1.20
視学官
　「文部省視学官及文部省視学委員職務
　　規程」制定　　　　　　　　　　1908.9.10
　「地方官官制」改正　　　　　　　1928.3.9
　朝鮮で視学官・視察に関する規程　1928.10.26
私学助成
　私立学校振興方策懇談会、私学助成
　　を強調　　　　　　　　　　　　1974.8.21
視学制度
　東京府、視学制度を強化　　　　　1934.4月
私学白書
　文部省、『わが国の私立学校』発表　1968.4.9
視学部
　文部省、視学部を設置　　　　　1885.12.28
滋賀県教育委員会
　滋賀県教委、君が代斉唱時において
　　生徒・職員の退席を認めた校長を
　　処分　　　　　　　　　　　　　1995.3.24
滋賀県立大津高等学校
　滋賀県教委、君が代斉唱時において
　　生徒・職員の退席を認めた校長を
　　処分　　　　　　　　　　　　　1995.3.24
4月学年制
　高等師範学校、4月学年制に　　　1886.10月
『時局に関する教育資料』
　『時局に関する教育資料』刊行　　1915.6.25
時局ニ鑑ミ学校当事者ノ学生生徒勲化啓
導方
　「時局ニ鑑ミ学校当事者ノ学生生徒勲
　　化啓導方」訓令　　　　　　　　1938.6.29
試験問題盗難
　大学入試センター試験の問題盗難　2007.12.14
試験問題漏洩
　歯科医師国家試験問題漏洩容疑で教
　　授逮捕　　　　　　　　　　　　1992.1.16
自殺
　茨城の小6女児3人が飛び降り自殺　1973.12.7
　警察庁、「少年の自殺」調査結果発表
　　　　　　　　　　　　　　　　　1977.10.14
　警察庁、『少年の自殺白書』発表　　1978.3.2

警察庁、「少年の非行と自殺の概況」
　発表　　　　　　　　　　　1979.7.26
高校校長、校内暴力等を苦に自殺　1982.3.23
富士見中いじめ自殺事件　　　　1986.2.1
富士見中いじめ自殺事件で、暴行の
　み認定　　　　　　　　　　1991.3.27
町田市情報公開・個人情報保護審査
　会、中学女生徒自殺の事故報告書
　の全面開示を答申　　　　　1992.10.13
町田市教委、中学生徒自殺の事故報
　告書の全面開示を決定　　　1992.10.27
富士見中いじめ自殺事件で、損害賠
　償を命じる判決が確定　　　　1994.5.20
岡山県いじめ自殺事件　　　　　1994.5.30
愛知県西尾市でいじめ自殺事件　1994.11.27
愛知県西尾市いじめ自殺事件で、少
　年の抗告を棄却　　　　　　　1995.5.17
竜野市男児自殺事件で教師の暴行と
　因果関係を認定　　　　　　　2000.1.31
尾道市立高須小学校校長が自殺　2003.3.9
君が代唱巡り自殺の校長、公務災
　害認定　　　　　　　　　　2006.8.17
子どものいじめ自殺事件相次ぐ　2006.10.1
高校履修不足問題で校長が自殺　2006.10.30
いじめ自殺予告手紙が届く　　　2006.11.6
いじめ問題で校長が自殺　　　　2006.11.12
いじめ加担生徒、自殺　　　　　2007.2.1
学生・生徒の自殺過去最多　　　2007.6.7
滝川高校いじめ自殺事件で、同級生
　を恐喝未遂容疑で逮捕　　　　2007.9.17
インド人留学生の自殺、いじめが原
　因　　　　　　　　　　　2010.12.27
私塾開設
　私塾開設が地方官の許可制に　　1871.2.13
司書
　生涯学習審議会社会教育分科審議会、
　中間報告発表　　　　　　　　1998.3.23
　「文字・活字文化振興法」成立　2005.7.22
司書教諭
　文部省の調査研究協力者会議、司書
　教諭講習科目見直し案を提言　1997.2.25
静岡県教育委員会
　文部省、静岡県教委に対しオウム教
　団の不就学児の対応を指示　　1995.3.28
静岡県立静岡商業高等学校
　静岡県立静岡商業高校、推薦入試で
　男女差別　　　　　　　　　　1994.1.28
静岡県立韮山高等学校
　高校の理数科入試で女子制限措置　1988.3.8
静岡超過勤務手当訴訟
　最高裁、静岡超過勤務手当訴訟で支
　払を命令　　　　　　　　　　1972.4.6
静岡藩
　静岡藩、小学校を創設　　　　1868.12.24

次世代育成支援対策推進法
　「次世代育成支援対策推進法」、成立　2003.7.9
思想講習会
　思想講習会開催　　　　　　　1935.10.20
思想善導
　思想善導対策について内訓　　　1921.8.27
思想対策
　社会教育局設置　　　　　　　　1929.7.1
　学生思想問題調査委員会答申　　1932.5.2
　思想対策決議案提出　　　　　　1933.3.20
思想対策協議会
　思想対策協議会開催　　　　　　1931.9月
思想調査
　北海道教委、教員の家庭・思想傾向
　調査　　　　　　　　　　　　1967.7.22
　教職員の思想調査に石川県教委職員
　が協力　　　　　　　　　　　1972.3.8
思想調査特別委員会
　大阪市議ら思想調査特別委員会を設
　置　　　　　　　　　　　　1967.12.1
思想局
　思想局設置　　　　　　　　　　1934.6.1
思想問題
　思想問題に新講座　　　　　　　1929.4.1
　教員の思想問題について訓示　　1932.9月
思想問題研究会
　第1回思想問題研究会開催　　　1920.1.26
思想問題講習会
　第1回思想問題講習会　　　　　1928.8.1
　思想問題講習会開催　　　　　　1932.8月
思想問題対策
　学生課新設　　　　　　　　　1928.10.30
思想問題調査委員会
　思想問題調査委員会設置　　　　1928.5.15
私大白書
　全国私立学校教授会連合、第6次『私
　大白書』を発表　　　　　　　　1997.9.9
自治医科大学
　自治医科大学開学　　　　　　　1972.4.1
自治省
　公立看護系大学・短大の設立に財政
　支援決定　　　　　　　　　　1992.1.18
7年制高等女学校
　自由学園設立　　　　　　　　　1921.4.15
七戸町立七戸中学校
　七戸中暴行事件　　　　　　　　1985.1.24
市町村義務教育費国庫負担法
　「市町村義務教育費国庫負担法」公布
　　　　　　　　　　　　　　　1918.3.27
　「市町村義務教育費国庫負担法」改正
　　　　　　　　　　　　　　　1923.3.28
　「市町村義務教育費国庫負担法」改正
　　　　　　　　　　　　　　　1926.3.30

しちよ　事項名索引　日本教育史事典

「市町村義務教育費国庫負担法」改正
　　　　　　　　　　　　　　　　1927.3.31
「市町村義務教育費国庫負担法」改正
　　　　　　　　　　　　　　　　1930.5.17
市町村義務教育費国庫負担法施行規程
「市町村義務教育費国庫負担法施行規
　程」改正　　　　　　　　　　1923.6.20
市町村教育委員会
市町村教委、全国一斉に発足　　1952.11.1
市町村教委の任命権の行使について
　通達　　　　　　　　　　　　1974.10.4
市町村立学校職員給与負担法
「日本学術会議法」などを公布　1948.7.10
「市町村立学校職員給与負担法一部改
　正法」公布　　　　　　　　　1958.7.9
市町村立小学校教育費国庫補助法
「市町村立小学校教育費国庫補助法」
　公布　　　　　　　　　　　　1900.3.16
市町村立小学校教員任用令
「市町村立小学校教員任用令」制定　1893.12.21
市町村立小学校教員年功加俸国庫補助法
「市町村立小学校教員年功加俸国庫補
　助法」公布　　　　　　　　　1896.3.24
市町村立小学校教員俸給ニ関スル件
「市町村立小学校教員俸給ニ関スル
　件」制定　　　　　　　　　　1897.1.4
市町村立小学校授業料ニ関スル件
「市町村立小学校授業料ニ関スル件」
　制定　　　　　　　　　　　　1897.11.10
市町村立小学校長及教員名称及待遇
「市町村立小学校長及教員名称及待
　遇」制定　　　　　　　　　　1891.6.30
「市町村立小学校長及教員名称及待
　遇」改正　　　　　　　　　　1932.5.17
市町村立尋常小学校臨時国庫補助法
「市町村立尋常小学校臨時国庫補助
　法」公布　　　　　　　　　　1932.9.6
実業学校
実業学校の規程を制定　　　　　1899.2.25
2種以上の実業学校の学科を1校内に
　併置することを認可　　　　　1904.3.8
乙種実業学校における科目選択の自
　由を認可　　　　　　　　　　1904.3.8
「二種以上ノ実業学校ノ学科ヲ置ク学
　校ニ関スル規程」制定　　　　1921.1.18
2年制実業学校を認可　　　　　1930.4.8
実業学校卒業者の進学について制定　1939.1.6
実業学校規程
中学校・高等女学校・実業学校の規
　程制定　　　　　　　　　　　1943.3.2
実業学校教員養成規程
「実業学校教員養成規程」制定　1899.3.3
「実業学校教員養成規程」制定　1902.4.1
「実業学校教員養成規程」改正　1906.8.22

「実業学校教員養成規程」改正　1915.3.31
「実業学校教員養成規程」改正　1919.2.12
実業学校公民科教授要目
「実業学校公民科教授要目」制定　1931.1.20
実業学校修身教授要目
「実業学校修身教授要目」制定　1931.4.23
実業学校令
「実業学校令」公布　　　　　　1899.2.7
「実業学校令」改正　　　　　　1920.12.16
実業科目
高等小学校の実業科目重視を訓令　1910.12.24
実業教育
実業教育振興委員会設置　　　　1935.6.10
実業教育振興委員会
実業教育振興委員会設置　　　　1935.6.10
実業教育費国庫補助法
「実業教育費国庫補助法」公布　1894.6.12
「実業教育費国庫補助法」改正　1914.3.23
実業専門学校卒業程度検定規程
「実業専門学校卒業程度検定規程」制
　定　　　　　　　　　　　　　1941.5.8
実業補習学校規程
「実業補習学校規程」制定　　　1893.11.22
「実業補習学校規程」改正　　　1902.1.15
実業補習学校教員養成所令
「実業補習学校教員養成所令」公布　1920.10.30
実業補習学校公民科教授要綱並其ノ教授要旨
「実業補習学校公民科教授要綱並其ノ
　教授要旨」制定　　　　　　　1924.10.9
実験
物理・化学の実験を重視　　　　1918.2.5
『実際的教育学』
『実際的教育学』刊行　　　　　1909.2.20
児童館
厚生省、子育て家庭支援のため「児
　童館」の整備を提言　　　　　1993.7.29
児童虐待防止法
「児童虐待防止法」公布　　　　1933.4.1
「児童虐待防止法」公布　　　　2000.5.24
改正「児童虐待防止法」成立　　2004.4.7
「児童虐待防止法」「児童福祉法」一
　部改正　　　　　　　　　　　2007.5.25
児童劇
児童劇第1回発表会　　　　　　1922.11.25
児童憲章
「児童憲章」制定　　　　　　　1951.5.5
児童自由画展
自由画教育運動　　　　　　　　1919.4.27
指導主事
文部省、視学制度を廃止し、指導主
　事設置　　　　　　　　　　　1947.11.11

― 416 ―

児童生徒ニ対スル校外生活指導ニ関スル件
　「児童生徒ニ対スル校外生活指導ニ関
　　スル件」訓令　　　　　　　　1932.12.17
児童生徒の学校外学習活動に関する実態
　調査
　文部省「児童生徒の学校外学習活動
　　に関する実態調査」速報発表　1986.4.8
児童生徒ノ個性尊重及職業指導ニ関スル件
　「児童生徒ノ個性尊重及職業指導ニ関
　　スル件」訓令　　　　　　　　1927.11.25
児童生徒の問題行動対策重点プログラム
　「児童生徒の問題行動対策重点プログ
　　ラム（最終まとめ）」発表　　2004.10.5
児童生徒の問題行動等生徒指導上の諸問題
　に関する調査
　文科省、いじめの調査を発表　　2007.11.15
児童生徒の問題行動等に関する調査研究協
　力者会議
　文部省協力者会議、少年犯罪に対す
　　る緊急対策を公表　　　　　　1998.3.24
児童・生徒の問題行動の実態調査
　文部省「児童・生徒の問題行動の実
　　態調査」結果発表　　　　　　1986.12.9
児童手当制度
　児童手当制度発足　　　　　　　1972.1.1
児童の権利宣言
　国連、「児童の権利宣言」採択　1959.11.20
児童の権利に関する条約
　「児童の権利に関する条約」の批准条
　　件を国会に提出　　　　　　　1992.3.13
　「児童の権利に関する条約」成立　1994.3.29
　「児童の権利に関する条約」を公布　1994.5.16
　文部省、「児童の権利に関する条約」
　　について通知　　　　　　　　1994.5.20
『児童の世紀』
　『児童の世紀』刊行　　　　1916（この年）
児童の日常生活調査
　文部省「児童の日常生活調査」発表　1984.5.30
児童福祉白書
　厚生省『児童福祉白書』発表　　1963.5.4
児童福祉法
　「児童福祉法」を公布　　　　　1947.12.12
　「次世代育成支援対策推進法」、成立　2003.7.9
　「児童虐待防止法」「児童福祉法」一
　　部改正　　　　　　　　　　　2007.5.25
　「児童福祉法」一部改正　　　　2008.11.26
児童扶養手当法
　「児童扶養手当法」を公布　　　1961.11.29
　「児童扶養手当法」一部改正　　2010.5.26
児童文学協会
　第1回児童文学賞授与　　　　　1951.12.1
児童文学者協会
　児童文学者協会を結成　　　　　1946.3.17

児童文学賞
　第1回児童文学賞授与　　　　　1951.12.1
指導法ガイドライン
　指導法ガイドライン作成に着手　2001.4月
児童ポルノ処罰法
　「児童ポルノ処罰法」公布　　　1999.5.26
指導要録
　小中学校生徒指導要録の改訂につい
　　て通知　　　　　　　　　　　1971.2.27
　大阪府小中学校指導要録を3段階絶対
　　評価に　　　　　　　　　　　1973.2.10
　文部省、高校生徒指導要録の改訂を
　　通知　　　　　　　　　　　　1973.2.19
　文部省、都道府県教委に「小・中学
　　校指導要録の改正」通知　　　1980.2.29
　文部省の調査研究協力者会議、「小中
　　学校指導要録改訂の審議のまとめ」
　　を提出　　　　　　　　　　　1991.3.13
　文部省、「学校教育法施行規則」を改
　　定　　　　　　　　　　　　　1991.3.15
　箕面市の個人情報保護審議会、市教
　　委に指導要録の全面開示を要求　1992.3.26
　箕面市教委、指導要録全面開示を決
　　定　　　　　　　　　　　　　1992.6.12
　川崎市個人情報保護審査会、卒業生
　　に限り指導要録開示を答申　　1992.10.9
　川崎市教委、指導要録について在校
　　生にも全面開示すると発表　　1993.2.6
　文部省、高等学校の指導要録の簡素
　　化を通知　　　　　　　　　　1993.7.29
　指導要録全面開示の却下取消要求裁
　　判で、原告側敗訴　　　　　　1994.1.31
　大阪府教委、府立高校生徒に対し生
　　徒指導要録の全面開示を決定　1998.10.13
　小田原市個人情報審査会、指導要録
　　所見欄の記述削除を認める答申を
　　行う　　　　　　　　　　　　1998.12.24
　最高裁、指導要録の部分開示を命令
　　　　　　　　　　　　　　　　2003.11.11
指導力不足
　大阪府教委、府立高校における問題
　　教員は400人と発表　　　　　 2000.11.6
　指導力不足教員187人　　　　　2002.12.25
　指導力不足の教員、289人　　　2003.9.12
　指導力不足の公立学校教員は481人　2004.4.30
品川区教育委員会
　東京都品川区教委、公立小学校選択
　　自由化を決定　　　　　　　　1999.9.28
支那事変三周年記念行事ニ関する件
　支那事変3周年記念行事に関して注意
　　　　　　　　　　　　　　　　1940.6.15
信濃自由大学
　信濃自由大学開校　　　　　　　1921.11.1

しはん　　　　　　　　　　　　　　事項名索引　　　　　　　　　　　　　日本教育史事典

師範学校
　師範学校、創設　　　　　　　　　1872.7.4
　M.M.スコット、師範学校教師に就任　1872.9月
　師範学校、附属小学校を設置　　　　1873.1.15
　師範学校、「下等小学教則」を制定　1873.2月
　大阪府・宮城県に師範学校を創設　　1873.8.18
　官立師範学校、創設　　　　　　　　1874.2.19
　大阪・宮城・長崎の各官立師範学校
　　を廃止　　　　　　　　　　　　　1878.2.6
　府県立女子師範学校の師範学校への
　　合併を布達　　　　　　　　　　　1885.10.1
　師範校の扱いを決議　　　　　　　　1933.7.20
　教育審議会、国民学校・師範学校・
　　幼稚園について答申　　　　　　　1938.12.8
　師範学校昇格案　　　　　　　　　　1942.1.6
師範学校規程
　「師範学校規程」制定　　　　　　　1907.4.17
　「師範学校規程」改正　　　　　　　1913.9.13
　「師範学校規程」改正　　　　　　　1915.3.20
　「師範学校規程」改正　　　　　　　1925.4.1
　「師範学校規程」改定　　　　　　　1936.6.3
師範学校給費制度
　師範学校給費制度廃止　　　　　　　1931.8.28
師範学校教科用図書翻刻発行規程
　「師範学校教科用図書翻刻発行規程」
　　制定　　　　　　　　　　　　　　1943.4.6
師範学校教授要目
　「師範学校教授要目」制定　　　　　1910.5.31
　「師範学校教授要目」改正　　　　　1911.3.14
　「師範学校教授要目」制定　　　　　1931.3.11
　「師範学校教授要目」改定　　　　　1939.2.9
師範学校教則大綱
　「師範学校教則大綱」制定　　　　　1881.8.19
師範学校生徒給費ニ関スル件
　「師範学校生徒給費ニ関スル件」発布
　　　　　　　　　　　　　　　　　　1940.3.30
師範学校・中学校・高等女学校教員検定規則
　「師範学校・中学校・高等女学校教員
　　検定規則」改正　　　　　　　　　1938.12.10
師範学校・中学校・高等女学校教員検定規程
　「師範学校中学校高等女学校教員検定
　　規程」改正　　　　　　　　　　　1933.10.14
師範学校・中学校・高等女学校教員無試験
　　検定許可規程
　「師範学校・中学校・高等女学校教員
　　無試験検定許可規程」制定　　　　1927.1.27
師範学校・中学校・高等女学校教科用図書
　　定価標準ニ関スル規程
　「師範学校・中学校・高等女学校教科
　　用図書定価標準ニ関スル規程」改
　　定。　　　　　　　　　　　　　　1933.5.10

師範学校・中学校・高等女学校職員検定規程
　「師範学校・中学校・高等女学校職員
　　検定規程」制定　　　　　　　　　1932.8.30
師範学校物理及化学生徒実験要目
　物理・化学の実験を重視　　　　　　1918.2.5
師範学校令
　「師範学校令」「小学校令」「中学校
　　令」「諸学校通則」公布　　　　　1886.4.10
師範教育
　師範教育改善案決定　　　　　　　　1929.5.28
　「師範教育ノ改善ニ関スル件」答申　1930.12.28
師範教育改善促進連盟
　師範教育改善促進連盟結成　　　　　1930.5月
　教育行政機構改革案発表　　　　　　1936.4月
師範教育調査委員会
　師範教育調査委員会設置　　　　　　1928.9.18
　師範教育改善案決定　　　　　　　　1929.5.28
師範教育令
　「師範教育令」公布　　　　　　　　1897.10.9
　「師範教育令」改正　　　　　　　　1943.3.8
　「師範教育令」改正　　　　　　　　1944.2.17
社会科
　文部省、『土地と人間』を刊行　　　1947.8.25
　小中学校で社会科の授業開始　　　　1947.9月
　教育課程審議会に社会科の改善につ
　　いて諮問　　　　　　　　　　　　1952.12.19
　教育課程審議会、社会科改訂を答申　1953.8.7
　小学校の改訂社会科の内容について
　　通達　　　　　　　　　　　　　　1955.2.12
社会科学研究禁止
　社会科学研究団体解散措置　　　　　1924.11.10
　社会科学研究を禁止　　　　　　　　1926.5.29
社会科教育全国協議会
　社会科教育全国協議会総会を開催　　1950.11.27
社会科教育全国集会
　中央教育研究所、社会科教育全国集
　　会を開催　　　　　　　　　　　　1947.12.4
社会教育
　社会教育と改称　　　　　　　　　　1921.6.23
　「社会教育ニ関スル件」答申　　　　1941.6.16
　文部省、『わが国の社会教育』を発表
　　　　　　　　　　　　　　　　　　1965.11.1
　社会教育審議会、「社会教育のあり
　　方」答申　　　　　　　　　　　　1971.4.30
　社会教育審議会、社会教育の在り方
　　答申　　　　　　　　　　　　　　1974.4.26
　社会教育審議会「青少年の特性と社
　　会教育」を答申　　　　　　　　　1981.5.9
　生涯学習審議会、社会教育の在り方
　　に関する答申提出　　　　　　　　1998.9.17
社会教育主事
　社会教育主事特設について通達　　　1920.5.6

- 418 -

社会教育審議会
　社会教育審議会、社会教育の在り方
　　答申　　　　　　　　　　　　　　1974.4.26
　社会教育審議会「青少年の特性と社
　　会教育」を答申　　　　　　　　　1981.5.9
社会教育振興ニ関スル件
　文部省、「社会教育振興ニ関スル件」
　　訓令　　　　　　　　　　　　　　1945.11.6
社会教育団体
　地方の社会教育団体の組織について
　　通達　　　　　　　　　　　　　　1948.7.14
社会教育調査委員会
　社会教育調査委員会設置　　　　　　1933.2.15
社会教育局
　社会教育局設置　　　　　　　　　　1929.7.1
社会教育法
　「社会教育法」を公布　　　　　　　1949.6.10
　「社会教育法」の一部改正　　　　　1951.3.12
　沖縄に「教育基本法」「学校教育法」
　　などを公布　　　　　　　　　　　1958.1.8
　「社会教育法」を改正　　　　　　　1959.4.30
　教育改革関連法案成立　　　　　　　2001.6.29
　「社会教育法」「図書館法」「博物館
　　法」一部改正　　　　　　　　　　2008.6.4
『社会教育論』
　『社会教育論』刊行　　　　　　　　1892.5月
社会教化委員会
　社会教化委員会設置を指導　　　　　1930.4.2
社会経済国民会議
　社会経済国民会議、大学生・学長対
　　象の意識調査報告書を公表　　　　1991.1.29
社会経済生産性本部
　社会経済生産性本部、教育改革中間
　　報告発表　　　　　　　　　　　　1998.7.22
　社会経済生産性本部が、教育改革報
　　告書を発表　　　　　　　　　　　1999.7.23
社会人継続教育
　文部省の「社会人継続教育の推進企
　　画会議」発足　　　　　　　　　　1991.4.24
　文部省調査研究協力者会議、社会人
　　の再教育推進を提言　　　　　　　1992.3.6
社会人講師
　社会人を特別非常勤講師として雇用
　　する方針を決定　　　　　　　　　1999.6.1
社会人入学
　立教大学法学部、社会人入学の実施
　　発表　　　　　　　　　　　　　　1978.7.3
　中教審、大学への社会人受入れ・教
　　員免許制度・教養教育についての3
　　答申を提出　　　　　　　　　　　2002.2.21
『社会的教育学講義』
　『社会的教育学講義』刊行　　　　　1904.3.1
社会の変化に対応した学校運営等に関する

調査研究協力者会議
　文部省の調査協力者会議、学校5日制
　　の導入実施計画を発表　　　　　　1991.12.19
社会民主党
　社会民主党、結党　　　　　　　　　1901.5.18
社会問題研究会
　社会問題研究会学生を検挙　　　　　1926.1.15
上海日本人学校
　上海日本人学校に高校開校決定　　　2010.6月
上海列車事故
　高校の海外修学旅行で列車事故　　　1988.3.24
　高知学芸高校上海列車事故訴訟で、
　　遺族側の賠償請求を棄却　　　　　1994.10.17
集英社
　少女向け週刊雑誌創刊　　　　　　　1961.12月
集会禁止
　文部省吏員・教員らの職務外の集会
　　開催を禁止　　　　　　　　　　　1879.5月
集会条例
　「集会条例」公布　　　　　　　　　1880.4.5
自由画教育運動
　自由画教育運動　　　　　　　　　　1919.4.27
自由学園
　自由学園設立　　　　　　　　　　　1921.4.15
就学困難な児童及び生徒に係る就学奨励に
　ついての国の援助に関する法律
　養護学校への就学奨励に関する法律
　　改正　　　　　　　　　　　　　　1961.3.25
就学困難な児童のための教科用図書の給与
　に対する国の補助に関する法律
　教科用図書給与の国の補助に関する
　　法律公布　　　　　　　　　　　　1956.3.30
　就学困難な児童への教科書給与に関
　　する法律改正　　　　　　　　　　1957.3.30
　養護学校への就学奨励に関する法律
　　改正　　　　　　　　　　　　　　1961.3.25
就学督責規則起草心得
　「就学督責規則起草心得」他、制定　1881.1.29
就学猶予・免除児童の実態調査
　就学猶予・免除児童の実態調査発表　1973.8.4
修学旅行
　「尋常師範学校設備準則」制定　　　1888.8.21
　修学旅行中止を通達　　　　　　　　1941.7.13
　文部省、修学旅行の事故防止心得を
　　通達　　　　　　　　　　　　　　1955.5.16
　高校の海外修学旅行で列車事故　　　1988.3.24
自由画展覧会
　第1回自由画展覧会開催　　　　　　1920.4.27
『週刊少女フレンド』
　少女向け週刊雑誌創刊　　　　　　　1961.12月
『週刊マーガレット』
　少女向け週刊雑誌創刊　　　　　　　1961.12月

衆議院議員選挙法
　「大日本帝国憲法」発布　　　　1889.2.11
秋期入学制度
　東洋大工学部、全国で初めて「秋期入
　　学制度」を導入し、入学式を行う　1994.10.1
自由教育
　合科教育試行　　　　　　　　　　1920.4月
『自由教育真義』
　『自由教育真義』刊行　　　　1922(この年)
宗教家懇親会
　宗教家懇親会開催　　　　　　　1912.2.25
宗教教育
　宗教教育を制限　　　　　　　　1873.5.14
修業年限短縮
　大学修業年限短縮　　　　　　　　1914.7.2
　期間短縮に寄る卒業式　　　　　　1942.9月
　大学等の修業年限短縮措置決定　 1942.11.25
　修業年限短縮勅令案　　　　　　 1942.12.8
従軍慰安婦
　宮沢首相、朝鮮人従軍慰安婦問題を
　　教科書で取り上げる考えを表明　1992.1.17
　文部省、教科書の検定結果と事例を
　　発表　　　　　　　　　　　　 1996.6.27
　西尾幹二らが「新しい歴史教科書を
　　つくる会」を結成　　　　　　 1996.12.2
　小杉文相、「従軍慰安婦」の記述削除
　　を認めないと言明　　　　　　 1996.12.11
習熟度別学習指導
　中教審、教育内容等小委の中学の習
　　熟度別学習指導等の審議経過報告
　　了承　　　　　　　　　　　　 1983.11.15
集書院
　集書院、創設　　　　　　　　　 1873.5.15
就職
　関西経営者協、騒乱学生は就職保証
　　せず　　　　　　　　　　　　 1952.7.22
　中教審、持続的な就業力育成につい
　　て答申　　　　　　　　　　　　2010.2.1
就職協定
　経済同友会、「就職協定」の廃止を提
　　唱　　　　　　　　　　　　　　1991.7.2
　日経連、就職協定の廃止を正式に表
　　明　　　　　　　　　　　　　 1996.12.19
　就職協定協議会、就職協定廃止決定　1997.1.10
　大学生のインターンシップ制導入決
　　定　　　　　　　　　　　　　　1997.5.9
就職協定協議会
　就職協定協議会、就職協定廃止決定　1997.1.10
就職難
　大学卒業者の就職難　　　　　　　1929.3月
　学校基本調査速報、発表　　　　　2003.8.8
　「青少年育成施策大綱」改定　　 2008.12.12

修身
　東京修身学社、創設　　　　　　　1876.4.7
　『小学修身訓』刊行　　　　　　　1880.4月
　『小学修身書』刊行　　　　　　　1883.6月
　小学校修身科の教科書使用を必須化　1891.10.7
　「小学校修身教科用図書検定標準」公
　　示　　　　　　　　　　　　　 1891.12.17
　修身教科書検定秘密漏洩事件　　 1892.11月
　「国費ヲ以テ小学修身教科用図書を
　　編纂スルノ建議」案可決　　　　1896.2.4
　貴族院、小学読本及び修身教科書の
　　国費編纂を建議　　　　　　　　1897.3.19
　小学校修身教科書の国費編纂を建議　1899.3.6
　修身教科書調査委員会、設置　　　1900.4月
　修身教育重視を訓令　　　　　　　1909.9.13
　修身科廃止論議　　　　　　　　　1914.6.1
　修身教部設置　　　　　　　　　　1918.4.12
　「高等学校高等科修身教授要目」制定　1930.6.5
　「実業学校修身教授要目」制定　　 1931.4.23
　天野文相、修身科復活の必要を表明　1950.11.7
修身教科書検定秘密漏洩事件
　修身教科書検定秘密漏洩事件　　 1892.11月
修身教科書調査委員会
　修身教科書調査委員会、設置　　　1900.4月
終戦に関する件
　文部省、「終戦に関する件」訓令　 1945.8.15
10大学長声明
　東大学長ら「文教政策の傾向に関す
　　る声明」を発表　　　　　　　　1956.3.19
集団勤労作業
　夏期休暇の集団勤労作業を通達　　1939.6.10
集団行動指導の手引
　文部省、「集団行動指導の手引」草案
　　を発表　　　　　　　　　　　　1964.9.29
修徳学園
　バイクの校則違反による退学処分は
　　違法と判決　　　　　　　　　　1991.5.27
自由民主党
　自民党特別委員会、教委会制度改正
　　要綱発表　　　　　　　　　　　1956.1.16
　自民党総務会、紀元節復活方針を決
　　定　　　　　　　　　　　　　　1957.2.4
　高校制度の能力主義・多様化を提唱　1975.12.8
　自民党、家庭基盤の充実に対する対
　　策要綱作成　　　　　　　　　　1979.6.12
　自民党機関紙で教科書批判キャン
　　ペーン　　　　　　　　　　　　1980.1.22
　自民党教科書小委員会発足　　　 1980.10.22
　自民党、5小委員会発足　　　　　 1980.12.4
　教科書協会の役員会社、自民党に政
　　治献金　　　　　　　　　　　　1981.8.3
　自民党「教員の資質向上に関する提
　　言」発表　　　　　　　　　　 1981.11.17

自民党「教員の養成・免許等に関する提言」発表　1983.5.26
与謝野文相、森自民党幹事長、日教組横山委員長が会談　1994.12.19
自民党と日教組、第一回定期協議を行う　1995.3.24
自民党と日教組、8ヶ月ぶりに定期政策協議を再開　1997.2.13
自民党小委、介護体験を義務付ける法案をまとめる　1997.4.2
自民党の教育改革推進会議、教育改革案をまとめ発表　1997.10.14
政府自民党、「国旗国歌法」案国会に提出　1999.6.11
自民党、義務教育費国庫負担制度について基本方針を提示　2004.11.16

住民投票
住民投票に中学生が参加　2003.5.11

修練農場
修練農場開設　1934.6.29

授業
9月中旬までに学校の授業再開を通達　1945.8.28
文部省、夏休み繰上げ、授業短縮を通達　1946.6.14
新潟県上越市立高田西小において児童が担任教師の授業を拒否していたことが判明　1995.12.5
高知県教委、授業評価システム導入発表　1997.5.1
算数の授業に「殺人」を題材　2010.9.15

授業料
府県立及び町村立学校で授業料を徴収　1885.8.19
戦死者の遺族の小学校授業料を免除　1896.2.7
「市町村立小学校授業料ニ関スル件」制定　1897.11.10
戦死者遺族及び出征・応召軍人の子ども達の授業料を減免　1904.2.10
最高裁、義務教育の無償化についての判断　1964.2.26
早大2学部、授業料値上げ反対などでスト　1966.1.18
中央大学、授業料値上げ撤回を要求しスト　1968.1.13
米国国際大学日本校の学生、授業料返還訴訟　1991.4.26
大学入学金返還請求訴訟で授業料のみ返還を命じる　2003.10.23
学納金返還訴訟で授業料返還を命じる判決　2004.9.10
大学前納金返還訴訟、3月中辞退なら授業料返還との判決　2006.11.27

祝日
「国民の祝日に関する法律」を公布　1948.7.20
天野文相、学校の祝日行事に国旗掲揚を勧める　1950.10.17

祝日大祭日儀式
「小学校祝日大祭日儀式規程」制定　1891.6.17
祝日大祭日儀式用歌詞・楽譜を選定　1893.8.12
「1月1日の歌」改定　1913.2.4

塾風教育
塾風教育を開始　1934.6月

受験競争
中教審、高校教育改革と受験競争緩和を答申　1991.4.19

出席停止
文部省「出席停止等の状況調査」「校内暴力の発生状況と発生校に関する調査」発表　1983.6.2
文部省、「公立の小学校及び中学校における出席停止の措置について」を通知　1983.12.5
中野区教委、教委のみに児童生徒の出席停止の裁量権を限定　1984.10.12
文部省のいじめ対策緊急会議、いじめ対応策について提言　1995.3.13
教育再生会議、「社会総がかりで教育再生を」(第1次報告)発表　2007.1.24

出張記録
最高裁、県立高校長の出張記録公開を命令　2003.11.11

出版条例
「出版条例」制定　1869.6.23

出版労連 → 日本出版労働組合連合会を見よ

首都圏基本問題懇談会
首都圏基本問題懇談会、筑波研究学園都市建設を報告　1963.9.6

首都圏西部大学単位互換協定
「首都圏西部大学単位互換協定」締結　1998.9.28

主任制度
日教組等、主任制度化に反対しスト　1975.12.10
主任制度化のための「学校教育法施行規則」改正を決定　1975.12.25
全国革新市長会、主任制度反対　1976.1.17
主任制度施行　1976.3.1
文部省、主任制度化実施状況調査　1976.4.1

主任手当
日教組、主任手当阻止でスト　1977.11.24
主任手当支給と一本化の給与法成立　1977.12.21

巡回文庫
巡回文庫を実施　1904(この年)

准教授
大学に「准教授」「助教」誕生　2007.4.1

頌栄幼稚園
頌栄幼稚園、創設　　　　　　1889.10.22
上越教育大学
教育放送開発センター等が発足　1978.10.1
上越市立高田西小学校
新潟県上越市立高田西小において児童が担任教師の授業を拒否していたことが判明　　　　　　　1995.12.5
生涯学習
文部省、教育白書『我が国の文教施策』刊行　　　　　　　　1988.12.6
総理府「生涯学習に関する世論調査」発表　　　　　　　　　　1989.1.15
中教審、生涯学習推進センター設置提起　　　　　　　　　　1989.10.31
中教審、生涯学習の基盤整備について答申　　　　　　　　1990.1.30
「生涯学習の振興のための施策の推進体制等の整備に関する法律」を公布　　　　　　　　　　1990.6.29
生涯学習審議会に初諮問　　　　1991.2.1
生涯学習審議会、学歴より学習歴重視を目指すと発表　　　1992.5.13
文部省、教育白書『我が国の文教施策』刊行　　　　　　　1996.12.20
文部省協力者会議、教育行政と民間教育事業との連携で提言　1998.3.26
生涯学習審議会、「新しい情報通信技術を活用した生涯学習の基本方策」について中間まとめ案を公表　2000.5.12
中教審、生涯学習の振興について答申　　　　　　　　　　　2008.2.19
生涯学習審議会
生涯学習審議会に初諮問　　　　1991.2.1
生涯学習審議会、学歴より学習歴重視を目指すと発表　　　1992.5.13
生涯学習審議会、資格の評価基準の転換等を提言　　　　　1992.7.29
生涯学習審議会、地域における学習機会の充実方策について答申　1996.4.24
生涯学習審議会に諮問　　　　　1997.6.16
生涯学習審議会社会教育分科審議会、中間報告発表　　　　1998.3.23
生涯学習審議会、社会教育の在り方に関する答申提出　　　1998.9.17
生涯学習審議会、地域社会の環境充実方策について答申　　1999.6.9
生涯学習審議会、「新しい情報通信技術を活用した生涯学習の基本方策」について中間まとめ案を公表　2000.5.12
生涯学習推進センター
中教審、生涯学習推進センター設置提起　　　　　　　　　　1989.10.31

生涯学習に関する世論調査
総理府「生涯学習に関する世論調査」発表　　　　　　　　　　1989.1.15
生涯学習の振興のための施策の推進体制等の整備に関する法律
「生涯学習の振興のための施策の推進体制等の整備に関する法律」を公布　　　　　　　　　　1990.6.29
生涯教育
文部省、教育白書『我が国の教育水準』を刊行　　　　　1970.11.10
社会教育審議会、「社会教育のあり方」答申　　　　　　1971.4.30
文部省、教育白書『我が国の教育水準』刊行　　　　　　1976.5.7
文部省、教育白書『我が国の教育水準』刊行　　　　　　1981.5.22
中教審「生涯教育について」を答申　1981.6.11
生涯教育局
文部省生涯教育局発足　　　　　1988.7.1
障害児教育
聖三一孤女学院、創設　　　　　1891.12.1
滝乃川学園、創設　　　　1897（この年）
「小学校令」改正　　　　　　　1900.8.20
盲聾唖・心身発育不全児のため特別学級設置を奨励　　　　1907.4.17
養護施設講習会　　　　　　　　1942.10月
養護学校の義務化　　　　　　1973.11.16
小中学校に就学希望の障害児全員入学実施　　　　　　　　1974.4.3
文部省の調査研究協力者会議、「通級」の実施方策について中間報告　1991.7.17
文部省、通級指導制度化のため「学校教育法施行規則」を改正　1993.1.28
障害者の学級決定権は校長にあると判決　　　　　　　　1993.10.26
文部省21世紀特殊教育の在り方に関する調査協力者会議、中間報告を発表　　　　　　　　　　2000.11.6
障害児の普通学校就学について通知　2002.5.27
今後の特別支援教育の在り方に関する調査研究協力者会議、最終報告を提出　　　　　　　　　2003.3.28
中教審、「特別支援教育」について答申　　　　　　　　　　　2005.12.8
障害者の学級決定権
障害者の学級決定権は校長にあると判決　　　　　　　　1993.10.26
生涯生活設計推進計画
文部省、「教職員等に係る生涯生活設計推進計画の策定」を通知　1991.11.22
小学委託金額
小学委託金額を制定　　　　　　1872.11月

― 422 ―

しょう

『小学一年生』
　『小学一年生』『小学二年生』復刊　1947.4月
小学簡易科要領
　「小学校ノ学科及其程度」他、制定　1886.5.25
　「小学簡易科要領」改正　1889.7.1
小学教師教導場ヲ建立スルノ伺
　「小学教師教導場ヲ建立スルノ伺」提出　1872.5.28
小学教師心得
　「小学教師心得」制定　1873.5月
小学教則
　「中学教則略」「小学教則」公布　1872.10.10
　「小学教則」改正　1874.3.18
　小学校・中学校・専門学校の諸規程を廃止　1878.5.23
奨学金
　教員志望学生生徒の特別奨学金貸与制度発表　1950.1.20
　「日本育英会法」改正法成立　1984.8.7
　文部省調査協力者会議、育英事業に提言　1997.6.6
　国民生活審議会多様な生活に関する研究会、小・中学校通学区制の見直しを提言　1998.10.23
　教育再生懇談会、スポーツ振興などについての第4次報告を提出　2009.5.28
　文部科学省政策会議が初会合　2009.10.8
奨学金滞納
　奨学金滞納、回収進まず　2010.9.2
『小学修身訓』
　『小学修身訓』刊行　1880.4月
『小学修身書』
　『小学修身書』刊行　1883.6月
『小学唱歌集』
　『小学唱歌集』刊行　1881.11月
『小学生日記』
　山口日記事件　1953.6.3
『小学二年生』
　『小学一年生』『小学二年生』復刊　1947.4月
小学扶助委託金
　小学扶助委託金を増額　1875.1.20
小学扶助金
　小学扶助金の配布規定を改正　1876.2.15
小学館
　『小学一年生』『小学二年生』復刊　1947.4月
　少年向け週刊雑誌創刊　1959.3月
商科大学昇格運動
　申酉事件　1909.4月
小学校教育改革
　小学校教育改革第1次答申　1917.11.1
小学校教育費国庫補助法
　「小学校教育費国庫補助法」公布　1899.10.20

小学校教育費整理節約ニ関スル注意
　「小学校教育費整理節約ニ関スル注意」　1922.12.28
小学校教員共済組合
　小学校教員共済組合設立　1940.10月
小学校教員心得
　「小学校教員心得」制定　1881.6.18
小学校教員免許規則
　「小学校教員免許規則」制定　1886.6.21
小学校教員免許状授与方心得
　「小学校教員免許状授与方心得」制定　1881.1.31
　「小学校教員免許状授与方心得」改正　1883.7.27
小学校教科用図書翻刻発行規則
　「小学校教科用図書翻刻発行規則」制定　1903.4.29
小学校教科用図書翻刻発行規程
　「小学校教科用図書翻刻発行規程」改正　1905.4.7
小学校教科用図書翻刻発行ニ関スル規程
　「小学校教科用図書翻刻発行ニ関スル規程」改正　1909.10.2
　「小学校教科用図書翻刻発行ニ関スル規程」改正　1930.5.17
小学校教則綱領
　「小学校教則綱領」制定　1881.5.4
　「小学校教則綱領」改正　1884.11.29
小学校教則大綱
　文部省令「小学校教則大綱」公布　1891.11.17
小学校修身教科用図書検定標準
　「小学校修身教科用図書検定標準」公示　1891.12.17
小学校祝日大祭日儀式規程
　「小学校祝日大祭日儀式規程」制定　1891.6.17
小学校取調掛
　東京府に中学校・小学校の取調掛を設置　1869.5.4
小学校新教育課程基準
　「小学校新教育課程基準」実施　1980.4.1
小学校設置
　京都府、小学校設置を通達　1868.11.21
　静岡藩、小学校を創設　1868.12.24
　東京府、小学校6校を創設　1870.7.6
　東京府下に小学校6校・洋学校1校を創設　1872.2.1
　師範学校、附属小学校を設置　1873.1.15
小学校設置ノ区域並校数指示方心得
　「就学督責規則起草心得」他、制定　1881.1.29
小学校設備準則
　「小学校設備準則」制定　1891.4.8

小学校卒業者ノ職業指導ニ関スル件
　「小学校卒業者ノ職業指導ニ関スル
　　件」訓令　　　　　　　　　　1938.10.26
小学校長及教員職務及服務規則
　「小学校長及教員職務及服務規則」制
　　定　　　　　　　　　　　　　1891.11.17
小学校低学年の教育に関する調査研究協力
者会議
　文部省小学校低学年の教育に関する
　　調査研究協力者会議、生活科新設
　　を提言　　　　　　　　　　　1986.7.29
小学校ノ学科及其程度
　「小学校ノ学科及其程度」他、制定　1886.5.25
　「小学校ノ学科及其程度」改正　　1888.1.12
小学校武道指導要目
　「小学校武道指導要目」制定　　　1939.5.29
小学校閉鎖
　凶作で小学校閉鎖　　　　　　　1934.11.12
小学校令
　「師範学校令」「小学校令」「中学校
　　令」「諸学校通則」公布　　　　1886.4.10
　「小学校令」公布　　　　　　　　1890.10.7
　「小学校令」改正　　　　　　　　1900.8.20
　「小学校令」改正　　　　　　　　1903.4.13
　「小学校令」改正　　　　　　　　1907.3.21
　「小学校令」「小学校令施行規則」改
　　正　　　　　　　　　　　　　1911.7.31
　「小学校令」改正　　　　　　　　1913.2.20
　「小学校令」改正　　　　　　　　1913.7.16
　「小学校令」改正　　　　　　　　1919.2.7
小学校令施行規則
　「小学校令施行規則」制定　　　　1900.8.21
　「小学校令施行規則」改正　　　　1901.1.12
　「小学校令施行規則」改正　　　　1904.2.22
　「小学校令施行規則」改正　　　　1908.9.7
　「小学校令」「小学校令施行規則」改
　　正　　　　　　　　　　　　　1911.7.31
　「小学校令施行規則」改正　　　　1913.7.16
　「小学校令施行規則」改正　　　　1919.3.29
　「小学校令施行規則」改正　　　　1920.8.20
　「小学校令施行規則」改正　　　　1938.1.29
焼却炉
　ダイオキシン調査で4分の1市町村で
　　の公立小・中学校焼却炉が中止　1997.10.30
商業学校規程
　実業学校の規程を制定　　　　　1899.2.25
商業学校通則
　「商業学校通則」制定　　　　　　1884.1.11
上京第二十七番組小学校
　上京第二十七番組小学校を創設　　1869.6.30
城西国際大学
　城西国際大学、留学生227人が不法残
　　留　　　　　　　　　　　　　2004.7.12

少子化
　中教審、少子化と教育に関する委員
　　会を設置　　　　　　　　　　1998.12.11
　中教審、「少子化と教育について」報
　　告書提出　　　　　　　　　　2000.4.17
　日本経団連、「少子化問題への総合的
　　な対応を求める」提言を公表　　2007.3.20
少子化対策基本法
　「少子化対策基本法」成立　　　　2003.7.23
少子化と教育に関する委員会
　中教審、少子化と教育に関する委員
　　会を設置　　　　　　　　　　1998.12.11
『少女画報』
　『少女画報』創刊　　　　　　1912（この年）
小人数学級
　長野県小海教委、小人数学級編制実
　　施を断念　　　　　　　　　　1998.4.9
商船学校
　逓信省所管商船学校学生、海軍軍籍
　　に編入　　　　　　　　　　　1904.6.29
商船学校規程
　実業学校の規程を制定　　　　　1899.2.25
上智大学
　上智大学認可　　　　　　　　　1913.3.29
　上智大学設立　　　　　　　　　1928.5.8
省庁再編
　行政改革会議、最終報告を決定　　1997.12.3
　「中央省庁等改革基本法」成立　　1998.6.9
　「文部科学省設置法」公布　　　　1999.7.16
　文部科学省設立　　　　　　　　2001.1.6
上等小学教則
　「上等小学教則」制定　　　　　　1873.5.31
少年いじめ等問題研究会
　警察庁と少年いじめ等問題研究会、
　　いじめに関する調査結果公表　　1995.1.19
少年院
　法務省、短期収容の少年院を「学園」
　　と名称変更　　　　　　　　　1992.4.9
少年院法
　改正「少年法」「少年院法」を公布　1948.7.15
　「少年法」「少年院法」一部改正　　2007.5.25
少年教護法
　「少年教護法」公布　　　　　　　1933.5.5
『少年倶楽部』
　『少年倶楽部』創刊　　　　　1914（この年）
『少年サンデー』
　少年向け週刊雑誌創刊　　　　　1959.3月
『少年世界』
　『少年世界』創刊　　　　　　　　1895.1月
『少年園』
　『少年園』創刊　　　　　　　　　1888.11月

少年の自殺
　警察庁、「少年の自殺」調査結果発表
　　　　　　　　　　　　　　　　1977.10.14
少年の自殺白書
　警察庁、『少年の自殺白書』発表　1978.3.2
少年の非行と自殺の概況
　警察庁、「少年の非行と自殺の概況」
　　発表　　　　　　　　　　　　1979.7.26
少年犯罪
　文部省協力者会議、少年犯罪に対す
　　る緊急対策を公表　　　　　　1998.3.24
　改正「少年法」成立　　　　　2000.11.28
　少年による凶悪犯罪を公開捜査　2003.12.11
少年非行対策のための検討会
　少年非行対策のための検討会、報告
　　書案をまとめる　　　　　　　2003.9.12
少年文学研究会
　少年文学研究会発足　　　　1912（この年）
少年法
　「少年法」公布　　　　　　　　1922.4.17
　改正「少年法」「少年院法」を公布　1948.7.15
　法制審議会「少年法改正について」
　　答申　　　　　　　　　　　　1977.6.29
　改正「少年法」成立　　　　　2000.11.28
　「少年法」「少年院法」一部改正　2007.5.25
『少年マガジン』
　少年向け週刊雑誌創刊　　　　　1959.3月
昌平学校
　昌平学校を創設　　　　　　　　1868.8.17
　昌平学校・医学校、東京府に移管　1868.9.17
情報科
　新「高等学校学習指導要領」実施　2003.4.1
商法講習所
　商法講習所、創設　　　　　　　1875.9月
常用漢字
　常用漢字2000字決定　　　　　　1922.4.8
　常用漢字表発表　　　　　　　　1923.5.9
　常用漢字1858字決定　　　　　　1931.5.27
　国語審議会「常用漢字表」答申　1981.3.23
　「常用漢字表」内閣告示　　　　1981.10.1
　文化審議会国語分科会、常用漢字の
　　指導内容について報告　　　　2003.11.5
　文化審議会、常用漢字見直しを提言　2005.2.2
昭和女子大学
　最高裁、昭和女子大学事件で退学処
　　分は適法　　　　　　　　　　1974.7.19
昭和女子薬学専門学校
　専門学校設立　　　　　　　　1930.11.26
女学校
　女学校を創設　　　　　　　　　1872.2月
　開拓使仮学校、女学校を併置　　1872.10.21

諸学校通則
　「師範学校令」「小学校令」「中学校
　　令」「諸学校通則」公布　　　　1886.4.10
助教
　大学に「准教授」「助教」誕生　　2007.4.1
食育基本法
　「食育基本法」成立　　　　　　2005.6.10
職員会議
　東京都教委、職員会議を「学校長の
　　補助機関」と明文化する　　　　1998.7.9
職員採用
　小田原市、職員採用試験の受験資格
　　から学歴条項を外すことを決定　1997.5.7
職業学校規程
　「職業学校規程」制定　　　　　1921.1.13
職業教育
　高校における職業教育の多様化につ
　　いて答申　　　　　　　　　　1967.8.11
　理産審、「高等学校における今後の職
　　業教育の在り方について」答申　1985.2.19
職業訓練施設
　「学校教育法施行令」の一部改正　1967.12.28
職業高校
　文部省調査協力者会議、職業高校活
　　性化方策について提言　　　　　1995.3.8
職業指導
　職業指導に関する通達　　　　　1942.11.2
食中毒
　O-157による集団下痢で幼稚園児死
　　亡　　　　　　　　　　　　1990.10.19
　O-157による集団食中毒発生　　1996.6.1
　O-157による集団食中毒発生　　1996.7.15
　O-157による食中毒女子児童死亡事
　　件で、市に賠償を命じる判決　　1999.9.10
食に関する指導体制
　中教審、「食に関する指導体制の整備
　　について」答申　　　　　　　2004.1.20
女子英学塾
　女子英学塾、創設　　　　　　　1900.7.26
女子学習院
　女子学習院設立　　　　　　　　1918.9.6
女子学生連盟
　女子学生連盟結成　　　　　　　1924.12.4
『女子教育』
　『女子教育』刊行　　　　　　　1911.12月
女子教育刷新要綱
　「女子教育刷新要綱」を閣議了解　1945.12.4
女子教育職員の産前産後の休暇中における
　学校教育の正常な実施の確保に関する
　法律
　教員産休中の学校教育確保に関する
　　法律公布　　　　　　　　　　1955.8.5

女子教員の産休補助教員確保等の法律
　「女子教員の産休補助教員確保等の法
　　律」公布　　　　　　　　　　1961.11.9
女子高等師範学校
　女子高等師範学校、創設　　　　1890.3.25
女子高等師範学校規程
　「女子高等師範学校規程」制定　　1894.10.2
　「女子高等師範学校規程」改正　　1897.10.12
　「女子高等師範学校規程」改正　　1903.10.12
　「高等師範学校規程」「女子高等師範
　　学校規程」改正　　　　　　　1909.12.20
　「女子高等師範学校規程」改正　　1914.3.3
女子青年団
　女子青年団の指導育成方針訓令　1926.11.11
女子聴講生
　東京帝国大学女子聴講生認可　　1920.2.17
女子入学制限
　高校の理数科入試で女子制限措置　1988.3.8
女子美術専門学校
　女子美術専門学校認可　　　　　1929.6.26
所持品検査
　文部省、校長の判断による所持品検
　　査は差し支えないとの見解を示す　1998.2.3
書籍館
　博物局書籍館、創設　　　　　　1872.9.3
女生徒
　女生徒の心理的・生理的事情を考慮
　　するよう訓令　　　　　　　　1900.3.26
女性による民間教育審議会
　女性による民間教育審議会発足　1985.4.8
　女性による民間教育審議会、教育改
　　革提言発表　　　　　　　　　1987.6.13
初等教育研究会
　『教育研究』創刊　　　　　　　1904.4.1
初等中等教育
　文部省、教育白書『我が国の文教施
　　策』刊行　　　　　　　　　　1989.11.22
　中教審、初中等教育と高等教育接続
　　改善について答申　　　　　　1999.12.16
　文科省、文部科学白書『新しい時代の
　　学校　進む初等中等教育改革』刊行　2003.2.4
　中教審に「今後の初等中等教育改革
　　の推進方策」を諮問　　　　　2003.5.15
初任者研修
　臨教審「審議経過の概要(その3)」
　　発表　　　　　　　　　　　　1986.1.22
　教員初任者洋上研修始まる　　　1987.7.21
　初任者研修開始　　　　　　　　1989.4.1
　高校の初任者研修実施にともない政
　　令を改正　　　　　　　　　　1991.3.19
　高校の初任者研修実施、中1に新授業
　　時数導入　　　　　　　　　　1991.4.1

　小学校学習指導要領と高校の初任者
　　研修が実施　　　　　　　　　1992.4.1
白河市
　福島県白河市の中1男子死亡事件で市
　　側に損害賠償金の支払いを命令　1997.4.24
しらさぎ幼稚園
　O-157による集団下痢で幼稚園児死
　　亡　　　　　　　　　　　　　1990.10.19
私立育英黌
　私立育英黌、農業科を設置　　　1891.3.6
私立学校振興助成法
　「私立学校振興助成法」などを公布　1975.7.11
私立学校振興法
　「私立学校振興法」公布　　　　1952.3.27
私立学校振興方策懇談会
　私立学校振興方策懇談会、私学助成
　　を強調　　　　　　　　　　　1974.8.21
私立学校制度調査会規程
　「私立学校制度調査会規程」制定　1941.7.12
私立学校ニ於ケル宗教教育ニ関スル件
　「私立学校ニ於ケル宗教教育ニ関スル
　　件」訓令　　　　　　　　　　1945.10.15
私立学校法
　「私立学校法」を公布　　　　　1949.12.15
　「学校教育法」「私立学校法」一部改
　　正、大学審議会設置　　　　　1987.9.10
私立学校令
　「私立学校令」公布　　　　　　1899.8.3
私立学校連合会
　私立学校連合会、創設　　　　　1891.7.29
私立女子美術学校
　私立女子美術学校、創設　　　　1901.4.1
私立大学教育
　日本私立大学連盟「私立大学教育の
　　充実と向上のために」を発表　1976.12.28
私立大学振興助成法
　「私立大学振興助成法」案などが可決　1975.7.3
私立法律学校特別監督条規
　「私立法律学校特別監督条規」制定　1886.8.25
私立明治専門学校
　私立明治専門学校、設立認可　　1907.7.23
史料編纂掛
　帝国大学文科大学、史料編纂掛を設
　　置　　　　　　　　　　　　　1895.4.1
新英学校
　新英学校及び女紅場を創設　　　1872.5.20
新学制
　文部省、新学制の実施方針発表　1947.2.5
　新学制による小学校、中学校を発足　1947.4.1
進学制限
　上級学校進学制限措置　　　　　1940.12.9

しんし

進学積立郵便貯金
「進学ローン」「進学積立郵便貯金」
　スタート　　　　　　　　　　1978.6.7
進学適性検査
　高等学校、専門学校入学者選抜試験
　　要領発表　　　　　　　　　1947.1.18
　大学、高専進学希望者に進学適性検
　　査　　　　　　　　　　　　1948.2.10
進学率
　高等教育拡充整備計画に関する基本
　　構想　　　　　　　　　　　1973.3.1
　高校進学率が90％を超える　1974（この年）
　大学審議会に高等教育将来構想専門
　　委員会設置　　　　　　　　1995.5.24
　文部省、学校基本調査速報発表　2000.8.4
　大学・短大進学率5割超す　　　2007.8.9
　大学進学率が5割を超え、過去最高　2009.8.6
進学ローン
　「進学ローン」「進学積立郵便貯金」
　　スタート　　　　　　　　　　1978.6.7
審議会公開
　小杉文相、文部省審議会を原則公開
　　する考えを発表　　　　　　　1996.12.6
神祇官
　宣教使、神祇官所属に　　　　1869.11.12
神祇省
　神祇省、廃止　　　　　　　　1872.4.21
新義真言宗大学林
　古義真言大学林・新義真言宗大学
　　林、創設　　　　　　　　　　1886.2月
新教育運動
　八大教育主張講演会開催　　　　1921.8.1
新教育協会
　新教育協会創立　　　　　　　　1930.12月
『新教育指針』
　文部省、『新教育指針』第1冊を配
　　布　　　　　　　　　　　　1946.5.15
新教育主義
　新教育主義への監督強化　　　　1924.8.7
新教育制度の再検討に関する要望
　日経連教育部会、新教育制度の再検
　　討を要望　　　　　　　　　1952.10.16
神宮皇学館
　神宮皇学館、創設　　　　　　　1882.4.30
神宮皇学館官制
　「神宮皇学館官制」制定　　　　1903.8.29
神宮皇学館規程
　「神宮皇学館規程」制定　　　　1927.3月
神宮皇学館大学官制
　「神宮皇学館大学官制」公布　　1940.4.24
人権擁護大会
　日弁連、人権擁護大会開催　　　1985.10.18

新興教育運動
　長野県教員赤化事件　　　　　　1933.2.4
新興教育研究所
　新興教育研究所創立　　　　　　1930.8.19
清国人ヲ入学セシムル公私立学校ニ関スル規程
　「清国人ヲ入学セシムル公私立学校ニ
　　関スル規程」制定　　　　　　1905.11.2
人材育成
　経団連豊田会長、創造的な人材育成
　　のための教育提言をまとめる意向　1995.1.3
　文部省創造的人材育成産学懇談会、
　　大学理工分野の人材育成策を緊急
　　提言　　　　　　　　　　　　1995.7.17
　文部省の、創造的人材育成産学懇談
　　会が、報告をまとめる　　　　1996.3.25
　経団連、教育改革提言を発表　　1996.3.26
　文部省21世紀医学医療懇談会、医療
　　分野への人材受け入れについて提
　　言　　　　　　　　　　　　　1996.6.13
　文部省21世紀医学医療懇談会、介護
　　人材の育成を提言　　　　　　1997.2.21
　経団連、グローバル化時代の人材育
　　成の在り方について提言　　　2000.3.30
　日本経団連、「競争力人材の育成と確
　　保に向けて」を公表　　　　　2009.4.14
人事院勧告
　日教組、人事院勧告完全実施を要求
　　ストへ　　　　　　　　　　　1966.10.21
　日教組、ストライキ実施　　　　1976.3.9
　大分県教組の人勧ストに対する処分
　　は違憲で無効と判決　　　　　1993.1.19
真宗大学寮
　真宗大学寮と改称　　　　　　　1882.12月
信州短期大学
　信州短大、水増し入学による補助金
　　の不正受給判明　　　　　　　1996.9.15
新宿区男児突き落とし事件
　新宿区男児突き落とし事件　　　2004.6.22
尋常師範学校簡易科規程
　尋常師範学校制度を整備　　　　1892.7.11
尋常師範学校教員免許規則
　尋常師範学校制度を整備　　　　1892.7.11
尋常師範学校教科用図書採定方法
　「公私立小学校教科用図書採定方法」
　　他、制定　　　　　　　　　　1887.3.25
尋常師範学校女生徒ニ課スベキ学科及其程度
　「尋常師範学校女生徒ニ課スベキ学科
　　及其程度」制定　　　　　　　1889.10.25
尋常師範学校尋常中学校高等女学校教員免

― 427 ―

許規則
　「尋常師範学校尋常中学校高等女学校
　　教員免許規則」制定　　　　1896.12.2
尋常師範学校・尋常中学校・高等女学校教員免許検定ニ関スル規則
　「尋常師範学校・尋常中学校・高等女
　　学校教員免許検定ニ関スル規則」
　　制定　　　　　　　　　　　　1894.3.5
尋常師範学校生徒募集規則
　尋常師範学校制度を整備　　　1892.7.11
尋常師範学校設備規則
　尋常師範学校制度を整備　　　1892.7.11
尋常師範学校設備準則
　「尋常師範学校設備準則」制定　1888.8.21
尋常師範学校卒業生服務規則
　「尋常師範学校卒業生服務規則」改正
　　　　　　　　　　　　　　　1889.10.25
　尋常師範学校制度を整備　　　1892.7.11
尋常師範学校ノ学科及其程度
　「尋常師範学校ノ学科及其程度」他、
　　制定　　　　　　　　　　　1886.5.26
　尋常師範学校制度を整備　　　1892.7.11
新庄市立明倫中学校
　山形マット死事件　　　　　　1993.1.13
　山形マット死事件民事訴訟、賠償金
　　支払い命令　　　　　　　　2004.5.28
　山形マット死事件民事訴訟、遺族側
　　の勝訴確定　　　　　　　　　2005.9.6
尋常中学校実科規程
　「尋常中学校実科規程」制定　　1894.6.15
尋常中学校ノ学科及其程度
　「尋常中学校ノ学科及其程度」改正　1894.3.1
新人会
　新人会結成　　　　　　　　　1918.12月
　社会科学研究会を解散命令　　1928.4.17
人身売買
　児童の人身売買激増　　　　　　1951.8月
新制高等学校
　新制高等学校が発足　　　　　　1948.4.1
　新増設高校数発表　　　　　　1950.7.24
新制大学
　帝国大学を廃止し、国立総合大学と
　　する　　　　　　　　　　　　1947.10.1
　新制大学審査のため大学設置委員会
　　を設置　　　　　　　　　　　1948.1.15
　文部省、公私立大学設立を認可　1948.3.25
　文部省、国立大学設置の方針を発表　1948.6.22
　公私立新制大学79校を決定答申　1949.2.10
　大学設置委員会、新制大学94校を決
　　定答申　　　　　　　　　　　1949.3.18
　新制国立大学69校設置　　　　　1949.5.31

新制中学校の職業指導に関する件
　「新制中学校の職業指導に関する件」
　　を通達　　　　　　　　　　　1948.2.7
新長期高等教育計画
　大学設置審議会「新長期高等教育計
　　画」中間報告公表　　　　　1983.10.21
人的能力開発
　経済審議会、人的能力開発の課題と
　　対策答申　　　　　　　　　　1963.1.14
神道教育
　GHQ、学校教育から神道教育排除を
　　指令　　　　　　　　　　　1945.12.15
新日本建設ノ教育方針
　文部省、「新日本建設ノ教育方針」を
　　発表　　　　　　　　　　　　1945.9.15
人文科学研究所
　京都帝大人文科学研究所附置　　1939.8.22
『新編日本史』
　日本を守る国民会議編『新編日本史』
　　の検定合格　　　　　　　　　　1986.7.7
『臣民の道』
　『臣民の道』刊行　　　　　　　1941.7.21
申酉事件
　申酉事件　　　　　　　　　　　1909.4月
森有礼暗殺事件
　森有礼暗殺事件　　　　　　　　1889.2.11

【す】

水原高等農林学校
　実業補習学校教員養成所設置　　1927.7.13
水産学校規程
　実業学校の規程を制定　　　　　1899.2.25
　「水産学校規程」制定　　　　1901.12.28
水産学校長会
　水産学校長会、意見書を提出　　　1932.7.7
水産講習所
　水産講習所に改組　　　　　　　1897.3.25
水産伝習所
　水産伝習所、創設　　　　　　1888.11.29
推薦入試
　立教大学法学部、社会人入学の実施
　　発表　　　　　　　　　　　　1978.7.3
　東京都教委、都立高校の普通科・商
　　業科に推薦入学制の導入を決定　1993.9.8
　大学審議会、大学入試の推薦につい
　　て答申　　　　　　　　　　　1993.9.16
　静岡県立静岡商業高校、推薦入試で
　　男女差別　　　　　　　　　　1994.1.28
　文部省、「推薦入試」について通知　1994.6.8

香川医科大推薦入試で履修科目不足
　生徒の合格が判明　　　　　　　1997.1.6
文部省、大学推薦入試定員枠を緩和・
　撤廃する方針決定　　　　　　　1999.3.10
スウェーデン体操
　スウェーデン体操を採用　　　　1905.11月
数学教育協議会
　数学教育協議会設立をよびかけ　1951.12月
図画取調掛
　図画取調掛、設置　　　　　　　1885.12.10
杉並区立杉並第十小学校
　学校の天窓から転落死　　　　　2008.6.18
椙山女学園
　学部再編に絡む贈収賄容疑で、文部
　省の係長と椙山女学園理事長を逮
　捕　　　　　　　　　　　　　　1994.1.10
スクールカウンセラー
　文部省、スクールカウンセラー配置
　校154校を決定　　　　　　　　 1995.7.17
『進みゆく社会の青少年教育』
　文部省、『進みゆく社会の青少年教
　育』発表　　　　　　　　　　　1960.11.1
ストライキ
　関東の大学・高校で学費値上げ反対
　のスト　　　　　　　　　　　　1948.6.23
　慶大生、学費値上げ反対で全学スト
　ライキ　　　　　　　　　　　　1965.1.28
　高崎市立経済大生、委託学生入学に
　反対　　　　　　　　　　　　　1965.4.13
　早大2学部、授業料値上げ反対などで
　スト　　　　　　　　　　　　　1966.1.18
　日教組、人事院勧告完全実施を要求
　スト　　　　　　　　　　　　　1966.10.21
　中央大学、授業料値上げ撤回を要求
　スト　　　　　　　　　　　　　1968.1.13
　東大医学部生、登録医制度に反対し
　スト　　　　　　　　　　　　　1968.1.29
　東大安田講堂占拠に対し機動隊を導
　入　　　　　　　　　　　　　　1968.6.15
　東京教育大生、移転に反対スト　1968.6.26
　春闘初のゼネストで日教組半日スト 1973.4.27
　春闘ゼネスト、日教組初の全日スト 1974.4.11
　日教組等、主任制度化に反対しスト
　　　　　　　　　　　　　　　　1975.12.10
　日教組、ストライキ実施　　　　1976.3.9
　日教組、主任手当阻止でスト　　1977.11.24
　日教組、29分スト実施　　　　　1988.5.24
　大分県教組の人勧ストに対する処分
　は違憲で無効と判決　　　　　　1993.1.19
スーパーフリー事件
　スーパーフリー事件で5人を逮捕　2003.6.18
スポーツ
　日教組「日本のスポーツ・遊びの現
　状と改革提言」発表　　　　　　1980.5.8

文部省、教育白書『我が国の文教施
　策』刊行　　　　　　　　　　　1992.11.5
文部省、教育白書『我が国の文教施
　策』刊行　　　　　　　　　　　1998.10.30
教育再生懇談会、スポーツ振興など
　についての第4次報告を提出　　 2009.5.28
スポーツクラブ
　文科省、「今後の総合型地域スポーツ
　クラブ振興の在り方について」を
　発表　　　　　　　　　　　　　2009.8.19
スポーツ振興基本計画
　文科省、「スポーツ振興基本計画」改
　定　　　　　　　　　　　　　　2006.9.21
スポーツ振興投票法
　「スポーツ振興投票法」成立　　 1998.5.20
スポーツ振興法
　「スポーツ振興法」を公布　　　 1961.6.16

【せ】

生活科
　文部省小学校低学年の教育に関する
　調査研究協力者会議、生活科新設
　を提言　　　　　　　　　　　　1986.7.29
　教育課程審議会、中間まとめ発表　1986.10.20
　日本物理学会、小学校低学年におけ
　る「理科」の廃止を批判　　　　1994.8.22
生活綴方運動
　北方教育社結成　　　　　　　　1929.6月
　北日本国語教育連盟結成　　　　1934.11月
　『綴方教室』刊行　　　　　　　1937（この年）
　日本綴り方の会を結成　　　　　1950.7.1
　無着成恭編『山びこ学校』刊行　1951.3.5
生活保護法
　「生活保護法」改正により教育費扶助
　実施　　　　　　　　　　　　　1950.4.1
正教員准教員ノ別
　「正教員准教員ノ別」制定　　　 1891.5.8
『「生きる力」を支える心と体』
　文科省、文部科学白書『「生きる力」
　を支える心と体』刊行　　　　　2005.3.11
生きる力
　文部省、教育白書『我が国の文教施
　策』刊行　　　　　　　　　　　1994.12.14
　教課審、審議のまとめ公表　　　1998.6.22
　生涯学習審議会、地域社会の環境充
　実方策について答申　　　　　　1999.6.9
　教育課程審議会、学習評価の在り方
　について答申　　　　　　　　　2000.12.4
　文科省、文部科学白書『「生きる力」
　を支える心と体』刊行　　　　　2005.3.11

小中学校に「読書科」設置	2010.2.3
成蹊高等学校	
成蹊高等学校設立認可	1925.2.7
製作学教場	
製作学教場、設置	1874.2.23
政策構想フォーラム	
政策構想フォーラム「学校教育行政の行革提言」発表	1985.5.9
聖三一孤女学院	
聖三一孤女学院、創設	1891.12.1
政治活動禁止	
教員の集会・政治活動を取締る	1889.12.20
教員の政治関与禁止について諭示	1894.1.23
学校教員の政治関与を禁止	1898.2.4
教員学生の政治活動禁止の訓令などを廃止	1898.8.11
田中文相、学生の政治活動禁止	1946.9.6
「学生の政治運動について」文部次官通達	1948.10.8
学生の政治集会・デモ参加の禁止	1950.6.17
政治献金	
教科書協会の役員社、自民党に政治献金	1981.8.3
成城高等学校	
成城高等学校設立認可	1926.3.15
成城小学校	
成城小学校開講	1917.4.4
青少年育成施策大綱	
「青少年育成施策大綱」決定	2003.12.9
「青少年育成施策大綱」改定	2008.12.12
青少年育成推進本部	
「青少年育成施策大綱」決定	2003.12.9
青少年学徒ニ賜リタル勅語	
「青少年学徒ニ賜リタル勅語」下賜	1939.5.22
青少年健全育成条例	
東京都青少年問題協議会、都条例に処罰規定の導入を答申	1997.4.3
青少年審判所	
青少年審判所設置	1923（この年）
青少年と社会参加	
青少年問題審議会「青少年と社会参加」を首相に提出	1979.7.5
青少年の育成	
中教審、青少年の育成について答申	2007.1.30
青少年の学校外活動に関する調査研究協力者会議	
文部省の調査協力者会議、学校5日制に対応した地域の受け入れ体制の拡充を公表	1991.12.20
青少年の性行動	
総理府、青少年の性行動調査報告を公表	1975.11.22
総理府「青少年の性行動」公表	1981.11.5
青少年の連帯感などに関する調査	
総務庁、「青少年の連帯感などに関する調査」発表	1991.12.23
青少年白書	
『青少年白書』報告	1979.11.20
総務庁、『青少年白書』を発表	1990.1.12
総務庁、『青少年白書』を発表	1991.1.11
総務庁、『青少年白書』発表	1992.1.14
青少年向け図書選定制度実施要綱	
青少年向け図書選定制度実施要綱を決定	1959.4.10
青少年問題審議会	
青少年問題審議会「青少年と社会参加」を首相に提出	1979.7.5
青少年問題審議会「青少年問題に関する提言」答申	1981.6.30
青少年問題審議会「青少年の非行等問題行動への対応について」答申	1982.6.24
青少年問題審議会、青少年の逃避的問題行動への対応策を答申	1991.10.31
青少年問題に関する提言	
青少年問題審議会「青少年問題に関する提言」答申	1981.6.30
成人教育講座	
成人教育講座開催	1923.10.30
成人教育講座などの実施要項発表	1940.9月
清心女子高等学校	
清心女子高同級生刺傷事件	2010.6.15
成人向けサイト	
「さくらんぼ小」校名断念	2010.9.9
成績改竄	
高岡経済法科大学で、成績改竄により生徒を卒業させていたことが判明	1999.8.13
性同一性障害	
性同一性障害の生徒を認める動き	2010.2.22
生徒主事	
大学、高等専門学校の学生・生徒主事を廃止	1946.3.14
青年医師連合	
青年医師連合、インターン制度に反対	1967.3.12
青年学級振興法	
「青年学級振興法」を公布	1953.8.14
青年学校	
文政審議会、青年学校新設に関して答申	1935.1.21
「在外青年学校令」制定	1935.6.11
青年学校発足	1935.10.1
青年学校視学委員設置	1936.1.20
青年学校義務化を決定	1938.1.11
教育審議会、青年学校教育義務制実施について答申	1938.7.15

青年学校の訓練教科徹底を通達　1942.12.8
青年学校課程修得者検定規程
「青年学校課程修得者検定規程」制定　1936.1.8
青年学校課程修了者検定規程
陸軍省令による検定規程　1935.11.30
青年学校教育費国庫補助法
「青年学校教育費国庫補助法」公布　1939.3.24
青年学校教育費国庫補助法施行規則
「青年学校教育費国庫補助法施行規則」制定　1940.3.18
青年学校教員養成所規程
「青年学校教員養成所規程」改正　1943.3.31
青年学校教授及訓練科目要旨
「青年学校教授及訓練科目要旨」制定　1935.8.21
青年学校教授及訓練要目
「青年学校教授及訓練要目」制定　1937.5.29
青年学校教練科等査閲令
「青年学校教練科等査閲令」公布　1935.8.10
青年学校職業科要目
「青年学校職業科要目」制定　1938.12.9
青年学校普通学科及教練科目
「青年学校普通学科及教練科目」制定　1938.8.6
青年学校令
「青年学校令」案可決　1935.2.20
「青年学校令」公布　1935.4.1
「青年学校令」改正　1939.4.26
青年学校令施行規則
「青年学校令施行規則」改正　1944.4.6
青年教育
青年教育振興について訓令　1930.11.22
青年訓練
青年訓練について答申　1926.1.14
青年訓練所令
「青年訓練所令」公布　1926.4.20
青年訓練所
青年訓練所開設　1926.7.1
青年団
内務省、地方青年団について通牒　1905.9.29
青年団体
文部省、優良青年団体を表彰　1910.3月
青年団体に内務省・文部省共同訓令　1915.9.15
青年団体について訓令　1920.1.16
青年団体ノ健全発達ニ資スヘキ要項
「青年団体ノ健全発達ニ資スヘキ要項」訓令　1918.5.3
青年団中央部
青年団中央部と改称　1916.11.3
全国青年団連合大会開催　1918.5.5
第1回全国青年団大会開催　1922.5.25
青年団発達ニ関スル件
文部省、「青年団発達ニ関スル件」について通牒　1905.12.27

『青年の健康と体力』
文部省、『青年の健康と体力』を発表　1966.11.8
青年文化同盟
青年文化同盟結成　1919.10.10
制服
中等学校制服を制定　1940.11.27
舎密局
舎密局を創設　1868.8.18
舎密局・大阪洋学校、大学南校所管に　1870.5.3
製薬学教場
製薬学教場を設置　1873.7.25
政友会
「教育の根本的改善策」発表　1925.10月
政令改正諮問委員会
政令改正諮問委、教育制度改革に関する答申　1951.11.16
聖路加女子専門学校
聖路加女子専門学校認可　1927.11.24
政論禁止
教員・学生生徒の政論禁止を訓令　1889.10.9
「箝口訓令」　1893.10.28
「箝口訓令」廃止　1897.10.13
世界を考える京都座会
世界を考える京都座会「学校活性化のための7つの提言」発表　1984.3.13
世界教育会議
世界教育会議開催　1923.6.28
第7回世界教育会議開催　1937.8.2
世界教員会議
第1回世界教員会議に日本代表参加　1953.7.20
世界教員組合連盟
世界教員組合連盟など「世界教員憲章」を採択　1954.8.10
世界教員憲章
世界教員組合連盟など「世界教員憲章」を採択　1954.8.10
世界教職員団体総連合
世界教職員団体総連合で槇枝日教組委員長、会長に　1978.7.26
WCOTP主催「軍縮教育国際シンポジウム」開催　1982.10.26
『世界国尽』
『世界国尽』刊行　1869.8月
『世界童話集』
『世界童話集』刊行開始　1917.4月
セクシュアル・ハラスメント
日本女性学会、大学でのセクハラ防止を求める声明文を発表　1994.6.20
文部省、セクシュアル・ハラスメント防止のための指針を大学等に通知　1999.3.30

せ～たか

文部省、公立学校におけるセクハラ防止について通知	1999.4.12
東北大セクハラ訴訟、教授に対し賠償命令の判決	1999.5.24
文科省、懲戒処分状況を公表	2003.6.10

世田谷祖母殺害事件
世田谷祖母殺害事件　1979.1.14

設置計画履行状況調査
文科省、法科大学院に改善要求　2010.2.5

摂津訴訟
「摂津訴訟」の控訴審で控訴棄却　1980.7.28

全学連 → 全日本学生自治会総連合を見よ

専科大学
日経連技術教育委員会、専科大学制度の要望　1960.12.8

専科大学設置に関する法
衆院、「専科大学設置に関する法」案を可決　1959.3.17

全教 → 全日本教職員組合を見よ
全教協 → 全日本教員組合協議会を見よ

宣教使
宣教使、神祇官所属に　1869.11.12

宣教使心得書
「宣教使心得書」公布　1870.5.23

全教労 → 全日本教育労働組合を見よ

全国一斉学力調査
全国中学生一斉学力調査要綱を通達	1961.4.27
全国一斉学力調査実施	1961.10.26
保谷町教委、中学全国一斉学力調査を不実施	1962.7.6
小・中学校全国一斉学力調査を実施	1962.7.11
一斉学テは「教育基本法」違反と判決	1964.3.16
一斉学テは権限逸脱と判決	1964.5.13
香川、愛媛の学テ実態調査を実施	1964.6.4
文部省、全国学力調査を20％抽出に変更	1964.10.14
福岡県教委、文部省一斉学テ実施せずと決定	1965.6.16
一斉学力テスト違憲判決	1966.5.25
岩手教組学テ阻止事件に有罪	1966.7.22
全国一斉学力調査の中止を発表	1966.11.22
福岡刈田小・学テ事件で有罪判決	1967.4.28
学テ事件につき有罪判決	1968.6.26
岩手教組の学テ闘争につき無罪	1969.2.19
最高裁、旭川学力テスト裁判で教組有罪判決	1976.5.21
最高裁、山口県学テ作文事件で教諭側の上告棄却	1978.12.12

全国一斉学力テスト → 教育課程実施状況調査を見よ

全国革新市長会
全国革新市長会、主任制度反対　1976.1.17

全国学生軍事教練反対同盟
全国学生軍事教練反対同盟結成　1924.11.12

全国学生連合会
全国学生連合会結成　1922.11.7

全国学力・学習状況調査
全国学力テスト実施	2007.4.24
文科省、全国学力テストの結果を公表	2007.10.24
全国学力テスト実施	2008.4.22
文科省、全国学力テストの結果を公表	2008.8.29
橋下大阪府知事、全国学力テストの結果を一部開示	2008.10.16
秋田県教委、全国学力テストの結果を開示	2008.10.22
鳥取県教委、全国学力テストの結果開示を決定	2008.11.14
文科省、全国学力テストの実施要領を発表	2008.12.24
塩谷文科相、「新しい日本の教育 今こそ実行のとき!」「「心を育む」ための五つの提案」を発表	2009.2.3
愛知県大山市、全国学力テスト参加を決定	2009.3.23
全国学力テスト実施	2009.4.21
文科省、全国学力テストの結果を公表	2009.8.27
鳥取県教委、全国学力テストの学校別データ開示	2009.9.7
鳥取県に全国学力テストの結果開示命令	2009.10.2
大阪府教委、全国学力テストの市町村別正答率開示	2009.11.17
文科省、全国学力テストの実施要領を発表	2009.12.28
全国学力テスト、抽出方式で実施	2010.4.20
文科省、全国学力テストの結果を公表	2010.7.30

全国学力テスト → 全国学力・学習状況調査を見よ

全国学校栄養士協議会
全国統一献立給食実施　1982.1.22

全国学校図書館協議会
全国学校図書館協議会設立　1950.2.27

全国教育会理事者会
全国教育会理事者会開催　1918.5.2

全国教育系大学学生協議会
全国教育系大学学生協議会、ゼミナール開催　1954.12.17

全国教育研究所連盟
義務教育改善に関する意見調査結果を発表　1971.6.2

全国教育者大会
全国教育者大会　1907.5.11

全国教育連合会
 全国教育連合会、開催   1891.4.26
全国高校職員組合協議会
 全国高校職員組合協議会を結成   1950.4.11
全国高校体育連盟
 高体連の全国理事会、朝鮮高級学校
  の加盟認めず   1990.11.16
 日弁連、文部省に朝鮮高級学校の高
  体連拒否は人権侵害にあたると勧
  告   1992.10.28
 高体連の理事会、朝鮮高級学校や専
  修学校の高校総体参加を認める   1993.11.19
全国国立大学学生部長会議
 全国国立大学学生部長会議を初めて
  開催   1952.9.3
全国私大白書
 全国私立大学教授連合、『全国私大白
  書』発表   1976.6.18
全国児童文化会議
 全国児童文化会議開催   1952.8.22
全国小学校教員会議
 第1回全国小学校教員会議   1906.5.5
全国小学校教員精神作興大会
 全国小学校教員精神作興大会   1934.4.3
全国小学校女教員会
 全国小学校女教員会開催   1927.5.22
全国小学校女教員大会
 第1回全国小学校女教員大会   1917.10.20
全国小学校連合女教員会
 全国小学校連合女教員会創立   1924.4.30
全国処女会中央部
 全国処女会中央部設置   1918.4.13
全国私立学校教授会連合
 全国私立学校教授会連合、第6次『私
  大白書』を発表   1997.9.9
全国私立大学教授連合
 全国私立大学教授連合、『全国私大白
  書』発表   1976.6.18
全国青年団大会
 第1回全国青年団大会開催   1922.5.25
全国青年団明治神宮代表者大会
 全国青年団明治神宮代表者大会開催
     1920.11.21
全国青年団連合大会
 全国青年団連合大会開催   1918.5.5
全国全共闘連合
 全国全共闘連合を結成   1969.9.5
全国大学教授連合
 全国大学教授連合を結成   1947.5.10
全国体力・運動能力、運動習慣等調査
 文科省、全国体力テストの実施を発
  表   2008.4.1

 文科省、全国体力テストの結果を公
  表   2009.1.21
 文科省、全国体力テストの結果を公
  表   2009.12.17
 文科省、全国体力テストの結果公表   2010.12.16
全国体力テスト → 全国体力・運動能力、運動
 習慣等調査を見よ
全国知事会
 新増設高校数発表   1950.7.24
 公立高校新増設に関する調査を公表   1975.7.23
 全国知事会「公立高校新増設計画に
  関する調査」の結果発表   1977.1.8
 全国知事会「公立高校新増設計画に
  関する調査結果」公表   1978.7.18
 義務教育費国庫負担制度をめぐり議
  論   2004.8.19
全国抽出学力調査
 文部省、初の全国抽出学力調査を実
  施   1956.9.28
全国中等野球学校大会
 第1回全国中等学校野球大会開催   1915.8.18
 全国中等野球学校大会復活   1946.8月
全国同和教育研究協議会
 全国同和教育研究協議会を結成   1953.5.6
全国PTA協議会
 全国PTA協議会結成総会を開催   1948.6.27
全国保育者大会
 全国保育者大会開催   1921.11.25
全国無認可保育所連絡協議会
 全国無認可保育所連絡協議会を結成   1974.6.1
全国盲唖教育大会
 第1回全国盲唖教育大会   1907.5月
 全国盲唖教育大会   1920.11.29
全国連合教育会
 全国連合教育会開催   1927.5.14
 全国連合教育会解散   1935.11月
全国連合小学校教員会
 全国小学校教員精神作興大会   1934.4.3
全国連合小学校女教員大会
 全国連合小学校女教員大会開催   1936.5月
全国連合女子教育大会
 全国連合女子教育大会開催   1926.2.19
全国聾唖教育大会
 第1回全国聾唖教育大会   1906.10.13
戦後50年国会決議
 衆議院本会議で「戦後50年国会決議」
  を与党3党のみで可決   1995.6.9
戦時学徒体育実施要綱
 「戦時学徒体育実施要綱」通達   1943.3.29
戦時家庭教育指導要綱
 「戦時家庭教育指導要綱」発表   1941.5.27
 「戦時家庭教育指導要綱」制定   1942.5.7

戦時教育令
　「戦時教育令」を公布　　　　1945.5.22
　「戦時教育令」を廃止　　　　1945.10.6
戦時国民思想ニ関スル基本方策要綱
　「戦時国民思想ニ関スル基本方策要
　　綱」決定　　　　　　　　1943.10.10
専修学校
　文科省、専修学校の振興について報
　　告　　　　　　　　　　　2008.11.14
専修学校実地調査
　法務省、専修学校実地調査を発表　1993.6.12
専修学校設置基準
　「専修学校設置基準」設定　　　1976.1.6
　文部省、「専修学校設置基準」改正を
　　公布　　　　　　　　　　1994.6.21
専修大学
　立教大学、専修大学設立認可　　1922.5.25
戦争目的の研究拒否
　日本学術会議、戦争目的の研究拒否
　　を表明　　　　　　　　　　1950.4.28
仙台医学専門学校
　専門学校を東北帝大に附属　　　1912.3.30
仙台高等工業学校
　熊本高等工業学校・仙台高等工業学
　　校、創設　　　　　　　　　1906.4.1
　専門学校を東北帝大に附属　　　1912.3.30
選択的任期制
　大学審議会、選択的任期制導入を提
　　言　　　　　　　　　　　　1996.10.29
センター試験
　大学入試センター試験が始まる　1990.1.13
　大学入試センター試験　　　　1991.1.12
　大学入試センター試験　　　　1992.1.11
　大学入試センター試験で平均点低下　1992.2.1
　大学入試センター試験　　　　1993.1.16
　大学入試センター試験　　　　1994.1.15
　大学入試センター試験　　　　1995.1.14
　大学入試センター試験　　　　1996.1.13
　初の新教育過程による大学センター
　　試験始まる　　　　　　　　1997.1.18
　大学入試センター、試験改善策発表　1997.4.3
　大学入試センター試験　　　　1998.1.17
　大学入試センター試験　　　　1999.1.16
　中教審小委員会、大学類型化やセン
　　ター試験の在り方について議論　1999.5.31
　大学入試センター試験　　　　2000.1.15
　大学審議会、大学入試センター試験
　　改善方策について提言　　　2000.4.28
　国大協、大学入試センター試験を原
　　則5教科7課目以上の受験義務付け
　　を決定　　　　　　　　　　2000.11.15
　大学入試センター試験　　　　2001.1.20
　文科省、大学入試センター試験利用
　　状況について発表　　　　　2001.4.10
　文科省、大学入試センター試験に前
　　年度成績利用を認める　　　2001.4月
　山形大学入試判定ミス　　　　2001.5.18
　大学入試センター試験　　　　2002.1.19
　大学入試センター試験　　　　2003.1.18
　国公立大学入試概要、発表　　2003.8.26
　大学入試センター試験　　　　2004.1.17
　大学入試センター試験　　　　2005.1.15
　大学入試センター試験、英語リスニ
　　ングでトラブル多発　　　　2006.1.21
　大学入試センター試験　　　　2007.1.20
　大学入試センター試験の問題盗難　2007.12.14
　高卒認定試験で合否ミス　　　2008.1.2
　大学入試センター試験　　　　2008.1.19
　大学入試センター試験　　　　2009.1.17
　大学入試センター試験　　　　2010.1.16
全日教連　→　全日本教職員連盟を見よ
全日本学生自治会総連合
　全日本学生自治会総連合結成大会を
　　開催　　　　　　　　　　　1948.9.18
　全学連、「国立大学設置法」等に対し
　　て闘争宣言　　　　　　　　1949.5.3
　羽田空港占拠事件に関し、各大学長
　　に通達　　　　　　　　　　1960.1.16
全日本教育者組合
　全日本教育者組合結成　　　　1945.12.2
全日本教育労働組合
　全日本教員組合、全日本教育労働組
　　合と改称　　　　　　　　　1946.5.3
全日本教員組合
　全日本教員組合準備会結成宣言　1930.5.25
　全日本教員組合結成　　　　　1945.12.1
　全日本教員組合、第一回全国協議会
　　開催　　　　　　　　　　　1946.1.19
　全日本教員組合、全日本教育労働組
　　合と改称　　　　　　　　　1946.5.3
全日本教員組合協議会
　全日本教員組合協議会を結成　　1946.12.22
　高橋文相、全教協と団体協約調印　1947.3.8
全日本教職員組合
　全日本教職員組合協議会と日高教左
　　派、「新全教」結成　　　　　1991.3.6
全日本教職員組合協議会
　全日本教職員組合協議会結成　　1989.11.17
　全日本教職員組合協議会と日高教左
　　派、「新全教」結成　　　　　1991.3.6
全日本教職員連盟
　全日本教職員連盟結成　　　　1984.2.26
全日本中学校長会
　全日本中学校長会創立総会　　1950.5.18
　全日本中学校長会、中学生の国体参
　　加を条件付きで賛成　　　　1987.5.20

全農林警職法事件
　全農林警職法事件で官公労働者の争
　議禁止は合憲　　　　　　　1973.4.25
専門学校
　専門学校・実業専門学校を認可　1903.4.1
　専門学校入学資格認可　　　1924.3.12
専門学校入学者検定規程
　「専門学校入学者検定規程」を改正　1924.10.11
専門学校令
　「専門学校令」公布　　　　　1903.3.27
　「専門学校令」改正　　　　　1928.1.20
　「大学令」「高等学校令」「専門学校
　　令」改正　　　　　　　　　1943.1.21
専門課程3年制
　東大法学部教授会、専門課程3年制構
　　想　　　　　　　　　　　　1966.11.9
専門教育
　大学教育および専門教育に関する答
　　申　　　　　　　　　　　　1918.6.22
専門士
　文部省、専門学校の修了者に「専門
　　士」の称号附与を提言　　　1994.2.28

【そ】

総額裁量制
　義務教育費国庫負担制度に総額裁量
　　制を導入　　　　　　　　　2003.12.20
総学習・総抵抗運動
　日教組、総学習・総抵抗運動展開を
　　決定　　　　　　　　　　　1968.5.10
早慶戦
　第1回早慶戦開催　　　　　　1903.11.21
総合学習
　中教審、総合学習・いじめ問題など
　　についての審議のまとめ公表　1996.6.18
　教育課程審議会、教育課程改定案を
　　「中間まとめ」として発表　　1997.11.17
　教養審カリキュラム等特別委員会、
　　保健について法改正措置方針を決
　　定　　　　　　　　　　　　1997.11.27
　教審、審議のまとめ公表　　　1998.6.22
　文部省、小・中学校学習指導要領の
　　改定内容を公表　　　　　　1998.11.18
　文部省、高等学校学習指導要領公表　1999.3.1
　文部省、学習指導要領移行措置を提
　　示　　　　　　　　　　　　1999.6.3
　新学習指導要領の移行措置スタート　2000.4.1
　新「高等学校学習指導要領」実施　2003.4.1
　中山文科相、「ゆとり教育」転換を示
　　唆　　　　　　　　　　　　2005.1.18
　中山文科相、学習指導要領の見直し
　　を要請　　　　　　　　　　2005.2.15
　文科省、「義務教育改革に関する意識
　　調査」結果発表　　　　　　2005.6.18
　中教審、小学校英語必修化について
　　提言　　　　　　　　　　　2006.3.27
　中教審、学習指導要領について報告
　　　　　　　　　　　　　　　2007.10.30
総合学科
　高校教育改革推進会議、総合学科の
　　開設と単位制を全日制とすること
　　を提言　　　　　　　　　　1992.6.29
　文部省の高校教育改革推進会議、第3
　　学科「総合学科」について提言　1993.2.12
　文部省、高校制度改革により「総合
　　学科」を加える省令改正　　1993.3.10
　文部省、高校の「総合学科」開設促
　　進を指示　　　　　　　　　1993.5.31
　文部省、総合学科設置校を確定し、
　　連絡協議会開催　　　　　　1993.11.15
　文部省、国公立校の「総合学科」開
　　設数を発表　　　　　　　　1994.11.14
　文部省、総合学科の開設校を発表　1995.12.11
　文部省、総合学科の教職員加配によ
　　る施行令一部改正　　　　　1996.3.25
　文部省、国立大学第二次入試におい
　　て別枠試験を制度化　　　　1996.5.20
　文部省研究調査協力者会議、総合学
　　科の今後の在り方に関して報告　2000.1.20
総合学科の今後の在り方に関する研究調査
協力者会議
　文部省研究調査協力者会議、総合学
　　科の今後の在り方に関して報告　2000.1.20
総合規制改革会議
　規制改革推進のための第2次答申　2002.12.12
総合経済対策
　総合経済対策、教育関係4200億円を
　　決定　　　　　　　　　　　1998.4.24
総合試験制度
　高等学校・大学予科の入試に総合試
　　験制度を導入　　　　　　　1902.4.25
　総合試験制度を廃止　　　　　1908.3.12
　大学予科入学者無試験検定の改正　1917.4.27
総合理科
　文部省、「総合理科」の教師用指導資
　　料を公表　　　　　　　　　1994.3.22
贈収賄
　福岡教育大附属小入学汚職で実刑　1970.4.8
　リクルート事件で前文部次官逮捕　1989.3.28
　千葉大学医学部付属病院の高額医療
　　機器納入贈収賄容疑で教授・業者
　　逮捕　　　　　　　　　　　1991.2.14
　東京大学医学部助教授、贈収賄容疑
　　で逮捕　　　　　　　　　　1992.11.19

学部再編に絡む贈収賄容疑で、文部
　省の係長と椙山女学園理事長を逮
　捕　　　　　　　　　　　　1994.1.10
盛岡大学の新学部設置に際し、体協
　常務理事への工作費受渡しが判明　1997.5.12
製薬会社からの収賄容疑で、元名古
　屋大学医学部教授逮捕　　　　1998.8.28
大分の教員採用汚職で小学校長ら逮
　捕　　　　　　　　　　　　2008.6.14
『創造的活力に富んだ知識基盤社会を支える
　高等教育 高等教育改革の新展開』
　文科省、文部科学白書『創造的活力
　　に富んだ知識基盤社会を支える高
　　等教育 高等教育改革の新展開』刊
　　行　　　　　　　　　　　2004.2.20
創造的人材育成産学懇談会
　文部省創造的人材育成産学懇談会、
　　大学理工分野の人材育成策を緊急
　　提言　　　　　　　　　　1995.7.17
　文部省の、創造的人材育成産学懇談
　　会が、報告をまとめる　　　1996.3.25
早大事件
　早大事件　　　　　　　　　　1952.5.9
壮丁教育概況調査
　壮丁教育概況調査　　　　　　1924.3月
壮丁教育思想調査
　壮丁教育思想調査開始　　　　1940.4月
奏任官待遇教員
　奏任官待遇教員増加　　　　1927.12.28
総評
　良い教科書と子供の教科書を守る大
　　会を開催　　　　　　　　　1955.6.21
　勤評反対・民主教育を守る国民大会
　　を開催　　　　　　　　　　1958.8.15
　国際児童年子どもの人権を守る連絡
　　会議の結成大会　　　　　1978.11.20
　教科書問題で2万人集会　　　1981.11.13
　総評、教育改革推進本部設置　　1984.4.6
総務省
　総務省、義務教育諸学校に関する行
　　政監察結果をまとめる　　1998.12.22
総務庁
　総務庁、『青少年白書』を発表　　1990.1.12
　総務庁、『青少年白書』を発表　　1991.1.11
　総務庁、家計調査に基づく「子供に
　　関する支出の動向」を発表　1991.4.23
　総務庁、「青少年の連帯感などに関す
　　る調査」発表　　　　　　1991.12.23
　総務庁、中学生の母親の日米間比較
　　調査を発表　　　　　　　　1992.1.2
　総務庁、『青少年白書』発表　　1992.1.14
　総務庁、文部省に対し「義務教育諸
　　学校等に関する行政監察」を勧告　1992.9.21

総理府
　総理府、青少年の性行動調査報告を
　　公表　　　　　　　　　　1975.11.22
　総理府「読書・公共図書館に関する
　　世論調査」公表　　　　　　1980.1.19
　総理府「国際児童年記念調査報告」
　　発表　　　　　　　　　　　1980.3.16
　総理府「家庭内暴力に関する調査研
　　究」発表　　　　　　　　1980.10.11
　総理府「現代の青少年」発表　　1981.8.23
　総理府「青少年の性行動」公表　1981.11.5
　総理府統計局、15歳未満の子ども人
　　口を発表　　　　　　　　　1984.5.4
　総理府「学校教育と週休2日制に関す
　　る世論調査」発表　　　　1986.11.24
　総理府「生涯学習に関する世論調査」
　　発表　　　　　　　　　　　1989.1.15
疎開学童対策協議会
　疎開学童対策協議会　　　　　1944.9.29
卒業アルバム除外
　中学校で問題生徒の顔写真の卒業ア
　　ルバム除外が発覚　　　　　1988.3.29
卒業式
　旧制高等学校最後の卒業式　　1950.3月
　都内354の高校でゲバ卒業式、50人検
　　挙　　　　　　　　　　　　1970.3.20
　警察庁、「中学・高校卒業式当日の警
　　戒状況」をまとめる　　　　1982.3.29
　所沢高校で卒業生が卒業式をボイ
　　コット　　　　　　　　　　1998.3.9
そばアレルギー死亡事件
　学校給食でのそばアレルギー死亡事
　　件で、賠償金支払い判決　　1992.3.30

【た】

体育
　小学校における体育及び衛生につい
　　て訓令　　　　　　　　　　1894.9.1
体育運動審議会官制
　「体育運動審議会官制」公布　1932.12.24
体育運動審議会規程
　「体育運動審議会規程」制定　1929.11.27
体育授業中事故
　体育授業中に失明した事件で損害賠
　　償命令　　　　　　　　　　1992.4.22
　体育の授業の事故で全身麻痺になっ
　　た高校生の裁判で、賠償金支払い
　　命令　　　　　　　　　　　1993.5.11
　福島県白河市の中1男子死亡事件で市
　　側に損害賠償金の支払いを命令　1997.4.24

たいか

体育大会禁止
　学徒体育大会禁止　　　　　　　1943.10.18
体育局
　文部省体育局新設　　　　　　　　1941.1.8
第一経済大学
　第一経済大、定員の12倍を入学　　1991.11.6
第一高等学校
　内村鑑三不敬事件　　　　　　　　1891.1.9
　第一臨時教員養成所・第二臨時教員
　　養成所、廃止　　　　　　　　　1908.3.31
第一高等中学校
　第一高等中学校・第三高等中学校と
　　改称　　　　　　　　　　　　　1886.4.29
第一臨時教員養成所
　第一臨時教員養成所・第二臨時教員
　　養成所、廃止　　　　　　　　　1908.3.31
ダイオキシン
　ダイオキシン調査で4分の1市町村で
　　の公立小・中学校焼却炉が中止　1997.10.30
対外競技
　小学校の対外競技禁止などを通達　1954.4.20
大学
　大学校改称などを布達　　　　　　1870.1.15
　天文暦道、大学の所管に　　　　　1870.3.11
　大学区を改定　　　　　　　　　　1873.4.10
　大学教育および専門教育に関する答
　　申　　　　　　　　　　　　　　1918.6.22
　関西経済連合会、大学制度改善意見
　　書提出　　　　　　　　　　　1960.11.14
　国大協、大学の管理運営中間報告　1962.9.15
　中教審、大学教育の改善の中間報告
　　　　　　　　　　　　　　　　1962.10.15
　中教審、大学教育の改善について答
　　申　　　　　　　　　　　　　　1963.1.28
　文部省、大学内の秩序維持について
　　通達　　　　　　　　　　　　　1969.4.21
　中教審、大学教育の課題にについて
　　答申　　　　　　　　　　　　　1969.4.30
　大学運営に関する臨時措置法案を了
　　承　　　　　　　　　　　　　　1969.5.23
　参院、大学運営に関する臨時措置法
　　強行採決　　　　　　　　　　　1969.8.3
　社会党、「21世紀子どもルネッサン
　　ス」をまとめ、公表　　　　　　1991.7.19
　経団連、大学理工系の研究機能強化
　　を発表　　　　　　　　　　　　1992.5.6
　萩国際大学、民事再生法申請　　　2005.6.21
　私立大学、47%が定員割れ　　　　2008.7.31
　文科省、文部科学白書『教育政策の
　　総合的推進/大学の国際化と地域貢
　　献』刊行　　　　　　　　　　　2009.7.30
　私立大学の経営悪化深刻　　　　　2009.8月
大学院
　12国立大学に新制大学院設置　　　1953.4.1
　大学審議会、「高等教育の計画的整
　　備」「大学設置基準等改正要綱」
　　「大学院の整備充実」を答申　　1991.5.17
　大学審議会の大学院部会、大学院生
　　数の拡大を提言　　　　　　　　1991.11.1
　大学審議会、「大学院の量的整備」を
　　答申　　　　　　　　　　　　　1991.11.25
　中教審、大学院教育について答申　2005.9.5
大学院基準
　大学基準協会、「大学院基準」を決定
　　　　　　　　　　　　　　　　　1949.4.12
大学院規程
　「大学院規程」制定　　　　　　　1886.3.23
大学院教育振興施策要綱
　文科省、「学校評価ガイドライン」
　　「大学院教育振興施策要綱」発表　2006.3.30
大学院修学休業制度
　「大学院修学休業制度」創設　　　2000.4.28
大学院設置基準
　文部省、「大学院設置基準」等改正　1989.9.1
大学院問題懇談会
　文部省、大学院問題懇談会を発足　1950.4.25
　文部省、大学院問題懇談会が初会合　1975.4.25
大学運営臨時措置法
　大学運営に関する臨時措置法案を了
　　承　　　　　　　　　　　　　　1969.5.23
　大学法案に反対表明　　　　　　　1969.8.1
　参院、大学運営に関する臨時措置法
　　強行採決　　　　　　　　　　　1969.8.3
　「大学運営臨時措置法」は8月17日以
　　後も有効　　　　　　　　　　　1974.7.26
大学改革
　大学審議会、大学・短大・高専制度
　　の改革について答申　　　　　　1991.2.8
　経済同友会、大衆化時代の大学教育
　　改革を提言　　　　　　　　　　1994.4.3
　大学構造改革　　　　　　　　　　2001.6.11
　国立大学10組20大学を統合　　　　2003.10.1
　教育再生懇談会、小中学生の携帯電
　　話利用・大学改革・教育委員会改
　　革についての第3次報告を提出　　2009.2.9
大学改革法
　「大学改革法」「国立教育会館解散法」
　　成立　　　　　　　　　　　　　1999.5.21
大学学部等ノ在学年限又ハ修業年限ノ臨時短縮ニ関スル件
　「大学学部等ノ在学年限又ハ修業年限
　　ノ臨時短縮ニ関スル件」公布　　1941.10.16
大学基準協会
　大学基準協会、「大学院基準」を決定
　　　　　　　　　　　　　　　　　1949.4.12
　大学基準協会、『大学の自己点検・評
　　価の手引』を発表　　　　　　　1992.5.19
　中教審、認証評価機関について答申　2010.3.17

― 437 ―

大学規則
「大学規則」「中小学規則」制定　　1870.3月
大学規程
「高等学校規程」「大学規程」制定　1919.3.29
大学教育支援プログラム
「特色ある大学教育支援プログラム」開始　　2003.9.18
大学教員
日本学術会議、大学人事について声明　　1949.10.6
大学審議会、大学人事の改革・大学院の夜間博士課程開設方針を決定　1993.5.20
大学審議会、大学教員採用の改善策を提言　　1994.6.28
大学審議会組織運営部会、大学教員の任期制導入方針について合意　1995.9.18
自民党行革規制緩和委員会、教育分野の規制緩和策をまとめ公表　1996.7.4
文部省、教員などの給与改善に関する要望書提出　　1996.7.4
大学審議会、選択的任期制導入を提言　　1996.10.29
文部省、大学教員における兼業許可範囲の拡大を全国に通知　1996.12.26
「大学の教員等の任期に関する法律」公布　　1997.6.13
大学教授ノ責務
「大学教授ノ責務」について訓令　1940.12.24
体格検査
直轄学校の学生生徒体格検査の様式を制定　　1888.12.28
大学校
大学校、設立　　1869.8.15
大学校、学神祭を挙行　　1869.9.7
大学校の官制を改正　　1869.9.25
大学校の職掌区分を明確化　1869.12.14
大学校改称などを布達　　1870.1.15
大学校句読所
大学校改称などを布達　　1870.1.15
大学校令
「大学校令」案及び「学位令」改正案を諮問　　1914.6月
大学自由連盟
大学自由連盟創立　　1933.7.1
大学審議会
「学校教育法」「私立学校法」一部改正、大学審議会設置　　1987.9.10
大学審議会「審議の概要」了承　1989.7.27
文部省大学審議会大学部会、「審議の概要その2」を公表　　1990.7.30
文部省大学審議会高等教育計画部会、大学等の新増設を原則抑制する方針　　1990.10.31

文部省大学審議会大学院部会、独自の教育研究組織を確立することを提言　　1990.10.31
文部省大学審議会短大専門委員会、「教育内容の自由化」を報告　1990.10.31
大学審議会、大学・短大・高専制度の改革について答申　　1991.2.8
大学審議会、「高等教育の計画的整備」「大学設置基準等改正要綱」「大学院の整備充実」を答申　1991.5.17
大学審議会の大学院部会、大学院生数の拡大を提言　　1991.11.1
大学審議会、「大学院の量的整備」を答申　　1991.11.25
大学審議会、大学人事の改革・大学院の夜間博士課程開設方針を決定　1993.5.20
大学審議会、大学入試の推薦について答申　　1993.9.16
大学審議会、大学教員採用の改善策を提言　　1994.6.28
大学審議会に高等教育将来構想専門委員会設置　　1995.5.24
大学審議会組織運営部会、大学教員の任期制導入方針について合意　1995.9.18
大学審議会、選択的任期制導入を提言　　1996.10.29
大学審議会の高等教育将来構想部会、大学・短大臨時定員の恒常定員化を報告　　1996.10.29
大学審議会、臨時増募定員5割の恒常化方針を答申　　1997.1.29
改革構想と21世紀大学像について諮問　　1997.10.31
大学審議会、通信制大学院の制度化・大学編入資格附与などについて答申　　1997.12.18
大学審議会、「21世紀の大学像と今後の改革方針」について答申　1998.10.26
大学審議会、大学入試センター試験改善方策について提言　2000.4.28
大学設置委員会
大学設置委員会、「大学設置基準」答申　　1948.2.23
公私立新制大学79校を決定答申　1949.2.10
大学設置委員会、新制大学94校を決定答申　　1949.3.18
大学設置・学校法人審議会
「学校教育法」「私立学校法」一部改正、大学審議会設置　　1987.9.10
「学校法人制度の改善方策について」最終報告　　2003.10.10
法科大学院などの新増設について答申　　2003.11.20
大学設置審議会、教職大学院の設置を答申　　2007.11.27

大学設置基準
　大学設置委員会、「大学設置基準」答
　　申　　　　　　　　　　　　　1948.2.23
　文部省、「大学設置基準」制定　1956.10.22
　「大学設置基準」改善要綱を答申　1965.3.31
　「大学設置基準」の改正省令を公布　1972.3.18
　大学設置審議会、「大学設置基準」の
　　改善を答申　　　　　　　　1973.11.9
　大学審議会、「高等教育の計画的整
　　備」「大学設置基準等改正要綱」
　　「大学院の整備充実」を答申　1991.5.17
　文部省、「大学設置基準」を改定　1991.6.2
　文部省、「大学設置基準」改正　1999.9.14
　中教審、「大学設置基準」について答
　　申　　　　　　　　　　　　　2002.3.7
　中教審、「大学設置基準等の改正につ
　　いて」答申　　　　　　　　　2003.1.23
　中教審、「構造改革特別区域における
　　大学設置基準等の特例措置につい
　　て」答申　　　　　　　　　　2004.1.14
　中教審、「大学設置基準の改正につ
　　いて」答申　　　　　　　　　2004.2.6
　中教審、「大学設置基準」について答
　　申　　　　　　　　　　　　　2008.10.6
　中教審、大学が公表すべき事項につ
　　いて答申　　　　　　　　　　2010.5.28
大学設置審議会
　大学設置審議会で短期大学設置基準
　　要綱　　　　　　　　　　　　1975.3.7
　大学設置審議会「大学通信教育の基
　　準」答申　　　　　　　　　　1981.9.18
　大学設置審議会「新長期高等教育計
　　画」中間報告公表　　　　　　1983.10.21
　大学設置審議会、高等教育の計画的
　　整備について報告　　　　　　1984.6.6
大学前納金返還訴訟
　大学前納金返還訴訟で返還を命じる
　　判決　　　　　　　　　　　　2003.7.16
　大学入学金返還請求訴訟で授業料の
　　み返還を命じる　　　　　　　2003.10.23
　学納金返還訴訟で授業料返還を命じ
　　る判決　　　　　　　　　　　2004.9.10
　大学前納金返還訴訟、「AO入試」は
　　認めず　　　　　　　　　　　2006.10.20
　大学前納金返還訴訟、3月中辞退なら
　　授業料返還との判決　　　　　2006.11.27
大学通信教育の基準
　大学設置審議会「大学通信教育の基
　　準」答申　　　　　　　　　　1981.9.18
大学定員
　文部省、臨時定員増について応急的
　　措置を各大学に通達　　　　　1990.4.23
　文部省、国立大学定員増加予定数を
　　発表　　　　　　　　　　　　1990.9.1
　第一経済大、定員の12倍を入学　1991.11.6
　大学審議会の高等教育将来構想部会、
　　大学・短大臨時定員の恒常定員化
　　を報告　　　　　　　　　　　1996.10.29
　大学審議会、臨時増募定員5割の恒常
　　化方針を答申　　　　　　　　1997.1.29
　文部省、大学入学定員計画を発表　1999.8.30
　中教審、医学部の定員増員について
　　答申　　　　　　　　　　　　2009.10.27
大学東校
　大学校改称などを布達　　　　　1870.1.15
　大学南校・大学東校を改称　　　1871.9.5
大学南校
　大学校改称などを布達　　　　　1870.1.15
　舎密局・大阪洋学校、大学南校所管
　　に　　　　　　　　　　　　　1870.5.3
　大学南校貢進生募集　　　　　　1870.8.23
　大学南校、留学生を派遣　　　　1870.9.22
　フルベッキ、大学南校教頭に就任　1870.11月
　大学南校・大学東校を改称　　　1871.9.5
大学入学資格
　文部省、専修学校卒業生の大学入学
　　資格付与で告示　　　　　　　1985.9.19
　文部省、「アビトゥア」取得者に対し
　　大学入学資格を与えると通知　1995.10.3
　文部省、フランスバカロレア試験合
　　格者の日本の大学受験資格につい
　　て通知　　　　　　　　　　　1996.10.11
　大学審議会、通信制大学院の制度化・
　　大学編入資格附与などについて答
　　申　　　　　　　　　　　　　1997.12.18
　日弁連、是正勧告書提出　　　　1998.2.20
　大学入学資格弾力化を議論　　　2003.3.6
　大学入学資格を弾力化　　　　　2003.9.19
大学入学資格検定
　文部省、初の大検志願者アンケート
　　実施　　　　　　　　　　　　1991.7.22
　外国人学校などを対象に大検を認め
　　る方針決定　　　　　　　　　1999.7.8
　文部省、高校中退状況を発表　　1999.12.15
　文部省協力者会議、大検を年2回実施
　　する方針を打ちだす　　　　　2000.8.7
　大学入学資格弾力化を議論　　　2003.3.6
　大検免除制度の導入を表明　　　2003.8.4
　大学入学資格を弾力化　　　　　2003.9.19
　中教審、「大学入学資格検定の見直し
　　について」答申　　　　　　　2004.8.6
　「高卒認定試験規則」制定　　　　2005.1.31
大学入学者選抜要項
　大学入学者選抜要項を発表　　　1946.2.21
大学入試センター
　「国立学校設置法」改正　　　　　1977.4.22
　大学入試センター発足　　　　　1977.5.2
　「国立学校設置法」改正案可決成立　1988.5.18

大学入試センター試験が始まる	1990.1.13
大学入試センター試験	1991.1.12
大学入試センター試験	1992.1.11
大学入試センター試験	1993.1.16
大学入試センター試験	1994.1.15
大学入試センター試験	1995.1.14
大学入試センター試験	1996.1.13
初の新教育過程による大学センター試験始まる	1997.1.18
大学入試センター、試験改善策発表	1997.4.3
大学入試センター試験	1998.1.17
大学入試センター試験	1999.1.16
大学入試センター試験	2000.1.15
大学入試センター試験	2001.1.20
大学入試センター試験	2002.1.19
大学入試センター試験	2003.1.18
大学入試センター試験	2004.1.17
大学入試センター試験	2005.1.15
大学入試センター試験、英語リスニングでトラブル多発	2006.1.21
大学入試センター試験	2007.1.20
大学入試センター試験の問題盗難	2007.12.14
大学入試センター試験	2008.1.19
大学入試センター試験	2009.1.17
大学入試センター試験	2010.1.16

大学の教員等の任期に関する法律
「大学の教員等の任期に関する法律」公布　1997.6.13

『大学の自己点検・評価の手引』
大学基準協会、『大学の自己点検・評価の手引』を発表　1992.5.19

大学の自治を守る会
大学教授らで大学の自治を守る会を結成　1962.6.19

『大学の自治と学生の自治』
東大生に『大学の自治と学生の自治』を配布　1965.11.1

大学評価
文部省、大学の自己評価実施状況を報告　1993.3.26
中教審、大学関係答申提出　2002.8.5
国立大学の「順位」判明　2010.3.24

大学評価・学位授与機構
「国立学校設置法」の改定　2000.3.31

大学分校
大学分校に改組　1885.7.13

大学紛争
中央大学、授業料値上げ撤回を要求しスト　1968.1.13
東大医学部生、登録医制度に反対しスト　1968.1.29
国大協「最近の学生運動に関する意見」発表　1968.2.9
日大闘争　1968.4.15

東大安田講堂占拠に対し機動隊を導入　1968.6.15
東京教育大生、移転に反対しスト　1968.6.26
東大評議会、大河内総長の辞任を承認　1968.11.1
経済同友会「大学の基本問題」発表　1968.11.15
東大、東教大4学部の入試中止を決定　1968.12.29
大学紛争が激化　1968（この年）
東大紛争で、大学側、学生側と確認書に署名　1969.1.10
東大、機動隊を導入し安田講堂の学生排除　1969.1.18
日教組「大学問題に関する基本理解」発表　1969.2.24
文部省、大学内の秩序維持について通達　1969.4.21
全国全共闘連合を結成　1969.9.5

大学法対策全国協議会
大学法対策全国協議会を結成　1949.3.5

大学本校
大学本校を閉鎖　1870.8.8

大学問題検討委員会
日教組、大学問題検討委発足　1977.9.8

大学問題懇談会
大学問題懇談会初会合　1968.11.18

大学寮経費
国立大学大学寮経費の負担区分を通達　1964.2.18

大学寮代
学習院、大学寮代と改称　1868.5.7

大学令
「大学令」「高等学校令」公布　1918.12.6
「大学令」「高等学校令」「専門学校令」改正　1943.1.21

大学連合
3国立大、「大学連合」を発足　2000.7.28

体協 → 日本体育協会を見よ

大教宣布の詔
「大教宣布の詔」発布　1870.2.3

大検 → 大学入学資格検定を見よ

体験学習
文部省、公立中学校94%で体験学習に取り組んでいると発表　1993.10.30

第五臨時教員養成所
第四臨時教員養成所・第五臨時教員養成所、廃止　1906.3.31

第三高等学校
臨時教員養成所設置　1941.3.6

第三高等中学校
第一高等中学校・第三高等中学校と改称　1886.4.29

たいひ

第三高等中学校、法学部を設置　1889.7.29
第三臨時教員養成所
　第三臨時教員養成所、修業年限を延長　1908.3.12
第四高等学校
　臨時教員養成所設置　1923.4.5
第四高等中学校
　第二高等中学校・第四高等中学校、創設　1887.4.18
第七高等学校造士館
　第七高等学校造士館、創設　1901.4.1
大正小学校
　ブラジルに日本人学校開設　1915(この年)
第四臨時教員養成所
　第四臨時教員養成所・第五臨時教員養成所、廃止　1906.3.31
耐震化状況調査
　小中学校の耐震化状況調査、7300棟が震度6強で倒壊危険性　2009.6.16
『泰西勧善訓蒙』
　『泰西勧善訓蒙』刊行　1871(この年)
大政翼賛会
　大政翼賛会傘下に　1942.6月
体操教育
　中学校体操教育調査　1909.10.19
体操取調掛
　体操取調掛を設置　1878.9.6
体操場開放
　体操場を一般に開放　1938.5.26
体操伝習所
　体操伝習所、創設　1878.10.24
　体操伝習所での教員養成を布達　1885.11.18
体操遊戯調査会
　スウェーデン体操を採用　1905.11月
体操練習所
　体操練習所、創設　1893.3.3
大東亜建設に処する文教政策
　「大東亜建設に処する文教政策」決定　1942.5.21
大桐中学校同級生殺害事件
　大桐中学校同級生殺害事件　1993.4.20
第二高等中学校
　第二高等中学校・第四高等中学校、創設　1887.4.18
大日本育英会法
　「大日本育英会法」を「日本育英会法」と改題　1953.8.13
大日本教育会
　大日本教育会、創設　1883.9.9
　『大日本教育会雑誌』創刊　1883.11.30
　全国教育連合会、開催　1891.4.26
　『教育公報』創刊　1896.11.15
　大日本教育会を日本教育会に改称　1946.7.26

『大日本教育会雑誌』
　『大日本教育会雑誌』創刊　1883.11.30
大日本教化報国会
　大日本教化報国会結成　1945.1.25
大日本女子青年団
　大日本女子青年団創立　1927.4.29
大日本青少年団
　大日本青少年団結成　1941.1.16
　大政翼賛会傘下に　1942.6月
大日本青少年団・戦時女子青年団錬成要綱
　「大日本青少年団・戦時女子青年団錬成要綱」制定　1943.8月
大日本婦人会
　大日本婦人会発足　1942.2.2
　大政翼賛会傘下に　1942.6月
大日本婦人教育会
　大日本婦人教育会へ改組　1887.1.15
大日本雄弁会
　『少年倶楽部』創刊　1914(この年)
大日本連合青年団
　第1回全国青年団大会開催　1922.5.25
　大日本連合青年団設立　1924.10.30
　青年団体合体　1927.4月
　大日本連合青年団第11回大会開催　1935.5.23
大日本帝国憲法
　「大日本帝国憲法」発布　1889.2.11
第二臨時教員養成所
　第一臨時教員養成所・第二臨時教員養成所、廃止　1908.3.31
第八高等学校
　奈良女子高等師範学校他、創設　1908.4.1
体罰
　水戸五中事件　1976.5.12
　水戸五中事件で無罪判決　1981.4.1
　岐阜県立岐陽高校体罰事件で、教師有罪判決　1986.3.18
　法務省、体罰事件の概要発表　1987.9.20
　千葉県弁護士会、体罰問題で関係教師に勧告書を送付　1990.2.24
　川崎市の市民オンブズマン、川崎市教委に対して体罰に関する勧告を提出　1990.12.20
　習志野市立第七中学校の体罰訴訟で、市に支払い判決　1992.2.21
　東京都公文書開示審査会、体罰事故報告書を開示するよう答申　1993.1.19
　福岡県で高2女子生徒、男性教諭による体罰で死亡　1995.7.17
　体罰事件で慰謝料支払い命令　1996.9.17
　文科省、体罰についての解釈見直し　2007.2.2
　小学校体罰訴訟、児童側が逆転敗訴　2009.4.28
貸費留学生条規
　「貸費留学生条規」制定　1878.7月

― 441 ―

た

台北帝国大学
　台北帝国大学設置　　　　　　　　1928.3.17
大麻
　九州産業大学学生ら、大麻栽培容疑
　　で逮捕　　　　　　　　　　　　2003.9.2
　大学生大麻汚染　　　　　　　　　2007.11.8
　大学生大麻汚染　　　　　　　　　2008.10.2
　中高生大麻汚染　　　　　　　　　2009.3.4
体力・運動能力調査
　文部省「体力・運動能力調査」発表　1977.10.9
　文部省「体力・運動能力調査報告書」
　　発表　　　　　　　　　　　　　1987.10.10
体力・運動能力白書
　文部省、『体力・運動能力白書』発表
　　　　　　　　　　　　　　　　　1980.10.9
体力向上
　中教審、子供の体力向上について答
　　申　　　　　　　　　　　　　　2002.9.30
大連日本人学校
　中国、日本人学校の社会科副教材を
　　没収　　　　　　　　　　　　　2005.6.28
第六高等学校
　第六高等学校、創設　　　　　　　1900.3.30
第六臨時教員養成所
　第六臨時教員養成所、創設　　　　1906.4.2
台湾教育令
　「台湾教育令」公布　　　　　　　1919.1.4
　「台湾教育令」「朝鮮教育令」改正　1922.2.6
　「台湾教育令」改正　　　　　　　1941.3.26
台湾協会学校
　台湾協会学校、創設　　　　　　　1900.9.15
台湾公学校令
　「台湾公学校令」公布　　　　　　1898.7.28
　「台湾公学校令」公布　　　　　　1907.2.26
台湾公立学校官制
　「台湾公立学校官制」公布　　　　1915.2.3
台湾人教育
　「蕃人子弟就学之公学校教育規程」公
　　布　　　　　　　　　　　　　　1905.2.25
台湾総督府直轄諸学校官制
　「台湾総督府直轄諸学校官制」公布　1896.3.31
タウンミーティング
　教育改革タウンミーティングで「や
　　らせ質問」発覚　　　　　　　　2006.10.31
高岡経済法科大学
　高岡経済法科大学で、成績改竄によ
　　り生徒を卒業させていたことが判
　　明　　　　　　　　　　　　　　1999.8.13
高崎市立経済大学
　高崎市立経済大生、委託学生入学に
　　反対　　　　　　　　　　　　　1965.4.13
高千穂高等商業学校
　高千穂高等商業学校、認可　　　　1912.5.9

高槻市教育委員会
　高槻市個人情報保護審査会、内申書
　　開示要求に対し市教委に申し入れ　1991.2.28
　高槻市個人情報保護審査会、内申書
　　開示の要求を認める　　　　　　1992.11.12
　高槻市立中学校内申書訴訟で、「部分
　　開示」を認める初判断　　　　　1994.12.20
　大阪府高槻市の内申書訴訟で控訴棄
　　却　　　　　　　　　　　　　　1996.9.27
高槻市個人情報保護審査会
　高槻市個人情報保護審査会、内申書
　　開示要求に対し市教委に申し入れ　1991.2.28
　高槻市個人情報保護審査会、内申書
　　開示の要求を認める　　　　　　1992.11.12
　高槻市立中学校内申書訴訟で、「部分
　　開示」を認める初判断　　　　　1994.12.20
　大阪府高槻市の内申書訴訟で控訴棄
　　却　　　　　　　　　　　　　　1996.9.27
宝塚市放火事件
　宝塚市放火事件　　　　　　　　　2010.7.9
滝川高等学校
　滝川高校いじめ自殺事件で、同級生
　　を恐喝未遂容疑で逮捕　　　　　2007.9.17
滝川事件
　滝川事件　　　　　　　　　　　　1933.4.22
滝乃川学園
　滝乃川学園、創設　　　　　　　　1897（この年）
託児所
　初の公立託児所　　　　　　　　　1919.7月
　全国保育者大会開催　　　　　　　1921.11.25
拓殖学校
　拓殖学校設立決定　　　　　　　　1934.4.20
拓務訓練
　拓務訓練実施　　　　　　　　　　1940.1月
竹島
　学習指導要領解説書に「竹島」記載　2008.7.14
忠生中事件
　忠生中事件　　　　　　　　　　　1983.2.15
立川市立立川第二中学校
　立川市立二中の音楽教師、全生徒に
　　評価3　　　　　　　　　　　　　1972.7.21
竜野市男児自殺事件
　竜野市男児自殺事件で教師の暴行と
　　因果関係を認定　　　　　　　　2000.1.31
『たのしい1年生』
　『たのしい1年生』創刊　　　　　1956.9月
『たのしい科学』
　『たのしい科学』創刊　　　　　　1957.10月
WCOTP → 世界教職員団体総連合を見よ
玉川学園
　玉川学園創設　　　　　　　　　　1929.4.8

多様な生活に関する研究会
 国民生活審議会多様な生活に関する
 研究会、小・中学校通学区制の見
 直しを提言 1998.10.23
単位互換
 「首都圏西部大学単位互換協定」締結
  1998.9.28
単位互換制
 「大学設置基準」の改正省令を公布 1972.3.18
単位制高校
 臨教審「教育改革に関する第1次答
 申」を提出 1985.6.26
 単位制高校発足 1988.4.1
 高校教育改革推進会議、総合学科の
 開設と単位制を全日制とすること
 を提言 1992.6.29
短期現役兵
 在営期間短縮 1927.4.1
短期大学
 「学校教育法」一部改正、短大を恒久
 制度に 1964.6.19
 大学設置審議会で短期大学設置基準
 要綱 1975.3.7
男女共学
 「女子教育刷新要綱」を閣議了解 1945.12.4
 文部省、男女共学について指示 1946.10.9
 山口女子大学教授会、男女共学化の
 方針決定 1995.3.22
男女別学
 男女別学を訓令 1897.12.17
単独選抜制
 東京都教委、都立高校入試に単独選
 抜制を復活させる方針 1990.4.16
 学区による単独選抜制度導入を発表 1992.5.15

【ち】

地域運営学校
 五反野小学校、地域運営学校に指定 2004.11.9
地域社会
 中教審「地域社会と文化について」
 答申 1979.6.8
 生涯学習審議会、地域における学習
 機会の充実方策について答申 1996.4.24
 生涯学習審議会、地域社会の環境充
 実方策について答申 1999.6.9
 地域高齢者施設と学校施設との連携
 を深めるよう教委に通知 1999.6.10
知学事
 知学事・判学事を設置 1869.1.25

地下鉄サリン事件
 地下鉄サリン事件 1995.3.20
築造局
 文部省、築造局を設置 1873.2.27
千葉医科大学
 医科大学3校設置 1923.3.31
千葉県教育委員会
 最高裁、県立高校長の出張記録公開
 を命令 2003.11.11
千葉県弁護士会
 千葉県弁護士会、体罰問題で関係教
 師に勧告書を送付 1990.2.24
千葉県立園芸専門学校
 千葉県立園芸専門学校・京都市立絵
 画専門学校、設立認可 1909.3.25
千葉県立流山中央高等学校
 高校元校長、校内暴力等を苦に自殺 1982.3.23
千葉高等園芸学校
 千葉高等園芸学校改称 1929.5.31
千葉大学
 千葉大、東京外国語大に留学生課程
 設置 1960.4.1
 千葉大の飛び入学3人合格 1999.2.1
千葉大学医学部付属病院
 千葉大学医学部付属病院の高額医療
 機器納入贈収賄容疑で教授・業者
 逮捕 1991.2.14
地方学事通則
 「地方学事通則」公布 1890.10.3
 「地方学事通則」改正 1914.3.28
地方学務局処務規則
 「地方学務局処務規則」制定 1880.6.5
地方官官制
 「地方官官制」改正 1899.6.15
 「地方官官制」改正 1907.7.13
 「北海道庁官制」「地方官官制」改正 1913.6.13
 「北海道庁官制」「地方官官制」改正 1926.6.4
 「地方官官制」改正 1928.3.9
 「地方官官制」改正 1939.10.11
地方教育行政
 文部省、今後の地方教育行政の在り
 方を諮問 1997.9.30
地方教育行政制度
 中教審、地方教育行政制度改革に関
 する基本方針公表 1998.3.31
地方教育行政組織法
 改正「地方教育行政組織法」成立 2004.6.2
地方教育行政法
 「地方教育行政法」を国会提出 1956.3.8
 「新教育委員会法」反対中央国民大会
 を開催 1956.5.18
 参議院、「地方教育行政法」案を強行
 可決 1956.6.2

「地方教育行政法」を公布	1956.6.30
任命制教育委員会が発足	1956.10.1
教育改革関連法案成立	2001.6.29
中教審、教育関連3法改正について答申	2007.3.10
教育関連3法「学校教育法」「地方教育行政法」「教育職員免許法」一部改正	2007.6.20

地方教育公務員法

琉球立法院文教社会委員会、教公2法を採決	1967.1.25

地方行政制度

中教審、地方行政制度改革に関する答申提出	1998.9.21

地方公務員共済制度

地方公務員に対する共済制度を統一整備	1962.9.8

地方公務員法

「地方公務員法」を公布	1950.12.13

地方財政再建促進特別措置法

「地方財政再建促進特別措置法」など公布	1955.12.21

地方視学

地方視学を設置	1897.5.4

地方社会教育職員令

「地方社会教育職員令」公布	1925.12.14

地方分権改革推進会議

義務教育費国庫負担金縮減へ	2002.10.30

地方分権推進委員会

地方分権推進委員会、地教委に対する指揮監督権や教育長の任命承認制の廃止を文部省に勧告	1996.12.20

地方分権の推進を図るための関係法律の整備等に関する法律

「地方分権の推進を図るための関係法律の整備等に関する法律」公布	1999.7.16

中央教育会

中央教育会、創設	1894.1.23

中央教育研究所

中央教育研究所、社会科教育全国集会を開催	1947.12.4

中央教育審議会

教育刷新審議会、中央教育審議会を設置	1951.11.12
中教審第1回総会	1953.1.21
中教審、6・3制の堅持などを答申	1953.7.25
中教審、教育の中立性維持について答申	1954.1.8
中教審、教科書制度の改善について答申	1955.12.5
中教審、公立小中学校統合方策について答申	1956.11.5
中教審、高校の産業教育を建議	1957.10.22
中教審、科学技術教育の振興方策答申	1957.11.11
中教審、勤労青少年教育の振興方策答申	1958.4.28
中教審、教員養成制度改善方策について答申	1958.7.28
中教審、育英奨学事業振興方策について答申	1959.3.2
中教審、大学教育の改善の中間報告	1962.10.15
中教審、大学教育の改善について答申	1963.1.28
中教審「期待される人間像」中間草案発表	1965.1.11
中教審、『期待される人間像』答申	1966.10.31
中教審、後期中等教育の拡充整備最終答申	1966.10.31
中教審、大学教育の課題にについて答申	1969.4.30
中教審、高校教育改革に関する試案発表	1970.1.12
中教審、学校教育の基本施策を最終答申	1971.6.11
反中教審の民主教育をすすめる国民連合結成	1971.11.6
日教組、教育黒書『中教審路線の教育実態』刊行	1972.1.15
中教審「教育・学術・文化の国際交流」答申	1974.5.27
第11期中教審発足	1977.6.15
中教審「教員の資質能力の向上について」を答申	1978.6.16
中教審「地域社会と文化について」答申	1979.6.8
中教審「生涯教育について」を答申	1981.6.11
教科書問題国会で第13期中教審発足	1981.11.24
第13期中教審、教科書・教育内容の各小委発足	1981.12.14
中教審「教科書の在り方について」答申	1983.6.30
中教審、教育内容等小委の中学の習熟度別学習指導等の審議経過報告了承	1983.11.15
第14期中教審開催	1989.4.24
中教審、生涯学習推進センター設置提起	1989.10.31
中教審、生涯学習の基盤整備について答申	1990.1.30
中教審学校制度小委、中等教育の「飛び級制度」に否定的見解	1990.6.6
中教審学校制度小委員会、審議経過報告書を提出	1990.12.18
中教審、高校教育改革と受験競争緩和を答申	1991.4.19

与謝野文相、中教審再開の考えを表明　1995.2.21
「21世紀を展望したわが国の教育の在り方について」諮問　1995.4.26
中教審第1小委員会、中間報告をまとめる　1996.3.15
中教審第2小委員会、「審議のまとめ」案の骨子発表　1996.5.17
中教審、総合学習・いじめ問題などについての審議のまとめ公表　1996.6.18
中教審、取り組むべき教育課題について第1次答申提出　1996.7.19
中教審、飛び級や中高一貫校などについての審議の途中経過を公表　1997.5.30
中教審、入試改革・中高一貫教育・飛び入学などを盛り込んだ第2次答申を行う　1997.6.26
中教審、心の教育に関し提言　1998.3.27
中教審、地方教育行政制度改革に関する基本方針公表　1998.3.31
中教審、心の教育の在り方に関し答申　1998.6.30
中教審、地方行政制度改革に関する答申提出　1998.9.21
中教審、少子化と教育に関する委員会を設置　1998.12.11
中教審小委員会、大学類型化やセンター試験の在り方について議論　1999.5.31
中教審、高校の「適格主義者」の撤廃方針を固める　1999.9.6
中教審、高校と大学との接続に関する中間報告提出　1999.11.1
中教審、初中等教育と高等教育接続改善について答申　1999.12.16
中教審、「少子化と教育について」報告書提出　2000.4.17
中教審、初等・中等における教養教育の在り方について提言　2000.12.25
中教審に奉仕活動のあり方など諮問　2001.4.11
中教審に教育振興基本計画と「教育基本法」について諮問　2001.11.26
中教審、大学への社会人受入れ・教員免許制度・教養教育についての3答申を提出　2002.2.21
中教審、「大学設置基準」について答申　2002.3.7
中教審、奉仕活動に関する答申　2002.7.29
中教審、大学関係答申提出　2002.8.5
中教審、子供の体力向上について答申　2002.9.30
中教審、「教育基本法」全面改正を提言　2002.11.14
中教審、「大学設置基準等の改正について」答申　2003.1.23

中教審、「新しい時代にふさわしい教育基本法と教育振興基本計画の在り方について」答申　2003.3.20
中教審に「今後の初等中等教育改革の推進方策」を諮問　2003.5.15
中教審、栄養教諭制度の創設を提言　2003.9.10
中教審、「初等中等教育における当面の教育課程及び指導の充実・改善方策について」答申　2003.10.7
中教審、「今後の学校の管理運営の在り方について」中間報告　2003.12.16
中教審、「新たな留学生政策の展開について」答申　2003.12.16
中教審、「構造改革特別区域における大学設置基準等の特例措置について」答申　2004.1.14
中教審、「食に関する指導体制の整備について」答申　2004.1.20
中教審、「大学設置基準等の改正について」答申　2004.2.6
中教審、認証評価機関について答申　2004.2.6
中教審、「薬学教育の改善・充実について」答申　2004.2.18
中教審、「今後の学校の管理運営の在り方」について答申　2004.3.4
中教審、「大学入学資格検定の見直しについて」答申　2004.8.6
中教審に「今後の教員養成・免許制度の在り方について」諮問　2004.10.20
中教審、幼児教育・高等教育について答申　2005.1.28
中教審、義務教育特別部会を設置　2005.2.25
中教審義務教育特別部会に地方代表が初参加　2005.3.16
中教審、大学院教育について答申　2005.9.5
中教審、義務教育費国庫負担金制度の維持について答申　2005.10.26
中教審、「特別支援教育」について答申　2005.12.8
中教審、小学校英語必修化について提言　2006.3.27
中教審、教員免許更新制について答申　2006.7.11
中教審、青少年の育成について答申　2007.1.30
中教審、教育関連3法改正について答申　2007.3.10
中教審、教員給与について答申　2007.3.29
中教審、学習指導要領について報告　2007.10.30
中教審、「ゆとり教育」の見直しについて答申　2008.1.17
中教審、子どもの健康・安全について答申　2008.1.17
中教審、「高大接続テスト」提言　2008.1.24

ちゅう

中教審、生涯学習の振興について答申 2008.2.19
中教審、教育振興計画について答申 2008.4.18
中教審、「大学設置基準」について答申 2008.10.6
中教審、学士課程教育について答申 2008.12.24
中教審、高等専門学校について答申 2008.12.24
中教審、認証評価機関について答申 2009.8.26
中教審、医学部の定員増員について答申 2009.10.27
中教審、持続的な就業力育成について答申 2010.2.1
中教審、法科大学院について答申 2010.2.1
中教審、認証評価機関について答申 2010.3.17
中教審、大学が公表すべき事項について答申 2010.5.28
中教審、国連大学との単位互換について答申 2010.6.30
中教審、学級定員減を提言 2010.7.12
中教審、教員免許3段階案まとめる 2010.11.30

中央教育審議会令
「中央教育審議会令」制定 1952.6.6

中央教化団体連合会
「教化動員ニ関スル件」訓令 1929.9.10

中央児童福祉審議会
中央児童福祉審議会、幼児教育の在り方答申 1971.10.5

中央省庁等改革基本法
「中央省庁等改革基本法」成立 1998.6.9

中央省庁等改革推進本部
中央省庁等改革推進本部、独立行政法人化の検討対象に国立学校を申し入れ 1998.10.7
中央省庁等改革推進本部、独立行政法人化に国立大・文部省の研究所も検討対象とする方針決定 1998.11.20
中央省庁等改革推進本部、改革法案の大綱決定 1999.1.26

中央青少年問題協議会令
「図書館法」「中央青少年問題協議会令」公布 1950.4.30

中央大学
大学設立認可 1920.4.15
中央大学、授業料値上げ撤回を要求しストライキ 1968.1.13
中央大学教授刺殺事件 2009.1.14

中央大学教授刺殺事件
中央大学教授刺殺事件 2009.1.14

中学教則略
「中学教則略」「小学教則」公布 1872.10.10
小学校・中学校・専門学校の諸規程を廃止 1878.5.23

中学生殺傷事件
滋賀県で中学生殺傷事件 1978.2.12

『中学生日記』
山口日記事件 1953.6.3
『中学生日記』放映開始 1972.4.9

中学生の母親の日米間比較調査
総務庁、中学生の母親の日米間比較調査を発表 1992.1.2

中学入試
中学入試に通達 1935.2.4
中学入試に関して通達 1939.9.28
中学校入試の人物考査について定める 1940.2.26
東京都教職員組合、都内公立小学生の6人に1人が私立中学校を受験と発表 1991.9.25
文部省、私立中入試に英語を出題しないよう、各都道府県知事に指示 1998.12.14

中学校規程
中学校・高等女学校・実業学校の規程制定 1943.3.2

中学校教育
中学校教育の改善について諮問 1928.9.28
「中学校教育改善ニ関スル件」答申 1929.6.20

中学校教育課程研究集会
第1回中学校教育課程研究集会を開催 1962.11.30

中学校教科教授及修練指導要目
中学・高等女学校指導要目制定 1943.3.25

中学校教授要目
「中学校教授要目」制定 1902.2.6
「中学校教授要目」「中学校令施行規則」改正 1911.7.31
中学・高校教授要目制定 1931.2.7
「中学校教授要目」改正 1942.3.5

中学校教則大綱
「中学校教則大綱」制定 1881.7.29
「中学校教則大綱」改正 1884.7.2
「中学校教則大綱」改正 1884.11.22

中学校区
高等中学校の設置区域を制定 1886.11.30

中学校・高等学校学年短縮要項
「中学校・高等学校学年短縮要項」決定 1942.8.21

中学校師範学校教員免許規程
「中学校師範学校教員免許規程」制定 1884.8.13
「中学校師範学校教員免許規程」改正 1885.12.7

中学校取調掛
東京府に中学校・小学校の取調掛を設置 1869.5.4

中学校職業指導要領
　「中学校職業指導要領」制定　　1941.11.13
中学校設置
　東京府下に中学校を創設　　　　1870.9.28
　京都府、中学校を創設　　　　　1871.1.5
中学校通則
　「中学校通則」制定　　　　　　1884.1.26
中学校28人制
　茨城県総和町長、中学校を28人制と
　　する方針を表明　　　　　　　1998.9.29
中学校物理及化学生徒実験要目
　物理・化学の実験を重視　　　　1918.2.5
中学校編成及設備規則
　「中学校編成及設備規則」制定　1899.2.8
中学校令
　「師範学校令」「小学校令」「中学校
　　令」「諸学校通則」公布　　　1886.4.10
　「中学校令」改正　　　　　　　1891.12.14
　「中学校令」改正　　　　　　　1899.2.7
　「中学校令」改正　　　　　　　1919.2.7
中学校令施行規則
　「中学校令施行規則」制定　　　1901.3.5
　「中学校教授要目」「中学校令施行
　　則」改正　　　　　　　　　　1911.7.31
　「中学校令施行規則」改正　　　1919.3.29
　「中学校令施行規則」改正　　　1921.2.8
　「中学校令施行規則」改正　　　1927.11.22
　「中学校令施行規則」改正　　　1931.1.10
中教審　→　中央教育審議会も見よ
『中教審路線の教育実態』
　日教組、教育黒書『中教審路線の教
　　育実態』刊行　　　　　　　　1972.1.15
中堅教員研修講座
　文部省、初の中堅教員研修講座を開
　　催　　　　　　　　　　　　　1970.5.9
中高一貫教育
　都道府県教育長協議会「高校教育の
　　諸問題と改善の方向」最終報告ま
　　とめる　　　　　　　　　　　1977.7.8
　滋賀県教育長、公立中学校中高一貫
　　教育に懸念表明　　　　　　　1997.4.10
　中教審、飛び級や中高一貫校などに
　　ついての審議の途中経過を公表　1997.5.30
　中央審議会、入試改革・中高一貫教
　　育・飛び入学などを盛り込んだ第2
　　次答申を行う　　　　　　　　1997.6.26
　民主党、「中高一貫教育法」案を国会
　　に提出　　　　　　　　　　　1998.4.28
　面接のみでの選考ができる高校入試
　　実施へ　　　　　　　　　　　1998.11.17
　初の株式会社運営の中高一貫校が認
　　可　　　　　　　　　　　　　2005.3.3

中高一貫教育法
　民主党、「中高一貫教育法」案を国会
　　に提出　　　　　　　　　　　1998.4.28
中・高校生のアルバイト実態調査
　労働省「中・高校生のアルバイト実
　　態調査」を発表　　　　　　　1978.7.11
中国語
　中学校での中国語授業について訓令　1939.2月
中小学規則
　「大学規則」「中小学規則」制定　　1870.3月
中卒認定試験
　中卒認定試験で4人合格　　　　1998.2.12
中等学校体練科教授要目
　「中等学校体練科教授要目」制定　1944.3.1
中等学校令
　「中等学校令」公布　　　　　　1943.1.21
中等教育
　中等教育の改善について答申　　1931.6.20
中等教育学校
　「学校教育法」を改め、中等教育学校
　　を追加規定　　　　　　　　　1998.6.12
『帳合之法』
　『帳合之法』刊行　　　　　　　1873.6.6
調査研究協力者会議
　文部省の調査研究協力者会議、「学校
　　施設の複合化」促進を提言　　1991.2.22
　文部省の調査研究協力者会議、「小中
　　学校指導要録改訂の審議のまとめ」
　　を提出　　　　　　　　　　　1991.3.13
　文部省の調査研究協力者会議、保護
　　者の転勤に伴う高校転入学の円滑
　　化を提言　　　　　　　　　　1991.7.12
　文部省の調査研究協力者会議、「通
　　級」の実施方策について中間報告　1991.7.17
　文部省調査研究協力者会議、社会人
　　の再教育推進を提言　　　　　1992.3.6
　文部省、「学校施設設計指針」の全面
　　見直しを提言　　　　　　　　1992.3.11
　文部省の調査研究協力者会議、登校
　　拒否への対応策を発表　　　　1992.3.13
　文部省の調査協力者会議、公立学校
　　教職員配置の在り方を提言　　1992.7.28
　文部省の調査研究協力者会議、高校
　　中退者の対応策を発表　　　　1992.12.11
　文部省の調査研究協力者会議、教職
　　員の定数加配の目安を発表　　1993.1.14
　文部省の調査研究協力者会議、問題
　　教員の対応策を提言　　　　　1993.6.29
　文部省の調査研究協力者会議、一定
　　の日本語能力のない外国人は国内
　　の日本語学校への入学不可の方針　1993.7.14
　文部省の調査研究協力者会議、外国
　　語教育の改善を提言　　　　　1993.7.30

ちょう　　　　　　　　　事項名索引　　　　　　　日本教育史事典

文部省の調査研究協力者会議、「教育
　上の例外措置」について提言　1993.9.22
文部省、専門学校の修了者に「専門
　士」の称号附与を提言　1994.2.28
文部省、薬学教育の改善を提言　1994.7.9
文部省、子どもの読書離れ対策とし
　て学校図書館の充実を提言　1994.11.1
文部省、学校5日制を月2回に拡大す
　ると提言　1994.11.10
文部省調査協力者会議、職業高校活
　性化方策について提言　1995.3.8
文部省調査協力者会議、「学習障害」
　の定義について提言　1995.3.27
文部省調査研究協力者会議、留学生
　受け入れの促進を提言　1995.3.28
文部省協力者会議、教員採用におけ
　る評価尺度の多様化を提言　1996.4.5
文部省、阪神大震災による生徒・児
　童の心の健康に関する調査研究報
　告書を発表　1996.4.12
文部省調査研究協力者会議、教員の
　長期社会研修のあり方について中
　間まとめ　1996.5.30
文部省調査研究協力者会議、いじめ
　対策における最終報告を発表　1996.7.16
文部省調査協力者会議、特殊教育拡
　充重点の移行を提言　1997.1.24
文部省の調査研究協力者会議、司書
　教諭講習科目見直し案を提言　1997.2.25
文部省調査協力者会議、育英事業に
　提言　1997.6.6
文部省調査協力者会議、中高部活動
　の練習時間の短縮を提言　1997.12.25
文部省協力者会議、教育行政と民間
　教育事業との連携で提言　1998.3.26
文部省調査協力者会議、公立学校施
　設整備の在り方について提言　1999.7.1
調査協力者会議、学習障害児指導の
　あり方に関する報告書まとめる　1999.7.2
文部省協力者会議、学級編成基準改
　定の見送り等について報告書を公
　表　2000.5.19
文部省協力者会議、大検を年2回実施
　する方針を打ちだす　2000.8.7
学校の安全確保のための有識者会議
　設置　2001.11.4
調査書
鳥取県教委、調査書に絶対評価の導
　入を発表　1992.12.5
国大協が入試成績・調査書評定点開
　示を決定　1999.6.16
東京の調査書開示訴訟で不公開処分
　を取り消す判決　2001.9.12
調査局
文部省に調査局を設置　1946.12.4

朝鮮教育令
「朝鮮教育令」公布　1911.8.24
「朝鮮教育令」改正　1920.11.10
「台湾教育令」「朝鮮教育令」改正　1922.2.6
「朝鮮教育令」改正　1938.3.4
朝鮮高級学校
高体連の全国理事会、朝鮮高級学校
　の加盟認めず　1990.11.16
高野連、朝鮮高級学校軟式野球部の
　加盟申請を認可　1991.3.2
日弁連、文部省に朝鮮高級学校の高
　体連拒否は人権侵害にあたると勧
　告　1992.10.28
高体連の理事会、朝鮮高級学校や専
　修学校の高校総体参加を認める　1993.11.19
朝鮮公立小学校官制・高等女学校官制
「朝鮮公立小学校官制・高等女学校官
　制」公布　1912.3.28
朝鮮語学習禁止
朝鮮語学習禁止　1941.3.31
朝鮮実業学校令
「朝鮮実業学校令」制定　1935.4.1
朝鮮人学校
文部省、朝鮮人学校設立を不承認　1948.1.24
米軍政部、朝鮮人学校に閉鎖命令　1948.3.31
朝鮮人学校閉鎖反対デモで、非常事
　態宣言　1948.4.24
朝鮮総連系在日朝鮮人学校93校を閉
　鎖　1949.10.19
東京都都教委、都立朝鮮人学校に廃止
　を通告　1954.10.4
朝鮮人のみを収容する教育施設につ
　いて通達　1965.12.28
大妻女子短大、朝鮮人学校からの編
　入者の受験拒否　1994.5.30
朝鮮人子弟の就学
朝鮮人子弟の就学は外国人と同様に
　扱う達　1953.2.11
**朝鮮総督府視学官及朝鮮総督府私学委員学
　事視察規程**
朝鮮で視学官・視察に関する規程　1928.10.26
朝鮮総督府専門学校官制
朝鮮に専門学校を開校　1916.4.1
朝鮮大学校
朝鮮大学校を各種学校として認可　1968.4.17
徴兵忌避
徴兵忌避について訓令　1904.1.9
徴兵忌避に関して警告　1934.12月
徴兵検査
学生生徒に臨時徴兵検査実施　1941.10.20
徴兵猶予
徴兵猶予制停止　1943.9.22
学生生徒の徴兵猶予停止　1943.10.2

- 448 -

徴兵令
「徴兵令」改正	1889.1.22
「徴兵令」改正	1918.4.1

著作権法
改正「著作権法」、成立	2003.6.12

千代田区立麹町中学校
「内申書裁判」起こる	1972.3.18
「内申書裁判」で原告勝訴判決	1979.3.28
「内申書裁判」で原告敗訴	1982.5.19
「内申書裁判」上告審で原告敗訴	1988.7.15

千代田区立永田小学校
千代田区立永田小PTA、文部省に学校存続を陳情	1992.11.11

千代田女子専門学校
千代田女子専門学校認可	1927.2.19

直轄学校官制
「直轄学校官制」改正	1937.9.13

地理
GHQ、全学校の地理授業再開を許可	1946.6.29

【つ】

通学定期割引
JR各社、在日外国人学校や専修学校にも通学定期割引を決定	1994.2.21

通学年齢弾力化
日系ブラジル人の通学年齢を弾力化	2010.5.18

通級
文部省の調査研究協力者会議、「通級」の実施方策について中間報告	1991.7.17
文部省、通級指導制度化のため「学校教育法施行規則」を改正	1993.1.28

通信制大学院
大学審議会、通信制大学院の制度化・大学編入資格附与などについて答申	1997.12.18

通俗教育
通俗教育のための授業実施を通達	1911.8.24
「小学校令」改正	1913.2.20

通俗教育調査委員会官制
「文芸委員会官制」「通俗教育調査委員会官制」公布	1911.5.17
「通俗教育調査委員会官制」廃止	1913.6.13

通俗教育調査委員会幻燈映画及び活動写真フィルム審査規程
「通俗教育調査委員会通俗図書審査規程」など、制定	1911.10.10

通俗教育調査委員会通俗図書審査規程
「通俗教育調査委員会通俗図書審査規程」など、制定	1911.10.10

通俗図書認定規程
図書、映画に関する規程制定	1913.7.26

筑波研究学園都市
首都圏基本問題懇談会、筑波研究学園都市建設を報告	1963.9.6
東教大評議会、筑波学園都市への移転決定	1969.7.24
「科学万博」開幕	1985.3.17

筑波新大学創設準備会
文部省、筑波新大学創設準備会を設置	1971.10.22

筑波新大学創設準備調査会議
筑波新大学創設準備調査会議最終報告	1971.7.16

筑波大学
参院本会議、筑波大学法案を可決	1973.9.25
東京教育大学、閉学式	1978.3.15
江崎玲於奈、筑波大学学長に選出	1992.2.6
東北大・筑波大・九州大、AO入試導入決まる	1998.9.8

対馬丸事件
対馬丸事件	1944.8.22

『綴方教室』
『綴方教室』刊行	1937（この年）

津田塾専門学校
津田塾専門学校に改称	1943.1.30

『積木くずし』
『積木くずし』刊行	1982.9月

都留文科大学
市立都留文科大生、市の運営方針に抗議デモ	1965.5.20

鶴見大学
歯科医師国家試験問題漏洩容疑で教授逮捕	1992.1.16

【て】

出会い系サイト規制法
「出会い系サイト規制法」成立	2003.6.6

TIMSS → 国際数学・理科教育動向調査を見よ

定員割れ
中教審、高校の「適格主義者」の撤廃方針を固める	1999.9.6
萩国際大学、民事再生法申請	2005.6.21
私立大学、47％が定員割れ	2008.7.31

帝京安積高等学校
帝京安積高校教諭銃撃事件、脅迫容疑で元暴力団組長ら逮捕	1998.5.13

帝京学園
帝京学園学元理事長を脱税容疑で逮捕	2002.11.6

帝京大学
帝京大学、合格発表前から寄付金 2002.6.24
帝京学園学元理事長を脱税容疑で逮捕 2002.11.6
帝京中学校・高等学校
帝京中・高校の校長室に、理事長の指示で盗聴器が設置 1991.9.16
帝国学士院
帝国学士院を創設 1906.6.13
帝国学士院学術奨励特別会計法
「帝国学士院学術奨励特別会計法」廃止 1915.6.21
帝国学制
衆議院に学制改革案を提出 1910.3.15
帝国教育会
帝国教育会に改組 1896.12.20
帝国教育会結成 1916.5.3
全国教育会理事者会開催 1918.5.2
第1回思想問題研究会開催 1920.1.26
全国保育者大会開催 1921.11.25
第6回帝国連合教育会開催 1923.5.19
教育会館落成式 1928.11.3
減俸反対を声明 1931.5.23
師範学校の扱いを決議 1933.7.20
東亜教育大会開催 1940.7.8
帝国協議会
帝国協議会調査結果 1916.7.11
帝国京都博物館
帝国博物館他、創設 1889.5.16
帝国少年団協会
帝国少年団協会創立 1934.6月
帝国大学
帝国大学文科大学教育学課程特約生教育学科、開講 1889.4.8
加藤弘之、帝国大学総長に就任 1890.5.19
東京農林学校、帝国大学に合併 1890.6.12
浜尾新、帝国大学総長に就任 1893.3.30
帝国大学特別会計法
「帝国大学特別会計法」公布 1907.3.25
帝国大学文科大学
エミール・ハウスクネヒト、帝国大学文科大学教師に就任 1887.1.9
帝国大学文科大学、史料編纂掛を設置 1895.4.1
帝国大学令
「帝国大学令」公布 1886.3.2
「帝国大学令」改正 1893.8.11
「帝国大学令」改正 1919.2.7
帝国図書館
帝国図書館と改称 1897.4.27
帝国図書館、開館 1906.3.20
帝国奈良博物館
帝国博物館他、創設 1889.5.16

帝国博物館
帝国博物館他、創設 1889.5.16
帝国美術院官制
美術に関する官制2種公布 1935.6.1
帝国美術院授賞規則
帝国美術院に関する規則2種制定 1935.9.13
帝国美術院展覧会規則
帝国美術院に関する規則2種制定 1935.9.13
帝国連合教育会
義務教育費国庫負担請願運動 1919.12.20
第6回帝国連合教育会開催 1923.5.19
帝室京都博物館
帝室京都博物館、開館 1897.5.1
帝室博物館官制
「帝室博物館官制」公布 1900.6.26
貞静学園
東京都、不当な生活指導を行った私立貞静学園に対し補助金カット 1992.1.20
適格主義
中教審、高校の「適格主義者」の撤廃方針を固める 1999.9.6
哲学館事件
哲学館事件 1902.12.13
哲学館
哲学館、創設 1887.9.16
鉄血健児隊
沖縄守備隊ひめゆり部隊が多数犠牲に 1945.6.18
『鉄腕アトム』
『鉄腕アトム』放映開始 1963.1.1
点字
ブライユ点字を紹介 1879（この年）
日本点字、完成 1890.11.1
伝習館高等学校
伝習館高校3教諭を偏向教育で懲戒免職 1970.6.6
伝習館高校訴訟、教諭側全面敗訴 1990.1.18
伝習生
音楽取調掛、伝習生の募集を開始 1880.9月
天皇
学校での天皇の神格化的表現停止等を通達 1947.6.3
天皇機関説
美濃部達吉、天皇機関説について弁明演説 1935.2.25
『憲法撮要』発禁 1935.4.9
天皇機関説を受け訓令 1935.4.10
教学刷新評議会設置 1935.11.18
天文暦道
天文暦道、大学の所管に 1870.3.11
転落死
学校の天窓から転落死 2008.6.18

- 450 -

天理外語学校
　天理外語学校認可　　　　　　　1927.12.10
天理大学
　天理大、リストラ策を打ち出す　　1996.5.7

【と】

独逸学協会学校
　独逸学協会学校、創設　　　　　1883.10.22
東亜教育大会
　東亜教育大会開催　　　　　　　　1940.7.8
東亜経済研究所発足
　東亜経済研究所発足　　　　　　　1942.2.6
東亜高等予備校
　東亜高等予備校開設　　　　　　　1925.3月
東亜同文書院
　東亜同文書院、創設　　　　　　1901.5.26
東京医科歯科大学
　3国立大、「大学連合」を発足　　2000.7.28
東京音楽学校
　東京音楽学校・東京美術学校など創設　　　　　　　　　　　　　　1887.10.5
　東京音楽学校・東京外国語学校、独立　　　　　　　　　　　　　　1899.4.5
　臨時教員養成所設置　　　　　　1922.4.10
　邦楽科を開設　　　　　　　　　　1936.6月
東京外国語学校
　東京外国語学校、創設　　　　　　1873.8月
　東京外国語学校、朝鮮語学科を設置　1880.3.23
　東京音楽学校・東京外国語学校、独立　　　　　　　　　　　　　　1899.4.5
東京外国語学校規程
　「東京外国語学校規程」改正　　　1919.9.4
東京外国語大学
　千葉大、東京外国語大に留学生課程設置　　　　　　　　　　　　　1960.4.1
東京海洋大学
　改正「国立学校設置法」成立　　　2003.4.16
東京学芸大学
　養護学校教員養成課程を設置　　　1960.3.3
東京学士会院
　東京学士会院、創設　　　　　　1879.1.15
東京感化院
　東京感化院、創設　　　　　　　1885.10.7
東京教育学会
　東京教育学会、創設　　　　　　　1882.5月
東京教育大学
　東京教育大学評議会、筑波移転を強行決定　　　　　　　　　　　　1967.6.10
　東京教育大生、移転に反対しスト　1968.6.26

東大、東教大4学部の入試中止を決定　　　　　　　　　　　　　　1968.12.29
　東大大評議会、筑波学園都市への移転決定　　　　　　　　　　　　1969.7.24
　東京教育大学評議会、家永教授らに辞職勧告　　　　　　　　　　　1970.9.7
　東京教育大学、閉学式　　　　　　1978.3.15
東京基督教青年会
　東京基督教青年会、創設　　　　　1880.5月
東京工業大学
　3国立大、「大学連合」を発足　　2000.7.28
東京高等学校
　高等学校設置　　　　　　　　　1921.11.9
東京高等蚕糸学校
　蚕業講習所改称　　　　　　　　　1914.4.1
東京高等師範学校
　修身教育部設置　　　　　　　　1918.4.12
　臨時教員養成所設置　　　　　　1922.4.10
　東京高等師範学校60年記念式典　　1931.10.30
東京高等師範学校付属小学校
　『教育研究』創刊　　　　　　　　1904.4.1
東京高等師範附属国民学校
　東京高師国民学校・中学校で英才学級を発足　　　　　　　　　　　1945.1.6
東京高等獣医学校
　東京高等獣医学校認可　　　　　　1930.3.18
東京高等商業学校
　盛岡高等農林学校ほか、創設　　　1902.3.28
　申酉事件　　　　　　　　　　　　1909.4月
　東京高等商業学校、専攻部設置　　1912.3.25
東京高等体育学校
　東京高等体育学校設置　　　　　　1941.3.29
東京産業大学
　東京産業大学・神戸経済大学改称　1944.9.27
東京市
　東亜教育大会開催　　　　　　　　1940.7.8
東京市教育会疑獄事件
　東京市教育会疑獄事件　　　　　1933.11.29
東京慈恵会医科大学
　東京慈恵会医科大学、不正にプールした私学補助金を返納　　　　　2004.7.6
東京師範学校
　M.M.スコット、東京師範学校を満期解任　　　　　　　　　　　　　1874.8月
　東京師範学校、中学師範学科を設置　1875.8.13
　東京師範学校、校則・教則を改正　　1877.7月
　東京女子師範学校、東京師範学校に合併　　　　　　　　　　　　　1885.8.27
　山川浩、東京師範学校長に就任　　1886.3.6
東京師範学校教則
　「東京師範学校教則」改正　　　　1879.2月

東京師範学校中学師範学科規則
　「東京師範学校中学師範学科規則」改
　　正　　　　　　　　　　　　　1883.9.5
東京社
　『少女画報』創刊　　　　1912(この年)
東京修身学社
　東京修身学社、創設　　　　　1876.4.7
東京市養育院
　東京市養育院、感化部を設置　1898.3.13
東京商科大学
　東京商科大学設置　　　　　　1920.4.1
　東亜経済研究所発足　　　　　1942.2.6
東京商業学校
　高等商業教育を開始　　　　　1884.3.26
東京商船学校
　東京商船学校と改称　　　　　1882.4.1
　東京商船学校、分校を廃止　　1901.5.11
東京女学校
　東京女学校他を廃止　　　　　1877.2.19
東京女子医学専門学校
　日本初の女医養成機関、認可　1912.3.14
東京女子高等師範学校
　奈良女子高等師範学校他、創設　1908.4.1
　臨時教員養成所設置　　　　　1941.3.6
東京女子高等師範学校附属高等女学校専攻
科規則
　「東京女子高等師範学校附属高等女学
　　校専攻科規則」改正　　　　1915.9.3
東京女子師範学校
　東京女子師範学校、創設　　　1874.3.13
　東京女子師範学校、別科を設置　1876.4月
　東京女子師範学校、保姆練習科を設
　　置　　　　　　　　　　　　1878.6.27
　東京女子師範学校、体操術を施行　1878.11.1
　東京女子師範学校、第1回卒業式を挙
　　行　　　　　　　　　　　　1879.3.13
　東京女子師範学校、東京師範学校に
　　合併　　　　　　　　　　　1885.8.27
東京女子師範学校教則
　「東京女子師範学校教則」改正　1877.5.31
　「東京女子師範学校教則」改正　1883.8月
東京女子師範学校附属高等女学校
　東京女子師範学校附属高等女学校、
　　創設　　　　　　　　　　　1882.7.10
東京女子師範学校附属小学校
　東京女子師範学校附属小学校、創設　1877.2.1
東京女子師範学校附属幼稚園
　東京女子師範学校附属幼稚園開園　1876.11.16
東京女子薬学専門学校
　専門学校設立　　　　　　　　1930.11.26
東京職工学校
　東京職工学校、創設　　　　　1881.5.26

東京市立日比谷図書館
　東京市立日比谷図書館、開館　1908.11.16
東京専門学校
　東京専門学校、創設　　　　　1882.10.21
東京大学
　東京大学、創設　　　　　　　1877.4.12
　『学芸志林』創刊　　　　　　1877.8月
　学位授与権を東京大学に付与　1878.12.19
　東京大学、初の学位授与式を挙行　1879.7.10
　東京大学、学士研究科を設置　1880.8.7
　「東京大学職制」改正　　　　1881.6.15
　東京大学文学部、古典講習科を設置　1882.9.18
　東京大学文学部、支那古典講習科を
　　設置　　　　　　　　　　　1883.2月
　東京大学理学部、造船学科を設置　1884.5.17
　東京大学、工芸学部を設置　　1885.12.16
　東大経済学部教授会、追放教授の復
　　職決定　　　　　　　　　　1945.11.4
　東大ポポロ事件　　　　　　　1952.2.20
　最高裁、東大ポポロ事件につき差戻
　　し判決　　　　　　　　　　1963.5.22
　東大生に『大学の自治と学生の自治』
　　を配布　　　　　　　　　　1965.11.1
　東大法学部教授会、専門課程3年制構
　　想　　　　　　　　　　　　1966.11.9
　東大医学部生、登録医制度に反対ス
　　ト　　　　　　　　　　　　1968.1.29
　東大安田講堂占拠に対し機動隊を導
　　入　　　　　　　　　　　　1968.6.15
　東大評議会、大河内総長の辞任を承
　　認　　　　　　　　　　　　1968.11.1
　東大、東教大4学部の入試中止を決定
　　　　　　　　　　　　　　　1968.12.29
　東大紛争で、大学側、学生側と確認
　　書に署名　　　　　　　　　1969.1.10
　東大、機動隊を導入し安田講堂の学
　　生排除　　　　　　　　　　1969.1.18
　最高裁、東大ポポロ事件再上告棄却　1973.3.22
　東京大学医学部助教授、贈収賄容疑
　　で逮捕　　　　　　　　　　1992.11.19
　東京大学医学部教授会、入試に面接
　　を全面導入　　　　　　　　1996.11.20
　東京大学評議会、65歳へ定年の引き
　　上げを決定　　　　　　　　2000.9.19
　東京大学医学部、補助金を不正受給　2003.1.31
　東京大学副学長が補助金を不正処理　2003.8.5
　東大教授、論文捏造疑惑で懲戒解雇
　　　　　　　　　　　　　　　2006.12.27
　東大教授、科研費不正使用　　2010.1.19
東京大学職制
　「東京大学職制」改正　　　　1881.6.15
東京大学予備門
　東京大学医学部予科、予備門に合併　1882.6.15

東京大学予備門本黌に英語専修課を
　設置　　　　　　　　　　　　　1883.1月
東京大学予備門、学科課程と入学試
　験科目を改定　　　　　　　　　1884.6.7
東京大学予備門、独立　　　　　　1885.8.14
東京帝国大学
明治天皇、東京帝国大学卒業式で訓
　示　　　　　　　　　　　　　　1904.7.11
第一臨時教員養成所・第二臨時教員
　養成所、廃止　　　　　　　　　1908.3.31
新人会結成　　　　　　　　　　　1918.12月
東京帝国大学女子聴講生認可　　　1920.2.17
東京帝大航空研究所開所　　　　　1931.5.11
東京帝国大学セツルメント
東京帝大セツルメント解散　　　　1938.2.3
東京帝国大学農科大学
東京帝国大学農科大学、水産学科を
　設置　　　　　　　　　　　　　1910.4.21
東京帝国大学法科大学
東京帝国大学法科大学、経済学科を
　設置　　　　　　　　　　　　　1908.7.2
東京帝国大学法科大学、商業学科を
　設置　　　　　　　　　　　　　1909.6.25
東京都
東京都、不当な生活指導を行った私
　立貞静学園に対し補助金カット　1992.1.20
東京の調査書開示訴訟で不公開処分
　を取り消す判決　　　　　　　　2001.9.12
国旗・国歌訴訟、強制は違憲、教職
　員ら勝訴　　　　　　　　　　　2006.9.21
東京都教育委員会
東京都教委、足立区に夜間中学開設
　認可　　　　　　　　　　　　　1951.6.30
東京都教委、都立朝鮮人学校に廃止
　を通告　　　　　　　　　　　　1954.10.4
東京都教委、勤評実施を決定　　　1958.4.23
都教委、「入試準備教育の是正につい
　て」通達　　　　　　　　　　　1965.11.19
都教委、学校群高校入試制度改善基
　本方針　　　　　　　　　　　　1966.7.13
東京都教委、都立高校入試に単独選
　抜制を復活させる方針　　　　　1990.4.16
東京都教委、「日の丸」をめぐり、小
　学校教諭3人を懲戒処分　　　　 1990.6.29
東京都教委、都立高校教員の「週1研
　修」の段階的廃止を通達　　　　1992.12.9
東京都教委、都立高校の普通科・商
　業科に推薦入学制の導入を決定　1993.9.8
東京都教委、職員会議を「学校長の
　補助機関」と明文化する　　　　1998.7.9
東京都教委教員人事考課に関する研
　究会、教員業績評価制度導入を提
　言　　　　　　　　　　　　　　1999.3.30
東京都教委、教員人事考課制度導入
　を決定　　　　　　　　　　　　1999.12.16
東京都教委が「新しい歴史教科書を
　つくる会」の歴史教科書を採用　2001.8.7
国旗・国歌訴訟、強制は違憲、教職
　員ら勝訴　　　　　　　　　　　2006.9.21
都立高教師に予備校が受験ノウハウ
　指導　　　　　　　　　　　　　2010.6月
東京都教育庁
東京都教育庁、「赤い教員」246人に
　退職勧告　　　　　　　　　　　1950.2.13
東京都教職員組合
都教組勤評闘争に無罪判決　　　　1962.4.18
都教組勤評闘争につき有罪判決　　1965.11.16
最高裁、都教組勤評事件上告審で無
　罪判決　　　　　　　　　　　　1969.4.2
最高裁、都教組勤評闘争の懲戒処分
　取消訴訟で上告棄却　　　　　　1977.12.23
東京都教職員組合、都内公立小学生
　の6人に1人が私立中学校を受験と
　発表　　　　　　　　　　　　　1991.9.25
東京都教組勤評闘争
都教組勤評闘争に無罪判決　　　　1962.4.18
都教組勤評闘争につき有罪判決　　1965.11.16
最高裁、都教組勤評事件上告審で無
　罪判決　　　　　　　　　　　　1969.4.2
最高裁、都教組勤評闘争の懲戒処分
　取消訴訟で上告棄却　　　　　　1977.12.23
東京都公文書開示審査会
東京都公文書開示審査会、体罰事故
　報告書を開示するよう答申　　　1993.1.19
東京都産業教育委員会
東京都産業教育委員会「工業高校の
　あり方について」答申　　　　　1978.5.10
東京図書館
東京図書館と改称　　　　　　　　1880.7.1
東京図書館官制
「東京図書館官制」公布　　　　　　1889.3.2
東京都新宿教育委員会
東京都新宿教委、登校拒否教育相談
　記録の開示を決定　　　　　　　1992.10.16
東京都青少年問題協議会
東京都青少年問題協議会「盛り場と
　青少年について」意見書公表　　1978.2.7
東京都青少年問題協議会、都条例に
　処罰規定の導入を答申　　　　　1997.4.3
東京都立秋川高等学校
高校中退生徒保護者が、救済を申し
　立て　　　　　　　　　　　　　1990.12.17
東京都立朝鮮人学校
東京都教委、都立朝鮮人学校に廃止
　を通告　　　　　　　　　　　　1954.10.4

− 453 −

とうき

東京都立病院
　東京大学医学部助教授、贈収賄容疑
　　で逮捕　　　　　　　　　　1992.11.19
東京農科大学
　私立東京農科大学と改称　　　1911.11.16
東京農教育専門学校
　東京農教育専門学校設置　　　　1937.4.1
東京農業大学
　東京農業大学設立　　　　　　　1925.5.1
東京農林学校
　東京農林学校、帝国大学に合併　1890.6.12
東京美術学校
　東京音楽学校・東京美術学校など創
　　設　　　　　　　　　　　　　1887.10.5
東京美術学校規程
　「東京美術学校規程」制定　　　1933.2.6
東京府
　昌平学校・医学校、東京府に移管　1868.9.17
　開成学校、東京府に移管　　　1868.12.11
　東京府に中学校・小学校の取調掛を
　　設置　　　　　　　　　　　　1869.5.4
　東京府、小学校6校を創設　　　1870.7.6
　東京府下に中学校を創設　　　　1870.9.28
東京府書籍館
　東京図書館と改称　　　　　　　1880.7.1
東京物理学校
　東京物理学校、創設　　　　　　1881.9.10
東京府立高等学校
　東京府立高等学校設立　　　　　1929.2.1
東京法学校
　東京法学校と改称　　　　　　1884.12.12
東京盲唖学校
　東京音楽学校・東京美術学校など創
　　設　　　　　　　　　　　　　1887.10.5
　東京盲唖学校、教員練習科を設置　1903.3.10
東京盲学校
　東京盲学校、創設　　　　　　　1909.4.7
東京盲学校規程
　「東京盲学校規程」「東京聾唖学校規
　　程」制定　　　　　　　　　1910.11.15
東京盲人教育会
　東京盲人教育会、創設　　　　　1907.2.2
東京聾唖学校規程
　「東京盲学校規程」「東京聾唖学校規
　　程」制定　　　　　　　　　1910.11.15
東校
　明治天皇、東校に行幸　　　　　1872.4.20
登校拒否 ⇔ 不登校をも見よ
　文部省の学校不適応対策調査研究協
　　力者会議、登校拒否問題に関する
　　中間まとめ提出　　　　　　1990.12.6
　文部省、『問題行動白書』発表　1991.12.25
　文部省の調査研究協力者会議、登校
　　拒否への対応策を発表　　　　1992.3.13
　文部省、登校拒否・高校中退の緊急
　　対策を発表　　　　　　　　　1992.8.25
　文部省、登校拒否生徒が民間施設に
　　通うことを出席扱いにすると通知　1992.9.22
　東京都新宿教委、登校拒否教育相談
　　記録の開示を決定　　　　　　1992.10.16
同志社英学校
　同志社英学校、創設　　　　　1875.11.29
同志社大学
　同志社大学と改称　　　　　　　1912.2.15
　大学設立認可　　　　　　　　　1920.4.15
　同志社大、関大、関学大に大学院を
　　設置　　　　　　　　　　　　1950.3.14
　早大・同志社大、交換留学生の実施
　　を発表　　　　　　　　　　　1996.7.24
　大学生大麻汚染　　　　　　　　2008.10.2
東大紛争
　東大医学部生、登録医制度に反対し
　　スト　　　　　　　　　　　　1968.1.29
　東大安田講堂占拠に対し機動隊を導
　　入　　　　　　　　　　　　　1968.6.15
　東大評議会、大河内総長の辞任を承
　　認　　　　　　　　　　　　　1968.11.1
　東大、東教大4学部の入試中止を決定
　　　　　　　　　　　　　　　1968.12.29
　東大紛争で、大学側、学生側と確認
　　書に署名　　　　　　　　　　1969.1.10
　東大、機動隊を導入し安田講堂の学
　　生排除　　　　　　　　　　　1969.1.18
東大ポポロ事件
　東大ポポロ事件　　　　　　　　1952.2.20
　最高裁、東大ポポロ事件につき差戻
　　し判決　　　　　　　　　　　1963.5.22
　最高裁、東大ポポロ事件再上告棄却　1973.3.22
盗聴
　帝京中・高校の校長室に、理事長の
　　指示で盗聴器が設置　　　　　1991.9.16
道徳
　『日本道徳論』刊行　　　　　　1887.4月
　教育課程審議会、道徳教育強化を答
　　申　　　　　　　　　　　　　1951.1.4
　文部省、道徳教育振興方策を発表　1951.2.8
　天野文相、学校での道徳教育の改善
　　などを発言　　　　　　　　1951.10.15
　松永文相、道徳に関する独立教科設
　　置の意向　　　　　　　　　　1957.7.30
　小・中学校「道徳」の実施要領を通
　　達　　　　　　　　　　　　　1958.3.18
　文部省、道徳教育指導者地区別講習
　　会を開催　　　　　　　　　　1958.9.6
　全国に道徳教育研究指定校を指定　1963.5.2

小中学校教師用『道徳指導資料』第1集刊行	1964.3.14
文部省「公立小・中学校における道徳教育の実施状況に関する調査」発表	1983.8.5
文部省、「道徳教育推進状況調査」を発表	1994.5.26
道徳教育推進状況調査	
文部省、「道徳教育推進状況調査」を発表	1994.5.26
『道徳指導資料』	
小中学校教師用『道徳指導資料』第1集刊行	1964.3.14
東北大学	
イールズ事件	1950.5.2
東北大評議会、教育学部教員養成課程を分離	1964.12.15
東北大・筑波大・九州大、AO入試導入決まる	1998.9.8
東北大セクハラ訴訟、教授に対し賠償命令の判決	1999.5.24
東北帝国大学	
東北帝国大学、創設	1907.6.22
専門学校を東北帝大に附属	1912.3.30
臨時教員養成所設置	1923.4.5
臨時教員養成所設置	1942.2.12
東北帝国大学官制	
「東北帝国大学官制」公布	1910.12.22
東北帝国大学理科大学	
東北帝国大学理科大学・九州帝国大学工科大学、創設	1911.1.1
日本初の女子大生入学	1913.8.16
東北文化学園大学	
藍野グループ、東北文化学園大学を経営支援	2004.6.21
東北文化学園大学元理事長と元財務部長を逮捕	2004.9.3
当用漢字	
当用漢字表、現代かなづかいを告示	1946.11.16
日本教育制度刷新に関する極東委員会指令	1947.4.11
国語審議会、義務教育用漢字を答申	1947.9.29
当用漢字別表の実施に関する訓令	1948.2.16
第12期国語審議会「全漢字表試案」まとめ	1977.1.21
東洋教会大学	
立命館大学、関西大学、東洋教会大学設立認可	1922.6.5
東洋語学校	
東洋語学校、創設	1895.4.15
東洋歯科医学専門学校	
京都女子専門学校等設立認可	1920.3.31

東洋大学	
東洋大学認可	1928.4.2
東洋大学、産学協同システムの工学部創設	1961.3.31
東洋大工学部、全国で初めて「秋期入学制度」を導入し、入学式を行う	1994.10.1
登録医制度	
東大医学部生、登録医制度に反対しスト	1968.1.29
同和教育	
和歌山県教委、同和教育振興の為一斉休校	1952.4.19
全国同和教育研究協議会を結成	1953.5.6
八鹿高校で同和教育に関連して傷害事件	1974.11.21
八鹿高校の同和教育裁判で被告有罪判決	1990.11.30
遠江国報徳社	
遠江国報徳社、創設	1875.11.12
徳育	
教育再生会議、「社会総がかりで教育再生を」(第2次報告)発表	2007.6.1
『徳育涵養ノ義ニ付建議』	
『徳育涵養ノ義ニ付建議』提出	1890.2.26
督学官	
「文部省督学官特別任用ノ件」	1913.6.13
督学局	
督学局、設置	1874.4.12
督学局の視学・書記、第一大学区を視察	1876.4月
督学局を廃止し、学監事務所を設置	1877.1.12
特殊教育	
文部省調査協力者会議、特殊教育拡充重点の移行を提言	1997.1.24
文部省21世紀特殊教育の在り方に関する調査協力者会議、中間報告を発表	2000.11.6
読書	
総理府「読書・公共図書館に関する世論調査」公表	1980.1.19
文部省、子どもの読書離れ対策として学校図書館の充実を提言	1994.11.1
「文字・活字文化振興法」成立	2005.7.22
読書科	
小中学校に「読書科」設置	2010.2.3
読書・公共図書館に関する世論調査	
総理府「読書・公共図書館に関する世論調査」公表	1980.1.19
特別活動の実施状況に関する調査	
文部省「特別活動の実施状況に関する調査」の結果発表	1985.9.5
特別研究生制度	
特別研究生制度設置	1943.9.29

特別支援教育
今後の特別支援教育の在り方に関する調査研究協力者会議、最終報告を提出　2003.3.28
中教審、「特別支援教育」について答申　2005.12.8
「学校教育法」一部改正　2006.6.21

特別認可学校規則
「特別認可学校規則」制定　1888.5.5
「特別認可学校規則」廃止　1893.11.4

督務詰所
督務詰所を設置　1874.1.15

独立行政法人化
臨時行政改革推進審議会、国立大学の制度・運用の弾力化を求める　1990.4.18
文部省、国立大学の民営化反対を表明　1997.5.21
国大協、国立大の独立行政法人化・民営化の反対意見書公表　1997.6.18
町村文相、国立大の独立行政法人化に反対　1997.10.17
国大協常務理事会、国立大の独立行政法人化に反対の決議　1997.10.21
連合、教育改革案まとめ公表　1997.10.22
有馬文相、国立大の独立行政法人化に対し反対を表明　1998.8.7
中央省庁等改革推進本部、独立行政法人化の検討対象に国立学校を申し入れ　1998.10.7
中央省庁等改革推進本部、独立行政法人化に国立大・文部省の研究所も検討対象とする方針決定　1998.11.20
中央省庁等改革推進本部、改革法案の大綱決定　1999.1.26
有馬文相、国立大学の独立行政法人化問題や設置形態の在り方についての検討を急ぐ考えを表明　1999.6.17
文部省、懇談会を設置し国立大学独立行政法人化問題検討　1999.8.10
文部省、国立大学の独立行政法人化容認の方針固める　1999.9.8
国大協、独立行政法人化への対応策について意見交換　1999.9.13
有馬文相、国立大学独立行政法人化に踏み切る方針表明　1999.9.20
国立大学理学部長会議、国立大学独立行政法人化に反対声明　1999.11.10
中曽根文相、国立大学等の「独立行政法人化」正式に表明　2000.5.26
国立大学法人化案中間報告　2001.9.27
国立大学独立行政法人化で最終報告　2002.3.26
「国立大学法人法」案の骨子まとまる　2003.1.29
「国立大学法人法」案、提出　2003.2.28
国立大学10組20大学を統合　2003.10.1

独立行政法人国立高等専門学校機構法
「国立大学法人法」及び関連5法、成立　2003.7.9

独立行政法人大学評価・学位授与機構法
「国立大学法人法」及び関連5法、成立　2003.7.9

図書館
図書館設立について訓令　1910.2.3
総理府「読書・公共図書館に関する世論調査」公表　1980.1.19
生涯学習審議会社会教育分科審議会、中間報告発表　1998.3.23
「文字・活字文化振興法」成立　2005.7.22

図書監修官
文部省区書局設置　1920.4.28

図書館ニ関スル規程
「図書館ニ関スル規程」制定　1906.12.14

図書館法
「図書館法」「中央青少年問題協議会令」公布　1950.4.30
「社会教育法」「図書館法」「博物館法」一部改正　2008.6.4

図書館令
「図書館令」公布　1899.11.11
「図書館令」改定　1933.7.1

図書館令施行規則
「図書館令施行規則」制定　1910.6.30

図書推薦規程
「図書推薦規程」制定　1930.9.1

図書局
文部省図書局設置　1920.4.28

図書認定規程
「図書認定規程」制定　1926.1.9

栃木県教師殺害事件
栃木県教師殺害事件　1998.1.28

栃木女学校
栃木女学校、創設　1875.10.10

『土地と人間』
文部省、『土地と人間』を刊行　1947.8.25

戸塚ヨットスクール事件
戸塚ヨットスクール事件　1983.6.13
戸塚ヨットスクール事件で実刑判決　1997.3.12

鳥取県教育委員会
鳥取県教委、調査書に絶対評価の導入を発表　1992.12.5
鳥取県教委、全国学力テストの結果開示を決定　2008.11.14
鳥取県教委、全国学力テストの学校別データ開示　2009.9.7
鳥取県に全国学力テストの結果開示命令　2009.10.2

鳥取大学
2医療技術短期大学が廃止　1999.3.31

徒弟学校規程
「簡易農学校規程」「徒弟学校規程」
　　制定　　　　　　　　　　　　　1894.7.25
「徒弟学校規程」改正　　　　　　　1895.12.16

都道府県教育長協議会
都道府県教育長協議会「高校教育の
　　諸問題と改善の方向」最終報告ま
　　とめる　　　　　　　　　　　　1977.7.8

飛び級
中教審学校制度小委、中等教育の
　　「飛び級制度」に否定的見解　　　1990.6.6
中教審、飛び級や中高一貫校などに
　　ついての審議の途中経過を公表　　1997.5.30

飛び入学
大阪大学大学院、初の「飛び入学」
　　合格者2名発表　　　　　　　　　1991.3.12
日本数学会、飛び入学に反対表明　　　1997.2.18
中央審議会、入試改革・中高一貫教
　　育・飛び入学などを盛り込んだ第2
　　次答申を行う　　　　　　　　　　1997.6.26
高等学校第2学年修了者の大学への進
　　学を許容　　　　　　　　　　　　1997.7.31
千葉大の飛び入学3人合格　　　　　　1999.2.1
飛び入学に関する規定　　　　　　　　2001.11.27

戸水事件
戸水事件　　　　　　　　　　　　　　1905.8.25

富山県立薬学専門学校
富山県立薬学専門学校、創設　　　　　1909.7.17

富山市
富山市中学生の両親が、いじめによ
　　り市を提訴　　　　　　　　　　　1996.10.30

富山大学
富山大学で入試判定ミス　　　　　　　2001.6.15
大学入試ミスで処分　　　　　　　　　2001.7.16

豊中市立中学校
豊中市立中学校の卒業生、卒業証書
　　の日付の元号表記をめぐり、市に
　　損害賠償請求　　　　　　　　　　1991.9.2
卒業証書の元号表記をめぐる損害賠
　　償訴訟で、原告の請求を却下　　　1994.11.11

豊中市立第十五中学校
大阪府豊中市のいじめ事件で損害賠
　　償金の支払い命令　　　　　　　　1997.4.23

ドルトンプラン
成城小学校開講　　　　　　　　　　　1917.4.4
パーカースト来日　　　　　　　　　　1924.4.2
明星学園設立　　　　　　　　　　　　1924.5.15

【な】

内申書
高槻市個人情報保護審査会、内申書
　　開示要求に対し市教委に申し入れ　1991.2.28
高槻市個人情報保護審査会、内申書
　　開示の要求を認める　　　　　　　1992.11.12
高槻市立中学校内申書訴訟で、「部分
　　開示」を認める初判断　　　　　　1994.12.20
川崎市で中学校卒業生に内申書開示　　1995.5.20
大阪府高槻市の内申書訴訟で控訴棄
　　却　　　　　　　　　　　　　　　1996.9.27
西宮市に対し市立小学校卒業生6人の
　　内申書全面開示の判決　　　　　　1999.11.25
東京で内申書の全面開示を判断　　　　2000.5.31

内申書裁判
「内申書裁判」起こる　　　　　　　　1972.3.18
「内申書裁判」で原告勝訴判決　　　　1979.3.28
「内申書裁判」で原告敗訴　　　　　　1982.5.19
「内申書裁判」上告審で原告敗訴　　　1988.7.15

内申抜き処分
市町村教委の任命権の行使について
　　通達　　　　　　　　　　　　　　1974.10.4
福岡県教委、任命権の行使を初適用　　1975.2.5
内申抜き処分無効確認訴訟で違法判
　　決　　　　　　　　　　　　　　　1977.12.27
最高裁、「内申抜き処分取消訴訟」で
　　処分有効判断　　　　　　　　　　1986.3.13

内定取消
文部省、中・高校卒の就職内定取消
　　防止を通知　　　　　　　　　　　1993.3.31
厚労省、内定取消は331人と発表　　　2008.11.28
厚労省、内定取消は2083人と発表　　　2009.4.30

ナイフ事件
栃木県教師殺害事件　　　　　　　　　1998.1.28
文部省、校長の判断による所持品検
　　査は差し支えないとの見解を示す　1998.2.3
埼玉中学生同級生殺害事件　　　　　　1998.3.9
町村文相、緊急アピール発表　　　　　1998.3.10
大阪府で中3男子生徒、女子生徒をナ
　　イフで襲う　　　　　　　　　　　1998.12.7
大分一家6人殺傷事件　　　　　　　　2000.8.14
長崎県佐世保市女子児童殺害事件　　　2004.6.1

内務省
内務省、地方青年団について通牒　　　1905.9.29
青年団体に内務省・文部省共同訓令　　1915.9.15
全国青年団明治神宮代表者大会開催
　　　　　　　　　　　　　　　　　　1920.11.21

長崎医科大学
医科大学3校設置　　　　　　　　　　1923.3.31

長崎県議会
長崎県議会、「学校5日制」は時期尚
早と意見書採択　　　　　1992.3.18
長崎県佐世保市女子児童殺害事件
長崎県佐世保市女子児童殺害事件　2004.6.1
「児童生徒の問題行動対策重点プログ
ラム（最終まとめ）」発表　　2004.10.5
長崎県病院医学校
官立医学校を創設　　　　　1870.3.30
長崎高等商業学校
長崎高等商業学校・名古屋高等工業
学校、創設　　　　　　　1905.3.29
長崎市男児誘拐殺人事件
長崎市男児誘拐殺人事件　　　2003.7.2
少年非行対策のための検討会、報告
書案をまとめる　　　　　2003.9.12
長崎大学
長崎大で学位売買　　　　　1933.12.12
長崎の教育行政の調査
日教組、長崎の教育行政の調査実施
1980.11.24
長崎府
長崎府に医学校を創設　　　1868.11.30
中野区
中野区の教育委員投票締切　　1981.2.25
中野区、区教育委員を任命　　1981.3.3
文部省、中野区あてに教育委員準公
選区民投票の不実施を勧告　1984.3.5
中野区、第2回教育委員準公選の投票
実施　　　　　　　　　　1985.2.25
都中野区の住民参加制度について、
区民推薦制を採用するよう提言　1995.2.1
中野区議会
中野区議会本会議、教育委員準公選
制条例を可決　　　　　　1978.12.15
中野区議会、第2回公選実施を含む予
算案を可決　　　　　　　1984.3.21
中野区議会、「教育委員準公選制」廃
止決定　　　　　　　　　1994.1.31
中野区教育委員会
中野区教委、教委のみに児童生徒の
出席停止の裁量権を限定　1984.10.12
中野区教育委員候補者選定に関する区民投票条例
中野区議会本会議、教育委員準公選
制条例を可決　　　　　　1978.12.15
「中野区教育委員候補者選定に関する
区民投票条例」公布　　　　1979.5.25
中野区立富士見中学校
富士見中いじめ自殺事件　　　1986.2.1
富士見中いじめ自殺事件で、暴行の
み認定　　　　　　　　　1991.3.27
富士見中いじめ自殺事件で、損害賠
償を命じる判決が確定　　　1994.5.20

長野県教育委員会
長野県教委、在日韓国人小学校教師
採用内定取消　　　　　　1984.12.26
教員採用内定取消の韓国人、人権侵
害救済の申立　　　　　　　1985.1.17
『長野県教育史』
長野県教育史刊行会『長野県教育史』
刊行開始　　　　　　　　　1972.3.31
長野県教育史刊行会
長野県教育史刊行会『長野県教育史』
刊行開始　　　　　　　　　1972.3.31
長野県教員赤化事件
長野県教員赤化事件　　　　　1933.2.4
長野県小海教育委員会
長野県小海教委、小人数学級編制実
施を断念　　　　　　　　　1998.4.9
長野県女子専門学校
長野県女子専門学校認可　　　1929.3.17
中野の教育を良くする会
中野の教育を良くする会、教委準公
選条例制度の直接請求の署名簿提
出　　　　　　　　　　　　1978.8.4
「なくそう！子どもの貧困」全国ネットワーク
「なくそう！子どもの貧困」全国ネッ
トワーク設立　　　　　　2010.4.25
名古屋県
義校、創設　　　　　　　　1871.12.11
名古屋高等工業学校
長崎高等商業学校・名古屋高等工業
学校、創設　　　　　　　1905.3.29
臨時教員養成所設置　　　　　1941.3.6
名古屋大学
製薬会社からの収賄容疑で、元名古
屋大学医学部教授逮捕　　　1998.8.28
名古屋帝国大学
名古屋帝国大学設置　　　　　1939.3.31
『那然氏小学教育論』
『那然氏小学教育論』刊行　　1877.1月
夏休み繰り上げ
文部省、夏休み繰上げ、授業短縮を
通達　　　　　　　　　　　1946.6.14
浪速高等学校
浪速高等学校設立認可　　　　1926.3.19
習志野市立第七中学校
習志野市立第七中学校の体罰訴訟で、
市に支払い判決　　　　　　1992.2.21
奈良女子高等師範学校
奈良女子高等師範学校他、創設　1908.4.1
保姆養成科設置　　　　　　1919.12.17
臨時教員養成所設置　　　　　1922.4.10
臨時教員養成所設置　　　　　1942.2.12

奈良女子大学
　奈良女子大学評議会、家政学部教授
　　を学長に選出　　　　　　　　1997.1.29
南京大虐殺
　文部省、教科書の検定結果と事例を
　　発表　　　　　　　　　　　　1996.6.27
南方諸地域日本語教育並に普及に関する件
　「南方諸地域日本語教育並に普及に関
　　する件」決定　　　　　　　　1942.8.18
南北朝正閏問題
　南北朝正閏問題　　　　　　　　1911.2.4
　「師範学校教授要目」改正　　　1911.3.14
　南朝を吉野朝と改称　　　　　　1911.6.12
　「中学校教授要目」「中学校令施行規
　　則」改正　　　　　　　　　　1911.7.31
南洋開拓訓練講習会要項
　「南洋開拓訓練講習会要項」制定　1939.6.15
南洋群島小学校規則
　「南洋群島小学校規則」制定　　1915.12.27
南洋群島島民学校規則
　「南洋群島島民学校規則」制定　1918.6.15
南洋拓殖練習生要項
　「南洋拓殖練習生要項」告示　　1937.6.5

【に】

新潟医学専門学校
　上田蚕糸専門学校他、創設　　　1910.3.28
新潟医科大学
　医科大学2校改称　　　　　　　1922.3.31
新潟県農事試験場
　新潟県農事試験場、農事教場を設置　1877.8月
新潟高等学校
　官立高等学校開設　　　　　　　1919.4.16
新潟市教育委員会
　新潟市教委、日の丸・君が代の職員
　　会議録の公開要求に非公開決定　1993.4.6
新潟少女監禁事件
　新潟少女監禁事件　　　　　　　2000.1.28
新潟静修学校
　新潟静修学校、幼児保育所を創設　1890.6月
新潟大学
　2医療技術短期大学が廃止　　　1999.3.31
西尾市立東部中学校
　愛知県西尾市でいじめ自殺事件　1994.11.27
西鉄バスジャック事件
　西鉄バスジャック事件　　　　　2000.5.3
西宮市
　西宮市に対し市立小学校卒業生6人の
　　内申書全面開示の判決　　　　1999.11.25

二種以上ノ実業学校ノ学科ヲ置ク学校ニ関スル規程
　「二種以上ノ実業学校ノ学科ヲ置ク学
　　校ニ関スル規程」制定　　　　1921.1.18
21世紀医学医療懇談会
　文部省21世紀医学医療懇談会、医療
　　分野への人材受け入れについて提
　　言　　　　　　　　　　　　　1996.6.13
　文部省21世紀医学医療懇談会、介護
　　人材の育成を提言　　　　　　1997.2.21
21世紀教育新生プラン
　21世紀教育新生プラン発表　　2001.1.25
21世紀子どもルネッサンス
　社会党、「21世紀子どもルネッサン
　　ス」をまとめ、公表　　　　　1991.7.19
21世紀特殊教育の在り方に関する調査協力者会議
　文部省21世紀特殊教育の在り方に関
　　する調査協力者会議、中間報告を
　　発表　　　　　　　　　　　　2000.11.6
21世紀日本の構想懇談会
　21世紀日本の構想懇談会、15〜20年
　　後の日本のあるべき姿について提
　　言　　　　　　　　　　　　　2000.1.18
『21世紀の教育改革』
　文科省、文部科学白書『21世紀の教
　　育改革』刊行　　　　　　　　2002.1.18
21世紀ビジョン委員会
　日教組、21世紀ビジョン委員会を設
　　立　　　　　　　　　　　　　1994.4.27
　日教組の21世紀ビジョン委員会、文
　　部省とパートナー関係になるよう
　　提言　　　　　　　　　　　　1994.10.18
　日教組の21世紀ビジョン委員会、最
　　終報告を提出　　　　　　　　1995.4.12
21世紀ビジョン検討委員会
　自民党21世紀ビジョン検討委員会、
　　第2次臨教審設置を提言　　　1996.5.30
『二十四の瞳』
　『二十四の瞳』刊行　　　　　1952（この年）
　映画『二十四の瞳』封切　　　　1954.9.14
2005年日本国際博覧会
　「愛・地球博」開幕　　　　　　2005.3.25
日常生活
　文部省「児童の日常生活調査」発表　1984.5.30
日常体験
　文部省、「行動指針となる日常体験」
　　調査を実施し実態を公表　　　1998.12.3
日常の生徒指導の在り方に関する調査研究報告書
　全国の中学校・高校の73、8％で、校
　　則見直し　　　　　　　　　　1991.4.11

― 459 ―

事項名索引

日大闘争
日大闘争　1968.4.15
日米教育文化合同会議
第1回日米教育文化合同会議を開催　1962.1.25
日弁連　→　日本弁護士連合会を見よ
日曜学校
小学校の二部授業・貧困児童の就学方法について訓令　1894.1.12
日露協会学校
日露協会学校設立　1920.9.24
日露戦争
戦死者遺族及び出征・応召軍人の子ども達の授業料を減免　1904.2.10
日露開戦に際し訓令　1904.2.10
内務省、地方青年団について通牒　1905.9.29
戦後教育の方針について訓令　1905.10.18
帝国協議会調査結果　1916.7.11
日韓外相覚書
文部省日韓外相覚書を受け、教育関係事項取扱いを通知　1991.1.30
日韓21世紀委員会
日韓21世紀委員会、両国の歴史教育の検討を提言　1991.1.7
日教　→　全日本教育者組合を見よ
日教組　→　日本教職員組合を見よ
日経連　→　日本経営者団体連盟を見よ
日高教　→　日本高等学校教職員組合を見よ
日清戦争
清国賠償金を普通教育費に充当　1896.1.8
戦死者の遺族の小学校授業料を免除　1896.2.7
「教育基金特別会計法」公布　1899.3.22
二部授業
二部教授を実施研究　1904.1.26
日本医学専門学校
日本医学専門学校、認可　1912.7.11
日本医科大学
日本医科大学設立認可　1926.2.25
日本医科大学教授が補助金を不正プール　2004.11.10
日本育英会
教員志望学生生徒の特別奨学金貸与制度発表　1950.1.20
日本育英会法
「大日本育英会法」を「日本育英会法」と改題　1953.8.13
「日本育英会法」改正法成立　1984.8.7
日本を守る国民会議
日本を守る国民会議編『新編日本史』の検定合格　1986.7.7
日本学校安全会法
「日本学校安全会法」を公布　1959.12.17
日本学校給食会法
「日本学校給食会法」を公布　1955.8.8
日本学校健康会法
「日本学校健康会法」成立　1982.6.15
日本学士院法
「日本学士院法」を公布　1956.3.24
日本学術会議
日本学術会議第1回総会開催　1949.1.20
日本学術会議、大学人事について声明　1949.10.6
日本学術会議、戦争目的の研究拒否を表明　1950.4.28
日本学術会議、「破防法」案に懸念表明　1952.4.24
日本学術会議『うれうべき教科書の問題』で警告　1955.10月
日本学術会議、「科学者憲章」採択　1980.4.24
日本学術会議法
「日本学術会議法」などを公布　1948.7.10
「日本学術会議法」改正案成立　1983.11.28
日本学術振興会
日本学術振興会設立　1932.12.28
COEプログラム採択結果を発表　2002.10.2
日本技術者教育認定機構
中教審、認証評価機関について答申　2010.3.17
日本教育会
大日本教育会を日本教育会に改称　1946.7.26
日本教育会を解散　1948.8.5
日本教育会が結成大会　1975.6.16
日本教育学会
日本教育学会、教科書検定について声明　1955.6.18
日本教育学会主催で国際教育学会を開催　1959.8.31
日本教育国民会議
日本教育国民会議を結成　1963.2.17
『日本教育史』
『日本教育史』刊行　1890.11月
『日本教育史資料』
『日本教育史資料』刊行　1890.7.27
『日本教育史略』
『日本教育史略』刊行　1877.8月
日本教育制度刷新に関する極東委員会
日本教育制度刷新に関する極東委員会指令　1947.4.11
日本教育制度ニ対スル管理政策
GHQ、軍国主義的教育禁止を指令　1945.10.22
日本教育調査会
日本教育調査会、創設　1891.8月
『日本教育文庫』
『日本教育文庫』刊行開始　1910（この年）
日本教育法学会
日本教育法学会を設立　1970.8.27
日本教育令
「日本教育令」上奏　1878.5.14

日本教育労働者組合
　日本教育労働者組合結成　　　1930.11月
日本共産党
　河上肇ら大学教授追放　　　　1928.4.18
　共産党シンパ事件　　　　　　1930.5.20
日本教師会
　日本教師会結成　　　　　　　1963.2.3
日本教職員組合
　日本教職員組合を結成　　　　1947.6.8
　日教組、初の教育白書発表　　1948.3.8
　日教組を中心に、教育復興会議を結
　　成　　　　　　　　　　　　1948.6.17
　日教組、教育予算獲得人民大会を開
　　催　　　　　　　　　　　　1949.4.8
　日教組中央委員会、認定講習参加拒
　　否を決定　　　　　　　　　1950.7.8
　日教組、中央委員会でスローガンを
　　決定　　　　　　　　　　　1951.1.24
　日教組、「教師の倫理綱領」草案発表　1951.8.7
　日教組、第1回教研集会を開催　1951.11.10
　日教組、「教師の倫理綱領」を決定　1952.6.18
　日教組第2回教研集会開催　　1953.1.25
　基地の子どもを守る全国会議を開催　1953.3.7
　日教組、教育2法反対の振替授業闘争
　　を実施　　　　　　　　　　1954.3.14
　日教組、第4次教研集会開催　　1955.1.29
　良い教科書と子供の教科書を守る大
　　会を開催　　　　　　　　　1955.6.21
　日教組、国民教育研究所を設立　1957.7.27
　日教組編で『日本の学校白書』刊行　1958.2.28
　日教組、勤評阻止全国統一行動を実
　　施　　　　　　　　　　　　1958.9.15
　日教組委員長、高知県仁淀村で暴行
　　される　　　　　　　　　　1958.12.15
　日教組、第8次教研集会を開催　1959.1.24
　日教組、日高教初の合同教研集会　1960.1.26
　荒木文相、日教組を非難し「教育基
　　本法」再検討発言　　　　　1960.8.19
　日教組幹部、社会党に集団入党　1961.2.5
　教科書国家統制法案粉砕推進会議を
　　結成　　　　　　　　　　　1963.5.13
　日教組、「「期待される人間像」批判
　　のために」発表　　　　　　1965.3.6
　日教組、ベトナム反戦平和アピール
　　採択　　　　　　　　　　　1965.5.6
　日教組、人事院勧告完全実施を要求
　　しスト　　　　　　　　　　1966.10.21
　日教組、総学習・総抵抗運動展開を
　　決定　　　　　　　　　　　1968.5.10
　日教組「大学問題に関する基本理解」
　　発表　　　　　　　　　　　1969.2.24
　日教組、高校生の自主的民主的活動
　　の見解発表　　　　　　　　1969.11.1

日教組、労働時間と賃金に関する草
　案発表　　　　　　　　　　1970.3.9
日教組、教育制度検討委員会第1回総
　会　　　　　　　　　　　　1970.12.1
日教組教育制度検討委員会発表　1971.6.14
日教組、教育黒書『中教審路線の教
　育実態』刊行　　　　　　　1972.1.15
日教組委員長、学校5日制を表明　1973.4.15
春闘初のゼネストで日教組半日スト　1973.4.27
春闘ゼネスト、日教組初の全日スト　1974.4.11
教育制度検討委員会、日教組に最終
　報告　　　　　　　　　　　1974.5.21
日教組等、主任制度化に反対しスト
　　　　　　　　　　　　　　1975.12.10
日教組、ストライキ実施　　　1976.3.9
日教組「学力実態調査」の結果発表　1976.5.11
日教組「教育課程改革試案最終報告
　書」を発表　　　　　　　　1976.5.17
永井文相、槇枝日教組委員長トップ
　会談　　　　　　　　　　　1976.11.6
日教組結成30年式典挙行　　　1977.6.3
日教組、大学問題検討委発足　1977.9.8
日教組、主任手当阻止でスト　1977.11.24
日教組・国民教育研究所「学級規模
　と教育活動に関する調査」発表　1978.11.3
日教組「日本の大学」を発表　1979.6.30
日教組・国民教育研究所「子どもの
　生活環境調査」発表　　　　1980.3.25
日教組「子どもの健康実態」調査結
　果発表　　　　　　　　　　1980.5.4
日教組「日本のスポーツ・遊びの現
　状と改革提言」発表　　　　1980.5.8
日教組、長崎の教育行政の調査実施
　　　　　　　　　　　　　　1980.11.24
日教組・日高教、教研集会開催　1981.1.13
教育8団体「教育・教科書の反動化に
　反対する国民集会」を開催　1981.3.10
教科書問題で2万人集会　　　1981.11.13
日教組、第2次教育制度検討委発足　1981.12.12
日教組「自衛隊の高校介入実態調査」
　発表　　　　　　　　　　　1982.1.24
第57回日教組大会開催　　　　1982.6.28
日教組、健康白書『子どもの骨折増
　加原因を探る』発表　　　　1982.10.4
日教組「現代日本の教育改革」を発
　表　　　　　　　　　　　　1983.7.19
日教組第58回定期大会開催　　1983.8.30
日教組、国民教育研究所「学校規模
　と教育活動に関する調査報告書」
　発表　　　　　　　　　　　1984.1.27
日教組、教育改革国民協議会設置提
　唱　　　　　　　　　　　　1984.2.22
日教組、国際シンポジウム開催　1984.12.11
日教組、教育改革研究委員会設置　1985.2.9

- 461 -

日教組の「4.11全日スト」が違法と判決	1985.11.20
日教組第63回臨時大会開催	1987.3.13
日教組第36回教育研究全国集会開催	1987.5.7
日教組40周年式典	1987.6.8
日教組教育改革研究委員会、第3次報告案をまとめる	1987.6.12
日教組、機能停止	1987.8.1
日教組第64回定期大会開催	1988.2.1
「4.11スト」の1審有罪判決支持	1988.5.10
日教組、29分スト実施	1988.5.24
日教組第65回定期大会開催	1988.7.18
日教組第37次・日高教第34次教研集会開催	1988.10.9
日教組「改訂学習指導要領批判と私たちの課程」発表	1989.5.26
日教組第38次・日高教第35次教研集会開催	1989.8.8
日教組、新・連合への加盟決定	1989.9.6
日教組臨時大会で反主流派の除名決定	1989.10.27
日教組、定期大会で「参加・提言・改革」の運動方針案を採択	1990.6.29
日教組の組合員、1万7000人減少	1992.12.29
日教組、21世紀ビジョン委員会を設立	1994.4.27
日教組と日本PTA全国協議会が初会談	1994.9.29
日教組の21世紀ビジョン委員会、文部省とパートナー関係になるよう提言	1994.10.18
与謝野文相と日教組横山委員長が初会談	1994.12.16
与謝野文相、森自民党幹事長、日教組横山委員長が会談	1994.12.19
自民党と日教組、第一回定期協議を行う	1995.3.24
日教組の21世紀ビジョン委員会、最終報告を提出	1995.4.12
日教組、文部省との協力関係構築で合意し運動方針案を発表	1995.7.25
日教組、定期大会で文部省との対決路線から協調路線への転換を掲げた運動方針を可決	1995.9.3
日教組、第82回定期大会を開催	1996.6.26
自民党と日教組、8ヶ月ぶりに定期政策協議を再開	1997.2.13
日教組、定期大会開催	1998.5.28
日教組委員長、30人学級編成実施の検討を明らかにする	1998.10.7
中山国交相、日教組批判等で辞任	2008.9.28
日教組教研集会会場訴訟、ホテル側に賠償命令	2009.7.28
日教組の教研集会に文科省政務三役が出席	2010.1.23

日本教職員連盟	
反日教組の日本教職員連盟結成大会	1970.6.28
日本経営者団体連盟	
日経連教育部会、新教育制度の再検討を要望	1952.10.16
日経連、当面教育制度改善に関する要望	1954.12.23
日経連「技術教育に関する意見」を発表	1956.11.9
日経連、"科学技術教育振興に関する意見」発表	1957.12.26
日経連技術教育委員会、専科大学制度の要望	1960.12.8
日経連等、技術教育振興策推進に関する要望	1961.8.25
日経連、後期中等教育に対する要望を発表	1965.2.5
日経連、教育の基本問題に対する提言を発表	1969.9.18
日経連、産学関係に関する提言を発表	1969.12.15
日経連「近年の校内暴力問題について」を発表	1983.7.6
日経連、就職協定の廃止を正式に表明	1996.12.19
日本経済団体連合会	
日本経団連、「少子化問題への総合的な対応を求める」提言を公表	2007.3.20
日本経団連、「教育と企業の連携推進に向けて」を公表	2007.5.27
日本経団連、「子育てに優しい社会作りに向けて」提言を公表	2007.11.20
日本経団連、「競争力人材の育成と確保に向けて」を公表	2009.4.14
日本経済調査協議会	
日本経済調査協議会「21世紀に向けて教育を考える」発表	1985.3.25
日本経団連 → 日本経済団体連合会を見よ	
日本工学会	
教育制度改革案まとまる	1934.10月
日本高等学校教職員組合	
日本高等学校教職員組合を結成	1956.5.10
日教組、ヨ高教初の合同教研集会	1960.1.26
日教組・日高教、教研集会開催	1981.1.13
教育8団体「教育・教科書の反動化に反対する国民集会」を開催	1981.3.10
日高教「高校生の憲法意識調査」発表	1982.1.21
日教組第37次・日高教第34次教研集会開催	1988.10.9
日教組第38次・日高教第35次教研集会開催	1989.8.8
全日本教職員組合協議会と日高教左派、「新全教」結成	1991.3.6

日高教、高校生の5割が自衛隊の海外
　派遣に反対と発表　　　　　　1992.5.2
日本高等学校野球連盟
　高野連、朝鮮高級学校軟式野球部の
　加盟申請を認可　　　　　　　1991.3.2
日本高等教育評価機構
　中教審、認証評価機関について答申　2009.8.26
　中教審、認証評価機関について答申　2010.3.17
日本語学校入学不可
　文部省の調査研究協力者会議、一定
　の日本語能力のない外国人は国内
　の日本語学校への入学不可の方針　1993.7.14
日本語教科用図書調査会官制
　「日本語教科用図書調査会官制」公布
　　　　　　　　　　　　　　　1939.12.11
日本国憲法
　「日本国憲法」公布　　　　　　1946.11.3
　「日本国憲法」を施行　　　　　1947.5.3
　文部省、『あたらしい憲法のはなし』
　　刊行　　　　　　　　　　　1947.8.2
　日高教「高校生の憲法意識調査」発
　　表　　　　　　　　　　　　1982.1.21
日本国民高等学校
　日本国民高等学校開校　　　　　1927.2.1
日本子どもを守る会
　日本子どもを守る会を結成　　　1952.5.17
　基地の子どもを守る全国会議を開催　1953.3.7
　国際児童年子どもの人権を守る連絡
　　会議の結成大会　　　　　　1978.11.20
日本史
　都立高、日本史必修化　　　　　2010.2.25
日本私学振興財団
　日本私学振興財団「私大等の経常費
　　補助金に係る制裁措置の強化」決
　　定　　　　　　　　　　　　1983.9.15
日本私学振興財団法
　「日本私学振興財団法」を公布　　1970.5.18
日本私学団体連合会
　日本私学団体連、標準教科書計画に
　　反対表明　　　　　　　　　1952.1.18
日本社会党
　日教組幹部、社会党に集団入党　　1961.2.5
　社会党、「21世紀子どもルネッサン
　　ス」をまとめ、公表　　　　　1991.7.19
日本出版労働組合連合会
　教科書国家統制法案粉砕推進会議を
　　結成　　　　　　　　　　　1963.5.13
　教科書問題で2万人集会　　　　1981.11.13
日本少国民文化協会
　日本少国民文化協会結成　　　　1934.2月
日本諸学振興委員会
　日本諸学振興委員会設置　　　　1936.9.8
　第1回教育学会開催　　　　　　1936.11.12

日本女子大学校
　日本女子大学校、開校式　　　　1901.4.20
日本女性学会
　日本女性学会、大学でのセクハラ防
　　止を求める声明文を発表　　　1994.6.20
日本私立学校振興・共済事業団
　私立大学、47％が定員割れ　　　2008.7.31
　私立大学の経営悪化深刻　　　　2009.8月
日本私立大学連盟
　日本私立大学連盟「私立大学教育の
　　充実と向上のために」を発表　　1976.12.28
日本人学校
　ブラジルに日本人学校開設　　　1915（この年）
　バンコク日本人学校開校　　　　1956.1.22
　モスクワ日本人学校開校　　　　1967.10.2
　海外子女教育振興財団設立　　　1971.1.29
　「学校教育法施行規則」一部改正　1972.2.10
　中国、日本人学校の社会科副教材を
　　没収　　　　　　　　　　　2005.6.28
　上海日本人学校に高校開設決定　　2010.6月
日本人高校生射殺事件
　日本人高校生、米ルイジアナ州留学
　　中に不審者と疑われ射殺　　　1992.10.17
　日本人高校生が射殺された事件で無
　　罪判決　　　　　　　　　　1993.5.23
日本数学会
　日本数学会、飛び入学に反対表明　1997.2.18
日本数学教育学会
　日本数学教育学会、算数の意識調査
　　の結果発表　　　　　　　　1987.3.17
日本青年館
　日本青年館設立　　　　　　　　1921.9.2
　青年団体合体　　　　　　　　　1927.4月
日本戦没学生祈念会
　日本戦没学生祈念会結成大会　　1950.4.22
日本戦没学生手記編集委員会
　戦没学生遺稿集『きけわだつみのこ
　　え』出版　　　　　　　　　1949.10.20
日本体育・学校健康センター法
　「日本体育・学校健康センター法」可
　　決成立　　　　　　　　　　1985.11.29
日本体育協会
　盛岡大学の新学部設置に際し、体協
　　常務理事への工作費受渡しが判明　1997.5.12
日本体育専門学校
　日本体育専門学校設立　　　　　1941.3.10
日本体育連盟
　日本体育連盟結成　　　　　　　1924.5.12
日本大学
　大学設立認可　　　　　　　　　1920.4.15
　日大闘争　　　　　　　　　　　1968.4.15
日本綴り方の会
　日本綴り方の会を結成　　　　　1950.7.1

『日本道徳論』
　『日本道徳論』刊行　　　　　　1887.4月
日本図書館協会
　日本図書館協会設立　　　　　1930.11.4
『日本における教育改革の進展』
　文部省『日本における教育改革の進
　　展』発表　　　　　　　　　　1950.8月
日本の学校白書
　日教組編で『日本の学校白書』刊行　1958.2.28
『日本之小学教師』
　『日本之小学教師』創刊　　　　1899.4月
『日本の成長と教育』
　文部省，教育白書『日本の成長と教
　　育』を刊行　　　　　　　　1962.11.5
日本の大学
　日教組「日本の大学」を発表　　1979.6.30
日本万国博覧会
　「大阪万博」開幕　　　　　　　1970.3.14
日本PTA全国協議会
　日本PTA全国協議会結成　　　1952.10.14
　日本PTA全国協議会、全国大会で
　　「学校5日制」に前向きの見解　1991.8.22
　日教組と日本PTA全国協議会が初会
　　談　　　　　　　　　　　　1994.9.29
日本婦人団体連合会
　国際児童年子どもの人権を守る連絡
　　会議の結成大会　　　　　　1978.11.20
日本物理学会
　日本物理学会、小学校低学年におけ
　　る「理科」の廃止を批判　　　1994.8.22
日本文化協会
　思想講習会開催　　　　　　　1935.10.20
日本文化講義要綱
　「日本文化講義要綱」制定　　　1937.4.30
日本文庫協会
　日本文庫協会、創設　　　　　　1892.3.1
日本弁護士連合会
　日弁連、人権擁護大会開催　　　1985.10.18
　日弁連、文部省に朝鮮高級学校の高
　　体連拒否は人権侵害にあたると勧
　　告　　　　　　　　　　　　1992.10.28
　日弁連、是正勧告書提出　　　　1998.2.20
日本放送協会学園高等学校
　日本放送協会学園高校が発足　　1963.4.1
日本法律学校
　日本法律学校、創設　　　　　　1889.10.4
日本民主党
　民主党政務調査会、教科書の民編国
　　管を検討　　　　　　　　　1955.3.16
　日本民主党『うれうべき教科書の問
　　題』刊行　　　　　　　　　　1955.8.13
日本幼稚園協会
　日本幼稚園協会設立　　　　　　1918.10月

日本臨床心理士資格認定協会
　中教審、認証評価機関について答申　2009.8.26
日本聾唖教育総会
　日本聾唖教育第1回総会　　　　1925.10月
日本労働学校
　日本労働学校開設　　　　　　　1921.9.16
入学式
　所沢高校、入学式が分裂　　　　1998.4.9
入学者選抜
　公立学校職員の管理職員の範囲につ
　　いて通達　　　　　　　　　　1966.7.9
　大学入学者選抜方法の改善について
　　報告　　　　　　　　　　　1971.12.9
　文部省、国公立大学入学者選抜概要
　　発表　　　　　　　　　　　　1997.8.19
入学者選抜試験要領
　高等学校、専門学校入学者選抜試験
　　要領発表　　　　　　　　　　1947.1.18
入学準備教育禁止
　小学校での入学準備教育禁止　　1929.1.24
入試合否漏洩
　兵庫県教委、県立高校入試合否漏洩　1991.4.12
　旭川医科大学、入試合否漏洩　　1996.4.19
　受験生の合否漏洩含む個人情報が流
　　出　　　　　　　　　　　　　2006.4.4
入試準備教育
　都教委、「入試準備教育の是正につい
　　て」通達　　　　　　　　　　1965.11.19
入試操作
　埼玉医科大学が、入試操作　　　1990.9.8
入試の多様化
　高校教育改革推進会議、入試の多様
　　化を盛込んだ改善策を発表　　1992.8.28
入試問題漏洩
　慶応大学商学部入試問題漏洩事件判
　　明　　　　　　　　　　　　　1977.5.24
　慶応大教授、大学院入試問題漏洩疑
　　惑で辞任　　　　　　　　　　1991.11.13
　大阪商大入試問題漏洩事件で教授逮
　　捕　　　　　　　　　　　　　1992.4.16
　島根県公立高校入試問題漏洩　　2004.3.19
女紅場
　新英学校及び女紅場を創設　　　1872.5.20
人間力戦略ビジョン
　「人間力戦略ビジョン」発表　　2002.8.30
認証評価機関
　中教審、認証評価機関について答申　2004.2.6
　中教審、認証評価機関について答申　2009.8.26
　中教審、認証評価機関について答申　2010.3.17
認定講習
　日教組中央委員会、認定講習参加拒
　　否を決定　　　　　　　　　　1950.7.8

認定こども園法
　「認定こども園法」成立　　　　2006.6.9
任天堂
　ファミコン発売　　　　　　　　1983.7.15
任命制教育委員会
　任命制教育委員会が発足　　　　1956.10.1

【ぬ】

沼津学園
　ラグビー合宿中の死亡事件で学校側
　に慰謝料等支払い命令　　　　　1995.4.19
沼津兵学校
　沼津兵学校を創設　　　　　　　1869.1.20

【ね】

根占町立宮田小学校
　鹿児島の小学校でうさぎ生き埋め事
　件　　　　　　　　　　　　　　1989.7.7
ネットいじめ
　暴力行為件数過去最多　　　　　2008.11.21
寝屋川市立中央小学校
　寝屋川市立中央小教職員殺傷事件　2005.2.14
練馬区立石神井南中学校
　練馬区立石神井南中学で光化学ス
　モッグ　　　　　　　　　　　　1972.5.12

【の】

農学校
　農学校と改称　　　　　　　　　1877.10.17
農学校通則
　「農学校通則」制定　　　　　　1883.4.11
農業学校規程
　実業学校の規程を制定　　　　　1899.2.25
　「農業学校規程」改正　　　　　1921.1.15
能研テスト
　能力開発研究所、初の能研テストを
　実施　　　　　　　　　　　　　1963.11.16
農事教場
　新潟県農事試験場、農事教場を設置　1877.8月
農事修学場
　農事修学場、設置　　　　　　　1874.4月
農商務省
　農商務省の職制を改正　　　　　1882.4.26

農村学習運動
　山形県民大学開講、農村での学習運
　動を提起　　　　　　　　　　　1966.2.19
能力開発研究所
　能力開発研究所を設立　　　　　1963.1.16
　能力開発研究所、初の能研テストを
　実施　　　　　　　　　　　　　1963.11.16
農林省
　文部省と農林省、子供自然休暇村を
　具体化するための協議会設置　　1998.12.17
農林専門学校
　学校を改称　　　　　　　　　　1944.3.29
ノーベル賞
　湯川秀樹、ノーベル物理学賞受賞
　　　　　　　　　　　　　　　　1949（この年）
　朝永振一郎、ノーベル物理学賞受賞
　　　　　　　　　　　　　　　　1965（この年）
　川端康成、ノーベル文学賞受賞　1968（この年）
　江崎玲於奈、ノーベル物理学賞受賞
　　　　　　　　　　　　　　　　1973（この年）
　佐藤栄作、ノーベル平和賞受賞　1974（この年）
　福井謙一、ノーベル化学賞受賞　1981（この年）
　利根川進、ノーベル生理学・医学賞
　受賞　　　　　　　　　　　　　1987（この年）
　大江健三郎、ノーベル文学賞受賞
　　　　　　　　　　　　　　　　1994（この年）
　白川英樹、ノーベル化学賞受賞　2000（この年）
　野依良治、ノーベル化学賞受賞　2001（この年）
　小柴昌俊、ノーベル物理学賞受賞
　　　　　　　　　　　　　　　　2002（この年）
　田中耕一、ノーベル化学賞受賞　2002（この年）
　下村脩、ノーベル化学賞受賞　　2008（この年）
　小林誠・益川敏英、ノーベル物理学
　賞受賞　　　　　　　　　　　　2008（この年）
　南部陽一郎、ノーベル物理学賞受賞
　　　　　　　　　　　　　　　　2008（この年）
　鈴木章・根岸英一、ノーベル化学賞
　受賞　　　　　　　　　　　　　2010（この年）

【は】

バイク
　バイクの校則違反による退学処分は
　違法と判決　　　　　　　　　　1991.5.27
　バイクの校則違反による退学処分の
　損害賠償訴訟で、原告側上告を棄
　却　　　　　　　　　　　　　　1991.9.3
売春
　援助交際の女子高生ら摘発　　　1997.3.27
　「出会い系サイト規制法」成立　2003.6.6

賠償金
　清国賠償金を普通教育費に充当　1896.1.8
　「教育基金特別会計法」公布　1899.3.22
ハイレベル教育専門家会議
　OECD加盟国など「ハイレベル教育専門家会議」開催　1987.1.19
バカロレア
　文部省、フランスバカロレア試験合格者の日本の大学受験資格について通知　1996.10.11
萩国際大学
　萩国際大学、民事再生法申請　2005.6.21
博士号
　最初の博士号を授与　1888.5.7
爆弾製造
　山口県立光高校爆発事件　2005.6.10
　高校生爆弾製造　2009.2.26
博物館
　博物館を創設　1872.4.17
博物館法
　「博物館法」公布　1951.12.1
　「社会教育法」「図書館法」「博物館法」一部改正　2008.6.4
博物局書籍館
　博物局書籍館、創設　1872.9.3
博文館
　『少年世界』創刊　1895.1月
博覧会
　博覧会を開催　1871.7.1
　博物館を創設　1872.4.17
　田中不二麿、アメリカ視察　1876.3.22
　「米国独立百年記念大博覧会教育報告」提出　1877.1月
　「大阪万博」開幕　1970.3.14
　「沖縄海洋博」開幕　1975.7.20
　「科学万博」開幕　1985.3.17
　「花の万博」開幕　1990.4.1
　「愛・地球博」開幕　2005.3.25
函館商船学校
　函館商船学校、創設　1879.2月
バスジャック
　西鉄バスジャック事件　2000.5.3
　愛知バスジャック事件　2008.7.16
パソコン
　文部省マルチメディアの発展に対応した文教施策の推進に関する懇談会、提言　1995.1.18
八王子織染学校
　八王子織染学校へ改組　1895.4月
八大教育主張
　八大教育主張講演会開催　1921.8.1
発展的学習
　高等学校教科書検定結果を公表　2003.4.8
　小学校教科書検定結果、発表　2004.3.30
　文科省、中学校教科書検定結果を公表　2005.4.5
　教科書検定の透明化などについて報告　2008.12.25
花の万博　→　国際花と緑の博覧会を見よ
羽田空港占拠事件
　羽田空港占拠事件に関し、各大学長に通達　1960.1.16
母親大会
　第1回母親大会開催　1955.6.7
破防法
　日本学術会議、「破防法」案に懸念表明　1952.4.24
浜松高等工業学校
　臨時教員養成所設置　1923.4.5
パラリンピック
　東京オリンピック開幕　1964.10.10
　長野オリンピック開幕　1998.2.7
判学事
　知学事・判学事を設置　1869.1.25
バンコク日本人学校
　バンコク日本人学校開校　1956.1.22
万国婦人教育大会
　津田梅子・渡辺筆子、万国婦人教育大会へ出席　1898.6.24
阪神淡路大震災
　阪神淡路大震災　1995.1.17
　阪神大震災による疎開転校生なお1万人あまり　1996.1.12
　文部省、阪神大震災による生徒・児童の心の健康に関する調査研究報告書を発表　1996.4.12
蕃人子弟就学之公学校教育規程
　「蕃人子弟就学之公学校教育規程」公布　1905.2.25
汎太平洋新教育会議
　汎太平洋新教育会議開催　1935.8.23

【ひ】

東久留米市
　体罰事件で慰謝料支払い命令　1996.9.17
東久留米市教育委員会
　指導要録全面開示の却下取消要求裁判で、原告側敗訴　1994.1.31
光過敏性発作
　ポケモンショック　1997.12.16
PKO協力法
　文部省初中局長、PKO協力法案の学校での正確な取扱いを要請　1992.9.16

非行
　警察庁、「少年の非行と自殺の概況」
　　発表　　　　　　　　　　　　　1979.7.26
　青少年問題審議会「青少年の非行等
　　問題行動への対応について」答申　1982.6.24
　少年非行対策のための検討会、報告
　　書案をまとめる　　　　　　　　2003.9.12
PISA　→　国際学習到達度調査を見よ
美術研究所官制
　美術に関する官制2種公布　　　　1935.6.1
『非常時ト国民ノ覚悟』
　『非常時ト国民ノ覚悟』配布　　　1933.7.8
PTA
　文部省、PTAの結成を促す　　　　1947.3.5
　文部省、PTAの結成を促す　　　　1948.12.1
人づくり懇談会
　人づくり懇談会発足　　　　　　　1962.12.5
人づくり政策
　池田首相、人づくり政策などを演説　1962.5.25
一橋大学
　一橋大学、学長選考規則の学生・職
　　員の参加に関する条項削除決定　1998.11.18
　3国立大、「大学連合」を発足　　2000.7.28
日の丸　⇔　国旗をも見よ
　日の丸掲揚反対の元高教組員無罪　1972.4.28
　埼玉県教委、「日の丸掲揚」をめぐ
　　り、教論25人を戒告　　　　　　1990.5.23
　東京都教委、「日の丸」をめぐり、小
　　学校教諭3人を懲戒処分　　　　　1990.6.29
　文部省、入学式における「日の丸・君
　　が代」の実施状況調査結果を公表　1990.7.16
　「日の丸」を国旗として認め、「君が
　　代」に代わる新国歌の制定を提言
　　　　　　　　　　　　　　　　1991.11.24
　日の丸・君が代職員会議録、個人名
　　を伏せて公開を命じる　　　　　1992.12.24
　神奈川県大和市、市立小中学校の職
　　員会議録を公開　　　　　　　　1993.3.5
　新潟市教委、日の丸・君が代の職員
　　会議録の公開要求に非公開決定　1993.4.6
　日の丸掲揚問題で、原告の訴えを棄
　　却　　　　　　　　　　　　　　1996.2.22
姫路学院女子短期大学
　姫路学院女子短大の受験者、寄付金
　　を断ったため不合格になる　　　1994.1.23
姫路高等学校
　姫路・広島高等学校設立　　　　　1923.12.11
姫路師範学校
　姫路師範学校、創設　　　　　　　1901.4月
ひめゆり部隊
　沖縄守備隊ひめゆり部隊が多数犠牲
　　に　　　　　　　　　　　　　　1945.6.18
兵庫教育大学
　教育放送開発センター等が発足　　1978.10.1

兵庫県教育委員会
　兵庫県教委、県立高校入試合否漏洩　1991.4.12
兵庫県立神戸高塚高等学校
　兵庫県立神戸高塚高校校門圧死事件　1990.7.6
　兵庫県立神戸高塚高校校門圧死事件
　　で、元教諭に有罪判決　　　　　1993.2.10
兵庫県立八鹿高等学校
　八鹿高校で同和教育に関連して傷害
　　事件　　　　　　　　　　　　　1974.11.21
　八鹿高校の同和教育裁判で被告有罪
　　判決　　　　　　　　　　　　　1990.11.30
標準教材基準
　文部省、小中学校の新「標準教材基
　　準」を発表　　　　　　　　　　1991.3.26
広島県教育委員会
　広島県教委、県立高校校長に対し国
　　旗・国歌の完全実施を職務命令　1999.2.23
広島県教職員組合
　教研集会会場訴訟、組合側の勝訴確
　　定　　　　　　　　　　　　　　2006.2.7
広島県立世羅高校
　君が代斉唱巡り自殺の校長、公務災
　　害認定　　　　　　　　　　　　2006.8.17
広島高等学校
　姫路・広島高等学校設立　　　　　1923.12.11
広島高等師範学校
　広島高等師範学校、創設　　　　　1902.3.28
　臨時教員養成所設置　　　　　　　1922.4.10
広島市平和教育研究所
　広島市平和教育研究所発足　　　　1972.6.1
広島女子高等師範学校
　岡崎高師、広島女子高師を設置　　1945.4.1
広島生徒強姦事件
　広島生徒強姦事件で懲役30年の判決　2009.9.14
広島大学
　養護学校教員養成課程を設置　　　1960.3.3
ヒロポン
　少年ヒロポン患者取締命令　　　　1949.10.18
貧困
　「なくそう！子どもの貧困」全国ネッ
　　トワーク設立　　　　　　　　　2010.4.25

【ふ】

ファミコン
　ファミコン発売　　　　　　　　　1983.7.15
フェリス女学院
　メアリー・キダー、英学塾を創設　1870.10.15
不況
　教員を巡る不況の影響　　　　　　1931（この年）

− 467 −

福岡刈田小学校		府県薦挙師範生徒募集規則	
福岡刈田小・学テ事件で有罪判決	1967.4.28	「府県薦挙師範生徒募集規則」制定	1883.4.28
福岡教育大学附属小学校		府県立師範学校通則	
福岡教育大附属小入学汚職で実刑	1970.4.8	「府県立師範学校通則」制定	1883.7.6
福岡県教育委員会		富士見中いじめ自殺事件	
福岡県教委、文部省一斉学テ実施せずと決定	1965.6.16	富士見中いじめ自殺事件	1986.2.1
福岡県教委、任命権の行使を初適用	1975.2.5	富士見中いじめ自殺事件で、暴行のみ認定	1991.3.27
内申抜き処分無効確認訴訟で違法判決	1977.12.27	富士見中いじめ自殺事件で、損害賠償を命じる判決が確定	1994.5.20
福岡教委、君が代をアレンジ演奏した教師を免職処分に	1979.5.8	ふじみ野市大井プール事故	
「校長着任拒否闘争裁判」で県教組・高教組の控訴棄却	1985.9.27	ふじみ野市大井プール事故	2006.7.31
福岡県立高校中退者数開示問題で非開示処分取消を判決	1991.4.10	武術教員練習所	
福岡県教委、国旗掲揚・君が代斉唱を妨害した小中学校教員14名を懲戒処分	1991.8.6	武術教員練習所、創設	1905.10月
福岡県教職員組合		藤原工業大学	
最高裁、佐賀福岡教組地公法違反事件で無罪	1971.3.23	藤原工業大学設立認可	1939.5.29
福岡県教委、任命権の行使を初適用	1975.2.5	部長制	
内申抜き処分無効確認訴訟で違法判決	1977.12.27	文部省、小中高校に部長制等の導入方針	1975.10.15
福岡県高等学校教職員組合		不登校 ⇔ 登校拒否をも見よ	
「校長着任拒否闘争裁判」で県教組・高教組の控訴棄却	1985.9.27	文部省、不登校児童の民間施設通学を出席とする見解を発表	1992.2.27
福岡県立早良高等学校		文部省、「学校教育法施行規則」を改正	1997.3.24
体育の授業の事故で全身麻痺になった高校生の裁判で、賠償金支払い命令	1993.5.11	中卒認定試験で4人合格	1998.2.12
福岡県立春日高等学校		文部省、学校基本調査速報発表	2000.8.4
全身マヒとなった高校生への損害賠償金支払いの判決	1999.9.2	不登校過去最多	2001.8.10
福岡県立女子専門学校		不登校者過去最高	2002.8.9
福岡県立女子専門学校設立認可	1922.6.8	「不登校への対応の在り方」通知	2003.5.16
福岡県立若松高等学校		学校基本調査速報、発表	2003.8.8
福岡教委、君が代をアレンジ演奏した教師を免職処分に	1979.5.8	不登校中学生過去最高	2007.8.9
福岡高等学校		不法残留	
高等学校設置	1921.11.9	城西国際大学、留学生227人が不法残留	2004.7.12
福岡市立長尾小学校		不法就労	
「ゲルニカ訴訟」で、教諭側敗訴確定	2000.9.8	文部省、留学生の専修学校への受入について定員の半数以下にとどめるよう通知	1990.7.4
福岡府教育委員会		法務省、専修学校実地調査を発表	1993.6.12
伝習館高校3教諭を偏向教育で懲戒免職	1970.6.6	文部省の調査研究協力者会議、一定の日本語能力のない外国人は国内の日本語学校への入学不可の方針	1993.7.14
複合領域コース		振替授業闘争	
3国立大、「大学連合」を発足	2000.7.28	日教組、教育2法反対の振替授業闘争を実施	1954.3.14
府県学校取調局		プール事故	
府県学校取調局を設置	1869.4.29	文部省、排水口の調査結果公表	1997.4.15
府県施政順序		ふじみ野市大井プール事故	2006.7.31
「府県施政順序」布告	1869.3.17	フルブライト法	
		「フルブライト法」に基づく日米教育交換計画	1951.8.28
		フレーベル館	
		『キンダーブック』創刊	1927(この年)

フレーベル教育
　東京女子師範学校附属幼稚園開園　1876.11.16
　頌栄幼稚園、創設　1889.10.22
浮浪者襲撃事件
　横浜市で少年による浮浪者襲撃事件　1983.2.12
文化勲章
　文化勲章制定　1937.2.11
文化芸術立国
　文科省、文部科学白書『教育再生への取組/文化芸術立国の実現』刊行　2007.3.23
文化財保護法
　「文化財保護法」を公布　1950.5.30
文化審議会
　文化審議会国語分科会、常用漢字の指導内容について報告　2003.11.5
　文化審議会、常用漢字見直しを提言　2005.2.2
　文化審議会、敬語についての指針を作成　2006.11.8
文化庁
　文部省に、文化庁が発足　1968.6.15
　「文部科学省設置法」公布　1999.7.16
文化と教育に関する懇談会
　文化と教育に関する懇談会発足　1983.6.14
　文化と教育に関する懇談会最終報告　1984.3.22
文化発信社会
　文部省、教育白書『我が国の文教施策』刊行　1993.11.5
文化立国
　文部省、教育白書『我が国の文教施策』刊行　2000.11.14
文官試験規則
　「特別認可学校規則」廃止　1893.11.4
文官任用令
　「特別認可学校規則」廃止　1893.11.4
　「文官任用令」改正　1913.8.1
文教再建
　文教再建に関する決議案を採択　1946.8.3
文教刷新
　岡田首相内閣審議会に諮問　1935.11.5
文教審議会
　文教審議会設置　1937.5.26
文教政策
　東大学長ら「文教政策の傾向に関する声明」発表　1956.3.19
文教政策基本大綱
　日教組、「文教政策基本大綱」を発表　1952.10.17
文教制度調査
　自民党、5小委員会発足　1980.12.4
文教制度調査会
　文教部会・文教制度調査会、教育制度改革を決定　1993.3.9

文教部会・文教制度調査会、「教育基本法」の見直しを検討　1993.6.3
文教部会
　文教部会・文教制度調査会、教育制度改革を決定　1993.3.9
　文教部会・文教制度調査会、「教育基本法」の見直しを検討　1993.6.3
文教予算
　大蔵省「歳出百科」発表　1980.7.7
文芸委員会官制
　「文芸委員会官制」「通俗教育調査委員会官制」公布　1911.5.17
　「国語調査委員会官制」「文芸委員会官制」を廃止　1913.6.13
文政審議会
　文政審議会設置　1924.4.15
　義務教育年限について諮問　1924.5.3
　学校での軍事教練実施を可決　1925.1.10
　青年訓練について答申　1926.1.14
　中学校教育の改善について諮問　1928.9.28
　「中学校教育改善ニ関スル件」答申　1929.6.20
　「師範教育ノ改善ニ関スル件」答申　1930.12.28
　中等教育の改善について答申　1931.6.20
　文政審議会、青年学校新設に関して答申　1935.1.21
文展　→　文部省美術展覧会を見よ
文明問題懇談会
　文明問題懇談会、初会合　1975.3.14
分離分割方式
　国大協臨時総会　1988.2.18
　公立大学二次試験で「分離分割方式」の定員が初めて半数を突破　1991.8.13
　文部省、国公立大入試の「分離分割方式」増加を発表　1992.8.13
　国大協、国立大学二次試験を分離分割方式に統一実施と発表　1992.11.12
　国大協、入試を分離分割方式に一本化すると決定　1993.11.18

【へ】

兵役法
　「兵役法」改正　1938.2.25
米軍
　朝鮮人学校閉鎖反対デモで、非常事態宣言　1948.4.24
米軍機墜落
　米軍機、九州大学構内に墜落　1968.6.2
米軍政部
　米軍政部、朝鮮人学校に閉鎖命令　1948.3.31

米国学術顧問団
米国学術顧問団が科学技術の再編成のため来日　1947.7.19
米国教育使節団
GHQ、教育使節団派遣を要請　1946.1.4
米国教育使節団に協力すべき教育家委員会発足　1946.2.7
第1次米国教育使節団が来日　1946.3.5
GHQ、「米国教育使節団報告書」を発表　1946.4.7
第2次米国教育使節団来日　1950.8.27
米国国際大学日本校
米国国際大学日本校の学生、授業料返還訴訟　1991.4.26
米国独立百年記念大博覧会教育報告
「米国独立百年記念大博覧会教育報告」提出　1877.1月
米国陸軍極東研究開発局
米陸軍極東研究開発局からの研究資金提供　1967.5.19
兵式体操
体操伝習所での教員養成を布達　1885.11.18
「学校体操教授要目」制定　1913.1.28
「小学校令施行規則」改正　1913.7.16
平壌高等普通学校
京城と平壌に師範科設置　1914.4月
平和教育
広島市平和教育研究所発足　1972.6.1
日教組・日高教、教研集会開催　1981.1.13
初の「平和・軍縮教育フォーラム」開催　1981.11.28
神戸大、日本初の「平和教育」講座開設　1982.10.22
平和・軍縮教育フォーラム
初の「平和・軍縮教育フォーラム」開催　1981.11.28
へき地教育振興法
「へき地教育振興法」などを公布　1954.6.1
『彼日氏教授論』
『彼日氏教授論』刊行　1876.12月
ベトナム反戦平和アピール
日教組、ベトナム反戦平和アピール採択　1965.5.6
偏向教育
文部省、偏向教育事例を衆院文部委員会提出　1954.3.3
衆院特別委員会、教科書問題で証人喚問　1955.6.24
伝習館高校3教諭を偏向教育で懲戒免職　1970.6.6
目黒高教諭の地位保全仮処分認める　1972.3.31
編輯寮
編輯寮、設置　1871.10.31

変則小学校
変則小学校を認可　1880.1.6

【ほ】

保育所
新潟静修学校、幼児保育所を創設　1890.6月
幼稚園と保育所との関係について通達　1963.10.28
全国無認可保育所連絡協議会を結成　1974.6.1
厚生省、学校法人や企業に保育所の設置を認める方針を決定　1999.9.10
保育所超過負担支払い
「摂津訴訟」の控訴審で控訴棄却　1980.7.28
保育問題研究会
保育問題研究会設立　1936.10.20
保育問題研究会再発足　1953.2.18
『保育要領』
文部省、『保育要領』刊行　1948.3.1
防衛庁
防衛庁、文部省に学校教育に関する要望　1962.4.26
防衛白書
『防衛白書』報告　1981.8.14
法科大学院
文部省、ロースクール基本構想発表　2000.4.25
中教審、大学関係答申提出　2002.8.5
法科大学院などの新増設について答申　2003.11.20
中教審、法科大学院について答申　2010.2.1
文科省、法科大学院に改善要求　2010.2.5
防空補助動員
防空補助動員に関して通達　1943.10.18
奉仕活動
教育改革国民会議、最終報告をまとめ答申　2000.12.22
中教審に奉仕活動のあり方など諮問　2001.4.11
中教審、奉仕活動に関する答申　2002.7.29
法制審議会
法制審議会「少年法改正について」答申　1977.6.29
法政大学
大学設立認可　1920.4.15
法政大学で学生運動　1933.11月
法政大学、替え玉受験による入学取り消しを発表　1990.7.29
大学生大麻汚染　2008.10.2
放送大学
放送大学の実験放送を開始　1971.8.16
放送大学開学　1983.4.1

放送大学学園法
「放送大学学園法」可決成立　1981.6.4
放送大学基本計画
文部省、放送大学基本計画公表　1976.1.2
放送大学設置調査研究会議
放送大学設置調査研究会議、最終報告　1974.3.22
放送大学創設準備調査研究会議
文部省、放送大学基本計画公表　1976.1.2
放送大学問題懇談会
放送大学問題懇談会が発足　1969.10.30
法務省
法務省、いじめ問題解決に向けた通達　1985.3.12
法務省、体罰事件の概要発表　1987.9.20
法務省、短期収容の少年院を「学園」と名称変更　1992.4.9
法務省、専修学校実地調査を発表　1993.6.12
法務省、「子供人権オンブズマン制度」を通知　1994.7.1
法務省、小学校のいじめ実態調査を発表　1996.5.26
保谷町教育委員会
保谷町教委、中学全国一斉学力調査を不実施　1962.7.6
北教組マンモス訴訟
北教組マンモス訴訟で処分取消判決　1979.5.10
北陸先端技術大学院大学
北陸先端技術大学院大学、任期制適用を発表　1997.11.20
『ポケットモンスター』
ポケモンショック　1997.12.16
保健
教養審カリキュラム等特別委員会、保健について法改正措置方針を決定　1997.11.27
保健室利用調査
文部省、初の保健室利用調査を発表　1991.12.28
保健体育審議会
保健体育審議会「児童生徒の運動競技の在り方について」を答申　1979.3.26
保健体育審議会、中間報告を提出　2000.6.15
母子愛育会
愛育研究所設立　1938.11月
『母子手帳』
厚生省、『母子手帳』を配布開始　1948.5.12
補助金
府県公立師範学校に補助金を配付　1877.2.19
小学補助金を減額　1880.1.29
文部省、公私立高校新増設建物整備費補助金の交付要綱を決定　1976.12.23

第2次臨時行政調査会第3部会「補助金等の整理合理化について」提出　1983.1.10
日本私学振興財団「私大等の経常費補助金に係る制裁措置の強化」決定　1983.9.15
東京都、不当な生活指導を行った私立貞静学園に対し補助金カット　1992.1.20
補助金等の整理及び合理化並びに臨時特例に関する法律
「補助金等の整理及び合理化並びに臨時特例に関する法律」可決成立　1985.5.17
補助金不正
信州短大、水増し入学による補助金の不正受給判明　1996.9.15
東京大学医学部、補助金を不正受給　2003.1.31
東京大学副学長が補助金を不正処理　2003.8.5
東京慈恵会医科大学、不正にプールした私学補助金を返納　2004.7.6
東北文化学園大学元理事長と元財務部長を逮捕　2004.9.3
日本医科大学教授が補助金を不正プール　2004.11.10
慶大教授ら、科研費不正受給　2005.10.3
学校法人理事長、補助金不正受給で逮捕　2006.2.28
早大教授、研究費不正受給　2006.6.23
東大教授、科研費不正使用　2010.1.19
戊申詔書
「戊申詔書」発布　1908.10.13
「戊申詔書」に基づき訓令　1908.10.23
北海道学芸大学
養護学校教員養成課程を設置　1960.3.3
北海道学芸大など5学芸大、教育大学に改称　1966.4.5
北海道教育委員会
北海道教委、教員の家庭・思想傾向調査　1967.7.22
北海道教職員組合
北教組マンモス訴訟で処分取消判決　1979.5.10
北海道大学
北海道大学、名義貸しで教授ら64人を処分　2004.2.18
北海道庁官制
「北海道庁官制」「地方官制」改正　1913.6.13
「北海道庁官制」「地方官制」改正　1926.6.4
北海道帝国大学
北海道帝国大学設置　1918.4.1
臨時教員養成所設置　1942.2.12
北海道十勝農学校
塾風教育を開始　1934.6月
北海道武蔵女子短期大学
受験生の合否漏洩含む個人情報が流出　2006.4.4

北方教育社
　北方教育社結成　　　　　　　　　1929.6月
骨太の方針
　「骨太の方針」第3弾閣議決定　　　2003.6.27
ポポロ座
　東大ポポロ事件　　　　　　　　　1952.2.20
　最高裁、東大ポポロ事件につき差戻
　　し判決　　　　　　　　　　　　1963.5.22
　最高裁、東大ポポロ事件再上告棄却　1973.3.22
ホームページ無断掲載
　小学校教師が事故死の子どもの写真
　　をホームページに無断掲載　　　2006.12.4
本渡市立小学校
　小学校体罰訴訟、児童側が逆転敗訴　2009.4.28

【ま】

町田市教育委員会
　町田市教委、中学生徒自殺の事故報
　　告書の全面開示を決定　　　　　1992.10.27
町田市情報公開・個人情報保護審査会
　町田市情報公開・個人情報保護審査
　　会、中学女生徒自殺の事故報告書
　　の全面開示を答申　　　　　　　1992.10.13
町田市立忠生中学校
　忠生中事件　　　　　　　　　　　1983.2.15
松本高等学校
　官立高等学校開設　　　　　　　　1919.4.16
松本女子師範学校付属小学校
　臨時視学委員が国定教科書無視を批
　　判　　　　　　　　　　　　　　1924.9.5
松山高等学校
　官立高等学校開設　　　　　　　　1919.4.16
松山市立東中学校
　埼玉中学生同級生殺害事件　　　　1998.3.9
『窓ぎわのトットちゃん』
　『窓ぎわのトットちゃん』刊行　　1981.3月
マルチメディアの発展に対応した文教施策
の推進に関する懇談会
　文部省マルチメディアの発展に対応
　　した文教施策の推進に関する懇談
　　会、提言　　　　　　　　　　　1995.1.18
満州医科大学
　満州医科大学設立　　　　　　　　1922.4月
満蒙開拓団青少年義勇軍
　満蒙開拓団青少年義勇軍募集　　　1938.1月

【み】

三笠フーズ
　汚染米、給食使用　　　　　　　　2008.9.12
未成年者喫煙禁止法
　「未成年者喫煙禁止法」公布　　　1900.3.7
三田演説会
　第1回三田演説会　　　　　　　　1874.6.27
三菱商業学校
　三菱商業学校、創設　　　　　　　1878.3月
三菱商船学校
　三菱商船学校、創設　　　　　　　1875.11.1
水戸市立水戸第五中学校
　水戸五中事件　　　　　　　　　　1976.5.12
　水戸五中事件で無罪判決　　　　　1981.4.1
ミートホープ
　給食に牛ミンチ偽装も　　　　　　2007.8.3
緑のおばさん
　学童の交通整理に緑のおばさん登場
　　　　　　　　　　　　　　　　　1959.11.19
箕面市教育委員会
　箕面市の個人情報保護審議会、市教
　　委に指導要録の全面開示を要求　1992.3.26
　箕面市教委、指導要録全面開示を決
　　定　　　　　　　　　　　　　　1992.6.12
箕面市個人情報保護審議会
　箕面市の個人情報保護審議会、市教
　　委に指導要録の全面開示を要求　1992.3.26
妙寺中学校生徒殺人未遂事件
　妙寺中学校生徒殺人未遂事件　　　2000.1.11
明星学園
　明星学園設立　　　　　　　　　　1924.5.15
民間教育事業との連携
　文部省協力者会議、教育行政と民間
　　教育事業との連携で提言　　　　1998.3.26
民間教育団体連絡協議会
　民間教育団体連絡協議会発足　　　1959.2.9
民間情報教育局
　民間情報教育局、設置　　　　　　1945.9.22
民間人校長
　中教審、地方行政制度改革に関する
　　答申提出　　　　　　　　　　　1998.9.21
　尾道市立高須小学校長が自殺　　　2003.3.9
　民間人校長、任用横ばい　　　　　2010.10.27
民社党
　民社党書記長、中学校社会科教科書
　　を偏向と批判　　　　　　　　　1981.2.4

民主教育をすすめる国民連合
　反中教審の民主教育をすすめる国民
　　連合結成　　　　　　　　　1971.11.6
民主主義教育研究会
　民主主義教育研究会を結成　　1946.4.19
民主党
　民主党、「中高一貫教育法」案を国会
　　に提出　　　　　　　　　　1998.4.28
　民主党、国会に「30人学級編制法」
　　案提出　　　　　　　　　　1999.3.30
民人同盟会
　民人同盟会結成　　　　　　　1919.2.21

【む】

武蔵高等学校
　武蔵高等学校創立　　　　　　1921.12.14
無産農民学校
　小作争議で児童が休校　　　　1926.5.18
6つの改革
　橋本首相、「6つの改革」を提唱　1997.1.1
村山談話
　村山首相、終戦記念日に談話を発表　1995.8.15
室戸台風
　室戸台風　　　　　　　　　　1934.9.21
　学校建築の保全に関する訓令　1934.12.18

【め】

明治学院
　明治学院、創設　　　　　　　1886.6月
『明治教育思想史』
　『明治教育思想史』刊行　　　1909.11月
明治大学
　大学設立認可　　　　　　　　1920.4.15
　明治大学二部商学部の今春試験の替
　　え玉受験で、合格取消　　　1991.4.29
名誉教授
　帝大以外に名誉教授を認める　1914.6.20
明六社
　明六社、創設　　　　　　　　1873.8月
目黒家族3人殺害事件
　目黒家族3人殺害事件　　　　1988.7.8
目黒区立第十中学校
　目黒家族3人殺害事件　　　　1988.7.8
目黒高等学校
　目黒高教諭の地位保全仮処分認める　1972.3.31

メーデー
　啓明会メーデー参加　　　　　1920.5.2
メートル法
　メートル法採用　　　　　　　1928.4.1
面接
　東京大学医学部教授会、入試に面接
　　を全面導入　　　　　　　　1996.11.20
　面接のみでの選考ができる高校入試
　　実施へ　　　　　　　　　　1998.11.17

【も】

盲唖院
　盲唖院、創設　　　　　　　　1878.5.24
盲唖学校
　山尾庸三、盲唖学校創設を建白　1871.10月
盲唖学校ヲ創設サレンコトヲ乞フノ書
　山尾庸三、盲唖学校創設を建白　1871.10月
盲学校
　「東京盲学校規程」「東京聾唖学校規
　　程」制定　　　　　　　　　1910.11.15
　盲・聾学校の就学設置義務に関する
　　政令公布　　　　　　　　　1948.4.7
　盲・聾学校の就学義務に関する政令
　　公布　　　　　　　　　　　1950.3.30
　「へき地教育振興法」などを公布　1954.6.1
　養護学校幼稚部高等部学校給食に関
　　する法律　　　　　　　　　1957.5.20
　教育課程審議会、高校教育課程の改
　　善を答申　　　　　　　　　1960.3.31
　養護学校への就学奨励に関する法律
　　改正　　　　　　　　　　　1961.3.25
　養護学校小中学部学習指導要領の改
　　訂を告示　　　　　　　　　1971.3.13
　教育課程審議会、養護学校高等部の
　　改善答申　　　　　　　　　1972.3.15
　盲・聾・養護学校高等部学習指導要
　　領を発表　　　　　　　　　1972.10.17
　教育課程審議会「盲ろう養護学校の
　　小中高等部の教育課程の基準の改
　　善について」答申　　　　　1978.10.23
　文部省、盲・ろう・養護学校の新学
　　習指導要領告示　　　　　　1979.7.2
　文部省、「盲・ろう・養護学校の小・
　　中学部指導要領の改訂」について
　　通知　　　　　　　　　　　1980.4.10
　文部省、盲ろう養護学校学習指導要
　　領告示　　　　　　　　　　1989.10.24
　文部省調査協力者会議、特殊教育拡
　　充重点の移行を提言　　　　1997.1.24
　中教審、「特別支援教育」について答
　　申　　　　　　　　　　　　2005.12.8

－ 473 －

盲学校及聾唖学校令
「盲学校及聾唖学校令」公布　1923.8.28
盲学校・ろう学校及び養護学校への就学奨励に関する法律
「へき地教育振興法」などを公布　1954.6.1
盲学校・聾学校の就学義務・設置義務に関する政令
盲・聾学校の就学設置義務に関する政令公布　1948.4.7
盲学校・聾学校の就学義務に関する政令
盲・聾学校の就学義務に関する政令公布　1950.3.30
盲学校・聾学校、養護学校の幼稚部、高等部における学校給食に関する法律
養護学校幼稚部高等部学校給食に関する法律　1957.5.20
盲人教育
楽善会、創設　1875.5.22
木炭増産勤労報告運動
木炭増産勤労報告運動　1939.12.13
文字・活字文化振興法
「文字・活字文化振興法」成立　2005.7.22
モスクワ日本人学校
モスクワ日本人学校開校　1967.10.2
ものづくり大学
文部省、ものづくり大学の開設を認可　2000.12.25
盛岡高等農林学校
盛岡高等農林学校ほか、創設　1902.3.28
盛岡大学
盛岡大学の新学部設置に際し、体協常務理事への工作費受渡しが判明　1997.5.12
森戸事件
森戸事件　1919.1.10
問題行動
青少年問題審議会「青少年の非行等問題行動への対応について」答申　1982.6.24
文部省「児童・生徒の問題行動の実態調査」結果発表　1986.12.9
文部省「児童生徒の問題行動実態調査」結果発表　1988.11.30
青少年問題審議会、青少年の逃避的問題行動への対応策を答申　1991.10.31
文部省、『問題行動白書』発表　1991.12.25
文部省協力者会議、少年犯罪に対する緊急対策を公表　1998.3.24
文部省、問題行動調査速報を発表　2000.8.11
「児童生徒の問題行動対策重点プログラム（最終まとめ）」発表　2004.10.5
問題行動調査
文部省、問題行動調査速報を発表　2000.8.11
校内暴力過去最多　2001.8.24
暴力行為件数過去最多　2008.11.21
文科省、全小中高生にいじめ調査を要請　2010.9.14
問題行動白書
文部省、『問題行動白書』発表　1991.12.25
『モンテッソリー教育法と其応用』
『モンテッソリー教育法と其応用』刊行　1914.12月
文部科学省
文部科学省設立　2001.1.6
文科省、大学入試センター試験利用状況について発表　2001.4.10
指導法ガイドライン作成に着手　2001.4月
文科省、文部科学白書『21世紀の教育改革』刊行　2002.1.18
学校の危機管理マニュアル発表　2002.12.19
文科省、文部科学白書『新しい時代の学校　進む初等中等教育改革』刊行　2003.2.4
「不登校への対応の在り方」通知　2003.5.16
文科省、池田小児童殺傷事件に関して謝罪　2003.6.5
文科省、懲戒処分状況を公表　2003.6.10
「学校安全緊急アピール」発表　2004.1.20
文科省、文部科学白書『創造的活力に富んだ知識基盤社会を支える高等教育　高等教育改革の新展開』刊行　2004.2.20
文科省、文部科学白書『「生きる力」を支える心と体』刊行　2005.3.11
文科省、学校選択制についての調査結果発表　2005.3.26
文科省、中学校教科書検定結果を公表　2005.4.5
文科省、「義務教育改革に関する意識調査」結果発表　2005.6.18
文科省、「教育改革のための重点行動計画」発表　2006.1.17
文科省、文部科学白書『教育改革と地域・家庭の教育力の向上』刊行　2006.3.17
文科省、「学校評価ガイドライン」「大学院教育振興施策要綱」発表　2006.3.30
文科省、「スポーツ振興基本計画」改定　2006.9.21
文科省、「幼児教育振興アクションプログラム」発表　2006.10.4
文科省、体罰についての解釈見直し　2007.2.2
文科省、文部科学白書『教育再生への取組/文化芸術立国の実現』刊行　2007.3.23
文科省、学校評価の在り方について報告　2007.8.27
文科省、全国学力テストの結果を公表　2007.10.24
文科省、いじめの調査を発表　2007.11.15

文科省、「学校の危機管理マニュアル」作成	2008.1.7
文科省、学校評価ガイドラインを改定	2008.1.31
文科省、幼稚園評価のガイドラインを策定	2008.3.25
文科省、学習指導要領を告示	2008.3.28
文科省、全国体力テストの実施を発表	2008.4.1
文科省、文部科学白書『教育基本法改正を踏まえた教育改革の推進/「教育新時代」を拓く初等中等教育改革』刊行	2008.4.14
文科省、全国学力テストの結果を公表	2008.8.29
文科省、専修学校の振興について報告	2008.11.14
文科省、全国学力テストの実施要領を発表	2008.12.24
文科省、全国体力テストの結果を公表	2009.1.21
文科省、学校への携帯電話持ち込み禁止を通知	2009.1.30
文科省、「教育安心社会の実現に関する懇談会報告」をまとめる	2009.7.3
文科省、文部科学白書『教育政策の総合的推進/大学の国際化と地域貢献』刊行	2009.7.30
文科省、「校訓を活かした学校づくりの在り方について」発表	2009.8.4
文科省、「今後の総合型地域スポーツクラブ振興の在り方について」を発表	2009.8.19
文科省、全国学力テストの結果を公表	2009.8.27
文部科学省政策会議が初会合	2009.10.8
文科省、全国体力テストの結果を公表	2009.12.17
文科省、全国学力テストの実施要領を発表	2009.12.28
日教組の教研集会に文科省政務三役が出席	2010.1.23
文科省、法科大学院に改善要求	2010.2.5
文科省、文部科学白書『我が国の教育水準と教育費』刊行	2010.6.30
文科省、全国学力テストの結果を公表	2010.7.30
文科省、全小中高生にいじめ調査を要請	2010.9.14
文科省、全国体力テストの結果公表	2010.12.16

文部科学省設置法

「文部科学省設置法」公布	1999.7.16

文部科学白書

文科省、文部科学白書『21世紀の教育改革』刊行	2002.1.18
文科省、文部科学白書『新しい時代の学校 進む初等中等教育改革』刊行	2003.2.4
文科省、文部科学白書『創造的活力に富んだ知識基盤社会を支える高等教育 高等教育改革の新展開』刊行	2004.2.20
文科省、文部科学白書『「生きる力」を支える心と体』刊行	2005.3.11
文科省、文部科学白書『教育改革と地域・家庭の教育力の向上』刊行	2006.3.17
文科省、文部科学白書『教育再生への取組/文化芸術立国の実現』刊行	2007.3.23
文科省、文部科学白書『教育基本法改正を踏まえた教育改革の推進/「教育新時代」を拓く初等中等教育改革』刊行	2008.4.14
文科省、文部科学白書『教育政策の総合的推進/大学の国際化と地域貢献』刊行	2009.7.30
文科省、文部科学白書『我が国の教育水準と教育費』刊行	2010.6.30

『文部時報』

『文部時報』創刊	1920.5月

文部省

文部省、設置	1871.9.2
府県の学校が文部省所管に	1872.1.5
『文部省日誌』創刊	1872(この年)
文部省、築造局を設置	1873.2.27
文部省、官制を改正	1873.8.12
『文部省第一年報』刊行	1875.1.4
文部省蔵版書籍・教科書等全ての翻刻を許可	1875.6.19
『教育雑誌』と改題	1876.4.17
『文部省日誌』再刊	1878.2月
文部省吏員・教員らの職務外の集会開催を禁止	1879.5月
文部省、局課を改置	1881.10.24
『文部省教育雑誌』と改題	1882.12.14
『文部省日誌』廃刊	1883.2.15
『文部省教育雑誌』廃刊	1884.1.7
森有礼、文部省御用掛に就任	1884.5.7
工部大学校、文部省に移管	1885.12.22
文部省、視学部を設置	1885.12.28
『日本教育史資料』刊行	1890.7.27
文部省令「小学校教則大綱」公布	1891.11.17
文部省、学校衛生顧問・学校衛生主事を設置	1896.5.8
文部省、学校騒動について訓令	1902.7.9
文部省、「青年団発達ニ関スル件」について通牒	1905.12.27
文部省、優良青年団体を表彰	1910.3月

文部省、学制改革案を高等教育会議
　に諮問　　　　　　　　　1910.4.25
『時局に関する教育資料』刊行　1915.6.25
青年団体に内務省・文部省共同訓令　1915.9.15
『文部時報』創刊　　　　　　1920.5月
全国青年団明治神宮代表者大会開催
　　　　　　　　　　　　　1920.11.21
『国体ノ本義』刊行　　　　　1937.5.31
文部省、計画室設置　　　　　1941.7.30
文部省、「終戦に関する件」訓令　1945.8.15
文部省、「新日本建設ノ教育方針」を
　発表　　　　　　　　　　　1945.9.15
文部省、戦時教材の省略削除を通牒　1945.9.20
文部省、公民教育刷新委員会を設置　1945.11.1
文部省、「社会教育振興ニ関スル件」
　訓令　　　　　　　　　　　1945.11.6
文部省、『新教育指針』第1分冊を配
　布　　　　　　　　　　　　1946.5.15
文部省、夏休み繰上げ、授業短縮を
　通達　　　　　　　　　　　1946.6.14
文部省、「公民館設置運営の要綱」を
　通達　　　　　　　　　　　1946.7.5
文部省、国民学校用国史教科書刊行　1946.9.5
文部省、国語審議会を設置　　1946.9.11
文部省、男女共学について指示　1946.10.9
文部省に調査局を設置　　　　1946.12.4
文部省、新学制の実施方針発表　1947.2.5
文部省、小学教科書『こくご1』刊
　行　　　　　　　　　　　　1947.2.20
文部省、PTAの結成を促す　　1947.3.5
文部省、『学習指導要領(試案)』を
　刊行　　　　　　　　　　　1947.3.20
文部省、「教育基本法制定の要旨につ
　いて」訓令　　　　　　　　1947.5.3
文部省、教育施設局を新設　　1947.6.17
文部省、『あたらしい憲法のはなし』
　刊行　　　　　　　　　　　1947.8.2
文部省、『土地と人間』を刊行　1947.8.25
文部省、教科書検定制度を発表　1947.9.11
文部省、視学制度を廃止し、指導主
　事設置　　　　　　　　　　1947.11.11
文部省、朝鮮人学校設立を不承認　1948.1.24
文部省、『保育要領』刊行　　1948.3.1
文部省、公私立大学設立を認可　1948.3.25
文部省、教員養成は大学で実施する
　旨発表　　　　　　　　　　1948.3.29
文部省、国立大学設置の方針を発表　1948.6.22
文部省、PTAの結成を促す　　1948.12.1
文部省、「教科用図書検定基準」を定
　める　　　　　　　　　　　1949.2.9
文部省、大学院問題懇談会を発足　1950.4.25
文部省、完全給食の実施を発表　1950.8.14
文部省『日本における教育改革の進
　展』発表　　　　　　　　　1950.8月
文部省、道徳教育振興方策を発表　1951.2.8

文部省、「幼稚園基準」提示　　1952.5.21
文部省、初の教育白書『わが国教育
　の現状』刊行　　　　　　　1953.12.25
文部省、偏向教育事例を衆院文部委
　員会提出　　　　　　　　　1954.3.3
文部省、修学旅行の事故防止心得を
　通達　　　　　　　　　　　1955.5.16
文部省、幼稚園教育要領を制定　1956.2.7
文部省、初の全国抽出学力調査を実
　施　　　　　　　　　　　　1956.9.28
文部省、教科書調査官制度を創設　1956.10.10
文部省、「大学設置基準」制定　1956.10.22
文部省、「幼稚園設置基準」制定　1956.12.13
文部省、科学技術教育振興方策を発
　表　　　　　　　　　　　　1957.11.29
文部省、道徳教育指導者地区別講習
　会を開催　　　　　　　　　1958.9.6
文部省、教科用図書検定基準を告示
　　　　　　　　　　　　　　1958.12.12
文部省、教育白書『我が国の教育水
　準』刊行　　　　　　　　　1959.10.31
文部省、教科書採択の公正確保につ
　いて通達　　　　　　　　　1960.1.12
養護学校教員養成課程を設置　1960.3.3
文部省、高等学校学習指導要領官報
　告示　　　　　　　　　　　1960.10.15
文部省、『進みゆく社会の青少年教
　育』発表　　　　　　　　　1960.11.1
文部省、高校生徒会の連合組織につ
　いて通達　　　　　　　　　1960.12.24
文部省、『わが国のへき地教育』発表
　　　　　　　　　　　　　　1961.11.1
文部省、高等学校生徒急増対策を決
　定　　　　　　　　　　　　1962.1.26
防衛庁、文部省に学校教育に関する
　要望　　　　　　　　　　　1962.4.26
文部省、教育白書『日本の成長と教
　育』を刊行　　　　　　　　1962.11.5
小中学校教師用『道徳指導資料』第1
　集刊行　　　　　　　　　　1964.3.14
文部省、『わが国の高等教育』を発表
　　　　　　　　　　　　　　1964.8.21
文部省、「集団行動指導の手引」草案
　を発表　　　　　　　　　　1964.9.29
文部省、全国学力調査を20%抽出に
　変更　　　　　　　　　　　1964.10.14
文部省、教育白書『我が国の教育基
　準』を刊行　　　　　　　　1964.11.6
文部省、『わが国の社会教育』を発表
　　　　　　　　　　　　　　1965.11.1
文部省、『青年の健康と体力』を発表
　　　　　　　　　　　　　　1966.11.8
文部省、建国記念日について通達　1967.1.13
文部省、『わが国の私立学校』発表　1968.4.9
文部省に、文化庁が発足　　　1968.6.15

文部省、小学校学習指導要領告示	1968.7.11
文部省、中学校学習指導要領を告示	1969.4.14
文部省、大学内の秩序維持について通達	1969.4.21
文部省、高校における政治的教養等を通知	1969.10.31
文部省、初の中堅教員研修講座を開催	1970.5.9
文部省、学校環境・特性の調査中間報告	1970.6.13
文部省、高等学校学習指導要領を告示	1970.10.15
文部省、教育白書『我が国の教育水準』を刊行	1970.11.10
文部省、筑波新大学創設準備会を設置	1971.10.22
文部省『学制百年史』を刊行	1972.10.1
文部省、「学制」百年記念式典開催	1972.10.5
文部省、高校生徒指導要録の改訂を通知	1973.2.19
文部省、「教育職員免許法施行規則」改正	1973.7.20
文部省、公立小中学校の統合について通達	1973.10.2
文部省、大学院問題懇談会が初会合	1975.4.25
文部省、初の学術白書『わが国の学術』を発表	1975.8.30
文部省、小中高校に部長制等の導入方針	1975.10.15
文部省、主任制度化実施状況調査	1976.4.1
文部省、教育白書『我が国の教育水準』刊行	1976.5.7
文部省、都道府県教委に業者テストの取扱等について通達	1976.9.7
文部省、公私立高校新増設建物整備費補助金の交付要綱を決定	1976.12.23
文部省、高校以下の教員の週休2日制実施要領を各県教委に送付	1977.3.2
文部省、初の学習塾調査の発表	1977.3.11
文部省、小中学校新学習指導要領を告示	1977.7.23
文部省、「小学校及び中学校の学習指導要領の施行について」を通達	1977.8.16
文部省、教科書新検定規則公布	1977.9.22
文部省、小中学校教育課程移行措置を告示、通達	1977.10.6
文部省「体力・運動能力調査」発表	1977.10.4
文部省、学術修士新設	1978.2.27
文部省、「新高等学校学習指導要領」を発表	1978.6.22
文部省、高校の新学習指導要領を告示	1978.8.30
文部省、盲・ろう・養護学校の新学習指導要領告示	1979.7.2
文部省「第5次教職員定数改善計画案」発表	1979.8.22
文部省、都道府県教委に「小・中学校指導要録の改正」通知	1980.2.29
文部省、「盲・ろう・養護学校の小・中学部指導要領の改訂」について通知	1980.4.10
文部省「学力調査」実施決定	1980.8.22
文部省、『体力・運動能力白書』発表	1980.10.9
文部省、教育白書『我が国の教育水準』刊行	1981.5.22
文部省、新学力調査を実施	1982.2.24
文部省、「教員の採用・研修について」を提示	1982.5.31
文部省、公立校教員に外国人を採用しないよう通知	1982.10.2
文部省、「教科用図書検定基準」改正官報告示	1982.11.24
文部省、新「学力調査」実施	1983.1.26
文部省「出席停止等の状況調査」「校内暴力の発生状況と発生校に関する調査」発表	1983.6.2
文部省「公立小・中学校における道徳教育の実施状況に関する調査」発表	1983.8.5
文部省、「公立の小学校及び中学校における出席停止の措置について」を通知	1983.12.5
文部省「公・私立における中途退学者数等の状況」公表	1984.1.16
文部省、中野区あてに教育委員準公選区民投票の不実施を勧告	1984.3.5
文部省「児童の日常生活調査」発表	1984.5.30
文部省、長野県の韓国籍教諭不採用問題について言及	1985.3.22
文部省「高校中退者数等の状況」発表	1985.4.2
文部省「特別活動の実施状況に関する調査」の結果発表	1985.9.5
文部省、専修学校卒業生の大学入学資格付与で告示	1985.9.19
文部省、中学校新学力調査結果発表	1985.12.26
文部省「いじめの実態等に関する調査」結果発表	1986.2.21
文部省「児童生徒の学校外学習活動に関する実態調査」速報発表	1986.4.8
文部省「臨教審『教育改革に関する第2次答申』について」を通知	1986.6.13
文部省「児童・生徒の問題行動の実態調査」結果発表	1986.12.9
文部省、臨教審の第3次答申の積極的対応を求める	1987.5.8

文部省「高校中退者の進路状況調査」
　発表　　　　　　　　　　　1987.6.22
文部省「体力・運動能力調査報告書」
　発表　　　　　　　　　　　1987.10.10
文部省「教育改革の推進」発表　1988.1.5
文部省、校則見直し指導を要請　1988.5.19
文部省『国際理解と協力の進展』発
　表　　　　　　　　　　　　1988.6.29
文部省「教科書検定制度改善の骨子」
　発表　　　　　　　　　　　1988.9.22
文部省「児童生徒の問題行動実態調
　査」結果発表　　　　　　　1988.11.30
文部省、教育白書『我が国の文教施
　策』刊行　　　　　　　　　1988.12.6
文部省、幼・小・中・高校の学習指導
　要領等の改訂案発表　　　　1989.2.10
文部省、幼・小・中・高校の学習指導
　要領等を告示　　　　　　　1989.3.15
文部省、新教科書検定規則・基準を
　公示　　　　　　　　　　　1989.4.4
文部省、リクルート事件で更迭　1989.4.14
文部省、地区別教育課程講習会を開
　始　　　　　　　　　　　　1989.6.1
文部省、「大学院設置基準」等改正　1989.9.1
文部省、盲ろう養護学校学習指導要
　領告示　　　　　　　　　　1989.10.24
文部省、教育白書『我が国の文教施
　策』刊行　　　　　　　　　1989.11.22
文部省、高校学習指導要領移行措置
　告示　　　　　　　　　　　1989.11.30
文部省、公立高校教育課程編成状況
　調査の結果を発表　　　　　1990.4.11
文部省、「国歌」「国旗」の実施状況
　について調査を開始　　　　1990.4.17
文部省、臨時定員増について応急的
　措置を各大学に通達　　　　1990.4.23
文部省、留学生の専修学校への受入
　について定員の半数以下にとどめ
　るよう通知　　　　　　　　1990.7.4
文部省、入学式における「日の丸・君
　が代」の実施状況調査結果を公表　1990.7.16
文部省、国立大学定員増加予定数を
　発表　　　　　　　　　　　1990.9.1
文部省、教育白書『我が国の文教施
　策』刊行　　　　　　　　　1990.11.20
文部省日韓外相覚書を受け、教育関
　係事項取扱いを通知　　　　1991.1.30
文部省、「学校教育法施行規則」を改
　定　　　　　　　　　　　　1991.3.15
文部省、在日外国人の常勤講師とし
　ての採用認可　　　　　　　1991.3.22
文部省、小中学校の新「標準教材基
　準」を発表　　　　　　　　1991.3.26
文部省の「社会人継続教育の推進企
　画会議」発足　　　　　　　1991.4.24

文部省、「大学設置基準」を改定　1991.6.2
文部省、「文部大臣が別に定める学
　修」を告示　　　　　　　　1991.6.5
文部省、普通教室用机と椅子の特号
　を新設　　　　　　　　　　1991.6.5
文部省、『環境教育指導資料』を作
　成・配布　　　　　　　　　1991.6.19
文部省、初の大検志願者アンケート
　実施　　　　　　　　　　　1991.7.22
学校5日制試行校の保護者を対象とし
　た文部省調査の結果を公表　1991.8.6
文部省、全日制公立高校普通科の40
　人学級編成を認めると発表　1991.10.18
文部省、教員処分状況を発表　1991.11.1
文部省、教育白書『我が国の文教施
　策』刊行　　　　　　　　　1991.11.5
文部省、「教職員等に係る生涯生活設
　計推進計画の策定」を通知　1991.11.22
文部省、教育委員会の活性化に関す
　る調査を発表　　　　　　　1991.12.13
文部省、『問題行動白書』発表　1991.12.25
文部省、初の保健室利用調査を発表
　　　　　　　　　　　　　　1991.12.28
文部省、学校保健統計を発表　1992.1.3
文部省、不登校児童の民間施設通学
　を出席とする見解を発表　　1992.2.27
文部省、学校5日制導入に伴う授業時
　間について、各府県教委に通知　1992.3.23
文部省、9月から「学校5日制」導入
　とする「学校教育法施行規則」を
　改定　　　　　　　　　　　1992.3.23
文部省、公立学校教職員の週休2日制
　について通知　　　　　　　1992.5.1
文部省、学校5日制調査協力校642校
　を指定　　　　　　　　　　1992.5.19
文部省、学校5日制実施により学習塾
　に営業自粛の協力要請　　　1992.5.21
文部省、大阪の市立小学校2校を英語
　教育の研究開発校に指定　　1992.5.22
文部省、教科書の検定結果公表　1992.6.30
文部省、国公立大入試の「分離分割
　方式」増加を発表　　　　　1992.8.13
文部省、公立学校の「教職員配置改
　善6カ年計画」を発表　　　1992.8.21
文部省、登校拒否・高校中退の緊急
　対策を発表　　　　　　　　1992.8.25
文部省初中局長、PKO協力法案の学
　校での正確な取扱いを要請　1992.9.16
総務庁、文部省に対し「義務教育諸
　学校等に関する行政監察」を勧告　1992.9.21
文部省、登校拒否生徒が民間施設に
　通うことを出席扱いにすると公表　1992.9.22
日弁連、文部省に朝鮮高級学校の高
　体連拒否は人権侵害にあたると勧
　告　　　　　　　　　　　　1992.10.28

文部省、教育白書『我が国の文教施策』刊行　1992.11.5
千代田区立永田小PTA、文部省に学校存続を陳情　1992.11.11
文部省、公立中学校の業者テストの緊急実態調査結果を発表　1992.11.17
文部省、教師用エイズ手引きの全面改訂版を公表　1992.12.9
文部省、第5次公立高校学級編成・教職員定数改善計画を発表　1992.12.9
文部省、学校保健統計調査を発表　1993.1.4
文部省、私立学校の学校5日制実施状況調査を発表　1993.1.8
文部省、通級指導制度化のため「学校教育法施行規則」を改正　1993.1.28
文部省、業者テストの実施・利用中止を各都道府県教委・知事に通知　1993.2.22
文部省、高校制度改革により「総合学科」を加える省令改正　1993.3.10
文部省、大学の自己評価実施状況を報告　1993.3.26
文部省、学校図書館整備5カ年計画を実行　1993.3.29
文部省、中・高校卒の就職内定取消防止を通知　1993.3.31
文部省、小中学校の「空き教室」活用指針を通知　1993.4.9
文部省、高校中退問題の対応について通知　1993.4.23
文部省、高等学校の指導要録の簡素化を通知　1993.7.29
文部省、公立中学校の新学習指導要領実施後の課程編成状況を発表　1993.10.12
文部省、公立中学校94％で体験学習に取り組んでいると発表　1993.10.30
文部省、教育白書『我が国の文教施策』刊行　1993.11.5
文部省、総合学科設置校を確定し、連絡協議会開催　1993.11.15
学校再編に絡む贈収賄容疑で、文部省の係長と椙山女学園理事長を逮捕　1994.1.10
文部省、「総合理科」の教師用指導資料を公表　1994.3.22
文部省、「児童の権利に関する条約」について通知　1994.5.20
文部省、「道徳教育推進状況調査」を発表　1994.5.26
文部省、「推薦入試」について通知　1994.6.8
文部省、「専修学校設置基準」改正を公布　1994.6.21
文部省、学校図書館に教科書の常備を指示　1994.9.29

日教組の21世紀ビジョン委員会、文部省とパートナー関係になるよう提言　1994.10.18
文部省、国公立校の「総合学科」開設数を発表　1994.11.14
文部省、公立学校の月2回学校5日制実施のため「学校教育法施行規則」を改定　1994.11.24
文部省、学校健康診断の見直しを実施　1994.12.8
文部省、教育白書『我が国の文教施策』刊行　1994.12.14
文部省、「幼稚園設置基準」改定　1995.2.8
文部省、いじめ総点検結果発表　1995.3.13
文部省、静岡県教委に対しオウム教団の不就学児の対応を指示　1995.3.28
文部省、大学入試実施要項を発表　1995.6.14
文部省、スクールカウンセラー配置校154校を決定　1995.7.17
日教組、文部省との協力関係構築で合意し運動方針案を発表　1995.7.25
日教組、定期大会で文部省との対決路線から協調路線への転換を掲げた運動方針を可決　1995.9.3
文部省、「アビトゥア」取得者に対し大学入学資格を与えると通知　1995.10.3
文部省、総合学科の開設校を発表　1995.12.11
文部省、教育長会議を開催、「いじめ根絶のための指導方針」を提示　1995.12.15
文部省、教育白書『我が国の文教施策』刊行　1996.2.16
文部省、総合学科の教職員加配による施行令一部改正　1996.3.25
文部省の、創造的人材育成産学懇談会が、報告をまとめる　1996.3.25
文部省、PTAとの定期協議始める　1996.4.9
文部省、国立大学第二次入試において別枠試験を制度化　1996.5.20
文部省、教科書の検定結果と事例を発表　1996.6.27
文部省、教員などの給与改善に関する要望書提出　1996.7.4
文部省懇談会、高等教育の在り方について提言　1996.7.4
文部省、高校専門学科の状況を発表　1996.7.26
文部省、教育課程審議会を9年ぶりに再開　1996.8.27
行革委員会で、文部省や教育団体が、学校選択の弾力化などに反対意見　1996.10.3
文部省、中学・高校生の運動部活調査発表　1996.10.7
文部省、フランスバカロレア試験合格者の日本の大学受験資格について通知　1996.10.11

地方分権推進委員会、地教委に対する指揮監督権や教育長の任命承認制の廃止を文部省に勧告 1996.12.20
文部省、教育白書『我が国の文教施策』刊行 1996.12.20
文部省、大学教員における兼業許可範囲の拡大を全国に通知 1996.12.26
文部省、通学区域の弾力的運用を通知 1997.1.27
文部省、「学校教育法施行規則」を改正 1997.3.24
文部省、排水口の調査結果公表 1997.4.15
文部省、科学技術庁との一本化に前向きな姿勢 1997.5.21
文部省、国立大学の民営化反対を表明 1997.5.21
文部省、高校教科書検定結果発表 1997.6.26
文部省、教育改革プログラム改訂版を作成 1997.8.5
文部省、国公立大学入学者選抜概要発表 1997.8.19
文部省、小・中学校で実施した新学力テストの結果を発表 1997.9.29
文部省、今後の地方教育行政の在り方を諮問 1997.9.30
文部省、国立大学教授の任命権を学長委任に決定 1997.10.23
文部省、空き教室手続きの大幅な簡素化を通知 1997.11.20
文部省、教員志望者に対する「介護等体験特例法施行規則」公布通達 1997.11.26
文部省、教育白書『我が国の文教施策』刊行 1997.12.5
文部省、校長の判断による所持品検査は差し支えないとの見解を示す 1998.2.3
文部省厚生省、幼保施設・運営共同化に関する指針を通知 1998.3.10
文部省、教育改革プログラム再改訂版発表 1998.4.28
文部省、教育白書『我が国の文教施策』刊行 1998.10.30
文部省、「学校教育についての意識調査」結果を公表 1998.11.13
文部省、小・中学校学習指導要領の改定内容を公表 1998.11.18
文部省の主任教科書調査官、教科書が「戦争の贖罪のパンフレット」と発言 1998.11.24
文部省、「行動指針となる日常体験」調査を実施し実態を公表 1998.12.3
文部省、幼稚園新教育要領、小・中学校学習指導要領を全面改定し公示 1998.12.14

文部省、私立中入試に英語を出題しないよう、各都道府県知事に指示 1998.12.14
文部省と農林省、子供自然休暇村を具体化するための協議会設置 1998.12.17
文部省、小学校のインターネット接続計画2年前倒しを発表 1998.12.21
文部省、「検定規則」を改正 1999.1.13
文部省、高等学校学習指導要領公表 1999.3.1
文部省、大学推薦入試定員枠を緩和・撤廃する方針決定 1999.3.10
文部省、高等学校・特殊教育学校の新学習指導要領公示 1999.3.29
文部省、セクシュアル・ハラスメント防止のための指針を大学等に通知 1999.3.30
文部省、公立学校におけるセクハラ防止について通知 1999.4.12
文部省、学習指導要領移行措置を提示 1999.6.3
「文部科学省設置法」公布 1999.7.16
文部省、懇談会を設置し国立大学独立行政法人化問題検討 1999.8.10
文部省、AO入試実施を発表 1999.8.19
文部省、大学入学定員計画を発表 1999.8.30
文部省、国立大学の独立行政法人化容認の方針固める 1999.9.8
文部省、「大学設置基準」改正 1999.9.14
文部省、国旗・国歌の取り扱い状況公表 1999.9.17
文部省、教育白書『我が国の文教施策』刊行 1999.12.7
文部省、高校中退状況を発表 1999.12.15
文部省、「教育指針の国際比較」発表 2000.1.19
文部省、「学校教育法施行規則」の改定 2000.1.21
文部省、ロースクール基本構想発表 2000.4.25
文部省、学校基本調査速報発表 2000.8.4
文部省、問題行動調査速報を発表 2000.8.11
文部省、教育白書『我が国の文教施策』刊行 2000.11.14
文部省、国立教員養成大学就職状況を発表 2000.12.19
文部省、ものづくり大学の開設を認可 2000.12.25
文部科学省設立 2001.1.6

文部省及び直轄学校蔵版教科書中翻刻許可書目
「文部省及び直轄学校蔵版教科書中翻刻許可書目」改定 1874.10.4

文部省外国留学生規程
「文部省外国留学生規程」制定 1892.11.22

文部省官制
「文部省官制」改正 1890.6.21
「文部省官制」改正 1893.10.31

「文部省官制」改正	1897.10.9	文部省美術展覧会規則	
「文部省官制」改正	1898.10.22	「文部省美術展覧会規則」を制定	1937.9.11
「文部省官制」改正	1900.3.31	文部省分課規程	
「文部省官制」改正	1911.4.10	「文部省分課規程」改正	1900.4.4
「文部省官制」改正	1913.6.13		
「文部省官制」改正	1919.4.24		
「文部省官制」改定	1942.11.1		

【や】

文部省機密文書取扱規程
　文部省の機密取扱規程2種　　　1940.4.17
『文部省教育雑誌』
　『文部省教育雑誌』と改題　　　1882.12.14
　『文部省教育雑誌』廃刊　　　　1884.1.7
文部省教学局
　『臣民の道』刊行　　　　　　　1941.7.21
文部省在外研究員規程
　「文部省在外研究員規程」制定　1920.9.15
『文部省雑誌』
　『教育雑誌』と改題　　　　　　1876.4.17
文部省視学官及文部省視学委員職務規程
　「文部省視学官及文部省視学委員職務
　　規程」制定　　　　　　　　　1908.9.10
文部省視学規程
　「文部省視学規程」制定　　　　1893.1.31
文部省職制及事務章程
　「文部省職制及事務章程」制定　1875.11.25
文部省設置法
　「国立学校設置法」「文部省設置法」
　　などを公布　　　　　　　　　1949.5.31
　「文部省設置法」一部改正　　　1974.6.3
文部省設置法施行規則
　「文部省設置法施行規則」を一部改正
　　　　　　　　　　　　　　　　1958.11.10
文部省総動員機密取扱規程
　文部省の機密取扱規程2種　　　1940.4.17
『文部省第一年報』
　『文部省第一年報』刊行　　　　1875.1.4
文部省著作教科書の出版権等に関する法律
　「国立学校設置法」「文部省設置法」
　　などを公布　　　　　　　　　1949.5.31
文部省直轄学校官制
　「文部省直轄学校官制」改正　　1891.7.27
　「文部省直轄学校官制」改正　　1893.8.25
文部省直轄書学校長任用ノ件
　「文部省直轄書学校長任用ノ件」1913.6.13
文部省督学官特別任用ノ件
　「文部省督学官特別任用ノ件」　1913.6.13
『文部省日誌』
　『文部省日誌』創刊　　　1872（この年）
　『文部省日誌』再刊　　　　　　1878.2月
　『文部省日誌』廃刊　　　　　　1883.2.15
文部省美術展覧会
　第1回文部省美術展覧会、開催　1907.10.25

夜学
　小学校の二部授業・貧困児童の就学
　　方法について訓令　　　　　　1894.1.12
夜間中学
　夜間中学卒業者の待遇改善　　　1932.5.18
薬学教育
　文部省、薬学教育の改善を提言　1994.7.9
　中教審、「薬学教育の改善・充実につ
　　いて」答申　　　　　　　　　2004.2.18
　「学校教育法」改正　　　　　　2004.5.21
薬学校通則
　「薬学校通則」制定　　　　　　1882.7.18
安浦町立安登小学校
　安登小学校生徒殺害事件　　　　1990.3.26
安田講堂
　東大安田講堂占拠に対し機動隊を導
　　入　　　　　　　　　　　　　1968.6.15
　東大、機動隊を導入し安田講堂の学
　　生排除　　　　　　　　　　　1969.1.18
山形県民大学
　山形県民大学開講、農村での学習運
　　動を提起　　　　　　　　　　1966.2.19
山形県山元中学校
　無着成恭編『山びこ学校』刊行　1951.3.5
山形大学
　旭川医大・愛媛大医学部・山形大、
　　医学部開学　　　　　　　　　1973.11.5
　山形大学入試判定ミス　　　　　2001.5.18
　大学入試ミスで処分　　　　　　2001.7.16
山形マット死事件
　山形マット死事件　　　　　　　1993.1.13
　山形マット死事件民事訴訟、賠償金
　　支払い命令　　　　　　　　　2004.5.28
　山形マット死事件民事訴訟、遺族側
　　の勝訴確定　　　　　　　　　2005.9.6
山口県教育委員会
　最高裁、山口県学テ作文事件で教諭
　　側の上告棄却　　　　　　　　1978.12.12
山口県教職員組合
　山口日記事件　　　　　　　　　1953.6.3
山口県学テ作文事件
　最高裁、山口県学テ作文事件で教諭
　　側の上告棄却　　　　　　　　1978.12.12

山口県立光高等学校
　山口県立光高校爆発事件　　　2005.6.10
山口県立図書館
　巡回文庫を実施　　　　　　1904（この年）
山口高等学校
　官立高等学校開設　　　　　　1919.4.16
山口高等商業学校
　山口高等商業学校へ改組　　　1905.2.25
山口高等中学校
　官立山口高等中学校へ改組　　1886.11.20
山口女子大学
　山口女子大学教授会、男女共学化の
　　方針決定　　　　　　　　　1995.3.22
山口日記事件
　山口日記事件　　　　　　　　1953.6.3
山梨県上九一色村
　山梨県上九一色村、オウム教信徒の
　　手続きを受理しない方針を通知　1995.4.11
『山びこ学校』
　無着成恭編『山びこ学校』刊行　1951.3.5
やらせ質問
　教育改革タウンミーティングで「や
　　らせ質問」発覚　　　　　　2006.10.31

【ゆ】

友愛会
　日本労働学校開設　　　　　　1921.9.16
融和教育
　融和教育の徹底　　　　　　　1938.8.29
ゆとり教育
　ゆとり教育と学力低下　　　2001（この年）
　小学校教科書検定結果、発表　　2004.3.30
　中山文科相、「ゆとり教育」転換を示
　　唆　　　　　　　　　　　　2005.1.18
　小中学生、学力改善傾向　　　　2005.4.22
　教育再生会議、「社会総がかりで教育
　　再生を」（第1次報告）発表　　2007.1.24
　安倍首相、教育再生を明言　　　2007.1.26
　高校生、学力改善方向　　　　　2007.4.13
　中教審、学習指導要領について報告
　　　　　　　　　　　　　　　2007.10.30
　中教審、「ゆとり教育」の見直しにつ
　　いて答申　　　　　　　　　2008.1.17
　文科省、学習指導要領を告示　　2008.3.28
　高校学習指導要領案を公表　　　2008.12.22
　高校学習指導要領を告示　　　　2009.3.9
　小学校教科書、25％増量　　　　2010.3.30
ユニバーシアード
　ユニバーシアード東京大会が開幕　1967.8.27

ユネスコ
　アジア地域ユネスコ加盟18国文相会
　　議開催　　　　　　　　　　1962.4.2
　ユネスコ、第1回アジア教育計画会議
　　を開催　　　　　　　　　　1963.10.3
　特別政府間会議でILO勧告を採択　1966.10.4
　ユネスコ初の「軍縮教育世界会議」
　　開催　　　　　　　　　　　1980.6.9

【よ】

良い教科書と子供の教科書を守る大会
　良い教科書と子供の教科書を守る大
　　会を開催　　　　　　　　　1955.6.21
洋学校
　東京府下に小学校6校・洋学校1校を
　　創設　　　　　　　　　　　1872.2.1
『幼学綱要』
　『幼学綱要』下賜　　　　　　1882.11.27
洋語学所
　洋語学所、設置　　　　　　　1871.3.22
養護学校
　「へき地教育振興法」などを公布　1954.6.1
　養護学校幼稚部高等部学校給食に関
　　する法律　　　　　　　　　1957.5.20
　教育課程審議会、高校教育課程の改
　　善を答申　　　　　　　　　1960.3.31
　養護学校への就学奨励に関する法律
　　改正　　　　　　　　　　　1961.3.25
　養護学校小中学部学習指導要領の改
　　訂を告示　　　　　　　　　1971.3.13
　教育課程審議会、養護学校高等部の
　　改善答申　　　　　　　　　1972.3.15
　盲・聾・養護学校高等部学習指導要
　　領を発表　　　　　　　　　1972.10.17
　養護学校の義務化　　　　　　1973.11.16
　教育課程審議会「盲ろう養護学校の
　　小中高等部の教育課程の基準の改
　　善について」答申　　　　　1978.10.23
　「養護学校の義務制度」発足　　1979.4.1
　文部省、盲・ろう・養護学校の新学
　　習指導要領告示　　　　　　1979.7.2
　文部省、「盲・ろう・養護学校の小・
　　中学部指導要領の改訂」について
　　通知　　　　　　　　　　　1980.4.10
　文部省、盲ろう養護学校学習指導要
　　領告示　　　　　　　　　　1989.10.24
　文部省調査協力者会議、特殊教育拡
　　充重点の移行を提言　　　　1997.1.24
　中教審、「特別支援教育」について答
　　申　　　　　　　　　　　　2005.12.8
　「学校教育法」一部改正　　　　2006.6.21

養護施設
養護施設講習会　　　　　　　1942.10月
幼児教育
中央児童福祉審議会、幼児教育の在り方答申　　　　　　　　　　1971.10.5
社会党、「21世紀子どもルネッサンス」をまとめ、公表　　　　　1991.7.19
文部省、「幼児教育の充実に向けて」の中間報告を提出　　　　　2000.7.24
中教審、幼児教育・高等教育について答申　　　　　　　　　2005.1.28
文科省、「幼児教育振興アクションプログラム」発表　　　　　　2006.10.4
幼児教育振興アクションプログラム
文科省、「幼児教育振興アクションプログラム」発表　　　　　　2006.10.4
幼児教育の振興に関する調査研究協力者会議
文部省、「幼児教育の充実に向けて」の中間報告を提出　　　　　2000.7.24
幼児入学禁止
学齢未満の幼児の小学校入学を禁止　1884.2.15
幼児保育所
新潟静修学校、幼児保育所を創設　　1890.6月
幼稚園
東京女子師範学校附属幼稚園開園　1876.11.16
関信三、「幼稚園創立之法」を文部卿に提出　　　　　　　　1878.11.11
『幼稚園法二十遊嬉』刊行　　　　　1879.3月
幼稚園の創設・廃止・保育法について布達　　　　　　　　　1879.11.12
『幼稚園唱歌集』刊行　　　　　　　1887.12月
頌栄幼稚園、創設　　　　　　　　1889.10.22
「幼稚園保育及設備規程」制定　　　1899.6.28
日本幼稚園協会設立　　　　　　　　1918.10月
「幼稚園令」公布　　　　　　　　　1926.4.22
「学校医、幼稚園医及青年訓練所医令」公布　　　　　　　　　1929.3.19
「学校歯科医及幼稚園歯科医令」公布　　　　　　　　　　　　1931.6.23
教育審議会、国民学校・師範学校・幼稚園について答申　　　　1938.12.8
文部省、「幼稚園基準」提示　　　　1952.5.21
文部省、幼稚園教育要領を制定　　　1956.2.7
文部省、「幼稚園設置基準」制定　　1956.12.13
幼稚園と保育所との関係について通達　　　　　　　　　　　1963.10.28
改訂「幼稚園教育要領」を告示　　　1964.3.23
教課審、幼稚園から高校までの教育課程の基準改善について答申　1987.12.24
O-157による集団下痢で幼稚園児死亡　　　　　　　　　　　1990.10.19
文部省、「幼稚園設置基準」改定　　1995.2.8
幼稚園教育の在り方に関する文部省調査協力者会議、総合的な学びに重点をおくよう提言　　　　1997.6.30
文部省、幼稚園新教育要領、小・中学校学習指導要領を全面改定し公示　　　　　　　　　　　1998.12.14
文科省、幼稚園評価のガイドラインを策定　　　　　　　　　2008.3.25
幼稚園基準
文部省、「幼稚園基準」提示　　　　1952.5.21
幼稚園教育振興に関する調査研究協力者会議
文部省の調査研究協力者会議、3歳児就園促進を提言　　　　　　1991.3.1
幼稚園教育の在り方に関する文部省調査協力者会議
幼稚園教育の在り方に関する文部省調査協力者会議、総合的な学びに重点をおくよう提言　　　　1997.6.30
幼稚園教育要領
文部省、幼稚園教育要領を制定　　　1956.2.7
改訂「幼稚園教育要領」を告示　　　1964.3.23
『幼稚園唱歌集』
『幼稚園唱歌集』刊行　　　　　　　1887.12月
幼稚園設置基準
文部省、「幼稚園設置基準」制定　　1956.12.13
文部省、「幼稚園設置基準」改定　　1995.2.8
幼稚園創立之法
関信三、「幼稚園創立之法」を文部卿に提出　　　　　　　　1878.11.11
幼稚園保育及設備規程
「幼稚園保育及設備規程」制定　　　1899.6.28
『幼稚園法二十遊嬉』
『幼稚園法二十遊嬉』刊行　　　　　1879.3月
幼稚園令
「幼稚園令」公布　　　　　　　　　1926.4.22
幼稚遊嬉場
幼稚遊嬉場を設置　　　　　　　　　1875.12月
幼保行政
行政管理庁、幼保行政の問題点を指摘　　　　　　　　　　　1975.11.25
幼保統合
連合、教育改革案まとめ公表　　　1997.10.22
文部省厚生省、幼保施設・運営共同化に関する指針を通知　　　1998.3.10
幼保統合方針示す　　　　　　　　2010.11.1
横川東小学校傷害事件
横川東小学校傷害事件　　　　　　2010.10.20
横須賀鬐舎
横須賀鬐舎を復興　　　　　　　　　1870.4.29
横浜教科書訴訟
横浜教科書訴訟で、2箇所の検定意見を違法と認める判決　　　　1998.4.22

横浜教科書訴訟、損害賠償請求棄却 2002.5.29
横浜教科書訴訟、執筆者敗訴が確定 2005.12.1
横浜高等海員養成所
 横浜高等海員養成所設立 1913.6月
横浜国立大学
 横浜国大学芸学部教授会、学部名変更の方針 1966.1.6
四谷大塚進学教室
 四谷大塚進学教室選抜試験に1万6千人応募 1975.4.20
米沢高等工業学校
 上田蚕糸専門学校他、創設 1910.3.28
4年制高校
 第14期中教審開催 1989.4.24
『四年の学習』
 『三年の学習』『四年の学習』創刊 1947.1月
予備校
 都立高教師に予備校が受験ノウハウ指導 2010.6月
40人学級
 40人学級実現化へ 1980.4.25
 「行財政改革関連特別法」成立 1981.11.27
 文部省、全日制公立高校普通科の40人学級編成を認めると発表 1991.10.18
 茨城県総和町長、中学校を28人制とする方針を表明 1998.9.29
4.11スト
 4.11スト事件で教組委員長に無罪判決 1982.6.14
 日教組の「4.11全日スト」が違法と判決 1985.11.20
 「4.11スト」の1審有罪判決支持 1988.5.10

【ら】

『莱因氏教育学』
 『莱因氏教育学』刊行 1895.3月
楽善会
 楽善会、創設 1875.5.22
楽善会訓盲院
 楽善会訓盲院、設立 1876.3.15
『ラクダイ横丁』
 第1回児童文学賞授与 1951.12.1
ラグビー合宿
 ラグビー合宿中の死亡事件で学校側に慰謝料等支払い命令 1995.4.19

【り】

理科
 国立教育研究所「国際理科教育調査」中間報告発表 1988.3.1
 日本物理学会、小学校低学年における「理科」の廃止を批判 1994.8.22
理科教育及び産業教育審議会
 理産審、「高等学校における今後の職業教育の在り方について」答申 1985.2.19
 理科教育及び産業教育審議会、専門高校の在り方に関する方針提言 1998.7.23
理科教育審議会
 理科教育審議会、理科教員養成について答申 1957.6.24
 理科教育審議会、科学教育のありかた建議 1957.12.19
理科教育振興法
 「学校図書館法」「理科教育振興法」を公布 1953.8.8
リカレント → 社会人継続教育を見よ
陸軍現役将校学校配属令
 「陸軍現役将校学校配属令」公布 1925.4.13
陸軍現役将校学校配属令施行規則規程
 「陸軍現役将校学校配属令施行規則規程」改正 1941.9.5
陸軍現役将校配属学校教練査閲規程
 「陸軍現役将校配属学校教練査閲規程」制定 1925.6.19
陸軍士官学校
 陸軍士官学校、開校 1878.6.10
陸軍大学校
 陸軍大学校、開校 1883.4.12
陸軍兵学寮
 海軍兵学寮・陸軍兵学寮と改称 1870.12.25
リクルート事件
 リクルート事件 1988.11.2
 リクルート事件で前文部次官逮捕 1989.3.28
 文部省、リクルート事件で更迭 1989.4.14
理産審 → 理科教育及び産業教育審議会を見よ
履修不足
 香川医科大推薦入試で履修科目不足生徒の合格が判明 1997.1.6
 高校履修不足問題が発覚 2006.10.24
 高校履修不足問題で校長が自殺 2006.10.30
 高校履修不足問題の救済策発表 2006.11.1
 大学入試センター試験 2007.1.20

リジン
　学校給食の添加物Lリジンの安全性に
　　疑問　　　　　　　　　　　　　　1975.6.4
立教大学
　立教大学、専修大学設立認可　　　1922.5.25
　立教大学法学部、社会人入学の実施
　　発表　　　　　　　　　　　　　1978.7.3
立正大学
　立正大学認可　　　　　　　　　　1924.5.17
立正中学校・高等学校
　立正中・高生に光化学スモッグ被害　1970.7.18
立命館大学
　立命館大学、関西大学、東洋教会大
　　学設立認可　　　　　　　　　　1922.6.5
留学
　大学南校、留学生を派遣　　　　　1870.9.22
　「海外留学生規則」制定　　　　　1871.2.11
　津田梅子らがアメリカ留学　　　　1871.12.23
　「海外留学生監督章程」制定　　　1874.6.13
　開成学校第1回海外留学生　　　　1875.7.18
　開成学校第2回海外留学生　　　　1876.6.25
　「貸費留学生条規」制定　　　　　1878.7月
　工部大学校卒業生、イギリス留学　1879.11.19
　「文部省外国留学生規程」制定　　1892.11.22
　留学生派遣中止　　　　　　　　　1938.9月
　「フルブライト法」に基づく日米教育
　　交換計画　　　　　　　　　　　1951.8.28
　千葉大、東京外国語大に留学生課程
　　設置　　　　　　　　　　　　　1960.4.1
　ベトナム、カンボジア留学生の教育
　　指導　　　　　　　　　　　　　1975.5.6
　ベトナム、カンボジア留学生へ緊急
　　救援措置　　　　　　　　　　　1975.7.7
　日本人高校生、米ルイジアナ州留学
　　中に不審者と疑われ射殺　　　　1992.10.17
　文部省調査研究協力者会議、留学生
　　受け入れの促進を提言　　　　　1995.3.28
　早大・同志社大、交換留学生の実施
　　を発表　　　　　　　　　　　　1996.7.24
　外国人留学生は10万9508人　　　2003.5.1
　中教審、「新たな留学生政策の展開に
　　ついて」答申　　　　　　　　　2003.12.16
　城西国際大学、留学生227人が不法残
　　留　　　　　　　　　　　　　　2004.7.12
　インド人留学生の自殺、いじめが原
　　因　　　　　　　　　　　　　　2010.12.27
　海外からの留学生、過去最高に　　2010.12月
留学生受入
　文部省、留学生の専修学校への受入
　　について定員の半数以下にとどめ
　　るよう通知　　　　　　　　　　1990.7.4
琉球教育法
　「琉球教育法」公布　　　　　　　1952.2.28

琉球立法院文教社会委員会
　琉球立法院文教社会委員会、教公2法
　　を採決　　　　　　　　　　　　1967.1.25
龍谷大学
　龍谷大学、大谷大学認可　　　　　1922.5.20
旅行制限
　学制・生徒・児童の旅行を制限　　1940.6.22
旅順工科学堂
　旅順工科学堂、創設　　　　　　　1909.5.11
臨教審　→　臨時教育審議会を見よ
臨時仮名遣調査委員会官制
　「臨時仮名遣調査委員会官制」公布　1908.5.25
臨時教育委員会官制
　「臨時教育委員会官制」公布　　　1919.5.23
臨時教育会議
　小学校教育改革第1次答申　　　　1917.11.1
　男子高等普通教育に関して諮問　　1917.12.7
　兵式体操振興に関する建議　　　　1917.12.15
　臨時教育会議、高等普通教育につい
　　ての第1回答申　　　　　　　　1918.1.11
　大学教育および専門教育に関する答
　　申　　　　　　　　　　　　　　1918.6.22
臨時教育会議官制
　「臨時教育会議官制」公布　　　　1917.9.21
臨時教育行政調査会
　臨時教育行政調査会設置　　　　　1921.7.23
臨時教育審議会
　教育臨調設置決定　　　　　　　　1984.2.1
　臨教審委員25名任命　　　　　　1984.8.21
　臨教審初会合　　　　　　　　　　1984.9.5
　臨教審「審議経過の概要(その1)」
　　発表　　　　　　　　　　　　　1984.11.14
　臨教審第1部会「個性主義」を打ち出
　　す　　　　　　　　　　　　　　1985.2.11
　臨教審「審議経過の概要(その2)」
　　公表　　　　　　　　　　　　　1985.4.24
　臨教審「教育改革に関する第1次答
　　申」を提出　　　　　　　　　　1985.6.26
　臨教審「審議経過の概要(その3)」
　　発表　　　　　　　　　　　　　1986.1.22
　臨教審「教育改革に関する第2次答
　　申」発表　　　　　　　　　　　1986.4.23
　文部省「臨教審『教育改革に関する
　　第2次答申』について」を通知　　1986.6.13
　臨教審「審議経過の概要(その4)」
　　発表　　　　　　　　　　　　　1987.1.23
　臨教審「教育改革に関する第3次答
　　申」提出　　　　　　　　　　　1987.4.1
　文部省、臨教審の第3次答申の積極的
　　対応を求める　　　　　　　　　1987.5.8
　臨教審、第86回会議開催　　　　1987.7.1
　臨教審「教育改革に関する第4次答
　　申」提出　　　　　　　　　　　1987.8.7
　臨教審解散式　　　　　　　　　　1987.8.20

自民党21世紀ビジョン検討委員会、
　　第2次臨教審設置を提言　　　1996.5.30
臨時教育審議会設置法
　「臨時教育審議会設置法」公布　　1984.8.8
臨時教育調査部
　臨時教育調査部設置　　　　　　1933.5.19
臨時教員養成所
　臨時教員養成所、設置　　　　　1902.3.28
　第四臨時教員養成所・第五臨時教員
　　養成所、廃止　　　　　　　　1906.3.31
　第六臨時教員養成所、創設　　　1906.4.2
　第三臨時教員養成所、修業年限を延
　　長　　　　　　　　　　　　　1908.3.12
　第一臨時教員養成所・第二臨時教員
　　養成所、廃止　　　　　　　　1908.3.31
　「臨時教員養成所規程」改正　　　1912.3.9
　「臨時教員養成所卒業者服務規則」制
　　定　　　　　　　　　　　　　1912.3.18
　臨時教員養成所設置　　　　　　1922.4.10
　臨時教員養成所設置　　　　　　1923.4.5
　臨時教員養成所設置　　　　　　1927.3.24
　臨時教員養成所廃止　　　　　　1930.3.31
　臨時教員養成所25校廃止　　　　1931.3.26
　臨時教員養成所5校を廃止　　　 1932.3.30
　臨時教員養成所3校廃止　　　　 1933.3.9
　臨時教員養成所廃止　　　　　　1939.4.28
　臨時教員養成所設置　　　　　　1940.3.27
　臨時教員養成所設置　　　　　　1941.3.6
　臨時教員養成所設置　　　　　　1942.2.12
　理科・実業教員養成所増設　　　1943.3月
臨時教員養成所規程
　「臨時教員養成所規程」改正　　　1912.3.9
臨時教員養成所卒業者服務規則
　「臨時教員養成所卒業者服務規則」制
　　定　　　　　　　　　　　　　1912.3.18
臨時行政改革推進審議会
　臨時行政改革推進審議会、国立大学
　　の制度・運用の弾力化を求める　1990.4.18
　第3次行革審「ゆたかな生活部会」
　　で、教育施策を提言　　　　　1991.12.5
臨時行政調査会
　臨時行政調査会「行財政改革に関す
　　る第1次答申」発表　　　　　　1981.7.10
　第2次臨時行政調査会第3部会「補助
　　金等の整理合理化について」提出 1983.1.10
臨時国語調査会
　字体整理案・漢字整理案発表　　1926.6.1
臨時ローマ字調査会官制
　「臨時ローマ字調査会官制」公布　1930.11.25

【る】

留萌市教育委員会
　障害者の学級決定権は校長にあると
　　判決　　　　　　　　　　　　1993.10.26

【れ】

冷害
　東北・北海道で冷害　　　　　　1931.11月
　欠食児童20万人　　　　　　　　1932.7.27
礼法要項
　「礼法要項」通達　　　　　　　　1941.4.15
歴史
　GHQ、国史授業の再開許可　　　1946.10.12
歴史教育
　日韓21世紀委員会、両国の歴史教育
　　の検討を提言　　　　　　　　1991.1.7
歴史教育者協議会
　歴史教育者協議会創立大会を開催　1949.7.14
歴史的風土
　歴史的風土の保存に関する特別措置
　　法公布　　　　　　　　　　　1966.1.13
歴史認識
　海部首相、朝鮮半島の過去の歴史認
　　識を学校教育に反映させると表明 1990.5.25
　村山首相、終戦記念日に談話を発表 1995.8.15
レッドパージ
　イールズ、共産主義教授追放を講演 1949.7.19
　九州大学で、「赤色教授」に辞職勧告
　　　　　　　　　　　　　　　　1949.9.24
　東京都教育庁、「赤い教員」246人に
　　退職勧告　　　　　　　　　　1950.2.13
　天野文相、教職員のレッドパージ実
　　施を表明　　　　　　　　　　1950.9.1
連合
　日教組、新・連合への加盟決定　1989.9.6
　連合、教科書制度の撤廃・国体の廃
　　止を提言　　　　　　　　　　1996.4.18
　連合、教育改革案まとめ公表　　1997.10.22
連合国総司令部
　GHQ、軍国主義的教育禁止を指令 1945.10.22
　GHQ、軍国主義的教員の排除を司令
　　　　　　　　　　　　　　　　1945.10.30
　GHQ、学校教育から神道教育排除を
　　指令　　　　　　　　　　　　1945.12.15
　GHQ、3教科書の停止、教科書回収
　　を司令　　　　　　　　　　　1945.12.31

GHQ、教育使節団派遣を要請　1946.1.4
GHQ、「米国教育使節団報告書」を
　発表　1946.4.7
GHQ、全学校の地理授業再開を許可
　1946.6.29
GHQ、国史授業の再開許可　1946.10.12
GHQ、追放教員11万人を発表　1947.8.22

連続方式
　国大協臨時総会　1988.2.18

連続幼女殺人事件
　連続幼女殺人事件で容疑者逮捕　1989.8.11
　連続幼女殺人事件で死刑判決　2006.1.11

【ろ】

聾学校
　「東京盲学校規程」「東京聾唖学校規
　程」制定　1910.11.15
　盲・聾学校の就学設置義務に関する
　政令公布　1948.4.7
　盲・聾学校の就学義務に関する政令
　公布　1950.3.30
　「へき地教育振興法」などを公布　1954.6.1
　養護学校幼稚部高等部学校給食に関
　する法律　1957.5.20
　教育課程審議会、高校教育課程の改
　善を答申　1960.3.31
　養護学校への就学奨励に関する法律
　改正　1961.3.25
　養護学校小中学部学習指導要領の改
　訂を告示　1971.3.13
　教育課程審議会、養護学校高等部の
　改善答申　1972.3.15
　盲・聾・養護学校高等部学習指導要
　領を発表　1972.10.17
　教育課程審議会「盲ろう養護学校の
　小中高等部の教育課程の基準の改
　善について」答申　1978.10.23
　文部省、盲・ろう・養護学校の新学
　習指導要領告示　1979.7.2
　文部省、「盲・ろう・養護学校の小・
　中学部指導要領の改訂」について
　通知　1980.4.10
　文部省、盲ろう養護学校学習指導要
　領告示　1989.10.24
　文部省調査協力者会議、特殊教育拡
　充重点の移行を提言　1997.1.24
　中教審、「特別支援教育」について答
　申　2005.12.8
　「学校教育法」一部改正　2006.6.21

労働基準法
　「労働基準法」公布　1947.4.7

労働省
　労働省「中・高校生のアルバイト実
　態調査」を発表　1978.7.11

6・3制
　米国教育使節団に協力すべき教育家
　委員会発足　1946.2.7
　GHQ、「米国教育使節団報告書」を
　発表　1946.4.7
　教育刷新委員会、第1回建議　1946.12.27
　「教育基本法」「学校教育法」公布　1947.3.31
　6・3制完全実施に関する決議案を可決
　1949.4.28
　日教組、「文教政策基本大綱」を発表
　1952.10.17
　中教審、6・3制の堅持などを答申　1953.7.25
　民主党、「中高一貫教育法」案を国会
　に提出　1998.4.28
　改正「教育基本法」成立　2006.12.15

6年制中学校
　臨教審「教育改革に関する第1次答
　申」を提出　1985.6.26

ローマ字
　「臨時ローマ字調査会官制」公布　1930.11.25
　訓令式ローマ字制定　1937.9.21
　日本教育制度刷新に関する極東委員
　会指令　1947.4.11
　教科用図書審議会など13審議会を設
　置　1949.7.5
　国語審議会、ローマ字のつづり方の
　単一化　1953.3.12

ローマ字調査審議会
　教科用図書審議会など13審議会を設
　置　1949.7.5

論文捏造
　阪大教授、論文捏造　2006.9.22
　東大教授、論文捏造疑惑で懲戒解雇
　2006.12.27

【わ】

わいせつ行為
　教員のわいせつ行為による懲戒が過
　去最多　2001.12.26

『わが国の学術』
　文部省、初の学術白書『わが国の学
　術』を発表　1975.8.30

『我が国の教育基準』
　文部省、教育白書『我が国の教育基
　準』を刊行　1964.11.6

『我が国の教育水準』
　文部省、教育白書『我が国の教育水
　準』刊行　1959.10.31

文部省、教育白書『我が国の教育水準』を刊行　1970.11.10
文部省、教育白書『我が国の教育水準』刊行　1976.5.7
文部省、教育白書『我が国の教育水準』刊行　1981.5.22

『我が国の教育水準と教育費』
　文科省、文部科学白書『我が国の教育水準と教育費』刊行　2010.6.30

『わが国の高等教育』
　文部省、『わが国の高等教育』を発表　1964.8.21

『わが国の社会教育』
　文部省、『わが国の社会教育』を発表　1965.11.1

『わが国の私立学校』
　文部省、『わが国の私立学校』発表　1968.4.9

『我が国の文教施策』
　文部省、教育白書『我が国の文教施策』刊行　1988.12.6
　文部省、教育白書『我が国の文教施策』刊行　1989.11.22
　文部省、教育白書『我が国の文教施策』刊行　1990.11.20
　文部省、教育白書『我が国の文教施策』刊行　1991.11.5
　文部省、教育白書『我が国の文教施策』刊行　1992.11.5
　文部省、教育白書『我が国の文教施策』刊行　1993.11.5
　文部省、教育白書『我が国の文教施策』刊行　1994.12.14
　文部省、教育白書『我が国の文教施策』刊行　1996.2.16
　文部省、教育白書『我が国の文教施策』刊行　1996.12.20
　文部省、教育白書『我が国の文教施策』刊行　1997.12.5
　文部省、教育白書『我が国の文教施策』刊行　1998.10.30
　文部省、教育白書『我が国の文教施策』刊行　1999.12.7
　文部省、教育白書『我が国の文教施策』刊行　2000.11.14

『わが国のへき地教育』
　文部省、『わが国のへき地教育』発表　1961.11.1

『わが国教育の現状』
　文部省、初の教育白書『わが国教育の現状』刊行　1953.12.25

和歌山勤評闘争事件
　和歌山勤評闘争事件に無罪判決　1968.3.29
　最高裁、和歌山県教組の勤評反対闘争に無罪　1970.7.16

和歌山県教育委員会
　和歌山県教委、同和教育振興の為一斉休校　1952.4.19

和歌山県教職員組合
　和歌山勤評闘争事件に無罪判決　1968.3.29
　最高裁、和歌山県教組の勤評反対闘争に無罪　1970.7.16

早稲田大学
　早稲田大学と改称　1902.9.2
　第1回早慶戦開催　1903.11.21
　民人同盟会結成　1919.2.21
　初の私立大学認可　1920.2.5
　早稲田大学軍事研究団結成　1923.5.10
　早大事件　1952.5.9
　早大2学部、授業料値上げ反対などでスト　1966.1.18
　早大・同志社大、交換留学生の実施を発表　1996.7.24
　スーパーフリー事件で5人を逮捕　2003.6.18
　早大教授、研究費不正受給　2006.6.23
　大学前納金返還訴訟、「AO入試」は認めず　2006.10.20
　大学生大麻汚染　2008.10.2

早稲田大学高等学院
　世田谷祖母殺害事件　1979.1.14

わだつみ会　→　日本戦没学生祈念会を見よ

歌い継がれる名曲案内
音楽教科書掲載作品10000
A5・1,060頁　定価12,915円（本体12,300円）　2011.1刊
1949〜2009年の小・中・高校の音楽教科書に掲載された楽曲を作詞家・作曲家ごとに一覧できる初のツール。世代を超えて歌い継がれる童謡・唱歌、クラシック、外国民謡から近年のポピュラー音楽まで全作品を掲載。作品名から引ける索引付き。

読んでおきたい名著案内
教科書掲載作品13000〈高校編〉
阿武泉 監修　A5・920頁　定価9,800円（本体9,333円）　2008.4刊

読んでおきたい名著案内
教科書掲載作品　小・中学校編
A5・700頁　定価9,800円（本体9,333円）　2008.12刊
1949〜2006年の国語教科書に掲載された全作品（小説・詩・戯曲・随筆・評論・古文、高校編では俳句・短歌・漢文も）を収録。作品が掲載された教科書名のほか、作品が収録されている一般図書も一覧できる。

児童の賞事典
A5・760頁　定価15,750円（本体15,000円）　2009.7刊
児童および児童文化に貢献した人物に与えられる、国内外の284賞について、賞の概要と第1回以来の全受賞情報を掲載。赤い鳥文学賞、東レ理科教育賞、全日本吹奏楽コンクール、国際アンデルセン賞など様々な分野の賞を収録。

日本出版文化史事典 —トピックス1868-2010
A5・570頁　定価14,800円（本体14,095円）　2010.12刊
1868〜2010年の日本の出版文化に関するトピック5,500件を年月日順に掲載した記録事典。出版関連企業の創業、主要な文学作品の刊行や文学賞の受賞状況、業界動向など幅広いテーマを収録。

データベースカンパニー
日外アソシエーツ　〒143-8550　東京都大田区大森北1-23-8
TEL.(03)3763-5241　FAX.(03)3764-0845　http://www.nichigai.co.jp/